Amsterdamer Beiträge
zur neueren Germanistik

herausgegeben
von Gerd Labroisse

Amsterdamer Beiträge
zur neueren Germanistik
Band 42 — 1997

Von Böll bis Buchheim:
Deutsche Kriegsprosa nach 1945

Hg. von

Hans Wagener

Rodopi

Amsterdam — Atlanta, GA 1997

Die 1972 gegründete Reihe erscheint seit 1977 in zwangloser Folge in der Form von Thema-Bänden mit jeweils verantwortlichem Herausgeber.

Reihen-Herausgeber:
Prof. Dr. Gerd Labroisse. Wamberg 75. NL-1083 CZ Amsterdam.
Tel./Fax: (31)20-6462373.

Redaktion:
Dr. Anthonya Visser. Philipps-Universität Marburg. FB 09: Inst. für Germanist. Sprachwissenschaft. Wilh.-Röpke-Str. 6A. D-35039 Marburg.
Fax: (49)6421-288913; e-mail: visser@mailer.uni-marburg.de

ISBN: 90-420-0302-2 (bound)
ISBN: 90-420-0292-1 (paper)
©Editions Rodopi B.V., Amsterdam-Atlanta, GA 1997
Printed in The Netherlands

Inhalt

Anschriften der Autoren

Prof. Dr. Ehrhard Bahr
Department of Germanic Languages
University of California
Box 951539
USA - Los Angeles, CA 90095-1539

Dr. Walter Delabar
Lepsiusstraße 2
D-12163 Berlin

Dr. Rolf Düsterberg
Universität Osnabrück, FB 7
Neuer Graben 40
D-49069 Osnabrück

Dr. Jens Ebert
Ebelingstraße 15
D-10249 Berlin

Prof. Dr. Franz Futterknecht
Department of Germanic and Slavic Languages and Literatures
University of Florida
263 Dauer Hall
USA - Gainesville, FL 32611-7430

Prof. Dr. Jost Hermand
Department of German
University of Wisconsin
818 Van Hise Hall·
USA - Madison, WI 53706

Prof. Dr. Ursula Heukenkamp
Philosophische Fakultät II, Institut für deutsche Literatur
Humboldt-Universität zu Berlin
Unter den Linden 6
D-10099 Berlin

Prof. Dr. Bernd Hüppauf
Department of Germanic Languages and Literature
New York University,
19 University Place, Room 435
USA - New York, NY 10003-4556

Dr. Thomas Kraft
Renatastraße 26
D-80634 München

Dr. Michael Kumpfmüller
Finowstraße 7
D-10247 Berlin

Prof. Dr. Wolfgang Nehring
Department of Germanic Languages
University of California
Box 951539
USA - Los Angeles, CA 90095-1539

Dr. Gunther Nickel
Deutsches Literaturarchiv
Postfach 1162
D-71666 Marbach am Neckar

Prof. Dr. Helmut Peitsch
School of European Studies
University of Wales
P.O. Box 908
GB - Cardiff CF1 3YQ

Professor J.H. Reid
Department of German
University of Nottingham
University Park
GB - Nottingham, NG7 2RD

Dr. Thomas Schneider
Universität Osnabrück, FB 7
Postfach 4469
D-49034 Osnabrück

Prof. Dr. Erhard Schütz
Philosophische Fakultät II, Institut für deutsche Literatur
Humboldt-Universität zu Berlin
Unter den Linden 6
D-10099 Berlin

Prof. Dr. Gerd Steckel
Department of Foreign Languages and Literatures
University of Idaho
USA - Moscow, ID 83843

Dr. Dennis Tate
School of Modern Languages and International Studies
University of Bath
GB - Bath BA2 7AY

Dr. Rolf Tauscher
Kreuzbergstraße 226
D-06849 Dessau

Prof. Dr. Hans Wagener
Department of Germanic Languages
University of California
Box 951539
USA - Los Angeles, CA 90095-1539

VORBEMERKUNG

Die deutsche Kriegsprosa nach 1945 unterscheidet sich von der über den Ersten Weltkrieg vor allem dadurch, daß sie fast ausschließlich gegen den Krieg Stellung bezieht. Den aus national(istisch)er Begeisterung verfaßten Kriegsroman, wie er besonders in der Spätphase der Weimarer Republik florierte, gibt es nach 1945 nicht mehr. Auch das Hohelied der Kameradschaft, das selbst in einem klassischen Antikriegsroman wie Remarques *Im Westen nichts Neues* noch gesungen wurde, erklingt höchstens verhalten, und dasselbe gilt für die heroische Bewährung angeblicher männlicher Tugenden im Kriege. Statt dessen dominiert das Bemühen, die Schrecken des Krieges zu zeigen, angeblich authentische, 'realistische' Berichte *der* deutschen Katastrophe unseres Jahrhunderts zu geben. Kurz gesagt: Zeugnis abzulegen, eigene (oder fremde) Erfahrungen zu berichten, meist mit dem implizierten Ziel der Warnung vor einer Wiederholung oder des Anschreibens gegen das Vergessen. Ein guter Teil dieser Kriegsprosa war aus der Diskussion um die Wiederbewaffnung der Bundesrepublik in den frühen fünfziger Jahren hervorgegangen, ein Teil ist aber auch Erinnerungsliteratur der neunziger Jahre. Daß gerade in unseren Tagen die Diskussion um das Dritte Reich durch Filme wie Steven Spielbergs *Schindlers Liste* und Daniel J. Goldhagens Buch *Hitlers willige Vollstrecker* oder die in mehreren deutschen Städten gezeigte Ausstellung "Verbrechen der Wehrmacht" erneut entbrannt ist, läßt uns auch die Kriegsliteratur nach ihrem Aussagewert über das Dritte Reich und die Rolle der Wehrmacht bei Kriegsverbrechen, insbesondere der Vernichtung der Juden in Osteuropa, befragen.

Sicherlich ist der Kriegs- bzw. Antikriegsroman, um den es hier primär geht, keine Untergattung oder Form des Romans, die durch eine bestimmte Struktur oder inhaltlich-gehaltliche Vorgaben geprägt ist, wie z.B. der Bildungsroman. Das einigende Band ist lediglich ein thematisches, das seine Ausprägung in verschiedensten Formen, vom autobiographischen Bericht bis zur skeletthaft-kühlen Tatsachenauswahl der dokumentarischen Auflistung, findet. Diese formale Vielfalt bei der Einheit des Grundthemas und den Facettenreichtum ideologischer Schattierungen trotz der oft plakativen Grundvorgabe, der Ablehnung des Kriegs, zu belegen, wurde auch als Aufgabe dieses Bandes gesehen. Aus diesem Grunde wurden sowohl die bekanntesten Vertreter des Genres einbezogen als auch einige unbekanntere, die durch z.T. hohe Auflagen bzw. Verfilmungen eine enorme Breitenwirkung erzielten. Da die Einzelinterpretationen von Kollegen unterschiedlichster Couleur erstellt wurden, macht das Zusammenspiel zwischen ideologischer und methodologischer Brille des Interpreten einerseits und den textlichen Vorgaben der behandelten Werke andererseits den Reiz des Bandes aus. Die Lektüre belegt eindringlich, wie sehr Literatur an den Augenblick, an das öffentliche Meinungsklima zur Zeit der Rezeption gebunden ist. Sie macht deutlich, wie sehr sich unsere Sicht der Literatur vor allem der endvierziger und frühen fünfziger Jahre aus der Perspektive von 1997 bereits gewandelt hat.

Göttingen 1997   Hans Wagener

Bernd Hüppauf

Unzeitgemäßes über den Krieg
Ernst Jünger: *Strahlungen* (1938-48)

I. Ernst Jüngers Werk in der Zeit

Ernst Jünger ist, am Ende des Jahrhunderts, bemerkenswert präsent. Das dürfte ihn froh stimmen, selbst wenn er die einzelnen Beiträge zu dieser Konjunktur kaum zur Kenntnis nehmen wird.[1] Froh zu sein bedeutet nach Kant eine Gemütsverfassung, die sich durch die Erfahrung einer "Annehmlichkeit" einstellt,[2] und Ernst Jünger kann, weiter mit Kant gesprochen, eine Annehmlichkeit "wegen der Befreiung von einer Gefahr" empfinden und genießt, wie alle einer Gefahr Entronnenen, ein "Frohsein mit dem Vorsatze, sich derselben nie mehr auszusetzen; ja, man mag an jene Empfindung nicht einmal gerne zurückdenken, weit gefehlt, daß man die Gelegenheit dazu selbst aufsuchen sollte."[3] Der aktive Teilnehmer an zwei Weltkriegen ist zahlreichen Gefahren entronnen, aber er hat später nie den Eindruck erweckt, an jene Empfindungen nicht gern zurückzudenken oder sie nicht wieder aufsuchen zu wollen. Diese Gefahr kann nicht gemeint sein. Ich spreche hier von einer anderen und bedrohlicheren Gefahr, nämlich der, aus der Zeit herauszufallen. Die Präsenz von Jüngers Werk ist keineswegs selbstverständlich. Sie fordert die Frage nach dem Verhältnis seines Werkes zur Zeit und der Zeit zu diesem Werk heraus. Angesichts der anschwellenden Zahl von Untersuchungen der letzten Jahre stellen sich die Fragen nach dem Wie und Warum eines Umschwungs, in dem Jüngers Werk sich als zeitgemäß erweist, und auf welche Weise sein Werk der Gefahr entkommen ist, ebenso 'vergessen' zu werden wie die Werke anderer Autoren, die ihre Bekanntheit dem Thema Krieg verdankten oder wie das Werk seines Bruders Friedrich Georg Jünger.

---

[1] Die Festschrift zu Jüngers einhundertstem Geburtstag war dem Thema Heiterkeit gewidmet: Günter Figal und Heimo Schwilk: *Magie der Heiterkeit. Ernst Jünger zum Hundertsten.* Stuttgart 1995.
[2] Immanuel Kant: *Kritik der Urteilskraft.* In: I.K.: *Werke.* Hrsg. von Wilhelm Weischedel. Bd. 8. Darmstadt 1983. S. 349.
[3] Ebd.

14

Die Jahre, in denen es den Anschein hatte, als ob Jüngers 'Thema' mit dem Wandel der Zeiten gänzlich aus der Zeit verschwinden könnte, weil es unzeitgemäß geworden war, liegen nicht lange zurück. Abgesehen von einer kleinen Runde überzeugter Jüngerleser, die sich bewußt gegen ihre Zeit stemmten, und einem verständnisvollen und zugleich geschäftstüchtigen Verleger kümmerte sich jahrelang kaum jemand um den alternden Autor. Im New Yorker Exil schrieb Karl Otto Paetel 1953, ganz gegen den Trend der Zeit, man könne vermerken, "daß am Namen Ernst Jünger sich zu einem gewissen Grade die Geister in der Sinndeutung der europäischen Weltanschauungskrise scheiden, ganz abgesehen davon, daß im Bereich der Sprache der Stil und die Eigenart dieses Autors nicht mehr aus dem deutschen Schrifttum wegzudenken sind."[4] Diese Sicht von Jüngers Werk machte keine Schule. Im Gegenteil. Die Literaturwissenschaft ging mit der Zeit und machte Jüngers Werk zu einem Übungsfeld für Ideologiekritik. Es wurde zu einem Ritus, dem bürgerlichen Zeitalter seinen Irrationalismus vorzuhalten und Ernst Jünger dafür als Beispiel anzuführen. Politische Interpretationen und Kritik an seinen fortgesetzten Bearbeitungen des Werks zum Ersten Weltkrieg und an seinen Aufsätzen zum Thema Nation und Politik boten Gelegenheit, vor allem das frühe Werk als einen Beitrag zur Verflechtung von bürgerlicher Ideologie und militantem Nationalismus und zum Aufstieg des Nationalsozialismus in Deutschland zu entlarven — keine erstrebenswerte Zeitgemäßheit. Eine Kombination aus Militarismus und Nationalismus lieferte den Rahmen für das Jüngerbild in einer Literaturgeschichte, die sich als Beitrag zur Ideologiekritik oder Sozialgeschichte verstand,[5] ergänzt von wenigen Stimmen, die das Lob des Stilisten Jünger sangen. Seit einigen Jahren hat sich das Blatt gewendet. Bohrers einflußreiche "Ästhetik des Schreckens"[6] trug viel zum Umschwung bei. Er traf den Nerv der Zeit. In seiner ideengeschichtlichen Interpretation wurde das frühe Werk Jüngers nun zum Paradigma in einem sich verschiebenden Literaturbild. In der Zwischenzeit ist das Bild des Militaristen, Nationalisten und amoralischen Stilisten zwar nicht verschwunden, aber es verblaßt zunehmend und wird von einem anderen Bild überlagert. Der Blick auf Jüngers Texte verändert sich und mit ihm entsteht ein anderes Werk.[7] In einer

[4] Karl Otto Paetel: *Ernst Jünger. Eine Bibliographie.* Stuttgart 1953. S. 17.
[5] Vgl. u.a. Karl Prümm: *Die Literatur des soldatischen Nationalismus der zwanziger Jahre (1918-1933). Gruppenideologie und Epochenproblematik.* Bd. 2. Kronberg/Ts. 1974.
[6] Karl Heinz Bohrer. *Die Aesthetik des Schreckens. Die pessimistische Romantik und Ernst Jüngers Frühwerk.* München, Wien 1978.
[7] Kürzlich wurde sogar ein postmoderner Ernst Jünger entdeckt: Walter Sokel: The 'Postmodernism' of Ernst Jünger in his Proto-Fascist Stage. In: *New German Critique* 59 (1993). S. 33-40.

Zeit des Mißtrauens gegenüber dem Moralischen, des Zerfalls des teleologischen Geschichtsbildes und des Abschieds von der Utopie einer gewaltfreien und gerechten Gesellschaft erschien Jüngers kühle Distanz und die Selbstverständlichkeit, mit der er das Thema Krieg und Gewalt als Element der Gegenwart behandelt, wie eine Neuentdeckung und Befreiung von einer blockierten Wahrnehmung. Das Ende der Polarisierung, zu der Jüngers Werk seit seinen Anfängen geführt hatte, sowie der Beginn einer Kanonisierung[8] bleiben jedoch erstaunlich, und eine solche extreme Wendung hat nicht viele Parallelen in der deutschen Gegenwartsliteratur.

Biographisches ist für das neue Interesse nicht ohne Bedeutung. Wer sich dem Tod auf dem Schlachtfeld aussetzt und dennoch das mythische Alter von hundert Jahren erreicht, erwirbt durch das Leben selbst einen Anspruch auf Beachtung. Ungebrochene Vitalität im hohen Alter und ein kompromißloser Eigensinn, der sich über die Schwankungen des Zeitgeistes hinweg gleich geblieben ist, tragen zur Faszination durch die Person bei. Gleichermaßen notwendig für den späten Aufstieg war ein Wandel im Selbstverständnis und Interessenhorizont der Gegenwart. Der Optimismus der Nachkriegsepoche verflog, der Traum von einem historischen Neubeginn nach der Katastrophe ging zu Ende, und beim Erwachen stellte die Gegenwart fest, daß das Alte noch immer da war und das längst für überwunden Gehaltene zurückkehrte.

Es besteht kein Zweifel, daß Jüngers Themen 'Krieg' und 'Destruktion' sein Werk mit der deutschen Geschichte in der ersten Hälfte des 20. Jahrhunderts, die von Kriegen, Bürgerkrieg und staatlichem Terror dominiert ist, synchronisieren.[9] Ebenso machen sein Blick auf den Blick und die Manie, mit der er Fragen von Sprache und Stil verfolgt, ihn zum Zeitgenossen der literarischen Moderne. Aber verdankt sich die neue Präsenz von Jüngers Werk schlicht seiner bisher übersehenen Modernität, wie in jüngster Zeit immer wieder betont wird,[10] und worin wäre sie zu sehen? Be-

---

[8] Eva Dempewolf spricht im Hinblick auf Jüngers Werke zum Ersten Weltkrieg, und nicht etwa auf das spätere, 'humanistische' Werk, davon, daß Jünger von der Kulturpolitik und der Germanistik seit einigen Jahren zum Klassiker stilisiert werde. E.D.: *Blut und Tinte. Eine Interpretation der verschiedenen Fassungen von Ernst Jüngers Kriegstagebüchern vor dem politischen Hintergrund der Jahre 1920-1980.* Würzburg 1992, bes. S. 254f.

[9] Lethen spricht ganz berechtigt von Jüngers "Theorie der Gleichzeitigkeit", die den marxistischen Leser der Zwischenkriegsjahre in Verlegenheit bringen mußte, da Gleichzeitigkeit für den Sozialismus reserviert war, der, wie marxistische Revolutionäre deklarierten, "mit der Zeit" marschierte. Vgl. Helmut Lethen: *Verhaltenslehren der Kälte.* Frankfurt a.M. 1994. S. 206.

[10] Siedlers Erklärungsversuch ist durchaus symptomatisch: "Es ist Ernst Jüngers Sensibilität für den Abschied von der Geschichte, den die Wissenschaft erst ein Vierteljahrhundert später ins Auge fassen wird, die über Jahrzehnte hinweg seine

merken wir erst seit kurzem, daß Jünger immer schon mit der Zeit gegangen ist, oder stellt sein Werk die Fragen der Moderne auf eine Weise, die es auch asynchron macht und in den Widerstand gegen die Zeit führt? Die folgende Besprechung der sechs von Jünger unter dem Titel *Strahlungen* zusammengefaßten Tagebücher aus der Zeit des Zweiten Weltkriegs soll von dieser Frage ausgehen.

II. Unzeitgemäßheit als Problem der Moderne

Das Problem des Zeitgemäßen oder Unzeitgemäßen eines literarischen Werkes ist eminent modern. Es verweist auf einen Bruch im Verhältnis zwischen Literatur und Leser und auf den Verlust des unbefragten Ortes von Literatur in der Gesellschaft. Das Bewußtsein einer Spannung zur Zeit und der Gefahren und Möglichkeiten des Unzeitgemäßen entwickeln Literatur und Philosophie erst, wenn ihr Verhältnis zur Gegenwart auf eine grundlegende Weise gestört ist. Gesteigerte Bewußtheit, Zweifel, Unsicherheit in der Sprache und Isolation oder geplante Inszenierungen von Schreiben und Öffentlichkeit gehen damit einher.

Als "unzeitgemäß" bezeichnete Nietzsche vier heterogene Essays, die er zwischen 1873 und 1876 verfaßte und zu einer Publikation zusammenstellte. Aber warum sollte es eigens hervorzuheben sein, daß Essays über Schopenhauer oder über den "Nutzen und Nachteil der Historie" sich durch das Moment des Zeitgemäßen oder Unzeitgemäßen auszeichnen? Nietzsche geht von einer neuen Erwartung gegenüber einem philosophisch-literarischen Text aus. Indem er im Titel die Frage der Zeitgemäßheit erhebt, weist er ihr eine besondere Bedeutung zu, und indem er sie selbst beantwortet, geht er auf ironisch-sarkastische Distanz zur eigenen Zeit. Er bezeichnet seine "Betrachtungen" als unzeitgemäß, weil er vom Gegenteil überzeugt ist. In dem Attribut spricht sich die Erwartung aus, daß eben in dem Maß, wie diese Essays sich ihrer Zeit nicht anpassen, sondern aus ihr planvoll herausfallen, sie von ihrer Zeit sprechen. Sie stellen Fragen, die niemand zu stellen wagte, die geradezu peinlich vermieden wurden, weil die "öffentliche Meinung", wie Nietzsche schreibt, sie "zu

unerhörte Modernität ausmacht." Wolf Jobst Siedler: Die Entzifferung der Zeichen. In: Hubert Arbogast (Hrsg.): *Über Ernst Jünger*. Stuttgart 1995. S. 173. Vgl. auch das Vorwort von Günter Figal und Heimo Schwilk (Anm. 1). S. 7f.; Botho Strauss spricht von Jüngers Werk als dem "Prototyp der kommenden Kunst," ebda. S. 324. Vgl. dazu die Kritik von Richard Herzinger: Werden wir alle Jünger? In: *Kursbuch* 1996. S. 93-117.

verbieten" schien.[11] In diesem Sinn bezieht sich "unzeitgemäß" auf die eine Form der in diesem Wort liegenden Negation, das Nicht-Zeitgemäße. Das Schreiben verweigert sich der Zeit, verstanden als Präsens, indem es ablehnt zu passen, sich anzupassen, sich dem Maß der Zeit zu fügen. Eine andere Bedeutung ist jedoch gleichzeitig auch anwesend. Sie folgt aus dem Wort "Unzeit", das auch in diesem Adjektiv steckt. Die Zeit selbst ist in dieser Lesung als ungemessen und falsch definiert. Eine Unzeit ist — wie ein Ungetüm, Unheil, Unmensch und viele andere Wortprägungen mit 'un' — mit sich selbst zerfallen und ihr eigener Gegensatz. Dem Handeln, Sprechen oder Schweigen zur Unzeit liegt, wie zahlreiche literarische Beispiele von Parzival zu Oskar Matzerath zeigen, eine fundamentale Störung zugrunde, für die ursprünglich allein das Subjekt verantwortlich war. In einer Umkehrung dieses Topos wird bei Nietzsche — die Anfänge dieser Entwicklung lassen sich allerdings bis ins späte 18. Jahrhundert zurückverfolgen — die Zeit selbst zur Unzeit. Der Zeit, insoweit sie ohne Maß und mit sich selbst uneins ist, sind die ihr gewidmeten Betrachtungen dann gerade 'angemessen'. Auch diese Lesung des Adjektivs geht von einem ironischen oder sarkastischen Verhältnis zu einer Zeit der Nicht-Identität aus. Essays, die ihre Gegenwart als 'Unzeit' beurteilen, um sich ihr programmatisch als 'gemäß' zu bezeichnen, müssen durch einen tiefen Bruch von ihrer Zeit getrennt sein.

Die "Betrachtungen" gehören, versichert der Titel in jeder der beiden Lesarten, nicht der Zeit. Aber, so muß man fragen, wem und wohin gehörten sie dann? Wo findet sich der Leser, dem sie gehören, wenn nicht in der Gegenwart? Und gehören sie in die Vergangenheit oder in die Zukunft oder in einen zeitlosen Raum? Wie wäre der zu denken und woher stammt die Autorität, mit der die Diagnosen des Zeitgemäßen oder Unzeitgemäßen gestellt werden, wenn die eigene Zeit kein Bewußtsein davon hat, was ihr gemäß ist und nottut? Doch muß die Zeit wohl, in Nietzsches Einschätzung, ein Organ haben, um die Botschaft, die sie sich selbst verbietet, aufnehmen zu können. Dies Spannungsverhältnis zur eigenen Zeit, in dem der Autor eben das als ihr wahrhaft gemäß bezeichnet und ausspricht, wogegen sie sich wehrt und was sie aus sich ausschließen will, läßt sich als ein Grundelement nicht nur in Nietzsches Selbstverständnis, sondern im Verhältnis von Philosophie und Literatur der Moderne zur Zeit verstehen. Ihre Unzeitgemäßheit betrifft die Zeit selbst, die in ihnen zu einem der großen Probleme gemacht wird, den Zeitraum der eigenen Präsenz, mit dem sie sich nicht als synchron empfinden, die Zukunft, auf die hin sie sich entwer-

---

[11] Friedrich Nietzsche: Unzeitgemässe Betrachtungen. In: F.N.: *Sämtliche Werke. Kritische Studienausgabe.* Hrsg. von Giorgio Colli und Mazzino Montinari. Bd. 1. S. 157-510; S. 159. Im folgenden abgekürzt mit der Sigle UB.

fen, aber blindlings und mit gesteigertem Unbehagen, und schließlich die Welt, deren Ungemessenheit ihnen kein Zuhause bietet. Nur insoweit sie sich außerhalb der Zeit stellen und eine andere Zeit gewinnen, schaffen sie die Chance, den "Wahn", in dem die Zeit nach Nietzsche verfangen ist, aufzudecken und ihm zu entfliehen. Nur soweit Literatur ihrer Zeit und der Zeit nicht gehört, kann sie sich erhoffen, zu ihrer Zeit zu sprechen und etwas zu sagen zu haben.

Dies Widerspruchsverhältnis, in dem das Unzeitgemäße in der eigenen Zeit zum Ideal gemacht wird, aber doch nur in dem Maß Bedeutung gewinnt, wie es die Zeit als eine Unzeit *trifft*, stellt Nietzsche wiederum in einen zeitlichen Horizont. Zukunft habe nur eine Kultur, die die Kraft aufbringe, sich unzeitgemäßen Wahrheiten zu stellen, und den Wahn der Gegenwart als Wahn zu erkennen bereit ist. Die Rechtfertigung des Unzeitgemäßen verlegt er damit in die Dimension der Zukunft. Nietzsche spricht von einem Krieg, dem letzten Krieg, aus dem das Deutschland der Neuzeit als Sieger hervorging. Synchronizität mit der triumphalen Zeit nach dem Sieg werde den Sieg mit der Zeit in eine "schwere Niederlage" verwandeln. Das Ziel, die "Niederlage, ja Exstirpation des deutschen Geistes" (UB, 159f.) in der Zukunft zu verhindern, mache das Verhältnis des Unzeitgemäßen gegenüber der Gegenwart, in der dieser Geist einen triumphalen Sieg feiert, notwendig. Die Zukunft erfordere das Unzeitgemäße, gerade gegenüber einer Zeit, die auf sich selbst "stolz" (UB, 246) und in der es daher besonders schwer ist, nicht mit dem Pendel zu schwingen. Nietzsche bittet seine Leser um Verständnis und Nachsicht für seine Unzeitgemäßheit und beschreibt seine Position seiner eigenen Zeit gegenüber durch eine komplizierte Temporalstruktur, in der die Erinnerung an eine lange zurückliegende Zeit den Blick auf die Gegenwart schaffe, der diese von sich selbst entfernt. Nur insofern er der "Zögling älterer Zeiten, zumal der griechischen," sei, sieht er sich in die Lage versetzt, "als Kind dieser jetzigen Zeit zu so unzeitgemäßen Erfahrungen" (UB, 247) zu kommen. Er sieht den "Sinn" der klassischen Philologie in seiner eigenen Zeit geradezu darin, "unzeitgemäß — das heißt gegen die Zeit und dadurch auf die Zeit und hoffentlich zu Gunsten einer kommenden Zeit — zu wirken." (UB, 247) Aus einem Kontrast zur Herde, die nicht weiß, "was Gestern, was Heute ist [...] und [...] kurz angebunden mit ihrer Lust und Unlust, nämlich an den Pflock des Augenblicks," (UB, 248) lebt, definiert er die Fähigkeit, sich an das Gestern erinnern zu können und die Vergangenheit als ein Gedächtnis mit sich zu tragen, als das spezifisch Menschliche am Menschen und zugleich als ein schwächendes Verhältnis zur Gegenwart. Den Menschen gibt es nicht ohne die Erinnerung, zugleich ist sie eine Last, und so *stemmt* er sich "gegen die große und immer größere Last des Vergangenen." (UB, 249) Die Erinnerung an Vergangenes ist wie ein "Wunder", denn die Gegenwart ist ein *Nichts*, "der Augenblick, im Husch da, im Husch vorüber, vorher ein Nichts, nachher ein Nichts, kommt doch noch als ein Gespenst wieder und stört die Ruhe eines späteren Augenblicks." (UB, 248) Dagegen stemmt sich der Mensch vergeblich und tut es doch immer wieder.

Dieses verschobene Verhältnis der kritischen Subjektivität zum Sein und der Literatur und Philosophie der Moderne zur Zeitgemäßheit ist nicht als eine dialektische Spannung zu verstehen, vielmehr ist es eine Aporie, aus der keine Synthesis herausführt und aus der es keinen Weg ins Freie oder nach oben gibt. Es ist eine Erfahrung von "quälenden Empfindungen", die, so schreibt Nietzsche bereits in dieser frühen Phase, das Ich auf sich selbst zurückwirft. Dies Ich, das sich mit einer "Naturbeschreibung" seiner Empfindungen hervorwagt, isoliert sich und erscheint in Relation zur "mächtigen historischen Zeitrichtung" als "unwürdig" (UB, 246). Es ist diese Position des Solipsismus, die den einsamen und verachteten Diagnostiker der Zeit aus seiner Zeit herausdrängt und nach 'unpassenden' Ausdrucksmitteln suchen läßt, die er doch als die einzig passenden empfindet. Zum "schwachen" Ich der Moderne (UB, 324) gehört die Flucht aus der Zeit ins Unzeitgemäße und Unangemessene. Es findet sich in einer paradoxen Lage, in der gerade seine Schwäche und Isolation in eine Position von Stärke, Aggression und Zurückweisung der Zeit überführt wird. Denn im herrischen Zurückweisen der Zeit durch das gewollt Unzeitgemäße ermächtigt sich das Ich. In dieser paradoxen Lage wird das Unpassende und Unzeitgemäße zum einzig Passenden und Zeitgemäßen. Um sich der Zeit stellen zu können, überführt das schwache Ich etwa den philosophischen Diskurs durch Ironie und Zynismus in innere Widersprüchlichkeit oder verweigert sich — Nietzsches eigenes Werk liefert das Beispiel — den Erwartungen der Zeit auf Bestätigung und Versicherung, entzieht ihr im Unangemessenen der Produktion die Übereinstimmung.

III. *Strahlungen* als repräsentativer Text des Zweiten Weltkriegs?

Es ist nicht allein der Anlaß, nämlich ein Krieg, an dem er selbst teilnahm, der diese Position Nietzsches für Kommentare über Ernst Jüngers *Strahlungen* aufschlußreich macht. Mir scheint vielmehr, daß Jüngers Werk in höherem Grad als die Werke vieler anderer deutscher Autoren dieses Jahrhunderts Anlaß zu Fragen nach der Synchronizität gibt. Fragen nach Nähe oder Ferne zwischen dem Werk und der Zeit, genauer zwischen der im Werk aus einer Individualperspektive entwickelten Geschichte und der Nationalgeschichte, der biographischen Zeit und der Weltzeit sowie seiner Sprache und der literarischen Moderne ergeben sich aus den von Jünger bevorzugten Gattungen, Themen und seiner Ästhetik der Distanz, Wahrnehmung von Wahrnehmung und konstruierenden Sprache. Seine bevorzugten literarischen Formen wie Tagebuch, Essay oder Zeitroman schaffen durch ihre spezifische Poetik Konjunktionen mit der Zeit. Jüngers Behandlung dieser Gattungen ist aber auch die Folge seiner spezifischen Ästhetik, so daß sich gerade aus seiner Verwendung dieser Gattungen unerwartete Disjunktionen ergeben. Neben den 'Aktualitäten' des Zeitromans *In Stahlgewittern*, der zunächst weniger als ein Roman, sondern eher als ein militärischer Kriegsbericht, also betont 'zeitgemäß' gelesen wurde, steht das extrem Unzeitgemäße des ersten Kriegstagebuchs der *Strahlungen*, "Gärten und Straßen", in dem während der Jahre der deutschen 'Blitzsiege' vom Krieg erstaunlich wenig und oft nur auf indirekte Weise die Rede ist. Spricht Nietzsche von der Isolation des Ichs gegenüber der heroischen Zeit, der gegenüber die distanzierte Beobachtung als "unwürdig" erscheine, so treffen auf Jüngers "Tagebuch" diese Charakterisierungen durchaus ebenso zu. Unter den Bedingungen der überwältigend 'großen' Zeit überführt das schwache Ich mit den Mitteln des Schreibens im "Tagebuch" seine Schwäche in die Stärke der Zurückweisung, indem es der eigenen Zeit, die nicht als eigen erfahren wird, eine andere Zeit gegenübersetzt. Was am Schreiben zeitgemäß ist, also der Zeit widerspruchslos nach dem Munde redet, und was unzeitgemäß im Sinn Nietzsches, also die Zeit gegen sich selbst aber im Namen der Zukunft anspricht, verschränkt sich in Jüngers Werk auf besonders komplexe Weise.

Alfred Andersch machte einmal den Versuch, den Platz der *Strahlungen* in der Literatur des Jahrhunderts zu bestimmen und stellte sie neben Thomas Manns *Doktor Faustus* und Brechts *Leben des Galileo* als das dritte große Meisterwerk aus dem Zeitraum des Zweiten Weltkriegs, und an anderer Stelle spricht er von dieser "autobiographische[n] Erzählung aus dem Leben eines deutschen Offiziers" als einem "zentralen Werk".[12] Diese Bewertung scheint gewagt. Kann Jüngers Tagebuch als ein Versuch gelesen werden, mit den Mitteln der Literatur das große Bild der eigenen Zeit als Katastrophe der deutschen Geschichte zu entwerfen? Thomas Manns Roman stellt diesen Anspruch und versucht, ihm durch eine Rekonstruktion der Geschichte des deutschen Geistes gerecht zu werden, die nach Totalität strebt. Brechts Drama über das Verhältnis des Strebens nach Erkenntnis und der gesellschaftlichen Praxis stellt eine der großen Fragen der Geschichte des Denkens, die ins Zentrum des katastrophalen zwanzigsten Jahrhunderts gehört. Auch dies Werk, weitaus kleiner dimensioniert als

---

[12] Alfred Andersch: Amriswiler Rede auf Ernst Jünger. In: Arbogast (Hrsg.) (Anm. 10). S. 99, 103; und: Achtzig und Jünger. Ebd. S. 103, 135. Zum erstaunlichen Verhältnis zwischen Andersch und Jünger vgl. den aufschlußreichen Aufsatz von Klaus R. Scherpe: Aesthetische Militanz. Alfred Andersch und Ernst Jünger. In: Hans-Harald Müller und Harro Segeberg (Hrsg.): *Ernst Jünger im 20. Jahrhundert*. München 1995. S. 155-180.

Manns opus magnum, benutzt eine klassische literarische Gattung mit der Intention, im Ausschnitt das Ganze der Gesellschaft zu reflektieren. Sind die *Strahlungen* mit diesen beiden Werken zu vergleichen? Jünger wählt keine der großen literarischen Gattungen, sondern schreibt ein Tagebuch. Das Verhältnis zwischen der monströsen Zeit, von Auschwitz und Weltkrieg, und den persönlichen Erinnerungen in einem Tagebuch erscheint zunächst auf groteske Weise disproportional.

IV. Ernst Jüngers "Tagebücher" als Gattung

Die Textgenese ist, wie oft bei Jünger, kompliziert. Das erste Tagebuch, "Gärten und Straßen" über die Jahre 1939 und 1940 wird 1942 publiziert. Nach einem Konflikt mit der Zensur erscheint in Paris eine leicht gekürzte Militär-Ausgabe. 1950 erscheint eine überarbeitete Neuauflage der ungekürzten Ausgabe. Ihr war 1949, unter dem Titel *Strahlungen*, die Publikation der chronologisch anschließenden Tagebücher aus den Jahren 1941-1945 vorausgegangen ("Erstes Pariser Tagebuch", "Kaukasische Aufzeichnungen", "Zweites Pariser Tagebuch", "Kirchhorster Blätter" sowie das "Vorwort"). "Jahre der Okkupation", 1958 publiziert, ist — von den für Jünger typischen Revisionen abgesehen — identisch mit dem späteren Titel "Die Hütte im Weinberg". 1955 erscheint im Bertelsmann-Lesering unter dem Titel *Strahlungen* eine gekürzte Sammlung der vier mittleren Tagebücher, also ohne "Gärten und Straßen" und "Jahre der Okkupation".[13] Die Werkausgabe von 1963 beendet die bewegte Vorgeschichte und faßt die sechs Tagebücher in zwei Bänden unter dem Titel *Strahlungen* als eine Einheit zusammen.[14] Die Zusammenstellung wird durch den behandelten Zeitraum begründet, und Jünger spricht von einem "Sextett" von Tagebüchern, das Vorkrieg, Krieg und Nachkriegszeit behandelt. Die geschlossene Ausgabe der sechs Tagebücher läßt etwas Neues entstehen; der zeitliche Rahmen konstituiert ein Werk über den Krieg in der Form von Tagebüchern. Nach den zerrissenen Anfängen gewinnen die sechs Bücher, ohne daß ihre Heterogenität geglättet würde, eine Kohäsion und damit eine Textgestalt, die den Tagebuchcharakter des je einzelnen Tagebuchs trans-

---

[13] T.W. Woodland: Ernst Jünger's War Diaries. In: *German Life and Letters* 13 (1959/60). S. 298-302, hat die Kürzungen und Erweiterungen in Prozenten der Erstausgabe berechnet. Sie schwanken zwischen 87 und 97 Prozent.
[14] Ernst Jünger: *Werke*. Bd. 2: *Tagebücher II. Strahlungen Erster Teil* [im folgenden abgekürzt mit der Sigle S I] und Bd. 3: *Tagebücher III. Strahlungen Zweiter Teil* [im folgenden abgekürzt mit der Sigle S II]. Stuttgart o.J. [1963]. Gelegentliche Zitate aus anderen Fassungen sind durch die Jahreszahl der zitierten Auflage kenntlich gemacht. Zur Textgenese vgl. Hans Peter des Coudres und Horst Mühleisen: *Bibliographie der Werke Ernst Jüngers*. Stuttgart 1985.

zendiert. Im Vorwort reflektiert Jünger über den Titel, unter dem die sechs Tagebücher zu einem "Ganzen, zum Bild der Katastrophe, die wie eine Woge anhebt, brandet und verebbt," (S I, 14) zusammengefaßt sind. *Strahlungen*, schreibt er, seien die Eindrücke, die die Welt auf das wahrnehmende Subjekt mache. Über den allgemein wahrnehmungstheoretischen Gedanken hinaus spricht er auch von den spezifischen Ausstrahlungen von Personen, etwa den zum Widerstand gehörenden Offizieren in Paris, und Orten, einschließlich der dunklen Strahlungen der "großen Schreckensstätten", wie er verhüllend die Konzentrationslager nennt. Er überhöht den Begriff, sich implizit auf Goethe und später auf Newton beziehend, zu einem Symbol für das Leben selbst: "So sind wir rastlos bemüht, die Lichterfluten, die Strahlengarben zu richten, zu harmonisieren, zu Bildern zu erhöhen. Leben heißt ja nichts anderes." (S I, 15) Unter einem beziehungsreichen Titel schienen die Kriegstagebücher damit ihre endgültige Gestalt gefunden zu haben. Aber die Ausgabe der "Sämtlichen Werke" von 1979 führt erneut zu einer Änderung. Sie enthält unter dem Titel *Strahlungen* vier Bände, in denen die zwei Bände des "Sextett" um zwei weitere Bände, "Siebzig verweht" I und II, ergänzt werden. Erstaunlich ist es, daß das "Vorwort", in dem von der Einheit des "Sextetts" die Rede ist, unverändert übernommen ist, obwohl es nun acht Tagebücher sind, die Jahre zwischen 1965 bis 1980 hinzukommen und sich der Umfang damit verdoppelt. Das hat weitreichende Folgen. Die Addition von weiteren Tagebüchern zu der Sammlung der sechs durch den Zeitraum des Kriegs zusammengehaltenen ist weit mehr als eine bloße editorische Entscheidung.

Die große Bedeutung, die das Biographische für sein Schreiben hat, gab Jünger schon früh Anlaß, sich Gedanken über die Spannung zwischen eigener und geschichtlicher Zeit zu machen. Er betont, daß sein "Grunderlebnis" nicht nur sein eigenes, sondern gerade "das für meine Generation typische Erlebnis ist, eine an das Zeitmotiv gebundene Variation. [...] Aus diesem Bewußtsein heraus meine ich auch, wenn ich mich mit mir beschäftige, nicht eigentlich mich, sondern das, was dieser Erscheinung zugrunde liegt und was somit in seinem gültigsten und dem Zufall entzogensten Sinne auch jeder andere für sich in Anspruch nehmen darf."[15] Schreiben stellt für ihn die Ordnung her, die der jeweiligen "Erscheinung zugrunde liegt" und damit das Biographische dem Zufälligen entzieht und mit der Zeit synchronisiert. Dies Problem der Synchronizität ist für das Tagebuch als literarische Form konstitutiv. Durch den zeitlichen und thematischen Rahmen, in dem die sechs Tagebücher zusammenwirken, ent-

---

[15] Ernst Jünger: Das abenteuerliche Herz (erste Fassung 1929). In: E.J.: *Werke*. Bd. 7. Stuttgart 1963. S. 27f.

steht ein imaginärer Raum, der das Zufällige des Biographischen in eine Korrespondenz mit der Zeit transformiert. Durch die Auflösung des Rahmens verschwindet dieser imaginäre Raum. Die Sammlung zerfällt nun wieder in Einzelteile, die durch nichts anderes als den Namen des Autors zusammengehalten werden. Während die Kombination der sechs Tagebücher einen imaginären Korrespondenzraum schafft, entzieht die Auflösung dieses Rahmens den Aufzeichnungen mit diesem Raum auch diese Korrespondenz zwischen Lebenszeit und Weltzeit.[16] Diese Resubjektivierung nimmt den *Strahlungen* nicht nur ihren durch Zeitraum und Thema konstituierten Zusammenhang, sondern zerstört eine ganze Dimension, an deren Stelle nun die Kontingenzen bloßer Biographie treten, deren Bindung an das "Zeitmotiv" durch nichts als Subjektivität beglaubigt wird.

Diesem Aufsatz liegt das "Sextett" zugrunde, also die Textgestalt, die die Tagebücher in der ersten Werkausgabe gewonnen hatten. Ihre durch einen zeitlichen und thematischen Rahmen erzielte Einheit führt — ich werde das im folgenden ausführen — zu einer ungewöhnlichen literarischen Gattung, deren Form in einer engen Korrespondenz zur Zeit und zum Gegenstand 'Krieg' steht, während Krieg auf bemerkenswerte Weise selten das Thema dieser Kriegstagebücher ist.

Im äußerst aufschlußreichen und in alle Auflagen, mit einigen Veränderungen, aufgenommenen "Vorwort" zu *Strahlungen* von 1949 erklärt Jünger, es sei seine Absicht, einen "geistigen Beitrag zum Zweiten Weltkrieg [...], soweit ihn die Feder leistet," zu machen, und er fügt zu dieser später gestrichenen Stelle hinzu: "Die geistige Erfassung der Katastrophe ist fürchterlicher als die realen Schrecken der Feuerwelt." — damit das eigene Werk in die Tradition "der kühnsten, lastbarsten Geister", etwa Nietzsches, einreihend.[17] Seine anspruchsvolle Absichtserklärung erinnert an andere Autoren des frühen zwanzigsten Jahrhunderts. So sprach Robert Musil davon, "Beiträge zur geistigen Bewältigung" der Zeit liefern zu wollen. Er vertraute diesen Versuch der äußerst flexiblen Gattung Roman an und führte ihn an die Grenzen dessen, was der Roman leisten kann und vielleicht gar über sie hinaus. Die Romane anderer Autoren der Zeit, Hermann Brochs, Heinrich und Thomas Manns und vieler anderer, ließen sich ebenso unter dieses Motto subsumieren. Jünger selbst schrieb über den Ersten Weltkrieg einen Roman, für den er seine Tagebuchaufzeichnungen lediglich als Rohstoff benutzte.[18]

---

[16] Zur Unterscheidung von chronologischer Zeit als Folge von Jetzt-Momenten und ontischer Weltzeit siehe die letzten Kapitel in Martin Heidegger: *Sein und Zeit*. Tübingen 1986. S. 411-436. Im folgenden zitiert mit der Sigle SZ.

[17] Strahlungen (1949). S. 12 und S I, 13.

[18] *In Stahlgewittern* ist kein Tagebuch. Das grammatische Subjekt seiner Sätze ist häufiger "wir" als "ich", das Material ist in Kapitel eingeteilt, und deren Über-

Das Tagebuch ist traditionell eine kunstlose Form, ohne literarischen Anspruch, eine Begleitung der Literatur (oder Politik) eher als Literatur. Unter der Rubrik Tagebuch wird Unvereinbares zusammengefaßt.[19] Was verbindet die Tagebücher Montaignes, Hebbels, Baudelaires, Kafkas, Musils, Thomas Manns, Camus', Victor Klemperers, der Anne Frank? Wenig mehr als daß sie publiziert wurden, ohne für die Publikation geschrieben worden zu sein.[20] Selbst diese Gemeinsamkeit gilt für einige Tagebücher nicht. Sie sind das Produkt von Literarisierung, von Anfang an auf Veröffentlichung hin angelegt. Sie dürfen nicht als Dokument im Sinn des konventionellen Tagebuchs gelesen werden, sondern sie stellen einen anderen Anspruch.[21] Heterogen, ohne philosophischen Anspruch, eher am Rand der Literatur angesiedelt, vom Stigma des Subjektivismus oder gar des Exhibitionismus nicht frei, gehört 'das Tagebuch' nicht zu den literarischen Gattungen, deren Formen sich den großen Fragen geöffnet und sie in sich aufgenommen haben. Es hat sich in der europäischen Literatur- und Geistesgeschichte keinen gesicherten Ort erobert und hat keine eigene ästhetische Dignität entfaltet. Das Private und Subjektive stehen in der Geschichte des Tagebuchs unvermittelt neben dem Chronikalen, und von der Gebrauchsprosa (Reisejournal) zum geheimen Seelenspiegel umfaßt der Begriff das Unvereinbare. Es ist, schreibt Just, die heterogenen Pole des Tagebuchs zwischen extremer Subjektivität und kalendarischem Merkbuch zutreffend absteckend, "einerseits Ort des Bekennens, andererseits Ort des Verbuchens."[22] Hocke weist darauf hin, daß sich Weltsicht, Chronik und Subjektivität in der Genese des Tagebuchs berühren, aber zunehmend auseinanderfallen. Das Tagebuch ist großen Formen der Literatur, Roman und

schriften folgen räumlichen ("Les Eparges", "Langemarck" etc.) oder systematischen ("Vom täglichen Stellungskampf", "Die große Schlacht" etc.) Kategorien. Daten der Eintragungen ins Tagebuch werden durch das Tempus als Erinnerungen an eine frühere Zeit oder als Zitate charakterisiert: "Am 9. April flogen zwei englische Flugzeuge [...]", "[u]nter dem 23. Dezember steht [...]". Es war keine glückliche Entscheidung, diesen Text in der Werkausgabe unter den Titel *Tagebücher I* zu stellen.

[19] Zum Tagebuch vgl. Klaus Günther Just: Das Tagebuch als literarische Form. In: K.G. Just: *Übergänge. Probleme und Gestalten der Literatur.* München 1966. S. 25-41; Uwe Schultz: *Das Tagebuch und der moderne Autor.* München 1965; Gustav René Hocke: *Europäische Tagebücher aus vier Jahrhunderten. Motive und Anthologie.* Wiesbaden 1978; Lothar Bluhm: *Das Tagebuch zum Dritten Reich. Zeugnisse der Inneren Emigration von Jochen Klepper bis Ernst Jünger.* Bonn 1991.

[20] Durch die Nähe, in die Hockes Sammlung die heterogenen Texte zueinander bringt, entsteht ein Eindruck von dieser 'Regellosigkeit'.

[21] Vgl. Klaus Günther Just (Anm. 19). S. 26.

[22] Ebd. S. 27.

Autobiographie, benachbart, nimmt jedoch, trotz einer langen Reihe großer Namen unter seinen Verfassern, keinen Ort im Kanon der literarischen Gattungen ein, der ihm eine annähernde Würde verliehe.[23]

Wenn Jünger sechs Tagebücher unter einem — anspruchsvollen — Titel zusammenfaßt und mit dem philosophischen Anspruch, eine Art "Logbuch" der Katastrophe seiner Zeit zu sein, als Einheit publiziert, ist darin durchaus ein Verstoß gegen Konventionen zu sehen. Worin mag der Reiz gelegen haben? Die *Strahlungen* reklamieren einen Ort in der Literatur für einen Texttyp, der mit dem Makel des bloß Dokumentarischen oder extrem Subjektiven behaftet ist. Im Vorwort der Sammlung stellt sich Jünger diesem Problem und kehrt die Wertung um.

Folgt man Jüngers "Vorwort" als einer Leseanweisung, gehören die *Strahlungen* in die Gruppe der literarisierten Tagebücher. Aber nicht nur die Eigeninterpretation des Autors, sondern die Struktur des Werkes selbst sollte vor einer Lektüre dieses Tagebuchs als eines Zeitdokuments bewahren. Es ist, wie eine Reihe von Untersuchungen von Sprache, Form und Genese gezeigt haben, in hohem Maß literarisch konstruiert. Ulrich Böhme nennt die Textgenese eine Art "Kettenreaktion".[24]

Eine Kritik dieses Tagebuchs unter dem Gesichtspunkt seiner unterentwickelten Historizität oder Standpunktlosigkeit und Ich-Defizienz des Autors verfehlt gerade diesen Charakter des Werks. Es ist abwegig, den Maßstab des historischen Wissens an *Strahlungen* anzulegen und sie mit der Erwartung zu lesen, ein, wenn auch aus subjektiver Perspektive entworfenes, so doch zeitgerechtes Bild des Kriegs zu finden. Dokumentarisches, auf der Ebene der Biographie wie der Zeitgeschichte, vermischt sich unauflöslich mit Imagination, Fiktion und Rhetorik zu einer Einheit, die als Beitrag zum Entstehen einer unorthodoxen literarischen Gattung zu lesen ist. Der immer wieder gemachte Versuch, diese Einheit in ihre Bestandteile aufzulösen und Dokumentation und Fiktionalität zu trennen, ist gegenüber Jüngers 'Tagebuch' noch weniger angebracht als gegenüber den Tagebüchern anderer Autoren. Die Organisation des Materials nach dem Modell der Chronik und die vom Texttypus Tagebuch vorgegebene Position des grammatischen Subjekts 'Ich' dürfen nicht darüber hinwegtäuschen, daß

---

[23] In den meisten Gattungstheorien oder historischen Darstellungen der Gattungen fehlt das Tagebuch. Hockes kenntnisreiche Darstellung der Geschichte des Tagebuchs und seine Sammlung von Texten folgen der Absicht, eine literarische Gattung zu etablieren. Den dafür erforderlichen theoretische Rahmen entwickelt er jedoch nicht.

[24] Ulrich Böhme: *Fassungen bei Ernst Jünger*. Meisenheim 1972. S. 105. Armin Mohler reserviert in seinem Dokumentenband ein eigenes und aufschlußreiches Kapitel für die Illustration von Jüngers Schreibtechnik in *Strahlungen*. A.M.: *Die Schleife. Dokumente zum Weg von Ernst Jünger*. Zürich 1955. S. 97-111.

Strahlungen als Literatur geschrieben wurde. Die Suche nach Faktizität wie die nach dem biographischen Ich der Person Ernst Jünger geht von fehlgeleiteten und den Titel "Tagebuch" mißverstehenden Erwartungen aus.

Es ist mehrfach betont worden, daß Jüngers Tagebuch als das Produkt eines literarischen Willens gelesen werden müsse.[25] Jünger mache, schreibt Brandes zu Recht, "das Tagebuch zu einem literarischen Kunstprodukt". An diese Beobachtung läßt sich die Frage anschließen, warum Jünger die marginale Form des Tagebuchs wählt, um sich mit dem gewaltigen Thema des Zweiten Weltkriegs auseinanderzusetzen und, bedeutender, was die Konsequenzen dieser Entscheidung — und es ist zweifellos eine Entscheidung — sind. Gibt das literarisch stilisierte Tagebuch dem Autor tatsächlich die Möglichkeit, "beinahe beliebig seine eigene Geschichte [zu] entwerfen [...]"?[26] Entspricht der Wunsch nach einer "eigenen Geschichte" der Konstruktion dieses Tagebuchs? Und wäre diese Subjektivität mit Jüngers Idee des Tagebuchs, wie er sie im "Vorwort" entwickelt, und seiner erklärten Absicht zu versöhnen, "Seismograph" des "Erdbebens" (S I, 13) seiner Zeit zu sein?

In Umkehrung der traditionellen Einschätzung charakterisiert Jünger das Tagebuch als Paradigma einer *neuen Literatur*,

> als deren Merkmal man ganz allgemein die Absetzung des Geistes von der Welt bezeichnen kann. Das führt zu einer Fülle von Entdeckungen. Zu dieser Welt gehört die immer sorgfältigere Beobachtung, das starke Bewußtsein, die Einsamkeit und endlich auch der Schmerz. (S I, 12)

---

[25] Lothar Bluhm: Ernst Jünger als Tagebuchautor und die 'Innere Emigration'. ("Gärten und Straßen" 1942 und "Strahlungen" 1949). In: Müller/Segeberg (Hrsg.) (Anm. 12). S. 125-153, bes. S. 138-149. Bluhm spricht, vor allem im Vergleich mit anderen Tagebüchern der Inneren Emigration, ganz berechtigt vom "betont literarischen Charakter" der *Strahlungen* (S. 151) und betont den "ritualisierten Abstand", den Jünger durch die Metapher von Welt als Theater gewinne (S.143). Erstaunlich dagegen die Verbindung, die er mit dem "Ornamentalen" herstellt. Jünger ist auch in dieser Hinsicht modern und sein Stil (oder seine Manie, wie Kuby schreibt) steht in der Tradition des Bannstrahls von Loos, der das Ornament als "Verbrechen" bezeichnete (obwohl Jünger selbst das unzutreffende Stichwort "Ornament" für die Charakterisierung seines Stils liefert). Scharf beobachtend meint Kuby über die "Provinz Jünger", sie sei eine durch und durch konstruierte Kunstwelt: "Ein starkes Licht, das keine Quelle zu haben scheint, erhellt sie, ohne Schatten zu werfen." Erich Kuby: Die künstliche Provinz. In: *Frankfurter Hefte* 5 (1950) H. 2. S. 205-209, hier S. 208.

[26] Wolfgang Brandes: *Der 'Neue Stil' in Ernst Jüngers 'Strahlungen'*. Bonn 1990. S. 78.

Mit der cartesianischen Subjekt-Objekt Spaltung, Entdeckungen, naturwis-
senschaftlicher Beobachtung und den Problemen der Subjektivität sind
Schlüsselbegriffe der Moderne genannt, und Jünger verknüpft sie explizit
mit der Form des Tagebuchs. Als Modell dient ihm das Tagebuch von sieben Matrosen, die 1633 im nördlichen Eismeer an einem wissenschaftlichen Experiment teilnehmen und im Polarwinter umkommen. Ihre Situation und das hinterlassene Tagebuch stilisiert Jünger zu einer Ur-Szene: in
der Gleichzeitigkeit von politischen, religiösen, wissenschaftlichen und
literarischen Umstürzen des Jahrhunderts spricht er den Aufbruch der
Neuzeit an, die mit zunehmender Geschwindigkeit die gesamte Welt erfasse. Für das "ungemeine Wagnis" der neuen Zeit stehe das Tagebuch als
eine neue literarische Form. Jünger stilisiert das Tagebuch der Matrosen
zum ersten Tagebuch überhaupt. Daher kann es von der Last der Tradition,
die andere Gattungen mit sich schleppen, frei sein. "Seit jenem ersten hat
man viele solche Tagebücher bei Toten gefunden [...]." Dreihundert Jahre
später liege in der Publikation eines Tagebuchs zwar "kein Wagnis mehr",
es muß nicht mehr mit dem Leben erkauft werden: "Auch Lebende gewäh-
ren Einblick in ihre Tagebücher." (S I, 13) Dennoch gehöre es in die Situationen von Umbruch und Gefahr, und in seiner Form bewahre sich bis
in die Gegenwart etwas vom Neuen und der Gefahr jenes "ersten" Tagebuchs der frühen Polarexpedition.[27] Im Tagebuch sucht Jünger eine Form
des Schreibens, die sich gegen die Last des Gedächtnisses stemmt, die in
den großen Gattungen wirkt. Gegen die überragende Dominanz der Gattung Roman für die Behandlung der historischen und philosophischen Fragen der Zeit rückt er das Tagebuch von der Peripherie in eine zentrale
Position, und es ist gerade die Armut der Textsorte Tagebuch, die es für
seine Leistung einer anderen Art des Erinnerns prädestiniert. In Phasen des
Umbruchs werden aus den "Hinterhöfen und Niederungen" der Literatur,
schrieb Tynjanov 1924, nicht-literarische Gattungen ins literarische System
eingeführt und sorgten für Innovation sowohl im synchronen wie im
diachronen Verständnis der Literatur.[28] Brief oder Essay sind als Beispiele
ausführlich behandelt worden. Jüngers Tagebuch wäre als weiteres Beispiel eines solchen Umzugs aus dem Hinterhof ins Vorderhaus der Literatur anzufügen.

Die Reise der Polarexpedition ins Unbekannte und ohne Rückversiche-
rung und die existentielle Gefährdung im einsamen Eis versteht er als Allegorie der Moderne, die sich auf einer solchen Reise durch die Zeit befin-

---

[27] Armin Mohler beobachtet ("Die Schleife"), daß Jünger in Zeiten der Gefährdung, im Krieg, und sonst nur auf großen Reisen, Tagebuch führte. Das gilt für den
späten Jünger nicht mehr.
[28] J. Tynjanov: Das literarische Faktum. In: Jurij Striedter (Hrsg). *Russischer For-
malismus*. München 1971. S. 393-431, hier S. 399.

de. Im Tagebuch geben die Reisenden Rechenschaft und machen den Versuch, sich zu orientieren:

> Das sind Notizen auf der Fahrt durch Meere, in denen der Sog des Malstroms fühlbar wird und Ungeheuer auftauchen. Wir sehen den Steuermann bei der Betrachtung der Instrumente, die allmählich glühend werden, den Kurs bedenken und sein Ziel. (S I, 13)

Edgar Allen Poes "A descent into the Maelström" dient ihm als Bild für die Reise durch die Zeit, auf der sich die Gegenwart befinde,[29] und in Nietzsches *Wille zur Macht* habe sich zum "ersten Mal" der Versuch einer Orientierung in dieser bedrohlichen Lage gezeigt. Es ist diese philosophisch-literarische Tradition der Zeitdiagnose, in die Ernst Jünger selbst seine Tagebücher über den Zweiten Weltkrieg einordnet.

V. Das Unangemessene als das Angemessene

Die Lage hat sich für den Autor des 20. Jahrhunderts im Verhältnis zu der Nietzsches wesentlich verkompliziert. Krieg und Friede sind nicht mehr durch eine klare Linie voneinander getrennt. Konnte sich Nietzsche auf eine Nachkriegszeit berufen, so war der Nachkrieg für die Epoche Jüngers zugleich auch schon Vorkrieg, wurde nach 1918 zum Übergang in den Bürgerkrieg und nach 1945 in den Kalten Krieg. Sprach Nietzsche von der Drohung, daß ein Sieg sich in der Zukunft in eine Niederlage verwandeln könne, so erlebte Jünger am Ende von zwei Weltkriegen schwere Niederlagen, von denen die eine von vielen nicht als Niederlage akzeptiert, sondern nachträglich in einen Sieg umgedeutet wurde, und die zweite von einigen als eine Katastrophe, aber von anderen als Befreiung erfahren wurde. Und wenn Nietzsche, sich auf Goethe beziehend, schon in seinem frühen Text von den deutschen "Barbaren" sprach, so wurde Jünger der Zeitgenosse eines Barbarentums in Deutschland, das mit dem von Goethe und Nietzsche angesprochenen nur noch den Namen teilte und das Bild vom Menschen neu zu zeichnen zwingt — ohne daß allerdings Jünger dieser Notwendigkeit zugestimmt hätte.

Mir will es scheinen, als ob angesichts der 'unsagbaren' Destruktivität des modernen Kriegs das 'Unangemessene' des 'ärmlichen' Tagebuchs die

---

[29] Poes Maelström taucht in den *Strahlungen* an verschiedenen Stellen wieder auf (3. Juli 1943, 19. August 1943, 14. September 1945) Alfred Kubin hatte Jünger 1932 eine zweibändige Ausgabe von Poes Erzählungen mit seinen Illustrationen geschickt. Die beiden Illustrationen zu "Im Strudel des Maelströms" verstärken Jüngers Auslegung der Erzählung. Die Dramatik Nietzsches, der im Meer und im Hochgebirge existentielle Landschaften sah, liegt über beiden Zeichnungen. Bohrer meint dagegen, daß seit den *Marmorklippen* Poes Erzählung für Jünger eine "politische" Metapher liefere. Bohrer (Anm. 6). S. 175.

'angemessene' Form bietet. Es steht zu seiner Zeit im selben Un-Verhältnis wie ein Tagebuch von sieben unbekannten Matrosen zu der Epoche, die Jünger mit Namen wie Kopernikus, Galilei, Luther, Wallenstein, Cromwell sowie den wissenschaftlichen und politischen Revolutionen der frühen Neuzeit verbindet. In *Strahlungen* findet sich weder die 'eigene' Geschichte eines Offiziers noch das Bild 'des' Krieges. Der 'Unzeit' angemessen ist die grotesk unangemessene Form des Tagebuchs als bloße Chronik und gleichzeitig als persönliche Reflexionen und Erinnerungen aus der Froschperspektive. Es war gerade die große Ernsthaftigkeit, die bis zu manischer Besessenheit führte, mit der die Kriegsliteratur nach 1927 die Erwartung verfolgte, es könne eine angemessene Erinnerung an 'den' Krieg geben, aus der eine tiefe Desillusionierung folgte. Der Blick auf diese Literatur, die im zwanzigsten Jahrhundert als das Paradigma der Kriegsliteratur gelten kann, zeigt, daß das Bedürfnis, im Roman oder auf dem Theater eine der Generationserfahrung angemessene und der eigenen Zeit gemäße Erinnerung zu schaffen, nicht zu erfüllen war. Gegenüber dem modernen Krieg zeigten sich die Mittel der Narration als grundsätzlich unzureichend. Vor der Macht des modernen Kriegs erwies sich die Literatur als Mittel angemessener Erinnerung hilflos. Die eigene Zeit war von der Realität des Schlachtfeldes so weit entfernt, daß dessen Schilderungen den Hauch des Irrealen annahmen, und die Versuche, den Abstand durch Narration bedeutungsvoll zu schließen, mündeten in Ästhetisierung; gleichzeitig war die eigene Gegenwart in einem so hohen Maß von Strukturen des Schlachtfeldes geprägt und die Grenze zwischen Krieg und Frieden so verwischt,[30] daß die Gesten der Anklage und der Heroisierung ebenso wie das Pathos des bloßen Zeigens vor der Gegenwart verblaßten. Diese Formen des Erinnerns waren kraftlos, und das vorgeblich 'andere' des Kriegs konnte bruchlos in die Kontinuität von Diskursen der Bedeutsamkeit eingebaut werden.

In einem ganz anderen Sinn als Jüngers eigener Begriff vom "neuen Stil" und der Wende, die sein Werk nach dem Essay "Über den Schmerz" seit etwa der Mitte der dreißiger Jahre genommen habe, suggeriert, legt die Entscheidung für die unliterarische Textform, für die Nicht-Gattung Tagebuch den Gedanken nahe, daß hier ein unzeitgemäßes Gegenmodell zu der Bearbeitung des Ersten Weltkriegs in Jüngers eigenem Roman *In Stahl-*

---

[30] Vgl. Cornelia Vismann: Starting from Scratch: Concepts of Order in No Man's Land. In: Bernd Hüppauf (Hrsg.): *War, Violence, and the Modern Condition.* Berlin, New York 1997. S. 46-64; Bernd Hüppauf: Die Stadt als imaginärer Kriegsschauplatz. In: *Zeitschrift für Germanistik* 2 (1995). S. 317-335.

gewittern und den Erzählungen sowie zu den Romanen anderer Autoren der späten zwanziger Jahre zu sehen ist.[31]

Die Vorstellung einer ungefilterten und spontanen Direktheit mag als eine Fiktion durchschaubar sein, haftet jedoch am Texttyp Tagebuch auf eine Weise, daß seine extreme Subjektivität ins Gegenteil umschlägt. Das Tagebuch repräsentiert die reinste Form der Subjektivität und entlastet gleichzeitig das Subjekt durch seinen entsubjektivierten Chronikcharakter. Das Tagebuch kann dem Romanautor in dem Maß als Rohmaterial dienen, wie es als ungeformt empfunden wird und damit vorgeblich 'näher' an einer erlebten Wirklichkeit haftet als jede andere Form sprachlicher Beziehung zur Wirklichkeit. Das Tagebuch erhebt, im Unterschied zur Autobiographie, einen Anspruch auf Objektivität, der sich aus seiner Nähe zur Chronik ergibt. Als solches geht es virtuell in jeden literarischen Text, der nicht jede Weltbeziehung programmatisch negiert, mit ein. In dem Maß, wie das Tagebuch keine literarische Gattung bildet und keinen literarischen Anspruch stellt, haftet ihm ein gesteigerter Anspruch von *Authentizität* an. Es scheint der ordnungslosen Praxis näher zu bleiben als andere Formen der sprachlichen Repräsentation. Die von Blut- und Rotweinflecken gezeichneten Blätter, auf denen Jünger, wie er berichtet, sein Tagebuch des Ersten Weltkriegs führte, liefern für diesen Kult der Authentizität das anschauliche Bild. Die Verständnislosigkeit, mit der solche Blätter im Nachhinein betrachtet werden, ist ein Zeichen für deren Zugehörigkeit zur verlorenen Unmittelbarkeit des gelebten Augenblicks. Aus dem Zeitabstand fällt der Blick des Autors auf die eigenen Aufzeichnungen wie auf etwas Fremdes aus einer unbekannten Welt. Diesen Authentizitätsanspruch macht sich Jünger zunutze, indem er seine Aufzeichnungen aus der Zeit des Zweiten Weltkriegs nicht in einen Roman umformt, sondern in die Rubrik Tagebuch stellt. Damit befreit er sich von der Notwendigkeit einer Beglaubigung des Textes durch die Autorität des Autors als literarischer Instanz. Das Tagebuch lebt vom Anschein, als ob Authentizität durch das Nicht-Literarische des ärmlichen Aufzeichnens selbst garantiert sei. Gleichzeitig untergräbt *Strahlungen* jedoch diesen Anschein durch das hohe Maß der sprachlichen Stilisierung.

Ist die Gattung Roman bereits flexibel bis zum Punkt der Selbstauflösung, so ist das Tagebuch noch weniger literarischen Konventionen und internen Ordnungsmustern unterworfen. Hatte der Roman im frühen zwanzigsten Jahrhundert bereits alle Regeln der Gattung gebrochen, so

---

[31] Jünger selbst betont dagegen eine Kontinuität zwischen seinen Tagebüchern des Ersten und des Zweiten Weltkriegs. E.J.: *Jahre der Okkupation*. Stuttgart 1958, S. 7. Auch frühe Rezensionen betonen die Kontinuität, vgl. Kuby (Anm. 25). S. 207. Die Anschauung von Kontinuität hat sich, wenn ich richtig sehe, bis heute ohne Widerspruch erhalten.

setzt nun Jünger, der an dem verletzenden Spiel mit den Regeln der Narration und den gattungssprengenden Experimenten nicht teilnimmt, das Tagebuch an die Stelle, die bis dahin vom Roman eingenommen wurde. Ohne an die experimentelle Tradition der Moderne, wie sie von Joyce, Musil oder Döblin repräsentiert wird, anzuschließen, befreit er sich damit dennoch vor allem von der *narrativen Struktur* des Romans.[32] Die Chronologie nimmt dem Tagebuchschreiber eine Leistung ab, die sich unter den poetischen Bedingungen der reflexiven Moderne seit dem 18. Jahrhundert zunehmend aus einem Vergnügen in eine Last, aus der Freiheit des Fabulierens in die Rechtfertigungszwänge gegenüber der Narration als Konstruktion oder in das Bewußtsein von der Unmöglichkeit von Mimesis verwandelt hat. Die Sinnkonstruktion, die in der Ordnung der Narration selbst wirkt, hatte sich in einen Ordnungszwang verwandelt. Die primitive Chronik setzt diese Ordnung außer Kraft.

Diese Konstruktionsprinzipien schaffen einen Text, der in Opposition zu dem Muster der Kriegserinnerungen und Kriegsromane der Zeit nach 1918 steht und an deren Versuch, das Bild 'des' Kriegs durch die heroische oder pazifistische Interpretation eines herausgehobenen Zeitraums zu entwerfen, nicht gemessen werden kann. Eine Lektüre, die nach einer Erneuerung des Kriegserlebnisses, wie es für den Ersten Weltkrieg symptomatisch war, im Medium von Literatur sucht, verfehlt sowohl die historische Situation als auch die Poetik von *Strahlungen*. Dieser 'zeitgemäßen' und bis heute immer wieder erhobenen Erwartung entspricht das Tagebuch nicht. Die Spannung, in der es zur Subjektivität der Autobiographie ebenso wie zur Historizität der Kriegsberichte und der Literarität des Romans steht, ist konstitutiv für das Verhältnis der *Strahlungen* zur Zeit. Das Tagebuch, auch in seiner literarisierten Form, ist keine Textsorte, die sich für Sinnstiftung anböte. Dafür ist seine Perspektive zu eng, großen Ereignissen gegenüber unangemessen und zu offensichtlich mit der Stabilisierung eines gefährdeten schwachen Ichs beschäftigt. Sobald die Entscheidungsfrage nach der historischen 'Richtigkeit' oder nach der biographischen 'Wahrheit' gestellt wird, verliert Jüngers Kriegstagebuch seine Originalität, die gerade nicht aus Enthüllungen geschichtlicher Ereignisse oder aus einmaligen Urteilen folgt, sondern aus seinem strukturellen Verhältnis zur Zeit. Hatte die Literatur nach dem Ersten Weltkrieg das Ziel verfolgt, sich *den* Krieg oder ein repräsentatives *Kriegserlebnis* oder die Erfahrung der *Krise* der westlichen Zivilisation zum Gegenstand zu machen, so weist Jüngers "Tagebuch" des Zweiten Weltkriegs eine solche Erwartung zurück. Aus

---

[32] Im Versuch, den die russischen Formalisten machten, literarische Evolution zu beschreiben, spricht Victor Sklovskij davon, daß seit *Tristram Shandy* das Prinzip der literarischen Erneuerung im Verstoß gegen die Gattungsregeln gesehen werden könne. Vgl. Striedter (Hrsg.) (Anm. 28). Bes. S. XLI.

32

den Enttäuschungen über die literarischen Versuche, mit dem modernen Krieg und der Struktur des Schlachtfeldes angemessen umzugehen, zieht das "Tagebuch" die Konsequenz einer Verweigerung, indem es eine andere Art des Unangemessenen und Unzeitgemäßen wählt. Daß der moderne Krieg undarstellbar geworden war und jedes Werk, das sich der Sprache bediente, die auch die militärischen Kommuniqués benutzten, sich zum Komplizen der militanten Gesellschaft mache, war die Konsequenz, die bereits Dada aus dem Ersten Weltkrieg gezogen hatte. Aber der Dada-Effekt war kurzlebig und seine stellvertretende Destruktion von Semantik und Grammatik nach wenigen Jahren zum Ritual erstarrt. Das vor-modern Chronikale in Verbindung mit der hoch-modernen Verabsolutierung der Ich-Perspektive im Tagebuch bietet dem Schreiben die strukturellen Möglichkeiten der Verweigerung gegenüber dem Anspruch, Sinn ebenso wie sein Gegenteil, Absurdität, im Krieg zu finden, oder den Kampf noch ein weiteres Mal für die Diskurse des Heroismus oder der pazifistischen Anklage zu entdecken oder die Frage nach den obersten Werten im Angesicht des Todes auf den Schlachtfeldern noch einmal zu stellen. Die Suche nach einer 'Wahrheit des Kriegs', von der die Literatur nach 1918 durchdrungen war, ließ sich zehn Jahre nach dem Einsetzen der Welle von Kriegsromanen um 1928 nicht wiederholen. Weder eine heroische noch eine pazifistisch verweigernde Wahrheit des modernen Kriegs noch eine der Betroffenheit und Trauer hatte sich mit den Entwicklungen der Zeit nach dem Kriegsende vereinbaren lassen. Das literarische Potential im Umgang mit dem modernen Krieg hatte sich erschöpft, und eine Entleerung des Kriegsmythos setzte bereits in dieser Zeit ein. Die erstaunliche Wirksamkeit des Kriegsthemas in der Literatur und im Alltagsleben während der Weimarer Republik ging mit einer neuen und bemerkenswert funktionalen *Ideen-* und *Wortarmut* dieser Mythen einher.[33] Es war kaum zu übersehen, daß die Teilhabe an den Diskursen der Sinnkonstitution diese Literatur, auch im Gegensatz zu ihren Deklarationen, in eben die Gewaltstruktur ihrer Gesellschaft einbettete, die sie zu bekämpfen glaubte. Unerachtet ihrer politisch manifesten Aussagen trugen diese Sinnkonstruktionen des Erinnerns zur Stabilisierung der politischen Strukturen bei, aus denen sowohl die Repression der friedlichen Gesellschaft als auch die Unterwerfung des Kriegs unter die Macht von Technik und der Menschen unter beides folgten. Auch für Jünger, der zeit seines Lebens keine pazifistischen Ideen verfolgt hat, der jedoch Krieg als Teil der Naturgeschichte des Menschen und in einem nicht-politischen Sinn denkt, bedeutete diese Erfahrung von

[33] Vgl. Bernd Hüppauf: Schlachtenmythen und die Konstruktion des 'Neuen Menschen'. In: Gerhard Hirschfeld u.a. (Hrsg.): *"Keiner fühlt sich hier mehr als Mensch..." Erlebnis und Wirkung des Ersten Weltkriegs.* Frankfurt 1996. S. 53-103, bes. S. 89f.

Ohnmacht der traditionsreichen Genres und literarischen Sprache gegenüber der Politik eine Enteignung. Der Zweite Weltkrieg führte konsequen-
terweise zu keinem vergleichbaren Versuch einer ästhetischen Auseinandersetzung mit dem Krieg als ganzem oder seiner Aspekte als Symptomen.
Das Tagebuch als Form, und Jüngers spezifisches und literarisiertes Tagebuch bildet keine Ausnahme, erhebt keinen Anspruch dieser Art. Es knüpft
an die Tendenzen zur Verarmung an, die sich in die zwanziger Jahre zurückverfolgen lassen, und erhält lediglich den Anspruch, daß die Form einer subjektivierten Chronik die literarische Sprache im Dienst der Erinnerung auf ausreichende Weise unzeitgemäß machen kann, so daß sie den
Lockungen der Wahrheitssuche und dem Bedürfnis der Zeit nach Bedeutung widerstehen kann. Darin liegt die unzeitgemäße Zeitgemäßheit der
Strahlungen.

VI. Das Jetzt und die tiefen Zeiträume

Der literarische Raum und der von Politik und Diskursivität sind in Jüngers
Sicht prinzipiell nicht deckungsgleich. Diese Asymmetrie wirkt besonders
kraß in Zeiten der Beschleunigung und der Reduktion von Komplexität,
die die Kriegszeit charakterisiert. Krieg, insoweit er zum literarischen
Krieg wird, erfordert aus dieser Perspektive notwendigerweise, in eine andere und fundamentalere Zeitlichkeit versetzt zu werden als die der politischen und militärischen Zeit. Die Beschleunigung von Zeit in Kriegen und
Katastrophen ist in Jüngers Sicht ein Oberflächenphänomen. Er versteht
die gesteigerte Geschwindigkeit auch solcher Phasen in eine Zeit eingebettet, die sich von der der Phasen von Ruhe und Kontinuität nicht unterscheidet. Er spricht von einer "Geschwindigkeit", die die Wahrnehmung
erfasse und in einem Maße steigere, "das die Form bedroht und das in unserer Malerei getreulich festgehalten wird. Demgegenüber ist literarisch
das Tagebuch das beste Medium." (S I, 13) In ihm hemmt die Reflexion
"das feine Rad der Zeit." (S I, 306) Es ist vordergründig, dem Versuch,
eine Autonomie für diese literarische Zeit zu reklamieren, Ästhetizismus
und mythischen Irrationalismus nachzuweisen. Aber der Vorwurf einer
Verabschiedung vom Begriff der Geschichte im Namen des Irrationalismus
hat sich bis heute in der kritischen Jünger-Literatur erhalten.[34] Die theoreti-

---

[34] Sich auf Jeffrey Herfs Thesen über einen "reactionary modernism" berufend,
zieht ein neueres Buch das Fazit, der reaktionäre Modernismus Jüngers sei mit der
Revolte der literarischen Moderne verwandt, schlage jedoch "einen Haken und
landet bei der Aesthetisierung ausgerechnet jener blutigen Spektakel, die die Entfremdung des Menschen von seinen produktiven Möglichkeiten auf die Spitze
treiben." Reinhard Brenneke: *Militanter Modernismus. Vergleichende Studien zum
Frühwerk Ernst Jüngers*. Stuttgart 1992. S. 324.

sche Vorentscheidung zugunsten eines spezifischen Geschichtsbegriffs macht diese Kritik an Jüngers literarischem Werk zu einem Tribunal mit feststehendem Urteil. Eine Einsicht in den Zusammenhang zwischen dem literarischen Werk und seiner Zeit ist jedoch nicht gewonnen, solange dies asymmetrische Verhältnis nicht ernst genommen und die Frage nach seinem Potential für Widerstand und Befreiung aus den Gesetzen eben des Raums, in den der technisierte Krieg gehört, verdrängt wird. Der Literatur einen Raum mit ihrer eigenen Zeit zu erhalten, kann gerade nicht bedeuten, sie dem Pazifismus oder anderen Arten einer politischen Doxa zu öffnen, da die Umkehrung der Bindung nicht von Bindung befreit.

Die Korrespondenz zwischen Jüngers Tagebuch und der Kriegserfahrung der Gegenwart folgt daher keineswegs aus einer "Absage an die eigene Zeit aus dem katastrophischen Bewußtsein der pathetischen Moderne",[35] sondern aus der aporetischen Unzeitgemäßheit, die keine Frage der Entscheidung in Willensfreiheit ist und der das moderne Bewußtsein nur unter der Gefahr entweder der Affirmation oder des Apokalyptischen entgeht. *Strahlungen* baut auf der Voraussetzung auf, daß das Zeitverständnis im Denken der Moderne als einer Theorie der Industriegesellschaft für die Möglichkeiten der Literatur blind mache. Der Fortschrittsglaube sei für Jünger, schreibt Figal, "bloß eine Ideologie, in der die neue Wirklichkeit sich artikuliert, ohne daß sie durchschaut würde [...]."[36] Dem 'ideologischen' Selbstverständnis der Moderne als Epoche des Fortschritts, die mit jeder früheren Geschichte unter dem neuen Prinzip der Rationalisierung gebrochen habe, setzt er einen Zeitbegriff entgegen, in dem solche Brüche gegenüber langen Kontinuitäten bedeutungslos werden. Den zeitlichen Rahmen, in dem der Mensch und seine Literatur zu betrachten seien, definiert er in den Kategorien der Anthropologie und einer naturphilosophischen Tiefendimension, die er, im Gegensatz zum aufklärerischen Verständnis von Geschichte, als die genuine Bestimmung des Menschen als des zeitlichen Wesens versteht. Seine Poetik kämpft an zwei Fronten. Gegen die Entleerung der Zeit in einem philosophischen Begriff für homogene Dauer setzt er einen Begriff von erfahrener Zeit, die er aber nicht durch den Horizont individueller Erfahrung eingeengt denkt. Seine Zeitvorstellung steht in Opposition zu Newtons Begriff einer inhaltsleeren Zeit vor jeder Erfahrung und gehört in das Zeitdenken der Phänomenologie. Dem Gedanken einer Beherrschung von Zeit in der Welt von Technik und Verwaltung durch Praktiken der Rationalisierung entzieht das "Tagebuch" den Boden. Es dekonstruiert aber ebenso jede Konstruktion von Zeit als *Eigen-*

---

[35] Herzinger (Anm. 10). S. 99.
[36] Günter Figal: Der metaphysische Charakter der Moderne. Ernst Jüngers Schrift "Über die Linie" (1950) und Martin Heideggers "Über 'Die Linie'" (1955). In: Müller/Segeberg (Hrsg.) (Anm. 12). S. 181-197, hier S. 186.

zeit. Das "Tagebuch" wehrt konsequent die Wiederkehr einer heroischen Zeit der Identifikation ab. Die Bedeutung von Botanik, Zoologie und Geologie für das "Tagebuch" ist nicht durch das wissenschaftliche Denken des rationalistischen Zeitalters begründet, sondern eine Funktion von Jüngers Begriff von Zeit. Sie ist nie leer, aber überschreitet prinzipiell die individuelle Erfahrung. Die Zeit der Geschichte ist in die Natur und den Kosmos eingebettet, und sie läßt sich im Zyklus des Pflanzenwachstums oder unter dem Mikroskop an den evolutionären Variationen im Mikrokosmos, mit dem der Mensch die Welt teilt, *sehen.* Jüngers literarisiertes Tagebuch läßt sich als das Gegenmodell zur Zeit des 'Bewußtseinsstroms' im modernen Roman verstehen. Der Perforierung des Ereignisstroms durch die mechanischen Daten des Kalenders wirkt eine Kontinuität entgegen. Es ist aber nicht die Kontinuität eines vorstellenden Bewußtseins, sondern die einer durch Natur und Anthropologie konstituierten Zeit. In sie ist menschliche Existenz eingelassen.

In der Opposition zwischen einem 'kulturalistischen' und einem 'naturalistischen' Verständnis von Gesellschaft nimmt Jünger eine klare Position ein. Er versteht den Menschen und seine Kultur nicht aus einem Bruch mit der Natur, sondern als eine Fortsetzung von Natur, der gegenüber sich das Anderssein der Kultur relativiert.[37] Jüngers Vorstellung der sinnlichen Wahrnehmung, der psychischen Konstruktion und des menschlichen Verhaltens ist von der Evolutionstheorie, der frühen Verhaltensforschung und dem biologischen Weltbild seiner Zeit geprägt. Ähnlich wie andere Autoren seiner Generation, Musil, Döblin, Benn, geht er davon aus, daß das menschliche Handeln in ein umfassendes Bild von Natur eingefügt werden müsse. Seiner physischen Konstruktion und seinem anthropologischen Erbe könne der Mensch nicht entkommen. Gegen die Kurzfristigkeit des Menschenbilds der Aufklärung rekurriert er auf einer zeitlichen Tiefendimension, die von der Biologie, Zoologie und Anthropologie gelernt werden kann. Der Mensch müsse als das Tier anerkannt werden, das er seit jeher war und auch bleiben wird. Wie die jüngsten Entwicklungen der Soziobiologie, evolutionärer Kognitionstheorie und ähnlicher Disziplinen zeigen, wäre es verfehlt, diese Position vorschnell zu diskreditieren, indem sie als politische Ideologie 'entlarvt' oder mit Sozialdarwinismus oder krudem Reduktionismus gleichgesetzt wird.[38] Fragen nach der Natur der

---

[37] In der gleichzeitig mit "Jahre der Okkupation" entstandenen und 1959 publizierten Arbeit "An der Zeitmauer", E.J.: *Werke.* Bd. 6: *Essays II.* Stuttgart 1963, finden sich die deutlichsten Formulierungen Jüngers zu dieser Frage.

[38] Bewußtsein und Psyche in den evolutionären Prozeß eingebettet zu sehen, ist nicht identisch mit der Position, die das Bewußtsein auf physikalisch-chemische Prozesse reduzieren zu können meint, wie John R. Searle u.a. nicht müde werden zu betonen. John R. Searle: *The Rediscovery of the Mind.* Cambridge, Mass. 1992;

Wahrnehmung, vor allem durch Auge und Ohr, und ihrer Strukturierung durch Psyche und Bewußtsein, ziehen sich konstant durch sein Werk und bilden in den *Strahlungen* einen bedeutenden Kontrapunkt zum Krieg. Nicht das Problem kultureller Differenzen, die die Parteien im Kriege trennen, sondern die Frage nach den anthropologischen Konstanten lenkt daher seinen Blick. Die *Strahlungen* suchen nach dem Zusammenhang der Zeit des Krieges mit dieser Daseinszeit.

Die Nähe zur unreflektierten Chronik als einem 'Spiegel der Zeit', bei gleichzeitiger prinzipieller Unterscheidung durch Intimität und Subjektivität, und die Nähe zur Autobiographie, bei gleichzeitiger prinzipieller Unterscheidung durch das Chronikale, ermöglicht dem Tagebuch strukturell die paradoxe Einheit eines Zeitgemäßen und Unzeitgemäßen. Die Daten der Eintragungen ins Tagebuch perforieren den Ereignisfluß und schaffen durch Datierung Zeit im Sinn von Heideggers Begriff der Weltzeit, ohne jedoch selbst bereits die Konstruktion von sinnhafter Zeit vorzugeben. Den Erwartungshorizont der Kriegsliteratur verletzend, entzieht sich das Kalendarische der Konstruktion von Bedeutung und bürdet sie den Daten selbst als einem "öffentlich verfügbaren *Maß*" (SZ, 413) auf. Diese Dimension der Zeit des Tagebuchs entspricht der "Veröffentlichung" der Zeitmessung mit der Folge, daß diese, wie Heidegger schreibt, "jeweils und jederzeit für jedermann als 'jetzt und jetzt und jetzt' begegnet." Im Tagebuch wird diese "allgemeine" Zeit an den Daten der Eintragungen zugänglich und "gleichsam wie eine vorhandene Jetztmannigfaltigkeit vorgefunden", (SZ, 417) ohne daß doch diese Zeit des Messens den Blick auf den Maßstab hinter ihr richtete oder auch nur ermöglichte.[39] Die tiefe Zeitstruktur der "Tagebücher" dagegen liegt dieser vordergründig offenbaren Datierung voraus und reflektiert "die in der Zeitlichkeit des Daseins besorgte Zeit" (SZ, 417) als das Unzeitgemäße, aus der das Zeitgemäße der Datierung überhaupt erst möglich wird. Diese Zeitstruktur entzieht die datierten Ereignisse auf eine Weise der "an sich vergehenden, reinen Jetztfolge" (SZ, 426), daß Bedeutsamkeit entsteht, ohne daß sie sich der 'Heroik' des Kriegs oder der 'Würde' einer literarischen Form verdankte. Das Tagebuch weist eine substantielle Beziehung zwischen der Zeit des Textes und seinem Gegenstand, die sich durch die lange Tradition der Kriegsliteratur von Homer bis zum Ersten Weltkrieg zieht, ab und zielt durch seine bloße Form auf eine Entsubstantialisierung. Zeit soll nicht durch Verknüpfung mit dem Krieg heroisiert werden, sondern umgekehrt: die Zeit des Kriegs

---

Daniel Dennett: *Consciousness Explained*. Boston, Mass. 1995; Dan Sperber: *Explaining Culture: A Naturalist Approach*. Cambridge, Mass. 1996.
[39] Jünger selbst beschäftigte sich mit Fragen der Uhren und der Zeitmessung in *Sanduhrbuch* (1954).

gewinnt nur innerhalb der "zeitbesorgenden Zeitlichkeit" des Daseins eine Bedeutung.

Jüngers Werk ist nicht immer frei von Tendenzen einer Substantialisierung der Zeit oder der Suche nach dem Authentischen in der Tiefe der Zeit. Aber das "Tagebuch" vermeidet die romantischen Gesten einer Kontrastierung von inauthentischer Gegenwart und authentischer Vergangenheit. Die Betrachtung des Kriegs liefert ihm keinen Anlaß, Zeit festzustellen und mit einem herausgehobenen Zeitraum zu verkoppeln. Das Unzeitgemäße der *Strahlungen* folgt nicht aus einer "Metaphysik des Unberührtseins."[40] Ihre Tiefe ist nicht die einer metaphysischen Substantialisierung, sondern einer radikalen Verzeitlichung. Jüngers Opposition gegen eine zeitgemäße Literatur, an der gemessen sein Werk anti-geschichtlich und irrational erscheint, geht von einer anderen, einer unzeitgemäßen Zeitlichkeit der Literatur aus. Die tief in die Naturgeschichte des Menschen zurückreichenden Bedingungen des Daseins nicht anerkennen zu wollen, führt in dieser Sicht zu einem Mißverständnis sowohl der anthropologischen Definition des Menschen als auch der ästhetischen Konstitutionsprinzipien der Literatur. Den aufklärerischen Geschichtsbegriff als einen Maßstab für Literatur einzuführen, muß daher notwendig die Dimension des Literarischen verfehlen. Ihr Zeitbegriff macht die Aufklärung zum schlechthin Antiliterarischen.

Für Jünger läuft die Zeit der Literatur nach anderen Rhythmen ab als die der politischen und gesellschaftlichen Welt und muß vor dem Herrschaftsanspruch von deren Kalender bewahrt werden.[41] So ist es konsequent, daß die Einschnitte ins politische Ereigniskontinuum an Bedeutung verlieren. Der Kriegsausbruch, deutsche und später alliierte Siege oder die deutsche Kapitulation werden nebenbei erwähnt und sind einer anderen Dimension der Tagebücher untergeordnet. Die Ereignisse kündigen sich meist in einer Reihe von vorausdeutenden Eintragungen längere Zeit vorher an und werden damit in langfristige Entwicklungsreihen einbezogen, in denen sich die Bedeutung einzelner Ereignisse relativiert. Eine der Vorankündigungen des Kriegsausbruchs findet sich unter dem 28. April, dem Tag einer kriegsvorbereitenden Brandrede Hitlers im Reichstag. "Lebhafte Nacht.

[40] Herzinger (Anm. 10). S. 99. Wenn Heidegger Jüngers Position gerade als "in der Metaphysik beheimatet" bezeichnet, liegt seiner Interpretation ein wesentlich anderer Begriff des Metaphysischen zugrunde als der Kritik Herzingers. Vgl. Martin Heidegger: Über "Die Linie". In: *Freundschaftliche Begegnungen. Festschrift für Ernst Jünger zum 60. Geburtstag*. Frankfurt a.M. 1955. S. 9-45.
[41] Bezeichnend ist die Eintragung unter dem 8. Mai 1945, als ihm die Siegesfeiern der Alliierten Gelegenheit zu einem Rückblick geben, in dem die Räume von Politik, Literatur, Phantasie und Natur auf bezeichnende Weise getrennt werden. S II, 449-453.

Zunächst erschien mir Kniebolo, den ich schwächlich und melancholisch [...] fand." (S I, 43) Die Traumschilderung Hitlers setzt sich fort, führt in einen phantastischen Garten und schließlich zu einem "leichten Donner". Nach der Traumschilderung heißt es lakonisch: "Um zwölf Uhr mittags in Perpetuas Zimmer am Radio. Perpetua, Louise und die dicke Hanne saßen auf Stühlen, während ich auf dem Sofa lag, fast wie in Mauretanien. Dann Kartoffeln gesteckt [...]." Es schließen sich Betrachtungen über den landesüblichen Namen der benutzten Hacke und über das Altern an, und die Eintragung schließt: "Der starke Balken am Scheunentor wird hier der Dössel genannt." (SI, 44) Natur, Sprache und die Solidität bäuerlicher Architektur bilden einen Rahmen, der die individuelle Erfahrung transzendiert und innerhalb dessen die Bedeutung politischer Ereignisse sich auf das Maß einer blinden Gegenwart reduziert. Das Tagebuch berichtet später über den Kriegsausbruch selbst in einem, die Politik auf provozierende Weise geringschätzenden Satz:

> Um neun Uhr morgens, als ich im Bette behaglich im Herodot studierte, brachte Louise den Mobilmachungsbefehl herauf, der mich zum 30. August nach Celle einberuft und den ich ohne große Überraschung empfing, da sich das Bild des Krieges von Monat zu Monat und von Woche zu Woche schärfer abzeichnete.
> — Nachmittags in Hannover, wo es noch manches zu ordnen und zu besorgen gab, so Kampfer für meine Sammlungen. (S I, 69)

Diese sorgfältig komponierte Eintragung, "Kirchhorst, 26. August 1939", ist nicht der Ausdruck einer 'Privatisierung' von Weltgeschichte, sondern ordnet deren Gewichte nach dem Maß von Jüngers Zeitbild. Den Rahmen der Eintragung bilden die Lektüre von Herodot, Ausgangspunkt der europäischen Geschichtsschreibung, und die Sorge für seine Käfersammlung, die die Zeit der Evolution versinnbildlicht und die Zeit des Menschen und das Ereignis des Tages noch einmal radikal relativiert. Im Widerstand zur überwältigenden 'Größe' des historischen Moments 'Kriegsausbruch' hält das Tagebuch den Maßstab einer Zeit fest, die dem Gedächtnis eine eigene Macht über den Tag hinaus verleiht. In diesem bewegten Jahr von 1939 ziehen sich Eintragungen wie die folgende leitmotivisch durch das Tagebuch:

> Am Nachmittag in Burghof [...]. Die Stadt hat etwas unzerstörbar Trockenes, das allen Irrwegen der Historie in der Substanz gewachsen scheint [...]. Wenn ich die alten Häuser sehe, erfaßt mich Hoffnung, daß das Menschengeschlecht so bald nicht ausgerottet werden wird. Spät, aber mächtig beginnt mir einzuleuchten, was Stetigkeit im Leben heißt. (S I, 52)

Über dieser Betonung von Kontinuität und langer Temporalperspektive dürfen aber die Brüche, die die Tagebücher auf einer horizontalen Ebene ansiedeln, nicht übersehen werden. Die Einschnitte im politischen Kontinuum schätzt er gering, aber die Disjunktionen und Diskontinuitäten zwischen Räumen des Handelns, Denkens und Schreibens sind konstitutiv. Die anthropologisch-ästhetischen Tiefendimensionen sind nicht durch die Glättung von Geschichte erkauft. Diskontinuität wird aus der Zeit nicht zugunsten eines Entwicklungsdenkens oder Totalitätskonzepts eskamotiert. Die Tiefenschärfe des Blicks macht sichtbar, daß der Mensch immer schon, in seiner Frühzeit wie in der Gegenwart, ein Leben an der Grenze des Absturzes führt. In Jüngers Sicht ist die Existenz stets gefährdet und Leben konstitutionell von der Möglichkeit des Scheiterns bedroht. Brüche und Abgründe begleiten ihn dauerhaft und gehören ins Dasein. Sobald der Mensch die Augen davor verschließt, in der Kurzfristigkeit der Gegenwart denkt und sich in der falschen Sicherheit wiegt, die Zeit beherrschen zu können, klammert er sich an ein unwürdiges Überleben. Der Blick in die Tiefe der langen Zeiträume schafft "Hoffnung" gegenüber der Bedrohung durch das Jetzt und erfordert gleichzeitig die Kraft, ohne die schmeichelnden Illusionen des utopischen Denkens zu leben. Die Geschichte, die sich diesem Blick ergibt, ist eine Fortsetzung von Natur und durch Gewalt, Grausamkeiten und Ungerechtigkeiten bestimmt. Kampf, Verdrängung und letztlich Krieg sind konstitutiv. Die Utopie der Gewaltlosigkeit ist mit einem Denken von Zeit als Diskontinuum verknüpft und erweist sich als Selbsttäuschung des kurzen humanistischen Zeitalters. Die vertikalen Einschnitte in der Zeit vergehen vor der Dauer. Literatur schafft für Jünger das Gedächtnis dieser langen Zeiträume.

Das Gedächtnis der Gegenwart ist verkürzt und verzerrt, solange es Sinn *in* den Ereignissen selbst sucht und übersieht, daß Ereignisse überhaupt nur erinnerungswürdig sind, insofern sie in das Kontinuum einer Zeit verwoben werden, das sich von der Gegenwart in die Antike und in die Naturgeschichte, in der die Geschichte des Menschen nicht mehr als eine Episode bildet, erstreckt. In *Strahlungen* wird der Bezug zu dieser Zeit auf vielfache Weise hergestellt. Im Traum erfährt sich der Mensch als Teil dieser Zeit, denn dort hat er Zugang zur "Welt der Urbilder, man könnte auch sagen, der Genera." (S II, 209) Wenn der Mensch, wie Jünger schreibt, sich die Welt erträumt,[42] ist dieses Träumen nicht im Sinn von Illusionsproduktion zu verstehen. Vielmehr liefert der Traum ein Mittel, die Tiefenzeit, die außerhalb der individuellen Erfahrung liegt, dennoch erfahrbar zu machen. Die Magie des Traums liegt in seiner Kraft, diese Dimension stets aufs neue herstellen zu können und damit die Psyche in eine Zeit zu versetzen, die alle historischen Quellen transzendiert und einem Gattungsgedächtnis entspricht. Es ist symptomatisch, daß oft Zusammenhänge von

---

[42] Strahlungen (1979) II. S. 310; ähnliche Formulierungen finden sich zahlreich an anderen Stellen.

Ereignissen im Traum klarer sind als in der wachen Wirklichkeit. Auch die Werke und Namen von Autoren, die Jünger zu nennen liebt und die auch in den *Strahlungen* häufig auftauchen, sind in diesem Sinn programmatisch zu verstehen. Sie bilden eine Kombination aus literarischer und theoretischer Autorität mit unbekannten, vergessenen, verdrängten Freibeutern und Abenteurern des Denkens und Schreibens. Die zeitliche Tiefendimension eines imaginierten oder erträumten Raums wird auch durch dieses literarische Gedächtnis verstärkt. Werke wie die Bibel, die Märchen aus Tausendundeiner Nacht, Bücher der Seefahrer und Eroberer der frühen Neuzeit, antike Historiker und Philosophen, Herodot, Boethius, Rivarol, den er übersetzt, und eine lange Liste von Titeln und Autoren, möglichst in zeitbeständigen Lederausgaben, stecken den Raum dieser imaginären Bibliothek des europäischen Denkens ab. Autoren und Werke werden nicht genannt, weil sie in die Vorgeschichte des Denkens von Krieg gehörten. Sie sind nicht militant oder pazifistisch oder auf dem politischen Spektrum zwischen links und rechts einzuordnen. Es sind Autoren, die sich auf keine Weise in ein politisches Geschirr spannen lassen. Ihre Nennung und Besprechung schafft dagegen einen Reflexions- und Imaginationsraum, dem, wie etwa einer gepflegten Kloster- oder Schloßbibliothek, die beschleunigte Zeit des Kriegs und des politisch-militärischen Handelns fremd ist. Sie werden genannt, weil sie den Leser an den Ursprung des Denkens, also die Gefährdung des Daseins, zurückführen.

Die Zeit dieser Geschichte geht der je gegenwärtigen kulturellen Konstruktion von Wirklichkeit voraus. Die Zeit des Gedächtnisses kann sich aus der Natur nicht wegstehlen, denn ihre Zeit ist älter und mächtiger als die jeder bloßen gesellschaftlichen Konstruktion. In Zeiten der existentiellen Gefährdung — in der Welt der Moderne ist es vor allem in der Bedrohung durch Krieg — wird diese von der Rationalisierung der Moderne verdrängte Zeit wieder existentiell erfahrbar.[43] Der immer wieder erhobene Vorwurf einer irrationalen Magie in Jüngers Kriegsbild baut auf der simplifizierenden Opposition eines rationalistischen Geschichtsbildes und eines myhischen Mißverstehens der geschichtlichen Kausalität auf. Auf die Frage nach der Verursachung von Krieg und generell von Diskontinuität in der Geschichte gibt es Antworten, die sich auf natürliche oder auf übernatürliche Ursachen oder auf den freien Willen berufen. Es zeugt von steriler Dogmatik, dem Skeptiker, der am freien Willen zweifelt,[44] seine Skepsis

---

[43] Das Verhältnis ist umkehrbar, und der Kosmos findet sich ebenso im Innern des Menschen: "Daß alle Unendlichkeiten in Zeit und Raum nur Gleichnisse des eigenen Abgrunds und des Triumphes sind [...]." (S II, 467)

[44] Unter den zahlreichen Hinweisen vgl. u.a. seine Kommentare über "Willensfreiheit" und "Fügung" nach Abschluß seiner Boethius-Lektüre am 13. Februar 1940. S I, 112f.

vorzuwerfen, und von einer historischen Blendung, an dem ausschließenden Gegensatz zwischen Magie und Rationalität festhalten zu wollen.

VII. *Strahlungen* als Text der Erinnerung

Gegen den Anspruch der Wahrheitssuche von Kriegsliteratur, die sich am Geschichtsbild der aufgeklärten Historie orientiert, repräsentiert Jüngers Tagebuch den Versuch, eine Form zu finden, die es ermöglicht aufzuzeichnen und festzuhalten, was trotz seiner weltgeschichtlichen Dramatik auf das Aufschreiben angewiesen ist, um nicht vergessen zu werden, und es gleichzeitig ermöglicht, sich dem Monumentalen wie dem Sentimentalen zu entziehen. Krieg kommt in der Form des Tagebuchs zur Erinnerung durch die dürrste Art des Aufzeichnens: die Daten der Chronologie. Das Erinnern des Kriegs wird an eine Fertigkeit des Denkens gebunden, die rein mechanisch quantifizierend operiert: die Organisation von Zeit durch den Kalender. Die Gleichförmigkeit des Datierens tritt an die Stelle der Kausalität einer teleologischen Zeit. Jünger selbst spricht vom "Logbuch", also einer bloßen Dokumentation der Bewegungen des "Schiffes Gegenwart" von Tag zu Tag. Für einen Zusammenhang der Ereignisse und Erlebnisse gibt es keine durch die Ordnung der Erzählung oder die Autorität einer hinter ihnen stehenden Subjektivität legitimierte Erklärung. Im Gegensatz zu narrativen Strukturen des Erinnerns von Geschichte in Geschichten isoliert das Tagebuch jede einzelne Stelle, macht sie 'blind' im Hinblick auf jede folgende Eintragung. Auf dieser Ebene entwickeln Jüngers Tagebücher eine Erinnerung an den Krieg als Element in einer blinden Dynamik, die zwischen Sinn und Nicht-Sinn, Notwendigkeit und Kontingenz nicht unterscheidet. Ein Gedächtnis als Produkt einer teleologisch geordneten Folge von Erinnerungen weist diese Organisation von erlebter Zeit ab. Hatte die Literatur nach 1918 die Erinnerung an den Krieg gerade unter dem Blickwinkel der Unterscheidung zwischen Sinn und Nicht-Sinn gefordert, ihn als Abgrund, als Absurdität oder, im Gegenteil, als Zeit des Heldentums und Triumphs über die Materie beschworen oder ihn als "inneres Erlebnis" verstanden und nach Korrespondenzen zwischen dem Erlebnis und der literarischen Form gesucht, so verweigert die Form des Tagebuchs sich solchen Versuchen. In einem anderen Zusammenhang macht Derrida, Baudelaire auslegend, eine Beobachtung über die Erinnerung, die auf die Kriegsliteratur der Zwischenkriegsjahre gemünzt sein könnte:

> Da, wo man allzusehr begehrt, sich zu erinnern und in die Vergangenheit hinabzutauchen, verliert man alsbald die Gegenwart, scheint Baudelaire zu sagen, der folglich zugleich das Gedächtnis und die Gegenwart bewahren will, dieses

Gedächtnis der Gegenwart, welches die Gegenwart in seine Gegenwärtigkeit zurückruft [...][45]

In dem Spannungsverhältnis zwischen Gedächtnis und Erinnerung, Gegenwart und erinnerter Vergangenheit als Gedächtnis in der Gegenwart zieht Jüngers Tagebuch die Konsequenz aus dem Übermaß an Begehren nach Erinnerung, von dem Derrida spricht und von der die Kriegsliteratur nach 1918 charakterisiert war. Den Zusammenhang eines 'Ganzen' herzustellen, strebt es nicht an. In der Reduktion von Erfahrung auf eine Kette von beziehungslosen und blinden Jetzt-Momenten liegt jedoch für das Ich die Gefahr, hilflos überwältigt zu werden. Die gesteigerte Intensität, mit der die Ereignisse auf die Wahrnehmung einstürzen, muß zur Suche nach Flucht oder Schutz vor der nackten Überwältigung durch die Welt führen.[46] In der Struktur des Tagebuchs stellt sich Gedächtnis daher auf eine Weise her, daß eine Vergangenheit in einem buchstäblichen Sinn für diese Aufzeichnungen nicht existiert. Jüngers Tagebuch ist nicht so angelegt, daß es die Vergangenheit des Kriegs auf eine Weise sprachlich wiederholte, daß sie in die Gegenwart transportiert würde. Vielmehr schafft es Gedächtnis und stemmt sich, um Nietzsches Formulierung zu benutzen, gleichzeitig auf paradoxe Weise gegen die Übermacht, die die Ereignisse der Vergangenheit über die Gegenwart in der Erinnerung gewinnt. Der Krieg fordert Erinnerung. Aber in der Struktur des Tagebuchs wird er als eine Vergangenheit erinnert, die es so, außerhalb des Imaginationsraums des Tagebuchschreibers, nie gegeben hat. Hinter oder in den Träumen und Betrachtungen zur Natur, zu Büchern und Menschen verschwindet der Krieg oft gänzlich. Seine Vergangenheit "wird niemals gegenwärtig gewesen sein [...]."[47] Aber durch die Abweisung der Erinnerung als Bewahrung und als Sinnsuche in einer bewahrten Vergangenheit wird das Tagebuch die Frage nach dem, was erinnerungswert ist, also nach den bewertenden Prinzipien, die solche der Zeit und nicht des Subjekts sind, nicht los. Die — unausgesprochene — Maxime: Los von der Bedeutung der Ereignisse! verlagert die Frage nach der Bedeutung in die Struktur des Erinnerns.

Die Bedeutung, die Zeit in Jüngers Werk spielt, macht es auf signifikante Weise 'modern', und seine Opposition gegen die Privilegierung der ei-

---

[45] Jacques Derrida: *Mémoires für Paul de Man*. Wien 1988. S. 86.

[46] In der Nachfolge von Lacan wird dieser Effekt seit Jahren unter dem Begriff des 'Schizophrenen' behandelt. Deleuze und Guattari oder Jameson haben ihn für die anhaltenden Diskussionen über Moderne und Postmoderne fruchtbar gemacht. Aber die 'postmoderne' Forderung an die Literatur, eine Schreibtechnik zu entwikkeln, die sowohl mit Erkenntnis wie Agnostizismus, Vertrauen wie Skepsis spielt und beide zugleich abweist, gilt für Jüngers Werk nicht. *Strahlungen* wären als postmodernes Werk mißverstanden.

[47] Derrida (Anm. 45). S. 83.

genen Zeit stellt es zugleich in einen Gegensatz zur Moderne, deren Gedächtnis, in Jüngers Anschauung, auf einem verzerrten und banalen Zeitverständnis beruht. Ihm setzt er in stoischer Geringschätzung von Zeit als Gegenwart, von Zeit als Abstand zwischen Ereignissen, von Zeit als eigener Zeit entgegen, was sich als eine mahnende Erinnerung an kosmologische und anthropologische Tiefenzeit oder, in paradoxer Wendung, auch als Zeit nach der Jetztzeit, bezeichnen ließe. Der ewigen Abfolge "von ständig 'vorhandenen', zugleich vergehenden und ankommenden Jetzt", dieser, nach Heidegger, "vulgären" Zeitauslegung stellt Jüngers "Tagebuch" das Zusammenspiel der kalendarischen Datierung mit dem weiten Bogen eines Gedächtnisses, der die eigene Gegenwart mit der frühen Neuzeit, der Antike und schließlich der Naturgeschichte verbindet, entgegen. "In der vulgären Auslegung der Zeit als Jetztfolge *fehlt* sowohl die Datierbarkeit als auch die Bedeutsamkeit. Die Charakteristik der Zeit als pures Nacheinander läßt beide Strukturen nicht 'zum Vorschein kommen'. Die vulgäre Zeitauslegung *verdeckt* sie." (SZ, 422)[48] Die in der Struktur des Tagebuchs stets wirksame kalendarische Auffassung der Zeit im Sinne eines bloßen Nacheinander von stets vergehender Gegenwärtigkeit stellt Jüngers "Tagebuch" in den Horizont einer anthropologisch-naturgeschichtlichen Zeit, um damit Zeit 'aufzudecken' und überhaupt "Welt, Bedeutsamkeit, Datierbarkeit sich zugänglich machen zu können." (SZ, 423) Die eigene Zeit als ein bloßes Nacheinander von Gegenwarten beraubt er in der Weise ihrer Bedeutung, wie der fehlgeleiteten Selbsteinschätzung der Gegenwart als herausgehobener Jetztzeit durch die Konfrontation mit der Tiefendimension einer Kosmologie, die als Vor-Geschichte der eigenen Gegenwart auf bizarre Weise mißverstanden ist, der Boden entzogen wird. Das "Tagebuch" leistet einen Beitrag zur *Ungleichzeitigkeit*, die die Zeit der politisch-praktischen Welt und die der Weltzeit, der individuellen Wahrnehmung und der Literatur auf eine Weise trennt, daß es überhaupt möglich wird, die spezifischen Differenzen von Erfahrung über Zeit hinweg zu

---

[48] Derridas Kritik an Heideggers Begriff einer "vulgären" Zeitauslegung bildet den Hintergrund für die hier vorgeschlagene Interpretation von Jüngers Zeitverständnis, liegt jedoch auf einer anderen Ebene als die Konzeption von Zeit im Tagebuch. Derridas Gedankengang gipfelt in der Annahme, daß es keinen spezifisch vulgären Zeitbegriff geben könne, sondern daß das gesamte System metaphysischer Begrifflichkeit die von Heidegger gemeinte "Vulgarität" des Zeitbegriffs notwendig impliziere, so daß ein anderer Begriff von Zeit ihm gar nicht entgegengesetzt werden könne, da Zeit immer als ein metaphysischer Begriff gedacht werden müsse. Der Zeitbegriff von *Sein und Zeit* soll so mit Heidegger gegen sein eigenes Mißverständnis gegen eine Homogenisierung gerettet werden. Jacques Derrida: Ousia et gramme. In: J.D.: *Marges de la philosophie*. Paris 1972. S. 31-78, bes. S. 73f.

bewahren und, mehr als nur zu bewahren, nämlich ihr 'Eigenes', ihre inneren Differenzen und Brüche mit dem Gegebenen, die erst über Zeit hinweg, erst aus dem zeitlichem Abstand einer zu gewinnenden Zukunft sich zeigen, in die Zeit einzuschreiben. Dieser Aufgabe stellt sich das *unzeitgemäße* Tagebuch, dessen 'kleine' Form und Marginalität sich der überdimensionierten Größe der Zeit entzieht und aus dieser Distanz des Unangemessenen auf eine Weise vom Krieg spricht, daß auch gegenüber seiner Übermacht das Denken von Differenz, von Abstand und damit von 'Ich' festgehalten werden kann. Jünger spricht vom Logbuch, aber ergänzt es zum "philosophischen Logbuch". Es ist konsequent, daß dieses Offenhalten des Denkens gegenüber der Zukunft sich vom Politischen fernhält. Dessen grundsätzliche 'Unzeit', Fixierung auf das Jetzt und verkümmerter Horizont hatten schon Nietzsche zur Forderung nach dem Unzeitgemäßen gedrängt. Jünger schließt sich diesem Urteil der Einschätzung der politischen Zeit an. Sein Verständnis von Krieg, das ihn nicht als einen Kampf um politische und militärische Ziele auffaßt, sondern als die Wiederholung eines alten Dramas, in dem es um den Kampf selbst geht, der sich lediglich seine Anlässe und Begründungen in der Politik sucht, macht den Krieg zu einem Element im Konflikt um die Herrschaft über Zeit, über das Alte und das Neue und damit das Angemessene im Bild vom Menschen und seiner Zeitlichkeit. Hier läßt sich eine Defizienz in der Zeitstruktur der "Tagebücher" nicht übersehen, die sie strukturell mit der Moderne teilen.

Es ist oft bemerkt worden, daß mit der Rationalisierung von Zeit die Zukunft sich schwächt, zu einer linearen Fortsetzung von Gegenwart schrumpft und sich tendenziell in Gegenwart auflöst. Die Dimension der Wirklichkeitsentwürfe und Zukunftsphantasie mit einem Gewicht, das dem der Erinnerung an Vergangenheit entspricht, löst sich auf. Die Zeit verbietet sich das Träumen und heftet jeder Zukunft, die nicht durch technische Manipulation beherrscht ist, das Stigma des Phantastischen an. Die Vermittlung zwischen Gegenwart und Zukunft zerfällt.[49] Solange Identität von Person und Zeit als Folge einer Balance von Vergangenheit und Zukunft in der Erfahrung der Gegenwart gedacht wird und der literarische Text, in ausgezeichneter Weise das Tagebuch, als Orte konzipiert sind, an denen eben diese Bewegung in der Zeit sich abspielt, wird der Solipsismus des literarischen Ichs zum Zeichen der Unfähigkeit, den Übergang von der

---

[49] Jüngers utopische Romane gehören in den geschichtlichen Zusammenhang eines geschwächten Zukunftssinnes. Implizit liefert der Versuch von Hans-Peter Schwarz, Jüngers Zukunftsspekulationen als durch die Entwicklung bestätigte "Prognosen" zu lesen und besonders sein technizistischer Begriff "prognostische Treffer", einen Beleg für die Unsicherheit der Moderne im Verhältnis zur Zukunft. Hans-Peter Schwarz: Treffer und offene Fragen: Ernst Jüngers Prognosen. In: Figal/Schwilk (Anm. 1). S. 94-108.

Vergangenheit in eine bedeutsame Zukunft zu machen. Von dieser Zu-
kunftsschwäche der Moderne sind die *Strahlungen* nicht frei. Neben
schwachen und implizit in der Zeitstruktur der Tagebücher wirkenden
Elementen sind wohl die Seiten besonders aufschlußreich, die sich mit
Jüngers Schrift *Der Friede* beschäftigen. Im Vorwort weist er, nicht ohne
Rechtfertigungsbedürfnis, darauf hin, daß die Konzeption der Schrift auf
das Jahr 1941 zurückreiche und betont ihren Charakter als Programmschrift für ein kommendes Europa (S I, 17-20). Er hat aber zweifellos recht
mit einer Vermutung, in der er sie mit Kindern vergleicht, "denen kein
Glück beschieden ist." (S I, 20) In vielen Punkten ist sie so verunglückt
wie alle deutschen Entwürfe für die politische Zukunft nach dem erwarte-
ten Kriegsende, die in den Jahren vor 1945 entstanden. Zeit ist in Jüngers
Tagebüchern unpolitisch gedacht, und Zukunft bleibt eine schwache Be-
zugsgröße. Die Zeitstruktur seines Werkes bleibt im Verhältnis aus Gegenwart und Vergangenheit gefangen.

In dem Sinn, wie für Nietzsche das Gedächtnis der eigenen Gegenwart
seinen Bezugspunkt in tiefer zeitlicher Ferne, etwa der Antike, hat, dienen
auch Jünger die Vor-Moderne, das Primitive und die Naturgeschichte dazu, den Horizont des Erinnerns zu umreißen. Der Zeitraum seiner persönlichen Erinnerung im Tagebuch ist in die Morphologie eines Erinnerungs-
raums eingebettet, der nicht nur das Individuelle, sondern auch das Epo-
chale prinzipiell transzendiert. Natur, repräsentiert durch die Welt der Kä-
fer und Pflanzen in Feld und Garten, ist keine Dekoration, auch kein Raum
des Rückzugs von der belastenden Gegenwart. Natur ist vielmehr ein
konstitutives Element von Gedächtnis im Rahmen einer rekonstituierten
Naturgeschichte nach dem Ende der Naturgeschichte. Jünger denkt Natur
nicht in Opposition zu Gesellschaft, aber auch nicht im Rahmen einer Metaphysik. Sein Bild der Natur überwindet den Gegensatz zwischen der Be-
ständigkeit des Alten und der Eruption des Neuen, einer an die Anfänge
der Zeit zurückreichenden Kontinuität und der Ereignishaftigkeit des Neu-
en, von der sich die Moderne so gern faszinieren läßt. Die kulturelle Zeit
der Erinnerung ist in die umfassende Dauer von Natur eingelassen, so daß
Natur als konstitutiv für die Erfahrung von Welt als Einheit von Natur und
Gesellschaft und damit als unumgänglich für die Produktion eines Gedächtnisses gedacht werden muß. Die erinnerten Ereignisse in Politik und
Gesellschaft — und Krieg ist darin eingeschlossen — sind in einer Struktur
aufgehoben, die auch das Gedächtnis selbst umfaßt. Gedächtnis schafft
Zeit, indem es Vergangenheit und Zukunft trennt, ist aber gleichzeitig nicht
von Natur zu lösen, da es deren Zeitlosigkeit, die als eine ununterbrochene
Gegenwart zu denken ist, nicht außer Kraft setzen kann. Jüngers Zeitbild
kehrt das Verhältnis seiner Gegenwart zum Neuen um. Die Bedeutung und
der Wert an sich, den die Gegenwart dem Neuen und sich selbst als der

Epoche des Neuen und der stetigen Innovationen zuspricht, gründet sich auf der Vorstellung einer Einzigartigkeit der Gegenwart und ihrer prinzipiellen Vorbildlosigkeit. Einen solchen Bruch mit der Vergangenheit, der die Gegenwart, im Produktiven wie im Destruktiven, im Guten wie im Bösen, von der Vergangenheit grundsätzlich unterscheidet, stellt Jünger ein Gedächtnis entgegen, in dem die Zeit der bloßen 'Verwaltung' durch die Wissenschaften ebenso wie der nostalgischen oder schwärmerischen Bedeutsamkeit der Literatur oder dem Eskapismus der Popularkultur entrissen wird. Auf diese Weise machen *Strahlungen* den Versuch, eine Zeit, die nicht als eigene erfahren werden kann, sich doch zu eigen zu machen.

VIII. Schluß

Um noch einmal zum Anfang zurückzukehren: Erinnerung ist in Jüngers Werk intensiv mit Gefahr und Abenteuer verknüpft. Krieg ist die Zeit von Gefahr und Abenteuer, die aus dem Ereignisfluß herausgehoben wird und erinnerungswürdig ist, während, als Kehrseite, die auf solche Weise nicht ausgezeichnete Zeit 'vergessen' wird.[50] In den Tagebüchern wirkt die einzelne Eintragung wie ein Foto: sie fixiert einen Augenblick und versetzt ihn in einen Rahmen. Durch diese Verräumlichung des Ereignisflusses übt das Subjekt eine Macht über die Geschichte aus. Indem das Tagebuch Zeit nicht als Fluß behandelt, sondern in begrenzte und subjektiv kontrollierte kleine Zeiträume zerlegt, sie also zu einer Art von Mikro-Orten individueller Erfahrung und Reflexionen macht, schafft es Erinnerung mit den Mitteln der Literatur und entgegen dem Anspruch und der Epistemologie der Historie. Statt dessen stellt das "Tagebuch" diese besondere Beziehung zur Gegenwart her, wie Derrida sie bei Baudelaire beobachtete. Die Betonung der Gegenwart beschwört eine gesteigerte Gefahr herauf, die Zeit zu verfehlen und aus ihr herauszufallen. Diese Gefahr ist bedrohlicher als die, in der Schlacht aus der Kampfreihe zu fallen. Denn der Fall aus der Zeit hinterläßt keine Lücke. Er geschieht langsam und unbemerkt. Mehr als fünfzig Jahre nach Kriegsende hat es den Anschein, daß Jüngers "Tagebücher" lebendig geblieben sind. Die Gefahr, die ihnen nun droht, könnte aus der Kanonisierung folgen. Dies Vergessen durch Einverleiben würde die Herausforderung eliminieren und sein Werk schließlich doch bloß zeitgemäß machen.

In der langen europäischen Tradition, in der Epen, Dramen und Romane vom Krieg handeln, ist *Strahlungen* eines der letzten Kriegsbücher, nicht

---

[50] Vgl. Bernd Hüppauf: Whereof Ernst Jünger Cannot Speak, Thereof He Can Also Not Be Silent. In: Andrew Bonnell, Gregory Munro and Martin Travers (Hrsg.): *Power, Conscience, and Opposition. Essays in Honour of John A. Moses.* New York etc. 1996. S. 345-364.

weil es keine Kriege mehr geben wird, sondern weil die Literatur zu dem, was heute, im nach-atomaren Zeitalter Krieg heißt, nichts mehr zu sagen hat. Nie wieder Kriegsliteratur!

Gunther Nickel

Faction
Theodor Plievier: *Stalingrad* (1945)

Als das Buch veröffentlicht wurde,[1] konnte an ihm nicht reizen, was uns bei einem Fernsehkrimi auf den Sessel bannt und manche Romanlektüre nicht abbrechen läßt: daß wir wissen wollen, wie es ausgeht. Wer nach 1945 zu Theodor Plieviers Roman *Stalingrad* griff, kannte den Plot, bevor er auch nur einen Satz gelesen hatte. Die militärische Niederlage bei Stalingrad war schließlich von der Goebbelsschen Propaganda zu *dem* Beispiel für den Durchhaltewillen und die Opferbereitschaft des deutschen Volkes stilisiert worden, während die Zeitgenossen doch wußten oder zumindest ahnten, daß sie tatsächlich den Anfang vom Ende des Zweiten Weltkriegs bedeutete.[2]

Die Nachgeborenen können heute die wesentlichen Daten jedem besseren Lexikon entnehmen: 22 deutsche Divisionen, bestehend aus der sechsten und Teilen der vierten Panzerarmee sowie zwei rumänischen Verbänden mit insgesamt rund 330.000 Soldaten wurden am 19. November 1942 von sowjetischen Truppen eingekesselt, ein von Generalfeldmarschall Friedrich Paulus vorgeschlagener Ausbruchsversuch nach Westen von

[1] Der Roman erschien von November 1943 bis September 1944 in der deutschsprachigen Moskauer Exilzeitschrift *Internationale Literatur*. In Deutschland wurde er 1945 zuerst als Wandzeitungsroman publiziert (vgl. Gerhard Hay u.a.: *Als der Krieg zu Ende war. Literarisch-politische Publizistik 1945-1950*. 2., durchges. Auflage. Marbach 1996. S. 225), noch im selben Jahr (mit Veränderungen) als Buchausgabe im Ost-Berliner Aufbau-Verlag in einer Auflage von 500.000 Exemplaren. Erst 1947 erschien er in Westdeutschland bei Rowohlt in einer Auflage von 100.000 Exemplaren. Plievier wechselte dann zum Verlag von Kurt Desch in München, der *Stalingrad* 1949 neu herausbrachte. Nach einer 1961 vom Ullstein-Verlag veranstalteten Taschenbuchausgabe wurde die erste Fassung von *Stalingrad* in einer von Hans-Harald Müller herausgegebenen Werkausgabe 1983 im Kölner Verlag Kiepenheuer & Witsch wiederveröffentlicht. Auf diese Ausgabe beziehen sich im folgenden alle unter der Sigle St gegebenen Zitatnachweise.

[2] Zur kritischen Aufarbeitung des Stalingrad-Mythos vgl. Wolfram Wette und Gerd R. Ueberschär (Hrsg.): *Stalingrad. Mythos und Wirklichkeit einer Schlacht*. Frankfurt a.M. 1992 sowie Jens Ebert (Hrsg.): *Stalingrad — eine deutsche Legende*. Reinbek 1992.

Adolf Hitler untersagt. Während der verzweifelten Bemühungen, sich bei extremer Kälte (und entgegen vollmundiger Versprechungen von Hermann Göring nur notdürftig aus der Luft versorgt) gegen die Rote Armee zu behaupten, starben bis Ende Januar 1943 240.000 Soldaten. Die überlebenden 90.000 kapitulierten am 31. Januar und 2. Februar und wurden in sowjetischen Lagern interniert. 84.000 von ihnen kamen dort durch mangelnde Ernährung und Seuchen um. Die letzten der 6.000 überlebenden Kriegsgefangenen kehrten 1955 — im Jahr der Ratifizierung der Pariser Verträge, des Beitritts der Bundesrepublik und der DDR zur NATO bzw. zum Warschauer Pakt sowie dem Aufbau der Bundeswehr — in ihre Heimat zurück.

Doch um zum Ausgangspunkt zurückzukommen: Was interessierte nach Kriegsende hunderttausende von Lesern an einem Buch, das dieses Desaster zum Thema hatte? Walter Först gab 1946 in einer Rezension einige Hinweise auf eine Antwort:

> In Pliviers[3] Roman [...] begegnet man immer wieder Situationen, die mit einer solchen Präzision geschildert sind, daß sie schon dem unkundigen Leser greifbar vor Augen stehen. Nicht zu sprechen von den Erinnerungen, die das Buch demjenigen weckt, der dabei gewesen ist.[4]

Demnach erfüllte das Buch, das zuweilen mit Erich Maria Remarques Antikriegsroman *Im Westen nichts Neues* (1929) verglichen wurde,[5] das Bedürfnis, Wissensdefizite auszugleichen, sich ein Geschehen zu vergegenwärtigen, das selbst für Beteiligte unfaßbar geblieben war und das häufig genug nähere oder fernere Verwandte getroffen hatte. Hier und da mag es auch den Wunsch nach einer nostalgisch verklärenden Darstellung als Vademecum gegen die alliierte Propaganda gegeben haben. Ihn zu erfüllen, taugte das Buch des 1933 vor der nationalsozialistischen Verfolgung zunächst nach Prag, dann über Paris und Schweden nach Moskau geflohenen Plievier[6] jedoch nicht. Das dürfte sich auch schnell herumgesprochen haben, weshalb die Mehrzahl der Käufer des Buches zweifellos aus Lesern

[3] Die Schreibweise des Namens variiert, da Plievier das erste "e" in seinem Nachnamen erst nach 1933 ergänzt hat.
[4] Walter Först: Theodor Plivier. In: *Horizont* 1 (1946). H. 12. S. 16f., hier S. 16.
[5] Vgl. Ute Bruchmann: Remarque und Plievier. In: *Die Umschau* 3 (1948). S. 435-440, sowie Robert Gorham Davis: Pliviers "Stalingrad" in Amerika. In: *Der Monat* 1 (1948/49). H. 4. S. 102f.
[6] Zur Biographie vgl. Harry Wilde: *Theodor Plievier. Nullpunkt der Freiheit.* München, Wien, Basel 1965 sowie Hildegard Plievier: *Flucht nach Taschkent.* Frankfurt a.M. 1960.

bestand, die vor allem nach Informationen, Erklärungen und Deutungen suchten.[7]

Plievier stillte dieses Bedürfnis durch eine Mischung aus genau recherchierten Fakten und fiktionalen Elementen, die er geschickt arrangierte. Er konnte dabei auf Informationen aus Briefen deutscher Kriegsgefangener zurückgreifen, die er 1942 im sowjetischen Auftrag ausgewertet hatte. "Ich habe", sagte er einem Interview mit Pierre Berger, das zuerst in der französischen Wochenzeitschrift *Nouvelles Littéraires* erschien, "tausende solcher Briefe gelesen und habe das, was mir wesentlich erschien, unverändert in meinen Text aufgenommen."[8] Eine weitere Informationsquelle bildeten Interviews mit deutschen Offizieren, die Plievier durch Vermittlung von Johannes R. Becher in einem Kriegsgefangenenlager in Ljunowo bei Moskau führen konnte. Und mit einer Art Augenzeugenbericht, einer nach Kriegsende gehaltenen Rede eines Generalstabsoffiziers, die einen Überblick über die wesentlichen Daten gibt, läßt Plievier seinen Roman auch beginnen. Erst dann springt er mit einem harten Schnitt aus der Perspektive 'post festum' in die Gegenwart der Kampfhandlung: "Und da war Gnotke. Es war der Tag vor dem 19. November[,] und August Gnotke hatte einen Spaten in der Hand." (St, 9) Mit dem folgenden Satz stellt Plievier neben Gnotke auch einige seiner Kameraden vor, deren Individualität fast bis zur Unkenntlichkeit ausgelöscht ist:

Acht Meter lang war die Grube und zwei breit und anderthalb tief, an welche Gnotke, Aslang, Hubbe, Dinger und Gimpf die letzte Hand gelegt hatten. Unteroffizier Gnotke, Feldwebel Aslang, die Gefreiten Hubbe und Dinger und der Soldat Gimpf unterschieden sich in nichts voneinander; sie trugen keine Schulterklappen und keinerlei Abzeichen, und ihre Hände und Gesichter waren ebenso wie die Uniformen, es schienen vor langer Zeit einmal Hände und Gesichter und Uniformen gewesen zu sein. (Ebd.)

Die Szenerie wirkt gespenstisch, wozu nicht zuletzt beiträgt, daß Plievier die fünf Soldaten schon vier Sätze später im nebligen Dunst verschwinden läßt. Nun erst erfährt der Leser den genauen Ort des Geschehens, das bislang lediglich zeitlich präzise situiert war:

Es war in der Gegend östlich Kletskaja und innerhalb der Schleife, die der Don zwischen Kletskaja und Wertjatschi bildet und im Bereich der 376. Infanterie-Division. Linker Hand, das heißt im Westen, wälzte der Don seine eisgraue erste Winterdecke abwärts, und zur Rechten, das heißt jenseits der Donschleife und weiter an zwei Tagemärsche ostwärts, lag die Wolga und lag Stalingrad. (Ebd.)

[7] Dieses Interesse konstatierte neben Först (Anm. 4) auch Emil Lauxmann: Der Wendepunkt. In: *Neubau. Blätter für neues Leben aus Wort und Geist* 2 (1948). H. 10. S. 450-454.
[8] Zit. nach: *Die Aussprache* 1 (1948/49). H. 3. S. 19-22, hier S. 22.

Dieser Romanbeginn ist exemplarisch für Plieviers auktoriales[9] Erzählverfahren insgesamt: Ausgehend von einem Detail, blendet er zur Szene auf und geht dann, zuweilen über den Umweg allgemeiner Erläuterungen (beispielsweise von Strafbestimmungen in der Armee; St, 9f.) und Rückblicken zur nächsten Einstellung über. Nur einige der weit über hundert Romanfiguren gewinnen dabei schließlich langsam eine individuelle Kontur. Ein Blick auf die militärische Gesamtlage erfolgt selten und bleibt dann monoperspektivisch; wie auf Seiten der Roten Armee die Ereignisse wahrgenommen wurden, wie die Angehörigen der deutschen Soldaten auf die Propaganda von Goebbels reagierten, wie von der Presse der Alliierten berichtet wurde — das alles wird nicht geschildert.

Mit seiner beinahe filmischen Art der Darstellung knüpfte Plievier an seine Romane aus der Zeit der Weimarer Republik an, in denen er diese Form der Erzähltechnik bereits erprobt hatte: Zunächst mit *Des Kaiser Kulis* (1929) über die Matrosenrevolte am Ende des Ersten Weltkriegs, dann mit *Der Kaiser ging, die Generäle blieben* (1932) über die deutsche Revolution im Oktober und November 1918. Sowenig neu wie Plieviers ästhetisches Verfahren waren die Reaktionsmuster der Kritik. Was nach dem Zweiten Weltkrieg die Rezensenten an *Stalingrad* kritisierten, hatte Carl von Ossietzky bereits 1932 in der radikaldemokratischen Wochenzeitschrift *Die Weltbühne* gegen *Der Kaiser ging, die Generäle blieben* eingewandt:

> Der Verfasser nennt seine Arbeit einen Roman, was keine durchaus zutreffende Bezeichnung ist. Gewiß, es fehlt nicht an novellistischen Zügen, es sind ein paar durchaus wegdenkbare erfundene Figuren eingefügt, und es werden auch die historischen Figuren in ihrer verborgenen seelischen Existenz, in Traum und Selbstgespräch, bloßgelegt. Aber Plivier hat nicht nur gründliche Quellenstudien gemacht, er hat auch Mitspieler von damals eingehend befragt. Gespräche mit Arbeitern, Matrosen, Soldaten, Offizieren, Parteimännern, Ministern, zweiundneunzig an der Zahl, hat er geführt und verwendet. Nein, es ist kein Roman geworden, denn der Roman ist eine ganz andre und viel strengere Kunstform, wohl aber eine hinreißende politisch-historische Reportage in deren besten Partien sich Exaktheit und Intuition glücklich gefunden haben.[10]

---

[9] Jochen Pfeiffer (*Der deutsche Kriegsroman 1945-1960. Ein Versuch zur Vermittlung von Literatur und Sozialgeschichte.* Königstein/Ts. 1981. S. 57-61) bezeichnet Plieviers auktoriales Erzählen durchgängig, unzutreffend und dadurch irreführend als personales Erzählen. Seine Feststellung, daß Plievier eine objektive Perspektive angestrebt habe und der Leser den Eindruck bekommen solle, alles sei "gewissermaßen von einer unbestechlichen Kamera gefilmt worden und nicht in subjektiver Weise wiedergegeben und gestaltet" (S. 57), ist gleichwohl richtig.

[10] Carl von Ossietzky: Der Kaiser ging... Zit. nach: Carl von Ossietzky: *Sämtliche Schriften Bd.* 6: Texte 1931-1933. Hrsg. von Gerhard Kraiker, Gunther Nickel, Renke Siems und Elke Suhr. Reinbek 1994. S. 393.

Ziehen wir zum Vergleich die Rezension von *Stalingrad* heran, die Wolfgang Borchert 1946 veröffentlicht hat:

> Das ist kein gutes Buch. Das ist kein Kunstwerk und auch keine Dichtung. Das ist vielleicht nicht einmal Literatur. Aber das ist ein Dokument und ein Denkmal. [...] Es ist ein unerfreuliches Buch. In der äußeren Aufmachung (und das ist schon eine Quittung) und im Inhalt. Aber es ist ein notwendiges Buch. Jeder von uns ist durch Stalingrad gegangen, durch ein großes oder kleines. Und so ein Buch ist Rechnung und Quittung für uns alle. Rechnungen und Quittungen sind unerfreulich. Aber sie sind notwendig. Und deshalb ist das Buch von Stalingrad doch ein gutes Buch.[11]

Einen entsprechenden Tenor hatte die Kritik von Max Meister im *Merkur*:

> Die kaum zu überschätzende Bedeutung des Plievierschen Buches liegt darin, daß es die Vergegenwärtigung des singulären Vorgangs der Kesselschlacht von Stalingrad ermöglicht. [...] Der Anspruch, ein Roman zu sein, rückt das Werk in gefährliche Nähe dichterischer Schöpfungen wie Tolstois "Krieg und Frieden" und fordert daher die Feststellung eines Mangels an epischem Gestaltungsvermögen.[12]

Es ließen sich weitere ähnliche Besprechungen anführen. Doch die Beispiele mögen als Belege dafür genügen, daß in der Literaturkritik nach 1945 Argumentationsfiguren aus der Zeit der Weimarer Republik unverändert wieder aufgegriffen wurden, denn die Frage, die Pliviers Romane hier wie dort hervorrief, lautete gleichermaßen: Sind die Romane, die Plivier schreibt, Kunst?

Wer diese Frage stellte, orientierte sich an einem traditionellen Literaturverständnis, das vom Roman eine vollständig integrierte Handlung erwartete, deren raffinierte Präsentation als Ausweis für ästhetischen Qualität diente. Solche tradierten Gattungsvorstellungen waren jedoch schon in der Weimarer Republik längst anachronistisch geworden, weil der ihnen zugrunde liegende Gedanke einer abbildbaren gesellschaftlichen Totalität sich nicht mehr einlösen ließ. Deshalb hatten in den zwanziger Jahren eine ganze Reihe von Autoren die Aufgabe von Literatur neu bestimmt und mit herkömmlichen epischen Darstellungsformen gebrochen.

Ein Funktionswandel des Romans deutete sich bereits im 19. Jahrhundert an, denn schon Theodor Fontane wollte mit *Vor dem Sturm* einen Zeitroman als "Vielheitsroman, mit all seinen Breiten und Hindernissen, mit seinen Porträtmassen und Episoden" dem "Einheitsroman" ästhetisch gleichgestellt wissen, hatte damit allerdings noch keinen Erfolg und nahm

---

[11] Wolfgang Borchert: "Stalingrad". In: *Hamburger Freie Presse* vom 25. September 1946.
[12] *Merkur* 2 (1948). S. 454-461, hier S. 455.

von solchen Experimenten Abstand.[13] Auch Thomas Mann erfüllte in seinem *Zauberberg* die Erwartungen an einen Roman zwar noch, strapazierte die gattungspoetischen Normen aber durch seine essayistischen Reflexionen bis zur Grenze des Möglichen. Als einer der ersten hat Heinrich Mann dann der Literatur explizit politische Aufgaben zugewiesen, dabei vor allem den französischen Roman als vorbildlich gepriesen.[14] Die Entwicklung, die Dietrich Scheunemann vor fast zwanzig Jahren in einem immer noch lesenswerten Buch nachgezeichnet hat,[15] führte schließlich in Döblins *Berlin Alexanderplatz* zu einer konsequenten Abwendung von überkommenen Formvorstellungen: Vom Theater borgte Döblin sich dramatische Elemente (genauso wie umgekehrt Brecht das Drama mit epischen Zügen ausstattete), und auch die Medienkonkurrenz hinterließ ihre produktiven Spuren in Döblins Erzählen, das Kinofilmen weit mehr verdankte als der literarischen Tradition.

Autoren wie Egon Erwin Kisch erfanden dagegen das neue Genre der Reportage, das ästhetische Mittel konsequent in den Dienst der Information stellte. Schriftsteller wie Ernst Ottwald, aber auch Theodor Plievier weiteten die Reportage zur Großform, kombinierten sie mit fiktionalen Elementen und kreierten so den Reportageroman. Dieser war ein eigenständiger Lösungsversuch der "Romankrise" (Scheunemann), mit dem sich Autoren nicht ins Artifizielle zurückzogen wie beim Bewußtseinsroman oder später dem nouveau roman, sondern sich im Gegenteil gesellschaftlichen Problemen zuwandten. Als "faction" bot der Reportageroman in einer unübersichtlich gewordenen Welt Orientierungswissen und Teilhabe an sonst verschlossenen Gesellschaftsbereichen. Das begründet seine Attraktivität für breite Leserschichten.

Im Kontext dieser Entwicklung waren Ossietzkys Bemerkungen zur Form von Plieviers *Der Kaiser ging, die Generäle blieben* trotz aller Anerkennung, die er dem Buch zollte, ein durch und durch kulturkonservativer Einspruch (und nur die Tatsache, daß die *Weltbühne* häufig Texte von Autoren engagierter Literatur druckte, hat verkennen lassen, wie traditio-

---

[13] Vgl. Manfred Windfuhr: Fontanes Erzählkunst unter den Marktbedingungen der Zeit. In: Jörg Thunecke (Hrsg.): *Formen realistischer Erzählkunst*. Nottingham 1979. S. 335.

[14] "Denn der Roman, diese Enthüllung der weiten Welt, dieses große Spiel aller menschlichen Zusammenhänge ist gleichmacherisch von Natur; er wird groß mit der Demokratie, unter der das Drama in seiner aristokratischen Enge abstirbt." Heinrich Mann: Voltaire — Goethe [1910]. In: H.M.: *Macht und Mensch. Essays*. Frankfurt a.M. 1989. S. 19-25, hier S. 21.

[15] Dietrich Scheunemann: *Romankrise. Die Entstehung der modernen Romanpoetik in Deutschland*. Heidelberg 1978.

nell die ästhetischen Prämissen ihrer leitenden Köpfe waren).[16] Doch dieser Kulturkonservatismus war unter Kritikern der politischen Linken keineswegs ein Einzelfall. Eine Parallele fand er in den Überlegungen von Georg Lukács, die sich in den ästhetischen Direktiven des *Bunds proletarisch-revolutionärer Schriftsteller* niederschlugen: Ernst Ottwald, so wandte Lukács gegen dessen Justizroman *Denn sie wissen, was sie tun* (1931) ein, gebe "nur Beispiele, nur Illustrationen für die erkannten und dargelegten Zusammenhänge", es fehle aber "die Gestaltung des Gesamtzusammenhangs" und damit "die Voraussetzung für die richtige Komposition des Romans".[17]

Siegfried Kracauer hegte zwar gegen den emphatischen Hegelianismus von Lukács erhebliche Vorbehalte, hatte aber bei seiner Kritik der Reportage ähnliches im Sinn: Gegen dokumentarische Filme wandte er 1928 ein, ihr Verfahren der bloßen Montage einer "Fülle von gleichgültigen Beobachtungen" verrate nichts über die gesellschaftlichen, wirtschaftlichen und politischen Bedingungen der gefilmten Gegenstände.[18] Und am Genre der Reportage selbst, des literarischen Pendants zum Dokumentarfilm, bemängelte er, es biete nur vermeintlich Wirklichkeit: "Hundert Berichte aus einer Fabrik lassen sich nicht zur Wirklichkeit der Fabrik addieren, sondern bleiben bis in alle Ewigkeit hundert Fabrikansichten. Die Wirklichkeit ist eine Konstruktion."[19] Kracauers Differenz zu Lukács wird erst in seinem praktischen Lösungsansatz deutlich, vor allem in seinen Essays, die er zum Sammelband *Die Angestellten* vereinigte. Wie bei Plievier bildeten auch hier Interviews und Beobachtungen den Grundstock einer Arbeit, die jedoch nicht Kunst, sondern Diagnose sein wollte; statt wie Lukács noch aus einem hegelschen Totalitätsdenken heraus den großen realistischen Roman zu fordern, kombinierte Kracauer in Antwort auf das Zerbrechen der Vorstellung von einer erfahrbaren und künstlerisch darstellbaren gesellschaftlichen Totalität Kunst und Wissenschaft.

Diese beiden Perspektiven der Kritik beleuchten die Schwierigkeiten von Plieviers Position: Der Reportageroman reagiert auf die veränderten Anforderungen an den Schriftsteller epischer Großformen. Er verweigert sich dabei Lukács' Forderung der "Gestaltung", vielleicht in der richtigen

[16] Vgl. dazu Gunther Nickel: *Die Schaubühne — Die Weltbühne. Siegfried Jacobsohns Wochenschrift und ihr ästhetisches Programm.* Opladen 1996.

[17] Georg Lukács: Reportage oder Gestaltung? Kritische Bemerkungen anläßlich eines Romans von Ottwald. Zit. nach: G. L.: *Schriften zur Literatursoziologie.* Ausgewählt und eingeleitet von Peter Ludz. Neuwied und Darmstadt 1961. S. 122-142, hier S. 127 und 131.

[18] Vgl. Siegfried Kracauer: Film 1928. Zit. nach: S.K.: *Das Ornament der Masse.* Frankfurt a.M. 1963. S. 295-310, hier: S. 299ff.

[19] Zit. nach: Siegfried Kracauer: *Die Angestellten.* Frankfurt a.M. 1971. S. 16.

Ahnung, daß dieser für den Rest seines Lebens nach Adornos Ansicht seine Denkkraft darauf verwendet hat, den Begriff des "Sozialistischen Realismus" auf eine Weise "aus[zu]weiten, daß mehr darin Raum findet als nur der erbärmliche Schund".[20] Und die Prätention auf die Nachfolge des "Vielheitsromans" bewirkte im Reportageroman den Verzicht auf den Subjektivismus, der noch Kischs Reportagen gekennzeichnet hatte. Die Fontanesche Vielheit gerät Plievier aber angesichts der veränderten gesellschaftlichen Formation zur bloßen Anhäufung, und das, was der Gehalt des herkömmlichen Romans war, verkommt bei ihm zur hohlen Objektivität, die weder durch die subjektive Sicht des Reporters beglaubigt wird, noch die Erkenntnisleistung von Kracauers Konstruktion aufweist. So ist das für den Roman durchaus charakteristische Mittel, vier aufeinanderfolgende Passagen mit der Formel "In der gleichen Stunde" (St, 133-136) aus einem linearen Nacheinander in eine parataktische Gleichzeitigkeit zu überführen, nicht nur ausgesprochen schlicht, sondern dokumentiert auch ein hohes Maß an Beliebigkeit; der vierten Passage könnte problemlos noch eine fünfte, sechste, siebte angehängt werden – und so ad infinitum, wie Plievier alsbald nochmals demonstriert:

Und da gab es einen Obersten Carras. (St, 166)
Da gab es einen Oberleutnant Rohwedder und einen Feldwebel Lachmann und noch eine Anzahl wüster Gesellen [...]. (St, 167)
Da war Hauptmann Tomas [...]. (St, 168)
Da saß in schneeverwehtem Erdloch zwischen Gumrak und Gorodischtsche der Funkerleutnant Rumpfstelz [...]. (St, 169)
Und da saß in seiner neuen Unterkunft in der Zarizynschlucht — in der Nähe feuerte eine Batterie aus vier Rohren — Generalleutnant Cönnern zusammen mit dem ebenfalls in die Zarizynschlucht geschickten Generalleutnant Damme. (St, 170)

Die Kritik an der Form der Reportage von Lukács auf der einen und Kracauer auf der anderen Seite trifft als wunden Punkt der Romane von Plievier im allgemeinen und von *Stalingrad* im besonderen, daß Gründe und Ursachen des Geschehens weitgehend im Dunkel bleiben. Statt einer Gestaltung, die sich analytischen Einsichten verdankt, findet sich bei Plievier lediglich eine zwar eindringliche, aber nur vermeintlich realistische Darstellung, denn historische oder gesellschaftliche "Triebkräfte" — wie Lukács es genannt haben würde — läßt Plievier genauso wenig erkennen wie die Mechanismen, durch die ideologische Präferenzen und biographische Dispositionen wirksam wurden. Nicht von ungefähr bedient er sich — wie Helmut Peitsch bereits 1981 herausgearbeitet hat — gerne Krankheits-

---

[20] Theodor W. Adorno: Erpreßte Versöhnung. In: T.W.A.: *Noten zur Literatur*. Frankfurt a.M. 1981. S. 252.

metaphern, um das Desaster von Stalingrad zu einer Tragödie zu stilisieren, die sich einer rationalen Erklärung weitgehend entzieht.[21] Zwar wird als Hitlers Kalkül ausgemacht, daß die Soldaten sterben müssen, um der Propaganda für ein "gigantische[s] Aufpulvern der ganzen Nation bis zum Letzten" (St, 258) zu dienen. Aber es bleibt außerhalb des Blickfelds, daß ein solcher zunächst ganz und gar sinnlos erscheinender Heroismus im Kontext einer geschichtsphilosophischen Konstruktion, wie sie zum Beispiel Oswald Spengler vorgelegt hat, nicht ohne jede innere Logik war. Ihr zufolge war der Untergang des Abendlandes entsprechend dem Verlauf der Entwicklung aller historischen Hochkulturen unvermeidbar, sollte aber wenigstens mit jener heroischen Würde vollzogen werden, die ein römischer Soldat bewiesen habe, dessen Gebeine man vor einem Tor in Pompeji fand und "der starb, weil man beim Ausbruch des Vesuvs vergessen hatte, ihn abzulösen."[22] Nur durch eine solche titanische Tapferkeit bis zur Selbstaufgabe angesichts des Unvermeidlichen bewahre sich der Mensch seine Freiheit.

So skurril dieses Pathos der Opferbereitschaft heute auch wirken mag, in den zwanziger und dreißiger Jahren hatten Theorien wie jene Spenglers großen Einfluß auf das Weltbild gerade von späteren Wehrmachtsoffizieren, was nur in einer Passage des Romans einmal anklingt:

> Cönnern hatte sich aus seinem Bücherkoffer einen Band Goethe ausgewählt und war damit an den Tisch gekommen. [...] Aber warum denn nicht Rosenberg oder Spengler, dachte Vilshofen, oder Ziegler, Tönnies, Spranger, die haben doch wahrlich mit der Scheiße, in der wir drinsitzen, und mit der allgemeinen Gehirnerweichung weit mehr zu tun; und Cönnern hat doch sicher einige dieser Schwarten da, aber gerade der hat sich einen Band Goethe vorgenommen. Na ja: "Verdammte, Rettung hoffend, schwimmen an, doch kolossal zerknirscht sie die Hyäne... In Winkeln bleibt noch vieles zu entdecken, Erschrecklichstes in engstem Raum..." das paßt auch besser! Doch in bezug auf Spengler und so weiter habe ich mir selbst den größten Vorwurf zu machen — kaum einer hat so wütend wie ich den Sinn im Unsinn zu finden getrachtet, und schon erkennend habe ich noch an die Zweckmäßigkeit des Unsinns geglaubt. Ein fünfzigjähriger verdammter Narr, muß ich erst heimatlos durch die Keller einer Ruinenstadt schweifen, um zu erfahren, daß Unsinn niemals zweckmäßig sein kann und in das Verderben hineintreiben muß!
> So weilten sie beieinander, die im Keller. (St, 289f.)

Man wüßte an dieser Stelle gern, was Vilshofen aus welchen Gründen an Spenglers radikalem historischen Relativismus einst interessant gefunden

---

[21] Helmut Peitsch: Theodor Pliviers "Stalingrad". In: Christina Fritsch und Lutz Winckler (Hrsg.): *Faschismuskritik und Deutschlandbild im Exilroman*. Berlin 1981. S. 83-102, hier S. 88ff.

[22] Oswald Spengler: Der Mensch und die Technik (1931). München 1971. S. 61.

hat, nun aber als falsch beurteilt. Doch darüber erfährt der Leser nichts. Und ist es wirklich glaubwürdig, wenn Plievier seinen Protagonisten die erheblichen Differenzen zwischen einem Nationalsozialisten und wüsten Antisemiten wie Alfred Rosenberg und ganz unterschiedlichen Theoretikern aus dem weiten Umfeld der Konservativen Revolution eskarmortieren, ja sie sogar mit einem lax hingeworfenen "Spengler und so weiter" in einen Topf werfen läßt? Ästhetisch wäre das dann gerechtfertigt, wenn Halbbildung ein Charakteristikum Vilshofens sein sollte. Aber die Züge, die Plievier dieser Figur sonst verliehen hat, deuten darauf nicht hin. Und damit ist die Chance vertan zu zeigen, wie Weltbilder, die zunächst handlungsleitend waren, in der Konfrontation mit der prosaischen Wirklichkeit des Krieges langsam zerbrachen und deshalb modifiziert oder verworfen wurden.

Doch damit nicht genug: Wenn einerseits entgegen der These von einer Kollektivschuld aller Deutschen an den Verbrechen des NS-Regimes versichert wird, das deutsche Volk habe "mit den wahnwitzigen Hirngespinsten dieses Führers nichts zu tun" (St, 316), andererseits aber Wehrmachtsverbrechen geschildert werden — "Strafexpeditionen" gegen die sowjetische Zivilbevölkerung zum Beispiel (St, 153) —: dann stellt sich die Frage, wie sich Taten, die nichts mehr mit den sogenannten soldatischen Tugenden Tapferkeit, Treue, Edelmut, Todesbereitschaft und Kameradschaft zu tun hatten, mit der angebotenen Deutung in Einklang bringen lassen, alle Verbrechen des Krieges seien eigentlich nur das Werk eines wahnsinnigen deutschen Reichskanzlers. Auch hier bleibt der Roman eine Antwort schuldig, entfaltet allenfalls in Ansätzen die Komplexität eines Problems mit politischen, anthropologischen, individual- und sozialpsychologischen Dimensionen und ist deswegen nur auf der Oberfläche eine — im Sinne Kracauers — Konstruktion der Kriegswirklichkeit.

Die enorme Wirkung des in 21 Sprachen übersetzten Romans von Plievier zeigte sich neben der Auflagenhöhe auch daran, daß er auch außerhalb der Literaturkritik lebhaft diskutiert wurde. Dabei interessierte entsprechend dem Charakter des Reportageromans nicht so sehr die Literarizität, sondern sachliche Korrektheit der aufgehäuften Fakten. So strengte Wolfgang Pickert, ehemaliger General der zur 6. Armee gehörenden Flakartillerie und Kommandeur der 9. Flakdivision, gegen Plievier eine Beileidigungsklage an, weil sein Verhalten, das nur am Rande erwähnt wird, falsch geschildert worden sei (vgl. St, 297). Plievier verteidigte sich daraufhin in einem "Offenen Brief" und zitierte ausführlich einen in der Zeitschrift *Freies Deutschland* am 14. Mai 1944 veröffentlichten Bericht des ehemaligen Major Lewerenz, der seine Darstellung bestätigte.[23]

---

[23] Theodor Plievier: Offener Brief. In: *Aufbau* (Berlin) 3 (1947). H. 8. S. 135-137.

Noch höhere Wellen schlug 1962 Claus Hubaleks Bearbeitung von Plieviers Roman für die Bühne (Uraufführung am 21. Dezember 1962 am Kölner Schauspielhaus, Regie von Oscar Fritz Schuh). Als die Ausstrahlung einer Fernsehspielfassung Hubaleks für den 31. Januar 1963 angekündigt wurde, verschickte der Generalinspekteur der Bundeswehr, General Foertsch, ein Fernschreiben zur Instruktion der Truppe. Darin bezeichnete er Plievier als "damaligen kommunistischen Schriftsteller", der seinen Roman "in sowjetischem Auftrag" geschrieben habe.[24] Hubaleks Stück nach Plieviers Roman, über dessen künstlerischen Wert die Presse bereits vernichtend geurteilt habe,[25] sei nichts weiter als kommunistische Propaganda, um "den geistigen und seelischen Widerstand des Soldaten im Frieden und erst recht während eines etwaigen Kampfes zu untergraben".[26]

Margret Plievier stellte daraufhin Strafantrag wegen Verunglimpfung ihres 1955 verstorbenen Mannes, die SPD-Bundestagsfraktion forderte die Bundesregierung zu einer Stellungnahme auf, und Kurt Desch, in dessen Verlag Plieviers Bücher inzwischen erschienen, wies Foertschs Behauptungen in einem "Offenen Brief" zurück: Plievier sei niemals Kommunist gewesen, sein Roman auch keineswegs zum Zwecke kommunistischer Propaganda geschrieben worden; nach Plieviers 1947 erfolgter Übersiedlung in den Westen habe man seine Bücher in der DDR verboten.[27] Die Wogen glätteten sich schnell. Für Foertsch blieb die Angelegenheit folgenlos, denn das von Margret Plievier angestrengte Strafverfahren gegen ihn wurde eingestellt.

Nimmt man die Schärfe der Kontroversen um ein Buch zum Maßstab für seine Qualität, dann war Plieviers *Stalingrad* ein gutes Buch. Und zweifellos gelang es Plievier auch durch seine dokumentarische Montage, das Abstraktum Krieg bis zu einem gewissen Grad aufzuschließen. Denn traditionell erzählen — das meinte schon Walter Benjamin angesichts der

---

[24] Diese Einschätzung bestimmte auch noch Hans Wageners Interpretationen von Plieviers Roman: Soldaten zwischen Gehorsam und Gewissen. Kriegsromane und -tagebücher. In: H.W. (Hrsg.): *Gegenwartsliteratur und Drittes Reich. Deutsche Autoren in der Auseinandersetzung mit der Vergangenheit.* Stuttgart 1977. S. 241-264, hier S. 248ff., sowie Hans Wagener: Der Fall "Stalingrad": Zufall, Schuld oder geschichtliche Logik? In: Adam J. Bisanz/Raymond Trousson (Hrsg.): *Elemente der Literatur. Beiträge zur Stoff-, Motiv und Themenforschung.* Bd. 2. Stuttgart 1980. S. 149-158, hier S. 150ff.

[25] Übereinstimmend negativ urteilten z.B: Friedrich A. Wagner in der *Frankfurter Allgemeinen Zeitung* vom 24. Dezember 1962 und Gerd Vielhaber in der *Frankfurter Rundschau* vom 28. Dezember 1962.

[26] Den vollständigen Wortlaut druckte die Berliner Morgenzeitung *Der Tagesspiegel* am 6. Februar 1963 auf ihrer Titelseite.

[27] Den vollständigen Wortlaut veröffentlichte die Münchener *Abendzeitung* am 8. Februar 1963.

nach dem Ersten Weltkrieg entstandenen Kriegsbücher — läßt sich der moderne Krieg nicht mehr.[28] So erscheint Plieviers Romantechnik als ein Versuch, jenem "prometheischen Gefälle" zu begegnen, das — nach Günther Anders — darin besteht, daß der Mensch im 20. Jahrhundert mittels Technik zwar ein Maximum an Zerstörung mit einem Minimum an Aufwand bewirken kann, aber noch nicht einmal in der Lage ist, die Todesangst von zehn Menschen nachzufühlen.[29]

Die "eigentliche Realität", nicht nur die des modernen Krieges, ist — wie Bertolt Brecht parallel zu Siegfried Kracauer 1931 in seinem Traktat *Der Dreigroschenprozeß* bemerkt hat — in die Funktionale gerutscht. Auch er folgerte daraus: "Es ist also tatsächlich 'etwas aufzubauen', etwas 'Künstliches', 'Gestelltes'. Es ist also ebenso tatsächlich Kunst nötig. Aber der alte Begriff der Kunst, vom Erlebnis her, fällt eben aus."[30] Plievier aber erzeugte gerade das von Brecht Verpönte: die Emotionen, indem er immer wieder durch die Reihung von kurzen Hauptsätzen das Erzähltempo erhöhte, um es dann in geradezu expressionistischer Manier mit einem Crescendo bloßer Stichworte nochmals zu steigern:

> Aus den Rohren schossen Feuerblitze. Aus den Werfern stieg Granate um Granate. Brauner Rauch trieb über die Erdwälle. Wo MGs und Schützen zu feuern begannen, war es schon beginnende Panik, denn für MG- und Schützenfeuer gab es keine erkennbaren Ziele.
> In Frontbreite betrat der Tod die deutschen Stellungen.
> Wehende Vorder- und Hintergründe von Qualm, von Staub, von Feuerschleim, himmelhoch aufquellend und wieder zusammenfallend. Ein feuerspeiender Berg, und man mußte wissen, daß es die schwere Batteriestellung war, die in Form eines auseinandertreibenden Dreiecks in die Luft flog, und daß die dunklen Flecke Metallbrocken, Geschützteile, die Leiber der Bedienungen waren. Aufschlotterndes schwarzes Gewölk. Wirbel. Trichter. Feuerblitze. Rauchballen. Zurückfallendes Gebälk, Stücke von Bunkerdecken. Ein aus dem Himmel fallendes Pferd, Beine und Hufe aufwärts. (St. 21f.)

Plieviers Verfahren zur Erregung von Affekten nehmen sich gegenüber der von Brecht geforderten Darstellung funktionaler Zusammenhänge wie eine Sammlung von Photographien aus, beinahe wie die in Prosa übersetzte Photocollection *Krieg dem Kriege*, die Ernst Friedrich 1924 veröffentlicht hat. Schon Wolfgang Borchert bezeichnete Plievier daher ganz treffend als

---

[28] Vgl. Walter Benjamin: Der Erzähler. Betrachtungen zum Werk Nikolai Lesskows. In: W.B.: *Gesammelte Schriften* Bd. II.2. Frankfurt a.M. 1990. S. 438-465.
[29] Vgl. Günther Anders: *Die Antiquiertheit des Menschen*. München 1956.
[30] Bertolt Brecht: Der Dreigroschenprozeß. Ein soziologisches Experiment. In: Bertolt Brecht: *Große kommentierte Berliner und Frankfurter Ausgabe*. Hrsg. von Werner Hecht, Jan Knopf, Werner Mittenzwei und Klaus-Detlef Müller. Berlin, Weimar, Frankfurt a.M. 1988ff. Bd. 21. S. 448-514, hier S. 469.

einen Sammler.[31] Und das gilt in zweifacher Hinsicht: Plievier sammelt Eindrücke anderer vom Kriegsgeschehen[32] genauso wie die abgelegten Kunstmittel voriger Generationen, um sie einer Zweitverwertung zuzuführen. Von Brechts Konzept einer vermittelten Autorschaft, die Walter Benjamin auf die Formel vom Autor als einem Produzenten brachte,[33] bleiben dadurch nur die bloßen Bruchstücke der Vermitteltheit übrig — abgeschnitten von ihrem Warum und Wie.

Eine dokumentarische Montage muß nicht notgedrungen nur bei Phänomenen verweilen. Alexander Kluge hat 1962 in seinem Roman *Schlachtbeschreibung* durch ein historisch weit ausgreifendes Patchwork zu zeigen versucht, welche Fiktionen eine Realität wie Stalingrad hervorgebracht haben. Auch Plievier erweiterte seine allzu focussierte Kriegsdarstellung in *Stalingrad* später durch die Romane *Moskau* (1952) und *Berlin* (1954) zur Trilogie *Der große Krieg im Osten*, blieb dabei aber weiterhin ein auf suggestive Wirkung abzielender Arrangeur. Ob man *Stalingrad* wegen dieser Mittel jedoch — wie Günter Kunert es getan hat — als "kulinarisches Werk" bezeichnen kann, das den Leser "mit Horror und Grauen unterhält",[34] ist genauso fraglich wie Hans-Harald Müllers Versuch im Nachwort der von ihm 1983 herausgegebenen Neuausgabe des Romans, seine ungebrochene Aktualität herauszustellen. Die Stärken des Buches liegen darin — das der Einwand gegen Kunert —, daß Plieviers Darstellung in keinem Moment auch nur einen Hauch von Landser-Romantik aufkommen läßt; sie vermag kaum zu unterhalten, sondern ist, wenn sie nicht langweilt, immer nur abschreckend. Und um es nach wie vor als aktuelles Buch zu bezeichnen — das der Einwand gegen Müller —, fehlt Plieviers *Stalingrad* jene Modernität der künstlerischen Mittel, um die strukturellen Zusammenhänge wenigstens anzudeuten, die der Barbarei von Kriegen im 20. Jahrhundert zugrunde liegen.

Plievier war, er bekannte es selbst in einem Interview, ein naiver Schriftsteller: "Nein. Ich habe gar nicht theoretisch über die Form nachge-

---

[31] Wolfgang Borchert: "Stalingrad" (Anm. 11).

[32] Plieviers Roman beruht keineswegs auf "eigener Erfahrung" — wie Thomas Koebner irrtümlich in seinem Artikel über Plievier im *Handbuch der deutschen Gegenwartsliteratur* (2. verb. und erw. Aufl. München 1970, Bd. 2) feststellte. Koebners Argument, daß *Stalingrad* deshalb Plieviers bester Roman sei, weil er anders als *Moskau* und *Berlin* nicht nur auf Rekonstruktionen beruhe, ist damit hinfällig.

[33] Vgl. Walter Benjamin: Der Autor als Produzent. In: W.B.: *Gesammelte Schriften*. Hrsg. von Rolf Tiedemann und Hermann Schweppenhäuser. Frankfurt a.M. 1980. Bd. 2. S. 683-701.

[34] Günter Kunert: Wie aus der Theaterloge. Über Theodor Plievier (1945). In: Marcel Reich-Ranicki (Hrsg.): *Romane von gestern — heute gelesen*. Bd. 3: 1933-1945. Frankfurt a.M. 1990. S. 329-334, hier S. 330.

dacht, sondern einfach drauflos geschrieben."[35] Bei einem Thema wie dem der Katastrophe von Stalingrad ist dieses geringe Maß an Reflexion wohl zu wenig, um ein Buch zu schreiben, das auch nach Jahrzehnten noch ästhetisch zu überzeugen vermag. Und am Ende wundert es wenig, daß Plievier jede Avanciertheit seiner formalen Mittel sogar leugnete und sich auf ein traditionelles Dichterverständnis berief:

> Ich finde auch gar nicht, daß "Stalingrad" eine Reportage ist. Das wäre Photographie und mit photographieren ist es nicht getan, wenn man eine moralische Aufgabe mit einem Buch bewältigen will. Dazu gehört nun einmal die "Verdichtung", die dichterische Schau.[36]

[35] Hans H. Hermann: Der Dichter und die Katastrophe. Ein Gespräch mit Plievier. In: *Der Ruf* 2 (1947). H. 16. S. 13.
[36] Ebd.

Helmut Peitsch

Vom 'Realismus' eines Kriegsromans — unmittelbar', 'magisch' oder 'tendenziös'?
Walter Kolbenhoff: *Von unserem Fleisch und Blut* (1947)

Kolbenhoffs Roman gehört nicht zum engeren Kanon der deutschsprachigen Literatur über den Zweiten Weltkrieg. Beispielsweise fehlte er zwar nicht in der Aufstellung von 50 Titeln, die Jochen Vogt 1983 mit der Alten Synagoge Essen herausgab,[1] aber sehr wohl 1995 in der Serie des *Neuen Deutschlands* zum Thema "Literatur und Krieg" seit 1945, wo Plieviers *Stalingrad*, Bölls *Wo warst du, Adam?* und Anderschs *Die Kirschen der Freiheit* neben Karl Mundstocks *Bis zum letzten Mann* und Dieter Nolls *Die Abenteuer des Werner Holt* den deutschen Beitrag — nach Ost und West ausgewogen — repräsentierten.[2]

Von unserem Fleisch und Blut war nur zweimal für eher kürzere Zeit im Buchhandel der Westzonen und der BRD erhältlich, von 1947 bis 1948/49, von 1979 bis 1984;[3] keine Ausschnitte wurden in einflußreiche Anthologien von Richter (1962) und Rauschning (1965) über Wagenbach (1980) bis Schröder (1995) aufgenommen;[4] Verweise auf den Roman gaben nur

---

[1] Andreas Pelka: Walter Kolbenhoff: Von unserem Fleisch und Blut. In: Jochen Vogt (Hrsg.): *"Das Vergangene ist nicht tot, es ist nicht einmal vergangen." Der Nationalsozialismus im Spiegel der Nachkriegsliteratur*. Essen 1984. S. 73-75.

[2] Vgl. Ursula Heukenkamp: Nachrichten aus der Hölle. Serie "Literatur und Krieg". In: *Neues Deutschland* vom 4. März 1995.

[3] Er findet sich nicht mehr in den durchs Jubiläum veranlaßten Bibliographien: Gesine Froese: *als der krieg zu ende war... Ein Lesebuch vom Neubeginn in Hamburg und Schleswig-Holstein*. Hamburg 1985. S. 180-224; Berliner Verleger- und Buchhändler-Vereinigung (Hrsg.): *40 Jahre Stunde Null, 40 Jahre Neubeginn*. Berlin 1985.

[4] Hans Werner Richter (Hrsg.): *Almanach der Gruppe 47. 1947-1962*. Reinbek 1962. S. 100-105, druckte Kolbenhoffs Reportage "Ich sah ihn fallen", worin ihm Klaus Wagenbach (Hrsg.) folgte: *Lesebuch. Deutsche Literatur zwischen 1945 und 1959*. Berlin 1980. S. 41-45. Kolbenhoff fehlte ganz in Hans Rauschning (Hrsg.): *1945. Ein Jahr in Dichtung und Bericht*. Frankfurt a.M. 1965; bei Jürgen Schröder u.a. (Hrsg.): *Die Stunde Null in der deutschen Literatur*. Stuttgart 1995. S. 250, gibt es den "Literaturhinweis" auf den Roman. Angesichts der erheblichen Schnittmenge zwischen den vier Anthologien ist das Fehlen insofern bemerkenswert, als sie den Kanon

Literaturgeschichten, die relativ dicht zum Erscheinungsdatum der Erst- und Neuausgabe geschrieben wurden. Die Nicht-Kanonisierung des Romans steht in einem gewissen Widerspruch zum in den achtziger Jahren gestiegenen Forschungsinteresse am Autor Kolbenhoff; doch dieses war in doppelter Hinsicht ein abgeleitetes: einmal folgte es aus dem Aufblühen der Exilforschung, dann der Entstehung einer Forschung zur Nachkriegsliteratur,[5] insbesondere zur Gruppe 47.[6] Wenn der Autor Kolbenhoff von der Überschneidung beider Aufmerksamkeitsrichtungen in seiner Biographie profitieren konnte, dann galt für seinen Kriegsroman eher das Gegenteil: *Von unserem Fleisch und Blut* entspricht weder den Vorstellungen, die zeitweise mit antifaschistischer Exilliteratur[7] verbunden worden sind, noch denen, die mit dem Begriff einer "jungen deutschen Literatur der Moderne" gekoppelt sind — von Walter Jens (1962) bis Klaus R. Scherpe (1992) oder Ursula Heukenkamp (1996).[8]

Im Erscheinungsjahr schien allerdings ein Autor und Kritiker der Gruppe 47 mit Kolbenhoffs Roman keine Einordnungsschwierigkeiten zu haben;

umreißt. Weil er "keinen literarischen Kanon vorstellen", sondern "bis in kleinere Verästelungen" den "literarischen Entwicklungsprozeß" 'repräsentieren' (S. 11) wollte, nahm Heinz Ludwig Arnold das 7. Kapitel aus *Von unserem Fleisch und Blut* auf: *Die deutsche Literatur 1945-1960. "Draußen vor der Tür". 1945-1948.* München 1995. S. 370-374. Zu dieser Auswahl vgl. unten.

[5] Marita Müller: Kontinuität engagierter Literatur vor und nach 1945. Zum Werk Walter Kolbenhoffs. In: Jost Hermand u.a. (Hrsg.): *Nachkriegsliteratur in Westdeutschland.* Bd.2: *Autoren, Sprache, Traditionen.* Berlin 1984. S. 41-51.

[6] Die Neuausgabe wurde von Gerhard Hay veranstaltet, der an der bahnbrechenden Ausstellung und dem Katalog des Deutschen Literaturarchivs Marbach beteiligt gewesen war: *"Als der Krieg zu Ende war". Literarisch-politische Publizistik 1945-1950.* München 1973. S. 103, 332, und sie erfolgte ein Jahr nach dem Erscheinen der erfolgreichen Taschenbücher Hays und Jürgen Mantheys, in denen Boehringer und Novak auf den Roman verwiesen hatten. Auch in der gleichzeitig einsetzenden Forschung des *Text + Kritik*-Herausgebers Heinz Ludwig Arnold spielte Kolbenhoff von Beginn an eine Rolle, vgl. Heinz Ludwig Arnold u.a.: *Die Gruppe 47. Ein kritischer Grundriß.* München 1980. S. 84; H.L.A.: *Die drei Sprünge der westdeutschen Literatur. Eine Erinnerung.* Göttingen 1993. S. 22. Der Roman fand sich nicht erwähnt im Grundbuch der Forschung zur Gruppe 47, das im Jahr ihres Endes erschien: Reinhard Lettau (Hrsg.): *Die Gruppe 47. Bericht Kritik Polemik. Ein Handbuch.* Neuwied, Berlin 1967.

[7] Vgl. Ernst Loewy: Zum Paradigmenwechsel in der Exilforschung. In: *Exilforschung* 9 (1991). S. 208-217.

[8] Kolbenhoff wird nicht erwähnt in der einflußreichen Darstellung von Walter Jens: *Deutsche Literatur der Gegenwart.* München 1965. Zur Wiederaufnahme seiner Formel vgl. Klaus R. Scherpe: *Die rekonstruierte Moderne. Studien zur deutschen Literatur nach 1945.* Köln u.a. 1992; Ursula Heukenkamp: *Unterm Notdach. Nachkriegsliteratur in Berlin 1945-1949.* Berlin 1996. S. 45.

Alfred Anderschs — seit dem ins Jahr 1979 fallenden Neudruck immer häufiger autoritativ zitierte — Programmschrift *Deutsche Literatur in der Entscheidung* pries den Autor des Kriegsromans als Repräsentanten des "reinen Realismus",[9] der zuvor von Wolfdietrich Schnurre in einer Kontroverse mit Kolbenhoff — begonnen in der Zeitschrift *Horizont*, fortgesetzt in der Nullnummer des *Skorpion* — als "blanker"[10] und noch früher von Wolfgang Weyrauch als "Realismus des Unmittelbaren"[11] bezeichnet worden war. Daß aber Kolbenhoffs 1947 gleichzeitig von Bermann-Fischer in Stockholm und der Nymphenburger Verlagsbuchhandlung in München herausgebrachter Roman eine besondere Stellung einnahm, ließ sich ein Jahr später an der Tatsache ablesen, daß sich der Autor auf dem Frankfurter Schriftstellerkongreß zur "Tendenz"[12] bekannte — die von Andersch wie von Schnurre und Weyrauch entschieden abgelehnt wurde. Allerdings hätte das versöhnliche Schlußwort Schnurres zur Kontroverse mit Kolbenhoff eher die Annahme nahegelegt, daß Kolbenhoffs Schreiben Gemeinsamkeiten mit dem 'magischen Realismus' zeigte, der einerseits vom 'blankem' unterschieden, andererseits gemeinsam mit diesem der 'Tendenz' entgegengesetzt wurde:

> Es darf uns nicht darauf ankommen, als Anhänger einer dieser zwei Richtungen — die fraglos die beiden Hauptströmungen in der von uns jungen Schriftstellern getragenen neuen Literaturepoche sein werden — die Anhänger der anderen an die Wand drücken zu wollen und zu bekämpfen. Sondern worauf es ankommt ist

[9] Alfred Andersch: Deutsche Literatur in der Entscheidung. Ein Beitrag zur Analyse der literarischen Situation [1948]. In: *Das Alfred Andersch Lesebuch*. Hrsg. von Gerd Haffmans. Zürich 1979. S. 129f. Zum Vorabdruck in der Zeitschrift *Volk und Zeit* vgl. Helmut Peitsch und Hartmut Reith: Keine "innere Emigration" in die "Gefilde" der Literatur. Die literarisch-politische Publizistik der "Gruppe 47" zwischen 1947 und 1949. In: Hermand u.a. (Hrsg.) (Anm. 5). S. 129-162, hier S. 133f.

[10] Wolfdietrich Schnurre: Für die Wahrhaftigkeit (Eine Antwort an Walter Kolbenhoff). In: *Der Skorpion*. Hrsg. von Hans Werner Richter. Reprint. Göttingen 1991. S. 46. Der in *Horizont* 2 (1947). H. 1. S. 23; H. 5. S. 8, geführte Briefwechsel ist wiedergedruckt im Anschluß (S. 60f.) an den Aufsatz von Dragica Horvat: Die "junge Generation" auf der Suche nach der neuen Literatur. In: D.H. u.a.: *Eine Kulturmetropole wird geteilt. Literarisches Leben in Berlin (West) 1945 bis 1961*. Berlin 1987. S. 55-59, die Kolbenhoff als "Vertreter des Realismus des Unmittelbaren" (S. 56) behandelt und seine "Gemeinsamkeiten mit Schnurre" im Bild des Autors als "Künder und Seher" (S. 57) betont. Zu Schnurres Position in der Kontroverse mit Kolbenhoff vgl. jetzt auch Jürgen Engler: Die "Schizophrenie" des Anfangs. Wolfdietrich Schnurre — ein Autor der Trümmerliteratur. In: Heukenkamp (Hrsg.) (Anm. 8). S. 387-438, insbesondere S. 404-410; zu Kolbenhoff vgl. dort auch S. 55, 64.

[11] Wolfgang Weyrauch: Realismus des Unmittelbaren. In: *Aufbau* 2 (1946). S. 701-706.

[12] Kolbenhoffs Rede wurde in dem Sammelband zum Kongreß nicht abgedruckt: Heinrich Becholdt (Hrsg.): *Literatur und Politik. Sieben Vorträge zur geistigen Situation in Deutschland*. Konstanz 1948.

zu erkennen, daß sowohl der 'blanke' als auch der 'magische' Realismus nur Wege sind: Wege zum gleichen Ziel, nämlich der geistigen Durchdringung des Chaos und der Neuwertung des Menschen.[13]

Anderschs Situationsbeschreibung wurde auf der Tagung der Gruppe 47 vorgetragen, die auf jene erste am Bannwaldsee folgte, wo Kolbenhoffs und Schnurres Debatte "[v]iel besprochen"[14] worden war; das Verhältnis der drei ästhetischen Schlagworte — reiner, magischer Realismus und Tendenz — zu den drei politisch-historischen Begriffen zur Gliederung der Gegenwartsliteratur — Exil, Innere Emigration, Junge Generation — ist nicht ganz eindeutig: Während die negative Gleichung von Exilliteratur und Tendenz fast aufgeht, werden positive Werkbeispiele für den reinen ebenso wie für den magischen Realismus aus Innerer Emigration und Junger Generation gewonnen.

Um den Deutungs- und Wertungstraditionen — sei es modernistischer, sei es realistischer Provenienz — zu entgehen, die Kolbenhoffs Roman aus dem jeweiligen Kanon ausschließen, soll zunächst der zeitgenössische poetologische Kontext des Kriegsromans so weit skizziert werden, daß jenes Skandalon wahrnehmbar wird, das *Von unserem Fleisch und Blut* insofern darstellte, als der Roman an drei Tendenzen[15] teilhatte, die sich in der Debatte kreuzten und weder mit der historisch-politischen noch der ästhetischen Etikettierung kongruent waren: 'Realismus des Unmittelbaren' verweist so nur auf den Anspruch nüchterner Bestandsaufnahme, 'magischer Realismus' auf das Bemühen, über die sinnlich wahrnehmbaren Erscheinungen hinaus zu den 'treibenden Kräften' im Individuum und in der Gesellschaft vorzudrin-

---

[13] *Der Skorpion* (Anm. 10). S. 42; vgl. Richters Brief an Kolbenhoff in Heinz Ludwig Arnolds Dokumentation zum Neudruck, S. 62: "Ich glaube, daß wir so und in dieser Form der Diskussion weiter kommen werden."

[14] Lettau (Hrsg.) (Anm. 6). S. 22. Dieses Folgeverhältnis festzuhalten ist wichtig, weil die Legende von der "Ausnahme" (Friedhelm Kröll: *Gruppe 47*. Stuttgart 1979. S. 28), die Anderschs Schrift dargestellt hätte, verhindert hat, den historischen Gründen für das Unterbinden programmatischer Diskussion nachzugehen (vgl. die Widersprüche in Krölls Darstellung, S. 33, in der Frage, seit wann es eine "Koexistenz konkurrierender literarischer Stile und Tendenzen" gab).

[15] Das Problematische an der Zweiteilung in Deskription und Transzendenz, die Lothar Köhn vorschlägt, liegt in der Ausschaltung der dritten Dimension; so reproduziert Köhn tendenziell den zum magischen offenen reinen Realismus, ohne die Frage der Tendenz zu stellen: Wilfried Barner (Hrsg.): *Geschichte der deutschen Literatur von 1945 bis zur Gegenwart*. München 1994. S. 35-39. Zur Begriffsgeschichte des magischen Realismus vgl. Michael Scheffel, der ihn als "Erzählstil" bestimmt, der das Werk der von Hans-Dieter Schäfer wiederentdeckten Autoren im Umkreis der *Kolonne* seit dem Ausgang der zwanziger Jahre charakterisierte: *Magischer Realismus. Die Geschichte eines Begriffes und ein Versuch seiner Bestimmung*. Tübingen 1990. S. 82-85.

gen, und 'Tendenz' auf den Appell zur moralischen oder politischen Veränderung. Die relative Einheitlichkeit einer literarischen Richtung entstand durch das Dominantsetzen einer Funktionspotenz von Literatur: 'Realismus des Umittelbaren' hieß die kognitive, 'magischer Realismus' die emotionale, 'Tendenz' die moralische Wirkungsmöglichkeit zur Dominante zu erheben. Die "führenden Prinzipien"[16] der jeweiligen literarischen Richtung bezogen sich somit auch auf unterschiedliche Elemente des gesellschaftlichen Verhältnisses Literatur: die Beziehung zwischen Wirklichkeit und Literatur, die emotional-wertende zwischen Autor und Werk und die Impulse für das Verhalten vermittelnde zwischen Werk und Adressat. Der scharfen Trennlinie zum Exil und zur 'Tendenz' entsprach, daß sowohl Junge Generation wie Innere Emigration den Begriff 'magischer Realismus' für sich reklamierten. Während Gerhart Pohl den Begriff 'soziologisch' für die Innere Emigration als Literatur einer Zwischengeneration reservierte und ihn ästhetisch als Verbindung von Tradition der Neuen Sachlichkeit und des Expressionismus kennzeichnete,[17] entwarfen Heinz Friedrich, Hans Werner Richter und Wolfdietrich Schnurre — alle drei Mitglieder der Gruppe 47 — ihn gerade als noch einzulösendes Programm der Literatur der Jungen Generation. Im Unterschied zu den Vertretern des 'Realismus des Unmittelbaren' in der Gruppe 47 konkretisieren diese Autoren nicht die dem Programm entsprechende Schreibweise. Sie wiederholten Begriffe und Bilder, die von der Literatur metaphysische Deutungsmuster für die Erfahrungen des Kriegs verlangten. Friedrich forderte, "die Realität transparent" zu machen und "zum Hintergründigen, zum übersinnlich Ewigen — zum Religiösen" vorzustoßen.[18] Richter postulierte, "hinter der Wirklichkeit das Unwirkliche, hinter der Realität das Irrationale, hinter dem großen gesellschaftlichen Wandlungsprozeß die Wandlung des Menschen" darzustellen,[19] und Schnurre schließlich wollte zeigen, "wie in jedem von uns [...] Wirkliches und Überwirkliches, Fleischliches und Geistiges, Göttliches und Dämonisches sich überschneidet und miteinander im Kampf liegt".[20] Die Bilder und Begriffe des Dämonischen waren von einer solchen Evidenz, daß sie als nüchterne

---

[16] Dieter Schlenstedt: Funktionen der Literatur — Relationen ihrer Bestimmung. In: D.S. u.a. (Hrsg.): *Funktion der Literatur. Aspekte — Probleme — Analysen*. Berlin 1975. S. 45.

[17] Gerhart Pohl: Magischer Realismus. In: *Aufbau* 4 (1948). S. 650-653; damit antizipierte er gewissermaßen die von Hans Mayer 1967 in die Forschung dominierend eingeführte Aufmerksamkeitsrichtung.

[18] Heinz Friedrich: Sind wir romantisch? In: *Die Epoche* vom 11. Mai 1947.

[19] Hans Werner Richter: Literatur im Interregnum. In: Jürgen Schutte (Hrsg.): *Dichter und Richter. Die Gruppe 47 und die deutsche Nachkriegsliteratur*. Berlin 1988. S. 169.

[20] Schnurre (Anm. 10). S. 45.

68

Definition der Wirklichkeit durchgehen konnten, wie in einem Bericht über die Tagung der Gruppe 47 in Herrlingen:

> Die verzerrte Wirklichkeit unserer Ruinenlandschaft, [...] das Kellerleben Millionen Deutscher, das Landstreicherdasein von hunderttausenden junger Menschen, die Pulverisierung aller Ideologien, die zynische Skepsis gegenüber großen Worten, der tausendfache Tod und das tausendfache Leben in jedem von uns — an ihnen maß man das geschriebene Wort.[21]

Im Vergleich zu dieser Priorisierung metaphysischer Deutungsmuster waren die Vorschläge der 'Realisten des Unmittelbaren' für eine neue Schreibweise sehr konkret. Sie favorisierten ein Genre, die kurze Prosa, die sich ans Vorbild der Short story halten sollte, und sie verlangten eine Erzählweise, die den auktorialen Erzähler ausschließt, auf Wertungen und andere Kommentare verzichtet sowie der Symbolik den Abschied gibt. In dem berühmt gewordenen Nachwort, das schon fast ein Nachruf auf den 'Realismus des Unmittelbaren' war, weil es erst am Ende der ersten vier Nachkriegsjahre erschien, in Wolfgang Weyrauchs Kurzgeschichtenanthologie *Tausend Gramm* findet sich das Programm noch einmal zusammengefaßt:

> Indem [...] die Verfasser der Kahlschlag-Prosa [...] von vorn anfangen, ganz von vorn, bei der Addition der Teile und Teilchen der Handlung [...], widerstreiten sie [...] der Fortsetzung der kalligraphischen [...] Literatur in Deutschland der Verhängung und dem Verhängnis eines neuen Nebels bei uns, worin die Geier und die Hyänen sitzen und tappen.[22]

Wenn Weyrauch die "Methode der Bestandsaufnahme" und die "Intention der Wahrheit" "um den Preis der Poesie" fordert und betont: "Wahrheit ohne Schönheit ist besser",[23] dann ging es ihm um die Nüchternheit der Bestandsaufnahme: Sie "schreiben das, was ist".[24] Mit seiner Begründung öffnete aber auch er sich der Tiefe der 'Magie': "Wo der Anfang der Existenz ist, ist auch der Anfang der Literatur."[25]

Den fließenden Übergang[26] zwischen 'Realismus des Unmittelbaren' und 'magischem Realismus' kann eine Stellungnahme von Alfred Andersch

---

[21] Schutte (Hrsg) (Anm. 19). S. 147.

[22] Wolfgang Weyrauch: Nachwort. In: W.W. (Hrsg.): *Tausend Gramm*. Hamburg u.a. 1949. S. 216.

[23] Ebd. S. 217.

[24] Vgl. die Wiederaufnahme dieser Formel in der meist um Böll zentrierten Debatte über 'Trümmerliteratur' 1952 durch Walter Jens; dieser polarisierte Ist- und Ich-Literatur, womit er die Innerlichkeits-Kritik fortschrieb. Hierzu vgl. Richters wichtigen Brief an Lohmeyer in: Schutte (Hrsg.) (Anm. 19). S. 173: "Unsere Ablehnung der Verinnerlichung [...] kommt nicht aus dem Erlebnis des Krieges sondern aus der Kenntnis der vielen Verinnerlichten in den Jahren vor dem Krieg."

[25] Weyrauch: Nachwort (Anm. 22). S. 217.

[26] Vgl. hierzu grundsätzlich Barner (Hrsg.) (Anm. 15). S. 38.

besonders deutlich machen. Andersch sah in einer von den *Frankfurter Heften* abgedruckten Kurzgeschichte John Steinbecks "in ihrem Verzicht auf alle Reflexion und 'Erhöhung' ein Grundgesetz des Realismus bloß[ge]legt: sein episches Wesen, das einfache 'Erzählen'".[27] Anderschs Kommentar zu Steinbeck grenzt sich allerdings zugleich sehr heftig gegenüber einer "so völlig flachen Deutung des Realismus" ab, "wie sie in der Schrift 'Objektivismus' des Verlegers Walter Kahnert und des Schriftstellers Wolfgang Weyrauch vorgenommen wird".[28] Gegen deren Import einer Erzähltechnik, den Andersch als oberflächliche, "mechanische Verpflanzung der amerikanischen Prosa nach Deutschland" denunziert, spielt er die Tiefe aus: "[E]s wäre die Aufgabe der Literaturkritik, entgegen solchen gut gemeinten Seichtheiten die wirkliche Tiefe der Dichtung des Westens auszuloten."[29] Die Tiefe spielt auch in Schnabels Deutung der Vorbildlichkeit der 'amerikanischen Story' eine Schlüsselrolle. In dieser Argumentationsfigur sind die Verteidiger des 'Realismus des Unmittelbaren' deshalb immer schon für den 'magischen Realismus' sehr offen. Schnabel faßte die Kurzgeschichte als "bezeichnende[n] Querschnitt durch den Lebensstrom [...], bei welchem es weniger auf die Breite als auf die Tiefe ankommt, darauf, daß er bis auf den Grund geht".[30] Er erklärte sie als Literatur eines 'Zusammenbruchs'; der 'Zusammenbruch' erfolgte für die Junge Generation der Amerikaner am Schwarzen Freitag, auf diesen Tag datierte Schnabel deren "tiefe[s] Mißtrauen gegen alles Überkommene".[31] Der Verlust aller Illusionen, das Gefühl, ganz von vorn anfangen zu müssen, die Unsicherheit der Zukunft — in allem meinte Schnabel, sich und seine Generation in den jungen Amerikanern wiederzuerkennen. Weil es in der Story "um das So-und-so, mit welchem das Individuum seine Zeit besteht", gehe, um die "tragische Einsamkeit, die alle Menschen umfängt",[32] mußte für Schnabel der Gegenstand, die Oberfläche des Lebensstroms geographisch, historisch und politisch gleichgültig werden im Unterschied zu dessen Tiefe. Die Story — so faßt er zusammen — sei ein "beliebiger Querschnitt, der durch seine Tiefe bezeichnend und aussagekräftig werde".[33] Dennoch betonte Schnabel gleichermaßen, daß die hervorragenden amerikanischen Kurzgeschichtenschreiber gelernte Reporter waren. Zwischen einem reportagehaften Realismus nüchterner Bestandsaufnahme

---

[27] Alfred Andersch: Eine amerikanische Erzählung. In: *Frankfurter Hefte* 2 (1947). S. 941.

[28] Ebd. S. 941.

[29] Ebd.

[30] Ernst Schnabel: Die amerikanische Story. In: *Nordwestdeutsche Hefte* 1 (1946). H. 3. S. 27.

[31] Ebd.

[32] Ebd.

[33] Ebd.

und dem magischer Tiefe bewegen sich die Stellungnahmen der jungen Schriftsteller zum Problem einer jungen deutschen Literatur. Kolbenhoff war der einzige, der sich zur Tendenz bekannte.

Der Autor Walter Kolbenhoff[34] war als Kommunist 1933 ins dänische Exil gegangen, 1940 oder — nach anderen Aussagen — 1942 mit der — angeblichen — Absicht politischer Arbeit in die deutsche Wehrmacht, 1944 in Italien gefangengenommen worden, und er schrieb seinen Roman als POW in den Antinazicamps Ruston und Kearney, wo er sich mit Andersch befreundete. Er erhielt den von dem Verleger Bermann-Fischer gestifteten Preis der Lagerzeitung *Der Ruf* für *Von unserem Fleisch und Blut*.[35] Dessen Entstehung verbindet also die spezifische Nachkriegsliteratur der Jungen Generation und die Exilliteratur. Für die Verbreitung des Romans sorgten Vorabdrucke in der *Neuen Zeitung*[36] sowie den US-lizenzierten Zeitschriften *Die Fähre*,[37] *Horizont*,[38] *Der Ruf*,[39] in der *Neuen Rundschau*[40] sowie in der berühmten Anthologie von Richard Drews und Alfred Kantorowicz, *verboten und verbrannt*.[41] *Horizont* druckte den ganzen Roman in Fortsetzungen, die übrigen Vorabdrucke beschränkten sich auf einzelne Kapitel. Die Auswahl stimmt bemerkenswerterweise überein: Man stellte die Figur des siebzehnjährigen Jungen, des "Werwolf' (so *Die Fähre*) ins Zentrum. Die Auswahl ist sowohl als Ausdruck des spontanen Leseinteresses wie als dessen Lenkung zu werten. Hier treffen sich die aus der Vorbemerkung im *Ruf*, dessen Mitarbeiter Kolbenhoff war, ablesbare Wirkungsintention und die meisten Rezensionen: Es ging um die "tiefe Problematik einer Generation", deren "Glaube" "so tief enttäuscht" worden war.[42] Der Held, der "nicht zum natürlichen Leben heimfindet", könne "eine Warnung auf dem Weg sein, den die junge Generation vor sich hat".[43] Die Ankündigung betonte in einer auffälligen Weise erstens die Jugend des immerhin siebenunddreißigjährigen Verfassers und zweitens das Erlebnis als Grundlage seines literarischen Schaffens: "Der Schriftsteller Walter Kolbenhoff [...] gehört zur jun-

---

[34] Zur Biographie vgl. Müller: Kontinuität, sowie teilweise abweichend Werner Brand: *Der Schriftsteller als Anwalt der Armen und Unterdrückten. Zu Leben und Werk Walter Kolbenhoffs*. Frankfurt a.M. u.a. 1990.

[35] *Die Neue Rundschau* (1945/46). S. 496f.

[36] *Die Neue Zeitung* vom 21. Juni 1946.

[37] *Die Fähre* 2 (1947). S. 153-156.

[38] *Horizont* 2 (1947). H. 8-25.

[39] *Der Ruf* 1 (1946) Nr. 1. S. 9f.

[40] *Die Neue Rundschau* (1945/46). S. 446-466.

[41] Wolfgang Drews, Alfred Kantorowicz (Hrsg.): *verboten und verbrannt. Deutsche Literatur 12 Jahre unterdrückt*. Berlin, München 1947. S. 96f.

[42] *Der Ruf* 1 (1946). Nr. 1, zitiert nach dem Nachdruck von Hans A. Neunzig (Hrsg.): *Der Ruf. Unabhängige Blätter für die junge Generation*. München 1976. S. 50.

[43] Ebd.

gen deutschen Generation. Aus dem Erlebnis des Krieges, der Front und der Kriegsgefangenschaft ist dieses Buch entstanden."[44] Beiden Merkwürdigkeiten ist nachzugehen.

Daß auch ältere Autoren in den ersten Jahren nach dem Zweiten Weltkrieg sich als Angehörige der Jungen Generation, gewissermaßen als Debütanten einführten, ist aus dem Willen zum Bruch mit der Vergangenheit zu erklären.[45] Zu dieser von der Literaturkritik weitgehend[46] geteilten Erwartung steht jedoch Kolbenhoffs Roman seiner Funktionspotenz nach, wie zu zeigen sein wird, in einem gewissen Widerspruch. Das zweite in der Literaturkritik dominante Moment, das als Erlebnis benannt die Einheit zwischen dem Leben des Autors und dem Werk meint,[47] gilt für das wirkungsträchtigste Strukturelement des Romans nun schon gar nicht. Nur aus der Entstehungssituation ist zu erklären, daß Kolbenhoff als Helden einen Werwolf wählte. Seine Informationsgrundlage für das besetzte Deutschland vor der Kapitulation waren die US-amerikanischen Medien, in denen aus einer bestimmten Einschätzung der Lage im faschistischen Deutschland heraus die Erwartung von Werwolf-Aktionen eine große Rolle spielte. Diese Erwartung spiegelte sich noch in Walter L. Dorns — des Beraters Lucius D. Clays — Denkschriften über seine Inspektionsreisen durch die US-Zone von 1946.[48] Sieht man von militärisch organisierten Abenteuern wie dem in Aachen ab, wo der von den Amerikanern eingesetzte Oberbürgermeister 1944 von der SS erschossen wurde, so hat es zur Überraschung der Amerikaner und auch im Gegensatz zur faschistischen Mobilisierung in diese Richtung keinen Werwolf gegeben. Hier setzten die Zweifel der Rezensenten an, ob "dieser junge Deutsche, der sich in den ersten Wochen nach dem Kriege dem 'Wehr-

---

[44] Ebd. S. 49f.

[45] Vgl. die kurzschlüssige Erklärung aus Taktik bei Hans Dieter Schäfer: Zur Periodisierung der deutschen Literatur seit 1930. In: *Literaturmagazin* 7 (1977). S. 108, 110; dagegen zum "Neuanfang" S. 108; ähnlich: Volker Wehdeking: Eine deutsche 'Lost Generation'? Die 47er zwischen Kriegsende und Währungsreform. In: Ebd. S. 158f., sowie Frank Trommler: Nachkriegsliteratur — eine neue deutsche Literatur? In: Ebd. S. 169.

[46] Vgl. dagegen Trommlers These von der Allgemeingültigkeit. Ebd.

[47] Vgl. Ingeborg Münz-Koenen: Literaturverhältnisse und literarische Öffentlichkeit 1945 bis 1949. In: I.M.-K. u.a.: *Literarisches Leben in der DDR 1945 bis 1960. Literaturkonzepte und Leseprogramme.* Berlin 1980. S. 23-100, hier S. 78; siehe die bemerkenswerte Nähe so unterschiedlicher Kritiker wie Andersch (Anm. 9). S. 116, oder Hans Mayer über Wiechert: Stephan Hermlin, Hans Mayer: *Ansichten über einige Bücher und Schriftsteller.* Erw. Ausg. Berlin 1948. S. 68f., oder auch Mayers Polemik gegen Plievier (*Frankfurter Hefte* 3 [1948]. S. 695), der auf dem Frankfurter Schriftstellerkongreß Werk und Autor programmatisch getrennt hatte.

[48] Vgl. hierzu Walter Hasenclever: *Ihr werdet Deutschland nicht wiedererkennen. Erinnerungen.* München 1978. S. 85-87.

wolf' [sic!] verschreibt, in der Art, in der ihn Walter Kolbenhoff zu zeichnen versucht, charakteristisch für diese Jugend ist".[49] Denn Kolbenhoff wählte nicht den jungen Frontsoldaten, sondern den fanatischen jugendlichen Nazi, der den Kampf nach der Besetzung einer ungenannten Stadt in der im Roman dargestellten Nacht fortsetzt. Er stand mit dieser Wahl in einer gewissen Spannung zu der verbreiteten Unterscheidung zwischen schuldigen alten Faschisten und unschuldigen jungen Soldaten, die Alfred Andersch klassisch formulierte, als er für den *Ruf* den Nürnberger Prozeß kommentierte: "Die erstaunlichen Waffentaten junger Deutscher in diesem Kriege und die 'Taten' etwas älterer Deutscher, die gegenwärtig in Nürnberg verhandelt werden, stehen in keinem Zusammenhang."[50] Ein Erlebnis, das der *Ruf* als Grundlage des Kolbenhoffschen Romans beschwor, gab es also nicht,[51] vor allem nicht das, worüber sich die Jugend verständigen wollte, das der 'erstaunlichen Waffentaten junger Deutscher', sondern Kolbenhoff gab eine Fiktion, die gerade die säuberliche Trennung, die Andersch ebenso wie Karl Jaspers in seinem Buch *Die Schuldfrage* vornahm,[52] gerade problematisierte. "Die Gefahr, das Kriegserlebnis zu pflegen statt es zu überwinden", hatte der Mitarbeiter der US-amerikanischen Informationskontrolle Erich Kuby in seinem Gutachten über die ersten Nummern des *Ruf* insbesondere an Anderschs Artikel diagnostiziert:

> Es gibt für einen Deutschen keine positive Haltung zum Kriege, auch nicht in der Form, dass er die Gefallenen als Helden betrachtet. Wir können als verantwortliche Deutsche heute unseren gefallenen Bruder als einen anständigen Menschen betrauern — wir haben aber nicht mehr die Freiheit in der Öffentlichkeit den Geist von Langemarck, der jetzt der Geist von Cholm, Brest, Alamein usw. heissen könnte, mit einem positiven Akzent zu versehen.[53]

Wie wenig sich Kubys Kritik an Anderschs wie des *Rufs* Rettung der Ehre deutscher Soldaten durch seine Verwandlung in ein leidendes, aber darin doch heldenhaftes Opfer für die Westzonenöffentlichkeit verallgemeinern

---

[49] Neunzig (Hrsg) (Anm. 42). S. 50.

[50] Alfred Andersch: Notwendige Aussage zum Nürnberger Prozeß. Ebd. S. 26.

[51] Es spricht für die Macht des Erlebnis-Topos über die Nachkriegsliteratur, daß der Autor, Jahrzehnte später zur Entstehung des Romans befragt, eben dies Erlebnis nachliefert: Walter Kolbenhoff: *Schellingstraße 48. Erfahrungen mit Deutschland*. Frankfurt a.M. 1984. S. 70, berichtet von einem Hitlerjungen Paul im Lager Baton Rouge als Vorbild; interessanterweise verschiebt sich jedoch im Verlauf dieses späten Berichts der Akzent vom Erlebnis weg: "[I]ch sah in ihm ein politisches Problem" (S. 71).

[52] Karl Jaspers: *Lebensfragen der deutschen Politik*. München 1963. S. 70; vgl. dagegen die Kritik von Stephan Hermlin in: Hermlin/ Mayer: *Ansichten* (Anm. 47). S. 151.

[53] Schutte (Hrsg.) (Anm. 19). S. 164f.

läßt, zeigt eine wenig später in einer anderen Münchner Zeitschrift, der protestantischen *Zeitwende,* gedruckte Rede des künftigen Präsidenten des BRD-Historikerverbandes Gerhard Ritter, die "Vom Sinn des Todesopfers" handelte:

> Was unsere gefallenen Söhne geleistet haben in solcher echten Selbsthingabe für Volk und Vaterland, bleibt unberührt von dem jammervollen Ausgang dieses Krieges [...]. Keine Generation unseres Volkes hat jemals ähnliches geleistet im Ertragen unerhörter Kriegsstrapazen [...] wie die Generation unserer Söhne. Von den Eisfeldern des Polarkreises bis zu den glühenden Sandwüsten Nordafrikas erstrecken sich nun ihre Gräber — nie wird unsere Liebe aufhören, zu diesen Gräbern zu eilen im dankbaren Gedächtnis ihres Opfers — auch wenn dieses Opfer zuletzt vergebens war [...]. Die Gesinnung, die moralische Haltung ist es, nicht der Erfolg, was über den sittlichen Wert einer Tat entscheidet.[54]

Genau diese 'Gesinnung' des Opfers stellte Kolbenhoffs *Von unserem Fleisch und Blut* in Frage, weil der Roman zwei der zentralen Darstellungskonventionen, die sich herausbildeten, nicht teilte: erstens die Trennung von Faschismus und Krieg, zweitens die Umprofilierung des soldatischen Helden ins leidende Opfer.[55]

Fünfzehn der neunundzwanzig Kapitel schildern in personaler Perspektive die Flucht des Jungen durch eine Trümmerstadt in einer einzigen Nacht. Die Stationen dieser Haupthandlung[56] werden voneinander abgeteilt durch personal oder neutralszenisch dargebotene Episoden, in denen andere, stark verallgemeinerte Figuren in derselben Landschaft sich auf ganz andere Weise zu orientieren versuchen, so daß sie — bei aller Differenzierung der Nebenfiguren untereinander — insgesamt eine Gegenhandlung bilden. Verzahnt

---

[54] Gerhard Ritter: Vom Sinn des Todesopfers. Zum Gedächtnis unserer kriegsgefallenen Söhne. In: *Zeitwende* 19 (1947/48). S. 1-15, hier S. 10.

[55] Vgl. hierzu Jochen Pfeifer: *Der deutsche Kriegsroman 1945-1960. Ein Versuch zur Vermittlung von Literatur und Sozialgeschichte.* Königstein/Ts. 1981. S. 150: nur fünf (Plievier, Krämer-Badoni, Remarque, Andersch) Romane "erheben die Beziehung Krieg/Nationalsozialismus zum zentralen Thema", sowie S. 99: "Unter den einfachen Soldaten gibt es im Kriegsroman kaum einen gläubigen Nazi." Wenn Pfeifer dann aber Kolbenhoffs Roman vorwirft, er "unterstütze [...] das Bild, daß nur der völlig Verblendete überzeugter Nationalsozialist sein konnte" (S. 151), so läßt sich die unterstellte Entlarvungsabsicht auch umkehren: Jedes Durchhalten erscheint als Folge einer Verblendung, an der eben nicht nur die Nazis teilhatten. Pfeifers scharfe Kritik steht in Widerspruch zur abrupten Einreihung des Romans unter die vier "besten deutschen Kriegsromane" (mit Böll, Rehn und Andersch), wofür dann auch zwei Begründungen gegeben werden, die für *Von unserm Fleisch und Blut* gerade nicht zutreffen: 1. "Verbleiben im Bereich der persönlichen Erfahrung", 2. "Beschränkung auf *eine* zentrale begriffliche Interpretation dieser Erfahrung (Sinnlosigkeit)" (S. 206f.).

[56] Ausnahmen sind die Kapitel VIII bis X, wo die Stationen direkt aufeinander folgen.

werden beide Handlungen durch den epischen Raum, der vom Erzähler durch stereotype Beschreibungen aufgebaut wird: zackige Trümmer, Mondlicht, Schatten, Stille. Doch während diese Welt der Ruinen vom Jungen verallgemeinert wird zur Welt des Todes, kommentiert der Erzähler die Optik der anderen Figuren als die des Lebens: "Der Mond schien in dieser Nacht auf die schroffen, zackigen Steine, sie schienen tot zu sein, aber sie waren nicht tot. In ihrem Schatten regte es sich hier und da."[57] Der allwissende Erzähler führt auf diesen Seiten sein Personal vor, das zumindest im Traum vom Leben seinen Glücksanspruch festhält.

Das Panorama wird von Kolbenhoff durch Wiederholung aufs Elementare reduzierender Worte emotional aufgeladen und durch die Beschränkung aufs Sicht- und Hörbare versinnlicht. Neben die Reihung von Parataxen treten adversative Konjunktionen, in denen die dualistisch aufgebauten Widersprüche greifbar werden. Im Werwolf steht gegen die spontane Reaktion auf eine als Fremdheit und Chaos erfahrene Wirklichkeit die als Freiheit erlebte Pflichterfüllung. Der Erzähler kommentiert so die Konstruktion des Romanpanoramas als Gegensatz von Leben und Tod, wenn in der Beschreibung der Trümmerstadt aus der Perspektive des Jungen Fremdheit und Tod entgegengesetzt werden:

Manchmal wurde die Totenstille um ihn durch das plötzliche Herabfallen irgendwelcher Steinbrocken gestört. In den Wänden unter ihm rieselte Kalk und die Ruine stöhnte leise. Er lauschte auf die dumpfen Geräusche, *aber* sie gingen ihn nichts an. Das Haus in dem er lag, war gut. Kruse hatte es für ihn ausgesucht, und es war gut. [...] Am liebsten hätte er in die Sterne geschossen. Ich werde es ihnen zeigen! *Aber* er tat es nicht. Er war ein Soldat, der sich beherrschen konnte. Sich wieder auf den Bauch wälzend, starrte er durch die handbreite Mauerspalte auf die leblosen Ruinen. Er dachte: Alles ist tot oder schläft. [...] Sie hatten ihm ein gutes Haus zugewiesen. Kruse wußte, was er tat. Er hatte gesagt: "Siehst du das Haus dort? Es ist hoch genug. Du siehst zu, wie du reinkommst und schießt, wenn du von uns den ersten Schuß hörst!" — Er wollte fragen, *aber* ein Soldat fragt nicht, und er war gegangen, wie man ihm befohlen hatte zu gehen, und hatte eine Stunde gebraucht, bis er in diesem Zimmer war. (FB, 10f.)

Mit denselben stilistischen Mitteln der Reihung und des Gegensatzes baut der Erzähler auch die Opposition zwischen Fremdheit und Leben auf:

Die Stadt war nicht tot. Aus den zerbrochenen Schornsteinen kam kein Rauch, hinter den Fensterhöhlen atmete niemand und in den Schatten flüsterten keine Liebespaare, *aber* die Stadt war nicht tot. Unter ihren Trümmern schlugen zahllose Herzen, die Träume verwaister Kinder rankten sich um die kahlen Mauern und Mütter lagen mit aufgerissenen Augen in tausend Löchern und dachten: Warum?

[57] Zitiert wird im folgenden im Text unter der Sigle FB nach der Taschenbuchausgabe: Walter Kolbenhoff: *Von unserm Fleisch und Blut. Roman.* Mit einem Nachwort von Gerhard Hay. Frankfurt a.M. 1978, hier S. 77.

Unfaßbare Mengen von Stahl waren in die Häuser geregnet, die Erde hatte gebebt und gierige Flammenmeere fraßen sich donnernd ihren Weg durch die Straßen, *aber* die Menschen in den Löchern hatten es überstanden. Die Überlebenden versuchten, die Toten zu vergessen." (FB, 76)

Die Gegensätzlichkeit der Naturmetaphern unterstreicht sowohl die additive als auch die kontrastive Konstruktion des Panoramas:

> Die Menschen in den Löchern versuchten zu schlafen. Der Schlaf gab ihnen ein bißchen Glück: Sie träumten und lächelten. [...] Studenten saßen träumend über ihren Büchern, junge Mädchen probierten ein neues Kleid an, Kinder spielten ihre Spiele, ein Mann führte seinen Hund in den Park, eine Frau saß in der Kirche [...]. Zusammengekauert in den Löchern verbrachten sie die Nächte, der Tod hockte in den Ruinen, aber sie vergaßen ihn in diesen Stunden und lächelten. (FB, 76f.)

Aus dieser Reduktion auf das Elementare ergibt sich die Typisierung der Figuren in Richtung Tod/Haß oder Leben/Liebe: "Der Hunger saß in den Eingeweiden der Menschen, die Gier zu töten und die heiße, inbrünstige Sehnsucht nach Liebe." (FB, 77) Die Tiervergleiche werden in Episoden ausgefaltet, in denen ein Hund oder eine Ratte zu Handlungsträgern werden. Der um Liebe winselnde Hund und die eine Leiche fressende Ratte markieren zu Beginn des Buches, in den Kapiteln II und IV, und am Schluß, XXII und XXIV, den Gegensatz, der die Naturmetaphorik insgesamt regiert.[58]

Kolbenhoff stellt nicht nur die Reaktionen des Jungen auf die ihn unmittelbar umgebende Wirklichkeit dar, sondern läßt ihn sich erinnern. Erlebte Rede, innerer Monolog und Erzählerbericht gehen so ineinander über, daß Vergangenheit und Gegenwart des Jungen auf eine Struktur hin durchsichtig werden. Im dargestellten Gegenwarts- und im erinnerten Verhalten zeigen sich Wiederholungen, die, in Leitmotiven verdichtet, die Reaktionsweise des Jungen rastern: Aus Angst und Schwäche ergeben sich Aggression und Härte. Einsamkeit wird von ihm verarbeitet durch tötungsbereiten Haß auf die anderen. Die Rückgriffe in die Vorkriegszeit thematisieren nicht nur diese Reaktion, die den Werwolf aus dem hochmütigen Haß auf die Spießer hervorgehen läßt,[59] sondern beinhalten zugleich ein vom Jungen verdrängtes Gegenbild, das Bild eines Mädchens auf einer Treppe:

---

[58] Vgl. FB, 53, wo Werner "Ratte" als Metapher für Nazis benutzt, und FB, 73, wo der Junge sich daran erinnert. Während die Metaphorik des Romans den von Urs Widmer kritisch gegen den 'Kahlschlag'-Mythos festgestellten Tendenzen der Nachkriegsprosa entspricht, fehlen — trotz der in der Forschung verbreiteten Rede von Expressionismus — alle von Widmer namhaft gemachten im engeren Sinne expressionistischen Wendungen, vor allem Komposita: Urs Widmer: *1945 oder Die 'Neue Sprache'. Studien zur Prosa der 'Jungen Generation'*. Düsseldorf 1966. S. 187 (zur Metaphorik der Kriegsdarstellung), S. 113-119 (zu expressionistischen Wendungen).

[59] Vgl. FB, 22, 66, 79, 83, 113, 115, 116, 136f., 165, 186.

> Als der Panzer verschwunden war, stand er wieder auf. Es war sonderbar, aber in diesem Moment dachte er an das Mädchen in der Küche. Sie stand in ihrem kurzen Kleidchen vor ihm und las seinen Satz: Ich verlange Beweise für deine Liebe, und rannte kreischend die Treppe hinunter. In diesem Augenblick, die Pistole in der Hand, das Rasseln des Panzers noch immer wahrnehmend, rannte er hinterher und holte sie auf der Treppe ein. Sie blieb stehen. Ein Zopf hing ihr auf die Brust herunter, sie hielt die Arme auf dem Rücken verschränkt und lachte. Er sagte: Lauf nicht weg, es ist sehr wichtig, daß du stehen bleibst, es war mein Ernst, ich liebe dich wirklich über alle Maßen, du sollst nicht über mich lachen! Sie sagte: ich lache nicht über dich. Ich freue mich so. Ich weiß nicht, was ich tun soll vor Freude! — Und worüber freust du dich so? — Ich freue mich, daß du mich liebst, daß du gerade mich liebst — (FB, 114)

Die Abwehr der Sexualität, Angst, die sich in Hochmut und Haß verkehrt: "Auch du, kleine Hure, fängst mich micht, der Schwur ist stärker als alles andere" (FB, 115), erscheint als eine wesentliche Bedingung für die innere Faschisierung des Jungen:

> Ihre Gelüste sind niedrig und tierisch, ich gehöre nicht zu ihnen. Ich habe am Feuer gestanden und die Wälder rauschten. Verdammt, ich will nichts mit ihnen zu tun haben. Sie hat mich ausgelacht, und alle haben sie über mich gelacht — er grinste. (FB, 115)

Die ständig wiederkehrende Erinnerung an Feuer und Fahne, den Eid als Inbegriff des Sinns und der eigenen Bestimmung, wehrt die andere, das Gegenbild des Glücks, ab:

> Damals waren wir noch Kinder und das Leben hatte noch keinen Sinn, dachte er. Das Leben begann mit der Stunde, in der er vor den lodernden Flammen stand und wußte, daß er sich opfern mußte. Das Leben war das Festbinden des Stahlhelmes und die Ausrottung der anderen. Die meisten sind weich, dachte er, aber ich bin hart. Ich führe die Befehle aus, die mir gegeben werden, ohne zu fragen. (FB, 18f.)

Der 'Idealismus' des Jungen erweist sich in Vergangenheit und Gegenwart als Bereitschaft zur Vernichtung und Selbstvernichtung:

> Während er ihre Stimmen vernahm, sah er sich vor dem flammenden Scheiterhaufen stehen und das Treuegelöbnis abgeben. Die Flammen loderten in den Himmel, und er fühlte, daß er sich in dieser Nacht verschworen hatte, für die Idee zu sterben. Er hatte zu sich selbst gesagt: Jetzt weiß ich, daß ich lebe. Mein Leben hat nur einen Sinn: sich zu opfern. Der Sinn meines Lebens ist zu sterben! — (FB, 15)

Als Vollstrecker des Sinns tötet der Junge im Verlauf der Handlung zwei Menschen, den bewunderten Offizier Moller, der ihm zum Aufgeben des Kampfes rät, und den Außenseiter Zemper, der ihm die Zufluchtstätte außerhalb der Stadt verweigert. Den Sinn vergegenwärtigt er sich in Zitaten faschistischer Lyrik, die er gegen die Erfahrung der Angst vor dem Tod und der Einsamkeit beschwört. Beide Gefühle der Schwäche werden in der Phantasie überwunden; im Leitmotiv vom Mann auf dem Panzer wird die Überwindung der Angst als Heldentat vorgestellt; die Einsamkeit geht für den Jungen im nationalen Rausch auf :

> Ich habe keine Angst. Ich will nicht aussehen wie der Mann auf dem Panzer, aber ich habe keine Angst. Du wirst so aussehen. "Nein", sagte er laut. Er erschrak. Weg von hier, dachte er. Ich bin allein. Ganz allein in dieser verfluchten Stadt. Wäre ich mit anderen zusammen, würde alles anders aussehen. Wir müssen wieder zusammensein, und wir müssen marschieren, und ich werde wissen, daß ich lebe. Er hockte im Dunkeln und ballte die Fäuste und murmelte: Wir werden weitermarschieren, wenn alles in Scherben fällt, denn heute gehört uns Deutschland und morgen die ganze Welt! Verflucht, das tat gut. Plötzlich war das Erlebnis wieder da. Er wurde stark und groß. Er hatte keine Angst mehr. (FB, 75)

Die Morde an Moller und an Zemper geschehen als Vollstreckung von Befehlen, die sich der Junge selbst gibt, die er aber in vorgestellten Dialogen von seinem Idol entgegenzunehmen meint, dem Dichter Kruse,[60] der zu Beginn der Handlung fällt. So werden die Befehle zugleich Akte der Freiheit. Kolbenhoff setzt beides strikt nebeneinander, verknüpft mit den Bildkomplexen der Sintflut,[61] der Wüste und des Wolfs:

> Die Sekunden, in denen er in der Mauerspalte stand und die Pistole abdrückte, waren Augenblicke ungeheuren Erlebens. Kruse stand hinter ihm und befahl, und er drückte ab und sagte laut: 'Deutschland, heiliges Wort, du voll Unendlichkeit'. Er hielt die Pistole in der Hand und drückte voller zärtlicher Inbrunst. Ich lebe, dachte er. Nach uns die Sintflut und dann die Wüste — ich werde jauchzend untergehen. Die Einsamkeit hatte ihn verlassen. Er führte einen Befehl aus und niemand konnte einsam sein, wenn der tote Kruse hinter einem stand und die Pistole richtete. Dann wandte er sich, sah in das zerrissene Dunkel der Ruinen und erschauerte. Ich bin ein Wolf, dachte er, und ich werde kämpfend untergehen. Ein Gefühl maßloser Freiheit ergriff ihn. Ich kann alles tun, dachte er, es gibt keine

---

[60] Zu Kolbenhoffs frühem Interesse an der Figur des Schriftstellers, der andere zum Opfer ihres Lebens verführt, vgl. seinen Beitrag 1934 in *Neue deutsche Blätter* (Hay: Nachwort [Anm. 57]. S. 218; Wehdeking [Anm. 45]. S. 162) sowie meine Vermutung, daß Hans Zöberleins Werwolf-Abenteuer als stoffliche Anregung gedient haben könnte: Politisierung der Literatur oder "geistige Freiheit?" Materialien zu den Literaturverhältnissen in den Westzonen. In: Jost Hermand u.a. (Hrsg.): *Nachkriegsliteratur in Westdeutschland 1945-1949. Schreibweisen, Gattungen, Institutionen.* Berlin 1982. S. 165-207, hier S. 207. Kolbenhoff berichtete über den Prozeß gegen Zöberlein in der *Neuen Zeitung* vom 21. Juli 1948: Sieben Todesurteile beantragt. Ganz Penzberg nimmt am "Mordnacht-Prozeß" Anteil, und beantwortete einen Leserbrief (4. August 1948).

[61] Vgl. zur Prominenz dieses Bildes Wolfgang Weyrauch: Die junge Dichtung und ihr hohes Ziel. In: *Tägliche Rundschau* vom 21. Mai 1946, der die Schreiber des Nachkriegs wie "Deutschland und seine Männer und Frauen" mit Noah verglich.

Gesetze mehr für mich. Ich bin frei, wie niemals zuvor ein Mensch frei war. (FB, 71f.)

Das Freiheitsgefühl des Jungen gewinnt, nachdem die eigene Mutter ihn verstoßen hat (Kap. XXIII), noch an Gewicht, und mit ihm schließt der Roman:

> Wir werden die Freien sein, die sich von allem gelöst haben, und wir werden alles das tun, was nur wir für richtig halten. Zum Teufel mit ihren verfluchten Gesetzen! Er streckte sich auf den Boden aus. "Herr Hauptmann", flüsterte er mit offenen Augen gegen die Decke starrend, "Herr Hauptmann, ich werde ihre Befehle ausführen ohne Rücksicht auf Verluste —" Dann schlief er ein. (FB, 215)

Sinn erweist sich in der Perspektive des Jungen als die Freiheit zu töten in einer sinnlosen Welt. Für diese stehen die Naturbilder der Vernichtung des Lebens durch die Sintflut[62] oder in der Wüste[63] und das des Wolfes ebenso wie das Bild der Mauer — "Er [...] fühlte die Einsamkeit um sich stehen wie eine stählerne undurchdringliche Mauer." (FB, 28) — und das der Nacht, deren Dunkelheit "absolut" (FB, 179) genannt wird, und das des Mondes, der stets den Tod (FB, 118) bedeutet: "Vielleicht liege ich schon im Grabe, dachte er." (FB, 28)

Daß es die Verstoßung durch die Mutter ist, wodurch die Radikalisierung des tödlichen Sinns männlicher Freiheit im Jungen motiviert wird, verbindet Kolbenhoffs Darstellung des deutschen Soldaten als Heimkehrer mit vielen Texten der Nachkriegsliteratur.[64] Aus der Perspektive des Jungen gilt in der Tat jene Ambivalenz, die Köhn als stilbildenden Einfluß Wolfgang Borcherts festmachen will: "Die Verstoßung wird erlitten und genossen."[65] Doch abgesehen davon, daß Borchert auf Kolbenhoff nicht wirken konnte, ist die Konstruktion von Kolbenhoffs Kriegsroman der entscheidende Grund, weshalb seiner Darstellung der Mutter, die den zum Wolf gewordenen Sohn verstößt, nicht vorgeworfen werden kann, eine unerschütterte Männlichkeit 'weise' den Frauen "Schuld" 'zu', weil sie aus "Gleichgültigkeit" und "Egoismus" ihre Söhne nicht aus dem Krieg gehalten hätten.[66] In Kolbenhoffs Roman kontrastiert nämlich die Perspektive des Jungen mit der der anderen Figuren; zwar kennt der Junge einerseits "den heftigen, schmerzenden

---

[62] Vgl. FB, 66-68, 71, 97.

[63] Vgl. FB, 66-68, 71.

[64] Als "Schlüsselstelle" erscheint die Passage bei Brand (Anm. 34). S. 122, wie bei Gabriele Schultheiß: *Die Muse als Trümmerfrau.* Phil. Diss. Frankfurt a.M. 1982. S. 50.

[65] Barner (Hrsg.) (Anm. 15). S. 57.

[66] Ursula Heukenkamp: Das Frauenbild in der antifaschistischen Erneuerung der SBZ. In: Inge Stephan u.a. (Hrsg.): *"Wen kümmert's, wer spricht". Zur Literatur und Kulturgeschichte von Frauen aus Ost und West.* Köln, Wien 1991. S. 10f.

Wunsch" nach dem "freundliche[n] Gesicht der Mutter" (FB, 167): "Sie muß mir helfen, oder ich gehe kaputt" (FB, 151), anderseits aber sieht er in ihr die Frau des gehaßten Vaters und die Mutter des ambivalent bewunderten wie gehaßten Bruders, die beide den Faschismus ablehnen. Gerade weil die Mutter zu den politischen Positionen von Vater und Bruder als denen des Lebens steht, wenn sie dem Jungen sagt: "Nur ich lebe noch" (FB, 178), ist ihr Gericht über die tödliche Männlichkeit des jüngsten Sohnes keine Affirmation kleinfamilialer patriarchaler Privatheit, wie sie Ursula Heukenkamp an Texten linker Emigranten — von Brecht bis Becher — kritisiert: "All diese inständigen Mahnungen, sich endlich dem Schutz des Kindes zu widmen, drängen auf die Wiederherstellung der Mutterrolle in der Institution Familie, auf die nicht der geringste Zweifel fällt."[67] Wenn nach Heukenkamps Verallgemeinerung: "Auf dem Felde der Ideologie [...] behauptete sich die Sorge der heimkehrenden Männer, daß aus der 'deutschen Katastrophe' nicht einmal mehr die Sicherheit der treu wartenden Mutter und Frau zu retten sei",[68] die Verstoßung des Jungen durch die Mutter als Beleg einer männlichen "Schuldzuweisung"[69] zu lesen wäre, würde übersehen, daß das deutlich national konnotierte Bild der Mutter politisch an die Kritik des faschistischen Männerstaats gebunden ist, wie sie — gerade von weiblichen Autoren der Nachkriegszeit — gegen die These, daß die Frauen Hitler zur Macht gebracht hätten, formuliert wurde: Für die Mutter des Kolbenhoffschen 'Helden' — als einem Paradigma der "männlichen Determiniertheit von Militarismus und Nationalismus" — gilt nicht die rhetorische Frage etwa von Ilse Langner: "Wo war denn eure gepriesene Mutterliebe, als es das Leben eurer Söhne und Töchter galt in diesem teuflischen Krieg?"[70]

Dem lebensfeindlichen 'Sinn' der Haupthandlung setzt Kolbenhoff nämlich in den Episoden der Gegenhandlung gegenläufige Entwicklungen von anderen Figuren entgegen, die nicht auf das Ziel der Kleinfamilie hinauslaufen.

---

[67] Ebd. S. 11.
[68] Ebd. S. 12.
[69] Ebd. S. 11.
[70] Vgl. das Zitat wie die referierte Argumentation — gegen Heukenkamps Verallgemeinerung — in dem grundlegenden Aufsatz von Cettina Rapisarda: Anfang Zwischenreich Zukunft. Autorinnen im Berlin der Nachkriegszeit. In: Horvat u.a. (Anm. 10). S. 88-101, hier S. 100. Gegen die Einschätzung, daß erst nach dem verlorenen Krieg das mütterlich-friedliche Frauenbild in der entlastenden Weise funktionalisiert wurde, vgl. auch die früher liegenden Nachweise zu Seghers in: Cettina Rapisarda: Women and Peace in Literature and Politics: The Example of Anna Seghers. In: Rhys W. Williams u.a. (Hrsg.): *German Writers and the Cold War 1945-61.* Manchester, New York 1992. S. 159-179, besonders S. 163 zu Seghers' Begriff der echten Mutter, der bereits 1942 dem Nazi-Mißbrauch für den Krieg entgegengesetzt wurde.

Die holzschnittartigen Typen teilen bestimmte Einstellungen mit dem Jungen: den Haß auf die anderen, so die Frau (FB, 204), das Leben "wie die Wölfe", wie "die Tiere im Dschungel", von dem der Deserteur spricht (FB, 61), die dem Blick auf die Sintflut und in die Wüste entsprechenden Formeln "Alles zum Teufel", "Alles kaputt", "Alles hin" oder "Alles aus".[71] Den Umschlag von Angst in Aggression, von Sexualunterdrückung in Vernichtungs- und Selbstvernichtungswillen, thematisieren die Erinnerungen Werners an ein Glück als Gegenbild des Todes. Der Lehrer machte Werner eines Liebesbriefes wegen vor der Klasse lächerlich, worauf er mit einem Traum von einem Leben wie ein 'Wolf' reagierte:

> Er dachte: Ich möchte jetzt dort sein, wo man kämpft und schießt und stirbt. [...] Er wollte kämpfend untergehen, die rauchende Pistole in der linken, den blitzenden Degen in der rechten Hand haltend, den linken Fuß aber im Nacken des Lehrers. (FB, 129)

Der Erzähler akzentuiert diese Parallelgeschichte zur Erinnerung des Jungen besonders durch die einzigen direkten Leseranreden des Romans: "Lächelt nicht über ihn" (FB, 129), heißt es im Anschluß an den Traum vom Wolf.

Die Übereinstimmungen zwischen Nebenfiguren und Hauptfigur werden letztlich jedoch überlagert durch Differenzen, die sich formal im Primat der Szene, des Dialogs zwischen zweien statt des Monologs, andeuten.

In der Gegenhandlung verständigen sich Menschen über die Werte, denen zu leben lohnt. Private Werte der Liebe und Freundschaft stehen neben den öffentlichen der gesellschaftlichen Veränderung und werden in ihren Spannungsverhältnissen gezeigt.

Der alte Mann und die alte Frau nehmen den winselnden Hund zu sich; das Mädchen beschwört den Deserteur, der nicht vergessen kann und 'alles Scheiße' findet: "Wir müssen wieder gut werden" (FB, 61), was vom Erzähler beglaubigt wird. Der Mann, der deutlich als Antifaschist gezeigt wird, der nicht seiner Einsicht entsprechend gehandelt und insofern Schuld (FB, 92-94, 162) auf sich geladen hat, begnügt sich nicht mit dem Aufbau — ein Haus zu bauen ist zunächst die zwanghaft geäußerte Schlußfolgerung aus seinen Erfahrungen —, sondern stellt fest:

> Ich muß wohl jetzt das tun, was wir dreiunddreißig versäumt haben, zu tun. Der Krieg ist noch lange nicht zu Ende. Ich kann nicht nur hinausgehen und bauen, es ist nicht genug. Die Brut sitzt überall und wird mich nicht bauen lassen. Sie sitzt in dunklen Löchern und verpestet das Land —. (FB, 202)

Er gerät in Konflikt mit dem unmittelbaren Glücksverlangen seiner Frau, die nur will, daß alles wie früher wird, und unter dem Nationalsozialismus ausgebildete private Überlebenstechniken (FB, 93, 204) fortsetzen möchte:

---

[71] Vgl. FB, 59, 101, 109, 171, 187, 191, 197.

Nichts kann mehr sein wie früher. Für mich jedenfalls nicht. Es ist alles anders
geworden. Mir ist es heute, als gehören wir alle zusammen, nicht nur du und die
Kleine und ich, nein, wir alle. Wir haben Verantwortung für alle, verstehst du?
(FB, 203)

Auf der Ebene des privaten und öffentlichen Verhaltens akzentuieren die in
sich widersprüchlichen Modelle der Gegenhandlung die Notwendigkeit des
Bruchs mit der Vergangenheit; sie wird in Einsichten ausgesprochen wie:
Strafe folge der Sünde (FB, 102), oder: Man habe etwas verkehrt gemacht
(FB, 39); zugleich zeigt sich auch eine Kontinuität.

Wenngleich nur in den Träumen des invaliden Soldaten Werner, so
werden doch die Werte privaten und öffentlichen Anderswerdens
synthetisiert und insofern mit der Arbeiterbewegung der Weimarer Republik
in einen, allerdings sehr allgemein belassenen, Zusammenhang gebracht. In
Paul, dem Bruder des Jungen, geraten Liebe, Freundschaft und Kampf gegen
den Faschismus, für gesellschaftliche Veränderungen in ein — mit dem
traditionsreichen Bild der Sonne verknüpftes — Verhältnis.[72] Diese Harmo-
nie, die ansonsten in den Episoden der Gegenhandlung nie begegnet, ist
allerdings eine, von der Werner nur träumt. Werner wartet passiv auf den —
was er nicht weiß — gefallenen Paul. Illusionär bleibt auch die von Frau
Huber erhoffte Chance des Neubeqinns; die Frau eines Galanteriewaren-
händlers mußte ihren Kinderwunsch dem Geschäft opfern; aber nicht nur das
Geschäft, sondern auch ihr Mann wurden Opfer des Krieges. Es kennzeichnet insgesamt Kolbenhoffs Erzählweise, daß die Einstellungen der Figuren
sich verändern, daß nach anfänglichem Zögern oder Widerstand die Werte
übernommen werden.

Die Funktionspotenz des Romans liegt weniger im abbildenden Wirklich-
keitsverhältnis als im emotional-wertenden, das auf den Adressaten bezogen
dem Faschismus elementare menschliche Werte, die offen für eine antifaschi-
stisch-demokratische Politisierung sind, entgegensetzt. Kolbenhoffs Roman
teilt die Erzählperspektive mit dem 'Realismus des Unmittelbaren', die Bildlichkeit mit dem 'Magischen Realismus' und die Adressatenbeziehung mit
der Tendenzliteratur des Sozialistischen Realismus. Er kontrastiert auf eine
moralische Weise Verhaltensweisen, in denen der Faschismus weiterlebt, mit
solchen, die mit ihm zu brechen ermöglichen. Der Anspruch auf Identifikation mit den eindeutig bezeichneten, wenn auch den Figuren differenziert
zugeordneten Werten enthält implizit den auf Distanzierung von der Zentralfigur, die jedoch durch die Psychologisierung, die sie im Unterschied zu den
Wertträgern erhält, eher erklärt wird als ihre nur gesetzten Antipoden.

---

[72] Vgl. FB, 121, 134, 177. Zum Gegensatz von Sonne und Mond siehe auch das Bild
der US-amerikanischen Soldaten von ihrer Heimat im Kontrast zur deutschen Mond-
landschaft, FB, 42.

Überdies wird der epische Raum wie die erzählte Zeit im Wesentlichen über die Zentralfigur konstituiert, ihrer Wahrnehmungsweise bleibt auch die Bildlichkeit in ihrem Eigengewicht verhaftet.

Die daraus resultierenden Widersprüche traten in der Rezeption zutage. Der Rezensent des *Ruf*, der Zeitschrift, die in der Ankündigung des Vorabdrucks von "Warnung"[73] gesprochen hatte, ließ den Roman in der Freiheitsillusion des Werwolfs aufgehen. Der Standpunkt des Autors wurde als einer des Mitgefühls mit dem "Flüchtenden" bestimmt, "der sich gegen all das auflehnt, der sich eigene Gesetze macht. Dieser Junge ging ja nicht zugrunde. Er lebt unter uns. Ist ein Stück von uns. Das Buch Kolbenhoffs ist eine Erinnerung an ihn, an etwas in uns."[74] Der moralische Dualismus des Romans wurde rezensiert als einer des Verfahrens:

> Die lodernden Scheiterhaufen hatten alles grausig verzerrt: die Idee, die Wahrheit, die Freiheit, den Sinn des Lebens, die Gesetze, die Treue. Und sie hetzten nun diesen jungen Deutschen durch zwei Welten gleichzeitig: eine unerbittlich reale und eine besessen-visionäre. Und mit ihm Millionen anderer. Das ist die ungeheure Spannung dieses Buches.[75]

Im Sinne des 'Magischen Realismus' las der Rezensent die Entlarvung des faschistischen Idealismus als Menschenfeindlichkeit aus Ich-Schwäche wie eine Bestätigung der Wahrheit von Idealen, insbesondere des Ideals der formalen Freiheit der Entscheidung, trotz der ihnen widersprechenden Realität. Die vom Roman angebotene Kritik der existentialistischen Wendung der faschistischen Ethik in den ebenso menschenfeindlichen wie egozentrischen Kult des Jenseits von gesellschaftlichen Beziehungen und Normen wurde ausgeschlagen zu Gunsten ihrer Bekräftigung.

Alfred Andersch behandelte Kolbenhoffs Roman nur sehr knapp in *Deutsche Literatur in der Entscheidung* als eines der wichtigsten Beispiele der neuen Literatur des 'reinen Realismus'. Anderschs Darstellung des Traditionsverhältnisses deckte zugleich die inhaltliche Seite dieses Neuen ab. Dem Ende der Tradition entsprach bei Andersch der Kult des Erlebnisses. Heißt es über die Formen: "Der Zusammenbruch der alten Welt hat aber, vor allem bei der jungen Generation, das Gefühl einer völligen Voraussetzungslosigkeit geschaffen, das Vorgefühl eines originalen Neuwerdens, für das es keine Muster und Vorbilder gibt",[76] so sollte "unmittelbare Erlebniskraft" die

---

[73] Neunzig (Hrsg.) (Anm. 42). S. 50.

[74] *Der Ruf* 2 (1947) Nr.11; zitiert nach Hay: Nachwort (Anm. 57). S. 223.

[75] Ebd. Daß ausgerechnet dieser Satz zum Klappentext der Neuausgabe gemacht wurde, wirft ein sehr problematisches Licht auf das vorausgesetzte Interesse der Leser am wiederentdeckten Kriegsroman. Es spricht aus dem deutlich gesetzten 'nationalen' Akzent: "Es ist [...] die fast unerträgliche Spannung, unter der die gesamte Nation heute zu zerbrechen droht."

[76] Andersch (Anm. 9). S. 129.

"neuen Formen" des "reinen Realismus" als Gegensatz zur "Tendenz" füllen.[77] Das Bekenntnis zum "temporären Nihilismus" und zur formalen Freiheit der "persönlichen Entscheidung"[78] läßt vermuten, daß Anderschs Lesart von Kolbenhoffs Roman nicht der antifaschistisch-moralischen Konstruktion, sondern der Figurenperspektive des Helden gefolgt wäre.

Andersch führte als Antipoden des von Kolbenhoff vertretenen "reinen" Realismus "einige der neuen Schriftsteller" an "wie etwa Ernst Kreuder und Wolfdietrich Schnurre", die sich "deutlich zum Surrealismus und zur Phantastik" wandten.[79] Schnurre nun legte in seinem Schlußwort zur Kontroverse mit Kolbenhoff in der Null-Nummer des *Skorpion* eine Lesart von dessen Roman vor, die strikter als Andersch oder Richter der Norm des 'magisch-realistisch Schreibens' verpflichtet war. Dennoch unterstreicht gerade dieser Verriß, wie sehr die Magie der Deutung die nüchterne Bestandsaufnahme überlagern sollte. Schnurre mißverstand den Kolbenhoffschen Roman, weil er ihn als Illustration von Kolbenhoffs politischer Position und somit als Tendenzroman las. Anfangs formulierte Schnurre noch einmal das nicht nur für ihn wesentliche Merkmal des 'Magischen Realismus', "hinter" dem "Realen" "die Kräfte aufzuspüren, die in Wahrheit die großen Treibenden sind".[80] Im folgenden kritisierte er nach einem Lob des Stoffes alle Formentscheidungen Kolbenhoffs als falsch: "Welch eine grandiose Gelegenheit, uns einen erschöpfenden Blick auf das von gestürzten Altären und verbogenen Idealen übersäte Trümmerfeld dieser chaotischen Kinderseele tun zu lassen."[81] An seiner Kritik frappiert, daß Schnurre seinerseits durchweg die Struktur des Romans falsch beschrieb und daß seine Wertmaßstäbe mit denen Kolbenhoffs wiederum übereinstimmten. Schnurre wollte sich sein Vorurteil, ein "reiner Realist" und "krasser Wirklichkeitsfanatiker" könne nichts anderes liefern als eine "endlose [...] und oft noch das Realste und Alleralltäglichste versimplifizierende [...] Zustandsschilderung", dadurch bestätigen, daß er behauptete, der Roman schildere nur die "äußere" "Beschaffenheit" des Helden und verzichte auf die "tragisch-gespenstige [...] Spukwirklichkeit" der "kraterzerfurchten Landschaftskulisse" zugunsten eines "(letztenends nichts Neues mitteilen könnenden) Schilderns".[82] Beide Vorwürfe Schnurres trafen Kernpunkte des 'Realismus des Unmittelbaren', wie ihn Weyrauch oder Kahnert postulierten, verfehlten aber Erzählperspektive und Bildlichkeit des Kolbenhoffschen Romans. Wenn Schnurre der

---

[77] Ebd. S. 116.
[78] Ebd. S. 132f.
[79] Ebd. S. 129.
[80] Schnurre (Anm. 10). S. 46.
[81] Ebd.
[82] Ebd.

Behandlung des Stoffs nach Kolbenhoffs "Art des Realismus"[83] die nach der eigenen entgegensetzte, dann beschrieb er den von Kolbenhoff bereits geschriebenen Roman — die Figurenperspektive, die Bildlichkeit und deren dualistische Deutungsmuster, die Psychologie und Moral, die Verbindung von Gegenwart und Vergangenheit sowie schließlich die appellative Adressatenbeziehung:

> Ich weiß nicht, ob ich aus Ihrem Vorwurf ein besseres Buch gemacht hätte. Aber soviel steht fest: Ich hätte seinen äußeren Schauplatz ins Innere der Hauptperson verlegt. Und in ihr, da hätte ich dann noch einmal das ganze Chaos entfacht, in das frevelhafter Größenwahnsinn, viehischer Blutrausch und barbarische Zerstörungs- wut diese Siebzehnjährigen gestürzt haben. Und ich hätte das "Erbe" ihrer satani- schen Verführer kontrastiert mit dem instinktiven, in diesen Jungen auch damals noch nicht völlig abgetöteten Redlichkeitsbedürfnis; und ich hätte so, aus diesem Gewirr embryonaler Gewissens-Bewußtheit, tierischvormenschlicher Urtriebe und andressiertem Untergangsethos in dieser Knabenseele ein Furioso entfesselt, daß den Leser das kalte Grauen geschüttelt hätte, ihm aber zugleich auch die Wurzeln erkennbar gewesen wären dieser anarchischen Verirrungen.[84]

Als weiterer Beleg einer verbreiteten Rezeptionsweise ist zunächst auch Heinz Reins Besprechung in seinem Buch *Die neue Literatur* zu nehmen, die eine von einem Helden getragene und Identifikation des Lesers erlaubende Handlung verlangt. Von dieser Erwartung aus müssen einerseits die Kontrastszenen als überflüssige Impressionen abgelehnt werden,[85] anderer- seits der Held, der nur eine "Teilwahrheit"[86] verkörpert. Vom Standpunkt der damaligen marxistischen Literaturtheorie forderte Rein jedoch Totalität. Er erkannte zwar, weil er mit seiner Identifikationsforderung in derselben Rezeptionsweise wie die 'bürgerlichen Kritiker' befangen war, die Wir- kungsmächtigkeit der Heldenfigur, aber er vermutete, wie *Der Ruf* beweist, mit einem gewissen Recht, existentialistische Lesarten, die er allerdings als neofaschistisch ausgab. Als realistisch im Sinne des Sozialistischen Realis- mus wollte er jedoch nur eine Typisierung zulassen, die in die Richtung des gesellschaftlich Wünschenswerten erfolgte: "Man ging allein vom Inhalt aus und erhoffte von der Fabel oder dem Figurenaufbau direkte Identifi- kationsmöglichkeiten, vorwärtsweisende Tendenzen und eine mobilisie- rende Wirkung."[87] Die Identifizierung von Realismus mit Perspektive und

---

[83] Ebd.
[84] Ebd.
[85] Heinz Rein: Die neue *Literatur. Versuch eines ersten Querschnitts.* Berlin 1950. S. 301.
[86] Ebd. S. 303.
[87] Ursula Reinhold: Humanismus und Realismus in der Diskussion. In: Münz-Koenen u.a. (Anm. 47). S. 101-151, hier S. 146.

deren Bindung an die Typisierung "vorbildliche[r] Verhaltensweisen"[88] in Fabel und Figuren hatte zur Folge, daß die Darstellung nicht vorbildlicher Verhaltensweisen als naturalistisch verdammt wurde, ein Urteil, das Kolbenhoffs Roman noch im Leipziger *Lexikon deutschsprachiger Schriftsteller* 1972 trifft.[89] Umgekehrt ergab sich daraus, daß Heinz Rein den aufbauwilligen Soldaten als den "einzige[n] positive[n] Zug" und das alte Ehepaar, das den Hund aufnimmt, als "versöhnliche[n] Zug" wahrnahm.[90]

Hans Mayer, der in seiner Rede auf dem Frankfurter Schriftstellerkongreß 1948 Existentialismus und faschistischen Dezisionismus identifizierte, setzte sich in seinem Bericht vom Kongreß mit Kolbenhoffs zum Literaturprogramm erhobener Poetik auseinander und nannte das von Kolbenhoff in seinem heftig kritisierten Referat proklamierte Verhältnis des Schriftstellers zum Alltag "gleichzeitig ethisch und statisch".[91] Obwohl eine gewisse Nähe zu Reins Version des Typischen im Nachsatz nicht zu übersehen ist, wenn Mayer feststellte: "Der Spiegel Stendhals, der alles Geschehen, auch den Schmutz der Straße, unerbittlich widerspiegele, paßte als Bild nur zum Teil für den Schriftsteller, der ein Mensch und kein spiegelndes Instrument ist; auch ist die nackte Realität des Schmutzes wohl nicht das letzte Wort schmutziger Wirklichkeit",[92] so ist die Orientierung auf die aktive, nicht nur passiv-'widerspiegelnde' Rolle der Literatur und auf die historisch-gesellschaftliche Analyse bemerkenswert: "Der Schriftsteller kennt den Begriff der Zeit und der Kausalität; er vermag zu fragen, wie der Schmutz sich aufzuhäufen vermochte, welche Tatsachen der Natur und der Gesellschaft ihn zusammentrugen, — und wie man ihn beseitigen könne."[93]

Mayer hat auf dem Frankfurter Schriftstellerkongreß 1948 selbst Kolbenhoff geantwortet und den ideologischen Charakter der "unmittelbare[n] Anschauung der Wirklichkeit" betont.[94] Aus der Unmittelbarkeit leitete er die nihilistisch, auch pessimistisch oder existentialistisch genannte Optik auf die Realität ab: "Sehen wir [...] die Welt der Trümmer und der Bahnhofsbunker einfach als heutige Gegebenheit, ohne Gestern und Morgen, dann hat der Nihilismus seine gewisse Berechtigung."[95] Kolbenhoffs Spiegel-Bild

---

[88] Ebd. S. 147.
[89] Ebd. S. 150.
[90] Rein (Anm. 85). S. 302.
[91] Hans Mayer: Vom ersten zum zweiten Schriftstellerkongreß. In: *Frankfurte Hefte* 3 (1948). S. 693-696, hier S. 694.
[92] Ebd. S. 695.
[93] Ebd.
[94] Hans Mayer: Der Schriftsteller und die Krise der Humanität. In: *Literatur der Übergangszeit*. Berlin 1949. S. 188-199, hier S. 196.
[95] Ebd.

interpretierte Mayer als Programm des "bürgerlichen Naturalismus"[96] einer "bloß [...] reflektierende[n] widerspiegelnde[n]", anstelle einer "erkennende[n] und deutende[n] Haltung".[97] Die Schwäche von Mayers Polemik liegt nicht im Insistieren auf der Erkenntnisfunktion, sondern im Mangel an Präzision hinsichtlich der "Deutung", wenn Mayer fortfuhr: "Was nicht bedeutet [...], daß er nun als gelehrter Soziologe oder Statistiker arbeiten müsse. Er muß aber an den Menschen und seine besseren Möglichkeiten glauben!"[98]

Der östliche Vorwurf des Neofaschismus gegen den Autor wegen seines negativen Romanhelden: "[...] daß dieser neofaschistische Autor dem Werwolf-Verbrecher 'heldenhafte, ja märtyrerhafte Züge' gab, also ihn idealisierte und damit zur Aufrechterhaltung faschistischer Ideologien beiträgt",[99] hatte seine westliche Parallele: Allerdings wurde er hier vor allem mit der Sprache des Autors Kolbenhoff begründet. Hellmuth von Cube polemisierte gegen einen Artikel in der *Neuen Zeitung*, in dem Kolbenhoff als Sprecher der Jungen Generation deren Schweigen — widersprüchlich genug gerechtfertigt hatte: Wieder einmal sprach er für die anderen im Namen eines gemeinsamen Erlebnisses. Vor allem folgender Passus Kolbenhoffs, der Stoff, Bildlichkeit und emotionalen Appell des Romans gewissermaßen bündelt, forderte Cubes Sprachkritik heraus:

[I]ch wage zu behaupten, daß der ehemalige Schriftsetzer aus Berlin in kurzer Zeit Dinge schreiben wird, die unser Herz heftiger ergreifen, unser Gewissen stärker packen werden als die gleißenden Sätze der anderen. Vergeßt nicht: sie schlichen blutenden Herzens durch die Städte ihres eigenen Vaterlandes, sie krochen durch Schutt und Schlamm, sie fühlten den eisernen Stiefel im Nacken und zerbrachen nicht.[100]

---

[96] Ebd.

[97] Ebd. S. 197.

[98] Ebd.

[99] Stefan Heymann in seiner Rezension von Heinz Reins Buch im *Neuen Deutschland* vom 20. April 1950, zitiert nach Hay: Nachwort (Anm. 57). S. 225. Vgl. aber die Unterscheidung zwischen Held und Autor in Wolfgang Johos *Sonntag*-Besprechung (3 [1948] Nr. 20. S. 10) von Kolbenhoffs nächstem Roman, wo es heißt: "Und Kolbenhoff scheint auch inzwischen zu wissen, daß für ihn der Schritt zu unseren Zielen kürzer ist als der zum Nihilismus und Neofaschismus seiner westdeutschen Generationskameraden." Die hierauf folgende Begründung rekurrierte aber bezeichnenderweise nicht auf Kolbenhoffs literarische Texte, sondern auf politische Statements: "Er bekannte sich jetzt zum Pariser Weltfriedenskongreß und zur Einheit Deutschlands. " (Zitiert nach Engler: "Schizophrenie" [Anm. 10]. S. 433.)

[100] Hermann Glaser: *Kulturgeschichte der Bundesrepublik Deutschland*. Bd. 1: *Zwischen Kapitulation und Währungsreform*. München, Wien 1985. S. 308.

In Cubes Sprachkritik wurde die soziale Perspektive von unten nicht nur als kleinbürgerlich und deshalb faschistisch, sondern auch als kommunistisch verdächtig gemacht; ihr entgegengehalten wurde das zeitlose Reich eines Geistes, der sich individualistisch und liberal vorkam; Cube behauptete den Klang der Sprache, die Kolbenhoff benutzte, "allzu deutlich [...] noch im Ohr" zu haben:

> Es klingt nicht nur, es ist. Das gleiche tragische Pathos, die gleiche Mischung von Larmoyanz und Arroganz, die gleiche Frontsoldaten Mentalität, der gleiche Appell an Herz und Gewissen (weil Erfahrung und Geschmack gleich von Ferne abwinken). Die gleiche, kaum verborgene Animosität gegen den Geist und alles, was sein ist: Freiheit, Grazie, Ironie, lächelnde Einsicht, Liebe zur Form, aristokratische Haltung. Es ist genau das, was vor fünfzehn Jahren die Demagogen und ihr Gefolge von Kleinbürgern gegen die Intellektuellen vorbrachten. Es ist der Ton, und es sind die Melodien jener Musik, die sehr bald in das Johlen der Menge, in den Schrei aus den Konzentrationslagern, in den Donner der Geschütze überging. Und die Weisen jenseits der Elbe, abgestimmt auf die Balalaika der Kulturdiktatur, tönen kaum anders. Herr Kolbenhoff war, dessen bin ich sicher, kein Nationalsozialist, aber es ist nur ein winziger Schritt von seinen Worten zu dem Entschluß, den Geist unter Kuratel zu stellen und die verspielte, leichtfertige Muse zur Raison zu bringen.[101]

Der Schlußsatz belegt, daß es Kolbenhoffs Tendenz war, die Cubes sprachkritische Wahrnehmung schärfte, denn das larmoyante Pathos und die kalauernde Arroganz der eigenen Sprachklischees entging ihm durchaus. Im Namen des freien Spiels des Dichters mit der Form, das im sozialen Oben der Geistesaristokratie angesiedelt wurde,[102] wurde der Vorwurf erhoben, Kolbenhoffs Schreiben bereite der Diktatur der Masse den Weg. Das Argumentationsmuster der 'antitotalitären' Gleichsetzung von Faschismus und Sozialismus ließ sich besonders leicht auf Kolbenhoff anwenden, weil

---

[101] Ebd.

[102] Daß diese Position auch innerhalb der sich bildenden Gruppe 47 zu finden war, belegt der Briefwechsel zwischen Wolfgang Lohmeyer und Richter im November 1947. Siehe Wolfgang Lohmeyer: Rede eines Vertreters der jungen Autorengeneration an sein Volk. In: Schutte (Hrsg.) (Anm. 19). S. 172f., hier S. 172. Die *Neue Zeitung* vom 21. August 1948 druckte außer Cubes eine weitere Polemik gegen Kolbenhoff; sie stammte von einem Gruppe 47-Mitglied. Heinz Friedrich forderte gleichfalls gegen die Tendenz den "Vorstoß zur Dichtung", wenn er auch nicht primär mit der Sprache, sondern mit der "Grenze" zwischen Publizistik und Dichtung argumentierte. Siehe Heinz Friedrich: Tendenz oder Wahrheit? In: Heinz Friedrich: *Aufräumarbeiten. Berichte, Kommentare, Reden, Gedichte und Glossen aus vierzig Jahren.* München 1987. S. 72-75, hier S. 74f.

sich um diesen Autor in der Tat in den ersten Jahren des Kalten Krieges Autoren und Kritiker der SBZ und später der DDR bemühten.[103]

Wie unsere Analyse der Funktionspotenz des Romans *Von unserem Fleisch und Blut* gezeigt hat, ist der moralische Glaube an den Menschen und seine besseren Möglichkeiten durchaus die Grundlage von Kolbenhoffs Typisierungsmethode, die jedoch nicht abbildend, sondern wertend und appellativ ausgeprägt ist. Daß hier auch das Zentrum von Kolbenhoffs Wirkungsintention zu suchen ist, belegt ein politischer Aufsatz des Verfassers; gegen das Argument von Sigrid Undset, "daß die beispiellose Barbarei des Hitlerismus eine logische Folge dessen sei, was Sie die 'deutsche Gedankenwelt' nennen", führte Kolbenhoff sowohl die "sozialistische Arbeiterbewegung" Deutschlands an, für die es "den Sinn ihres Lebens" bedeutete, "diese böse Kraft in unserem Volk zu vernichten", als auch die Einsicht, "daß die bösen Gefahren mit dem Zerschlagen des Nationalsozialismus keineswegs beseitigt sind. Aber ich sehe gerade in der jetzigen Zeit eine unvergleichliche Chance, die geistige Einstellung eines Teiles unseres Volkes zu ändern."[104] Kolbenhoffs politische Argumentation, die im Gegensatz zu den demokratisch-sozialistischen Existentialisten der Gruppe 47 von einer differenzierten Schuld ausging, war vor allem eine moralische, die jedoch den "besten Teil dieses [deutschen] Volkes" in seiner "Arbeiterklasse" sah:

> Diese Menschen versuchen jetzt unter unsäglichen Mühen, nach bitteren Enttäuschungen und schmerzenden Schlägen einen neuen Weg zu finden. Sie haben die Hoffnung nicht verloren, und werden sie nie verlieren. Sie tragen den Teil ihrer Schuld, und, glauben Sie es mir, sie tragen ihn tapfer und ohne zu murren.[105]

Öffentliche und private moralische Werte, die die Konstruktion des Romans *Von unserem Fleisch und Blut* tragen, die eindeutige Scheidung in Gut und Böse prägten auch das publizistische Engagement Walter Kolbenhoffs zur Auseinandersetzung mit der faschistischen Vergangenheit. Die Abstraktheit der Verknüpfung von privater und öffentlicher Moral machte es möglich, daß Kolbenhoff auf dem Frankfurter Schriftstellerkongreß ausgerechnet von Luise Rinser, die durch ihre Geschichte "Die rote Katze" schon berühmt geworden war, wegen seiner "Sucht, 'nach Kadavern und hungernden Kindern geradezu zu suchen'",[106] attackiert und folglich von der Presseberichterstattung als Kommunist angegriffen wurde und daß gleichzeitig die US-amerikanische Informationskontrolle zu dem Urteil kam, daß Kolbenhoffs Roman mit seinem Wertangebot die "amerikanische Lebensweise" propa-

---

[103] Vgl. Hay: Nachwort (Anm. 57). S. 226, zum Briefwechsel mit Becher; Wehdeking (Anm. 45). S. 170.

[104] Neunzig (Hrsg.) (Anm. 42). S. 131f.

[105] Ebd. S. 133f.

[106] *Hessische Nachrichten* (Kassel) vom 22. Mai 1948.

giere.[107] Beide Lesarten waren nur möglich, weil in Kolbenhoffs Roman *Von unserem Fleisch und Blut* auf eine in den Entstehungsbedingungen begründete einzigartige Weise die drei Tendenzen der Nachkriegsliteratur zusammenfallen: die nüchterne Bestandsaufnahme des 'Realismus des Unmittelbaren', die metaphysischen Deutungsmuster des 'Magischen Realismus' und eine auf Gesellschaftsveränderung zielende 'Tendenz'.

Kolbenhoffs Kriegsroman war von dem antifaschistischen "Konsens der Pluralität"[108] geprägt, der — wie die gespaltene Rezeption zeigt — bereits zum Zeitpunkt des Erscheinens zerbrach. Diese Polarisierung wird auch in derjenigen Gruppe von Autoren deutlich, der Kolbenhoff angehörte. Nur zwei Jahre nach *Von unserem Fleisch und Blut* konnte ein Mitglied der Gruppe 47 von Hans Werner Richters Kriegsroman *Die Geschlagenen* — der den Titel eines verschollenen Kolbenhoff-Romans[109] aus dem Exil trug — als dem "jetzt erscheinenden ersten deutschen Kriegsbuch"[110] sprechen. Wie vergessen der Kolbenhoffsche Kriegsroman war, belegt auch eine beiläufige Bezugnahme auf "seine hemdsärmeligen Kriegsgeschichten" in einem Bericht über die 14. Tagung der Gruppe 1954 in Italien: "Die Landschaft hat die gleiche Distanz zum Kriege gewonnen wie der Autor, der inzwischen an einem Buch über einen romantischen Abenteurer schreibt."[111] Es war nicht nur die literarische Wendung zur nachholenden Aufarbeitung der klassischen Moderne, die *Von unserem Fleisch und Blut* allenfalls als obligates Negativbeispiel für — so Joachim Kaiser 1962 — "Trümmerliteratur, Kahlschlag-Realismus, Derbheiten"[112] in Erinnerung brachte, sondern auch die Kollision des negativen Helden mit dem im öffentlichen Gedächtnis der BRD dominanten Bild des deutschen Soldaten als leidendem Opfer des Zweiten Weltkriegs. Der Vorbehalt gegen die Zentralisierung des fanatischen Nazi-Soldaten spricht z.B. aus Richters lapidarem Bericht: "[E]rstaunlicherweise wurde der Roman prämiert".[113]

Die Geschichte der Rezeption von Kolbenhoffs Roman in der Literaturwissenschaft demonstriert die Wiederkehr der in diesem singulären Kriegsroman amalgamierten Funktionspotenzen in Form ästhetischer Verurteilung:

---

[107] Hansjörg Gehring: *Amerikanische Literaturpolitik in Deutschland 1945-1953. Ein Aspekt des Re-Education-Programms.* Stuttgart 1976. S. 45.

[108] Gerhard Hay: Literarische Positionen im München der Nachkriegszeit. In: Friedrich Prinz (Hrsg.): *Trümmerzeit in München. Kultur und Gesellschaft einer deutschen Großstadt im Aufbruch 1945-1949.* S. 213f.

[109] Vgl.Thomas Manns Gutachten hierzu in Schutte (Hrsg.) (Anm. 19). S. 155.

[110] Lettau (Hrsg.) (Annm. 6). S. 42.

[111] Ebd. S. 98.

[112] Ebd. S. 177.

[113] Hans Werner Richter: *Im Etablissement der Schmetterlinge.* München 1986. S. 209.

als Naturalismus wurde die Beschreibungstechnik, als Expressionismus die Metaphorik und als sozialistisch-realistische Didaktik der Leserappell verurteilt. In allen drei Vorwürfen machte sich die Norm moderner Originalität deutlich, die als Konventionalität zu verurteilen zwang, was in das jeweils gerade herrschende Bild von Faschismus und Krieg nicht paßte. Denn nie ließ sich, was als rein ästhetische Kritik oder abgeklärt literarhistorisches Urteil erschien, von 'außerliterarischen' Voraussetzungen abtrennen, die den Gegenstand von Kolbenhoffs Roman betrafen: die sich wandelnde Aktualität des 8. Mai 1945. Sie werden dort am greifbarsten, wo schlankweg verkündet wird, was 'unglaubwürdig' sei oder was 'fehle'. Wenn in den fünfziger Jahren der anständige Landser fehlte,[114] so waren es in den siebziger Jahren die historischen Ursachen des Faschismus[115] und in den achtziger der antifaschistische Widerstand.[116]

[114] Vgl. hierzu meinen Aufsatz: Zur Geschichte von 'Vergangenheitsbewältigung': BRD- und DDR-Kriegsromane in den fünfziger Jahren. In: Gerhard P. Knapp, Gerd Labroisse (Hrsg.): *1945-1995. Fünfzig Jahre deutschsprachige Literatur in Aspekten*. Amsterdam, Atlanta 1995 (Amsterdamer Beiträge zur neueren Germanistik. Bd. 38/39). S. 89-117. Die dort nachgewiesene Funktion des Begriffs Bewältigung zeigt sich auch in der Rezeption von Kolbenhoffs Roman: Wenn Kolbenhoff in anfänglichen Auflistungen der Gruppenmitglieder von Hans Werner Richter stets als einer der ersten genannt wurde, so rückte er mit der früh als Wende erkannten Niendorfer Tagung an die letzte Stelle, seit die "gelungene oder nicht gelungene Bewaeltigung des Stoffes" — im Sinne des "Handwerklichen" — zum leitenden Prinzip erhoben worden war (Schutte [Hrsg.] [Anm. 19]. S. 194; vgl. dagegen S. 34, 143).
[115] Jost Hermand: Darstellungen des Zweiten Weltkrieges. In: J.H. (Hrsg.): *Literatur nach 1945. I. Politische und regionale Aspekte*. Wiesbaden 1979 (*Neues Handbuch der Literaturwissenschaft*. Hrsg. von Klaus von See. Bd. 21). S. 11-60, hier S. 29: "unmittelbares Geschehnis"; Zimmermann: Kolbenhoff. S. 6: "allzu sehr zum abstrakten Einzelfall stilisiert, wobei geschichtliche Konkretisierungen weitgehend fehlen"; Ronald Schneider: Realismustradition und literarische Moderne: Überlegungen zu einem Epochenkonzept "Nachkriegsliteratur". In: *Der Deutschunterricht* 33 (1981). S. 3-22, hier S. 17: "bedenkliche Generalisierung und Enthistorisierung der Erfahrungen der NS-Zeit und des Krieges".
[116] Pelka (Anm. 1). S. 74: daß "der Aspekt eines aktiven Widerstandskampfes (gerade zum Handlungszeitpunkt) völlig fehlt".

J.H. Reid

"Mein eigentliches Gebiet..."
Heinrich Bölls Kriegsliteratur

In einem Brief vom 8. Februar 1946 an Ernst-Adolf Kunz erwähnt Heinrich Böll "fürchterliche Erinnerungen an den Krieg, die nun erst heraufkommen, wo man jeden Tag in einem Bett schläft [...]".[1] Sechs Wochen später behauptet er, "fast ein wenig lebensüberdrüssig zu sein", und schreibt von seinem Unwillen, "eine sichere sogenannte 'Existenz'" aufzubauen: "Mir ist das alles so gleichgültig und erscheint mir nach den Erlebnissen des Krieges und der Gefangenschaft auch ziemlich belanglos, welche Rolle ich in der so sehr erfreulichen menschlichen Gesellschaft spielen soll. Denn eine 'Rolle spielen' ist es ja doch, es ist doch alles lächerlicher Blödsinn."[2] Die Haltung eines Fred Bogner in Bölls Nachkriegsroman *Und sagte kein einziges Wort* findet hier ihre autobiographische Quelle; aber schon Wenk, der Erzähler des 1948 geschriebenen, erst 1982 veröffentlichten Kriegsromans *Das Vermächtnis*, weist diese nihilistischen Züge auf.

Auch wenn Böll im Laufe der Jahre seine "Rolle" fand, so blieb doch der Krieg für ihn das bestimmende Erlebnis. Die Erkenntnis des Erzählers der frühen Kurzgeschichte "Die Botschaft" ist für das Gesamtwerk Bölls gültig geblieben: "[...], daß der Krieg niemals zu Ende sein würde, niemals, solange noch irgendwo eine Wunde blutete, die er geschlagen hat."[3] Es ist eine Erkenntnis, die nicht nur im Bewußtsein der Protagonisten seiner Romane und Erzählungen ihren Niederschlag findet, sondern auch im erzählten Raum. Von Fred Bogner bis hin zu Elisabeth Blaukrämer im letzten, postum veröffentlichten Roman *Frauen vor Flußlandschaft*: Bölls Figuren tragen die Narben des Krieges, und in letzterem Text ist noch fast vierzig Jahre nach Kriegsende ein am Ufer des Rheins stehendes Trümmergrundstück, das dem in New York lebenden Erben einer jüdischen Familie gehört, die materielle Erinnerung an eine Vergangenheit, die nicht vergessen werden darf.

---

[1] Herbert Hoven (Hrsg.): *Die Hoffnung ist wie ein wildes Tier. Der Briefwechsel zwischen Heinrich Böll und Ernst-Adolf Kunz 1945-1953.* Köln 1994. S. 18.
[2] Ebd. S. 20.
[3] Heinrich Böll: *Erzählungen.* Hrsg. von Viktor Böll und Karl Heiner Busse. Köln 1994. S. 67.

Angesichts der späteren Entwicklung des Autors ist es erstaunlich, wie wenig an aktuellem politischen Material Bölls Korrespondenz mit Kunz enthält. Die Währungsreform, die ersten Bundestagswahlen interessierten ihn überhaupt nicht oder wurden lediglich im nicht überlieferten mündlichen Gespräch erörtert. Die große Ausnahme ist ab Mitte 1948 die drohende Remilitarisierung. *Das Vermächtnis*, von Böll als Fortsetzungsroman geplant, wird von einer Zeitung abgelehnt: "[...] die Brüder wollen nichts so scharf Antimilitaristisches. Ist das nicht toll? Drei Jahre nach dem Kriege muss man sich schon wieder vor dem Publikum fürchten."[4] Er will der Internationale der Kriegsdienstverweigerer beitreten. "Eines Tages wird man uns bestimmt mit einem 'Kreuzzug' gegen die Russen kommen oder ähnlichem Blödsinn [...]."[5] Ende August 1948 fragt er: "Weißt Du übrigens schon, daß ein neuer kriegervereinsartiger Bund gegründet ist, der Tagungen abhält, wo ehemalige Obersten davon sprechen, wie 'süß es sei, fürs Vaterland zu sterben', wo man sich gegenseitig mit Leutnant usw. anredet... usw. usw.?", und er erwägt die Möglichkeit auszuwandern.[6] Am 25. Juni 1950 begann der Korea-Krieg, der die Diskussion um die Remilitarisierung Deutschlands maßgeblich vorantrieb; darüber streitet sich Böll mit dem Kölner Pater Alois Schuh.[7] In diesem Zusammenhang ist Bölls Eintreten für die Friedensbewegung am Ende seines Lebens die konsequente Fortsetzung eines Grundmotivs seiner Anfänge.

Böll hatte den Zweiten Weltkrieg von Anfang an als Soldat erlebt, allerdings war seine Teilnahme an militärischen Aktionen recht gering, da er oft an Krankheiten, manchmal echten, oft simulierten, litt. Sofort bei Kriegsausbruch eingezogen, kam er zunächst nach Polen, dann nach Frankreich, aber in beiden Fällen erst nach der Kapitulation des jeweiligen Gegners. Von Juni bis September 1940 und dann wieder von Mai 1942 bis Oktober 1943 befand er sich in Nordfrankreich, wo die Unannehmlichkeiten eher aus Langeweile, Mangel an Tabak und Alkohol und dem ausschließlich männlichen Charakter seiner Umgebung bestanden zu haben scheinen. "Der Krieg hat mich gelehrt, wie lächerlich die Männlichkeit ist", berichtete er später.[8] Im Herbst 1943 wurde er an die Ostfront versetzt, obwohl er es nach eigenen Angaben hätte vermeiden können. Neugierde war der Hauptgrund dafür, Neugierde auf das von seinen Lehrern und anderen geschilderte "Fronterlebnis": "Wir sind erzogen worden in der Schule von ehemaligen Frontsoldaten des Ersten Weltkrieges. Und das Fronterlebnis war das Erlebnis unserer Vätergeneration

---

[4] Hoven (Hrsg.). (Anm. 1). S. 96.
[5] Ebd. S. 97.
[6] Ebd. S. 128.
[7] Ebd. S. 260.
[8] Heinrich Böll: *Interviews I*. Hrsg. von Bernd Balzer. Köln o.J. [1978]. S. 542.

[...]."[9] Unterwegs wurde sein Zug von französischen Widerstandskämpfern überfallen, wobei er mit knapper Not davonkam; auf der Krim erlebte er drei Monate lang den 'wirklichen' Krieg, lange genug, um den Rest des Krieges damit zu verbringen, ihm möglichst aus dem Wege zu gehen. Alle diese autobiographischen Elemente kehren in den Erzählungen wieder, vor allem *Das Vermächtnis* ist ein stark autobiographischer Text. So haben die weiblichen Figuren in der frühen Prosa mitten in dieser Männergesellschaft oft die Funktion einer Epiphanie, ob es sich um die Krankenschwester Dina ("Wiedersehen mit Drüng") oder um das anonyme russische Mädchen, das Kuchen verkauft ("Auch Kinder sind Zivilisten") handelt.

In diesen ersten Nachkriegsjahren arbeitete Böll intensiv an Kriegsromanen und -erzählungen. An seinen Freund Kunz schreibt er im Oktober 1948: "Mein eigentliches Gebiet ist ja offenbar der Krieg mit allen Nebenerscheinungen und keine Sau will etwas vom Krieg lesen oder hören und ohne jedes Echo zu arbeiten, das macht dich verrückt."[10] Drei Monate später wiederholt er: "Ich weiß zwar, daß das Thema Krieg nicht gesucht und nicht beliebt ist, aber ich kann nichts daran ändern, und leider bin ich wirklich nicht — so glaube ich — dazu ausersehen, mich der allgemeinen Pralinenproduktion einzugliedern."[11] Von den damals geschriebenen Texten liegen heute drei längere Kriegserzählungen bzw. -romane vor, *Der Zug war pünktlich*, *Das Vermächtnis* und *Wo warst du, Adam?*, das Romanfragment "Die Verwundung" und etwa fünfundzwanzig kürzere Erzählungen, die ebenfalls die Kriegssituation zum Thema haben. Von diesen Texten wurden neun erst 1982 bzw. 1983, fünf weitere noch später aus dem Nachlaß veröffentlicht. Die meisten spielen an der Ostfront. Nur drei der Kurzgeschichten, "Gefangen in Paris", "Vive la France!" und "Unsere gute, alte Renée" sowie der Großteil des Romans *Das Vermächtnis* haben Frankreich zum Schauplatz. Zwei Kurzgeschichten, "Aus der "Vorzeit" und "Wanderer, kommst du nach Spa...", spielen an der 'Heimatfront'. Weitere Fragmente befinden sich im Nachlaß.

Der Kontrast zwischen Bölls Erfahrungen in Frankreich und denen im Osten wird in den Erzählungen konsequent widerspiegelt. Die Frankreich-Szenen sind von Langeweile, von Korruption, von Alkoholismus gekenn-

[9] Heinrich Böll/Lew Kopelew: *Warum haben wir aufeinander geschossen?* München 1984. S. 19. Bereits 1966 berichtete Böll von einer Kriegsbegegnung mit seinem ehemaligen Geschichtslehrer, "nie Nazi, nur ganz Frontkämpfer", der sich enttäuscht abgewendet habe, als er feststellte, daß auf Bölls Ärmel der Krimschild fehlte. Vgl. Heinrich Böll: An einen Bischof, einen General und einen Minister des Jahrgangs 1917. In: H. B.: *Essayistische Schriften und Reden* II. Hrsg. von Bernd Balzer. Köln o.J. [1978]. S. 233-248, hier S. 243.
[10] Hoven (Hrsg.) (Anm. 1). S. 143.
[11] Ebd. S. 166.

zeichnet; der Ton ist hier vorwiegend elegisch, Trauer ein immer wiederkehrendes Leitmotiv. Anderswo zeugen naturalistische Details von den Schrecken des Krieges: Verstümmelungen, groteske Todesarten, Todesängste. Bölls Kriegsliteratur kennt keine Helden im herkömmlichen Sinne; auch die Kameradschaft, welche in der Literatur des Ersten Weltkriegs eine so große Rolle spielte, fehlt weitgehend. Die Armee wird als riesige Bürokratie dargestellt: auch nach einer verlorenen Schlacht werden pünktlich und gewissenhaft Orden und Verwundetenabzeichen verteilt. Die Erzählperspektive ist fast ausschließlich die des einfachen Soldaten, die "Wurmperspektive" also,[12] die für politische oder historische Erörterungen keinen Raum läßt. Inwieweit Böll trotzdem mehr über den Krieg zu bieten vermag als bloß "Rohstoff, [...] unmittelbares Geschehnis",[13] soll uns noch beschäftigen. Seine Texte sind eindeutig antimilitaristisch. 1958 schrieb er von "der Sinnlosigkeit" des Soldatenlebens;[14] es ist jedoch außerordentlich schwer, erst recht für einen gläubigen Katholiken wie Böll, Sinnlosigkeit darzustellen, ohne ihr dabei doch einen Sinn zu unterschieben.

Ein unerwartetes Merkmal dieser Texte ist der hier vermittelte Eindruck, der deutsche Landser hätte von seiner Waffe niemals Gebrauch gemacht. Für Böll besteht der Krieg vor allem aus Nichtstun. Der Schauplatz ist häufig das Lazarett, der Zug, der das hilflose Kanonenfutter an die Front bringt, die Kneipe, wo man sich sinnlos betrinkt, um nicht an das Morgen denken zu müssen. Wenn aber die eigentlichen Kriegshandlungen geschildert werden, dann wird auf Bölls Protagonisten geschossen, ohne daß ein einziger von ihnen zurückschießt. In *Der Zug war pünktlich* hat Andreas sogar sein Gewehr in der Heimat bei seinem Freund Paul liegen lassen. Auf diese Weise entsteht der Eindruck von Hilflosigkeit, Wehrlosigkeit: Bölls Protagonisten sind Opfer, keine Täter. Daß die Wirklichkeit auch anders war, wird in einem 1947 verfaßten, erst 1992 veröffentlichten, gedichtartigen Text veranschaulicht, der mit dem Satz anfängt: "Mit diesen Händen, die abends das Kreuzzeichen auf die Stirn deines Kindes zeichnen, hast du den Abzug des Maschinengewehrs um jene entscheidenden Millionstel Millimeter verrückt, so daß er die Stirne anderer und Unschuldiger zerschmetterte."[15] Das gehört

---

[12] Rainer Nägele: Heinrich Böll. Die große Ordnung und die kleine Anarchie. In: Hans Wagener (Hrsg.): *Gegenwartsliteratur und Drittes Reich. Deutsche Autoren in der Auseinandersetzung mit der Vergangenheit.* Stuttgart 1977. S. 183-204, hier S. 185.

[13] Jost Hermand: Darstellungen des Zweiten Weltkrieges. In: J.H. (Hrsg.): *Literatur nach 1945 I. Politische und Regionale Aspekte.* Wiesbaden 1979. (*Neues Handbuch der Literaturwissenschaft.* Bd. 21. Hrsg. von Klaus von See). S. 11-60, hier S. 29.

[14] Brief an einen jungen Katholiken. In: Heinrich Böll: *Essayistische Schriften und Reden* I. Hrsg. von Bernd Balzer. Köln o.J. [1978]. S. 261-276, hier S. 267.

[15] Mit diesen Händen. In: Böll: *Erzählungen* (Anm.3). S. 95-96.

sicherlich auch zu den "fürchterlichen Erinnerungen", von denen eingangs die Rede war; es findet aber in den Erzählungen keinen Platz.

Angesichts der jüngsten Kontroversen über die Rolle der Wehrmacht bei der Durchführung von Hitlers Rassenpolitik in den besetzten Gebieten Osteuropas wäre in diesem Zusammenhang zu fragen, inwieweit Bölls Prosa zu einer wie auch immer unbeabsichtigten Exkulpation beiträgt. Man hat darauf hingewiesen, daß auch in dem Antikriegsroman *Wo warst du, Adam?* ausschließlich die SS für die Verbrechen gegen die Juden verantwortlich gemacht wird und daß die zwei parallelen Szenen, in denen erst die deutschen Landser an die Front, dann die ungarischen Juden ins Vernichtungslager im jeweils roten, bzw. grünen Möbelwagen transportiert werden, implizit die Leiden der Deutschen und die Leiden der Juden gleichsetzen.[16] Böll selbst hat sehr wenig zu etwaigen Greueltaten der Wehrmacht geäußert. Im Jahre 1975 hat er betont, daß es die SS, nicht die Wehrmacht gewesen sei, die er in Polen die Bevölkerung terrorisieren sah;[17] ein paar Jahre später gab er zu, gesehen zu haben, wie sowjetische Gefangene, die sich gerade ergeben hatten, sofort erschossen wurden.[18] Bereits 1952 jedoch hatte er sich in einer Besprechung von Peter Bamms *Die unsichtbare Flagge* gegen Bamms Versuch gewehrt, säuberlich zwischen Nazis (bei Bamm "die Anderen") und Wehrmacht zu unterscheiden: "Die einen und die anderen, sie überschnitten einander, gingen stellenweise ineinander über — und Vokabeln wie 'noble alte Tradition' (die bestenfalls zum Selbstmord reicht), Vokabeln wie 'primitiv', angewandt auf Hitler und sein Reich, gehen an dem, was geschehen ist, vorbei."[19]

Ein Schlüsseltext zu diesem Thema ist die Kurzgeschichte "Todesursache: Hakennase", die zu Bölls frühesten Texten gehört, jedoch für die damaligen publizistischen Verhältnisse offensichtlich zu brisant war und erst 1983 erschienen ist. Er schildert den vergeblichen Versuch eines Leutnant Hegemüller, seinen russischen Quartierwirt zu retten, der für einen Juden gehalten und mit der Masse der anderen Juden zum als Hinrichtungsstätte dienenden Steinbruch geschleppt wurde. Möglicherweise spielt der Text auf das Massaker bei Babij Jar Ende September 1941 an. Die Erzählung vermittelt ein erschütterndes Bild der Barbarei; auch die triviale, allzumenschliche Überle-

---

[16] Alan Bance: Heinrich Böll's "Wo warst du, Adam?": National Identity and German War Writing — Reunification as Return of the Repressed. In: *Forum for Modern Language Studies* 29 (1993). S. 311-322, hier S. 320. Vgl auch Alan Bance: Die deutsche Wehrmacht an der Ostfront: Historische Forschung versus fiktionale Gestaltung. In: *Krieg und Literatur* 1 (1989). S. 103-113.

[17] Eine deutsche Erinnerung. In: Böll: *Interviews* I (Anm. 8). S. 504-665, hier S. 620.

[18] Böll/Kopelew (Anm. 9). S. 20.

[19] Dabei sein und dazwischen sein. In: *Frankfurter Allgemeine Zeitung* vom 25. Oktober 1952, Literaturblatt.

gung Hegemüllers, wie die Ermordung von Säuglingen wohl technisch zu bewerkstelligen sei, wird sofort in allen Einzelheiten beantwortet, und die am Schluß der Erzählung aufgeklärte Ironie der Überschrift intensiviert noch das Grauen. Zwei Dinge sind außerdem bemerkenswert: Hegemüller stellt "mit Schrecken" fest, "daß er die gleiche Uniform trug wie die Mörder":[20] offensichtlich ist es hier doch die Wehrmacht, die für die Barbarei verantwortlich gemacht wird. Damit hängt aber die etwas früher einsetzende Erkenntnis Hegemüllers zusammen, selber "nicht unschuldig" zu sein: "Er wußte sich hineingedrängt in ein steinernes, zentrales Herz der Schuld, das diesem ewig, ewig mahlenden Greuel innewohnen mußte." Diese den von Böll anderswo abgelehnten Begriff der Kollektivschuld anmahnende Erkenntnis wird jedoch sofort relativiert, indem sich Hegemüller bewußt wird, "daß er es war, der schoß, und er es war, der erschossen wurde." Das Schicksal der Juden wird auf diese Weise zu einer Erscheinungsform der *condition humaine*, die durch den darauffolgenden Satz christlich versöhnt wird: "Nie noch hatte er so sehr die große kosmische Heimat gespürt, die alle Menschen umschloß, die Wirklichkeit Gottes..."[21]

Diese religiöse Dimension ist in Bölls frühen Kriegserzählungen häufig anzutreffen. Im ältesten Nachkriegstext überhaupt, 'Der General stand auf einem Hügel...', werden die jungen Soldaten als "die Nachfolger Jesu Christi" bezeichnet;[22] die Gemeinsamkeit von deren Leiden habe "ihren Sinn gefunden [...], seitdem Jesus Christus gekreuzigt ist..."[23] Und am Ende der Erzählung wird Paul, der Hauptfigur, die Vision von der Jungfrau Maria zuteil, die an die in die Stadt zurückkehrenden Soldaten Brot und Wein verteilt. Möglicherweise handelt es sich um eine Szene jenseits des Todes. Böll scheut sich anderswo nicht, seine Erzählungen über den Tod hinauszuführen. So stellt der Ich-Erzähler der Kurzgeschichte "Die Essenholer" fest, als er von einer Granate zerfetzt wird, er sei "an einem anderen Ziele", und "eine große und liebevolle Stimme", wohl die Stimme Gottes, begrüßt ihn dort.[24] Auf diese Weise bekommt der Krieg doch seinen Sinn. "Das Unglück ist das Leben, der Schmerz ist das Leben", glaubt Andreas in *Der Zug war pünktlich*;[25] der Krieg, auch ein so barbarischer Krieg wie dieser, intensiviert die-

---

[20] Böll: *Erzählungen* (Anm. 3). S. 72.

[21] Ebd. S. 70. Zur Frage der Kollektivschuld vgl das Interview: Weil dieses Volk so verachtet wurde, wollte ich dazu gehören... In: Böll: *Interviews* I (Anm. 8). S. 243-250, hier S. 243f.

[22] Böll: *Erzählungen* (Anm. 3). S. 13.

[23] Ebd. S. 7.

[24] Ebd. S. 292.

[25] Heinrich Böll: *Romane und Erzählungen* I. Hrsg. von Bernd Balzer. Köln o.J. [1977]. S. 88. Sowohl für *Der Zug war pünktlich* als auch für *Wo warst du, Adam?*

ses Leiden und führt den Menschen zu seiner Bestimmung. Diese Auffassung bringt jedoch die Frage mit sich, wie sinnvoll es sein kann, dem verhaßten Regime Widerstand zu leisten. Die Passivität und Wehrlosigkeit von Bölls Figuren gleichen der christlichen Passion; sie stellen aber zugleich jede aktive Widerstandsbewegung in Frage. Im Hinblick auf Bölls spätere Entwicklung ist das eine bemerkenswerte Feststellung: Wie aus zahlreichen Aufsätzen ab Ende der fünfziger Jahre, aber auch aus Bölls persönlichem Engagement gegen Notstandsgesetze und in der Friedensbewegung hervorgeht, ist darin das Bewußtsein, daß damals zu wenig Widerstand geleistet wurde, bestimmend gewesen.[26] Gleichzeitig geht das mystische Element in Bölls Literatur immer stärker zurück. Die Zäsur verläuft zwischen den beiden größeren Erzählungen dieser Jahre, *Der Zug war pünktlich* und *Wo warst du, Adam?*, denen wir uns jetzt zuwenden wollen.

Bölls erste selbständige Publikation, *Der Zug war pünktlich*, entstand 1948 und erschien im Dezember 1949. "Zwischen Lemberg und Czernowitz" hieß der ursprüngliche Titel, ein Satz, der in der Erzählung leitmotivisch immer wieder auftaucht und auf den Ort hinweist, an dem der Protagonist Andreas, nach einer Erleuchtung, die ihm am Anfang kommt, den Tod finden wird. Erzählt wird von einer Reise; die Grenze, die dabei überschritten wird, die zwischen Deutschland und Polen, ist aber zugleich eine zwischen Leben und Tod. Die Erzählung gliedert sich in zwei Teile: Im ersten begegnet der Soldat Andreas im Fronturlauberzug, der ihn vom Rhein in die Ukraine bringen soll, zwei weiteren Soldaten, Willi und Siebental; im zweiten begegnet er durch Willis Vermittlung der polnischen Prostituierten Olina, die ihn zusammen mit den beiden anderen an den Ort seiner Bestimmung führt. Die Erzählung ist eine der geschlossensten, die Böll geschrieben hat. Die übersichtliche, lineare Fabel entwickelt sich innerhalb nur weniger Tage in einem genau umrissenen Raum. Diese Struktur entspricht ihrerseits einer klaren weltanschaulichen (christlichen) Position. Motive und Symbole tragen zu der Geschlossenheit bei. Dabei entsteht manchmal ein unerträglicher Kitsch. Zwei Motivgruppen seien kurz erwähnt. Da ist einmal die Musik, wobei die Soldatenlieder des ersten Teils ihr positives Gegenstück in der Musik von Schubert, Beethoven und Bach, aber auch in dem zeitgenössischen Schlager "Ich tanze mit dir in den Himmel hinein" finden. Und zweitens greift das Motiv der Tränen als Zeichen der Versöhnung von Mensch und Schicksal auf literarische Traditionen aus dem 18. und 19. Jahrhundert zurück. So stellt Andreas im Zug fest: "Auch ich müßte weinen, das ist es." (RE I, 105), und

---

beziehen sich die folgenden Seitenzahlen im Text auf diese Ausgabe, abgekürzt mit der Sigle RE I.

[26] Vgl. "Widerstand muß heute darin bestehen, von seiner Freiheit Gebrauch zu machen", und "Der Mut zum Widerstand", beide in Heinrich Böll: *Ein- und Zusprüche. Schriften, Reden und Prosa 1981-1983*. S. 133-147 bzw. S. 170-175.

die Erzählung endet mit den Worten: "[...] und er weiß nicht mehr, daß er selbst nun wirklich zu weinen beginnt..." (RE I, 168)[27]

Die Erzählung spielt Ende September 1943. Die ideologischen Fronten zeichnen sich unter den an die Front zurückkehrenden Soldaten dadurch ab, daß die Nazis behaupten, der "Führer" werde es "schon schmeißen" (RE I, 77) und daß sich "die Vorteile der 3,7 Pak" (RE I, 99) herausstellen werden, während die anderen durch ihr Schweigen andeuten, der Krieg sei verloren. Auffallend ist die Anonymität dieser Stimmen. Andreas, der Protagonist, aus dessen Sicht erzählt wird, ist einer Fülle von Stimmen ausgesetzt: zunächst der "sonore[n] Stimme" im Bahnhofslautsprecher (RE I, 66), später den Soldatenliedern aus den vorbeifahrenden Zügen mit SS-Truppen, die die Front halten sollen. Das Unpersönliche, die Anonymität wird vom Anfang an als das Negative dargestellt und ausdrücklich für den Krieg verantwortlich gemacht: "Alles Unglück kommt von diesen sonoren Stimmen", meint Andreas; "diese sonoren Stimmen haben den Krieg angefangen [...]." (RE I, 72) Angedeutet ist bereits hier Bölls Analyse, die den Faschismus mit der "Verwaltung" des Menschen gleichsetzt.[28] Zugleich wird in dieser Erzählung der Faschismus, hier die Kriegsbegeisterung, als Sünde gedeutet: Andreas "muß noch für den beten, der eben gesagt hat: Die werden es schon schmeißen, und alle die, die begeistert den Wildbretschütz gesungen haben." (RE I, 119) In seinen Gebeten finden auf diese Weise sowohl Täter als Opfer, die Juden von Galizien, die ebenfalls leitmotivisch in seinen Gedanken immer wiederkehren, nebeneinander Platz.

Insofern ist es mehr als eine abgedroschene Metapher, wenn für Andreas der Krieg "die Hölle" (RE I, 74) ist. Er kann sich zwar vorstellen, daß in früheren Jahrhunderten der Krieg "ein ehrliches Handwerk" gewesen ist; das zwanzigste Jahrhundert jedoch ist ein "scheußliches Jahrhundert", in dem die Männer "den Krieg verherrlichen und ihn für ihre Vaterländer schlagen" (RE I, 143). Seinen Onkel hat er gehaßt, "weil der vom Militär" — vermutlich war er im Ersten Weltkrieg Frontkämpfer — "geschwärmt hat, von der schönsten Zeit seines Lebens." (RE I, 120) Für Andreas und für Olina, die beide Pianist werden wollten, bedeutete der Kriegsausbruch das Ende der künstlerischen Ambitionen; er wurde eingezogen, sie vom polnischen Widerstand engagiert, um als Prostituierte deutsche Kunden auszuhorchen. Die Begriffe "Held" und "Vaterland" haben für Andreas keine Bedeutung mehr. Auch der "Männlichkeitsmythos"[29] wird abgelehnt: "Es ist furchtbar, immer nur unter Männern zu sein" (RE I, 108). Er hat noch keine Freundin gehabt:

---

[27] Zum literarischen Motiv des Weinens vgl. Walter Höllerer: *Zwischen Klassik und Moderne. Lachen und Weinen in der Dichtung einer Übergangszeit.* Stuttgart 1958.

[28] Im Gespräch: mit Heinz Ludwig Arnold. In: Böll: *Interviews* I (Anm. 8). S. 134-176, hier S. 170f.

[29] Böll/Kopelew (Anm. 9). S. 20.

Auch daran ist der Krieg schuld, indem Andreas von der Schule in den Arbeitsdienst und dann in die Wehrmacht kam, in eine ausschließlich männliche Umgebung. Seine Gedanken kreisen immer wieder um ein französisches Mädchen, das er beim Erwachen aus einem Ohnmachtsanfall "eine Zehntelsekunde lang" (RE I, 88) — der Begriff "Epiphanie" drängt sich hier geradezu auf — erblickte, bevor er von den anderen Soldaten weitergezogen wurde. Da für den Soldaten die sexuelle Begegnung mit Frauen fast nur im Bordell möglich war, ist es folgerichtig, daß die zweite Hälfte des Textes in einem solchen stattfindet; dort erfährt Andreas, "daß es eine Liebe gibt ohne Begehren" (RE I, 160).

Umgekehrt hat die Sexualität in Verbindung mit dem Krieg das Leben seiner beiden Bekannten zerstört. Siebental wurde in einer einsamen Stellung in den Ssiwasch-Sümpfen von einem Wachtmeister sexuell mißbraucht und kommt seitdem mit sich selbst nicht mehr klar; Willi fand bei seinem jüngsten Heimaturlaub seine Frau zusammen mit einem russischen Kriegsgefangenen und rächt sich jetzt, indem er die Hypothek auf dem Haus, das seine Frau mit in die Ehe gebracht hat, versäuft. Bei dem ungleichen Dreiergespann Andreas, Willi, Siebental stellt sich keine wirkliche "Kameradschaft" ein, ja, das Wort "Kamerad" wird sorgfältig vermieden, indem Andreas als "Kumpel" angesprochen wird (RE I, 74).[30] Zwar erfährt Andreas Einzelheiten aus dem Privatleben der beiden anderen, er aber bleibt mit seinen Gedanken allein. Willi ist die bestimmende Kraft. Für ihn bedeutet der Krieg das große Geschäft; Bertolt Brechts Mutter Courage vergleichbar, verkörpert er den Typus des Geschäftsmanns, für den der Krieg eine "Fortsetzung des Geschäfts mit anderen Mitteln" ist.[31] Er leitet eine Wehrmachtsreparaturwerkstatt, die er dazu benützt, verschrottete Wagen, aber auch Wehrmachtsmäntel an die Partisanen zu verkaufen. Wieder ganz brechtisch, darf man annehmen, daß die Partisanen, denen er zusammen mit Andreas und den anderen am Ende der Erzählung zum Opfer fällt, durch ihn oder seinesgleichen ausgerüstet wurden. Dieses Motiv vom Krieg als "Geschäft" wird verstärkt durch die Parallele zwischen Armee und Bordell: Die Besitzerin des Bordells müßte "einen Generalskragen" tragen, denkt Andreas (RE I, 130); Olinas Zimmer enthält nur "das Notwendigste, wie in einer Kaserne", und wenn sie sich schminkt, geht es "flink wie bei einem Soldaten, der sich alarmbereit macht." (RE I, 163)

Auf diese Weise wird der Krieg entheroisiert, es zeichnet sich aber ein Widerspruch zwischen dem christlich-quietistischen Standpunkt und dem

---

[30] Umgekehrt werden die drei als "Kameradenbetrüger" bezeichnet, weil sie, um ungestört zu bleiben, die Abteiltür verrammelt haben.

[31] Bertolt Brecht: Anmerkungen zur Aufführung 1949. In: Werner Hecht (Hrsg.): Materialien zu Brechts "Mutter Courage und ihre Kinder". Frankfurt a.M. 1964. S. 10-80, hier S. 17.

gesellschaftskritisch-eingreifenden ab. In der Frage nach dem möglichen Widerstand ist es nicht anders. Auf der Ebene des aktiven Widerstands erwägt Andreas die Möglichkeit, Hitler, "das göttliche Tier", könnte ermordet werden (RE I, 73), was Andreas selbst vor dem Tod retten könnte. Der Leser, der vom mißglückten Attentat des 20. Juli 1944 weiß, wird sofort aufmerksam. Andreas ist sich jedoch auch klar, daß der Kriegsapparat "[z]u gehorsam, zu feige, zu brav" aufgebaut ist (RE I, 69), als daß darauf Hoffnungen zu setzen wären. Wenn auch auf den inneren Widerstand kein Verlaß ist, wird doch von außen gegen die Deutschen gekämpft, nicht zuletzt von den polnischen Partisanen. "Ganz Polen", so Olina, "ist eine Widerstandsbewegung." (RE I, 145) Hier aber erweist sich die Parallele Armee-Bordell als doppelbödig. Denn Olina hat inzwischen festgestellt, daß durch das Auskundschaften ihrer Klienten sie für den Tod vieler unschuldiger Soldaten verantwortlich ist, genauso, wie wenn ein General Menschen in den Tod schickt, die er nicht kennt, und schließt verzweifelt: "Überall werden nur Unschuldige gemordet. Überall. Auch von uns." (RE I, 146) Am Ende der Erzählung hat sie ihr "Vaterland verraten" (RE I, 166) — man erinnert sich an Andreas' Vaterlandsskepsis —, will niemand mehr den Partisanen ausliefern, worauf sie zusammen mit Andreas und seinen beiden Begleitern durch ebendiese den Tod findet.

Dieser konsequente Pazifismus bekommt auf der Ebene des passiven Widerstands einen christlich-jansenistischen Inhalt.[32] Mehrmals fragt sich Andreas, warum er nicht aus dem Zug aussteigt und desertiert. Er tut es aber nicht: "Ich kann mich nicht bewegen, ich bin ganz starr, dieser Zug gehört zu mir, und ich gehöre zu diesem Zug, der mich meiner Bestimmung entgegentragen muß [...]." (RE I, 80f.) *Der Zug war pünktlich* ist ein Schicksalsdrama: Jeder Zufall — die Begegnung mit Willi, die zur Begegnung mit Olina, die zur nächtlichen Autofahrt in die vermeintliche Freiheit einlädt — führt unweigerlich zur Erfüllung der vorgeahnten Bestimmung. "Ich will nicht sterben" (RE I, 66), schreit Andreas beim Einsteigen in den Zug, aber im Verlauf der Erzählung ergibt er sich in sein Schicksal. Am Ende desertiert er doch, aber im vollen Bewußtsein, daß seine Desertion ihn "zu dem einzig lohnenden Stelldichein" (RE I, 161) bringen wird, nämlich dem Tod. Daß das mit dem Schicksal der Juden in Galizien zu tun hat, daß Andreas stellvertretend für sie stirbt, daß sein Tod eine *imitatio Christi* ist, ist überzeugend dargelegt worden.[33] In der Erzählung *Der Zug war pünktlich* wird der Krieg zwar ne-

---

[32] Zum Jansenismus in Bölls Familie vgl. Heinrich Böll: "Glauben Sie an die Sünde?" Ein Gespräch mit Joseph Limagne. In: Franz Sutter (Hrsg.): *Das Tintenfaß. Magazin für Literatur und Kunst.* H. 8 (Zürich 1983). S. 185-198, hier S. 185f.

[33] Árpád Bernáth: Heinrich Bölls Historische Romane als Interpretationen von Handlungsmodellen. Eine Untersuchung der Werke *Der Zug war pünktlich* und *Wo warst*

gativ dargestellt, ohne daß allerdings eine menschliche Alternative im Diesseits propagiert wird.

Der Zug war pünktlich ist also zwar eine "Anklage gegen den Krieg", aber keineswegs eine "Geschichte über das sinnlose Sterben".[34] Letzteres trifft eher für den zwei Jahre später veröffentlichten Roman *Wo warst du, Adam?* zu, ja, die letzten Gedanken Feinhals', als die Granate abgefeuert wird, die ihn töten wird, sind: "Sinnlos [...], wie vollkommen sinnlos." (RE I, 447) *Wo warst du, Adam?* unterscheidet sich von *Der Zug war pünktlich* auch darin, daß das religiöse Moment zurücktritt zugunsten einer stärkeren Betonung des Diesseits und der Möglichkeiten, in dieser Welt zu leben, und daß die geschlossene Form durch eine offenere Montagetechnik abgelöst wird.

Schon 1944 bemerkte Theodor W. Adorno: "Sowenig der Krieg Kontinuität, Geschichte, das 'epische' Element enthält, sondern gewissermaßen in jeder Phase von vorn anfängt, sowenig wird er ein stetiges und unbewußt aufbewahrtes Erinnerungsbild hinterlassen."[35] Dieser Erkenntnis trägt Bölls Text Rechnung, auch wenn vielfach behauptet wurde, es handele sich um keinen eigentlichen 'Roman', sondern um eine Sammlung von Kurzgeschichten (und tatsächlich hat Böll aus finanziellen Gründen einzelne Kapitel getrennt veröffentlicht). Obwohl Feinhals zweifellos die Hauptfigur des Romans ist, ein 'Held' im traditionellen Sinne ist er nicht. Erzählt wird in *Der Zug war pünktlich* vorwiegend aus der Perspektive des Andreas; lediglich am Anfang ist die Stimme eines außenstehenden Erzählers zu vernehmen, und in der Schlußszene wechseln Andreas' Gedanken mit denen Olinas ab. In *Wo warst du, Adam?* wird aus einer Fülle von Perspektiven erzählt: Feinhals, Bressen, Schneider, Greck, Finck, Filskeit, Ilona, Frau Susan, und noch im letzten Kapitel kommt eine neue Figur hinzu, Berchem. Besonders interessant ist das Versteckspiel, das Böll mit seinen Lesern spielt, indem zuweilen eine Figur, die man bereits aus einem vorhergehenden Kapitel kennt, zunächst wieder anonym, aus der Perspektive einer anderen Figur auftaucht. Auf diese Weise wird erstens der Begriff der Individualität im Krieg in Frage gestellt: niemand ist souverän. Und zweitens bringen alle diese Figuren, Landser, Offiziere und Zivilisten, jeweils eigene Erfahrungen und Einsichten in Bezug auf den Krieg. Die Montagetechnik impliziert also eine veränderte künstlerische Auffassung. Mit Brecht gesprochen, die "dramatische" Form von *Der Zug war pünktlich* läßt dem Leser keine Freiheit: Genauso wenig

du, Adam? In: *Studia Poetica* (Szeged). H. 2 (1980). S. 63-124 und H. 3 (1980) S. 307-370, hier H. 2. S. 116f..
[34] Rückendeckel von Heinrich Böll: *Der Zug war pünktlich. Erzählung.* Mit Materialien und einem Nachwort von Viktor Böll und Karl Heiner Busse. Köln 1996.
[35] *Minima Moralia. Reflexionen aus dem beschädigten Leben.* Frankfurt a.M. 1962. S. 63.

wie Andreas können wir uns dem Gang der Handlung entziehen; sein Schicksal wird unser Schicksal. Die "epische" Montageform von *Wo warst du, Adam?* hingegen erlaubt eine größere Distanz zu den Figuren und fördert die kritische Haltung, die zwischen dem Angebot an Interpretationen des Phänomens Krieg zu unterscheiden vermag.

Zu dieser kritischen Haltung laden schon die beiden Zitate ein, die Böll seinem Text vorangestellt hat. Das erste, von Theodor Haecker, das dem Buch seinen Titel gibt, moralisiert: Niemand darf sich der Verantwortung entziehen. Das zweite, von Antoine de Saint-Exupéry, schlägt Themen an, die in der traditionellen Kriegsliteratur einen breiten Platz einnehmen: "[...] der Krieg ist kein richtiges Abenteuer, er ist nur Abenteuer-Ersatz. Der Krieg ist eine Krankheit. Wie der Typhus." Abgesehen davon, daß eine versteckte Selbstkritik in diesem Zitat vorhanden ist, da Bölls bewußte Entscheidung, sich an die Front schicken zu lassen, mit Abenteuerlust zu tun hatte,[36] wenden sich diese Worte vor allem gegen Ernst Jünger, der 1925 das Soldatenleben folgendermaßen beschrieben hatte: "Gewiß, es ist bitter ernst. Aber das Abenteuer ist der Glanz, der über der Drohung liegt. Die Aufgabe ist das Leben, aber das Abenteuer ist die Poesie. Die Pflicht macht die Aufgabe erträglich, aber die Lust an der Gefahr macht sie leicht. Darum wollen wir uns nicht schämen, daß wir Abenteurer sind."[37] Daß dagegen der Krieg eine Krankheit sei, hatte schon Jüngers zeitgenössischer Kontrahent Erich Maria Remarque in seinem Antikriegsroman des Ersten Weltkriegs *Im Westen nichts Neues* festgestellt: "[...] der Krieg ist eine Todesursache wie Krebs und Tuberkulose, wie Grippe und Ruhr. Die Todesfälle sind nur viel häufiger, verschiedenartiger und grausamer."[38]

Tatsächlich ist in Bölls Roman von Abenteuer nichts zu spüren, dafür von Krankheiten um so mehr. Das Militärlazarett bzw. die Krankensammelstelle ist der Schauplatz von drei der insgesamt neun Kapitel; Oberleutnant Greck, die Hauptfigur des vierten Kapitels, ist magenkrank — auch Finck, dem wir

---

[36] Später hat Böll den Krieg als "Abenteuer" bezeichnet, "aber kein echtes, keins, das man auf eigenes Risiko hin begann [...]." Siehe H.B.: Wo ist dein Bruder? In: Böll: *Essayistische Schriften und Reden* I (Anm. 14). S. 167-178, hier S. 172.

[37] Ernst Jünger: Feuer und Blut. Ein kleiner Ausschnitt aus einer großen Schlacht. In: E.J.: *Sämtliche Werke*. Erste Abteilung, Band I. Stuttgart 1978. S. 461f. Böll hat sich wiederholt zu Jünger geäußert, dessen Werke er ab 1936/37 durch Gerhard Nebel kennenlernte (*Was soll aus dem Jungen bloß werden? Oder: Irgendwas mit Büchern*. München 1983. S. 103). In Anspielung auf Jüngers *Der Kampf als inneres Erlebnis* erklärte er 1977, sicherlich nicht ganz zutreffend: "[...] der Krieg [...] war als inneres und äußeres Erlebnis für mich fast uninteressant." Siehe: "Ich habe nichts über den Krieg aufgeschrieben". Ein Gespräch mit Heinrich Böll und Hermann Lenz. In: *Literaturmagazin* 7. Hrsg. von Nicolas Born und Jürgen Manthey. Reinbek 1977. S. 30-74, hier S. 32.

[38] Erich Maria Remarque: *Im Westen nichts Neues*. Frankfurt a.M. 1976. S. 189.

im sechsten Kapitel begegnen, ist magenkrank — und stirbt später während einer schlimmen Kolik, und der malariakranke General des ersten Kapitels ist im Schlußkapitel, da für ihn der Krieg vorbei ist, "fast nicht mehr gelb im Gesicht" (RE I, 435). Die Metapher ist jedoch doppelbödig. Schließlich wird jenem, der krank wird, seine Krankheit nicht zum Vorwurf gemacht. Die Frage von Schuld und Verantwortung wird hierbei ausgeklammert. Wenn der Erzähler von Thomas Manns *Mario und der Zauberer* seinen Kindern die unangenehmen Erscheinungen des Faschismus, die sie im Urlaub in Italien erleben, hilflos als "etwas wie eine Krankheit" zu erklären versucht, geht er an der Sache vorbei.[39] Inwieweit Böll die Ätiologie der Krankheit Krieg angeht, wollen wir später untersuchen. Vorerst stellen wir fest, daß der Krieg in *Wo warst du, Adam?* eher ein Zustand ist, dem man nicht entrinnen kann (vgl. S. 339), der *condition humaine* vergleichbar, die in Albert Camus' nur wenige Jahre vorher erschienenem Roman *La Peste* ebenfalls als Krankheit beschrieben wird. Wie auch dort beim Arzt Rieux, erleben wir hier in der Figur des Arztes Schmitz jemand, der auf unauffällige und selbstverständliche Weise die Symptome zu lindern versucht.[40]

Böll stellt ein weiteres Strukturmerkmal des herkömmlichen Kriegsromans in Frage, und zwar die "Gruppe". In einer Rezension wies er 1961 darauf hin: "Die 'Gruppe' ist das Modell vieler Kriegsbücher gewesen: von der 'Gruppe Bosemüller' [Titel des 1930 erschienenen Verdun-Romans des Nationalsozialisten Werner Beumelburg] bis zu Remarques *Im Westen nichts Neues*, die beide, so oder so, im pro oder contra wertender oder ablehnender Pathetik abgesichert waren — und beide so mißverständlich."[41] In *Wo warst du, Adam?* werden zunächst die Lesererwartungen auf ein ähnliches Modell erweckt, indem die "tausend Männer" des Eingangssatzes zu "einhundertundelf mal drei Mann", zu "fünfunddreißig mal drei Mann" und dann zu "acht mal drei Mann" werden, d.h. nacheinander Regiment, Bataillon, Kompanie und Zug mit der entsprechenden Führung von General, Oberst, Hauptmann und Oberleutnant. Am Ende jedoch vermissen wir die kleinste Einheit, eben die Gruppe; einer ist "allein übriggeblieben" (RE I, 313), und dieser eine ist Feinhals, der auch im übrigen Roman die Solidarität bzw. Kameradschaft einer Gruppe weder erfährt noch sucht. Wie in *Der Zug war pünktlich* fehlen Unterhaltungen mit Kameraden; ein Grund für dieses Fehlen wird im 6. Kapitel angedeutet, als Leutnant Brecht mit Feinhals ins Gespräch zu kommen sucht; auf Brechts Bezeichnung "Scheißkrieg" schweigt Feinhals, offensichtlich aus Angst, es könnte eine Provokation sein; erst als

---

[39] Thomas Mann: *Sämtliche Erzählungen*. Frankfurt a.M. 1963. S. 530.

[40] Zu Böll-Camus vgl Theodore Ziolkowski: Albert Camus and Heinrich Böll. In: *Modern Language Notes* 77 (1962), S. 282-291.

[41] Zwischen allen Feuern. In: Böll: *Essayistische Schriften und Reden* I (Anm. 14). S. 458-460, hier S. 460.

Brecht den Sinn des Ausdrucks "Scheißkrieg" zu einem Krieg, den man nicht gewinnt, neutralisiert hat, ist Feinhals bereit zu antworten (RE I, 386).

Wie beim früheren Text ist die Kriegssituation nicht mehr zu retten; von Anfang an sind die Soldaten "müde und gleichgültig" (RE I, 310), und die positiven Stimmen, die dort noch zu hören waren, sind fast völlig verstummt. Lediglich Oberst Bressen versucht die Moral der Truppen mit Durchhalteparolen zu heben, aber im darauffolgenden Kapitel hat sich Bressen selbst, durch die Aufreibung seines eigenen Regiments demoralisiert, von der Truppe entfernt, indem er eine Geisteskrankheit simuliert.

Die Frage nach dem Widerstand stellt sich auf komplizertere Weise als in der Erzählung *Der Zug war pünktlich*. Es gibt zahlreiche versteckte Hinweise auf Möglichkeiten und Versäumnisse. Die "geheime Wut" (RE I, 308), von der die Soldaten im ersten Kapitel erfüllt sind, wird nirgends produktiv, entwickelt sich nicht zum Aufstand gegen die Nazis. Oberst Bressen "desertiert" zwar, aber nicht aus Abscheu gegen den Krieg, sondern aus persönlicher Enttäuschung. Auf den mißglückten Versuch vom 20. Juli 1944, Hitler zu beseitigen, wird angespielt, als Schneider in der Zeitung liest: "Prozeß gegen Hochverräter hat begonnen" (RE I, 332); er will aber nichts davon wissen und schlägt die Zeitung sofort wieder zu. Beim illegalen Verkauf einer Militärhose stellt Greck, der gehorsame Sohn eines autoritären Vaters, fest, er sei "sehr dumm gewesen, immer dumm. Ewig anständig und korrekt, und die anderen, die anderen haben immer gut gelebt." (RE I, 354) Da "Anständigkeit" für Böll ein Hauptmerkmal der Nazi-Mitläufer war,[42] kann man in dieser Einsicht die Möglichkeit einer Alternative erkennen — tatsächlich ist es jedoch Grecks Körper, der sich auflehnt, und er stirbt unter den Qualen einer Kolik, unfähig, den Konflikt zwischen Pflichterfüllung und Widerstand auszutragen. Feinhals verliebt sich in eine ungarische Jüdin, "Anmaßung", wie ihm bewußt ist (RE I, 374), obwohl er, im Unterschied zu Andreas, angeblich nicht weiß, was mit den ungarischen Juden geschieht; sein Warten auf Ilona wird zur Beinahe-Desertion, bis die Streife ihn abholt.

Der Pazifismus von *Der Zug war pünktlich* ist in *Wo warst du, Adam?* weniger konsequent. Auch hier gibt es Partisanen, die aktiv gegen die Deutschen kämpfen und eine Brücke gesprengt haben, die Brücke zu Berczaba, Thema des 8. Kapitels des Romans. Die Aktion wird aus der Sicht der Frau Susan dargestellt, die sie "lächerlich" findet: es handelt sich um eine Brücke, die keine strategische Bedeutung hat und deren Sprengung größere Unannehmlichkeiten für die Zivilbevölkerung mit sich bringt, zumal Frau Susan selbst, deren Gastwirtschaft die Kunden verliert, als für die Deutschen. In diesem Kapitel wird mit großer satirischer Meisterschaft die Sinnlosigkeit eines Krieges aufgezeigt, die darin zu bestehen scheint, daß Männer fürs

---

[42] Vgl. vor allem den Roman *Billard um halb zehn*.

Nichtstun bezahlt werden, und wenn sie ausnahmsweise tätig werden, dann besteht diese Tätigkeit darin, daß sie Frauen schwängern, die sie dann verlassen, oder eine Brücke bauen, die sie prompt wieder in die Luft sprengen. Daß die Satire nicht nur den Zweiten Weltkrieg, sondern den Krieg überhaupt aufs Korn nimmt, wird durch die Erinnerung der Frau Susan an den Verlust ihres Mannes im Ersten Weltkrieg angedeutet, der, so meint sie, wohl für ähnlich sinnlose Tätigkeiten gestorben ist. Hier erweist sich jedoch Bölls Erzählstrategie als produktiv, denn der Leser, der schon soviele andere Sichtweisen auf den Krieg erlebt hat, muß sich keineswegs mit der der Frau Susan identifizieren. Was die Partisanen anbelangt, wäre anzumerken, daß wegen ihrer Aktion eine deutsche Einheit aus den eigentlichen Kampfhandlungen gezogen wurde, um möglichen weiteren Aktionen entgegenzuwirken, daß der Krieg der Deutschen um einiges aufgehalten wurde, und daß die Aktion deshalb keineswegs so "lächerlich" war.

Aufschlußreich ist der Vergleich mit einer Frühfassung der Episode, "Die Geschichte der Brücke von Berkowo", in der die Brücke von sich im Rückzug befindenden Russen gesprengt wurde, um den Vormarsch der Deutschen zu hindern. Zivilisten spielen hier keine Rolle, der Erzähler ist der Ingenieur, der mit dem Wiederaufbau der Brücke, dann mit deren abermaliger Sprengung beauftragt wurde, und die Schlußszene handelt von der bewußten Entscheidung, die vor den Russen fliehenden deutschen Soldaten nicht über die Brücke zu lassen, sondern sie ihrem sicheren Tod zu übergeben. In dieser Fassung sind die deutschen Infanteristen Opfer der inhumanen Befehle ihrer Herren; der Erzähler und seine Männer haben "nichts getan [...], als was die Pflicht uns gebot."[43] Im Vordergrund steht also die Adolf Eichmann-Problematik: der Erzähler, auch er ein Funktionär, "war gehorsam in einer Zeit, wo Ungehorsam eine Tugend war."[44] Die Endfassung weitet die Sichtweise aus, um das Phänomen Krieg in seinen Auswirkungen auf Soldaten und Zivilisten darzustellen.

Diese satirische Episode gewinnt ihre Stärke nicht zuletzt aus dem Kontrast zu dem vorhergehenden Kapitel, in dem wir mit den Verbrechen gegen die Juden direkt konfrontiert wurden. Widerstand einer anderen Art wird hier geleistet, indem Ilona — bezeichnenderweise eine Frau wie Frau Susan — durch ihre Schönheit, ihre Musik und ihren Glauben über Obersturmbannführer Filskeit triumphiert, ein Triumph, der allerdings wie in *Der Zug war pünktlich* darin besteht, daß die reale Welt transzendiert wird. Wie bereits erwähnt, hat man Böll dafür kritisiert, daß die Verbrechen ausschließlich den "Anderen", d.h. der SS zur Last gelegt werden; diese Kritik übersieht jedoch

---

[43] In: Heinrich Böll: *Der blasse Hund. Erzählungen.* Hrsg. von Annemarie, René, Vincent und Viktor Böll und Heinrich Vormweg. Köln 1995. S. 119-135, hier S. 135.
[44] Heinrich Böll: *Befehl und Verantwortung.* In: Böll: *Essayistische Schriften und Reden* I (Anm. 14). S. 451-454, hier S. 454.

die Rolle der beiden Fahrer, Plorin und Schröder, die die Juden ins KZ bringen. Es gibt keinen Hinweis darauf, daß es SS-Männer sind; im Gegenteil, ihre Unsicherheit im Hinblick auf das Lager wird unterstrichen, obwohl sie zugegebenermaßen genau wissen, was den Juden bevorsteht, ohne daß man es ihnen buchstabieren muß. Die absolute Durchschnittlichkeit dieser beiden Männer, die Familienphotos austauschen und banale Soldatenlieder singen, ist es, was Böll vor allem betont, zusammen mit einem Angriff auf ein sehr deutsches Attribut, das, was er später als die "Verwandtschaft der Sentimentalität und Brutalität [...], die beide auch eine Erscheinungsform des Gemütvollen sind", bezeichnete.[45] Schröder bringt die schreienden Insassen des Möbelwagens zur Ruhe, indem er mit dem Griff seiner Maschinenpistole gegen die Wand schlägt; die Episode wird noch einmal aus der Sicht der Ilona erzählt: "[E]s konnte kein Mensch sein, der klopfte, sie waren schon lange nicht mehr unter Menschen..." (RE I, 404)

Damit schlägt Böll ein weiteres Motiv aus der traditionellen Kriegsliteratur an. Diese ganz normalen Menschen sind durch Krieg und Nationalsozialismus zu Tieren geworden. In der nationalistischen Kriegsliteratur eines Ernst Jünger und Franz Schauwecker diente die Tiermetaphorik dazu, den Krieg als natürliches Phänomen zu interpretieren, bei dem sich der Mensch auf seine natürlichen Anlagen besinnen konnte; bei den linken Autoren des Ersten Weltkriegs hingegen wurde diese Tierhaftigkeit des Soldaten negativ bewertet.[46] Böll reiht sich bei letzteren ein. Bereits in der Liebesszene zwischen Feinhals und Ilona wurde die Metapher des Tieres, zu dem der Krieg den Mann macht, angewandt: "Mein Gott," fragt Feinhals, "sind wir denn Tiere, daß ihr solche Angst habt?", worauf Ilona antwortet: "Wie Wölfe" (RE I, 366f.).

Im Schlußkapitel hat sich Feinhals von der Truppe doch entfernt.[47] Liest man im "Brief an meine Söhne" die Schilderung von Bölls eigenen Erlebnissen als Deserteur in den letzten Wochen des Kriegs,[48] muß man sich über die relative Leichtigkeit wundern, mit der Feinhals an Himmlers Schergen vorbeigekommen ist. Der Autor hat offensichtlich anderes im Sinn. Die Geschichte von einer Flucht hat immer etwas vom Abenteuerroman; darüber

[45] Heinrich Böll: Offener Brief an den Pfarrer von Meyenn. Ebd. S. 76-78, hier S. 77.
[46] Thorsten Bartz: 'Allgegenwärtige Fronten' — Sozialistische und linke Kriegsromane in der Weimarer Republik 1918-1933. Dissertation: University of Nottingham 1997. S. 174-178.
[47] Vgl. John J. White: War, Dissidence and Protest in Böll's Early Fiction. In: University of Dayton Review 24 (1996/97). H. 3.
[48] In: Heinrich Böll: Die Fähigkeit zu trauern. Schriften und Reden 1983-1985. Bornheim-Merten 1986. S. 79-112.

geht die Antikriegsbotschaft leicht verloren.[49] Böll will, wie bereits erwähnt, die Sinnlosigkeit des Kriegs betonen. Er läßt Feinhals zu zukunftsweisenden Erkenntnissen kommen, sowohl das Diesseits — etwa "sein Handwerk zu verstehen" und "sich selbst nicht allzu ernst zu nehmen" (RE I, 444) — als auch das Jenseits betreffend — "sein Leben nicht auf eine Liebe zu bauen, die nur für Augenblicke wirklich war, während es eine andere, ewige Liebe gab" (RE I, 446). Die letzten, sinnlosen Kriegsaktionen machen jedoch diese Erkenntnisse zunichte; Feinhals stirbt direkt vor seinem Elternhaus. Der Krieg ist eben "kein Abenteuer".

Abschließend soll kurz auf die Erzählung *Das Vermächtnis* eingegangen werden, die noch vor *Wo warst du, Adam?* entstanden ist, aber erst 1982 veröffentlicht wurde. Tatsächlich hat sie künstlerische Schwächen — die Anlage der Ich-Erzählung läßt Böll seinen Erzähler Wenk in die Rolle des Voyeurs, bzw. Lauschers zwingen, wobei einige Unwahrscheinlichkeiten entstehen —, aber sie erhellt einige Aspekte der bekannteren Werke.

Zentralfigur der Erzählung ist Oberleutnant Schelling; seinetwegen wird der "Bericht" (DV, 5)[50] geschrieben. Schelling ist einmalig in Bölls Kriegsliteratur, indem er einen Wehrmachtsoffizier darstellt, der human, gebildet und sogar erfolgreich ist: Es gelingt ihm, einen russischen Angriff abzuschlagen und Gefangene zu machen, weswegen er mit dem Eisernen Kreuz erster und zweiter Klasse ausgezeichnet wird. Schelling ist früher wegen seines Einsatzes für die Verpflegung seiner Männer degradiert worden; am Schluß der Erzählung wird er von seinem betrunkenen und feigen Gegenspieler Schnekker erschossen, weil er seinen Männern ein paar Stunden Schlaf gönnen will. *Das Vermächtnis* gehört zu der konventionellen Gruppe von deutschen Kriegsromanen, die das "moralische Dilemma" der ehrlichen Wehrmachtsoffiziere in den Vordergrund stellen.[51] Hier finden wir die Gespräche, die in *Der Zug war pünktlich* und *Wo warst du, Adam?* fehlen, Gespräche zwischen Wenk und Schelling, bei denen als Abgrenzung von Wehrmacht und Nazis das Hitler-Bild an die Wand gedreht wird, die Möglichkeit, Hitler umzubringen, erwogen und das Problem, "wem man den Sieg wünschen soll" (DV, 141), erörtert wird. Dabei wird sogar die Forderung, Hitler zu ermorden, erhoben — allerdings wird der Widerspruch zwischen dieser Forderung und dem jansenistischen Glauben, daß der Mensch "einem Plan untergeord-

---

[49] Hans Wagener zufolge steht ein Großteil der Kriegsromane nach 1945 "in der Tradition des Abenteuerromans". Vgl. H.W.: Soldaten zwischen Gehorsam und Gewissen. Kriegsromane und -tagebücher. In: Wagener (Hrsg.) (Anm. 12). S. 241-264, hier S. 242.
[50] Die Seitenzahlen im Text beziehen sich auf folgende Ausgabe: Heinrich Böll: *Das Vermächtnis. Erzählung.* München 1984, abgekürzt unter der Sigle DV.
[51] Wagener (Anm. 49). S. 242-248.

net ist, den er nicht kennt" (DV, 66), der Überzeugung, der Mensch sei
"geboren, um zu leiden" (DV, 63), nicht ausgetragen.

Was *Das Vermächtnis* vor allem interessant macht, ist die Kontinuität
zwischen Krieg und Nachkriegszeit, die darin angekreidet wird. Die Erzählsituation ist Sommer 1948, kurz nach der Währungsreform. Schnecker hat den
Übergang vom Krieg ins Zivilleben mühelos bewältigt und hat soeben den
Doktortitel erworben. Er leitet die Reihe der Opportunisten in Bölls Werk
ein, die von Gäseler in *Haus ohne Hüter* über Pelzer in *Gruppenbild mit
Dame* bis zu Plietsch in *Frauen vor Flußlandschaft* reichen und die unbewältigte Vergangenheit verkörpern.

Kontinuität nach vorne sollte also ein Hauptvorwurf Bölls bleiben. Kontinuität nach hinten, d.h. die Frage, inwieweit der Krieg als Folge einer geschichtlichen bzw. sozialen Entwicklung dargestellt wird, wird von Böll
weitgehend unbeantwortet gelassen. Wenn der Krieg eine "Krankheit" gewesen sein soll, inwieweit bietet Böll in seiner Kriegsliteratur die Ätiologie dieser Krankheit? Die "Wurmperspektive" verhindert die Analyse. Einige spär-
liche Hinweise wurden bereits angedeutet; es lassen sich jedoch weitere erkennen.

Im *Vermächtnis* werden am ehesten Ursachen direkt angesprochen. Hier
ist es vor allem der Geist des Militarismus, unterstützt durch eine
"vaterländische Literatur" (DV, 22), der für den Krieg verantwortlich gemacht wird. Die "Dämonie der Uniform" (DV, 37) wird von Wenk apostrophiert. "Könnten die Gefallenen reden, es würde keinen Krieg mehr geben."
(DV, 58) — unterstellt wird also, daß die traditionelle Kriegsliteratur die
wirklichen Schrecken verschweigt. Als Beispiel wird auf den Langemarck-
Mythos angespielt, Berichte "von jungen begeisterten Kriegern [...], die [...]
ihr Lied auf den Lippen zurückhalten, und stürmen, stürmen, jubelnden Herzens." (DV, 128). Auch Andreas in *Der Zug war pünktlich* distanziert sich
von dem "vaterländische[n] Gedicht", das seinen Tod verklären soll (DV,
89). Bölls Kriegsliteratur soll dagegen zeigen, wie es "in Wirklichkeit" war.[52]

Abgesehen davon, sind wir auf indirekte Hinweise angewiesen. In *Wo
warst du, Adam?* findet sich der ehemalige Kellner Bressen in der Armee
sofort zurecht: Er erkennt die hierarchische Ordnung hier wie dort wieder;
die Armee, Voraussetzung des Kriegs, ist das Spiegelbild der kapitalistischen
Gesellschaft. Die Laufbahn Filskeits entspricht einer gängigen Analyse der
Nazis als der Zu-kurz-Gekommenen, die durch Antisemitismus und Ord-
nungsliebe ihre eigenen Schwächen kompensieren müssen. Der korrekte,

---

[52] Vgl Kunz über eine Lesung von Bölls "Jak der Schlepper": "Klatt fragte mich, ob
es so an der Front gewesen sei. Ich bin davon überzeugt, dass dies überhaupt die
meisten nicht wissen. Alles was sie wissen, haben sie aus zackigen Soldatenliedern.
Also sei ganz ruhig Hein, schreib weiter wie es war, damit es nicht vergessen wird."
Hoven (Hrsg.) (Anm. 1). S. 145.

ehemalige Bankbeamte ist eine weitere Verkörperung des Geists der Bürokratie, die Böll, wie bereits angeführt, für eine Erscheinungsform des Faschismus hält.

Die wichtigste Kontinuität zwischen Vorkriegswelt und Kriegswelt ist
jedoch — für den Autor wie für seine Figuren — der nahtlose Übergang
zwischen Schule und Wehrmacht. "Wir lernten nicht fürs Leben in der
Schule, sondern für den Tod", schrieb Böll in seiner Autobiographie.[53]
Schulen und Schullehrer kommen in Bölls Literatur nicht gut weg. Der
wichtigste frühe Text in dieser Hinsicht ist die Erzählung "Wanderer,
kommst du nach Spa...", in der der kriegsverstümmelte Erzähler an dem ganzen ideologischen Anschauungsmaterial seiner ehemaligen Schule vorbeige-
tragen wird, hinein in den Zeichensaal, wo er wenige Wochen vorher angefangen hatte, den heroischen, ebenfalls verstümmelten Titelsatz an die Tafel
zu schreiben. Der aufklärerische Impetus von Bölls Literatur bezieht seine
Kraft aus dem Willen, dafür zu sorgen, daß niemand mehr durch heroische
Attitüden verleitet werden könnte, den Krieg für etwas anderes zu nehmen
als eine Katastrophe.

---

[53] Böll: *Was soll aus dem Jungen bloß werden?* (Anm. 38). S. 49.

Franz Futterknecht

Nachkriegspositionen des ästhetischen Bewußtseins
Hans Werner Richter: *Die Geschlagenen* (1949) und *Sie fielen aus Gottes Hand* (1951)

> Während sie noch denken, gegen die der
> Demokratie assimilierten Nazis zu kämp-
> fen und gegen die Gesellschaft, die sie fa-
> schistisch nennen, kämpfen sie faktisch
> bereits für deren Festigung. Denn sie ha-
> ben eine Kleinigkeit übersehen. Die Slap-
> stick-Komik lebt von der Tücke des Ob-
> jekts, diese Kinder übersehen aber die
> Tücke des Subjekts, das sie selber sind.
> (F.C. Delius)

Unbestritten ist die eminente Bedeutung, die Hans Werner Richter im Prozeß der Formierung der Mentalitäten hatte, die das literarische, geistige
und politische Leben im Nachkriegsdeutschland, zumindest in den Westzonen und später in der Bundesrepublik, mitbestimmten. Entsprechend
zahlreich sind die Würdigungen und Kritiken des von ihm vertretenen
'Paradigmas',[1] allerdings nur, insofern es sich als intellektueller Habitus,
politische Position, moralische Haltung und literarisches Programm der
sog. 'Jungen Generation' manifestierte. Weit weniger intensiv ist dagegen
das wissenschaftliche Interesse, das Richters Romane fanden. Obwohl *Die
Geschlagenen*, als sie 1949 auf den Markt kamen, das literarische Jah-
resereignis bildeten und obwohl auch Richters zweiter Roman *Sie fielen
aus Gottes Hand* als für die Nachkriegsliteratur höchst repräsentativ gilt,
schienen sie bisher im Unterschied etwa zu den Romanen Alfred An-

---

[1] Frank Trommler: Die nachgeholte Résistance. Politik und Gruppenethos im historischen Zusammenhang. In: Justus Fetscher, Eberhard Lämmert und Jürgen
Schutte (Hrsg.): *Die Gruppe 47 in der Geschichte der Bundesrepublik.* Würzburg
1991. S. 9-22, hier S. 11.

derschs oder Wolfgang Koeppens kaum einer einläßlichen Untersuchung wert.[2]

Das vorrangige Ziel der vorliegenden Arbeit ist nicht, diese merkwürdige Diskrepanz zu erklären und eventuell Richter als Romancier zu rehabilitieren. Hier soll vielmehr versucht werden, Richters Romane als Texte zu lesen, die aufschreiben, wie das von Richter zu geschichtlicher Geltung gebrachte "Paradigma", meist schlicht die 'Junge Generation' genannt, funktioniert. Alfred Andersch, der in den ersten Nachkriegsjahren Richters geistig-politischer Weggefährte war, hat in seinem Essay "Das junge Europa formt sein Gesicht" den "neue[n], jugendfrische[n], jungfräulich-athenische[n] Geist"[3] dieser von ihm und Richter angeführten 'Jungen Generation' besungen und sie als Hoffnungsträger Deutschlands und Europas gefeiert. Um die Untersuchung der Operationsweisen dieses wundersamen, jugendlichen "Geistes", der — so Anderschs kühner Vergleich — der Athene gleich einem göttlichem Haupt entsprungen ist, geht es also in dieser Analyse der Romane Richters. Ich ziehe es allerdings vor, nicht von göttlichen Gedanken, sondern vom Funktionieren der operanten Mechanismen zu sprechen, die auf bewußte und unbewußte Weise produzieren, was als Identitäten, Gedanken, Empfindungen und Willenshaltungen zu Tage tritt.

Die Geschichte, die Richter in *Die Geschlagenen* erzählt, stimmt bekanntlich in der Ereignisabfolge stark mit den späten Kriegserlebnissen des Autors überein: Der Roman schildert den Rückzug der deutschen Italienarmee vor den amerikanischen Truppen, die Schlacht um Monte Cassino,

---

[2] Zu den Ausnahmen zählt Helmut Mörchen, der in seinem Aufsatz "Reportage und Reflexion. Zu Hans Werner Richters Roman *Die Geschlagenen* und Alfred Anderschs *Winterspelt*" (In: *Zeitschrift für Literatur und Linguistik* 75 [1989]. S. 79-95) die beiden wohl bedeutendsten Kriegs- bzw. Antikriegsromane, die nach 1945 geschrieben wurden, gegenüberstellt. Sein Bericht faßt die durchweg positive Aufnahme zusammen, die Richters Roman bei seinem Erscheinen gefunden hat. Im Rückblick würdigt Mörchen den Roman einerseits als "ein Stück Dokumentarliteratur" (S. 88), andererseits "als Teil eines komplex strukturierten politischen Diskussionsprozesses" (S. 88), insofern im Roman die politische Programmatik der *Ruf*-Gruppe nach dem Verbot des *Rufs* weiter propagiert wurde. In ihrem Programm sei es den Wortführern der Jungen Generation um "den eigenständigen Neuaufbau eines antifaschistischen, demokratischen, aber auch von den Siegermächten unabhängigen Deutschland im Rahmen eines ebenfalls neugestalteten Europa" (S. 87) gegangen. Ohne Einschränkung vermag ich Mörchens Ausführungen nur darin zu folgen, was er über die Funktionen von Richters Roman schreibt. Inhaltlich übernimmt Mörchen zu unbesehen das sattsam bekannte politische Programm Richters.

[3] Hans A. Neunzig (Hrsg.): *Der Ruf. Unabhängige Blätter für die junge Generation. Eine Auswahl.* München 1976. S. 19-25, hier S. 19.

die Gefangennahme des Protagonisten Gühler, seinen Transport in die USA und seine Erfahrungen mit Deutschen und Amerikanern in einem Kriegsgefangenenlager. Auch die sonstigen Angaben, die Gühler über seine Lebensgeschichte macht, entsprechen dem, was man von Richters kurzer Emigration in Frankreich, von seiner Rückkehr nach Deutschland und von seinem politischen Widerstand gegen das NS-Regime weiß. In dem Verhör, dem das literarische Double des Autors nach seiner Gefangennahme unterzogen wird, gibt Gühler dem amerikanischen Dolmetscher, der nicht versteht, weshalb er als Antifaschist in Hitlers Armee gegen die Feinde Hitlers kämpfte, den Bescheid: "Ich bin Sozialist und ein Deutscher. Es gibt für mich nur eine Möglichkeit. In meinem Land meine Idee durchzusetzen. Aber nicht gegen mein Land. Nicht für fremde Interessen."[4] Das ist in nuce Richters bekannte politische Haltung: zu ihren 'essentials' gehört die Absage an jede Form der politischen Emigration sowie das Bekenntnis zu Deutschland und zum Sozialismus,[5] zu einem Sozialismus freilich, der nicht nur jede kapitalistische Gesellschaftsordnung ablehnt, sondern auch die in der Sowjetunion zur Herrschaft gelangte Form des totalitären Sozialismus. Richter hat — wie man zur Genüge weiß — einen demokratischen Sozialismus im Sinn, wie er — so steht es in *Der Ruf* — nur von der jungen, durch den Terror des Krieges geprägten Generation Deutschlands und Europas anvisiert werden kann. Die Vorstellung von dieser wünschenswerten Gesellschaftsform fand allerdings kaum die Gestalt einer konkreten politischen Devise.[6]

---

[4] Hans Werner Richter: *Die Geschlagenen*. München 1969. S. 125. Künftig werden Zitate aus diesem Roman unter der Sigle G im Text nachgewiesen.

[5] Frank Trommler hat mit Recht darauf verwiesen, daß Richters 'linke' politische Haltung, wie insgesamt der "Programmbegriff 'Junge Generation'", dem aktionistischen Programm jener 'rechten' Gruppe sehr nahe kommt, die sich 1930 um die Zeitung *Die Tat* versammelt und in Hans Zehrer, Giselher Wirsing, Ferdinand Fried und Ernst Wilhelm Eschmann ihre Wortführer hatte (Trommler [Anm. 1]. S. 12). Ernst von Salomon, der Rathenau-Attentäter und Autor des ominösen Nachkriegsromans *Der Fragebogen*, stand ebenfalls der *Tat*-Gruppe nahe. Liest man *Die Geschlagenen* und *Der Fragebogen* parallel, so fallen neben den unübersehbaren ideologischen Differenzen erstaunliche geistige Affinitäten auf. Ihre Autoren verbinden ein Nationalismus, eine Hitlergegnerschaft, ein Anti-Kapitalismus, ein deutsches Sendungsbewußtsein und ein solider Anti-Amerikanismus.

[6] Zum Sozialismus der *Ruf*-Gruppe vgl. die Aufsätze von Walter Mannzen, "Die Selbstentfremdung des Menschen"; Henry Ehrmann, "Im Vorraum des Sozialismus"; Alfred Andersch, "Die sozialistische Situation"; und H.W. Richter, "Die Wandlung des Sozialismus — und die junge Generation" sowie "Churchill und die europäische Einheit", die alle im von Hans A. Neunzig (Anm. 3) edierten Auswahlband abgedruckt sind.

Trotzdem: zunächst scheint die von Gühler eingenommene Position denkbar eindeutig und klar zu sein. Es lohnt sich jedoch, die Sätze, die sie formulieren, genauer anzusehen. Zunächst einmal wegen der merkwürdigen Grammatik und Zeichensetzung. Die Punkte, die den zweiten Satz unterbrechen, markieren Brüche und zerlegen Gühlers Aussage in Satzfragmente. Zudem sagt Gühler: "Ich bin Sozialist und ein Deutscher." Indem er vor "Deutscher" den unbestimmten Artikel einfügt, indiziert er, daß seine Aussage mehr als nur eine Herkunftsangabe ist. Der amerikanische Dolmetscher, der das Verhör durchführt, ist im übrigen Österreicher, der nach der Einverleibung seines Landes ins faschistische Deutschland ins Exil gegangen und nach dem Kriegseintritt der USA amerikanischer Soldat geworden war. Einen solchen 'Abfall' erlebt Gühler unter Österreichern, auch unter den sog. volksdeutschen Polen wiederholt. Er spricht seine Indignation darüber nie offen aus, aber es wird auch so deutlich, daß sie für ihn einer anderen, von der Geschichte weniger geforderten Schicksalsgemeinschaft zugehören, die ihren Mitgliedern ein weniger rigoroses Verhalten abverlangt.

Angesichts Gühlers unerschütterlicher Loyalität zu Deutschland ist man versucht, sein "Ich bin ein Deutscher" und sein Reden von Deutschland als "mein Land", wobei das Possessivpronomen offensichtlich kein Besitzverhältnis ausdrückt, als eine Art Wesensbekundung zu verstehen, in dem Sinne, in dem ein Nationalist sich dazu bekennt, daß sein Herkunftsland mit seinen Menschen, seiner Kultur und Geschichte psychisch bei seinen 'Idealinstanzen' verankert ist und damit zu seinen seelisch und geistig unverzichtbaren Besitztümern gehört. Man wird diese Lesart getrost als zu einfach ablehnen können, weil die Verbindung von Nationalismus und Sozialismus eben jene fatale politische Gesinnung ausmacht, deren erklärter Feind Gühler, alias Richter ist. Eine andere Möglichkeit, den grammatischen Ausrutscher zu deuten, wäre die, ihn als Symptom zu begreifen. In der Psychologie werden bekanntlich die Phänomene als Symptom begriffen, die eine manifeste Seite haben, aber ebenso eine unbewußte. Wesentlich ist psychischen Symptomen natürlich, darauf zu verweisen, daß das manifeste und bewußte Denken, Fühlen und Verhalten dysfunktional ist. Die Lesart 'Symptom' kann also nur dadurch legitimiert werden, daß man im Denken, Fühlen und Verhalten des Protagonisten mentale und psychische Dysfunktionalitäten glaubhaft aufzeigen kann. Was die Operationsweisen der psycho-physischen Apparatur des Menschen angeht, so wird sie auf geläufige Weise dann als funktional oder gesund begriffen, wenn sie in Form von Gedanken und Empfindungen dem Ich Orientierungen liefert, die ihm erlauben, lernend mit seiner Umwelt so zu interagieren, wie dies den eigenen seelischen und körperlichen Bedürfnissen und den Bedürfnissen der andern entspricht.

Daß es bei Gühler, was sein Interagieren mit der Welt und den anderen angeht, fast nichts als Probleme gibt, sagt der Roman so insistent und kontinuierlich im Klartext, daß es fast peinlich ist, eigens darauf hinzuweisen. Die Erfahrung, nicht verstanden zu werden, macht Gühler nicht nur mit dem österreichischen Dolmetscher, es ist seine Standarderfahrung. Vom Reden weiß er daher vor allem, daß es keinen Sinn hat zu reden. Was sich im Sprechen ereignet, sind unaufhebbare Subversionen der Wahrheit oder dessen, was man eigentlich sagen will. Die gängige Annahme, daß, wer spricht, auch glaubt, was er sagt, weiß Gühler sogar für sich selbst als falsch: er sagt etwas, "weil es nicht wahr ist." (G, 54) Wer man ist und was man denkt, läßt sich nach Gühlers offenkundiger, wenn auch nie ausdrücklich begründeter Meinung sprachlich nicht recht vermitteln. Der eigene Geist und die eigene Seele teilen sich besser körperlich-gestisch oder im Schweigen, und in jedem Fall nur solchen Menschen mit, die über transauditive und transvisuelle Wahrnehmungsvermögen verfügen. So wie z.B. die schöne und traurige Italienerin, von der sich Gühler erkannt und geliebt weiß. Freilich scheint zu einem solchen Lieben und Verstehen dazuzugehören, daß sich die Liebenden und Verstehenden schnell wieder aus den Augen verlieren, jedenfalls so schnell, daß sie keine Chance haben, sich wirklich kennenzulernen. Glück gibt es daher nur in kurzen flüchtigen Augenblicken und in der Erinnerung an sie.

Aber nicht nur mit dem Kommunizieren hapert es bei Gühler. Seine Situationsanalysen enden fast litaneiartig mit der Feststellung, daß alles "irrsinnig" sei und daß es keine Chance gibt, an diesem "Irrsinn" etwas zu ändern. Daraus resultiert die ständig wiederholte Äußerung, daß alles eh "egal" oder "zwecklos" sei. So grundsätzlich und unaufhebbar absurd erscheint die Einrichtung des Lebens und der Welt, daß Richters bekanntes Sympathisieren mit dem französischen Existentialismus textstatistisch allein aufgrund der Häufigkeit des Wortes "Irrsinn" und sinnverwandter Ausdrücke abgelesen werden kann. Zu bemerken ist dabei, daß die Qualität "Irrsinn" an den Gedanken und Taten der anderen ihre Ursache hat und daß das eigene, ursprünglich vernünftige und glücksproduktive Denken und Tun diese pathogene Qualität erst dadurch erhielt, daß sie vom Irrsinnig-Sein der andern affiziert wurden. Mit anderen Worten: Gedanken und Taten, selbst die eigenen, sind, sofern das Prädikat "irrsinnig" auf sie zutrifft, immer der Effekt von Gedanken und Taten der andern, die nach Sartres bekanntem Diktum "die Hölle" sind. Im Titel von Richters Roman klingt die traurige Erfahrung an, daß das Leben der Menschen, deren Gesinnung in einem 'Ursprung', der allerdings vor aller Wirklichkeit und Geschichte liegt, vernünftig und anständig war, die Form eines verlorenen Krieges und einer Kapitulation hat. Diejenigen, vor denen man kapituliert, haben offensichtlich auf ihrer Seite die Macht, das Faktische und den realen Geschichtsverlauf, d.h. sie bestimmen, was ist. Die Geschichte, falls sie nicht von den Siegern erzählt wird, scheint Richter jedoch Beweis dafür, daß das, was die Mächtigen tun, das Inhumane, Widervernünftige und Unsittliche ist. Richters literarische Anamnese der Geschichte, besonders seiner eigenen, zielt daher primär nicht darauf ab, zu berichten, wie es eigentlich war, vielmehr geht es ihm im Sinne Benjamins darum, "sich einer Erinnerung zu bemächtigen, wie sie im Augenblick einer Gefahr aufblitzt."[7] Diese beständig wiederkehrende Gefahr besteht darin, sich den schlechten Anderen, die einen zudem gar nicht verstehen, bedingungslos ausliefern zu müssen.

Fragt man, wer diese Mächtigen sind, so gibt der Roman keine eindeutige Antwort. Einerseits sind es natürlich die Sieger, also die Amerikaner, andererseits scheinen es aber auf einer allgemeineren Ebene alle die zu sein, die bestimmen, was wirklich ist. Da die Welt, in die wir eintreten, von der älteren Generation, den jeweils Erwachsenen eingerichtet wurde, tragen 'die Alten' oder die 'alte Generation', also die 'Eltern', besonders die 'Väter' gehörige Teilschuld am Irrsinn der Welteinrichtung. Dies gilt vor allem für den Zustand, in dem sich Deutschland im Dritten Reich befindet und den die Alten zu verantworten haben, dessen verführerische Gestalt jedoch auch viele Junge fanatisiert und verblendet hat.[8]

Zu den 'Alten' gehört freilich nur, wer wirklich im Bestehenden angekommen ist. Nach Auskunft des Romans bewirkt dieses 'In-der-Welt-Ankommen' nicht die Ausformung einer wahrhaft realistischen Denkart, die die anstehenden Probleme der Zeit zu identifizieren und anzugehen

---

[7] Walter Benjamin: Über den Begriff der Geschichte. In: W.B. *Gesammelte Schriften*. Frankfurt a.M. 1974. Bd. I.2. S. 691-704, hier S. 695.

[8] Im Gespräch mit Kameraden sagt Gühler: "Unsere Gegner sitzen hinter uns im eigenen Land." (G, 70) Was sich der Jungen Generation zugehörig fühlt, weiß sich bekanntlich auch als Repräsentant der 'verlorenen oder verratenen Generation', die nach Kriegsende wiederholt erfährt, daß die "Alten" sich weigern, die Alleinverantwortung fürs Dritte Reich und den Zweiten Weltkrieg auf sich zu nehmen und aus Scham und Schuldgefühl von der politischen Bühne abzutreten. So wenig sonst sie mit dem Verhalten der Alliierten übereinstimmen, daß man einige der "Alten" in Nürnberg zum Tode verurteilte und hinrichtete, fand die ungeteilte Zustimmung der 'Jungen'. Vgl. dazu A. Anderschs emphatische "Haß-Erklärungen" in "Notwendige Aussage zum Nürnberger Prozeß" (Neunzig. *Der Ruf* [Anm. 3]. S. 26). Daß freilich nicht nur die "Vätergeneration" in Deutschland umzubringen ist, macht Richter in *Die Geschlagenen* dadurch klar, er einen jungen, amerikanischen Soldaten sagen läßt: "Hitler, Mussolini, Stalin und Roosevelt alle in einen Sack und dann ins Meer, dann haben wir Ruhe." (G, 113) Auch Churchill, der andere 'alte' Mann auf der Bühne der europäischen Politik, gehört nicht zu Richters Favoriten, von Adenauer und den 'alten' deutschen Politikern der sog. 'Restauration' natürlich ganz zu schweigen.

vermag, sondern es vollzieht sich als Verlust einer anscheinend eminent wichtigen Dimension des Denkens: Man könnte sagen: Denken, das sich aufs Wirkliche einläßt, wird eindimensional,[9] es orientiert sich in seinen Operationen am Paradigma der Macht, an der materiellen Sicherung des Lebens, an Interessen der Beherrschung und am trivialen Genuß des Beherrschten. Von höchster Wichtigkeit scheint nach dieser merkwürdigen Logik daher zu sein, daß der heranwachsende junge Mensch vermeidet, den psychischen und geistigen Schritt zu tun, der ihn aus dem noch prärealen Stadium der Adoleszenz in die Wirklichkeit des Erwachsenseins führen würde. Wer immer diesen Schritt zu tun nicht bereit war oder wen immer das Schicksal vor diesem Schritt bewahrte, scheint bei Richter, gleichgültig wie alt er ist, zur 'Jungen Generation' zu gehören.[10]

Diese Vorstellung hat Richter keineswegs erfunden. Seit Herders Schrift *Auch eine Philosophie zur Geschichte der Bildung der Menschheit* (1774) gehört es zum elementaren Wissen der Moderne, daß Kulturen, die diesen Namen verdienen, nur von denen geschaffen werden können, deren Bewußtsein nicht nur mit den Gegebenheiten der Welt vernünftig umzugehen vermag, sondern deren Denken und Fühlen beständig auch aus einem Wissen gespeist wird, das während der frühesten Kindheitserfahrungen entstanden ist. Dieses Wissen hält sich nach Herder in seinen jeweils adaptierten Formen allerdings nur bis zur Adoleszenz lebendig.[11] Die kulturellen Errungenschaften Roms und der Aufklärung, die in Herders frühem Geschichtsentwurf die 'Erwachsenenkulturen' repräsentieren, tragen in ihren sittlichen Verrohungen und mechanistisch-zweckrationalen Anschauungen des Lebens alle Signaturen eines kindheits- und gottvergessenen Unternehmens.[12] Der Wert, der dem infantilen Wissen in der Moderne zukommt, erklärt sich leicht so: Kindheiten finden seit ihrer 'Entdeckung'[13] bekanntlich nicht in der Wirklichkeit und Erwachsenenwelt statt, sondern in einer

---

[9] Der Begriff ist hier natürlich dem berühmten Titel von Herbert Marcuses Buch *The One-Dimensional Man* (Boston 1964; dt. *Der eindimensionale Mensch)* entliehen.

[10] Richter ist bei Kriegsende übrigens 36.

[11] Daß Gühler zu denen gehört, in denen ihre Kindheit noch lebendig ist, zeigt sich nach tagelangem amerikanischen Artilleriebeschuß im Augenblick totaler Erschöpfung. Während die anderen zu beten beginnen, heißt es von Gühler: "Sein Kopf fiel auf seine Knie. Dann fühlte er seine Kindheit aufsteigen. Klar und scharf sah er die alten Tage vor sich." (G, 106)

[12] Die Kulturkritik der *Ruf*-Gruppe Generation lebt im übrigen in hohem Maße vom kulturkritischen Vokabular der Goethezeit, insofern es in den Aufsätzen des *Rufs* von lebensphilosophischen und organizistischen Begriffen und den dazugehörenden Denkformen geradezu wimmelt.

[13] Zum Begriff und den historischen Ereignissen, die er beschreibt, vgl. Philippe Ariès: *Geschichte der Kindheit.* München 1975. S. 92ff.

eigens eingerichteten, wohl behüteten Kinderwelt. Im Schutz vor allen Plackereien des Lebens werden Kinderwelten zu den Schmieden, in denen die Ideale des Lebens gefertigt werden. Ein Effekt derartiger Idealbildungen ist, daß das Eintreten in die nachkindliche Welt immer den traurigen Wert eines Traumas oder Mangelerlebnisses und Sündenfalls hat. Die klassischen Bildungsromane und Erziehlehren[14] geben sich denn auch vor allem als Anleitungen dafür, wie man dem Erwachsenwerden und der Wirklichkeit ein Schnippchen zu schlagen vermag. Die seelischen und mentalen Probleme, die daraus resultieren, analysieren seither die Tiefenpsychologien, die sich spätestens seit Freud allerdings nicht nur als einen Zweig der Psychiatrie, sondern als Erkenntnistheorien begreifen.

Es ist hier nicht der Ort, die Geschichte aller Jugendbewegtheiten und Erwachsenenschelten bis etwa zu Martin Walsers hochinteressantem Roman *Die Verteidigung der Kindheit* nachzuzeichnen. Man übertreibt wohl kaum, wenn man das Vermeiden des Wirklichen als eine der eminentesten Signaturen der Moderne begreift. Dieses hochproblematische Kulturprogramm wurde erneut virulent, als die Wirklichkeit, in die einzutreten war, den Namen 'Drittes Reich' trug. In satirischer Verdrehung hat Günter Grass in *Die Blechtrommel* in der Gestalt des Oskar Matzeraths dem insistenten Verbleib in der Kindheit unter den Bedingungen einer faschistischen Umwelt ein literarisches Denkmal gesetzt, das in aller Deutlichkeit die Strategien und den Gewinn derart intentionaler Infantilisierungen offenlegt, allerdings auch ihr Mißlingen.[15]

Dieser kurze kulturhistorische Exkurs schien mir notwendig, um einerseits eine Explikation für die Darstellung von Gühlers Verhalten und Bewußtsein in Richters Roman zu finden, andererseits schien mir die Feststellung nicht irrelevant, daß in diesem Verhalten jenes klassische Erbe nachwirkt, dem wir das bis heute kulturell dominante, ästhetische Bewußtsein verdanken. Die Konstituentien dieses Bewußtseins sind bekanntlich das Spiel, das Ambivalente, das Widersprüchliche und der Schein. Eben dies charakterisiert Gühler: der Roman beschreibt ihn als guten, zuverlässigen, deutschen Soldaten in Hitlers Uniform und zugleich als einen, der

---

[14] Ich denke hier weniger an Rousseaus *Émile* oder die Pädagogiken der Philanthropen, sondern an Jean Pauls *Levena oder Erziehlehre*.

[15] Die Pointe von Grass' Roman ist bekanntlich, daß Oskar sich nicht deshalb weigert, erwachsen zu werden, weil er etwas gegen geistiges Erwachsensein hätte, sondern weil die Erwachsenen ihr Erwachsensein nur 'spielen'. Entgegen der Annahme Schillers, daß der Mensch nur da wirklich Mensch sei, wo er spielt, zeigt *Die Blechtrommel*, daß einem Bewußtsein, für das die Welt ein Spielzimmer ist, entgeht, welch blutigen Wahnsinn es in der Welt anrichtet. Im Mimikry des Kindseins findet Oskar zwar Schutz und Gelegenheit, seine 'spielenden' Väter zu Tode zu bringen, aber er kann den Wahnsinn, von dem er umgeben ist, nicht aufhalten.

Hitler, Hitlerdeutschland und den Krieg haßt.[16] Dieser Grundwiderspruch manifestiert sich in tausend Gestalten und Reden. Als typisches Gespräch zwischen Gühler und einem anständigen Kameraden sei hier nur der folgende Dialog angeführt:

"Dann möchtest du, daß die anderen siegen", begann Grundmann wieder.
"Es ist besser für uns."
"Und du kämpfst doch gegen sie?"
"Ja, das ist ja der Wahnsinn", sagte Gühler. (G, 44)

An anderer Stelle heißt es: "[I]n diesem Krieg ist man immer auf der falschen Seite" (G, 28), und die Liste der im Roman geschilderten Szenen, in denen die Widersprüchlichkeit des eigenen Verhaltens einbekannt wird, wäre noch lange fortzusetzen. Solcher "Wahnsinn" hat vor allem den Effekt, daß Gühler beständig gezwungen ist, etwas zu sein, was er eigentlich nicht ist, sondern nur spielt. Gühler ist auf eine ähnlich uneigentliche Weise Soldat, in der etwa Schillers Karl Moor Räuber ist, und ähnlich wie im Falle des Räubers Moor mit all den entsetzlichen Konsequenzen für die, deren Leben von seinem "Soldat-Spielen" (G, 53) betroffen wird. Von den Opfern dieses "Spielens" wird jedoch erwartet, daß sie den ihnen angerichteten Schaden irgendwie ignorieren und statt dessen die tragische Doppelung von Gühlers Leben erkennen und mitleidend nachfühlen. So narzißtisch ist die psychische Struktur der "Spielenden", daß das Schicksal derer, in deren Land oder gegen die man Krieg und Soldat "spielt", sie nur am Rande beschäftigt. Dringlicher, als ihn die Sorge um die von ihm Geschädigten bedrückt, insistiert Gühler jedenfalls darauf, daß sein Soldatenleben, wie es sich 'zeigt', tragischer Schein ist. Das andere Leben, das das Sichtbare in eben diesen Schein verkehrt, steht offensichtlich unter dem Bann, sich nie deutlich 'zeigen' zu können. Erkennbar sind die Äußerungen dessen, was sich nicht eigentlich 'zeigt', nur denen, die mit dem Dilemma vertraut sind, in dem sich Gühler befindet. Es ist dies eine kleine Gruppe von Auserwählten, die die Botschaften und Appelle des Ungesagten im Gesagten vernehmen, die Augen haben, zu sehen, was sonst keiner sieht, und die Sinn in dem finden, was zwischen den Zeilen steht, weil das, was geschrieben steht, meist keinen Sinn macht.

---

[16] Auf dieses "moralische Dilemma" ist mit viel Verständnis Hans Wagener in seinem Aufsatz "Soldaten zwischen Gehorsam und Gewissen. Kriegsromane und -tagebücher" (in: H.W. [Hrsg.]: *Gegenwartsliteratur und Drittes Reich. Deutsche Autoren in der Auseinandersetzung mit der Vergangenheit.* Stuttgart 1977. S. 241-264) eingegangen. Wagener räumt allerdings ein, daß bei der "Formulierung des moralischen Dilemmas" Gühler/Richter sich "als einer heute fast historisch gewordenen Wertwelt verhaftet" zeigen (S. 243).

Vielleicht ist es für das Verständnis der Position Gühlers hilfreich, sie mit der des Heiligen Augustinus zu vergleichen. Der befand sich im frühen 5. Jahrhundert in einer Situation, in der das ehrwürdige Römische Reich der Korruption verfallen war und daher moralisch zu Recht unterging. Allerdings waren die, die das verkommene Reich in ihren Invasionen zerstörten, auch nur Barbaren, die in ihrem primitiven Glauben keine geistige und moralische Alternative zum korrupten Rom bildeten, das sie zugrunde richteten. Also erkannte der Heilige in sich und seinen Gesinnungsgenossen eine unsichtbare Kirche, einen Gottesstaat, der zwar nicht von dieser Welt, aber in dieser Welt der einzige Ort war, an dem die Guten bei und unter sich sein konnten. In der nachreligiösen Epoche spricht man allerdings kaum mehr von einem Gottesstaat, eher von einem anderen Deutschland, dem Deutschland der 'Jungen Generation' oder neuestens von der Kulturnation. In der Sache sind wir, wenn wir an die Wirklichkeit solcher Welten glauben, jedoch nichts anderes als Augustiner.

Wie immer irreal diese höheren Welten sind, in der Moderne ist ihr Ort meist das eigene Vaterland. Nach unserem Erklärungsmuster überrascht dies deshalb nicht, weil alles höhere Wissen in nachreligiösen Kulturen aus Kindheitserfahrungen resultiert. Kindheiten finden bekanntlich in Familien statt; die wiederum sind in Staaten eingebettet. Im Falle, in dem der Prozeß des Erwachsenwerdens, d.h. der Übergang aus der Familie in den Staatsbereich in den seit der Goethezeit empfohlenen Formen verläuft, werden die Menschen als Erwachsene nicht so sehr Staatsbürger, sondern zu Mitgliedern einer idealen 'Staatsfamilie', oder wie Schiller sagte: "zu einem einig Volk von Brüdern". Diese Fraternisierung auf Staatsebene vollzieht sich ersichtlich immer dann, wenn das politische Denken der Bürger weiterhin von ihrem Kinderwissen mitinstruiert wird, denn diese mehrdimensionale Bewußtseinsform schafft jene phantasmatisch-familiäre Staatsgemeinschaft, sonst auch Nation genannt, deren Besonderes ist, daß sie nur Brüder, aber keine Väter und Erwachsene kennt, bzw. anerkennt. Im Falle — und dieser Fall ist der Regelfall —, daß dieser 'Brüderstaat' sich auf Staatsebene nicht zu etablieren vermag, sondern der real existierende Staat ein Erwachsenen- und Väterstaat ist, wie dies nach Richter auf Hitlerdeutschland und später auf die BRD und die DDR zutrifft, dann muß man bei der 'Jungen Generation' mit einem Nationalismus eigner Art rechnen: die patriotischen Gefühle gelten nicht dem real bestehenden Deutschland, sondern einer als Staat inexistenten, idealen Gemeinschaft deutscher Nation, die ganz deutsch und ganz 'entdeutscht', mithin etwas Dialektisches, Nicht-Identisches und Widersprüchliches ist.

Man muß diese Widersprüche verstehen, um Richters politische Position richtig einzuschätzen, die, obwohl klar und deutlich, wohl doch nicht so einfach ist. Die Wirkungen dieser Widersprüche, die kein intellektuelles

Immunsystem als tödliche Gefahren für das Denken identifiziert und bekämpft, zeigen sich freilich nicht nur in der Formulierung der politischen Einstellung von Richters Romanhelden. Die Ambiguitäten, die aus Gühlers mehrdimensionalem Denken herrühren, produzieren auch nach seiner Gefangennahme ambivalente Erwartungen und Verhaltensweisen. Einerseits scheint Gühler sich bewußt zu sein, daß er seinem realen Status nach ein Kriegsgefangener ist, und er scheint auch irgendwie zu wissen, daß die Regeln, die den Umgang mit Kriegsgefangenen bestimmen, in der Genfer Konvention festgelegt sind, an die sich die Amerikaner auch halten. Aber dieses Wissen scheint meist von einem anderen 'überschrieben' zu werden. Keineswegs erhofft Gühler zwar von den Vereinigten Staaten den "Himmel" (G, 111), aber er erlebt seine Gefangennahme doch primär als 'Befreiung' aus dem Hitlerstaat und erwartet deshalb, daß die Amerikaner ihn, nachdem er sich offen zum Gegner Hitlers erklärt hat, als 'freien' Deutschen und als ihresgleichen anerkennen und daß ihm auch hinterm Stacheldraht jene Freiheit zuteil wird, die nach der Verfassung der Vereinigten Staaten zu den unaufhebbaren Rechten der Menschen gehört, die frei, d.h. keine Gefangene sind. Kein Wunder, daß Gühler von der amerikanischen Demokratie zutiefst enttäuscht ist. Völlig unverständlich ist ihm auch, daß die Amerikaner von ihm als Deutschem erwarten, daß er nicht nur Hitler abschwört, sondern daß er ihnen auch Informationen über die Stellungen seiner 'Kameraden' gibt, die für Gühler als junge Deutsche auch dann keine Nazi sind, wenn sie sich zu Hitler bekennen. Ebenso unverständlich ist ihm, daß die Amerikaner ihn, nachdem er sich zwar erst nach hartnäckigem Widerstand, aber dann mit großer innerer Bereitschaft ergeben hat, angesichts seiner ungebrochenen Solidarität zu Deutschland als Nazi verdächtigen oder angesichts seiner unverhohlen Anbiederungen als Landesverräter betrachten. Wozu Gühler die Amerikaner nicht bringen kann, ist, einzusehen, daß wenn deutsche Soldaten auf sie schießen, sie dies nicht für Hitler, sondern für Deutschland und zudem gezwungenermaßen tun. Gewissermaßen sterben die Amerikaner, wenn sie von deutschen Kugeln und Granaten getroffen werden, nach Gühler halb durch 'friendly fire'. An anderer Stelle wird gar gesagt, daß der Krieg nicht der Krieg Deutschlands, sondern der Krieg Hitlers ist (G, 122).[17]

Die deutschen Soldaten, die gegen die Amerikaner kämpfen, sind nach Richter jedenfalls auch Verbündete der Amerikaner, ja potentiell sogar ihre 'Erlöser'. Denn sie sind, das geht aus Gühlers stolzem Bekenntnis zu einem demokratischen Sozialismus hervor, aufgrund ihrer revolutionären

---

[17] Richters in *Die Geschlagenen* so beredt vertretene Auffassung, daß der Zweite Weltkrieg Hitlers und nicht Deutschlands Krieg gewesen sei, wird erstaunlich ernst genommen, obwohl sie ihrer Verdrängungsleistung nach der sog. Auschwitzlüge kaum nachsteht.

Einsichten die eigentlichen Pioniere des Fortschritts der Menschheit, von deren großvolumig-weitsichtigen Erkenntnissen auch die Amerikaner profitieren könnten, wenn sie das deutsche Wissen nur ernst nähmen und bereit wären, von ihren Kriegsgefangenen zu lernen. Alle erzieherischen Unternehmen, die die Amerikaner unter dem Titel 're-education' mit den Kriegsgefangenen beginnen, erscheinen Gühler daher als schlechter Witz, in dem sich die Böcke zu Gärtnern aufgeschwungen haben. So wird das zwar nicht offen im Romantext gesagt, aber was der Romantext sagt, läuft genau darauf hinaus. Da dies offensichtlich alles sehr ungereimte und an-maßende Widersprüche sind, die sich in Gühlers Hirn zusammenbrauten, und da die Amerikaner im Zweiten Weltkrieg Dringlicheres zu tun haben, als sich auf diesen Unsinn einzulassen, wird Gühlers Zeit in amerikani-scher Gefangenschaft eine kontinuierliche Fortsetzung des "Wahnsinns", dem er zuvor in Hitlers Armee ausgesetzt war. Gühlers Fazit ist: "Man könnte irrsinnig werden, [...] aber sie [die Amerikaner — F.F.] verstehen es nicht, sie werden es nie verstehen." (G, 174)

Nicht nur verbünden die Amerikaner sich nicht mit ihm und 'Deutsch-land', sondern was Gühler im Kriegsgefangenenlager real erlebt, ist der "Terror" (G, 172) der unverbesserlichen Nazis, die mit Gestapo-Methoden durchsetzen, daß ihre Herrschaft und Ideologie auch im Lager unangefoch-ten bleiben. Daß die Amerikaner dem Treiben der Nazis kein Ende setzen, sondern es de facto schützen, ist für Gühler der potenzierte Irrsinn. Auf der anderen Seite muß er zugestehen, daß die Genfer Konvention den Ameri-kanern wenig Möglichkeiten gibt, gegen kriminelle deutsche Kriegsgefan-gene vorzugehen, vor allem, wenn deren Verbrechen von den anderen deutschen Kriegsgefangenen gedeckt werden. Was die Anzeige des Nazi-terrors im Lager angeht, zeigt nämlich auch Gühler ein durchaus ambiva-lentes Verhalten: einerseits betont er die Schwäche und Ängste der terrori-sierten Antifaschisten, die aus unerklärten Gründen unfähig sind, sich ge-gen die "Lagergestapo" wirksam zu organisieren. Daraus ergibt sich für Gühler, daß die Amerikaner ein- und durchgreifen müßten. Andererseits erklärt er den gesamten deutschen Faschismus, auch den Lagerfaschismus zu einer "innenpolitischen Sache" (G, 137), was wiederum für ihn zur Fol-ge hat: "[W]ir müssen das alles unter uns erledigen." (G, 195) Deshalb ist auch Gühler gegenüber den Amerikanern in seinen Aussagen über den Terror der Faschisten im Lager eher zurückhaltend. Einen Anteil an der Zurückhaltung mag auch haben, daß das Gefühl, das Gühler gegenüber den Nazis im Lager hat, nicht nur Abscheu und Haß ist. Vielmehr fühlt Gühler auch Sympathie für diese fanatisierten jungen Menschen, die wider alles Wissen an einen Sieg Deutschlands und die Überlegenheit alles Deutschen glauben.[18] Der Verdacht, daß derart ambivalente Gefühle die Ursache für die Schwäche des antifaschistischen Widerstands und für das Mißtrauen der Amerikaner gegenüber Leuten wie ihm sein könnten, kommt Gühler nie.

Jedenfalls scheint er einerseits zu meinen, daß die Amerikaner nach diskreten Hinweisen selbst die Initiative gegen den Naziterror ergreifen müßten, andererseits präsentiert sich das Thema 'Faschismusbekämpfung' als ein Problem, dessen Lösung davon abzuhängen scheint, daß man es 'in der Familie' beläßt und daß man öffentlich so diskret wie möglich darüber spricht. Im Rahmen des hier angewandten Erklärungsmusters lassen sich sowohl eine solche Denkart als auch ein solches Verhalten als konsistent beschreiben. Unsere These war, daß aufgrund der spezifisch modernen Denkform, die Richter/Gühler repräsentieren, das Staatlich-Politische zugleich zur Sphäre des Familiär-Privaten gehört. Gérard Vincent hat in der mehrbändigen *A History of Private Life*[19] den Nachweis erbracht, daß die Geschichte des Privaten eine Geschichte der Geheimhaltungen und der Diskretionen ist. Geheimhaltungen haben meist die Funktion, die Integrität des Privaten und der Privatpersonen überall da zu schützen, wo ein öffentliches Wissen über 'Mißstände' die Würde der 'privaten' Personen und damit ihre öffentliche Anerkennung gefährden würde. Im Falle, in dem das Familiär-Private zugleich den Ort und Ursprung des Idealen bedeutet, an das zu glauben man psychisch angewiesen ist, sind Personen, die einem inkriminierten 'Privatbereich' zugehören, in der Regel der Geist und die Hände weitgehend gebunden. Im Falle, daß die 'Mißstände' nicht öffentlich bekannt sind, würde ihr Schweigen sie jedoch in die gleichfalls unerträgliche Rolle des Komplizen bringen. Kulturen haben zur Lösung dieses Konflikts öffentliche Institutionen geschaffen, denen das Wissen über 'Mißstände' im Bereich des Privaten mitgeteilt werden kann. Diese Geständnisinstanzen unterliegen der strikten Geheimhaltungspflicht und besitzen in der Regel die Macht, die 'Mißstände' auf ungesehene Weise zu beheben. In der jüngeren Zeit kommen dem Beichtvater, dem Arzt, dem Psychologen, aber auch den Banken diese Macht und Geheimhaltungspflicht zu.

In einem Denken, das das Politische essentiell auch als Privates betrachtet, untersteht — das geht aus der schieren Seinsweise des Privaten hervor

---

[18] Über Gerlich, den überzeugten jungen Nationalsozialisten, mit dem sich Gühler des öfteren unterhält, heißt es: "Er [Gühler — F.F.] haßte Gerlich und spürte doch zugleich eine Sympathie für ihn, die ihm unbegreiflich war." (G, 205)

[19] Gérard Vincent: A History of Secrets? The Secrets of History and the Riddle of Identity — Family Secrets — The Body and the Enigma of Sex. In: Antoine Prost und Gérard Vincent (Hrsg.): *A History of Private Life. V. Riddles of Identity in Modern Times.* Cambridge, Mass. 1991. S. 145-282.

— auch das Politische in all den Bereichen einer Geheimhaltungspflicht, in denen die Würde des eigenen Staates innerhalb der Völkergemeinschaft gefährdet erscheint.[20] Es ist diese Logik, die das Verhalten und die Erwartungen Gühlers erklären kann, was das Vorgehen der Amerikaner gegen die Altnazis anbelangt. Gühlers Verzweiflung über die Alliierten macht nur Sinn, wenn man versteht, daß er die Erwartung hegt, die Welt müßte willens sein, die Verbrechen und das Phänomen des deutschen Faschismus nach Art eines 'Geheimnisses', d.h. diskret zu behandeln. Was in der konkreten Praxis heißt, daß er von den 'anständigen' Siegermächten erhofft, sie würden zur Erkenntnis fähig sein, daß der deutsche Faschismus keine 'Systemkrankheit' ist, sondern einer 'Krankheit' gleicht, die nur wenige und nur die schlechtesten 'Familienmitglieder' befallen hat. Dieser Teil der Bevölkerung ist demnach 'unwesentlich' und kann von einem guten Arzt schnell und diskret z.T. 'entfernt', z.T. auch 'kuriert' werden. Verständlicherweise kann der Eingriff nicht von den Familienmitgliedern selbst durchgeführt werden. Sie können 'den Arzt' nur diskret auf die Krankheit aufmerksam machen. Der hat dann den Fall zu übernehmen, nur bei der Pflege 'leichterer Fälle' kann man behilflich sein. Nach gelungenem Eingriff hat der 'Arzt' seine Pflicht getan und kann gehen. Öffentlich sollte von ihm wenig und wenn, dann hauptsächlich darüber gesprochen werden, daß der 'Patient' über eine so gesunde Konstitution verfügt, daß er sich nicht nur rasch von der 'Operation' erholen wird, sondern daß er darüber hinaus über die Substanz, Kraft und Fähigkeit verfügt, in der Zukunft neue Führungsaufgaben auf internationaler Ebene zu übernehmen. Gühlers kaum verständlicher Frust läßt sich also damit erklären, daß er zusehen mußte, wie unfähig die Amerikaner in ihrem eindimensionalen Denken waren, ihre historische Aufgabe Deutschland gegenüber auf adäquate Weise zu erledigen. Dazu fehlte ihnen wohl anfangs weniger der gute Wille, sondern das intellektuelle Differenzierungsvermögen. Im Rausch der bedingungslosen Kapitulation wurde das amerikanische Bewußtsein jedoch von der Dynamik des Siegens und der Macht verführt und geriet in deren Bann.

Freilich kündigte sich Gühler schon bei seiner Gefangennahme an, daß die Amerikaner ihrem historischen Auftrag nicht gerecht werden würden.[21] Das erste, was der verschmutzte und ausgemergelte Gühler nach seiner Gefangennahme im amerikanischen Militärlager zu sehen bekommt, sind

[20] Im arg strapazierten Begriff 'Nestbeschmutzung' kommt diese Einstellung deutlich zum Ausdruck.
[21] Jochen Pfeifer hat in seinem Buch *Der deutsche Kriegsroman 1945-1960. Ein Versuch zur Vermittlung von Literatur und Sozialgeschichte.* Königstein/Ts. 1981, schon auf die ebenso stereotype wie degradierende Darstellung der Amerikaner in Richters Roman hingewiesen (S. 108).

glänzende, wohl versorgte "Körper", die sich duschen (G, 118). Körper, weil sie ja wirklich und sichtbar sind, gehören in Gühlers Logik zum Bereich des Scheins und des schlechten Erwachsenenseins. Tatsächlich läuft die Weigerung, erwachsen zu werden, ja darauf hinaus, nicht im eigenen erwachsenen Körper anzukommen. Aber anders als bei Oskar Matzerath sind die Körper nicht darin aufzuhalten, erwachsen zu werden, und sie richten an den 'Geist' kaum überhörbare Appelle, sich verantwortungsbewußt und als Erwachsener zu verhalten. Deshalb muß es zu einer Trennung von Geist und Körper kommen, was nichts anderes ist als eine psychische Selbstkastration. In diesem Zusammenhang dürfte eine Episode interessant sein, die in den Roman eingestreut ist: von Gühler wird berichtet, wie er mit Kameraden auf 'organisierten' Pferden über den Strand reitet und wie er die Wärme und die Bewegungen des Pferdekörpers genießt. Als das Pferd zu Traben beginnt, verliert Gühler jedoch die Kontrolle und statt Lust spürt er nun "die Bewegung seines Pferdes schmerzhaft zwischen den Beinen." (G, 33) Als das Pferd schließlich zu galoppieren beginnt, findet er sich binnen kurzem abgeworfen auf dem weichen Sand wieder. Die Episode bleibt ohne Folge. Danach allerdings ist Leibliches nur noch ambivalent, am Ende immer nur negativ besetzt. Der Leib, wohlgebildet und, wie bei den Hollywoodstars, künstlich zu vollkommener Schönheit und unwiderstehlicher Attraktivität gebracht, wird geradezu zur Quintessenz Amerikas. Amerikanische Frauenkörper in solcher Perfektion stellen natürlich eine Herausforderung nicht nur für geile Kriegsgefangene, sondern auch an den deutschen Geist dar. Der Schriftsteller Richter erweist sich dieser Herausforderung gewachsen. Er läßt die deutschen POWs Amerikanerinnen durch ein Toilettenfenster beim Schminken und Herunterlassen der Röcke beobachten. So gedemütigt verliert selbst der perfekteste Körper alle Ausstrahlung. Trotzdem kann sich selbst Gühler kurzzeitig der Anziehungskraft des amerikanischen Frauenkörpers nicht entziehen, aber es ergeht ihm kaum anders als beim Reiten: Gühler und der Körper der amerikanischen Krankenschwester finden nur in Form einer halben Vergewaltigung zusammen. Eine ihm eigene Repulsionskraft und der schlechte Atem der Amerikanerin befreien den deutschen Geist aus den Schlingen der amerikanischen Körperattraktionen. Dasselbe gilt für den 'Appeal' des Materiellen: Zwar erweist sich das gigantische Kriegsmaterial der Amerikaner allem deutschen Soldatenmut überlegen, und die Tatsache, daß in Amerika alles verfügbar ist, was es an Herstellbarem und Konsumierbarem gibt, beeindruckt auch Gühler kurzzeitig. Aber auch damit ist der deutsche Geist, der Faustschen Wette treu, nicht auf Dauer zu verführen.

Trotz aller Gefahren, die der Roman im Erzählen der Geschichte erinnert, ist seine Lehre eine, die den jungen Deutschen Mut und Zuversicht geben kann. Wenn auch im Realen besiegt und im Materiellen unterlegen, wird dem jungen deutschen Geist attestiert, sich nicht nur gegenüber dem brutalen Terror Hitler-Deutschlands, sondern auch vor den süßen Verführungen der Vereinigten Staaten bewährt zu haben. Der junge deutsche Leser hat gelernt, daß die USA eine Kultur bilden, die alle Signaturen einer 'Erwachsenenkultur' aufweist, die von Hitlerdeutschland nur unterscheidet, daß ihr die kriminell-sadistischen Momente des Nazismus fehlen. Dieses Fehlen von manifester Gewalt scheint Amerika das Recht zu geben, von sich behaupten zu können, als real existierende Gesellschaft zugleich eine humane zu sein. Gühler durchschaut diesen Anspruch als leeren Wahn. Hier kündigt sich bereits jener Anti-Amerikanismus an, der in den kommenden Nachkriegsjahrzehnten unter deutschen Intellektuellen grassieren wird. Denn Richters Roman bestätigt ein klassisch-deutsches Wissen, das sich nicht selten für kosmopolitisch oder zumindest für europäisch ausgibt. Es beinhaltet, daß alle unaufgehobenen Widersprüche innerhalb der modernen Weltanschauungen und Gesellschaftssysteme durch Deutsche und in Deutschland aufgehoben werden würden. Konkret ist der Ort, an dem die endgültigen Synthesen gedacht werden, der Kopf von jungen deutschen Intellektuellen. In den Köpfen von Richters 'Junger Generation' geistert mit dem Konzept eines demokratischen Sozialismus ja nicht irgendein 'dritter Weg', sondern die Universalsynthese, die alle Einseitigkeiten des Westens und Ostens in der deutsch-europäischen Mitte überwindet und integriert. Bei Heine, den Gühler in seinem Literaturkurs im Gefangenenlager unterrichtete, hatte er solch nationale Dialektiken lernen können. Der jungdeutsche Heine ist zwar nicht deren Erfinder, aber einer ihrer prominentesten Vertreter. Da Heine zudem Jude, Vertreter eines romantischen Überflußsozialismus und politisch verfolgter Exilant war, war seine nationalistische Dialektik mit all ihren Ambivalenzen und ironischen Brechungen ein gefundenes Fressen für jenen 'diskreten' Nationalismus, der trotz Auschwitz in beiden deutschen Staaten wiederauflebte. In derart dialektischen Einsichten wurde bei den geschlagenen Patrioten der Schrecken über den realen Geschichtsverlauf durch eine höhere Zuversicht überwunden, die nach Benjamin das Bewußtsein derer auszeichnet, die die berufenen "Erlöser" künftiger Generationen sind.[22]

So unbekümmert und wahrheitssicher hat sich deutsche Geisteskindlichkeit allemal über allen Wahnsinn hinweggesetzt, den sie real produziert hatte. Es darf in diesem Zusammenhang daran erinnert werden, daß Thomas Mann, sonst in die Sehnsucht nach Kindheiten verliebt bis zur Perversion, in seinem 1947 erschienenen Roman *Doktor Faustus* eine historisch-systematische Analyse des Bewußtseins vorgelegt hat, das sich weigert, erwachsen zu werden. Er hat dieses Bewußtsein als ästhetisches und fa-

---

[22] Benjamin (Anm. 7). S. 700.

schistisches zugleich identifiziert. Im *Doktor Faustus* werden die Gotteskinder denn auch zu Grabe getragen, nachdem sie an Hirnhautentzündung gestorben sind, oder sie vegetieren in selbst verschuldeter Hirnaufweichung dahin.[23] Freilich redet schon Thomas Mann von der "absurden Hoffnung", daß just dieses Bewußtsein nicht nur erlösbar, sondern zum Erlöser berufen sei. Wenige Jahre danach erlebt es in *Die Geschlagenen* eine seiner vielen fröhlichen Wiedergeburten.

Der zweite Roman Richters, der hier zu behandeln ist, stellt dieselbe Einsicht in anderer Perspektive dar. In *Sie fielen aus Gottes Hand* werden die Lebensgeschichten von dreizehn Menschen, neun Männern und vier Frauen, zwischen den Jahren 1939 bis 1950 geschildert. Darunter sind nur zwei Deutsche, die geistig relativ unbedarft und nur Zaungäste der Geschichte sind: die junge Königsbergerin Ingeborg Sänger, die Männer vor allem dann liebt, wenn sie Uniform tragen, und die bei Kriegsbeginn daher Wehrmachtshelferin wird, und der Hersbrucker Dachdeckermeister Karl Krause, der seine Zeit damit zubringt, die Barackendächer des bei Hersbruck gelegenen KZs zu teeren, und der dabei über das Schicksal der durchs Lager geschleusten Häftlinge nach der bieder-anständigen Art deutscher Handwerksmeister räsoniert. Die andern Protagonisten, die der Roman im letzten Kapitel in dem in ein Flüchtlingslager umfunktionierten KZ zusammenführt, kommen meist aus osteuropäischen Ländern, aus Polen, Rußland, der Ukraine, Estland, Lettland, der Tschechoslowakei, aber auch aus Spanien und Luxemburg und sogar aus Ägypten. Dieses buntscheckige Panorama von Schicksalen, versichert der Autor, besitzt Authentizität, denn es entstand aus Interviews und Recherchen, die Richter mit dem damaligen *Spiegel*-Journalisten Claus Hardt im Flüchtlingslager Hersbruck bei Nürnberg durchgeführt hat. Diese Authentizität sei unbestritten, nur muß darauf hingewiesen werden, daß die Empirie hier nach Art von Sammlern angegangen wurde: gesucht wurde nach Objekten, die in die Sammlung paßten, deren Ordnung der Autor festgelegt hatte, bevor er seine Recherchen begann. Alle Einzelschicksale entpuppen sich jedenfalls als Demonstrationsprojekt dessen, was Richter als das Jedermannsschicksal seiner Zeit begreift. Sein Jedermann ist der psychisch auf bestimmte legitime Ideale oder natürliche Begehrungen fixierte Mensch, an den ein extremer Geschichtsverlauf moralische und intellektuelle Ansprüche stellt, denen er nur im Scheitern gewachsen ist. Was am Ursprung Ideal und le-

---

[23] Die Aversion der Gruppe 47 gegen Thomas Mann hat ihre bekannte offizielle Erklärung. Nicht ganz auszuschließen scheint mir jedoch auch die Erklärung für die Ablehnung des bürgerlichen Großautors zu sein, daß Thomas Mann im *Doktor Faustus* mit seiner tödlichen Kritik am ästhetischen Bewußtsein just den Ast absägte, auf dem die Junge Generation gerade einen aussichtsreichen Platz gefunden hatte.

gitimes, natürliches Begehren sind, wird mit dem Gang der Geschichte des Zweiten Weltkriegs und der Nachkriegswirren bis zur Unkenntlichkeit deformiert und zerstückelt. Hitler und Stalin erscheinen als die Despoten, deren Herrschaft alle idealen und natürlichen Weltordnungen zum Einsturz bringen, nicht nur in den eigenen Ländern, sondern in allen Ländern, über die sie ihre Macht ausbreiten. Damit hört die Geschichte auf, der Schauplatz zu sein, auf dem das Gute und Vernünftige siegreich hervorgehen, die Geschichte wird vielmehr der Schauplatz der verheerendsten Niederlagen der Tugenden und ähnelt zum Verwechseln dem Trauerspiel Benjamins.[24]

Unsensible Menschen, die das Glück hatten, die Geschichte unbeschädigt zu überleben, sind — so Richters Roman — geneigt, die Repräsentanten der durch die Geschichte entstellten Ideale als korrupt zu begreifen. Von einer derartigen Denkart geht — so lehrt der Roman weiter — die Gefahr aus, das Unrecht zu wiederholen, das den Opfern der Geschichte schon unzählige Male angetan worden war. Dieses Unrechtgeschehen anzuhalten vermögen nur die, die mit der Macht zugleich über die Einsicht verfügen, daß unter den Besiegten sich die sittlichen Eliten und die Hoffnungsträger der Geschichte befinden. Der Besitz von Macht schließt jedoch den Besitz dieser Einsicht aus: die verständnislosen amerikanischen Behörden verweigern allen Helden in *Sie fielen aus Gottes Hand* den Status einer 'deplaced person' und die Auswanderung in die Vereinigten Staaten und sperren sie in die alten KZs. Die USA erscheinen so als das Gelobte Land, das von denen bewohnt wird, die des Landes nicht würdig sind. Diese traurige Erfahrung hatte schon Gühler gemacht.

Es wäre müßig, alle Einzelschicksale hier nachzuerzählen, die der Roman schildert, etwa die Geschichte Alexander Lewolls, der als Hauptmann der estnischen Armee nach der von Hitler sanktionierten Annexion seines Landes durch Stalin gezwungen ist, der russischen Armee beizutreten, und der am Ende des Zweiten Weltkrieges eine estnische Division kommandiert, die im Verbund mit der deutschen Armee gegen die vorrückende Rote Armee ihr Land verteidigt. Lewoll endet zu seinem nur scheinbaren Glück in amerikanischer Kriegsgefangenschaft. Oder die Geschichte der polnischen Chemiestudentin Hanka Seretzki, die sich nach der deutschen Okkupation Polens dem polnischen Widerstand zur Verfügung stellt und, um Informationen zu erhalten, mit einem, wie sich herausstellt, hochanständigen deutschen SS-Mann schläft, und später, als Polen von der Roten Armee 'befreit' wurde, immer noch im Dienst des polnischen Widerstands zu geheimdienstlichen Zwecken mit einem russischen Offizier ein Ver-

---

[24] Walter Benjamin: *Ursprung des deutschen Trauerspiels.* In: W.B.: *Gesammelte Schriften.* Frankfurt a.M. Bd. I,1. S. 207-409.

hältnis unterhält, um sich dann nach Deutschland und zu den Amerikanern abzusetzen, die nichts mit einem solchen Lebenslauf anzufangen wissen. Das mag es gegeben haben. Fast unerträglich peinlich ist aber, daß Richter nicht zwischen Menschen unterscheidet, die die Diktatoren bei der Durchführung ihrer verbrecherischen Politik aus freiem Willen unterstützten und dadurch zu Schaden kamen, und solchen, die das Opfer fremder rassistischer und/oder imperialer Gewalt wurden. So steht z.B. die Geschichte des Luxemburger SS-Mannes Henry Sturm auf derselben tragischen Ebene wie die Geschichte des jungen Warschauer Juden Slomon Galperin. Beiden widerfuhr dasselbe Geschick: ihre Ideale und ihr legitimes Begehren waren an der Geschichte zuschanden geworden. Die Frage ist dabei nicht, ob es den Luxemburger SS-Mann und sein Katastrophenleben wirklich gegeben hat, sondern die, ob ein deutscher Autor nach allem, was man über den SS-Staat und die zahlreichen SS-Führer weiß, denen deutsche Universitäten die Würde eines Dr. phil. verliehen hatten, es sich leisten kann, die SS von einem dümmlichen Luxemburger Kochgehilfen literarisch repräsentiert sein zu lassen. Die Frage ist weiterhin, ob es einem deutschen Autor durchgelassen werden kann, als das Verwirrendste und Ungereimteste im Leben junger KZ-Häftlinge, die Auschwitz und Buchenwald überlebt hatten, just die Situation anzugeben, in der die amerikanischen Befreier von den jugendlichen Häftlingen verlangten, sie sollten für ihre Fotos gefälligst traurig dreinschauen, weil nur aus leidend aussehenden KZ-Häftlingen politisches Kapital geschlagen werden kann. Solche Autorschaft trifft, was allen Protagonisten in *Sie fielen aus Gottes Hand* widerfährt: sie verlieren ihre moralische und intellektuelle Glaubwürdigkeit aufgrund der Wirkung eben des Prinzips, aus dem sie meinen, ihre eigene Glaubwürdigkeit ableiten zu können: ihre Ideale stinken zum Himmel.

Bei einem deutschen Autor, der auf so dubiose Weise zwischen Schein und Sein differenziert wie Richter, wundert kaum, daß er den schlechten Schein, also das billige Wunschdenken und den törichten Selbstbetrug vor allem bei den Siegern, d.h. den Amerikanern ausmacht. Der schwarze Cowboy Joe aus Texas verspricht der inzwischen Mutter gewordenen Ingeborg Sänger die Ehe und in Amerika goldene Berge, nur um dann vor der leer getrunkenen Whiskyflasche einzubekennen, daß seine in Aussicht gestellten vier Farmen reine Erfindungen sind, daß sie den andern gehören, für die er schlecht bezahlt arbeitet. Im Kontrast zum Wahn, in dem sich der ausgebeutete Farmarbeiter über die Erkenntnis seiner sozialen Lage hinwegtäuscht, stellt sich die zerstörte Größe des ehemaligen sowjetischen Kampffliegers Kostj Wagow besonders vorteilhaft dar. Dieser war nach Kriegsende in der Fremdenlegion und in Indochina gelandet und hatte im Suff sein ganzes verbliebenes Geld für den Freikauf einer jungen Chinesin ausgegeben, die sich natürlich unsterblich in ihn verliebte.

Aufgrund dieser Distribution von wahrhaften Idealen und Selbstbetrug, von legitimem Glauben und falschem Wunschdenken ergibt sich eine Geschichts- und eine Geometaphysik, in der die Zeiten und Räume allegorisch-emblematische Bedeutung erhalten. Herkunft und Zeitläufte legen fest, ob man zu den Guten oder den Bösen gehört und ob man sich geschlagen als Gotteskind wissen darf oder siegreich auf der Seite der Verfluchten steht. Es herrschen strengste metaphysische Gesetzlichkeit und ein Zwang, der die konkreten politischen Intentionen und Irrtümer des einzelnen zur 'condition negligeable' werden läßt. Dragica Horvat hat festgestellt, daß in der Literaturkonzeption der "jungen Generation"

> ein Modell über den Geschichtsverlauf gefunden [wurde], das die Möglichkeit bot, die historische, drückende Schuld des Faschismus von sich zu weisen und den ersten Schritt aus der Ich-Identitätskrise heraus zu tun. Der Widerspruch in diesem Entwurf, daß man einerseits die Geschichte als das Zwangsläufige begriff, andererseits aber die Zukunft tätig formen zu können glaubte, wurde nicht problematisiert und wahrscheinlich auch nicht erkannt.[25]

Das trifft den Nagel wohl genau auf den Kopf.

In ihrer literarischen Kritik am politischen Geschehen erneuert die repräsentativste Literatengruppe des Nachkriegs die kritische Position der deutschen Dichter gegenüber der Französischen Revolution: die göttlich-idealen Gedanken, in denen sich ihre kritische Einsichten ergehen, nützen dem Kritisierten so gut wie nichts, aber sie verleihen dem Kritiker die Aura der höheren Weisheit. Der Sache nach ist dies in der Moderne wohl eher die Aura des Infantilen, mit der sich zu schmücken sich nicht nur die 'jungen' Mitglieder der Gruppe 47 nicht scheuten, die im Nachkrieg die Kulturnation repräsentierten. Theodor W. Adorno, das Haupt der Frankfurter Schule, bekannte sich in der Reduktion seines Vaternamens aufs W. und in der Annahme des Namens der Mutter dazu, daß er kein 'Vaterkind', sondern ein 'Mutterkind' ist, dessen Denken mehr als um alle Wissenschaft und Rationalität um Amorbacher Kindheitsgefilde kreiste.

Die hier durchgespielte These, daß die Denkformen, die Richters Romanen zugrunde liegen und in ihnen propagiert werden, auf einem hochproblematischen psychischen Substrat aufbauen und dies zu verewigen suchen, erwies sich als ein Verstehenszugang, der konsistent durch beide Romane durchgehalten werden und zugleich Widersprüche erklären konnte, die über Richter hinaus die politische und literarische Position in der frühen Phase der Gruppe 47 kennzeichnen. Wenn diese Lesart Sinn macht und wenn Habermas' beliebte Periodisierung stimmt, daß die Nachkriegsli-

---

[25] Dragica Horvat: Die "junge Generation" auf der Suche nach der neuen Literatur. In: *Eine Kulturmetropole wird geteilt — Literarisches Leben in Berlin (West) 1945 bis 1961*. Hrsg. vom Berliner Kulturrat. Schöneberg 1987. S. 55-59, hier S. 59.

teratur die "Latenzzeit des Umdenkens in der Bundesrepublik"[26] bildet, die nach der "Inkubationszeit der 60er Jahre" zur "68 Revolte"[27] führte, in der die Kritische Theorie eine prominente Rolle spielte, dann würde die kritische Lektüre von Richters Romanen ein kritisches Licht auch auf die Vertreter der Frankfurter Schule werfen, die "die Tücke des Subjekts, das sie selber sind", wohl ebensowenig auf den Begriff brachten wie Richter.

[26] Trommler (Anm. 1). S. 10.
[27] Ebd.

Walter Delabar

Dammbrüche und Untergänge
Edwin Erich Dwinger: *Wenn die Dämme brechen* (1950) und *General Wlassow* (1951)

I. "Das Elementare und die ethische Gerechtigkeit"

Das Problem mit der Schuld ist, daß es nie jemand gewesen sein will. Umsomehr dann, wenn allesamt im Verdacht stehen, mitgemacht zu haben. Die Amerikanerin Martha Gellhorn hat das mustergültig in Form gebracht, als sie aus dem Rheinland des April 1945 berichtete:

> Niemand ist ein Nazi. Niemand ist je einer gewesen. Es hat vielleicht ein paar Nazis im nächsten Dorf gegeben, und es stimmt schon, diese Stadt da, zwanzig Kilometer entfernt, war eine regelrechte Brutstätte des Nationalsozialismus. Um die Wahrheit zu sagen, ganz im Vertrauen, es hat hier eine Menge Kommunisten gegeben. Wir waren schon immer als Rote verschrien.[1]

Gellhorns Zorn spricht aus jeder Zeile ihres Berichts. Wenig später, im Mai, ist sie sogar und zum ersten Mal froh über einen toten Menschen — beim Anblick der deutschen Soldaten, die im KZ Dachau angetroffen und auf der Stelle erschossen worden waren.[2] Aber möglicherweise waren auch diese Soldaten unschuldig. Zynisch? Mag sein. Aber angesichts des Variantenreichtums, mit dem die "Entnazifizierung" in Deutschland betrieben worden ist, ist solcher Zynismus kaum verwunderlich.

Ein Exempel ist der Autor Edwin Erich Dwinger (1898-1981), einer "von den Lauen also", wie der Kollege Werner Helwig in einer Rezension zur (Teil-)Neuauflage der Dwingerschen Trilogie *Deutsche Passion* im Jahr 1966 bemerkte.[3] Einer auch, der noch in der neuesten, gesamtdeut-

---

[1] Martha Gellhorn. In: *Europa in Trümmern. Augenzeugenberichte aus den Jahren 1944-1948*. Gesammelt von Hans Magnus Enzensberger. Frankfurt a.M. 1990. S. 87.

[2] Ebd. S. 123.

[3] Werner Helwig: Entbehrliche Wiederkehr. Zur Neuauflage von Dwingers "Deutscher Passion". In: *Stuttgarter Zeitung* vom 12. Februar 1966. Die in diesem Abschnitt ausgewerteten Zeitungsausschnitte stammen aus der Zeitungsausschnittsammlung (Autorendokumentation) der Bibliotheken der Stadt Dortmund und aus der Sammlung der Arbeitsstelle Lexikon Die Deutsche Literatur am Fb Germani-

schen Auflage des *Lexikons deutschsprachiger Schriftsteller* als "Prototyp eines nationalistischen und faschistischen Schriftstellers" bezeichnet wird.[4] Dwinger hatte "die bösen Zeiten in geschonter Form gut überstanden"[5] und setzte seine Autorenkarriere nach 1945 mit nur geringen Modifikationen seiner ideologischen Haltungen und literarischen Verfahren fort. Insofern ist ihm haltloser Opportunismus nicht nachzusagen, wie er auch 1933 nicht noch schnell auf den bereits fahrenden NS-Zug aufspringen mußte, sondern schon vorher dabei war. Mehr als ein Viertel der Titel, die seine Werkliste umfaßt, erschien erst in der Bundesrepublik, viele der Vorkriegspublikationen erlebten in Überarbeitungen oder unter geändertem Titel Neuauflagen, etwa vom Literarischen Pressedienst München (lipress) "dankbar" begrüßt.[6]

Zu einer öffentlichen Anerkennung, wie sie ihm vor 1945 zuteil geworden ist, hat es jedoch nicht mehr gereicht. Dazu war Dwinger dem NS-Regime dann doch zu sehr verhaftet. Immerhin gehörte er zu "den Dichtern der jungen Generation, die das neue Deutschland [der Jahre 1933ff. — W.D.] geistig vorbereitet haben".[7] Und er war "einer der von der neuen deutschen Jugend am höchsten geschätzten und einflußreichsten Dichter der jungen Generation".[8] Ein später angesehener und mit dem Namen Ro-

---

stik der FU Berlin. Die Ausschnitte wurden für diesen Aufsatz nicht an den Originalen geprüft. Für Irrtümer und fehlende Daten bitte ich um Nachsicht.

[4] Kurt Böttcher u.a. (Hrsg.): *Lexikon deutschsprachiger Schriftsteller. 20. Jahrhundert.* Hildesheim, Zürich, New York 1993. S. 156. Die erste (DDR) Auflage ist im Jahr 1961 unter dem Titel erschienen: Günter Albrecht, Kurt Böttcher, Herbert Greiner-Mai und Paul Günther Krohn (Hrsg.): *Deutsches Schriftstellerlexikon von den Anfängen bis zur Gegenwart.* Weimar 1961; die letzte Neubearbeitung in der DDR stammt von 1972. In der Erstfassung ist Dwinger noch "Prototyp des chauvinistischen, faschistischen und antibolschewistischen Schriftstellers", "der in der Nazizeit den Gipfel seines 'Ruhmes' erreichte" (S. 102).

[5] So Helwig (Anm. 3).

[6] Literarischer Pressedienst München (lipress) Nr. 226 (Dezember 1965) zu Dwingers *Sibirischem Tagebuch.* Ein Druck ist mir nicht bekannt geworden.

[7] N.N.: Der dichterische Chronist. Zum 40. Geburtstag von Edwin Erich Dwinger. In: *Bremer Nachrichten* vom 23. April 1938. Helmut Müssener hat in seinem Aufsatz: Edwin Erich Dwingers Roman "Zwischen Weiß und Rot — Die russische Tragödie" als deutsches Trauerspiel. In: Wulf Koepke und Michael Winkler: *Deutschsprachige Exilliteratur. Studien zu ihrer Bestimmung im Kontext der Epoche 1930 bis 1960.* Bonn 1984. S. 125-143, schon ähnlich Revue passieren lassen. Die Wertschätzung von seiten der Linken ist freilich meines Erachtens nicht mit der von seiten der Rechten zu vergleichen, nicht zuletzt deshalb, weil beiden klar ist, wem sich Dwinger selber zugerechnet hat.

[8] Christian Jenssen: Ein Dichter von soldatischer Haltung. Zu Edwin Erich Dwingers 40. Geburtstag am 23. April. In: *Nordische Rundschau* (Kiel) vom 22. April.

bert Musil aufs engste verknüpfter Autor, Adolf Frisé, attestierte gar in einem anderen Artikel zum 40. Geburtstag Dwingers im Jahr 1938 dem Jungjubilar, mit seinem "Hauptwerk", der Trilogie *Die Armee hinter Stacheldraht* (1920), *Zwischen Weiß und Rot* (1924) und *Wir rufen Deutschland* (1932),[9] liege ein "unübersehbarer Block in der Flut des zeitgenössischen Schrifttums". Daß die "Maßstäbe der schönen Literatur" bei Dwinger nicht recht griffen, wie Frisé einräumt, kann jedoch nicht als klandestiner Hinweis auf literarische Schwächen gelten. Ganz im Gegenteil: Dwingers Literatur sei nicht bloße Belletristik, und Autoren wie Dwinger seien nicht allein "Schriftsteller von gewissen lebenspolitischen Zulänglichkeiten" — was immer man darunter verstehen mag —, sondern: "Sie sprengen den Rahmen der Literatur, sie sind die Mittler zwischen den Opfern ihres Volkes [vulgo Niederlage im Ersten Weltkrieg — W.D.] und deren Wiedergeburt [i.e. die Machtergreifung der Nationalsozialisten von 1933 — W.D.]."[10] Für Dwingers Werk, so assistierte Arno Mulot dem jungen Kollegen in der zweiten Auflage seiner Gesamtdarstellung der *Deutschen Dichtung unserer Zeit* (1944), gebe es "kein Beispiel und keinen Vergleich in der Literatur. [...] Da ist Wirklichkeit durch die Kraft der Dichtung, Dichtung durch die Kraft der Wahrheit."[11]

Zu solcher Wertschätzung wollten sich die Literaturkritiker und -historiker nach dem 8. Mai 1945 nicht mehr hinreißen lassen. So "erschütternd" und "ergreifend" die Lektüre der Dwingerschen "Chroniken" bis dahin auch gewirkt haben mag, mit der Diskreditierung des Autors als NS-Barde war auch seine dichterische Wirkung auf die Leser und seine kanonische Stellung dahin. An ihre Stelle trat die Empörung über einen Autor, der bis zum Ende des Dritten Reiches von ihm profitiert und zu seinen hartnäckigsten Verfechtern gehört hatte und der nun für sich beanspruchte, mit ihm oder, wie der Ostberliner *Ulenspiegel* spöttisch vermutete, mit der

---

1938. Die *Nordische Rundschau* war Amtsblatt der Städte Kiel und Neumünster sowie der Deutschen Arbeitsfront.

[9] Helwig (Anm. 3) vermißte im übrigen im Nachdruck von 1966 gerade deren dritten Teil.

[10] Adolf Frisè: Edwin Erich Dwinger. Zu seinem 40. Geburtstag am 23. April. In: *National-Zeitung* (Essen) vom 23. April 1938. Der Artikel ist offensichtlich eine gekürzte und leicht aktualisierte Fassung seines Aufsatzes, den Frisé, kurz zuvor als gerade 22jähriger promoviert, in: *Die Neue Rundschau* 44 (Juni 1933) H. 6. S. 840-850, publiziert hatte. Die Übereinstimmungen sind z.T. wortwörtlich, Frisé hat jedoch den Zeitungsartikel stärker zugespitzt, hier zum Beispiel durch den Halbsatz "Sie sprengen den Rahmen der Literatur", der im *Rundschau*-Aufsatz fehlt.

[11] Arno Mulot: *Die deutsche Dichtung unserer Zeit*. 2., erw. Auflage. Stuttgart 1944. S. 74.

"Naziliteratur" abrechnen zu können,[12] eigentlich schon immer dagegen
gewesen zu sein und zum Umkreis des deutschen Widerstandes gehört zu
haben: "Ja, ein Verschwörer sei er gewesen, [...] ein tollkühner Mann, der
einst, mit Otto Strasser im Bunde, bündische Jungen zur Beseitigung Hitlers auswählte". Was ihm dabei wohl in die Quere gekommen sein mag?
Wie er selbst 1964 gesagt hat: das Dritte Reich.[13]

Solche Rechtfertigungsstrategie, die vielfach ihresgleichen hat, verfolgte
Dwinger anscheinend bereits 1946. So lagen dem Berichterstatter der Ost-
berliner *Täglichen Rundschau*,[14] Rudolf T. Spitz, anscheinend Unterlagen
von der Hand Dwingers vor, mit denen dieser sich im Entnazifizierungs-
verfahren, das er zu bestehen hatte, rechtfertigen wollte. Spitz spottet:

> Wäre das großdeutsche Einheitsreich nicht in Trümmer gegangen, nie hätten
> wir vermutlich erfahren, daß einer der 'Lauten im Lande', Edwin Erich Dwin-
> ger, von Berufs wegen Dichter, Bauer und Soldat, in aller Stille seinen zahlrei-
> chen Werken zwei neue hinzugefügt hat: 'Die Morphologie des Dritten Rei-
> ches' und das 'Tagebuch der Tyrannis'.[15]

Beide Werke sind, vielleicht zum Glück, nie erschienen.

Dennoch hatte Dwinger mit seiner Entnazifizierung Erfolg. Knapp zwei
Jahre später berichtete der spätere Vertriebenenpolitiker Herbert Hupka,
der 1972 aus Protest gegen die Ostpolitik der Regierung Brandt-Scheel von
der SPD zur CDU wechseln sollte, in der *Frankfurter Rundschau* vom
Ausgang des Prozesses gegen Dwinger mit dem titelgebenden Resümee:
Mitläufer Dwinger. Die Spruchkammer Füssen habe Dwinger aufgrund
seiner Eingaben und eines Gutachtens "des angeblich sachverständigen
Paul Alverdes" als Mitläufer eingestuft und ihm eine Buße von 1.500 DM
auferlegt. "Wie kann man", so Hupka empört, "einen solchen bestbezahl-
ten nationalsozialistischen Schriftsteller als Mitläufer einstufen!" Das Urteil sei "eine Verhöhnung der Entnazifizierung und der deutschen Literatur", die von Leuten wie Dwinger in den "Schmutz der Tendenz und Un-
wahrheit gezerrt" worden sei.[16]

Damit war Dwinger zwar entnazifiziert. Von der offiziellen politischen
und literarischen Bühne jedoch, könnte man denken, war er spätestens jetzt

[12] Ursula Reinhold: RoRoRo-Bücher für alle. In: Ursula Heukenkamp (Hrsg.):
Unterm Notdach. Nachkriegsliteratur in Berlin 1945-1949. Berlin 1996. S. 197-
218, hier S. 215.
[13] So berichtet ein Autor namens Momos: Barden im Bild. In: *Die Zeit* vom 2.
Oktober 1964 (Kürzel nicht aufgelöst) über eine Fernsehsendung.
[14] Zeitung der Roten Armee für die deutsche Bevölkerung.
[15] Rudolf T. Spitz: Dwinger und seine moralische Schuld. In: *Tägliche Rundschau*
vom 24. November 1946.
[16] Herbert Hupka: Mitläufer Dwinger. In: *Frankfurter Rundschau* vom 6. Au-
gust.1948.

verbannt. Das trifft in gewisser Hinsicht auch zu. Exemplarisch dafür ist ein *Spiegel*-Bericht aus dem Jahr 1968. Vielleicht ist die *Spiegel*-Diktion etwas hart, treffend jedoch ist sie in diesem Fall. Der vormalige "Dichter" wird vom *Spiegel* als "Erfinder des literar-patriotischen Anti-Sowjet-Sex" klassifiziert, er habe "die Bücherschränke des deutschen Bildungsbürgertums" mit "antikommunistische[n] Kitschromane[n] [beschickt, wahlweise auch 'Ostlandkitsch' — W.D.], garniert mit jenem Spießer-Sex, den Veteranen lieben."[17] Politisch und literarisch ist Dwinger für die offizielle westdeutsche Kultur ein peinlicher, aber unleugbar vorhandener Anachronismus.

Dennoch haben Autoren wie er und Bücher, wie er sie schrieb, in der Kultur der Bundesrepublik ihren, freilich nicht eben rühmlichen Platz. Dwinger rückte zwar von der offiziellen literarischen Bühne des Dritten Reiches in die halboffizielle der Bundesrepublik ab, behielt aber durchaus Publikationsmöglichkeiten. Allerdings mußte er sich, wie die meisten seiner Kollegen, von Verlagen betreuen lassen, die kaum als renommiert anzusehen waren und sind. Auf diese Weise wurde Dwinger vom Eugen Diederichs-Autor zum Autor des Otto Dikreiter Verlags (Frankfurt am Main, Überlingen am Bodensee, Berlin), des Pilgram Verlags (München, Salzburg), des blick + bild Verlags (Velbert) und (im Taschenbuch) des Verlags Bastei-Lübbe (Bergisch-Gladbach).[18] Gesammelte Werke (wie bei Blunck und Grimm) blieben ihm versagt, und ein rühriger Förderverein, der ihn als verkannten oder verführten Heimatdichter hätte proklamieren können, ist mir für den Fall Dwinger nicht bekannt geworden.[19] Dwinger

---

[17] Ostforschung: Dwinger. Letzter Reiter. In: *Der Spiegel* vom 22. Januar 1968. S. 84. Ähnlich, wenn auch in der Formulierung weniger locker, Friedrich Weigend in seinem Nachruf: Klassenfeind und Herrenreiter. Blick zurück auf Edwin Erich Dwinger. In: *Stuttgarter Zeitung* vom 23. Dezember 1981. S. 23. Der *Spiegel*-Bericht war nicht der erste. Im Jahr zuvor war bereits in Nr. 50 des Nachrichten-Magazins ein Bericht über die Bestückung von Bundeswehrbibliotheken mit Dwinger-Nachdrucken erschienen, auf den die ostdeutsche Ausgabe des Börsenblatts für den deutschen Buchhandel (Leipzig) vom 12. März 1968 mit einer Glosse reagierte.

[18] Ausnahmen sind etwa Bruno Brehm, der nach 1945 wie vorher bei R. Piper in München publizierte (allerdings auch u.a. beim Dwinger-Verleger Pilgram), und Ernst Wiechert, dessen Nachkriegswerk bei Kurt Desch und im Taschenbuch bei Ullstein und Reclam erschienen ist.

[19] Vgl. dazu die einleitenden Bemerkungen zu Hans Grimm bei Sebastian Hoffmann: Konzept und Konstanz. Über das Konzept des geistigen und politischen Führertums bei Hans Grimm. In: *Dichtung im Dritten Reich? Zur Literatur in Deutschland 1933-1945*. Opladen 1996. S. 193-204, und zu Blunck bei Jens-Peter Wagner: Die Kontinuität des Trivialen. Hans Friedrich Blunck (1888-1961). In: Ebd. S. 245-264.

war trotzdem nicht ausschließlich auf solch nationalistische und radikale Kreise beschränkt.

Franz Schonauer etwa, der wenige Jahre später eine der ersten Arbeiten über die deutsche Literatur im Dritten Reich publizieren sollte,[20] rezensierte im Jahre 1958 Dwingers Zukunftsroman *Es geschah im Jahre 1965* immerhin für *Die Zeit*. Ohne Zweifel hält er nichts von dem Text, und der Titel der Sammelrezension läßt auch nichts zu wünschen übrig: "Die ewig Gestrigen". Irritierend allerdings ist bereits, daß dieses Buch überhaupt für eine Besprechung vorgesehen wurde.[21] Ließe sich das noch damit erklären, daß, so Schonauer, "an reaktionären und neofaschistischen Publikationen [...] gegenwärtig beileibe kein Mangel" sei und man sich also dieser Textproduktion stellen müsse, bleibt der Untertitel der Rezension irritierend, der Dwinger nichts weniger als einen 'großen Namen' zugesteht: "Nicht jeder große Name garantiert auch große Literatur".[22]

Ohne weiteres war Dwinger also doch nicht dem kollektiven Gedächtnis entfallen. Und das noch auf lange Zeit, wie sich spätestens bei den zahlreichen Nachdrucken der eher neutralen dpa-Meldungen zu Dwingers achtzigstem Geburtstag 1978 und zu seinem Tod 1981 gezeigt hat. Aber schon kurz nach dem Krieg wurde gemeldet, daß Dwinger seine literarische Produktion wieder aufgenommen habe. Die *Neue Ruhr Zeitung* kündigte unmittelbar nach Abschluß der Entnazifizierung Dwingers ein neues Buch des Autors an, in dem er "die Geschichte des Dritten Reiches seit 1939" behandeln und "die Parallelität des totalitären Systems in Rußland und des Nationalsozialismus aufzeigen" werde.[23] "Dwinger schreibt wieder", heißt es auch ein Jahr später hoffnungsfroh in einer Ankündigung von *Wenn die Dämme brechen*. Der Autor, Hans von Steffens, ist offenbar völlig unbelastet von jeglichem Zweifel an Dwingers Vergangenheit oder literarischer Kompetenz, zumal ja sogar die Füssener Spruchkammer eingeräumt habe, daß "Dwingers Darstellungen [...] von geschichtlicher Wahrheit" seien. "Man wird sehen", so Steffens, "wie sich dies an dem gewaltigen Stoff unseres eigenen furchtbaren Erleidens, an Ostpreußens Untergang, bewährt."[24] Dazu später.

[20] Franz Schonauer: *Deutsche Literatur im Dritten Reich. Versuch einer Darstellung in polemisch-didaktischer Absicht*. Olten, Freiburg 1961.

[21] Dasselbe gilt für Dwingers Rechtfertigungsversuch *Die zwölf Gespräche 1933-1945* (1966). Vgl. Hannsferdinand Döbler: Zwischen Braun und Rot. In: *Die Zeit* vom 23. September 1966; Helmut Lindemann: Zeugnis eines Unbelehrbaren: Der allzu gesprächige Dwinger. In: *Stuttgarter Zeitung* vom 11. Juli 1966.

[22] Franz Schonauer: Die ewig Gestrigen. Nicht jeder große Name garantiert auch große Literatur. In: *Die Zeit* vom 30. Januar 1958.

[23] *Neue Ruhr Zeitung* vom 31. Juli 1948.

[24] Hans von Steffens: Dwinger schreibt wieder. In: *Sch LZ* vom 25. November 1949 (Kürzel nicht aufgelöst).

Daß Herbert Hausens teils irrtümliche, teils zutreffende Feststellung in der *Welt am Sonntag*, Dwinger sei "gottlob vergessen" und es werde für ihn "kein 'Comeback'" geben,[25] im "Organ der Deutschen Volksunion", dem *Deutschen Anzeiger*, Protest auslöste,[26] ist wenig überraschend. Allerdings ist Dwingers Rehabilitierung auch in Blättern betrieben worden, die nicht dem rechtsradikalen Spektrum zuzuordnen sind. Unrühmlicherweise geschah das auch im Berliner *Tagesspiegel*, einer Gründung Erik Regers, was vielleicht einer heute kaum noch nachvollziehbaren Frontstadthysterie geschuldet war.[27] Der *Tagesspiegel*-Rezensent Georg Böse forderte jedenfalls im Jahr 1967 Gerechtigkeit für den Autor Dwinger, denn "allzu billig und meist aus Unkenntnis" werde "die Legende von Dwingers simpel-militaristischem Geist verbreitet". Der jedoch sei ihm in Wahrheit nicht vorzuwerfen. Weder neige der Autor zur "freund-feindliche[n] Schwarzweiß-Malerei", noch geistere "das von den Nazis so demagogisch beschworene Gespenst vom russischen 'Untermenschen' [...] durch die Zeilen seiner Bücher". Dagegen sei Dwinger allein schon deshalb gefeit, weil seine Mutter Russin gewesen sei. Um so heftiger habe er sich aber gegen das System des Bolschewismus gewandt, was auch der Grund dafür sei, daß er "im Nationalsozialismus eine Gegenkraft" erhofft habe, "ohne daß er sich mit ihm wirklich befreundet haben mag." (!?) Die Ehrungen und diversen Mitgliedschaften, etwa in der "später als politisch bedeutungslos eingestuften Reiter-SS", die er mit "Gustav Gründgens und anderen integren Persönlichkeiten" (!) geteilt habe, seien "begreiflicherweise der Anlaß zu Mißverständnissen, Unterstellungen und Verdächtigungen" gewesen. Kein Wunder, daß er unter solchem Druck, möchte man heute Böse verstehen, "nicht immer kaltes Blut" bewahrt habe. Dwinger sei zudem vielleicht eine "gewisse[] naive[] Eitelkeit" nachzusagen. Auch müsse man einräumen, daß seine Sicht "von der Geschichte überholt erscheint".[28] Aber — hier wäre zu ergänzen: Ist das ein Verbrechen?

Solch halbherzige Andeutungen, die dem Leser zur Interpretation offen stehen, hatte Hans-Dietrich Sander in einer Glosse zu Dwingers Achtzigstem in *Die Welt* nicht mehr nötig. Auch die Skepsis, was die literarische Bedeutung und politische Seriosität Dwingers angeht, die noch der Kollege vom Sonntagsblatt desselben Hauses 1966 gezeigt hatte, ist ihm anschei-

---

[25] Herbert Hausen: Kein "Comeback" für Dwinger. Heftig diskutiert — ein Buch zur Zeitgeschichte mit fragwürdigen Aspekten. In: *Die Welt am Sonntag* vom 26. Juni 1966.

[26] Rehabilitierung von Massenmördern. "Bewältigte Vergangenheit". In: *Deutscher Anzeiger* (München) vom 15. Juli 1966.

[27] Vgl. zu Erik Reger und zum *Tagesspiegel*: Erhard Schütz: "...der Wille zur Empfänglichkeit..." Erik Reger. Leben und Werk. In: Erik Reger: *Kleine Schriften*. Hrsg. von Erhard Schütz. Berlin 1993. Bd. 2. S. 317-349.

[28] Georg Böse: Zwischen den Fronten. In: *Der Tagesspiegel* vom 5. Februar 1967.

nend fremd. Sander ist statt dessen empört. Und zwar darüber, daß Dwinger in einer "verbreitet als objektiv" geltenden Literaturgeschichte "von der
Gründerzeit bis zur Gegenwart" ebensowenig vorkomme wie August
Winnig, Ernst von Salomon, Franz Schauwecker und Bruno Brehm.[29] Daß
es in den zwanziger und dreißiger Jahren neben der "sozialistisch-kommu-
nistischen Belletristik, von der heutzutage jede Zeile sorgsam durch-
forscht" werde, eine bedeutende "nationalrevolutionäre Belletristik" von
einem "durchweg eigenen, nicht selten überlegenen Rang" gegeben habe,
sei dem Werk nicht zu entnehmen (was symptomatisch fürs ganze Fach ist,
soll man wohl meinen). Was die deutsche Literatur nach 1945 preisgege-
ben habe, als sie den "nationalen Kontext kündigte", wisse sie offensichtlich noch nicht. Sander hingegen kann gar zwei Verluste benennen: nämlich "das Elementare und die ethische Gerechtigkeit."[30] Derart stark hatte
sich nicht einmal der *Bayern-Kurier*, dem man vielleicht manches zuge-
traut hätte, eine Woche später für Dwinger gemacht. Er enthielt sich jeder
literarischen Wertung und politischen Emphase und begnügte sich damit,
Dwinger als einen der "meistgelesenen Militär-Schriftsteller[]" zwischen
den beiden Weltkriegen" vorzustellen, der allerdings nach dem Zweiten
Weltkrieg "kaum noch Erfolge" gehabt habe.[31]

Nun mag man zum "Elementaren" wie zur "ethischen Gerechtigkeit"
stehen, wie man will: bestimmen sie sich aus dem Zusammenhang des
Werks Dwingers und des "Nationalen", ist man für den Verzicht der Nachkriegsliteratur auf sie — sollte die Behauptung Sanders zutreffen — wohl
eher dankbar. Allerdings ist es damit nicht getan, denn Dwinger gehört —
unangenehmerweise — ebenso faktisch zur Nachkriegsliteratur wie beispielsweise die Autoren der Gruppe 47, wenngleich wir uns hierbei auf
unterschiedlichen Etagen des Kulturbetriebs bewegen. Die ideologischen
Querverbindungen von Autoren wie Dwinger zur etablierten bürgerlichen
Literatur der fünfziger und sechziger Jahre mit konservativem Einschlag
sind zudem stärker, als es im nachhinein scheinen mag. Auch wenn sie
Werke anderer Qualität geschrieben haben, eine andere Vergangenheit und
im Konkreten andere politische Präferenzen hatten, trafen sich Autoren
wie Rudolf Alexander Schröder, Reinhold Schneider oder Stefan Andres
mit Dwinger in der Engführung von Massen- und Industriegesellschaft mit
dem Nationalsozialismus, in die Dwinger eben auch den Bolschewismus

---

[29] Gemeint ist die Literaturgeschichte von Klaus Günther Just: *Von der Gründerzeit bis zur Gegenwart. Geschichte der deutschen Literatur seit 1871*. Bern, München 1973 (= Handbuch der deutschen Literaturgeschichte I. Abt.: Darstellungen
Bd. 4).

[30] Hans-Dietrich Sander: E.E. Dwinger achtzig. In: *Die Welt* (Ausgabe B) vom 22.
April 1978.

[31] H.W.: 80. Geburtstag: Der Autor der Deutschen Passion. In: *Bayern-Kurier*
(München) vom 29. April 1978 (Kürzel nicht aufgelöst).

einbrachte. Mit dem Nationalsozialismus hatte für sie nicht allein dieses politische Regime den Bankrott erklärt, sondern die moderne Gesellschaft insgesamt.[32] Der Blick aufs Werk Dwingers gilt also nicht allein einem NS-Autor, der einen Bruchteil seiner alten Leserschaft auch in der Bundesrepublik versorgte. Das wäre schließlich ein Thema, das sich mit den Jahren selbst erledigt hat. Er gilt darüber hinaus einer Unterströmung zur konservativen Literatur der Adenauer-Ära, die auf einen Konsens in weiten Teilen der Bevölkerung setzen konnte. Das Problem, das sich daraus ergibt, ist nicht kategorial zu lösen, also mit der Charakterisierung der Dwinger-Romane als faschistisch oder nicht.[33] Dafür sind die Übergänge zwischen faschistischem, nationalsozialistischem, nationalistischem und konservativem Denken (bei allen Unterschieden) zu fließend.

Mit zwei ideologischen Elementen und ihrer Präsentation in den ersten beiden Nachkriegsromanen Edwin Erich Dwingers, *Wenn die Dämme brechen* und *General Wlassow*, beschäftigt sich nun der folgende Abschnitt: mit der strategischen Behandlung der Schulddebatte und mit der Umformulierung des Zweifrontenkriegs gegen den "liberalen Westen" und den "bolschewistischen Osten" in den Kampf der "abendländischen Kultur" gegen die "bolschewistische Massendiktatur". Themen wie etwa die Spezifität des deutschen Nationalsozialismus, dem Dwinger breiten Raum widmet, bleiben hier ausgespart.

II. Neue Deutsche Passionen

Die in Pressemeldungen vorab lancierten Titel seines ersten Nachkriegsromans hat Dwinger schließlich doch nicht verwendet. So ist einem ein Dwinger-Werk namens "Das andere Deutschland", wie in der *Neuen Ruhr Zeitung* gemeldet,[34] erspart geblieben. Es erschien statt dessen im Jahre

---

[32] Vgl. die Übersicht bei Ralf Schnell: Traditionalistische Konzepte. In: Ludwig Fischer (Hrsg.): *Literatur der Bundesrepublik bis 1967*. München 1986 (= Hansers Sozialgeschichte der deutschen Literatur vom 16. Jahrhundert bis zur Gegenwart Bd. 10). S. 214-229, und den Textvergleich bei Walter Delabar: Zwischen Dichtung und Kahlschlag. Zwei Exkursionen in die bundesdeutsche Nachkriegsliteratur. In: *JUNI* (1995) H. 23. S. 97-116, vor allem S. 105-111.

[33] Wie etwa Jochen Pfeifer: *Der deutsche Kriegsroman 1945-1960. Ein Versuch zur Vermittlung von Literatur und Sozialgeschichte*. Königstein/Ts. 1981. S. 199, mit Bezug auf: Frank-Friedrich Wagner: Der literarische Ausdruck faschistischer Tendenzen in Westdeutschland. Untersucht an Kriegsromanen. Diss. masch. HU Berlin 1957.

[34] Wie Anm. 23. Hans von Steffens (Anm. 24) hatte für den Ostpreußen-Roman Dwingers auch den Titel "Der große Treck" mitgeteilt.

1950 schließlich als *Wenn die Dämme brechen*.[35] Dwinger widmet sich hier auf über 600 Seiten — wie bereits zitiert — dem "eigenen furchtbaren Erleiden", dem "Untergang Ostpreußens",[36] beschreibt also den Zusammenbruch des nördlichen Teils der Ostfront während des Jahreswechsels 1944/45. Im Jahr darauf folgte, ebenfalls ohne Gattungsbezeichnung, Dwingers zweiter Nachkriegstext *General Wlassow*,[37] der an den Vorgänger anschließt, obwohl es in ihm vorrangig um das Portrait des russischen Generals Wlassow geht, der sich vergeblich angeboten hatte, die Deutschen im Krieg gegen die Sowjetunion als Bündnispartner zu unterstützen.

Dwingers Ausgangssituation und das daran anknüpfende Argumentationsverfahren, das er in diesen beiden Romanen vorantreibt, ist nicht ohne intellektuellen Reiz, muß er doch die Kontinuität seiner literarischen Produktion und die Relevanz seiner ideologischen Position über die vollständige Diskreditierung des politischen Systems hinweg, mit dem er verbunden war, behaupten. Und es wäre verfehlt, ihn als isolierte Gestalt anzusehen, die nur am postnazistischen Stammtisch ihr Publikum gefunden hätte. Ganz im Gegenteil zeigt ja gerade die Flut der Bewältigungs- und Rechtfertigungstexte derjenigen Autoren nach 1945, die durch ihre Karriere im Dritten Reich belastet waren oder die auch nur durch mehr oder minder große Anpassungsleistungen ihr Überleben gesichert hatten, wie sehr Dwinger eben auch ein typischer Vertreter seiner Autorengeneration war und wie verbreitet seine Lösungswege waren. Aber nicht Dwingers neue Kriegsbücher wurden zu Bestsellern, sondern die anderer Autoren, die ihm, in gewisser Hinsicht, gar nicht einmal so fern waren — zum Beispiel die Werke Peter Bamms, dessen Kriegserinnerungen Dwingers Themen nahestehen, oder Ernst von Salomons, der aus einem ähnlichen militanten Kontext kommt.

So konnte Peter Bamm, der schon 1939 zur Wehrmacht gegangen und bis zum Ende des Kriegs dort geblieben war, in *Die unsichtbare Flagge* (1952)[38] politisch völlig unbelastet seine Sicht des Krieges präsentieren und dabei die 'guten Soldaten' von den 'bösen Nazis', von "den Anderen", wie er schreibt, abgrenzen und damit ein attraktives Identifikationsangebot für diejenigen machen, die sich zwar — nach 1945 — mit ihrem Land verbunden wissen wollten, die Distanz zu den Nationalsozialisten jedoch de-

---

[35] Edwin Erich Dwinger: *Wenn die Dämme brechen... Untergang Ostpreußens*. Überlingen a.B.: Otto Dikreiter Verlag 1950. Zitiert wird nach der Ausgabe: 16.-20. Tsd. aus demselben Jahr unter der Sigle D.

[36] Steffens (Anm. 24).

[37] Edwin Erich Dwinger: *General Wlassow. Eine Tragödie unserer Zeit*. Überlingen a.B.: Otto Dikreiter Verlag 1951. Zitiert wird unter der Sigle W.

[38] Peter Bamm: *Die unsichtbare Flagge*. München: Kösel 1952.

monstrieren mußten.[39] Bis heute, bis in die Goldhagen-Debatte, gilt die
Wehrmacht deshalb als eigentlicher Hort des guten Deutschen, in dem die
Nationalsozialisten nie recht Fuß fassen konnten. Bei aller Nähe sind die
Differenzen dennoch nicht zu unterschlagen. Bamm selbst war zwar eben-
falls schon vor seiner Wehrmachtzeit literarisch produktiv, gehört aber zu
den in der Forschung wenig beachteten konservativen Autoren der kleinen
Form. Die Distanz zum Werk Dwingers könnte kaum größer sein, obwohl
Dwinger wie Bamm vor und nach dem Krieg zur politischen Rechten ge-
hören.

Anders hingegen Ernst von Salomon, der mit seiner Freikorpsvergan-
genheit, als Helfer der Rathenau-Attentäter und mit einer umfangreichen
literarischen Produktion schon vor dem Dritten Reich — *Die Geächteten*
(1930), *Die Stadt* (1932) und *Die Kadetten* (1933) — große politische und
thematische Parallelen zu Dwinger aufweist. Bemerkenswerterweise hat
sich Salomon jedoch, obwohl er sich auch weiterhin als Nationalist verstanden hat, auf Distanz zum Nationalsozialismus begeben — bei aller
Sympathie etwa zu Bruno Brehm — und stellte seine literarische Produktion während des Dritten Reiches mit Ausnahme einer historischen Studie
ein. Erst mit *Der Fragebogen* (1951)[40] nahm er sie äußerst erfolgreich
wieder auf. Seinem Erfolg kam, kann man annehmen, gerade diese Konstellation des alten Kämpfers zugute, der den ursprünglichen Idealen treu
geblieben war, sich jedoch vom Nationalsozialismus fern gehalten hatte.
Konsequent hat Salomon deshalb auch an Elementen der gerade vergangenen Zeit festgehalten, die den Nachgeborenen als genuin nationalsozialistisch erscheinen mögen, von ihm jedoch als Ausdruck des das Dritte
Reich überdauernden Wesenskerns der 'nationalen' Identität verstanden
worden sind. Wie weit selbst der Rowohlt-Autor, der immerhin vom einzigen deutschen Verleger betreut wurde, der vor der Gründung der beiden
deutschen Staaten in allen vier Besatzungszonen eine Lizenz erhalten hatte,[41] hierbei gegangen ist, zeigt etwa der Umstand, daß zwar die Pogrome
des Jahres 1938 im *Fragebogen* vorkommen, Konzentrationslager aber nur
in einem Fall ausführlich beschrieben werden, nämlich für die Haft Salomons in amerikanischer Kriegsgefangenschaft.[42] Signifikant auch die

---

[39] Vgl. zu Bamms Polarisierung v.a. Pfeifer (Anm. 33). S. 148, und schon Hans
Wagener: Soldaten zwischen Gehorsam und Gewissen. Kriegsromane und -tage-
bücher. In: H.W. (Hrsg.): *Gegenwartsliteratur und Drittes Reich. Deutsche Autoren in der Auseinandersetzung mit der Vergangenheit.* Stuttgart 1977. S. 241-264,
hier S. 253.
[40] Ernst von Salomon: *Der Fragebogen.* Hamburg: Rowohlt 1951.
[41] Vgl. zu Rowohlts Verlagspolitik und -programm nach 45 Reinhold (Anm. 12).
V.a. S. 215.
[42] Diese Passagen haben der amerikanischen Übersetzung des *Fragebogens* einigen
Ärger eingetragen. Vgl. Hans B. Meyer: Dynamitladung unter Salomons Klubses-

144

Hochachtung Salomons für die Haltung der SS-Offiziere im Lager und sein einfühlsames Portrait des 1940 akkreditierten Gesandten des Dritten Reiches in der Slowakei Hanns Ludin. Aber selbst damit behauptet Salomon nicht seine Übereinstimmung mit dem Nationalsozialismus, sondern trennt gerade das verbrecherische System von den von ihm mißbrauchten (deutschen) Tugenden.

Im Unterschied zu Dwinger wurden die Bücher Bamms und Salomons freilich von renommierten Verlagen (Rowohlt und Kösel) betreut und haben Auflagen von mehreren Hunderttausend im Hardcover und als Taschenbuch bis in die jüngste Zeit erlebt, neben denen sich die Auflagen der neuen Texte Dwingers und ihre Wirkungsmacht eher bescheiden ausnehmen.[43] Die Gründe dafür liegen aber gerade nicht im Verfahren, mit denen

sel? Bericht über die Wirkung des "Fragebogens" in Amerika. In: *Münchener Merkur* vom 7. Januar 1955; Norbert Muhlen: "Der Fragebogen" stellt Amerika vor Fragen. In: *Neue Zeitung* vom 16. Januar 1955 (Kürzel nicht aufgelöst); -d: Deutschlands deutsche Feinde. In: *Süddeutsche Zeitung* vom 21. Januar 1955 (Kürzel nicht aufgelöst); N.N.: Warnzeichen. In: *F.A.Z.* vom 11. Februar 1955.
[43] Bamms Werk erreichte im Jahr 1959 eine Gesamtauflage von 430 Tsd., die 10. Auflage bei Kösel im Jahre 1963 lag bei 130 Tsd. Zahlreiche Buchclub- und Taschenbuchausgaben haben die Auflage hochgetrieben, unter anderem eine Ausgabe der "Buchgemeinschaft Donauland", die sich auch Dwingers *Wenn die Dämme brechen* und *Es geschah im Jahre 1965* angenommen hat. Salomons *Fragebogen* erreichte 1953 eine Auflage von 222 Tsd., eine Taschenbuchausgabe, ebenfalls bei Rowohlt, folgte 1961. Dwingers Werke bleiben im Vergleich dazu nachrangig: Zwar wird *Zwischen Weiß und Rot* 1950 in 10 Tsd. Exemplaren nachgedruckt, ebenso *Die Armee hinterm Stacheldraht*. Aber die Neuauflage von *Die letzten Reiter* von 1953 wird nur in 4 Tsd., *Hanka* (neuer Titel von *Korsakoff*) nur in 3 Tsd. gedruckt. *Wenn die Dämme brechen* erreicht 1953 eine Auflage von 42 Tsd., es folgen später nur noch zwei Auflagen des Ostpreußenbuches bei Universitas in München (1979 und 1984) und die Taschenbuchauflagen bei Bastei-Lübbe. *General Wlassow* geht über die Erstauflage nicht hinaus. *Die Armee hinterm Stacheldraht* erreicht hier 1978 die 3. Auflage, *Wenn die Dämme brechen* 1978 die 2., ebenso *Zwischen Weiß und Rot* im Jahre 1977, *Die letzten Reiter* und *Und Gott schweigt...?* bleiben bei einer Auflage. Das Engagement von Bastei-Lübbe beschränkt sich im übrigen allein auf das Jahrfünft 1976-1980. Ansonsten ist, ohne daß in jedem Fall die genaue Höhe der Auflagen von Dwingers neuen Werken bekannt wäre, spätestens nach 1955 Dwinger als Erfolgsautor mit bedingter Ausnahme von *Wenn die Dämme brechen* gestorben. Die Angaben von Müssener (Anm. 7). S. 128, und Hans Wagener: Als Zeuge im Verhör. Zum Ideologieverdacht in Sachen Dwingers. In: Jörg Thunecke (Hrsg.): *Leid der Worte. Panorama des literarischen Nationalsozialismus*. Bonn 1987 (= Abhandlungen zur Kunst-, Musik- und Literaturwissenschaft 367). S. 278-299, hier S. 278, sind also ebenso zu korrigieren wie die von Günther Cwojdrak: *Die literarischer Aufrüstung*. Berlin 1957. S. 9. Alle Angaben nach *Deutsches Bücherverzeichnis* oder *Deutsche Bibliographie*.

die Autoren jeweils versucht haben, gegen den übermächtigen Druck des Kollektivschuldvorwurfs ihre persönliche wie kollektive Identität zu behaupten. Was Dwinger, solange er sich auf diese gemeinsamen Themen konzentrierte, von anderen konservativen Erfolgsautoren der Nachkriegszeit unterscheidet, die sich mit der Zeit des Dritten Reiches und insbesondere mit dem Krieg beschäftigten, und was wohl ihren Erfolg ausgemacht hat, ist, daß seine Ausgangssituation wesentlich schlechter war, er sehr viel stärker mit dem NS-Regime in Verbindung gebracht wurde. Nicht zuletzt diese Vorgabe ließ ihn jedoch auch darüber hinaus in den Bereich politischer und ideologischer Strategien gehen.

Das Problem aber, das allen diesen Autoren gemeinsam ist, das sie vorrangig zu lösen versuchten und das ihnen ihren außergewöhnlichen Erfolg bescherte, ist das der Behauptung persönlicher Identität über die als "Zusammenbruch" erfahrene Niederlage des Dritten Reichs hinweg. Dabei wählten sie eine Strategie, mit der es möglich wurde, die eigene Biographie trotz der Schuld, die auf jedem einzelnen lastete, bruchlos weiterzuschreiben und die Verantwortung für den Krieg, die Kriegsverbrechen und die Vernichtung der europäischen Juden vor allem an die teils dämonisierten, teils demontierten NS-Größen abzuschieben. Identität jedoch ließ sich nur behaupten, wenn die bisherige persönliche wie kollektive Geschichte nicht grundsätzlich von der Gegenwart getrennt werden mußte, weil die Vergangenheit und damit das Verhalten der Individuen in ihr den Maßstäben der Gegenwart nicht zu entsprechen vermochte. Die Linien mußten über den militärischen Zusammenbruch hinaus gezogen werden. Dwinger — um bei seinem Exempel zu bleiben — mußte also, um als Autor Akzeptanz zu finden, die Glaubwürdigkeit und Bonität der Majorität bestätigen. Und dies war am ehesten und plausibelsten möglich, indem das individuelle Handeln in der konkreten Situation als angemessen, wenn nicht gar als exemplarisch präsentiert wurde. Dafür eignete sich der gerade beendete Krieg ganz besonders. Denn obwohl der Zweite Weltkrieg der Krieg der Nationalsozialisten war und in der historischen Situation kaum zwischen Betreibern und Getriebenen differenziert werden konnte, war in seiner Rekapitulation und Rekonstruktion genau das möglich: negative Nationalsozialisten und positive Soldaten, Partei und Volk besetzten jetzt gegensätzliche Pole in der Wertestruktur. Das hatte den Effekt, daß die gänzlich negative Auszeichnung der Deutschen unterlaufen (in der Terminologie: 'korrigiert') werden konnte, da sich im Krieg ja auf beiden Seiten Soldaten gegenüber gestanden hätten: Und daß jede Seite an der Hochschätzung ihrer Soldaten festzuhalten bestrebt ist, mochte wohl gerade den Alliierten mit ihrer ungebrochenen Haltung zu ihrem Militär als Einsicht unterstellt werden können, wie es auch den Deutschen selbst zu Selbstbewußtsein verhelfen konnte. Zugleich wurde durch eine solche Konzentration auf 'den deutschen Soldaten' dessen Situation zusätzlich verschärft, kämpfte er doch nicht allein gegen eine feindliche Armee, sondern auch an einer zweiten 'Front' gegen die NS-Hardliner. Der Kollektivschuld-These wurde für die deutsche Seite ein duales System von Deutschen und Nazis entgegengestellt. Ziel Dwingers waren Sätze wie dieser: "Wir deutschen Soldaten sind nicht schuld" (D, 137), in diesem Fall daran, daß die Niederlage des Dritten Reiches erst mit der Eroberung Berlins enden konnte.

Damit aber nicht genug: Schuld hatten, was das angeht, gar die Alliierten, die sich dem Diktum Stalins unterworfen und die bedingungslose ·Kapitulation gefordert hätten. Man habe, so läßt Dwinger eine seiner Hauptfiguren, den Obersten von Pleskow sagen, "eben nicht nur den Fall des Systems" gewollt, sondern "in erster Linie den Fall Deutschlands" (D, 137). Den Widerstand, den die "kämpfende Wehrmacht", vor allem also 'der einfache Soldat' — die Lüge gibt sich immer im Singular, möchte man einwerfen —, noch geleistet hätte, obwohl die Niederlage sichtbar nicht abzuwenden gewesen sei, läßt Dwinger seine Figuren immer wieder mit den "Menschen" begründen. Die Trecks, die sich in den Westen, über die Elbe zu retten versuchen — Dwinger gibt zwei Exempel: einen Zug von jungen HJ-lern, die aus der Frontlinie gezogen werden, und einen Treck aus Ostpreußen, der übers Haff kommend relativ ungeschoren die von den westlichen Alliierten besetzten Zonen erreicht —, gilt es zu schützen. So wieder Pleskow: "Denn diese Menschen sind alle irgendwie verloren — die Frauen ohnedies, kein Wort darüber — aber die Männer sind es nicht weniger." (D, 190) Und sein Sohn, an anderer Stelle der Ereignisse, ergänzt:

> Nur dafür stehen wir hier, daß sich noch Tausende retten können. Daß unsere Mütter davonkommen, nicht weniger unsere Kinder. Und unsere Mädchen, unsere sauberen deutschen Mädchen, von denen jeder von uns eine hat, irgendwo in der Heimat. Das ist der Sinn unseres Kampfes, gerade dieses Kampfes, an diesem letzten Brückenkopf. (D, 321)

Schuldig werde, mehr noch, nicht der, der bis zum Schluß kämpfe, sondern der, der den Kampf nicht durchhalte. Die Desertion als Lösung bleibt grundsätzlich außen vor[44] und einem Autor wie Alfred Andersch vorbehalten. Durch diese doppelte Bindung ist aber eine Haltung gesichert, die der Durchschnittsgestalt die Akzeptanz der NS- und Militär-Diktatur bis zum Ende legitimiert, ohne daß damit auch die persönliche Reputation aufgegeben werden mußte. Nicht Begeisterung, Überzeugung, Autoritätshörigkeit, Unselbständigkeit, Furcht vor dem Gestapo-Terror und den militärischen Standgerichten sind Grund für die bis zum Schluß dauernden Kämpfe, sondern eine Eigenschaft des deutschen Soldaten, die, bedenkt man es wie Vater und Sohn Pleskow, "es [wie folgt — W.D.] über sie []kommen" läßt:

---

[44] Vgl. Pfeifer (Anm. 33). S. 143.

"Der deutsche Soldat [...] ist ein Wunderbares! Man möchte am liebsten aufstehen, wenn von ihm gesprochen wird..." (D, 103).[45] Spätestens mit diesem "nachdenklichen" Augenblick ist jeder Kollektivschulddebatte die Basis geraubt. Und wenn man (also Dwinger) sie noch führt, dann nur um nachzuweisen, daß eigentlich — in einer doppelten Verschiebung — die anderen Völker und deren Politiker gröbere Fehler gemacht und größere Schuld auf sich geladen haben, als es dem "braven Durchschnittsdeutschen" je möglich gewesen wäre. Auf diesem Weg wird Hitler zum "Homunkulus aus [...] [den] giftigen Dämpfen", die die Alliierten in der "Friedensküche von Versailles" angerührt hätten (D, 291 und passim). Wenn selbst einem Churchill 1938 allein klar gewesen sei, daß Hitler ein großer Mann sei, aber noch nicht, ob er auf die gute oder die böse Seite fallen werde, "wie konnte man das vom braven Durchschnittsdeutschen verlangen?" (D, 447) Auf dieser Basis wagt sich Dwinger sogar an die Vernichtung der europäischen Juden, die Konzentrationslager und die Gefangenenmorde. Allerdings erst, nachdem er vielfältige Beispiele für die "Große Walze" der Roten Armee gebracht hat, mit der sie "die Straße zum Kollektivismus baut" (D, 36) — Vergewaltigungen, Hinrichtungen, Morde, Plünderungen, nicht allein aus Erzähler- oder Figurenperspektive geschildert, sondern auch mit Authentizität garantierenden Zeugnissen, Tagebucheintragungen oder Feldpostbriefen russischer Soldaten quasi objektiviert. Die Bagatellisierung der Konzentrationslager aber ist, angesichts der internationalen Stimmung, behutsam einzuleiten, am besten mit einem vorläufigen Schuldeingeständnis, das später suspendiert werden kann: "Das liegt", läßt Dwinger also Lukas Berger edel eingestehen, der die HJ-Gruppe aus dem russischen Gebiet geführt hat und sich nun vor einem alliierten Offizier als angeblicher Werwolf verantworten soll, "auf einer anderen Ebene, Herr Leutnant, dafür bringe ich nicht ein Entschuldigungswort auf." Dabei bleibt es jedoch nicht:

> Nur dies darf ich vielleicht dazu sagen: Was jetzt in Ostpreußen geschieht, im Warthegau, in Pommern, in Brandenburg, in Schlesien — das ist tausendmal, nein zehntausendmal, nein, sogar hunderttausendmal so fürchterlich! Ich übertreibe dabei nicht, ich wiederhole es ganz bewußt: H u n d e r t t a u s e n d - f a c h ! Aber davon schweigt die Welt, davon spricht niemand ein Wort! (D, 544, Sperrung und Ausrufezeichen im Original)

Solcher Entschuldung widmet Dwinger große Teile seiner beiden, angesichts ihres Verfahrens als Romane und nicht als 'Chroniken' zu bezeichnenden Nachkriegstexte *Wenn die Dämme brechen...* und *General Wlassow*. In *Wenn die Dämme brechen...* sind es im wesentlichen sieben Handlungsstränge, in denen er dies entwickelt. Drei von ihnen, um den Obersten

---

[45] Vgl. zum deutschen Heldentypus, mit besonderer Betonung seiner Leidensfähigkeit Pfeifer (Anm. 33). S. 91-104.

von Pleskow, um den mit einer Pleskow verheirateten Professor Höltermann und um den vom Bruder des Obersten angeführten Treck in den
Westen, ziehen sich durch das ganze Buch und tragen die Haupthandlung.
Die Ereignisse um einen Zug von jungen HJ-lern (Lukas Berger) und um
einen der Pleskow-Söhne (Friedrich) reichen als Nebenhandlungen ebenfalls über das ganze Buch. Zwei weitere um einen zweiten Pleskow-Sohn
(Dieter) und um den Amtsleiter Meier, die nur Teile des Buches umfassen,
enden mit dem gewaltsamen Tod der Protagonisten — säuberlich aufgeteilt
auf ein bolschewistisches und ein nationalsozialistisches Vollstreckungs-
kommando.

Dwinger bietet eine ganze Spannbreite positiver Figuren auf, vom Intellektuellen Höltermann über die Offiziere, den Parteifunktionär und die einfachen Soldaten bis zum Landarbeiter und zur Dienstmagd, allesamt freilich mittlere und kleine Chargen. Die hochrangigen Persönlichkeiten hingegen, der Gauleiter Koch, die Wehrmachtsgeneräle, Hitler und in *General
Wlassow* alle genannten NS-Größen, vor allem Himmler, SS-Obergrup-
penführer Berger und in einer Nebenrolle Goebbels, sind mit wenigen,
bedingten Ausnahmen wie etwa Baldur von Schirach von erstaunlicher
Mediokrität, entlarven sich als egozentrisch, aufgeblasen, größenwahnsin-
nig, menschlich unangenehm und vor allem inkompetent.[46]

Das Personal der Romane unterhalb der Spitzen der Gesellschaft jedoch
handelt vorbildlich, stets grundsätzlich orientiert an den gesellschaftlichen
Traditionen: Eine bedeutsame Auszeichnung ist es, wenn der Erzähler von
einer Nebenfigur vermerkt, daß "ihr Dienen [...] noch Erfüllen des Geset-
zes" sei (D, 20). Jeder hat, verlängert man solche Rede, seinen sinnvollen
sozialen Ort, den zu verlassen verhängnisvoll ist. Und gerade daß dies in
der Moderne massenhaft geschieht, spricht ihr eigentlich das Urteil.

Innerhalb des positiven Figurenspektrums besteht deshalb eine als "natürlich" ausgezeichnete Hierarchie, die Frank Wagner 1960 in seiner in der
DDR erschienenen Polemik gegen die revanchistischen Autoren der Bundesrepublik selbstverständlich aufgenommen hat. Dwinger unternimmt mit
seinem "Bekenntnis zur Junkerherrschaft",[47] mit seiner einfühlsamen
Zeichnung der Frontoffiziere und der "ehrlichen" Pioniere der NS-"Bewegung" (Dieter Pleskow und der Amtsleiter Meier sind seine "tragischen"
Exempel) bis hin zur SS einen ähnlich extremen Integrationsversuch wie
Ernst von Salomon. Und er formuliert damit zugleich ein Elitenmodell, das
er gegen den Anachronismusvorwurf zu immunisieren hofft, indem er in
ihm das einzig taugliche Bollwerk gegen den gesellschaftlichen Nieder-

---

[46] Für das Figuren-Spektrum in den Kriegstexten nach 45 vgl. Wagener (Anm. 39)
v.a. S. 242-248, und Pfeifer (Anm. 33).
[47] Frank Wagner: *Literatur auf Kriegskurs. Eine literaturkritische Analyse.* Berlin
1961. S. 77; vgl. Cwojdrak (Anm. 43). S. 29.

gang in der Vermassung darstellt, deren extremste Form im Bolschewismus vorliege. Die Anschlußmöglichkeiten etwa zur Zivilisationskritik der Weimarer Republik einerseits[48] und zur "formierten Gesellschaft" Ludwig Erhards[49] andererseits sind offensichtlich.

Dwinger wertet vor allem zwei auf den ersten Blick gegensätzliche Figuren seines Personals auf, Höltermann und Pleskow, die er jedoch ohne weiteres kategorial zusammenbindet: Höltermann, dem der Erzähler die Aufgabe der kulturhistorischen Analyse überträgt, ist nichts weniger als "der letzte Humanist", der den "Reichtum von Jahrtausenden [...] zu jeder Stunde greifbar bei sich trägt" (D, 282). Daß die Figur (Pleskow), die diese Charakterisierung vor sich "hinmurmelt", vom Erzähler selbst als "alter Humanist" (D, 282) bezeichnet wird — und vor allem die politisch-historischen Linien auszieht —, weist schon auf den argumentative Fluchtpunkt Dwingers hin: die Identität von Nationalsozialismus und Bolschewismus. Denn obwohl er immer wieder auf die positiven Anfänge der "Bewegung" hinweist, baut er in seiner Verteidigung nicht auf die Dynamik der frühen nationalistischen Gruppen und des nationalsozialistischen Regimes der ersten Jahre, sondern auf die Tradition des Abendlandes, die nun, mit dem Sturm der Russen, dem Untergang nahe sei.[50] Mit dem *Abendland* jedoch — einer ebenfalls konsensfähigen Sigle dieser Zeit — verbindet sich mehr als nur die zufällige Niederlage der Deutschen in diesem Krieg, nämlich der *Untergang* der Kultur: "Nicht die Kultur eines Erdteils [...] würde mit dem Abendlande sterben", formuliert das schließlich Wlassow im späteren Roman Dwingers, "sondern die gesamte Kultur der Menschheit würde enden!" (W, 237) Diese Gewißheit ist um so stärker, als der Schriftsteller Hollstein und Wlassows Gesprächspartner in der Wehrmacht dem staunenden General nicht nur Berlin, sondern auch noch das besetzte Paris und Wien als kulturelle Hochburgen vorgeführt haben. Die Zerstörung von Königsberg, Dresden und Würzburg erscheinen so vor

---

[48] Vgl. Peter Sloterdijk: Weltanschauungsessayistik und Zeitdiagnostik. In: Bernhard Weyergraf (Hrsg.): *Literatur in der Weimarer Republik 1918-1933.* München 1995 (= Hansers Sozialgeschichte der deutschen Literatur vom 16. Jahrhundert bis zur Gegenwart 8). S. 309-339, 699-700; Norbert Bolz: *Auszug aus der entzauberten Welt. Philosophischer Extremismus zwischen den Weltkriegen.* 2. Aufl. München 1991.

[49] Vgl. etwa Dietrich Thränhardt: *Geschichte der Bundesrepublik Deutschland.* Frankfurt a.M. 1986 (= Neue Historische Bibliothek, ES N.F. 267). V.a. S. 136ff. Ludwig Erhard benutzte diese Formel, die als Leitmuster nahezu aller konservativen Bewältigungsbemühungen des 20. Jahrhunderts gelten kann, allerdings erst in den sechziger Jahren.

[50] Vgl. Müssener (Anm. 7). S. 140, zur Gegenüberstellung von Abendland und Bolschewismus in Dwingers *Zwischen Weiß und Rot,* vgl. auch Pfeifer (Anm. 33). S. 41.

allem als kulturelle Greueltaten. Und es wäre, denke ich, durchaus im Sinne Dwingers, in der Kombination von Abendland und Untergang Oswald Spenglers wirkungsmächtigen Titel aufzuspüren.

Dwinger gibt solch nachdenklichen Momenten selbstverständlich den gebührenden Raum, etwa als Oberst von Pleskow bei seinen Fahrten an der Front zufällig auf das Gut seiner Kindheit gerät, auf das sich sein Bruder Dietrich von Pleskow 1933 zurückgezogen hat. Das Gut ist mittlerweile schon lange verlassen, zum Teil schon geplündert, aber die beiden Flügel stehen noch im Musikzimmer:

> "Mein Gott", entfährt es dem Obersten bei ihrem Anblick, "welch eine Kultur geht hier vor die Hunde, was wird hier jetzt alles untergepflügt! In wenigen Tagen schon werden die Polaken hier hausen, es mit genialem Schwung in die polnische Wirtschaft einbeziehen. Und mit Recht ihr altes Lied singen, ich glaube, zum zehnten Mal in ihrer Geschichte: Noch ist Polen nicht verloren... Und vielleicht wird ein Offizier dabei sein, der ihr Grölen auf dem Flügel begleitet. Wie es wohl in der Seele eines solchen Instruments aussieht, wenn nach dreißig Jahren deutscher Klassik solches mit ihm geschieht?" (D, 249)

Sein Adjutant kann ihm darauf die im Dwingerschen Kosmos einzig mögliche Antwort geben: "Wohl wie in den unsern, Herr Oberst!" (D, 249)[51]

Die Qual der Tasteninstrumente wie des "braven Deutschen" nicht genug, umkreist Dwinger in immer neuen Anläufen, in denen vor allem der Königsberger Kant-Verehrer Höltermann die Feder oder die Rede führt — meist neigt seine Frau dazu freundlich das Haupt —, das totalitaristische Denkmuster, in dem Bolschewismus und Nationalsozialismus — "Faschisten der beiden Komplementärfarben" (sic!) — zu Varianten der Massengesellschaft werden, die im Widerspruch zur abendländischen Kultur stehe. "Der totalitäre Staat Adolf Hitlers — hat mit dem Abendlande nichts zu tun", konstatiert etwa Höltermann und fügt hinzu: "Der bolschewistische aber — noch viel weniger..." (D, 125). "Der Nationalsozialismus ist lediglich eine deutsche Form des Kollektivismus", heißt es an anderer Stelle (D, 185). Und wieder an anderer, diesmal sitzen Pleskow und Höltermann zusammen, wird der "Bolschewismus" zum "Faschismus hoch drei" (D, 278). Warum also die (vormals als liberal verachteten) Amerikaner eigentlich gegen das nationalsozialistische Deutschland kämpfen und nicht gegen das wesentlich schlimmere bolschewistische Rußland, ist allen Beteiligten ein schlichtes Rätsel. Mehr noch, angesichts der Gefährlichkeit des Bolschewismus und der naiven Gutmütigkeit der Angloamerikaner kann die einzige noch sinnvolle strategische Option nur die sein, "schnellstens die

---

[51] Daß hier statt Russen Polen erscheinen, ist zweitrangig, rekurriert vielleicht auch auf Dwingers *Der Tod in Polen* (1940). Dwinger besetzt jedoch seine Negativpositionen relativ beliebig oder nach kontextuellem Bedarf mit Polen, Slaven, Russen oder Mongolen.

Angloamerikaner [...] [nach Osten] zu bringen..." (D, 286). Das Vernünf-
tigste wäre, sie "von Westen einfach durchlaufen [zu] lassen, pro forma
natürlich mit ihnen kämpfend, um ihnen keine östlichen Schwierigkeiten
zu machen, sie gegen die Vorwürfe der Russen abzudecken" (D, 13). Denn
neben dem Schutz der "sauberen deutschen Mädchen" (siehe oben) gibt es,
so Pleskow, "keine andere Aufgabe mehr, als Deutschland dem Westen zu
vermachen, es dem Abendlande möglichst heil zu übergeben" (D, 107).

Gegen wen sich solche Strategie wendet, versteht sich bereits nach
Lektüre dieses Textes von selbst. Der Bolschewismus als *Untergang des
Abendlandes* erzwingt die je nach Wahl notgedrungene oder vernünftige
Haltung des Antibolschewismus, mit der Dwinger schließlich tatsächlich
eine Linie von seinem Frühwerk bis in die Nachkriegstexte ziehen kann.[52]

Mit *General Wlassow* schließt Dwinger deshalb durchaus konsequent an
seine Ostland-Saga an, und zwar gleich in doppelter Hinsicht. Zum einen
verstärkt er noch die These, der Bolschewismus übertreffe den Nationalsozialismus an Grausamkeit und generell an negativen Konsequenzen um
ein vielfaches. Zum anderen weist er gerade im Exempel auf einen ihm
gangbar erscheinenden Weg hin, wie der "roten Flut" (D, 634) Einhalt geboten werden könne. Damit geht er jedoch über den Ostpreußen-Roman
hinaus und macht den Schritt vom kulturellen zum militärischen Projekt.
Hebt er in *Wenn die Dämme brechen* vor allem die habituellen Differenzen
zwischen Russen und Deutschen hervor, formuliert er in *General Wlassow*
auf dieser Grundlage eine erfolgsträchtige militärische wie politische Strategie.

Die NS-Führung habe, gegen den Rat des späteren Attentäters Stauffen-
berg, der in *General Wlassow* zu einem der stärksten Gewährsleute Dwingers wird, die antibolschewistischen Potenzen in Rußland nie für sich
nutzbar machen wollen. Wlassow, der militärhistorisch vor allem deshalb
von Belang ist, weil ihm 1941 vor Moskau der erste Einbruch in die deutschen Linien gelungen ist, sei als ehemaliger General der Roten Armee
und Parteigänger Stalins für die Deutschen der ideale Bündnispartner gewesen, wenn sie ihn denn als solchen anerkannt hätten. Zu den damit verbundenen Zugeständnissen, die ein gewisses militärisches Risiko bedeutet
hätten: etwa die Überlassung eigener Truppen und eines eigenen Frontab-
schnittes, haben sich jedoch weder die Heeresleitung noch Hitler entschließen können. Hitler und vor allem Himmler, dem deshalb weite Parti-
en des Textes gewidmet sind, hätten statt dessen lieber auf die völlige Un-
terjochung der Sowjetunion und des "slawischen Untermenschen" gesetzt.

---

[52] Vgl. Müsseners (Anm. 7). S. 133ff., Beschreibung von *Zwischen Weiß und Rot*.
Allerdings, so bemerkt Müssener, werden die Bolschewisten im Vorkriegsroman
"geradezu als vorbildhaft dargestellt" (S. 133), was Dwinger nach 45 ins Gegenteil
kehrt.

Wohlgemerkt: Selbst jetzt bewegen wir uns immer noch im Argumenta-
tions- und Darstellungskosmos des Romans Dwingers. Basale Thesen
Dwingers, der sich in diesem Roman, wie man annehmen kann, als Hollstein selbst ein Denkmal gesetzt hat, sind zum einen, daß "Rußland [...] nur
durch Russen zu besiegen" sei (W, 5 und passim), und zum anderen, daß
"der Russe [...] als naturhafter Mensch ein Wesen des Widerhalls [sei],
sprichst du ihn als Bestie an, wird er dir als Bestie antworten, rufst du ihn
aber als Menschen an, wird er dir sein Menschlichstes entgegentragen!"
(W, 25 und passim) Die zahlreichen Passagen aus *Wenn die Dämme brechen*, aus denen der unbedarfte (*Spiegel-*) Leser vielleicht hätte entnehmen
können, Dwinger prangere hier den "bolschewistischen Untermenschen"
an, werden auf diese Weise erst ins rechte Licht gerückt, erübrigen sich
freilich im großen und ganzen in *General Wlassow*. Die Kulturlosigkeit der
Russen vorausgesetzt, sind hier die von Russen verursachten Greuel in
ihrer Allgemeinheit vielmehr Resultat des Untermenschen-Wahns Himmlers und Hitlers. Ohne Zweifel dem förderlich ist die Zurichtung der einzelnen als "Material" im Bolschewismus (W, 137). Auf solche Leute könne sich Stalin verlassen. Aus ihnen komme dann nichts mehr heraus, "was
nicht linientreu ist", weil, wie Wlassow zu einer russischen Saboteurin
sagt, "sie dein Gehirn schon ausgeblasen, es lediglich mit Phrasen neu ge-
füllt! Weil du schon so weit bist, wie sie alle haben möchten, darum kannst
du frei sprechen..." (W, 135). Aber ohne den Druck, den die NS-Spitzen
mit der Untermenschen-Ideologie auf die Russen ausübten, blieben die
stalinistischen Marionetten isoliert.

Der Roman *General Wlassow*, immerhin über 400 Seiten stark, ist in der
Verfolgung dieser Argumentationslinie noch handlungsärmer als der Vor-
gängertext und deshalb noch stärker auf die Ausführung und Variation der
Dwingerschen Thesen konzentriert, nicht zuletzt weil Dwinger hier die
Handlung nahezu ausschließlich auf seine Hauptfigur Wlassow konzentriert hat. Daneben hat bestenfalls noch Hollstein eine eigene Handlungs-
linie. Die Abschüssigkeit der Handlung, die Niederlage Deutschlands, das
vergebliche Überlaufen zu den Deutschen, das Ende Wlassows und seiner
Kompagnons im Jahr 1947 sind als historische Eckdaten zudem nicht zu
umgehen, sondern geben die Handlung vor. Um so stärker, ist anzunehmen, dürfte der Akzent auf der Exemplarität der Handlung liegen, auf dem
Appell, wenigstens jetzt, im Kalten Krieg, den Weg Wlassows einzuschla-
gen. Um es mit den Worten eines Rezensenten des *Wlassow*-Romans zu
sagen: "Wlassow ist als Opfer der noch anhaltenden Blindheit Europas und
der USA gefallen."[53]

---

[53] C.G. Müller: Wlassow als Mahnung und Mythos. In: *Deutscher Kurier* (Frankfurt a.M.) vom 18. Oktober 1952. Der *Deutsche Kurier* war Zeitung der Liberal
Demokratischen Partei Hessens.

Was hier vom Rezensenten gerade als Leistung Dwingers herausgestellt wird, hatte für den ehemaligen Erfolgsautor jedoch einschneidende Folgen. Mit der Fortsetzung des anti-bolschewistischen Argumentationsstranges seines ersten Nachkriegsromans und seiner Zuspitzung im *Wlassow*-Text läßt er nämlich ohne weiteres die Gemeinsamkeiten mit den bundesdeutschen Erfolgsautoren wie Bamm und Salomon und die Problematik von Selbstbehauptung und Identität, auf die sie sich konzentriert haben, fahren. Dwinger schreibt sich zwar auf diese Weise frühzeitig in die politisierende Literatur des Kalten Krieges ein, vergibt jedoch damit seine Chance, auch als Erfolgsautor der Bundesrepublik zu reüssieren, nachdem ihm dies bereits in der Weimarer Republik und im Dritten Reich gelungen war. Die Aufgabe der Westfront, die er in *Wenn die Dämme brechen* als Prämisse seines Denkspiels gesetzt hat, die gemeinsame Ausrichtung der Westalliierten mit den Deutschen gegen "den Bolschewismus", der die formale Bezeichnung "Sowjetunion" völlig überspielt, und schließlich die exemplarische Präsentation einer seines Erachtens effektiven Strategie in *General Wlassow*, den Bolschewismus von innen her zu besiegen, machen ihn für die Formulierung extremer Positionen im Ost-West-Konflikt zum geeigneten Kandidaten. Diese hat auch im politischen Spektrum der Bundesrepublik ohne Zweifel einflußreiche Positionen gehabt.[54] Dem vorrangigen Bedürfnisprofil der Bevölkerung der jungen Bundesrepublik entsprach diese Position jedoch paradoxerweise nicht. Vor die (hypothetische) Entscheidung gestellt, die individuelle Identitätshygiene à la Bamm und Salomon in eine neue militante Ostkonfrontation fortzuschreiben, begnügte sich das Massenpublikum faktisch mit der ersten, individualistischen Option. Wiederaufbau und Konsumdefizit als Eckelemente der westdeutschen Nachkriegsjahre unterlaufen deshalb letztlich alle Versuche neuer Dammbauten oder Expansionen, von denen die politische Öffentlichkeit der fünfziger und sechziger Jahre aus dem Rückblick so bestimmt scheint. Aus diesem Widerspruch zwischen gesellschaftlicher Entwicklung der Industriegesellschaft und politischer Sprache erklärt sich vielleicht auch, daß Dwinger mit *Wenn die Dämme brechen* immerhin noch einen beachtlichen Erfolg hatte, den er allerdings mit den späteren Werken nicht mehr wiederholen konnte. Der Ostpreußen-Roman bediente noch alle Stilisierungswünsche des bundesdeutschen Lesepublikums, die von Identitätskonstanz über Opferstatus bis hin zum Vertriebenentrauma reichen. Der aggressive Anti-Bolschewismus des Textes, der darüberhinaus geht und Konsequenzen nahelegt, war noch mit mehr oder weniger großer Not diesen Zielen unterzuordnen: als Haltung militant zwang er dennoch zu keiner konkreten Ak-

---

[54] Vgl. etwa Hermann Glaser: *Kulturgeschichte der Bundesrepublik Deutschland.* Bd. 2: *Zwischen Grundgesetz und Großer Koalition 1949-1967.* München, Wien 1986. Insofern trifft die Polemik bei Wagner (Anm. 47). S. 63f., durchaus zu.

tion. Denkspiele, wie sie Dwinger noch Pleskow und Höltermann in *Wenn die Dämme brechen* vortragen läßt und wie er sie seinem *Wlassow*-Roman unterlegt, laufen deshalb ins Leere. Der Verbreitung des ersten Romans hat es noch wenig, dem der späteren um so mehr geschadet.

Rolf Düsterberg

Masse und Elite
Krieg, Wehrmacht und Nationalsozialismus in
Curt Hohoff: *Woina — Woina* (1951)

1951 veröffentlichte Curt Hohoff sein autobiographisches "russisches Tagebuch" *Woina — Woina* (russ. = Krieg), das einen Erlebniszeitraum von ca. 2 ¼ Jahren umspannt: Es beginnt am 22. Juni 1941 — deutscher Angriff auf die Sowjetunion — und endet im nicht genauer datierten Herbst 1943. Nach dem Überschreiten des Bugs aus Richtung Lemberg erreicht der Autor mit seiner vorwiegend aus Österreichern ("[A]ls Soldaten in der infanteristischen Linie taugten sie nicht viel, sie waren viel zu nervös und ängstlich. [...] Sie waren nicht etwa feige, aber im entscheidenden Augenblick versagten sie an Leib und Seele." [WW, 50])[1] bestehenden Infanterie-Geschützkompanie, deren Tagebuch der Unteroffizier zu führen hat, am 5. Juli 1941 die sowjetische Grenze. Der schnelle Vormarsch durch die Ukraine führt über Tscherkassy, den Dnjepr und Poltawa, um schließlich im November vorläufig bei Charkow zu stoppen; die Einheit bezieht dort Winterquartier. Im Frühsommer 1942 weiterer Vormarsch durch die Steppe zwischen Donez und Don Richtung Stalingrad über Kamenka (Juli), wo Hohoff im Gefecht am Arm verwundet wird, jedoch fronteinsatzfähig bleibt. Ende August, in der Stadt Nishni Tschirskaja am Don, ca. 100 km südwestlich von Stalingrad, erreicht den Offiziersanwärter die Kommandierungsverfügung zu einem Ersatzregiment nach Olmütz. Von dort aus wird er (nach vorbereitenden Ausbildungsabschnitten) für einige Wochen (Oktober bis Dezember) an die Kriegsschule Döberitz zum Offizierslehrgang kommandiert, den er mit der Beförderung zum Leutnant der Reserve Ende 1942 abschließt. Der Versetzungsbefehl zu einer bei Stalingrad eingekesselten Division erweist sich als Irrtum: Er wird als Zugführer eines Grenadier-Regiments nach Montpellier in Frankreich versetzt, wo er das

---

[1] Dieser Untersuchung liegt die Erstausgabe von *Woina — Woina* zugrunde, die beim Eugen Diederichs-Verlag, Düsseldorf und Köln, 1951 (1.-5. Tsd.) erschienen ist. Zitate aus dem Text werden unter der Sigle WW nachgewiesen. — Dieser Aufsatz ist entstanden als Marginalie im Rahmen eines Forschungsprojekts, das vom Projektverbund Friedens- und Konfliktforschung in Niedersachsen gefördert wird.

ruhige, bequeme, kultivierte, leicht dekadente, zuweilen aristokratisch anmutende, von ihm kritisch kommentierte Leben eines Offiziers der Besat-
zungstruppen mit Sekt und Austern führt. Dort fühlt sich die Armee "als
Friedensheer [...]", und man nimmt "Reiten, Kasino [...] wichtiger, als sie
im Kriege sein durften" (WW, 276). Mitte Februar 1943 wird die Division
an die Ostfront in die Nähe von Kursk verlegt. Nach verhältnismäßig ruhigen Wochen dort erlebt Hohoff zahlreiche Gefechte, die den Rückzug der
deutschen Truppen immer stärker beschleunigen. Mittlerweile, im April, ist
er zum Ordonnanzoffizier des Regimentsstabs ernannt worden; auch hier
gehört es zu seinen Pflichten, das Kriegstagebuch zu führen, darüber hinaus liegen seine Aufgaben in den Bereichen Abwehr, Spionage, Propaganda zum Feind, Umgang mit der ansässigen Bevölkerung, Vernehmung von
Gefangenen, Verfassen von Begründungen für Beförderungsanträge und
Ordensverleihungen (WW, 302f.; 327). Nach mehreren Wochen in Rylsk
spitzt sich Lage seiner nunmehr bereits bei Kiew stehenden Division angesichts eines sowjetischen Großangriffs Ende August 1943 dramatisch zu.
Anfang Oktober wird Hohoffs Regiment nach äußerst verlustreichen Abwehrkämpfen in den Kiefernwäldern nördlich der Stadt vom Gegner über-
rollt und er selbst — offenbar durch Panzerbeschuß — schwer verwundet
(letztes im Text genanntes Datum: 20. September 1943), womit die Aufzeichnungen enden.

Der in Emden am 18. März 1913 geborene Sohn eines Getreidemaklers,
katholisch, hatte nach dem Abitur 1932 zuerst ein Medizinstudium begonnen, sich dann aber für Germanistik, Geschichte, Anglistik und Philosophie entschieden (in Münster, Berlin, München und Cambridge).[2] Im Juni
1936 wurde er mit einer Arbeit über Heinrich von Kleist zum Dr. phil.
promoviert[3] und legte anschließend (Februar 1937) sein philologisches
Staatsexamen ab. Bis zu seiner Einberufung zur deutschen Wehrmacht am
6. August 1938 arbeitete Hohoff als freier Schriftsteller — eine Position,
die der in München lebende Autor nach dem Krieg seit 1950 erneut bis
heute gewählt hat. 1948-1950 war er Feuilletonchef des *Rheinischen Mer-*

---

[2] Quellen zur Biographie außerhalb von *Woina — Woina*: Bundesarchiv Berlin,
ehemaliges Berlin Document Center (im folgenden: Bundesarchiv/BDC), Akte
Hohoff, "Lebenslauf" vom 18. Januar 1938, unterzeichnet von Hohoff; Bundesar-
chiv/Zentralnachweisstelle Aachen, Karteikarten Kriegsoffiziere; C. Hohoff an
R.D. vom 19. Januar 1991; Walther Killy (Hrsg.): *Literatur Lexikon. Autoren und
Werke deutscher Sprache.* Bd. 5. Gütersloh, München 1990; Manfred Brauneck
(Hrsg.): *Autorenlexikon deutschsprachiger Literatur des 20. Jahrhunderts.* Über-
arbeitete und erweiterte Neuausgabe Reinbek 1995; Gero von Wilpert: *Deutsches
Dichterlexikon.* 2. Aufl. Stuttgart 1976.

[3] *Komik und Humor bei Heinrich von Kleist. Ein Beitrag zur geistigen Struktur
eines Dichters.* Berlin 1937. 80 S.; Diss. phil. Münster, 31. Dezember 1936.

kurs und 1949 Literaturredakteur der *Süddeutschen Zeitung*. Bei Kriegsbeginn stand Hohoff als Gefreiter einer im Polen-Feldzug kämpfenden Infanterie-Geschützkompanie an der Front; ebenso beim siegreichen Krieg gegen Frankreich. Der beim Angriff auf die Sowjetunion erneut im Osten eingesetzte Soldat und Schriftsteller brachte in diesem Jahr seine erste selbständige Publikation als Schriftsteller heraus, die Erzählungen aus dem Kriege *Der Hopfentreter*.[4] Nach seinem im "russischen Tagebuch" beschriebenen Einsatz in der Sowjetunion erlebte Hohoff das Kriegsende als Oberleutnant der Reserve und verbrachte anschließend vier Wochen in britischer Kriegsgefangenschaft.

I. Zur Rezeption und Form

Das knapp 400 Seiten starke Buch rief unmittelbar nach seinem Erscheinen eine lebhafte, nahezu einhellig positive Kritik hervor, was sich offenbar auf den Absatz auswirkte, denn schon 1952 wurden weitere 5.000 Exemplare (6.-10. Tsd.) gedruckt. Die Hoffnung des Verlages auf einen Bestseller (wie es in *Der Spiegel*, Hannover, zu lesen war)[5] erfüllte sich allerdings nicht; eine neue Auflage — die bis heute letzte — wurde erst wieder 1983 vom Wiesbadener Limes-Verlag auf den Markt gebracht und ist derzeit noch lieferbar. Nach den Aussagen zahlreicher Rezensenten könnten die Ursachen dieses 'gedämpften' Erfolges einerseits darin liegen, daß der Text neben seiner immer wieder besonders betonten Realitätsadäquanz den ehemaligen deutschen Landsern angeblich eine Art 'Anstands-Bescheinigung' ausstellt und sie damit moralisch exkulpiert, wofür im Text durchaus Anklänge zu finden sind. So heißt es z. B., daß in Wahrheit der Infanterist "das meiste" geleistet habe (WW, 245). Aussagen wie diese waren sechs Jahre nach Kriegsende vielen Rezensenten, die ja meistenteils selbst Soldaten gewesen sein dürften, offenbar willkommen: "Darum wird *Woina — Woina* zu einem Hohelied des guten Kerns in jedem Soldaten"; im Mittelpunkt des Buches stehe "der einfache Frontsoldat, der im Bewußtsein der Pflicht kämpfte und sein Leben für seine Kameraden gab, [...] Denkmal für unsere Gefallenen"; "Das Anständige der Gesinnung hebt sich sehr heraus"; "So blieben [...] nur die Tugenden des kleinen Mannes: Anstand, Kameradschaft und Treue. Die Führer besaßen sie nicht"; "Dieser Curt Hohoff wirkt beispielgebend für Millionen Deutscher, die im Kriege ihrer Pflicht gehorchten"; "Dokumentation des anständigen deutschen Soldatentums"; "eindringliches Bild des Rußlandkämpfers [...], der seine Bewährungsprobe inmitten einer harten und grausamen Welt glänzend bestanden

---

[4] Potsdam 1941 sowie Leipzig o. J.
[5] vom 21. November 1951.

hat."[6] Andererseits ist das Buch mit seinen zahlreichen Reflexionen, theoretischen Erörterungen und wohl auch aufgrund seiner weltanschaulichen (katholischen) Tendenz für den akademisch ungeschulten und in dieser Richtung religiös nicht (oder religiös überhaupt nicht) orientierten Leser eine teilweise nicht unproblematische Lektüre, was eine massenhafte Rezeption verhindert haben dürfte.

Von den 63 in der Anlage aufgeführten Pressestimmen[7] verschiedener Organe der Printmedien aus dem ganzen Bundesgebiet (einschl. einer aus Österreich), veröffentlicht zwischen Oktober 1951 und April 1952, werten 48 das Kriegstagebuch Hohoffs ausschließlich explizit positiv; lediglich 4 äußern sich entsprechend negativ, während 6 eine verhalten kritische und 5 keine wertende Stellungnahme abgeben. Auffällt zunächst, daß dem Buch hinsichtlich seiner empirischen 'Wahrheit', historischen Authentizität und Realistik, bezogen auf die geschilderten Personen und Situationen, ein besonders hoher Wert zugemessen wird: In 49 Rezensionen wird dies als wesentliches Qualitätskriterium des Textes genannt. Wo es nicht ausdrücklich formuliert ist ("[...] schildert der Verfasser, wie deutsche Landser in Osten gekämpft und gefühlt haben [...], was sie wirklich dachten"; "So war es!"), wird es durch Begriffe wie Bericht, Chronik, Dokument, objektiv, Tatsachen usw. deutlich angezeigt. Lediglich einige wenige Kritiker weichen von dieser Einschätzung ab; sie sehen hier den Anspruch auf Allgemeingültigkeit nicht eingelöst, manches sei unglaubwürdig, das Grauen des Krieges entziehe sich Hohoffs Darstellungsvermögen — womit allerdings eher ästhetische Qualitäten angesprochen sind.

Das Buch wurde also in aller Regel als das verstanden und bewertet, was sein Autor offenbar intendiert hatte: als nicht-fiktionaler Text, der schon aufgrund seines Untertitels "Tagebuch" einen herausgehobenen Bezug zur empirischen Wirklichkeit beansprucht, die innerhalb des subjektiven Erfahrungshorizonts seines Verfassers dargestellt, freilich auch analysiert und beurteilt wird. Es handelt sich hier im strengen formalen Sinne gleichwohl nicht nur um ein Diarium, das, den Tagesdaten folgend, mono-

---

[6] Der Reihenfolge nach: *Sonntagsblatt, Staats-Zeitung und Herold* vom 16. März 1952; *Weltstimmen* vom 1. Januar 1952; *Rhein-Neckar-Zeitung* vom 13./14. Oktober 1951; *Schwäbische Landeszeitung* (Augsburg) vom 15. Oktober 1951; *Der neue Vertrieb* (Flensburg) vom 5. Dezember 1951; *Kasseler Post* vom 21. Dezember 1951; *Die Neue Front* (Salzburg) vom 16. Februar 1952.

[7] Neben eigenen Recherchen verdanke ich diese dem Verlag Eugen Diederichs sowie der Zeitschriftenausschnittsammlung (ZAS) der Bibliotheken der Stadt Dortmund.

logisch Ereignisse und unmittelbare Betrachtungen festhält[8]; der Text ist vielmehr auch durchzogen von in direkter Rede wiedergegebenen Gesprächen. Allerdings entspricht er inhaltlich in seiner Gesamtheit in vielen Aspekten der Tradition des Tagebuchschreibens, was auch angesichts der religiösen Positionen des Verfassers erkennbar wird:

> Die [...] Selbstbeobachtung im Tagebuch stammt in erster Linie aus religiös-moralischen Traditionen. [...] An der [...] Genauigkeit, mit der hier Läuterung gesucht wird, Vergehen gegen Gott und die Menschen aufgezeichnet [...] werden, läßt sich ablesen, daß die Beichte als Formtradition im Hintergrund steht. [...] Für diesen religiös-selbsterzieherischen Sinnzusammenhang hat der nahe, der tägliche Zeitbezug des Tagebuchs eine lebensgeschichtliche Linie: Es geht nicht um die Erfahrungen und Erlebnisse des Tages, die aufgezeichnet werden, sondern um das ganze Leben.[9]

Fiktionale Elemente, wertende Aussagen oder Reflexionen sind als Ergänzungen oder Kommentare zum realen Geschehensablauf zu begreifen. Als Tagebuchführer seiner Kompanie und später seines Regiments mögen Hohoff dazu die an Ort und Stelle skizzierten Fakten bei der Abfassung seines Werkes zumindest als Gedächtnisbestände zur Verfügung gestanden haben; weiterhin sein privates Tagebuch, das er während des Krieges in griechischer Sprache schrieb und das offensichtlich ausführliche Notizen über zahlreiche Personen enthielt, denen er seinerzeit begegnet war. Die über 150 im Buch namentlich erwähnten, teilweise näher charakterisierten Soldaten aller Dienstgrade dürften in jenem "Büchlein" bereits größtenteils fixiert gewesen sein: "Jeder ist drin", antwortet der Ich-Erzähler auf eine entsprechende Frage (WW, 113). *Woina — Woina*, acht Jahre nach den Ereignissen publiziert, ist somit nicht nur ein "grausig-nüchternes Protokoll"[10], sondern das Resultat eines längeren Reifungsprozesses, in dem Hohoff seine Tagebuchnotizen und einschlägigen Gedächtnisbestände gedanklich verarbeitet und literarisch in die Form gebracht hat. Kennzeichnend für den überwiegend in der kühlen Manier des Berichts verfaßten Text sind ausführliche Schilderungen von Kampfhandlungen, durchzogen von Einzelepisoden, und zwar aus der Sicht des Beteiligten, der dennoch — auch in den furchtbarsten Situationen — kritische Distanz zu halten sucht: "[M]an gab kein Pardon und erschoß sie [russische Zivilisten — R.D.] in Rudeln mit grausiger Kälte. Ich beobachtete den Tod." (WW, 231) Der Wille zur Authentizität ist immer vorherrschend, davon zeugen

[8] Vgl. dazu das vom Schriftsteller-Kollegen und ehem. Reserve-Hauptmann Ernst Jünger um diese Zeit ebenfalls (erstmals unzensiert) publizierte Tagebuch *Strahlungen*. Tübingen 1949.
[9] Werner Fuchs: *Biographische Forschung*. Opladen 1984. S. 37.
[10] *Trierische Landeszeitung* (Trier) vom 29./30. März 1952.

die strenge Chronologie und zahlreichen Tagesdaten, an die 100 exakten Ortsbezeichnungen (auch die dem Buch angefügte, Vormarsch und Rückzug skizzierende geographische Karte), die genauen Schilderungen von Gefechtsverläufen sowie auch formal-literarische Elemente, indem der Autor die Beschreibung realer Ereignisse von kommentierenden, reflektierenden Passagen und Bewertungen deutlich erkennbar abhebt. Dazu gehören auch die Wiedergabe wörtlicher Rede in verschiedenen Dialekten (Bairisch, Schwäbisch u.a.) sowie die überwiegend emotionslose Sprache, die schon von den zeitgenössischen Kritikern durchwegs mit folgenden Begriffen beschrieben wurde: aufrichtig, ehrlich, klar, leidenschaftslos, nüchtern, ohne Pathos, phrasenlos, sachlich, schlicht, schmucklos, soldatisch, eher spröde, streng, tendenzfrei, ohne Theatralik, ungeschminkt, zuchtvoll. Lakonisch, großenteils kommentarlos, nennt Hohoff Tatsachen, denen übergangslos beispielsweise die Schilderung eines Traumes folgt:

> General Paulus erhielt für die Schlacht bei Isjum das Ritterkreuz. In einem Armeebefehl ermunterte er uns; die Zeit des Wartens sei vorbei. General Muskat besuchte Babka.
> Nachts ein Traum: nächtliches Moskau, wilder Sturm in den Straßen [...]. (WW, 181)

Oder der abrupte Szenenwechsel nach mehreren ebenso kurz wie sachlich protokollierten Berichten über deutsche und sowjetische Kriegsgreuel, die sich wie eine Auflistung lesen (WW, 137f.). Da heißt es abschließend lediglich: "Wo bleibt der Mensch zwischen diesen Mühlsteinen?", um unmittelbar folgend zum 'harmlosen' soldatischen Alltagsleben zurückzukehren: "Wir hatten eigentlich, trotz der vielen Gefechte, Überraschungen und angestrengter Tätigkeit beim Ausbau der Stellung, Langeweile."

Diese Technik des Gegeneinanderstellens — ästhetisches Mittel, Betroffenheit zu evozieren — wendet Hohoff auch im Zusammenhang mit traditionellem dichterischen Instrumentarium an, indem er beispielsweise unvermittelt vom real-soldatischen in einen religiös-elegischen Sprechduktus wechselt. Diese "absolut moderne Aussageweise" (so der Rezensent der *Westfälischen Nachrichten*) zeigt sich u.a. in der Szene, in welcher die Soldaten eines Spähtrupps einen verletzten, qualvoll um Hilfe rufenden Kameraden auf Befehl ihres Vorgesetzten verbluten lassen müssen:

> "[...] Wir müssen ihn holen!"
> "Unsinn — daß noch ein paar Mann draufgehn? Um Elf ist der Angriff!"
> Da lag der kleine Gefreite in der Jägeruniform, das kunstvolle Gebilde aus Gottes und seiner Eltern Hand, gehegt und gezogen, und nun war es uner-

forschlich Gottes Rat, daß er den zerrissenen Leib des Jungen unter unmenschlichen Schreien sterben ließ. (WW, 375f.)[11]

Das Prinzip des Gegensatzes und der klaren Trennung zwischen der Deno-
tations- und der Konnotationsebene erscheint auch in der formalen Struktur
des Werkes. Von den 13 Kapiteln sind acht mit konkreten, monovalenten
Überschriften versehen, während fünf eher metaphorisch zu deuten sind.
Insbesondere die beiden "Magelone"-Kapitel, trügerisch-heitere Episoden
inmitten des Krieges, weisen auf das drohende Schicksal der in der französischen Etappe verwöhnten, 'verweichlichten' deutschen Soldaten hin,
die später im Ostfronteinsatz 'versagen' mußten. Denn im Lande der Ma-
gelonen und Melusinen "war die provençalische Kultur zugrundegegangen
aus einem Übermaß des Liebens, Glaubens, Dichtens" (WW, 267).[12]

II. Kriegsursachen, Soldatentum, Kriegswirklichkeit

Das Phänomen Krieg versteht Hohoff als Ausdruck eines historischen Ge-
setzes, einer Notwendigkeit, als "Schickung Gottes" (WW, 41); jeder
Schuß, der sein Ziel findet, ist ein "Gottesurteil, wie die Geschichte selbst"
(WW, 233), denn nichts und niemand "leidet außerhalb des göttlichen
Willens" (WW, 344). Die Führer der Völker sind lediglich dessen Vollstrecker, und auch Hitler ist "nur das scharfe Messer in der Hand des göttlichen Chirurgen", dessen historische Funktion ("tieferer Sinn") darin besteht, daß sich die Geister an ihm scheiden müßten (WW, 51). Dem divina-
torischen Willen sich widersetzen zu wollen, wäre angesichts einer solchen
ideologischen Position absurd; wer ihn akzeptiert, kann daher auch einen
'Kitzel' verspüren, wenn er "das Theater des Krieges von einem etwas er-
höhten Standpunkt ansehen" kann (WW, 302), wie es dem zum Ordonnanzoffizier des Regiments ernannten Autor in dieser Position möglich
wird. Der Krieg entsteht darüber hinaus aus archaischen Begehrlichkeiten
nach Eroberung und Ruhm, er ist ein "Ort der Bewährung", wie die Geschichte überhaupt (WW, 309). Der militärische Erfolg entschädigt für
alles, was der Soldat zu erdulden hat: "Für diesen Augenblick lohnte es
sich, unser Elend, unsere Verlassenheit zu vergessen, Alexanderträume."
(WW, 183) Mit Augustinus argumentierend (den er als Lektüre während
des Krieges mit sich führt), begreift Hohoff den Krieg zudem als eine Art
Kreuzzug, als Reinigungsbad, um aus der Schalheit einer überzivilisierten
Welt — vor allem des Westens — herauszukommen und die "höhere

---

[11] Ebenso: die archaisch-lyrisch anmutende Totenklage des Majors Spörl über den
gefallenen Oberleutnant Ammann (WW, 362).
[12] Die Kapitel-Überschrift "Die schöne Magelone" ist identisch mit dem Titel des
1535 erschienenen Romans von Veit Warbeck.

Wirklichkeit" Gottes angesichts von Gefahr und Tod zu erleben: "Nirgends stärker wird die Wirklichkeit, nirgends ist sie nackter als im Kriege." (WW, 42) Die Frage nach dem Sinn von Töten, Anzünden, Verbrennen scheint gleichsam falsch gestellt zu sein: "Augustin sagt, die Moral sei kein Maßstab für die Geschichte." (WW, 42) Die Aufgabe des Individuums in einer solchen Situation besteht darin, den Anfechtungen zu widerstehen, sich auch im Krieg sittlich angemessen zu verhalten. Es kann sich entscheiden, anständig zu bleiben. Die biederen Postsekretäre, Ärzte und Metallarbeiter, die sich nun als Räuber und Mörder gerieren, bestehen diese Versuchung nicht; sie begreifen nicht, "daß die Historie sich in uns abspielt, sie ist keine anonyme Macht, sie ist die Frage nach dem Heil und Unheil des Einzelnen." (WW, 142)

Seine spezifische Haltung zum Krieg gegen die Sowjetunion (im Text ist übrigens durchgehend von "Rußland" und "den Russen" die Rede) macht der Autor gleich zu Beginn auf den ersten Seiten deutlich, indem er sich zunächst auf jene berühmte Grimmsche These vom 'Volk ohne Raum' bezieht und ihr die entsprechende irrationale, mystische Begründung unterlegt:

> [...] denn es handelte sich darum, nach Osten hin Luft zu bekommen, um einem tausendjährigen Drang der deutschen Politik, welcher weniger im Verstand als im Blute lag. Der Gedanke des vor uns liegenden Feldzugs war vielleicht begründeter als der gegen die Polen und Franzosen, die ja, wie sich gezeigt hatte, keine richtigen Gegner gewesen waren. Der tiefe und den meisten unbewußte Trieb nach Osten war ein viel feineres Mittel für eine gewisse notwendige Begeisterung als die Phrasen vom Kampf gegen die bolschewistische Weltrevolution. Später hat die deutsche Propaganda sich entsprechend umgestellt, zugleich gegenüber den Russen statt Versöhnung die Vernichtung gepredigt, so daß die Gründe unrein wurden und an Schlagkraft einbüßten. (WW, 10)

Problematisiert wird diese Einschätzung erst gegen Ende des Textes, allerdings nicht moralisch, sondern in bezug auf die Siegeschancen dieses Krieges: Die Unterschätzung der wirtschaftlichen und "biologischen" Möglichkeiten der Sowjetunion (und auch der USA) sind ursächlich für die deutsche Niederlage; doch "Hitlers Versuch, mit sechzig Millionen Deutscher nach allen Seiten hin Krieg zu führen, konnte in den Grenzen des müden Europas Erfolg und Recht haben." (WW, 365)

Hohoff bewegt sich hinsichtlich seiner eigenen ideellen wie funktionalen Einfügung in das militärische System ganz im Rahmen konservativ-traditioneller Vorstellungen vom deutschen Soldatentum. Er rühmt den alten "Geist des Potsdamer Garderegiments zu Fuß" (WW, 292), die soldatischen Begriffe von "Ehre, Pflicht und Verantwortung" (WW, 278) und weiß doch gleichzeitig, daß dies alles nicht mehr stimmt, weil das Regime den "Geist und Sinn" dieser Tugenden zerstört hat. Über die Erfahrungen an der Kriegsschule und damit über die Folgen der nationalsozialistischen Einflußnahme auf und Kontrolle über die Wehrmacht schreibt er, daß der bei älteren Offizieren noch vorhandene "monarchische Gedanke" nicht laut werden durfte, Religion und Wissenschaft verbannt waren und die Generalität sich dekorieren ließ. "Waren nicht auch die soldatischen Ehrbegriffe, nach deren Formeln wir hier lebten, tot?" (WW, 255). Anlaß zu Konsequenzen im Sinne tätigen Engagements gegen diesen Status quo sieht er jedoch nicht. Vielmehr läßt er sich zum exponierten Funktionsträger — zum Offizier — befördern, obwohl er sich innerhalb *dieses* militärischen Systems dazu als nur bedingt tauglich einschätzt. Auf die Frage seines Kompaniechefs, warum er nicht längst Offizier sei, weist Hohoff u.a. auf seine "Ungefügigkeit bei Übergriffen" (WW, 139) — gemeint sind offenbar Kriegsrechtsverletzungen — hin.

Militärische Auszeichnungen spielen in Hohoffs Wahrnehmung der Kriegswirklichkeit eine ganz enorme Rolle. Werden Soldaten, meist Offiziere, im Erzählverlauf vorgestellt und näher beschrieben, so geschieht dies häufig mit dem Hinweis darauf, welche Orden sie tragen. Interessiert bemerkt er — durchaus nicht ironisch — gegenüber seinem ehemaligen Vorgesetzten Hauptmann Zangler: "Sie haben zum Teil sehr schöne Auszeichnungen an der Brust" (WW, 256); andererseits ist von einem "berüchtigte[n] Leuteschinder" die Rede, den man den "Ekazwomajor" WW, 206) nennt; ganz offensichtlich eine negative Qualifizierung für einen verhaßten Stabsoffizier, der 'nur' — und das ist hier bezeichnend — mit dem im Krieg überaus großzügig verliehenen und daher wenig angesehenen Eisernen Kreuz II. Klasse dekoriert ist. Hohoff unterscheidet dabei implizit drei Kategorien von Ordensträgern: 1. die integren, aufgrund persönlicher Tapferkeit ausgezeichneten (z. B. Major Spörl), 2. die ehrgeizigen, rücksichtslosen, mitunter 'feigen', und schließlich 3. die Soldaten der Etappe, die Zahlmeister und auch die Parteibonzen, die i.d.R. mit Kriegsverdienstkreuzen (keine Frontauszeichnung) geschmückt sind (WW, 260, 335, 355). Hohoff teilt hier eine in Kriegszeiten geradezu typische Haltung: die Verachtung des kämpfenden Frontsoldaten für den 'Etappenhengst'; sie zeigt an, wie stark er sowohl den äußeren sozialen Habitus als auch militärisch-hierarchisches Denken internalisiert hat. Eine kritische, gar die Funktionszusammenhänge von militärischen Belohnungspraktiken berücksichtigende Infragestellung des Ordenswesens findet sich nicht. Ein anderer Autor von Kriegserinnerungen, der in Stalingrad kriegsgefangene Oberleutnant Joachim Wieder, berichtet da erheblich distanzierter über Kriegsauszeichnungen, wonach noch in Situationen entsetzlichsten menschlichen Elends

"Ordensverleihungen eine mir unbegreifliche Rolle"[13] spielten. Hohoffs im Grundsatz unangezweifelte Identifizierung mit dem System Militär zeigt sich weiterhin in der Übernahme von konventionellen moralischen Qualifizierungen der soldatischen Leistung, indem er die 'klassischen' Begriffe von "Tapferkeit" (WW, 364) und "Feigheit" (WW, 358) verwendet, ohne über ihre Ursachen, Gründe oder Wirkungszusammenhänge zu räsonieren. Daß fehlender oder vorhandener Mut an sich noch keine negativen oder positiven Werte, vielmehr lediglich wertfreie psychologische Zustände darstellen, die erst moralisch beurteilt werden können, wenn man sie in ihrem Zweck- und Wirkungskontext betrachtet — von derartigen Wägungen ist Hohoffs soldatisches Weltbild frei.

Wie sehr der Autor mental und ideologisch im militärischen Apparat befangen ist, zeigt auch der Fall des ihm unterstellten Unteroffiziers Tuthorn, der — zur Kontrolle der Wachtposten eingeteilt — seinem Zugführer Hohoff mitteilt, es sei alles in Ordnung; eine wissentliche Falschmeldung, denn die Posten schieben keineswegs Wache, sondern haben sich "zum Plaudern" in die Häuser der Russen verzogen. Leutnant Hohoff unterläßt es, Unteroffizier und Wachtsoldaten seinen Vorgesetzten zu melden: "[I]ch wäre meine Fahrer los, und Kompanie und Regiment liebten diese Schädigung ihres Rufes nicht." (WW, 285) Daß auf Wachvergehen im Kriege die Todesstrafe droht, weiß er, beeinflußt seine Entscheidung in der rein funktionalen Abwägung der Konsequenzen dieses Falles aber in keiner Weise. Im Gegenteil, der Autor stellt seine hier geübte 'Nachsicht' mit undisziplinierten Untergebenen im weiteren Verlauf implizit als Fehlentscheidung dar. Unteroffizier Tuthorn verläßt kurze Zeit nach jenem Vorfall während des Gefechts befehlswidrig seine Stellung. "Er war offenbar vollkommen kopflos geworden, als die Russen anstürmten." (WW, 297) Entgegen Leutnant Hohoffs Absicht entgeht Tuthorn erneut dem Kriegsgericht, weil Bataillonskommandeur und Einheitsführer von der Meldung Abstand nehmen, "um den Ruf der Kompanie" nicht zu gefährden (WW, 301; 295-299). Ein halbes Jahr später wird der unbelehrbare Unteroffizier wegen "ähnlicher Vergehen" (WW, 301) in ein Strafbataillon versetzt; wäre er bereits beim ersten Mal vor ein Kriegsgericht gestellt worden, hätten die folgenden Vergehen vermieden werden können. Erwägungen des menschlichen Verständnisses oder Mitleids mit jemandem, der Angst um sein Leben hat, stellt Hohoff nicht an. An diesem Beispiel wird besonders deutlich, daß der Autor nicht nur Beobachter des "Kriegstheaters", sondern auch aktiv Handelnder ist, der als Offizier das konkrete Kriegsgeschehen in seinem Bereich mehr als die meisten anderen Soldaten

---

[13] Joachim Wieder: *Die Tragödie von Stalingrad. Erinnerungen eines Überlebenden.* Deggendorf 1955. S. 100.

mitgestaltet. Er agiert nicht als letztes, machtloses Glied einer Befehls- und Hierarchiekette, das keine oder kaum Möglichkeiten zu sittlich eigenverantwortlichem und reflektiertem, ggf. kritischem Verhalten hat. Diesen inneren Widerspruch scheint der Autor nicht zu empfinden; jedenfalls wird er nicht thematisiert. Die Aussage "Wir kämpfen nicht für Hitler" (WW, 42) durchzieht zwar wie ein roter Faden sein Tagebuch; andererseits erfüllt er ohne Zögern, moralische Skrupel oder Renitenz die Rolle, die seine Vorgesetzten — und sein oberster Vorgesetzter ist Hitler — von ihm verlangen.

Der Fall Tuthorn zeigt des weiteren eine Humanitätsauffassung, die — ebenso wie Hohoffs Gesellschaftsbild — in funktionaler wie ethischer Hinsicht hierarchisch orientiert ist. Es ist nicht nur jener Unteroffizier, der aus Angst seine Gefechtsstellung verläßt, einfach davonläuft; vergleichbar verhalten sich kurz vor dem befürchteten sowjetischen Angriff auch der Divisionär General Wilhelm (der fährt in den Urlaub, um sich seine "Zähne reparieren" zu lassen [WW, 344]) und Regimentskommandeur Oberst de la Valle (meldet sich krank und wird beurlaubt [WW 346]). Während die Landser als "Feiglinge" (WW, 358) gebrandmarkt werden, erfährt das Verhalten der beiden Offiziere eine zwar deutlich verurteilende, jedoch erheblich sensiblere Kommentierung: Da ist davon die Rede, daß Stäbe und Kommandeure ihre Truppen in "Unehren" verlassen haben (WW, 358), wodurch "tiefere, feinere Gesetze verletzt" sind (WW, 375). Solche milden Überlegungen gelten einem Unteroffizier nicht; mehr noch: Ein vergleichbares Verhalten oder Versagen verschieden positionierter Soldaten beurteilt Hohoff moralisch unterschiedlich, je nach dem Rang, den die betreffende Person im Sozialgefüge Militär innehält. An einem Beispiel sei verdeutlicht, wie weit der Autor systemimmanentem Denken erlegen ist, wie wenig er die selbst postulierte Beobachterrolle (die ja immer auch ein gewisses Maß an Unabhängigkeit voraussetzt) leisten kann, wie gering die Fähigkeit zu distanzierter Beurteilung bei ihm ausgeprägt ist. Im Prozeß gegen Erich Kuby, ebenfalls Kriegstagebuchautor der 50er Jahre, ging es um die Frage, ob dieser mit dem aus dem Tagebuch hervorgegangenen Hörbild den General der Fallschirmtruppe Ramcke beleidigt habe. Der als Zeuge geladene General Rauch, 1944 vor Brest als Kommandeur der 343. Infanterie-Division eingesetzt, begründete seine nach wenigen Stunden Kampf erfolgte Kapitulation folgendermaßen: "Na, wenn die feindlichen Panzer schon so nahe heran sind, daß sie mir in die Schnauze schießen, dann kann ich doch nicht mehr weiterkämpfen!"[14] Für

---

[14] Erich Kuby: *Nur noch rauchende Trümmer. Das Ende der Festung Brest. Tagebuch des Soldaten Erich Kuby.* Mit Text des Hörbildes, Plädoyer des Staatsanwalts, Begründung des Urteils. Hamburg 1959. S. 161.

die Inanspruchnahme dieses Rechts, zu entscheiden, wann der Kampf eingestellt werden darf, um das eigene Leben zu retten, wäre jeder einfache Soldat von den Kriegsgerichten zum Tode verurteilt worden. Die hier konstruierte Analogie von Landser- und Generalsverhalten liegt — soweit es den untersuchten Text angeht — außerhalb von Hohoffs Vorstellungsvermögen. Es mag in einer Armee funktional begründet, vielleicht sogar notwendig sein, daß es nicht in das freie Ermessen jedes Soldaten gestellt ist zu entscheiden, wann er zum Schutze des eigenen Lebens den Kampf beenden darf. Hohoff mag im Falle des Unteroffiziers Tuthorn realistischerweise auch keine Alternative offengestanden haben, als ihn schließlich doch seinen Vorgesetzten zu melden. Daß er dies aber nicht als moralisches Dilemma empfindet, zeigt erneut des Autors unreflektierte Eingebundenheit in ein System, dessen Effizienz er eben durch sein Funktionieren erst mitermöglicht.

Bemerkenswert sind die ungewöhnliche Offenheit und Deutlichkeit, mit der von Wehrmachtsangehörigen verübte Kriegsverbrechen im Text dargestellt werden. Der Autor verstößt damit gegen ein — bis heute nachwirkendes[15] — Tabu der Nachkriegszeit, das der regulären deutschen Armee im allgemeinen und ihren einzelnen Soldaten im besonderen (insgesamt ca. 16 Mio.)[16] eine im wesentlichen unbefleckte moralische Integrität zusprach. Insofern nimmt der Text sicherlich einen historiographisch seriöseren Rang ein als die meisten der zahlreichen, ebenfalls in den ersten ein bis zwei Jahrzehnten erschienenen Autobiographien, Tagebücher, Memoiren, Erinnerungen etc. ehemaliger deutscher Soldaten — zum großen Teil Generäle —, die bereits in ihren Vor- oder Nachworten aus dem (ungewollten) Rechtfertigungscharakter ihrer Erlebnisbücher keinen Hehl machen.[17]

---

[15] Vgl. die erst kürzlich wiederaufgeflammte Diskussion um die Kriegsverbrechen der Wehrmacht und die Bewertung ihrer Rolle beim Vernichtungsprogramm insbesondere in Osteuropa. Einen informativen Überlick leistet: Gehorsam bis zum Mord? Der verschwiegene Krieg der deutschen Wehrmacht — Tatsachen, Analysen, Debatte. In: *Zeit-Punkte* 3 (1995).

[16] Reinhardt Stumpf: *Die Wehrmacht-Elite*. Boppard 1982. S. 24; von den ca. 17 Mio. auf deutscher Seite kämpfenden Soldaten gehörten ca. 1 Mio. der Waffen-SS an.

[17] Vgl. Rolf Düsterberg: Deutsche militärische Kriegserinnerungsliteratur zum Zweiten Weltkrieg. Vorwortanalyse und Hypothesenbildung. In: *Siegener Periodicum zur internationalen empirischen Literaturwissenschaft (SPIEL)* 11 (1992). H. 1. S. 119-147, wonach knapp 30% der Autoren von Kriegserinnerungsliteratur (erschienen zwischen 1945 und 1961) Generaldienstgrade bekleideten (60 von ca. 210). Daß die These von der "sauberen Truppe" i.d.R. auch von den Soldaten der Mannschaftsdienstgrade vertreten wurde (wird), zeigt Gabriele Rosenthal: *"...Wenn alles in Scherben fällt..." Von Leben und Sinnwelt der Kriegsgeneration*. Opladen 1987. U.a. S. 235, 288.

Auch die Erwähnung des Mordes an einem Juden (WW, 137) bricht ansatzweise ein Tabu, womit der Zeitzeuge Hohoff bereits 1951 zumindest anhand eines Einzelfalls der Behauptung widerspricht, Wehrmacht und rassistische Verfolgung hätten nichts miteinander zu tun gehabt. Seine differenzierte Darstellung von Fakten des Krieges innerhalb seines Erlebnisspektrums verstellt sich dem Blick auf Kriegsgreuel auch der eigenen Seite nicht, ohne indes die andere dabei auszublenden:

> Eines Morgens brachten russische Überläufer [...] einen ziemlich schwer Verwundeten auf einem Schlitten mit. [...] Wir fragten, was wir mit dem Mann machen sollten. Das Bataillon antwortete: "Wenn nicht transportfähig, erschießen." Darauf erschoß ihn Feldwebel Hildebrand mit den Worten: "Du bist der sechsundvierzigste." (WW, 138)[18]

Derartige Erlebnisse führen den Autor nicht zu grundsätzlichen kritischen Erwägungen über die eigene Rolle als Soldat oder gar zu Renitenz oder Widerstand; im Gegenteil ist er aktiv auch an der antisemitischen Hetze im Weltanschauungskrieg beteiligt. Im Rahmen seiner Aufgaben als Regimentsordonnanz ist er u.a. damit befaßt, die feindlichen Truppen propagandistisch zu beeinflussen: "Umgekehrt sprach jetzt ein Flugblatt, das ich [...] zu den Russen schoß, von den durch Juden entheiligten Räumen des Kreml." (WW, 318) Dies wird zwar distanziert-sachlich berichtet, jedoch mit keinem Wort problematisiert; für den Autor, der an mehreren Stellen des Buches keinen Zweifel läßt an seinem Abscheu gegenüber dem Genozid (WW, 370), offenbar kein Anlaß zu einem inneren Konflikt. Diese Indifferenz erklärt sich aus einer möglicherweise rudimentär judenfeindlichen Haltung, die — weniger rassistisch als vielmehr religiös — in der antijudaischen Tradition des Christentums begründet liegt. Zwar ist ihm das rassistische Vokabular der Zeit vor 1945 (das ja nicht nur nationalsozialistisch war) geläufig, er spricht vom "überzüchteten Europäer" (WW, 373), von "Minderrassigen" (WW, 309) und auch vom "böhmische[n] Mischling" (d.i. Hitler [WW, 364]). Seine Verurteilung der Juden-Ausrottung entspringt demnach nicht einem völkerumspannenden Humanitätsideal; der Makel, der dem Judenmord anhaftet, liegt vielmehr darin, daß diesem rassistischen Kreuzzug der Glaube und die höhere Idee (im religiösen Sinne) fehlen. Im Gespräch mit dem Kameraden Zipps, katholischer

---

[18] Weitere im Text angeführte deutsche Kriegsgreuel: Aufhängen von "Spionen" ohne Gerichtsverfahren (S. 114f., 117); Erschießung russischer Zivilisten (S. 231); Aufhängen angeblicher tschechischer Verschwörer (S. 250); desgleichen die von sowjetischer Seite verübten: Tötung bzw. Massakrierung deutscher Gefangener bzw. Gefallener (S. 105, 144, 231); Ermordung deutscher Verwundeter (S. 115); Augenausstechen und Zungenabschneiden (S. 137).

Theologe und Sanitäter, geht es um den oben zitierten. Mord an dem sowjetischen Gefangenen:

> "Die Kreuzritter haben in Kleinasien alle Juden ermordet [...]", sagte ich, um
> ihn zu ärgern.
> Zipps räusperte sich ein wenig: "Ja, mein Lieber, sie hatten andere Argumente.
> Das waren Bluttaufen. Aber heute glaubt niemand mehr an Gott oder eine Idee
> — es ist reine Mordlust, wenn Feldwebel Hildebrand einen Verwundeten nie-
> derschießt. Er glaubt ja nicht, daß der arme Teufel dadurch nur um so eher in
> den Himmel kommt."
> Hatte Zipps nicht recht? (WW, 141)

III. Wehrmacht und Nationalsozialismus

Indem Hohoff kämpft und seine Untergebenen notfalls mit vorgehaltener
Pistole zwingt, das gleiche zu tun (WW, 356), engagiert er sich nolens vo-
lens für die Ziele des Nationalsozialismus, die sich großenteils längst nicht
mehr — im Juni 1941 und später — von den Interessen vieler militärischer
Führer trennscharf unterscheiden lassen. Die Phrasen von 'Weltanschauungskrieg' und der Eroberung des 'Lebensraums im Osten' waren bereits
zum ideologischen Gemeingut der Rechtfertigung für den Feldzug gegen
die Sowjetunion auch innerhalb der Wehrmacht geworden. Hitler hatte die
Befehlshaber der Truppen des deutschen Ostheeres, die den Krieg dort
führen sollten (ca. 250 Generäle), bereits am 30. März 1941 davon unterrichtet, daß es sich bei dem kommenden Krieg um einen 'Vernichtungskrieg' handele. Dies wurde den Kompanien — vermutlich im Juli 1941 —
verlesen, so daß jeder Soldat, auch Hohoff, wußte: "Es geht darum, das
rote Untermenschentum, welches in den Moskauer Machthabern verkörpert ist, auszulöschen."[19] Auch erfolgten weder auf den berüchtigten Kommissarbefehl noch auf den schon zuvor herausgegebenen "Führer-Erlaß"
vom 13. Mai 1941, der festlegte, "daß während der Besetzung sowjetischer
Territorien Gewaltakte deutscher Soldaten gegen die Zivilbevölkerung in
der Regel nicht kriegsgerichtlich zu verfolgen seien",[20] nennenswerte Ab-
wehrreaktionen von Armeeangehörigen aller Ebenen. Im Gegenteil erklär-

---

[19] Zitiert nach Wolfram Wette: Erobern, zerstören, auslöschen. Die verdrängte
Schuld von 1941: Der Rußlandkrieg war ein Raub- und Vernichtungskrieg von
Anfang an. In: *Zeit-Punkte* 3 (1995). S. 13-19, hier S. 16.
[20] Hermann Graml: *Reichskristallnacht. Antisemitismus und Judenverfolgung im
Dritten Reich*. München 1988. S. 208; vgl. auch Christian Streit: *Keine Kamera-
den. Die Wehrmacht und die sowjetischen Kriegsgefangenen 1941-1945*. Bonn
1991, der für die Heeresführung nachgewiesen hat, daß "die Liquidierung von
Juden und Kommunisten [...] akzeptiert [wurde], soweit sie als Liquidierung von
'Banditen und Verbrechern' getarnt wurde, der Kommissarbefehl wurde erst kritisiert, als er sich militärisch als widersinnig erwiesen hatte." (S. 189)

ten manche Truppenführer in Tagesbefehlen ihr volles Verständnis für die "Notwendigkeit der harten, aber gerechten Sühne am jüdischen Untermenschentum" (Generalfeldmarschälle von Reichenau und von Rundstedt im Oktober 1941), während Generaloberst Hoth und General Guderian entsprechende Armeebefehle mit ideologisch noch schärferen Formulierungen erließen.[21]

Daß die Wehrmacht zunehmend von der nationalsozialistischen Ideologie durchsetzt wurde, schreibt Hohoff vor allem dem Wirken zweier Führungspersönlichkeiten der früheren Reichswehr zu, den Generalen von Blomberg und von Schleicher; die seien dafür verantwortlich, daß zusehends regimeergebene Offiziere in die Wehrmacht nachrückten, womit u.a. die sog. Zwölfender gemeint sind: aus der Unteroffizierslaufbahn kommende Offiziere, soziale Aufsteiger demnach, die nicht den traditionellen Vorstellungen von Herkunft und Bildung entsprachen (WW, 261). Dennoch empfänden "fast alle Offiziere" einen moralischen Widerwillen gegen die Politik des Dritten Reiches (WW, 317), denn "das System, dessen Säbel wir schwangen", hat bereits viele Wurzeln aus der Vergangenheit Europas, aus den "geistigen Grundlagen seiner alten Kultur" (WW, 319) abgetötet. Das führt Hohoff zu einer radikalen Erkenntnis: "Unsere Wehrhaftigkeit hatte die sittlichen Grundlagen längst verloren." (WW, 320)

Der Autor nährt damit die bekannte Legende des ursprünglichen Antagonismus' von Reichswehr und Partei. Bei vielen Offizieren mochte ein Unbehagen gegenüber einigen realen Auswirkungen der nationalsozialistischen Politik mehr oder minder deutlich vorhanden gewesen sein, das sich später im Verlauf des Krieges und der sich abzeichnenden Niederlage verstärkte; im Einzelfall gab es auch offenen Widerspruch.[22] Im Grundsatz jedoch funktionierte die Zusammenarbeit zwischen Reichswehrführung und Regime von Beginn an gut, waren die Sympathien des Offizierskorps dem totalitären Staat gegenüber stärker als mögliche Bedenken, weil dessen politisches Programm den Interessen der Militärs in wesentlichen Punkten förderlich war. So brachte die ungeheure Aufrüstung der Reichswehr bzw. Wehrmacht eine Erhöhung der Offiziersplanstellen im Generalsrang von (1932) 66 auf (1938) 365, während der Gesamtpersonalbestand der Armee im selben Zeitraum von 115.000 Soldaten auf ca. 900.000 bis 950.000 anstieg.[23] Damit eröffneten sich für alle militärischen Ebenen Karrierechancen und soziale Aufstiege, wie sie niemals zuvor in der deutschen Militärgeschichte möglich gewesen waren. Ideologische Identifikationen boten zudem das gerade im soldatischen Milieu weitverbreitete Re-

---

[21] Graml (Anm. 19). S. 218.
[22] Vgl. Graml (Anm. 19). S. 213 und S. 217; Streit (Anm. 19). S. 189f.
[23] Stumpf (Anm. 15). S. 20-23.

vanche-Denken für die Niederlage von 1918, der scharfe Antikommunismus und auch der Antisemitismus, denn für viele deutschnationale Offiziere gehörten "jüdisch und bolschewistisch [...] irgendwie zusammen".[24] Schon am 3. Februar 1933 (sic!) hatte Hitler der Reichswehrelite seine Eroberungs- und Vernichtungspläne erläutert, und zwar ohne Irritationen hervorzurufen. Im Gegenteil:

> Man zeigte sich hocherfreut. Daß Hitler den Sozialismus "ausrotten" wollte, war natürlich ganz im Sinne der Reichswehr, wenn man diese Formulierung auch wohl mehr metaphorisch als "physisch" nahm. Trotzdem war das Programm, das Hitler hier aufrollte, unmißverständlich — und das hieß Krieg um den "Lebensraum im Osten". Im übrigen hat es von seiten des Reichswehr niemals Protest gegen die Zerstörung der Republik gegeben [...], keinen Protest gegen die Einrichtung der KZ, gegen die Nürnberger Gesetze, gegen die ersten antijüdischen Ausschreitungen; als man 1934 jüdische Kameraden hinauswarf, gab es nur *einen* Offizier, der sich vernehmbar entrüstete. [...] Oder, um Fritsch zu zitieren: Die nationalsozialistische Weltanschauung sei jetzt die Leitfigur des ganzen deutschen Denkens, und danach müsse sich auch der Soldat selbstverständlich richten.[25]

Hohoffs Einsichten in die Folgen, die das NS-System innerhalb der Wehrmacht zeitigt, führen ihn freilich nicht — außer im geschützten Bereich des privaten Gesprächs — zu vernehmbarer Opposition, worüber sich selbst sein Kamerad Reich, Oberleutnant und überzeugter Parteigenosse, wundert: "Daß Sie überhaupt mitmachen!" (WW, 373). Der Gedanke an Widerstand taucht in *Woina — Woina* denn auch nur ganz am Rande auf. So berichtet der Autor von einem Gespräch im Kameradenkreis während der Kriegsschulausbildung in Döberitz. Es wird über die Möglichkeit debattiert, Hitler bei einer Rede im Berliner Sportpalast zu erschießen. Hohoffs Kommentar beschränkt sich auf die folgenden Sätze: "War das erlaubt? War das Mord? Wo blieb unser Eid? Und die bittere Frage, was kommt danach? Daß über diese Dinge Unklarheit herrschte, war unsere Schwäche, war die Krise." (WW, 255) Neunzig Seiten später geht es noch einmal um Hitler, Partei und Diensteid. Da wird dann deutlich, warum für ihn Widerstand nicht in Frage kommt: "Man müßte wissen, was die Dinge an sich

---

[24] Graml (Anm. 19). S. 203.
[25] Hitlers ehrenhafte Komplizen. Ein Gespräch mit dem Militärhistoriker Manfred Messerschmidt. In: *Zeit-Punkte* 3 (1995). S. 49-53, hier S. 50. Später, im Verlauf des Krieges, versicherte sich Hitler der Loyalität der höheren Generalität (insgesamt 54 Feldmarschälle und Generalobristen) durch großzügige "Aufwandsentschädigungen", Geld- (Schecks zwischen 50.000 und 250.000 Mark) und Sachgeschenke (Grundstücke, Gebäude und Kunstgegenstände im Einzelwert bis zu 1,23 Mio. Mark). Harald Peuschel: *Die Männer um Hitler. Braune Biographien.* Düsseldorf 1982. S. 27f.

sind, losgelöst von unseren Vorurteilen, Meinungen und Schmerzen."
(WW, 344) Ohne dieses absolute Wissen ist Hohoff gegen die Obrigkeit,
die sich nach seinen eigenen Werturteilen als eine verbrecherische entlarvt
hat, zu handeln nicht bereit; da aber nichts geschieht außerhalb des göttlichen Willens, Gottes Wille jedoch "unerforschlich" (WW, 376) ist, formuliert der Autor hier lediglich eine Unmöglichkeit, die ihm als Rechtfertigung zur eigenen Anpassung dient, die bei ihm gar zum Avancement innerhalb des Militärsystems führt. Wer in sittlichen Fragen nur dann zu
nonkonformem Handeln bereit ist, wenn sich ihm zuvor ein gleichsam di-
vinatorischer Beurteilungsstandpunkt eröffnet, begibt sich jeder Möglichkeit, selbstverantwortlich zu agieren. Das müßte der Katholik Hohoff eigentlich wissen.

Offenbar war, so darf vermutet werden, die innere Abneigung des Autors gegenüber vielen Ideologemen des Nationalsozialismus längst nicht so
stark, wie die Aussagen des Kriegstagebuchs Glauben machen. Die Partei
beherrsche das Volk mit Mitteln, die an "Terror" (WW, 371) grenzten; die
"Brüderlichkeit" der Nationalsozialisten sei nichts anderes "als das Herab-
sinken aller auf das Niveau der Massen" (WW, 141). Hitler, ein "böhmi-
scher Findling aus dem Männerasyl" (WW, 122), ein Gefreiter, der das
Geschäft der Generäle übernehme (WW, 128) und dabei bar "aller höheren
Bildung" sei (WW, 370), habe die Russen zu Sklaven gemacht, die Franzosen erniedrigt, "die Juden ermordet, die Deutschen um Wohlstand und
Kredit gebracht und drei Millionen Tote" (WW, 364f.) zu verantworten.
Dies sind Aussagen der Enttäuschung eines Menschen, der nun vor den
Resultaten einer Weltanschauung steht, die zur eigenen zahlreiche Affinitäten aufweist und für die Hohoff selbst zunächst auch große Sympathie ge-
hegt hat. Schon am 1. November 1933 in die SA eingetreten, stellt Hohoff
noch 1938 einen Antrag zur Aufnahme in die NSDAP.[26] Angesichts seines
autoritären Weltbildes, das von Gedanken der Bezähmung der Massen
durch ein absolutes Gehorsamsprinzip (WW, 372f.) beherrscht ist, verwundert das wenig. So heißt es auch in der "Politischen Beurteilung" der
Gauleitung München-Oberbayern vom 14. Februar 1938, daß gegen den
Volksgenossen Hohoff "nichts Nachteiliges" bekannt ist — was offenbar
bis zum Zusammenbruch des Dritten Reiches gilt. "Positiv konnten wir nur
in Erfahrung bringen, daß er nationalsozialistisch eingestellt sein soll."[27]
Seine Haltung zum Regime deckte sich offenbar mit derjenigen, die Her-

---

[26] Bundesarchiv/BDC, Akte Hohoff, "Fragebogen zur Bearbeitung des Aufnahme-
antrags für die Reichsschrifttumskammer (Auch für Befreiungsanträge gültig)",
Ziff. 13 bzw. 12, handschriftlich von Hohoff ausgefüllt unter dem Datum des 18.
Januar 1938.
[27] Bundesrachiv/BDC, Akte Hohoff, Schreiben der NSDAP-Gauleitung München-
Oberbayern an die Reichsschrifttumskammer Landesleitung München-Oberbayern.

mann Graml — im Hinblick auf die Greueltaten des Systems — als typisch für einen Großteil der deutschen Bevölkerung (in Hohoffs Terminologie: die Massenmenschen) beschreibt:

> Angesichts der vielfachen Teilidentifikationen mit ganz anderen Zielen und Wesenszügen des NS-Staats reagierten freilich auch die vom Antisemitismus weniger befallenen Schichten der Nation ebenso passiv wie 1941 das Gros der Rußlandarmee auf die Einsatzgruppen.[28]

IV. Masse und Elite

Aber noch ein weiteres, psychisches Kriterium zur Beantwortung der Frage, warum der Autor gegenüber den von ihm beschriebenen Phänomenen wie Totalitarismus, Kriegsverbrechen und Völkermord in einer passiven Haltung verbleibt, ist das der Angst; Angst vor den Folgen, Erkenntnisse in Taten umzusetzen. Was explizit nie ausgesprochen wird, deutet sich an in folgenden Worten: "Ich erwachte allmählich aus meiner Bedrückung, der Anblick des Kriegstheaters gab mir Mut: diese große Maschinerie würde uns alle von selber zwingen, der Sache gemäß zu denken und zu handeln." (WW, 218) Dies ist eine paradigmatische Aussage für seine Art der Bewältigung eines inneren Konflikts: die eigene Verantwortung und das individuellen Denken lassen sich paralysieren durch die Massendisziplinierung des Kriegsapparates, durch die "normative Kraft des Faktischen" (Adorno), die ihn zwingen, die ihm zugedachte Rolle erwartungsgerecht zu erfüllen. Indem er dies ausdrücklich bejaht, zeigt Hohoff ein Verhalten, das ganz dem des von ihm so verachteten 'Massenmenschen' entspricht. Das wäre für den Leser von *Woina — Woina* dann kein Widerspruch, wenn sich der Autor selbst nicht von dieser Kategorie ausnähme. Als einzelne seien die Menschen "Engel, zusammen Bestien" (WW, 128), "wenn sie in Massen kommen, verwischen sich jeweils die edlen Züge zugunsten der grausamen" (WW, 337); die "Massen haben und brauchen keine Kultur im alten Sinne" (WW, 372), somit seien auch die Zeiten vorbei, "wo ein Volk mit bürgerlichem Wohlwollen zu regieren war" (WW, 165). Die Massen müßten geführt werden, "weil sie selber nie Persönlichkeiten werden" (WW, 371).

---

[28] Graml (Anm. 19). S. 252. Diese Interpretation ist kürzlich von Hohoff selbst indirekt bestätigt worden. In seinem Aufsatz: Literarischer Widerstand durch innere Emigration, erschienen in *Communio. Internationale katholische Zeitschrift* 23 (1994). S. 518-527, schreibt er, daß "reservierte Zustimmungen in bürgerlichen und gelehrten Kreisen" die Regel waren; die "Dämonisierung des Kommunismus beeindruckte kirchliche und bürgerliche Kreise. Der Kampf der Nazis galt ja vor allem der bolschewistischen Gefahr." (S. 519)

Der Soldat Hohoff selbst ist nicht in der Lage, die psychischen Kräfte zu mobilisieren, mit denen er seine Angst überwände und die ihn in die Lage versetzten, seiner Bedrückung durch eine ethisch konsequente Haltung Herr zu werden. Darüber hinaus verbieten es ihm sein ungebrochenes Verhältnis zu staatlicher Autorität, zu Hierarchie und Ausübung von Macht, sich illegaler Mittel zu bedienen, denn Widerstand ist innerhalb eines herrschenden, zumal totalitären Rechtssystems immer illegal. Damit steht er jedoch, wie es Herbert Marcuse formulierte, auf der Stufe der "primitivsten Barbarei", denn das Widerstandsrecht gehört zu den "ältesten und geheiligtsten Elementen der westlichen Zivilisation"[29] — wofür es ja selbst in der preußischen Militärgeschichte berühmte Beispiele gibt. Hohoff hingegen setzt — was sein faktisches Verhalten angeht — an die Stelle seiner christlich geprägten Ich-Ideale wie "Vertrauen" und "Liebe" (WW, 373) das gehorsame Funktionieren im verbrecherischen Krieg, womit sein Tun von dem der beschriebenen 'Massen' ununterscheidbar wird. Er ist nicht in der Lage, die herrschenden Denk- und Lebensformen aktiv zu kontrapunktieren, etwa durch Widerstand oder Desertion. Eine solche "Standpunktsänderung" liegt außerhalb seiner Möglichkeiten, hätte sie doch, wie er noch 50 Jahre später schreibt, "Lebensgefahr"[30] bedeutet. In der Tat wurde sie auch nur von wenigen geleistet, die 'Masse' hingegen verhielt sich wie der Autor. Alexander Mitscherlich erklärt eine derartige abweisende, feindliche Haltung der 'Masse' gegenüber als Projektion des eigenen Versagens: "Und daher auch die Unabwendbarkeit, daß jeder, der sich so den Massen entzogen fühlte, sich durch sein Handeln immer wieder selbst Lügen strafen mußte."[31]

Mit seinen Begriffen von Masse, Glauben und Gehorsam hat sich Hohoff in wesentlichen Zügen Positionen des spanischen Philosophen José Ortega y Gasset zu eigen gemacht. In seinem 1930 erschienenen Werk *La Rebelión de las Masas* (deutsche Übersetzung 1931) kennzeichnet Ortega den Menschen der Masse als einen, "der ohne Ziel lebt und im Winde treibt", er folgt seinen Trieben, Instinkten, Neigungen, ohne nach ihren Ursachen, Konsequenzen und nach Verantwortung zu fragen. Es bedeutet keinen Vorteil, wenn die Massen gebildet sind, "Ideen" haben, denn dazu bedarf es des Willens zur Wahrheit, der wiederum die Anerkennung von Normen und einer Instanz voraussetzt, die über die Menschen und ihr Verhalten "zu Gericht sitzt". Indem aber der Massenmensch — im Gegensatz zum "auserlesenen oder hervorragenden" — sich einer höheren objektiven

---

[29] Zitiert nach Alexander Mitscherlich: *Massenpsychologie ohne Ressentiment*. 2. Aufl. Frankfurt a.M. 1975. S. 216.
[30] Hohoff: Literarischer Widerstand (Anm. 27). S. 518.
[31] Mitscherlich (Anm. 28). S. 47.

Norm freiwillig nicht unterwirft, sich vielmehr selbst vollkommen findet, bedroht er die Grundlagen der Kultur, die Prinzipien des bürgerlichen Rechts und etabliert die Barbarei: "Barbarei ist die Abwesenheit von Normen und Berufungsinstanzen." In Faschismus wie Kommunismus sieht Ortega bedrohliche Erscheinungen der politischen Entäußerung des Massenmenschentums, und zwar aufgrund ihrer "geschichtsfeindlichen, anachronistischen Art und Weise, mit der sie ihren Teil Wahrheit behandeln". Insbesondere der Faschismus fällt vom kultivierten Zusammenleben in eine barbarische Gemeinschaft zurück, weil er darauf verzichtet, vernünftige Gründe für seine Dogmen anzugeben und "recht zu haben". Er verkörpert einen Menschentypus, "der sich schlichtweg entschlossen zeigt, seine Meinung durchzusetzen. Das ist neu: das Recht darauf, nicht recht zu haben. Grundlosigkeit als Grund." Aufgabe der "Edlen, der einzig Aktiven", des geistigen Adels ist es, durch den Glauben an die Ideen und sich selbst schöpferisch zu leben, d.h. zu herrschen oder Herrschaft anzuerkennen und ihr zu gehorchen, "weil man sich eins mit ihr fühlt, weil man sich freudig zu ihrer Fahne stellt" — wie der Katholik, "der sich in aufrichtiger Verehrung vor dem Dogma beugt".[32]

Hohoffs theoretische Positionen entsprechen in allen entscheidenden Punkten diesem Weltbild, wenn auch teilweise in radikalerer Intensität. Der Nationalsozialismus hat, so schreibt er, die alten Werte zerstört; sein "kleines Kapital an Glauben" war längst aufgebraucht (WW, 364). Auf den Grundlagen der Kultur, der Gesetze der Liebe und des Gehorsams (WW, 372) müssen die Massen "in freiwilliger Anerkennung" von den "führenden Schichten" beherrscht werden, woraus sich ein legitimer Gehorsamsanspruch der Obrigkeit ableitet (WW, 319). Da sich aber nun durch die Verbrechen des Regimes und durch eine militärische Führung, die nicht mehr auf den Grundlagen der kulturellen Tradition steht, das Glaubenspotential erschöpft hat, ist die Niederlage im Krieg unausweichlich geworden: "Am Faden der Wissenschaft konnte man aufreihen, was die Gründe für unsere Rückschläge waren, Clausewitz wußte es." (WW, 361) Die Generäle aber haben Clausewitz nicht mehr gelesen (WW, 251), jenen militärischen Denker, der wie kein anderer seiner Zeit Mittel und Zwecke kriegerischer Konflikte reflektierte (*Vom Kriege*. 1832-34). Diese Kulturleistung ist nicht mehr verfügbar für eine Generalität, die sich großenteils aus Spezialisten, Technikern und traditionsvergessenen Karrieristen rekrutiert (vgl. WW, 326) und somit den Typus des Massenmenschen verkörpert.[33]

[32] José Ortega y Gasset: *Der Aufstand der Massen*. Hamburg 1979. Der Reihenfolge nach: S. 31, 44, 51, 44, 49, 52, 67, 53, 46, 107, 76.
[33] Interessant ist hier die Einschätzung des ehem. Oberleutnants Jesco von Puttkamer (geb. 1919), ebenfalls Autor von Kriegserinnerungen, der (ohne die Eliten-/Massentheorie Hohoffs zu teilen) in seinem 1948 publizierten Buch: *Irrtum und*

Wenn aber der Führung der Glaube schwindet, jener Bezug zur richtenden Instanz, kann auch der Gehorsam nicht hinreichend geleistet werden, muß die Niederlage kommen:

> Was aber war der Grund unserer Mißerfolge, wenn nicht ein gewisser Unglaube? [...] All diese Versager von Männern und Einheiten hätte es bei einer disziplinierten Truppe nicht gegeben. [...]; nur eine erbarmungslose Disziplin hielt sie zusammen. Irgend etwas hatte also das ganze Heer verändert, es war schwächer, schlechter, weniger tapfer und weniger selbstbewußt. (WW, 364)

Gott straft den Unglauben, denn nicht der 'Führer', sondern nur eine einzige Macht, die Kirche, zähmt die Masse und bindet sie "an höhere Gesetze als Gewalt und Körperkraft"(WW, 372).

Hohoffs autoritär-klerikale Ideologie wünscht anstelle der Staatsdiktatur die Glaubensdiktatur. Den Menschen der Masse hat es immer gegeben; im Gegensatz zum christlichen Feudalzeitalter jedoch ist in der Folge der Aufklärung aus dem duldenden der revolutionäre geworden. Dessen Forderungen nach Entscheidungs- und Handlungsfreiheit, nach Wohlstand und Widerstandsrecht lehnt Hohoff mit dem Hinweis auf dessen Unvernunft und Instinktgebundenheit gleichsam als Illusion ab. "Die Illusion, die man den revolutionären Masse vorwirft [...]: hier wird sie als Glauben gefordert, als Gehorsam geerntet."[34] In Wahrheit kritisiert Hohoff nicht den 'Massenmenschen' an sich, sondern nur den revolutionären, den, der den alten Eliten die Privilegien streitig macht. Dahinter steht ein antiaufklärerisches Weltbild (vgl. WW, 156f.), das keineswegs das Ziel verfolgt, die Individuen zur Selbstverantwortung, aus der "Stufe der Identifizierung" mit Führerfiguren, aus einem Affektstatus herauszuführen,[35] vielmehr das brutale Zwangssystem gegen ein weniger mörderisches auszutauschen. Dabei ist Hohoff den Ansprüchen seiner Eliten-Auffassung selbst nicht gewachsen, denn Hitlers Herrschaft kann er weder hinreichend Glauben noch Verehrung entgegenbringen, um seine Anpassung zu begründen. Das Kriegsta-

---

Schuld. Die Geschichte des National-Komitees"Freies Deutschland" (Neuwied/ Berlin) eine ähnliche Diagnose stellt: "Alle entscheidenden Kommandeur- und Stabsstellungen wurden mit fachlich hochbefähigten Generalstabsoffizieren besetzt, kühl bis ans Herz hinan, soldatische Techniker und Ingenieure, Verehrer der abstrakten Macht, Verächter aller Ideologien, bereit jeden Kurs mitzumachen, der sie in ihrer methodischen Facharbeit nicht behinderte. So entstand der General und der Generalfeldmarschall des Zweiten Weltkrieges. Er hatte dem Kaiser Treue geschworen, er war auf Ebert vereidigt worden, er legte seinen Eid auf Hindenburg ab, er ließ sich für Hitler verpflichten, und wo er die Katastrophe des zweiten Weltkrieges überlebt hat, ist er bereit, jedes Regime und jede Fahne anzuerkennen, wenn sie ihm das Waffenhandwerk garantiert." (S. 121)

[34] Mitscherlich (Anm. 28). S. 58.

[35] Ebd. S. 54.

gebuch thematisiert dieses Scheitern am eigenen Anspruch nicht (was allerdings voraussetzt, sich dessen bewußt zu sein), auch nicht etwa einen naheliegenden tragischen Konflikt klassisch-griechischen Musters: die Verstrickung in eine Situation, die Lösungen ohne Schuldigwerden nicht bereithält. Hohoff hingegen geht den Weg, den der größte Teil der deutschen Soldaten wählt: er macht mit, bis zum letzten Schuß. Ein 'Massenmensch'.

Anlage: Pressestimmen zu *Woina — Woina* (1951/52)

Nr.	Publikationsorgan	Datum	Wahrheit/Authentizität	ästhetische Wertungen	Tendenz pos. ohne	neg.	krit.
1	*Badische Rundschau*	25.11.1951	ehrlich	phrasenlos	x		
2	*Badische Zeitung*	17.11.1951	Chronik eines Frontsoldaten; Erlebnisbericht	Nüchternheit; Schlichtheit	x		
3	*Bayerisches Sonntagsblatt*	06.01.1952	Tagebuchaufzeichnungen	literarische Kraft des Autors	x		
4	*Bremer Nachrichten*	13.10.1951	nüchterne Wirklichkeit: so war es		x		
5	*Bücherei-Bildung*	Jan./Febr. 1952	gültiger Bericht	Stellen, die dichterische Höhen erreichen	x		
6	*Der Christliche Sonntag,* Freiburg	23.12.1951		eine wirkliche volle, bunte, nüchterne, ungeschminkte Dichtung der großen Kriegsstationen	x		
7	*Christ und Welt*	06.12.1951	Kriegstagebuch	eindringliche [Schilderung]	x		
8	*Deutsche Rundschau*	78. Jg. April 1952		Kühle und Sachlichkeit eines Chirurgen; [erfaßt] nur das Vordergründige; stilistisch wird einem manches zugemutet; [Buch kann] keinen Anspruch auf Allgemeingültigkeit erheben		x	
9	*Deutsche Tagespost,* Augsburg	12.01.1952		Fülle von Einzelheiten oft verwirrend; einseitige oder gar mißverständliche Zeichnung nicht immer vermieden; Charaktere gelingen ihm; manches klingt unglaubwürdig			x
10	*Düsseldorfer Nachrichten*	14.11.1951	Kriegstagebuch	Aufrichtigkeit; Ehrlichkeit; Echtheit	x		
11	*Einkaufszentrale öffentlicher Büchereien*	11.12.1951	Erlebnisbericht	wahrhaft gültiges Buch	x		
12	*Flensburger Tageblatt*	01.12.1951	Buch für die, die dabei waren	ohne Pathos; ohne Tendenz; sachlich; in der Sprache des Soldaten	x		
13	*Fränkische Presse*	20.12.1951	er sagt [...], wie es war	sprachlich und gedanklich sauber und klar geschrieben; das erste [Buch] über den [...] Krieg im Osten, das Anspruch darauf erheben kann, ernst genommen zu werden	x		

14	*Frankfurter Allgemeine Zeitung*	02.10.1951	Bericht	Sachlichkeit	x		
15	*Das freie Wort*, Düsseldorf	02.02.1952	Noch einmal wird in der Gegenwart die Vergangenheit gegenwärtig				x
16	*Das ganze Deutschland*, Stuttgart	24.11.1951	sehr realistische Darstellung	Hohoff vereinfacht und verallgemeinert etwas unbekümmert		x	
17	*Die Gemeinde*, Lübeck	25.11.1951	Bericht	mit klarem und offenem Herzen das „Rätsel Rußland" geschaut	x		
18	*Generalanzeiger*, Wuppertal	13.11.1951	[das Buch] läßt noch einmal die Härten und Gefahren des Krieges im Osten lebendig werden	störend nur das Bemühen des Verfassers, dem Leser durch eine Zusammenballung von Wissen imponieren zu wollen; wo Hohoff die Sorgen und Entbehrungen des einfachen Landsers schildert, wird sein Bericht unheimlich packend und echt		x	
19	*Göttinger Tageblatt*	14.12.1951	Zeugnis vom Kriegserlebnis dieser Generation	Phrasenlosigkeit	x		
20	*G.S.O. Echo*	Febr. 1952	zeichnet [...] nach, was [...] Millionen deutscher Soldaten im Rußlandkrieg erlebt haben; brutale Wirklichkeit des Fronteinsatzes	phrasenlos	x		
21	*Hannoversche Allgemeine*	16./17.02. 1952	Als Dokument eines, der dabei war, wird sich [das Buch] behaupten	Stil von episch-vordergründiger Sachlichkeit		x	
22	*Kasseler Post*	21.12.1951	Erlebnisbuch; Dokumentation des anständigen deutschen Soldaten	gutes Buch; es hat [...] innere Sauberkeit und Gediegenheit	x		
23	*Kieler Nachrichten*	21.11.1951	Chronik; allgemeingültiges Gesicht des Rußland-Feldzuges	packende Sprache	x		
24	*Kölner Stadt-Anzeiger*	22.12.1951		Hohoff versteht es [...], sein persönliches Erlebnis, Situationen und Begebenheiten, Charaktere und Typen [...] meisterhaft zu zeichnen	x		
25	*Literarischer Ratgeber*	38. Jg. 1951/52	Wirklichkeitsbemächtigung	in voller und strenger Sachlichkeit; tendenzfreie Spiegelung des Erlebten; Wirklichkeitsdurch-	x		

				dringung		
26	*Lübecker Nachrichten*	30.11.1951	Frontbericht; den Millionen einfachen Landsern [...] aus dem Herzen geschrieben		x	
27	*Main-Post*, Würzburg	20.10.1951	Chronist	Nüchternheit des unbestechlichen Chronisten; straffe Konzeption; Ehrlichkeit; ausgewogene, ausgereifte Sprache	x	
28	*Meppener Tagespost*	09.11.1951	furchtloser Chronist; seziert Tatsachen	großartige Sachlichkeit	x	
29	*Mittag, Düsseldorf*	06.01.1952		zuchtvolle Chronistensprache	x	
30	*Die Neue Front*, Salzburg	16.02.1952	wir erleben [den Krieg] in seiner ganzen nackten und brutalen Wirklichkeit an der Front selbst; Chronik	das Epos des russischen Krieges schlechthin; Werk von geradezu dichterischem Format	x	
31	*Neue Literarische Welt*, Darmstadt	10.02.1952	Kriegstagebuch	[das Buch] ist der Befund eines überlegen wägenden Geistes, eines [...] unerschrockenen Herzens, einer dem Irdischen und Himmlischen offenstehenden Seele; Kriegstagebuch, das nicht seinesgleichen hat	x	
32	*Der neue Vertrieb*, Flensburg	05.12.1951	Krieg in Rußland, wie ihn der einzelne Teilnehmer [...] erlebte	echtes, von jeder Tendenz freies Buch	x	
33	*Neue Zeitung*, Berliner Ausgabe	11.11.1951	Er ist dabeigewesen, das ist auf jeder Seite zu spüren	das Buch ist wesentlich, es gehört zu der interessantesten Lektüre über den Krieg in Rußland	x	
34	*Neue Zeitung*, München	27./28.10. 1951	Bericht	angemessen[er] Stil	x	
35	*Norddeutsche Zeitung*	13.12.1951	Buch, [...] in dem er den Krieg im Osten schildert, wie wir [...] ihn erlebten			x
36	*Osnabrücker Tageblatt*	11.12.1951	Der deutsche Landser, wie er war; unbedingte[r] Drang zur Wahrheit	dichterisch; phrasenlos	x	
37	*Die Parole*	01.04.1952	schildert der Verfasser, wie deutsche Landser im Osten gekämpft und gefühlt haben [...], was sie wirklich dachten	in der Sprache des Krieges	x	
38	*Pinneberger Tageblatt*	10.11.1951	So war es	Rechenschaftsbericht [...] von einer ausgereiften, starken [...] leidensfähigen Persönlichkeit	x	

Nr.	Zeitung	Datum	Beschreibung						
39	*Rheinische Post, Düsseldorf*	08.12.1951	Tagebuch, das den Krieg schildert; Chronik						x
40	*Rheinischer Merkur*	19.10.1951	Krieg, wie er wirklich war; Objektivität; Bericht	Klarheit; leidenschaftsloser Bericht; tiefere Bedeutung aller Vorgänge [scheint durch]	x				
41	*Rhein-Neckar-Zeitung*	13./14.10.1951	Hohoffs Auffassungen [...] gehen nicht auf den Kern des Problems			x			
42	*Schwäbische Landeszeitung, Augsburg*	15.10.1951	dokumentarischer Wert; realistische Chronik; Rußland - wie es wirklich war	von packender Ausdrucksstärke	x				
43	*Schwäbisches Tageblatt, Tübingen*	03.11.1951	So war es wirklich; Bild des Ostkrieges, das jeder bestätigen kann, der in Rußland war	Schlichtheit der Darstellung; Reife und Überlegenheit [der Buches]: das richtige Maß für sich und die Dinge; die vielen treffenden Formulierungen; Stil ist immer anschaulich und treffsicher	x				
44	*Sie, Berlin*	11.12.1951	Kampf-Reportage; Bericht; viele werden ihr eigenes Erleben finden						x
45	*Sonntagsblatt*	18.11.1951		Hohoffs Tagebuchmosaik des Rußlandkrieges ist trotz der vielen Einzelheiten stark, am stärksten da, wo die nachträglich eingestreuten Reflexionen fehlen und er unmittelbar berichtet				x	
46	*Sonntagsblatt, Staats-Zeitung und Herold*	16.03.1952	objektiv; Chronist; dokumentarisch	Dichtung im Dokumentarischen; nüchtern, ohne Tendenz	x				
47	*Der Spiegel, Hannover*	21.11.1951	echtes Kriegstagebuch; Erlebnisbericht	Kriegsgeschehen [wird] unaufdringlich interpretiert	x				
48	*St. Michaelsbund, München*	01.03.1952	nichts beschönigend, nichts verhäßlichend, [...] ein Bericht, von dem wahrscheinlich diejenigen, die dabei waren, sagen: So war es wirklich	kein dichterisches Epos [positiv gemeint]	x				
49	*Süddeutsche Zeitung*	04.10.1951	unbestechlicher Bericht; kein unwahres Wort; echtes Dokument	das gescheiteste, gründlichste und ehrlichste Buch, das bisher über den Rußlandkrieg geschrieben wurde	x				
50	*Der Tag, Berlin*	12.10.1951		Klarheit	x				
51	*Tagesspiegel*	28.10.1951		Bescheidene Chronik; das Grauen [...] des					x

Nr	Zeitung	Datum	Zitat	Kommentar				
52	*Trierische Landeszeitung*	15./16.12. 1951		Hitler-Krieges entzieht sich mit seinem Darstellungsvermögen	x			
53	*Trierische Landeszeitung,* Trier	29./30.03. 1952		bisher bedeutendste Aussage über das Wesen dieses Krieges / vieles ist kaum mehr als ein grausig-nüchternes Protokoll; Die Ereignisse [...] tragen freilich nicht immer den Wert menschlichen Erlebens			x	
54	*Verein für das Büchereiwesen in Schleswig-Holstein*	März 1952	Die dabei waren, bestätigen: So war es!		x			
55	*Vorderpfälzer Tageblatt*	19.12.1951	so wie er es [...] aufgezeichnet hat, haben wir den Krieg [...] erlebt; Dokument	ehrlich; schmucklos; das Zusammensetzen [....] aus Erlebnis, Landschaft und Menschen ist das, was das Tagebuch [...] zur außerordentlich wertvollen Dichtung erhebt	x			
56	*Wehr-Wissenschaftliche Rundschau*	Jan. 1952	in brutaler Wirklichkeit gemalt		x			
57	*Die Welt*	05.12.1951	Kriegstagebuch	knappe Sätze, ohne Theatralik	x			x
58	*Weltstimmen*	01.01.1952	authentischer Bericht; so war es	großartige Schlichtheit	x			
59	*Welt und Wort,* München	Dez. 1952	es [zeigt] unerbittlich die Wirklichkeit des Krieges in Rußland; der Krieg wird dabei so gegeben, wie ihn der Soldat [...] erlebt hat; dokumentarische Bedeutung	nüchtern, [...] eher spröde im Schreiben; kann gerade deshalb [die] Härte [des Krieges] fassen	x			
60	*Weser-Kurier,* Bremen	09.02.1952		die literarische Gestaltung - bei Hohoff eine Wiedergabe unverdauter Erlebnisse ohne Dichte		x		
61	*Westdeutsche Rundschau,* Wuppertal	23.10.1951	kommt der Wirklichkeit sehr nahe	dichterische Vision der Dinge; eindringliche Kraft der farbigen Schilderung	x			
62	*Westfälische Nachrichten*	21.12.1951		dichterische Gesamtvision eines wahrhaftigen Erlebnisses; absolut moderne Aussageweise, das Härteste neben das Mildeste zu stellen; [Hohoff] erweist sich durch Darstellungskraft und Tiefsinn als Dichter	x			
63	*Wilhelmshavener Zeitung*	05.10.1951	man hat alles ja selbst erlebt	Schlichtheit ergreifend	x			
				Summe	48	4	6	5

Erhard Schütz

Fluchtbewegung, militant
Zu Alfred Anderschs Krieg

> Seit es geschriebene Geschichte gibt, ist
> die ungeschriebene Geschichte unserer
> Vergangenheit eine Geschichte von Ge-
> schlecht.
> (Irmtraud Morgner)[1]

> Im Hinblick auf den Krieg, in dem wir ei-
> nen paläoanthropologischen Urstand se-
> hen, der bisher der endgültigen Überfor-
> mung widerstrebte, darf man zu der Aus-
> sage kommen, daß der moralische Fort-
> schritt des Menschengeschlechts noch viel
> zu wünschen übrig läßt.
> (Rudolf Bilz)[2]

I.

"Heinrich Böll, Wolfgang Koeppen, Arno Schmidt — diese drei haben die
deutsche Prosa um 1950 entscheidend geprägt: das klingt wie ein wohl-
fundierter Gemeinplatz, der sich genausogut auch für Schnurre, Weyrauch
und Nossack formulieren ließe." So begann Reinhart Baumgart[3] 1986
einen Essay über die westdeutsche Nachkriegsliteratur, in dem von Alfred
Andersch, der "diese drei" in den fünfziger Jahren entscheidend gefördert
und seinen Platz neben ihnen hatte, nicht einmal der Name erwähnt wurde.
Andersch, ein Jahrzehnt zuvor noch mit *Winterspelt* und seinen altersradi-
kalen Polemiken gegen Betrieb und Politik Anlaß heftiger Kontroversen,
blieb in den achtziger Jahren vergessen. Daran änderte die große Biogra-

[1] Irmtraud Morgner: *Nekromantie im Marx-Engels-Auditorium* (1984).
[2] Rudolf Bilz: *Studien über Angst und Schmerz. Paläoanthropologie.* Bd. I/2.
Frankfurt a.M. 1974. S. 112.
[3] Reinhard Baumgart: Böll, Koeppen, Schmidt — diese drei. In: *Merkur* 40 (1986).
H. 7. S. 555-564.

phie von Stephan Reinhardt[4] nur insofern etwas, als sie durch die ebenso umfassende wie kräftige Ausleuchtung von Anderschs literarisch wie privat nicht eben untadeligem Verhalten im Dritten Reich ihn der immer wieder einmal aufflackernden Aufmerksamkeit zur Vorgeschichte von literarischen Nachkriegsidolen Westdeutschlands anempfahl. Daran schloß 1993 W.G. Sebald in einem zwar stellenweise von exekutorischen Furor getragenen, gleichwohl höchst bedenkenswerten Essay an. Sein Schluß attestiert Andersch "ein von Ehrgeiz, Selbstsucht, Ressentiment und Ranküne geplagtes Innenleben. Das literarische Werk ist der Mantel, in den dieses sich hüllt. Aber das mindere Futter schaut überall durch."[5] Ein harsches Urteil.

Folgend soll damit nicht eigens eine Auseinandersetzung geführt werden. Sebalds Kritik an der Person mag man nicht widersprechen wollen, jedoch steht hier nicht die Person im Focus, sondern das, was Sebald ihren Mantel nennt. Der Mantel gemahnt, daran hat Sebald noch einmal erinnert, nicht nur im Stoff an den von Ernst Jünger.[6] Die Auseinandersetzung um die Einschätzung des Verhältnisses von Leben und Werk Alfred Anderschs im Licht der Briefe Anderschs an seine Mutter[7] und der Dokumente, die Stephan Reinhardt beigebracht hat, ist von Volker Wehdeking und Irene Heidelberger-Leonhard geführt worden.[8]

In Rücksicht auf die Diskussion, die Karl Corinos Artikel über das Verhältnis von nachprüfbaren Daten, autobiographischen Selbstaussagen und dem Werk *Abendlicht* von Stefan Hermlin im Feuilleton ausgelöst hat,[9] mag der Umstand, daß Andersch *Kirschen der Freiheit* mit der Gattungsbezeichnung "Ein Bericht" versah, die Kritik Sebalds noch einmal bestärken,[10] aber über der Auseinandersetzung um Aufrichtigkeit, Mut oder gar Heldenhaftigkeit sollte nicht vergessen werden, daß es — unbeschadet der Kritikwürdigkeit des jeweiligen Verhaltens in der Situation der "Entschei-

---

[4] Stephan Reinhardt: *Alfred Andersch. Eine Biographie*. Zürich 1990.

[5] W.G. Sebald: Between the Devil and the deep blue Sea. Alfred Andersch. Das Verschwinden in der Vorsehung. In: *Lêttre International* (Frühjahr 1993). S. 80-84, hier S. 84.

[6] Vgl. zum Bild Heinz-Dieter Kittsteiner und Helmut Lethen: Jetzt zieht Leutnant Jünger seinen Mantel aus. In: *Berliner Hefte* (1979). H. 11. S. 20-50.

[7] Alfred Andersch: *"...einmal wirklich leben". Ein Tagebuch in Briefen an Hedwig Andersch 1943-1975*. Zürich 1986.

[8] Volker Wehdeking: Alfred Anderschs Leben und Werk aus der Sicht der neunziger Jahre: Eine Problemskizze. In: Irene Heidelberger-Leonhard und Volker Wehdeking (Hrsg.): *Alfred Andersch. Perspektiven zu Leben und Werk*. Opladen 1994. S. 13-31; ferner Irene Heidelberger-Leonhard: Erschriebener Widerstand? Fragen an Alfred Anderschs Werk und Leben. In: Ebd. S. 51-61.

[9] Vgl. Karl Corino: Dichtung in eigener Sache. In: *Die Zeit* vom 4. Oktober 1995, S. 9-11.

[10] Sebald (Anm. 5). S. 81.

dung", um einen Lieblingsterminus von Andersch aufzugreifen — grundsätzlich menschenwürdig ist, Menschen nicht in Situationen zu bringen, in denen sie fast immer nur versagen können. Und, kann man fortsetzen, nicht einmal in Situationen, in denen ihnen Beschönigen, Vertuschen, Leugnen oder Fälschen nurmehr Ausweg scheint, ihr 'Gesicht zu wahren', was heißt: zu der Charaktermaske zu werden, von der man annimmt, daß sie die anderen honorieren oder gar bewundern.

Die Verhältnisse, bekanntlich, aber sind nicht so. Und darum ist, wenn über das Werk zu sprechen ist, doch auch von Anspruch und Realisierung, Angemessenheit und Vermessenheit zu sprechen.

II.

Sebald hat Andersch moralisch wie ästhetisch als "Mann der Etappe" charakterisiert.[11] Damit hat er sich auf die Kategorien von Andersch eingelassen, Kategorien von Krieg und ästhetischem Avantgardismus gleichermaßen. Läßt man die Frage beseite, was man ästhetisch und moralisch von einem Mann der Front dann erwarten müßte, kann man, an diese Charakteristik anknüpfend, für Anderschs Werk zunächst sagen, daß es der unablässige Versuch war, sich an die Front zu schreiben. Um das zu können, muß man wissen, wo gerade die Front verläuft; das setzt ein hohes Maß an Witterung und Beweglichkeit voraus. Oder aber die Fähigkeit, den Ort, an dem man sich im Augenblick befindet, jeweils als Front zu deklarieren. In Anderschs Werk finden wir eine Mischung aus beidem. Eine ständig witternde Aufmerksamkeit für das, was als vorn (und oben) gilt oder gelten könnte, gepaart mit entschiedenen, exklusiven bis exkludierenden Deklarationen, daß gerade dies oder jenes an der Tagesordnung und zugleich grundsätzlich sei. Wie der Autor Andersch sich 1948 mit seiner Schrift über "Deutsche Literatur in der Entscheidung" als Programmatiker versuchte und wie er als Programmacher im Rundfunk und mit der Zeitschrift *texte und zeichen* (auto)signifikatorisch überaus erfolgreich war, so tragen seine Prosawerke immer ihr selbstauszeichnendes Programm mit sich. Andersch hat in einem Maß wie wenige gespürt, daß dort, wo das Neue zum unbedingten Gebot wird, eben in der ästhetischen Moderne, es die Chancen erhöht, entsprechend wahrgenommen zu werden, wenn das je einzelne Werk wie der Autor sich als Figur des Singulären selbst autoritativ geltend machen. Daraus schon folgt, daß Anderschs Werk, wenn denn nach Walter Benjamins Diktum erzählen heißt, eine Geschichte von Erklärungen freizuhalten, nicht erzählerisch ist. Vielmehr wird es regelrecht prozediert von der Spannung aus Beschreibung und Konstruktion (die

[11] Ebd. S. 84.

zugleich immer Deklaration ist), aus deren meist abruptem Wechsel, von der Konstruktion in die belegende Beschreibung, von der Beschreibung in die kontrollierende Konstruktion. Die Formen der Autorität, in denen in diesem zu verhandelnden Falle der Autor und seine Werke sich autorisieren, sind kontaminiert mit dezidierten Bestimmungen des Soldatischen und Kriegerischen, mit Entschiedenheit, Ermannung, Kälte, Klarheit, Eindeutigkeit und so fort.[12] Sie sind das der Form nach, in der sie sich vorbringen, nicht unbedingt aber auch in dem, *was* sie vorbringen, was sie vorzutragen *wünschen.* Ja, man kann Anderschs gesamtes Werk, so wie man es ohne den Krieg gar nicht lesen könnte, lesen als Prozessieren mit der Forderung nach Entschiedenheit und männlicher Prägnanz und ihren — zunächst einmal unbestimmten — Gegenpositionen, die allemal grundiert sind von Konnotationen des Weiblichen, dem Muster entsprechend, in dem Andersch wie seine Generation generell sozialisiert worden ist. Ausgeführt mal mehr zugunsten des einen Pols, Flucht als Entscheidung (etwa *Kirschen der Freiheit, Sansibar oder der letzte Grund, Die Rote*), mal mehr als sympathetisches Prozessieren mit der Unentschiedenheit, freilich immer in entschiedenen Formen und Formulierungen (etwa *Ein Liebhaber des Halbschattens, Efraim*), schließlich die Annäherung an die Position von Entschiedenheit als Flucht, eben *Winterspelt.* Es wäre tautologisch, nach dem 'Ursprung' dessen suchen zu wollen, etwa auf der Spur, die Andersch in *Kirschen der Freiheit* anbot, eine Spur, in der große Teile einer Intellektuellengeneration und noch deren Schüler den eigenen Weg vorgeschrieben sahen. Anderschs Werk, eine unablässige Auseinandersetzung mit dem Dritten Reich als Produkt des verlorenen Krieges und Produzent von Völkermord und (neuerlich verlorenem) Krieg, gründet im Krieg, ja, hat im Krieg seine Selbstbegründung. Das reicht, wovon man auch beim angestrengten Blick aufs Werk nicht absehen kann, von den sozialisatorischen Bedingungen des Autors, vom kriegsverletzten, kriegsfixierten Vater und der politischen Kriegsfolgengeschichte, bis in den normativen Zwang der binären Regularien von Mut und Feigheit, Erfolg und Versagen.

In dem Augenblick, in dem das schützende und stärkende Kollektiv, der Kommunistische Jugendverband, doppelt entwertet wurde: durch den Sieg 'der anderen' und den nicht aufgenommenen Kampf dagegen, nun vor der Alternative, zum anderen Kollektiv überzulaufen oder auf sich allein gestellt zu sein, kompliziert durch die Orientierung und Festlegung im Ge-

---

[12] Vgl. dazu Klaus Theweleit: *Männerphantasien.* 2. Bde. Frankfurt a.M. 1977/78; Bernd Widdig: *Männerbünde und Massen. Zur Krise männlicher Identität in der Literatur der Moderne.* Opladen 1992; Ulrike Haß: *Militante Pastorale. Zur Literatur der antimodernen Bewegungen im frühen 20. Jahrhundert.* München 1993; Helmut Lethen: *Verhaltenslehren der Kälte. Lebensversuche zwischen den Kriegen.* Frankfurt a.M. 1994.

schlechterverhältnis, knüpften sich daran alsbald weitere Entscheidungs-
zwänge, die auf Bleiben oder Verlassen, "Flüchten oder Standhalten"
(H.E. Richter) hinausliefen, letztlich auf die Frage sich zuspitzten: Treue
oder Untreue. Die Heirat mit Angelika Albert 1935 programmierte den
einen Entscheidungskonflikt geradezu: Als Tochter eines großbürgerlich-
wohlhabenden Hauses garantierte sie Teilhabe an Glanz und Signifikanz,
als den Rassegesetzen nach Halbjüdin verstärkte sie die eigene Stigmatisie-
rung im Werteschema der Machthaber. Die spätere Entscheidung für Gisela Groneuer war die Entscheidung zur Untreue, doppelt: das Verlassen und
Imstichlassen von Angelika und der Untreue Giselas ihm gegenüber.

Nun gehören die Angst, verlassen zu werden, und das Schuldgefühl,
verlassen zu haben, gewissermaßen ins Standardrepertoire menschlicher
Gefühle. Differenzbestimmend ist dabei nicht nur die Tragweite der Umstände, etwa zwischen gelegentlichem Partnerwechsel und lebensbedrohli-
cher Schutzverweigerung, sondern auch die Weise der Verarbeitung. Die
nun ist bei Andersch soldatisch-männlich vorcodiert. Diese Vorcodierung
wird aber nicht etwa als Leiderfahrung, als sozialisatorisch auferlegter
Zwang wahrgenommen, sondern als positive Norm und erstrebenswerte
Haltung, vor deren Geltung die realen Handlungen durch mentale Konstruktionen zu rechtfertigen sind. Diese Rechtfertigungen sind ästhetisch-
medial angelegt. Das ist nicht so sehr eine Folge dessen, daß die Adaptio-
nen der als defizient wahrgenommenen Handlungen (oder Unterlassungen)
kaum anders denn imaginär-interpretativ mit den Normen zur Deckung
gebracht werden können, als vielmehr dessen, daß diese Normen wesentlich je schon ästhetisch-medial vermittelt sind. Deren Grundfigur ist soldatisch, ob nun im Parteisoldatischen des Leninismus — Andersch hebt in
Kirschen der Freiheit "die typusbildende Macht Lenins" hervor[13] — oder
in den Werken Ernst Jüngers, von den Kriegstagebüchern über den Essay
Der Arbeiter bis *Auf den Marmorklippen*; beide konvergieren in der von
Andersch verwendeten — typisch: oxymorontischen — Formel von der
"brennenden Kälte der Abstraktion". (K, 27)

> Die Worte Patrouille oder Angriff haben für ihn die Bedeutung magischer Zau-
> berformeln, sie rufen eine Art Traumzustand — bei heller Wachheit seines
> Verstandes — hervor, in dessen Abgeschiedenheit sich die schlafwandlerische
> Sicherheit gebiert, mit der er sich dann im Gelände der Gefahr bewegen wird.[14]

Das ist, wie der seitenlange unmittelbare Kontext der Schilderung einer
Frontsituation, Ernst-Jüngertum pur. Dies, die Evokation des "vertraute[n]

---

[13] Alfred Andersch: *Die Kirschen der Freiheit. Ein Bericht (1952)*. Zürich 1968. S.
27. Folgend im Text mit Sigle K und Seitenzahl zitiert.
[14] Alfred Andersch: Ein Techniker. In: Alfred Andersch: *Erinnerte Gestalten.
Frühe Erzählungen*. Zürich 1986, S. 84.

Bild[s] der Schützengräben, dieser geordneten und asketischen Welt inmitten des Chaos der Zerstörung und Heimweh nach ihr" zu Zeiten der Republik, entwirft in der im Dritten Reich entstandenen, aber nicht veröffentlichten Erzählung "Ein Techniker" modellhaft die Vätergeneration, hier nun nicht an der Figur des eigenen, sondern des Schwiegervaters. Es ist das Konstrukt einer 'organischen' Verschmelzung der Gegensätze von Technik und Kunst etc. in der Amalgamierung der Elemente zwischen erlösungsheischender Führersehnsucht und erotischer wie ästhetischer Ausnahmeexistenz, wie man sie damals im Spektrum von Ernst Jünger bis Frank Thieß finden konnte. Hineinkonstruiert ist denn auch wunschhaft der zukünftige eigene Platz, der des vielversprechenden Künstlers. Zieht man dazu noch "Skizze zu einem jungen Mann" und "Sechzehnjähriger allein" heran, so erkennt man darin die Wirksamkeit der literarisch vor- und ausgeschriebenen Muster männlicher Sozialisation in Reinheit und Kameradschaft, Härte und Vision, Nüchternheit und Sehnsucht und so fort. Mithin die Muster zwischen den, häufig durch Hamsun inspirierten, völkischen Quester-Traktaten, von Burte über Grimm und Sander bis Wiechert,[15] und den sowjetisch präformierten proletarisch-revolutionären Romanen von Bredel bis Schönstedt.[16]

Dies 'Erbe' — und das besteht eben nicht nur im Wortschatz[17] — übernimmt Andersch mit in die Zeit nach 1945.

III.

"Mein Buch scheint sehr ins Schwarze zu treffen. [...] Die Presse-Resonanz ist außerordentlich. [...] Ich glaube, jetzt bin ich wirklich ein berühmter Mann geworden [...]."[18] Als *Kirschen der Freiheit* 1952 erschienen, wurde es als "geballte Ladung" bezeichnet, mit "abgezogenen Eierhandgranaten" verglichen, dem sensiblen Karl Krolow fällt das Bild von der "Sicherheit der Geschoßbahn" ein und selbst der nun wahrlich nicht soldatische Heinrich Böll greift zu einem Bild, das wohl weniger zirzensisch als militärisch konnotiert war, wenn er von einem "Trompetenstoß in schwüle Stille" spricht.[19] Diese Bilder lassen nicht nur ahnen, wie tief der Krieg sich in die Sprache eingegraben hat, sondern zugleich

---

[15] Vgl. Ulrike Haß (Anm. 12).

[16] Vgl. Michael Rohrwasser: *Saubere Mädel, starke Genossen. Proletarische Massenliteratur?* Frankfurt a.M. 1975.

[17] Vgl. Urs Widmer: *1945 oder die "neue Sprache". Studien zur Prosa der "Jungen Generation"*. Düsseldorf 1966.

[18] Andersch am 10. November 1952, nach Andersch: *"...einmal wirklich leben"* (Anm. 7). S. 78.

[19] Vgl. Erhard Schütz: *Alfred Andersch*. München 1980. S. 35.

auch die Heftigkeit, mit der Anderschs Buch umstritten, ja, umkämpft
wurde. Am Stil konnte das nicht liegen, denn der mußte durchaus vertraut
sein, referierte er doch zum einen deutlich auf den Existentialismus, den
man von Sartre her kannte, zum anderen ebenso erkennbar auf Ernst Jüngers *Waldgang*-Prosa, darunter aber noch direkt auf jene aus der unmittelbaren Vergangenheit herrührenden Linien prätentiöser bis innerlicher Kal-
ligraphie einerseits, 'sachlichem' bis rüdem Landserton andererseits. Was
sonst jeweils einzelne Partien bestimmt, findet sich am dichtesten illu-
strierbar durch die Wendung: "Ich lebte auf der Hallig meiner Seele, als
säße ich jahrelang auf dem Klosett." (K, 73)

Und es konnte auch kaum der Umstand der Desertion selbst gewesen
sein, denn die war, ohne daß es bemerkbare Reaktionen gegeben hätte, ja
schon 1950 in der *Frankfurter Allgemeinen Zeitung* publiziert worden.[20]
Was die Kritik zu Charakterisierungen wie "Unzucht" provozierte, war
wohl die explizite, philosophierende Begründung der Desertion als Akt der
Freiheit mit geradezu normativen Folgerungen und der Umstand, daß Andersch in der Überhöhung von Individualität das verächtlich machte, was
Remarque dem Krieg geradezu als Positivum entgegensetzte und was
selbst im *Stalingrad* Pliviers letztlich unangetastet geblieben war — Kameradschaft: "Sie hingen mir meterlang zum Hals heraus, die sogenannten
Kameraden. Sie kotzten mich regelrecht an. Das Schlimmste an ihnen war,
daß sie immer da waren. Kameradschaft — das bedeutete, daß man niemals allein war." (K, 63) Und deutlich war der Kritik auch, daß Andersch
nicht nur die jüngste Vergangenheit meinte.

Tatsächlich konstruiert Andersch den Akt der Fahnenflucht als Um-
schlagpunkt auf dem Wege von einer Enttäuschung zur anderen. Nämlich
von eben der, daß die KPD 1933 auf die revolutionäre Aktion verzichtete
und nicht den Bürgerkrieg ausgelöst hat, zu der an der — idealisierten und
radikalistisch besetzten — Demokratie. Vor der Ur-Enttäuschung durch die
KPD lag aber schon eine andere, die "Langeweile" (K, 11) im Elternhaus,
aus die Hinwendung zum revolutionär sich gebenden Kollektiv entstand — unter Beibehaltung des soldatisch-disziplinatorischen Geistes im
Vaterhaus. Anderschs "Bericht" ist darum, abgesehen von der nur bedingten Kongruenz mit den rekonstruierbaren Fakten seines Lebenslaufes, eine
besonders eindringliche Darstellung jugendlicher Militanz in der Suche
nach Eindeutigkeit, Stärke und Reinheit. Das ist sie nicht nur in den Stationen, die sie inhaltlich beschreibt, sondern gerade im Gestus, in ihrer
Stilisierung zwischen ich-vermeidender Lakonik und kitschnahem Sensi-

[20] Vgl. Alfred Andersch: *Flucht in Etrurien. Zwei Erzählungen und ein Bericht.*
Zürich 1981.

bilismus, von Andersch verklärt als "Bündnis sensibler Charaktere mit harter Unterwelt-Intelligenz". (K, 21)

Andersch konstruiert die Geschichte männlicher Bewährung, in der außer für die Mutter, die die Entlassung aus dem KZ bewirkt, für Frauen kein Platz vorgesehen ist. Dafür findet sich das encodiert in der Konstruktion der ersten Hinwendung zu Natur und Kunst, die um so mehr ins Zentrum rückt, desto schneller daraus die gesellschaftsrevolutionäre Utopie schwindet. In *Kirschen der Freiheit* erscheinen Natur und Kunst zunächst als Fluchträume. Es sind das der Park von Schleißheim und das Werk Rilkes. Beide sind gewissermaßen effeminierte Formen: die sozial geformte, harmonisierte Natur des Parks mit dem "Gefühl einer verwunschenen Unendlichkeit" (K, 20) und das lyrische Werk des innerlich-femininen Dichters, ein "ungeeigneter Lehrer" (K, 50). Andersch spricht generalisierend von "lyrische[r] Schokolade". (K, 49) Gegen diese Anfechtungen wie die der angepaßten Unterwerfung unter das NS-Regime steht dann die männliche "Entscheidung", die aus dem Kriegsmitläufertum den mutigen Akt der Desertion machte. Die Fahnenflucht muß nun aber gegen das soldatische Wertesystem doppelt gerechtfertigt werden. Zum einen gegen den, präventiv angesprochenen, Verdacht der persönlichen Feigheit, zum anderen gegen den Vorwurf des Treuebruchs. Ersteres geschieht, indem der Akt der Selbstüberwindung zur Entscheidung als heroischer dargestellt und zugleich in einem Gestus der Ehrlichkeit das Moment von Feigheit einbekannt wird.

> Der nächtliche Rückzug schäumte uns entgegen, die Straße entlang, die Via Aurelia. Das Ligurische Meer war ein glänzender Silberschild unterm Vollmond. Nur Nächte können so knochenbleich hell sein. So beinbleich hell, vom Mondlicht überstrichen, flach, mit riesigen Schlagschatten, aber tief, blaudunkel tief, wo im blaudunklen Laub der Bäume süß der Akazienduft strich. Und der vollmondige, akazienduftende Feldzug raste die Straße entlang, im donnernden Gedröhn der Kolonnen, im wilden, aufreizenden Knirschen der Raupenketten, im fliegenden Haar der Männer, die in den Luken der Panzer standen, in ihrem fliegenden, mondumwehten Haar und ihren Gesichtern, die nach Norden blickten [...]. (K, 75)

Was Andersch hier in ebenso preziöser wie klischierter Bildlichkeit, in lyrisierender Suggestion der Wiederholung und Steigerung evoziert, kann man gewiß stilistisch "irgendwo zwischen Georgeschem Jugendstil und Excalibur-fantasy" ansiedeln und als "Mythisierung des Krieges" charakterisieren.[21] Aber man muß dabei zumindest die dem zugedachte Funktion bedenken. Andersch mythisiert — oder besser vielleicht doch: wagnerisiert — den Krieg unter Aufbietung des ihm zu Gebote stehenden kalligraphi-

---

[21] So Gunter E. Grimm: "Nichts als die Wahrheit". Zu Alfred Anderschs Realismus-Konzept. In: *Literatur für Leser* (1994). H. 3. S. 108-118, hier S. 112.

schen Repertoires, um die ästhetische Faszination darzustellen, die von diesen Momenten im Kriege ausgeht. "Ich hätte was darum gegeben, einmal in meinem Leben an einem so herrlichen und großartigen Krieg teilnehmen zu können." (K, 76) Dieser eingestandene Wunsch, die verführerische Faszination steigern den Akt der Desertion — als ein abgerungenes Dennoch. Dazu steht kontrapostisch das relativierende Eingeständnis: "Niemals hätte ich den Mut zur Flucht aufgebracht, wenn ich nicht im gleichen Maße, in dem ich mutig war, feige gewesen wäre." (K, 90) Freilich wird dem wiederum eine Belohnung mit ästhetischem Mehrwert zugesprochen: "Hätte ich damals nur aus Mut bestanden, so hätte ich nicht die mattgrünen und seidegrauen, aquarellhaft verfließenden Flecken bemerkt, aus denen die Rinde der Platane sich zusammensetzte, hinter der ich mich verbarg [...]." (K, 92) Das läßt sich geradezu als Anderschs Apologie der Hinwendung zur Kunst wie als Begründungsversuch dezidierter ästhetischer Wahrnehmung überhaupt lesen.

Diese Rechtfertigung gegenüber dem Vorwurf des Treuebruchs geschieht, worauf seither immer wieder hingewiesen worden ist, durch die Deklaration der Fahnenflucht als Akt des Widerstands, um so deutlicher, da der Gestus ihn verkleinert und zugleich zeitlich dem Vorbild voraus sein läßt: "Mein ganz kleiner privater 20. Juli fand bereits am 6. Juni statt." (K, 74) Vor allem aber wird — in einem eigens dazu eingerichteten Kapitel — der unter Zwang geleistete Gehorsams- und Treueeid für nichtig erklärt. Aber so, als könne das vielleicht nicht ausreichen, wird Hitler, der Eidnehmer, in einem metaphorischen Terminus, der dem Bildrepertoire des 'Dritten Reiches' problematisch verschrieben ist, als "Kanalratte"[22] vorab außerhalb menschlicher Kategorien gestellt:

> Wer auch immer sich unter der Herrschaft der Kanalratte weigerte, einem Gestellungsbefehl zu folgen, wurde getötet oder mindestens auf viele Jahre in ein Konzentrationslager gebracht. [...] Der Eid wurde also unter Zwang geleistet. Auf seine Verweigerung stand der Tod. Er war damit null und nichtig. [...] Nirgends offenbart sich die dialektische Beziehung von Bindung und Freiheit stärker als beim Eid. Der Schwur setzt die Freiheit des Schwörenden voraus. (K, 102f.)

Dies wird nun durch einen historischen, politisch-philosophischen Exkurs noch verstärkt, um schließlich provokatorisch offensiv auf die aktuelle Gegenwart hin gewendet zu werden, nämlich im Blick auf die in Absicht genommene Wiedereinführung der allgemeinen Wehrpflicht: "Der Zwangsarmee alten Stils gegenüber aber kann sich der Mensch, wann immer er nur will, auf seine Grundrechte berufen." (K, 108)

---

[22] Vgl. z.B. die berüchtigte Assoziation von Juden mit Ratten in Fritz Hipplers Film *Der ewige Jude* (1940)!

Gleichwohl bleibt die Erinnerung daran, daß mit der praktizierten wie nachträglich begründeten Ablehnung des von einem verbrecherischen System erzwungenen, nicht rechtfertigbaren — und überdies verlorenen! — Krieges nicht auch Krieg schlechthin zwangsläufig abgelehnt ist, daß die ästhetische Faszination am "herrlichen und großartigen Krieg" damit nicht aus der Welt ist. Darüber hinaus aber bleibt auch der Duktus, unter dem diese Faszination steht: gerade in der Flankierung durch Natur und Kunst. Die emphatische Evokation der titelgebenden "Kirschen der Freiheit", Produkte einer wilden, ursprünglichen (sinnlichen wie nährenden) Natur, stellt sich in genau den Traditionszusammenhang der desertierend verlassenen Vergangenheit: Er bedient die ebenso markante wie hochgradig ideologielastige Vorstellung von Natur als von Urwüchsigkeit, Echtheit, Härte etc.

> Als die europäische Kunst den Weg des Willens gegen das Fatum der Geschichte zu Ende gegangen war, ließen sich Picasso und Appollinaire in die Freiheit fallen. Noch von ihrem Rauch umschwelt, tauchten sie wieder auf, metallisch leuchtende Tafeln in den Händen: sie hatten die Kunst gerettet und das Geschick gewendet. (K, 127)

Mit der Referenz auf avantgardistische Kunst setzt Andersch sich zwar von der Kunstvorstellung des 'Dritten Reiches' radikal ab, aber schon die Sprache voll 'metallischem' Pathos indiziert, daß diese Kunst als 'harte', als eine der männlichen Entscheidung vorgestellt wird.

Zugleich ist das Rechtfertigung des erneuten Schritts weg von der Politik und den Versuchen publizistischer Direktwirkungen auf die Gesellschaft. Die Entscheidung in *Kirschen der Freiheit* ist nicht nur die nachgetragene Rechtfertigung der Desertion aus dem totalitären Regime, sondern auch die vorbereitende Legitimation des Rückzugs aus der demokratischen Nachkriegsgesellschaft in Deutschland. Und hier sind die Motive keineswegs so eindeutig, wie sie eine wohlwollend interpretierende Sekundärliteratur[23] in der Vergangenheit nur zu gerne angenommen hat. Gewiß, es ist die Manifestation des Protests gegen die Wiederaufrüstung, aber es ist zugleich Protest aus dem Geiste der Kompromißlosigkeit, mithin ein nicht genuin politischer, sondern Protest ästhetisierter Weltanschauung im Zustand von Weltanschauungsverlust.

Sein 'Überlaufen' vom publizistischen Politisieren zur Kunst, die als Politikum interpretiert wird, hat ihre Rechtfertigung schon vorab erhalten, ehe die Desertion überhaupt thematisch wird. Es ist ein Bild, das die "dialektische Beziehung von Bindung und Freiheit" mythisch faßt: "Ach, Odysseus an den Mast gefesselt, den Liedern der Sirenen lauschend. Und wir, auf Odyssee durch das Jahrhundert, umtönt von den Klängen der das

---

[23] Damit ist auch meine damalige Position gemeint; vgl. Schütz, S. 33f.

Herz zerfleischenden Ideologien. Erzverrat: sich losbinden zu lassen." (K, 22)

IV.

"[...] die ganze sogenannte kulturelle Öffentlichkeit ist verrückt wegen meinem neuen Buch, aber ich werde mich nicht verrückt machen, sondern das Ganze kalt an mir ablaufen lassen."[24] Die Insistenz und Interessiertheit, mit der Andersch der Mutter vom Fortgang seines noch einmal Gerühmtwerdens fortlaufend berichtet, widerspricht der versprochenen Kälte.

Das Interesse an *Winterspelt* war tatsächlich groß, aber im Urteil sehr gespalten. Insbesondere die damaligen Meinungsführer, allen voran Marcel Reich-Ranicki, hatten den Roman verrissen, während er von den Schriftstellerkollegen Jean Amery und Wolfgang Koeppen und im intellektuellen Umfeld der dogmatischen Linken, hier seiner antifaschistischen Gesinnung wegen, gelobt worden war. Gegen die DKP-interessierte These, die Figur des Kommunisten Hainstock weise im Roman "den Weg", hat Andersch sich selbst zur Wehr gesetzt.[25] Gegen Reich-Ranickis Fazit, Andersch sei nicht gelungen, "das Vergängliche zum Gleichnis zu erheben",[26] hat ihn dann die literaturwissenschaftliche Kritik verteidigt. Ein Punkt ist dabei indes weitgehend ausgespart geblieben, nämlich die Annahme, Andersch sei ein Erzähler und habe im Roman, einer mutwillig komplizierten, einfachen Geschichte mit Figuren, denen es an Leben mangele, mithin als Erzähler versagt. Andersch selbst hatte darauf insistiert, daß der Roman eine "Orgie von Komposition" sei.[27] Dem ist man gefolgt und hat sich ansonsten weitgehend in der Verteidigung Anderschs auf dessen Vorgabe — das Kunstwerk als Widerstand — verlassen, zum einen unter assoziatorischem Verweis auf Peter Weiss' *Ästhetik des Widerstands*, zum anderen eben im Rekurs auf Klees Aquarell *Polyphon gefaßtes Weiß*, das im Roman als "Polyphon umgrenztes Weiß"[28] mehrfach thematisiert wird.

Der Roman kreist um den Plan des Wehrmachtoffiziers Dincklage, im Zeitraum kurz vor der beginnenden Ardennenoffensive (battle of the bul-

---

[24] Andersch am 23. Juli 1974, nach Andersch: *"...einmal wirklich leben"* (Anm. 7). S. 203.

[25] Gerd Fuchs: Hainstock weist den Weg. In: *Deutsche Volkszeitung* vom 10. Oktober 1974, und Alfred Andersch: Der Seesack. Aus einer Autobiographie. In: *Literaturmagazin 7: Nachkriegsliteratur*. Reinbek 1977. S. 124.

[26] Marcel Reich-Ranicki: Ein Kammerspiel inmitten der Katastrophe oder Sandwüste mit Oase. In: *F.A.Z.* vom 8. Oktober 1974.

[27] Andersch: Der Seesack (Anm. 25). S. 123.

[28] Alfred Andersch: *Winterspelt*. Roman. Neu durchges. u. verb. Aufl., Zürich 1977. S. 141. Fortan im Text mit der Sigle W und Seitenzahl zitiert.

ge) und an der Front nahe dem Eifeldorf Winterspelt, das ihm unterstellte Bataillon kampflos an die Amerikaner zu übergeben. An der Entstehung, Konturierung und Vorbereitung des Plans sind die Lehrerin Käthe Lenk und der im Untergrund lebende Kommunist Wenzel Hainstock beteiligt. Der im Grenzgebiet hin und her wechselnde Kunsthistoriker Schefold soll den Kontakt zum amerikanischen Gegenüber, Captain Kimbrough, herstellen. Schefold gerät beim Überqueren der 'Linie' in Gefangenschaft des Gefreiten Reidel, der ihn tötet, weil beide nicht zu einer gemeinsamen Sprache finden und sich im Schema von Herr/Knecht mißdeuten. Doch nicht nur durch diesen "Zufall" ist der Plan zum Scheitern verurteilt. Er ist schon zuvor als obsolet charakterisiert: Dincklage ist bekannt, daß das Bataillon vor dem Übergabetermin abgezogen werden wird, und die Vorgesetzten Kimbroughs wollen sich auf einen solchen "Verrat" nicht einlassen. Vor allem aber, und damit prozessiert der Roman, wird der Plan nicht realisiert, weil er auch in der damaligen historischen Realität, soweit die historiographischen Daten reichen, nicht geplant, geschweige denn durchgeführt wurde. Die so angenommene Faktizität des realen historischen Verlaufs gibt dem Roman die Konditionen vor. Seine konjunktivische Konstruktion ist zugleich provoziert wie determiniert durch die entgegenstehende historische Faktizität. Der Roman setzt sich damit auseinander, daß selbst bei einer so entworfenen Konstellation von Figuren, die Spielarten der Distanz und Opposition zum Regime wie zum Krieg vertreten, keine Widerstandshandlung entsteht, warum nicht einmal ein solches "Kammerspiel" gelingen konnte. Geschichtsverlauf und Autor setzen dem Roman seine Konditionen. Was daraus entsteht, ist mitnichten erzählt. Gerade, um diese Konditionen immer wieder ins Bewußtsein zu heben — Die Geschichte war nicht so. Der Autor hat anderes vor. — ist *Winterspelt* intentional als Konstruktion angelegt. Der Roman ist ein Konstrukt aus Konstruktionen, Beschreibungen, Zitaten ('Dokumenten') und Reflexionen (Kommentaren, Thesen und Spekulationen). Das schließt aus, daß Figuren und Handlungen die Illusion von 'wirklichem Leben' erzeugen dürfen. Die Figuren sind als konstruktive Konstellationen aus vor allem autobiographischem Material[29] und literarisch-weltanschaulichem Präkonstrukt, eben des Jüngerschen Typus des 'Waldgängers' oder 'Anarchen', Realisationen wie Dementi ihrer "Biogramme". Das Material, aus dem die Figuren zusammengesetzt sind, ist ebenso wie die Handlung, die in einzelne Segmente zerlegt ist, ständig transparent auf die Konstruktion. Konstruktion und Beschreibung stehen in unaufgelöster Spannung, die durch die sie vorantragenden Reflexionen offen gehalten wird. Beide, Konstruktion und Be-

---

[29] Vgl. Schütz (Anm. 19). S. 133-135.

schreibung, vertreten, was nicht mehr vertretbar scheint, die Suggestion von 'Leben, wie es nun einmal ist'.

"Leser und Interpreten des Romans haben es also mit reichlich komplizierten und verklausulierten Erzählverhältnissen zu tun. Weniger komplex ist diese Lektüre nicht zu haben."[30] Klaus Scherpes Feststellung markiert die derzeit avancierteste literaturwissenschaftliche Reflexion dieser komplexen Konstruktion des Anderschschen Textes. Scherpe hat auf den problematischen "Hang zur Totalisierung der Phänomene" und den "Imperativ des 'Strukturierten'"[31] hingewiesen, auf die strikte Kontrolle aller konjunktivischen Angebote durch den Erzähler, ja, durch den Autor. Er lenkt den Blick auf die "ästhetische Militanz" in Anspruch und Verfahren von Andersch, "um in die vergangenen und die gegenwärtigen historischen Ereignisse eingreifen zu können".[32] Scherpe verfolgt die Frage nach der "ästhetischen Militanz", indem er zurückgreift auf die Funktion des Kleeschen Bildes im Text und für den Text. Das betrifft die ambivalente Funktion des Weiß — in Anderschs Werk Farbe des Todes wie Leere oder Transparenz vertretend — und seiner farblich graduierten Umfassungen, denen die sechs Figuren des Romans entsprechen.[33] Das betrifft — vermittelt über Käthe Lenks Charakteristik des Bildes als "Plan" (W, 271) oder Schefolds Vorstellung vom "Samenkorn", aus dem eine neue Stadt wachsen könne (W, 534) — den Status für den Roman, in den Worten von Hanuschek: "[D]ie Struktur des Romans ist Abbild des Bildes".[34] Von hier aus, von der auffälligen Beschreibung und Reflexion des Bildes im Roman, gelangt Scherpe am Ende zur auffälligen Figur Schefolds. "Dem Habitus nach ist er zusammengesetzt aus Zügen des Idyllikers, Epikureers, Anarchisten, Melancholikers und Stilisten." In ihm erkennt er die radikalisierte Wunschfigur des Umschlags von "Handlungsohnmacht in Handlung, [...] von gesellschaftlicher Isolierung und Marginalisierung in die 'reine' Aktion: ein gefährlicher Gedanke." Und von daher nun bestimmt Scherpe die Lösung zum "Rätsel" von Anderschs Kriegsspiel: "'Er versuchte sich zu schützen, indem er sich exponierte.' Diese 'Schutzbehauptung' wäre dann die Quelle der [...] ästhetischen Militanz."[35]

---

[30] Klaus R. Scherpe: Alfred Anderschs Roman "Winterspelt" — deutscher Militarismus und ästhetische Militanz. In: Heidelberger-Leonhard/Wehdeking (Hrsg.) (Anm. 8). S. 131-141, hier S. 134.
[31] Ebd. S. 135.
[32] Ebd. S. 136.
[33] Vgl. Sven Hanuschek: "Winterspelt" als "polyphon gefasstes Weiß"? In: *Kürbiskern* (1987). S. 93-108, hier S. 100f.
[34] Ebd. S. 100.
[35] Scherpe (Anm. 30). S. 140f.

Gerade im Blick auf diese grundlegende Einsicht in Movens und Struktur des Romans lohnt sich, jenes Gegenlager zu besehen, von dem her die "ästhetische Militanz", wenn nicht ihre Begründung, so doch ihre Bestimmung erfährt. Es ist das der Naturgeschichte. Anderschs "ästhetischer Rigorismus und Dezisionismus" sei rechtfertigbar nur im literarischen, nicht mehr im politischen Text: "Nur unter der Bedingung der künstlerischen Konstruktion ist es reizvoll und legitim zugleich, von der unendlichen Komplexität der Geschichte abzusehen und das Faktische der Politik für irreal und irrsinnig zu erklären."[36] Eine solche Sicht könnte noch zu sehr der Reminiszenz an die emphatische Position in *Kirschen der Freiheit* verpflichtet sein: Kunst als Entscheidung zur Freiheit. In *Winterspelt* hingegen scheint sich eine weitere Radikalisierung abzuzeichnen: Die Entscheidung zur Freiheit, zur Kunst, zum Widerstand — oder was auch immer — ist gar keine freie Entscheidung, sondern auf ihre Weise determiniert wie das Verhalten von Feigheit und Unterwürfigkeit etc. Mit anderen Worten: Die ästhetische Militanz wäre dann von Andersch selbst interpretiert als eine Determination zur Exposition.

Der Satz, mit dem Schefolds Verhalten als Selbstschutz durch Exposition interpretiert wird, ist ja die Umkehrung des Verhaltens, das Hainstock am verwundeten Waldkauz beobachtet: "[B]eobachten ohne selbst beobachtet zu werden" (W, 291). Der Waldkauz, was durch seine getarnte Exposition im Text leicht übersehen wird, ist das Komplement zur exponierten Exposition des Bildes dort. Seine Rettung durch Hainstock ist als Gratisakt der Rettung des Bildes durch Schefold analog. Im Gegensatz zu Lenk/ Dincklages Plan sind beide im Roman realisierte Aktionen. Sie wiederholen, was der Roman in seiner Anlage prozediert, die Spannung des Ästhetischen zwischen Materialität der Welt und Konstruktivität des menschlichen Geistes. In der Figurenkonstellation nun ist Reidel der Korrespondent zu Schefold. Beide sind, im Gegensatz zum Figurenquartett im jüngerschen Horizont, nicht mit einem "Biogramm" ausgestattet. Während Schefold durch Exponiertheit und Großbürgerlichkeit codiert ist, wird Reidel durch Tarnung und als Kreatur bestimmt.[37]

Es dürfte überdies kein Zufall sein, daß Andersch beide über das Bildfeld zivilisierter Gesellschaftlichkeit, das der Hotelerie, in — ihre desaströse — Verbindung bringt. Von daher kann man eher der Vermutung nachgehen, daß Andersch den Komplex Gesellschaft/Geschichte/Alltag zwischen zwei extremisierten Positionen 'zerreibt', die beide in den Komplex eingreifen und eingehen, zugleich aber — wie die Kunst — über ihn hinausgehen oder — wie Naturgeschichte — ihm vorausliegen.

---

[36] Ebd. S. 139.
[37] Zum Komplex der "Kreatur" vgl. Lethen (Anm. 12). S. 245ff.

Die Beschreibung des Verhaltens des Waldkauzes in Gefangenschaft, so hat Andersch angemerkt, folgt der Darstellung in der *Paläoanthropologie* von Rudolf Bilz. Dessen Schriften, die, wie vergleichbare von Lorenz oder Gehlen, ihren Ursprung in der Zeit des 'Dritten Reiches' haben, stehen unter den bezeichnenden Titeln "Wie frei ist der Mensch?" und "Studien über Angst und Schmerz". Der Text über den "scheuen Kauz", auf den Andersch sich bezog, thematisiert die Frage von Scheu und Kontakt-Vermeidung, einer "feindgetönten Umwelt" und "Umwelt-Überbedeutsamkeit": "Scheuen Menschen ist ihre Umwelt bedeutsamer als ihren Mitbürgern, die sich auch in einer fremden Umwelt bald heimisch fühlen."[38] Über diese Beschreibung bringt sich Andersch gewissermaßen als "scheuer Kauz" ins Spiel, der sich nun aber, seine Scheu, die er ja schon in *Kirschen der Freiheit* an sich diagnostizierte, in einer Volte durch Exposition kompensatorisch ausagiert. Das ist nicht Mut, sondern eine Variante von "Feigheit".[39] Folgt man dieser Spur, so stellt sich der Roman als radikalisierte Selbstbeobachtung des sich exponierenden Beobachters dar. Es ist dies, daran läßt die Exposition keinen Zweifel, Selbstkritik aus der Position einer angenommenen soldatisch-männlichen Haltung. Sie ist Selbstkritik der "Feigheit" im Gestus 'mannhafter' Selbstexposition. Sie ist, um den Terminus dann doch zu gebrauchen, Selbst-Dekonstruktion unterm Diktat von Konstruktion. Und damit führt sie zum blinden Fleck der Selbstbeobachtung, den sie — naturgemäß — nicht mehr darstellen kann, den sie aber selbst aufspürt und umschreibt. Es ist der Platz des anderen, hier: des geschlechtlich anderen.

Auch da ist der Kriegsverlauf nicht mehr zu korrigieren. Es ist nicht unterscheidbar, ob die naturgeschichtliche Interpretation ein Zwang der spezifischen Sozialisation oder die spezifische Sozialisation naturgeschichtlich determiniert ist. Die Interpretation jedenfalls, die in der ästhetischen Polarisierung von Naturgeschichte ("Umwelt-Überbedeutsamkeit") und Kunst (Konstruktion von Freiheit) die Komplexität gesellschaftlicher Vermittlungen flüchtet wie sich zugleich ihr gegenüber durch Reduktion provokatorisch exponiert, bleibt "umgrenzt" vom soldatisch-männlichen Diskurs. Käthe Lenk wird mit als 'weiblich' codierten Aspekten besetzt, wie sie Andersch in *Einige Zeichnungen* explizit benennt: "Freundlichkeit, Humor, Realitätssinn, Spontaneität",[40] sie bleibt aber eine Schattierung innerhalb der jüngerschen Figuration. Die beiden Außenseiter, der "Stendhalien" Schefold und der homosexuelle Reidel, hingegen bleiben außen.

---

[38] Rudolf Bilz: *Wie frei ist der Mensch? Paläoanthropologie*. Bd. 1. Frankfurt a.M. 1973. S. 159-176, hier S. 163.

[39] Vgl. Bilz: Studien über Angst und Schmerz (Anm. 2). S. 127f.

[40] Alfred Andersch: *Einige Zeichnungen*. Zürich 1977. S. 63.

So sehr die ästhetische Konstruktion sich der "ungeschriebenen Geschichte" zu nähern versucht, ihre heroische Einwilligung in Naturgeschichte wie Kunst als — in ihm wirksame — Antagonisten des geschichtlichen Raums schreibt zwar auch hier gegen den Krieg, aber weiterhin in Formen der Kriegsgeschichte.[41]

V.

Für die Tragik menschlicher Existenz hat [...] die Natur ausreichend gesorgt; sie ist immer ein Sein zum Tode, in dessen Ablauf wir nicht die Abbildungen des Todes brauchen, wie die Unterdrückung sie herstellt. Die Informationsmedien umgeben uns heute mit einer ganzen Welt solcher Abbildungen, deren den Tod versinnbildlichender Raster nur unterbrochen wird, wenn sich Nachrichten aus dem Denken und der Kunst zwischen sie schieben. Dann berühren uns Ahnungen des Glücks, des Lebens und der Freiheit. Ihr Spielraum muß größer werden.[42]

Anderschs Versuche zur Erweiterung des Spielraums im Dauertext des Krieges und des Todes bleiben gewiß problematische Akte "ästhetischer Militanz". Doch wird man ihm zugleich konzedieren müssen, daß er in der unablässigen Selbstexposition die Riskanz gezeigter Schwäche eingegangen ist, sich immer wieder in Widersprüche verstrickt hat, Widersprüche auch seiner Geschichten. Verstrickungen zudem, deren kein Interpret sich freisprechen kann.[43] Und nicht zuletzt machen die Verstrickungen "ästhetische Militanz" immerhin unterscheidbar von militanter, gar militaristischer, Ästhetik.

[41] Es lohnte, die poetologischen Selbstthematisierungen Anderschs im Hinblick auf die Äußerungen zu Gisela Anderschs konstruktiver Kunst und den geschlechtsspezifischen Zuordnungen von Linie als männlich und Fläche als weiblich bei Kandinsky zu lesen. Vgl. etwa auch Libeskinds Charakterisierung des leeren Raums zwischen den Linien als "hoffnungsorientierte Matrix", zitiert bei Scherpe (Anm. 30). S. 132!
[42] Andersch: *Zeichnungen* (Anm. 40). S. 76 u. 78.
[43] Vgl. dazu Scherpe (Anm. 30). S. 141, und zur Kategorie der Verstrickung Martin Huber: Alfred Anderschs Erzählungen. In: Heidelberger-Leonhard/Wehdeking (Hrsg.): (Anm. 8). S. 88-97, bes. 92f.

Ehrhard Bahr

Defensive Kompensation
Peter Bamm: *Die unsichtbare Flagge* (1952) und Heinz G. Konsalik: *Der Arzt von Stalingrad* (1956)

Der Kriegsroman ist keine literarische Gattung, sondern eher eine Buchhändlerbezeichnung. Wie Titel im Buchhandel als Abenteuerromane, Bergromane und Wildwestromane klassifiziert werden, so gibt es auch die Kategorie der Kriegsromane. Die oben angeführten Romane könnten auch als Arztromane klassifiziert werden. Literaturwissenschaftlich relevant wird der Kriegsroman nur durch seine Thematik, sonst ist er ein Roman wie jeder andere auch; er unterliegt den Standardkriterien der Romankritik. Von größter Wichtigkeit ist dagegen der Krieg als literarisches Thema. Die entscheidende Frage besteht darin, wie die spezifische Thematik des Zweiten Weltkrieges in den neunziger Jahren dieses Jahrhunderts literaturwissenschaftlich und -geschichtlich zu erfassen ist. Das Ende des Zweiten Weltkrieges liegt über fünfzig Jahre zurück und ist nur noch als Erinnerung gegenwärtig. Literatur ist in diesem Zusammenhang als Erinnerungs- und Trauerarbeit im Freudschen Sinne zu verstehen. Es gibt inzwischen eine internationale Forschung zur Kulturgeschichte der Erinnerung an den Ersten und Zweiten Weltkrieg.[1] Die Bedeutung der beiden Weltkriege wird aus der Trauerarbeit für deren Tote erschlossen. Dabei spielt die fiktionale Prosa eine große Rolle. Was für eine Art von Erinnerung wird durch die deutsche Prosa über den Zweiten Weltkrieg vermittelt, und wie ist die Leistung dieser literarisch vermittelten Erinnerung als 'Trauerarbeit' zu beurteilen?[2] Meiner Ansicht nach reicht der Slogan 'Nie wieder Krieg' als emotionaler Appell zur historischen Analyse nicht aus, denn es liegt hier das Problem eines Erinnerungsdefizits vor, das u.a. auch dem deutschen Kriegsroman der fünfziger Jahre zur Last gelegt werden muß. Offizielle

---

[1] Siehe Paul Fussel: *The Great War and Modern Memory*. Oxford 1975; George L. Mosse: *Fallen Soldiers. Reshaping the Memory of the World Wars*. New York 1990; und Jay Winter: *Sites of Memory, Sites of Mourning. The Great War in European Cultural History*. New York 1995.

[2] Siehe dazu Jochen Vogt: *"Erinnerung ist unsere Aufgabe". Über Literatur, Moral und Politik 1945-1990*. Opladen 1991. S. 12.

200

und literarkritische Vergangenheitsbewältigung der fünfziger Jahre führten zu einem historischen Revisionismus dieser Periode, der darauf angelegt war, die deutsche Wehrmacht und deren Kriegführung von den in der Sowjetunion verübten Kriegsverbrechen zu distanzieren und den deutschen Soldaten als Opfer hinzustellen.[3] Man hat von einer 'Tabuisierung' der Deutschen Wehrmacht gesprochen. So gelang es dem Revisionismus der fünfziger Jahre, in der Öffentlichkeit die Ansicht durchzusetzen, daß die Wehrmacht im Unterschied zur Waffen-SS und anderen NS-Formationen 'anständig' und 'sauber' geblieben sei und sozusagen eine Art von Opposition und Widerstand gegen das Naziregime gebildet habe. Dabei wurde gleichzeitig die Erinnerung an die Opfer des Genozids an den Juden unterdrückt, während der Widerstand vom 20. Juli 1944 instrumentalisiert wurde, um den überwiegenden Teil der Wehrmacht, der nicht am Widerstand teilgenommen hatte, reinzuwaschen. Wie Theodor Heuss, der erste Präsident der Bundesrepublik, anläßlich des Gedenkens des Widerstandes erklärte: "Die Scham, in die Hitler uns Deutsche gezwungen hatte, wurde durch ihr Blut vom besudelten deutschen Namen wieder weggewischt."[4] Selbst ein unverdächtiger Zeitzeuge wie Heinrich Böll präsentierte in seinen Erzählungen den deutschen Soldaten als Opfer mit einer Larmoyanz, die erst aus der Distanz von fünfzig Jahren deutlich wird. Die Opfer der Vernichtungslager blieben dagegen unerwähnt; ja, der Name Auschwitz fehlt in Bölls Gedenkreden bis 1962. Inzwischen hat die militärgeschichtliche Forschung den Zusammenhang von rassistischer Vernichtungspolitik und Wehrmachtskriegführung herausgestellt. So hat z.B. eine vom Hamburger Institut für Sozialforschung durchgeführte Ausstellung "Vernichtungskrieg: Verbrechen der Wehrmacht 1941 bis 1944" aus dem Jahr 1995 die Diskussion in die breite Öffentlichkeit gebracht. Danach führte die Deutsche Wehrmacht in der Sowjetunion einen Rassen- und Vernichtungskrieg gegen die jüdische Bevölkerung und war für Verbrechen an sowjetischen Kriegsgefangenen verantwortlich. Die Diskussion um Daniel J. Goldhagens Buch *Hitler's Willing Executioners* ist eine Fortsetzung dieser Debatte, die den Anteil der Mitwisser und Verantwortlichen erheblich erweitert hat.

Erst in diesem Zusammenhang ist der Bestseller-Erfolg zweier Kriegsromane aus den fünfziger Jahren zu beurteilen, beide von Autoren mit Pseudonym verfaßt: Peter Bamms *Die unsichtbare Flagge* von 1952 und Heinz G. Konsaliks *Der Arzt von Stalingrad* von 1956. Der erste Text ist kein eigentlicher Roman, denn er wird als "Bericht" präsentiert und ist

---

[3] Siehe dazu Helmut Peitsch: Towards a History of *Vergangenheitsbewältigung*. East and West German War Novels of the 1950s. In: *Monatshefte* 87 (1995) S. 287-308.
[4] Zitiert nach Peitsch (Anm. 1). S. 288f.

auch als solcher zu verstehen (samt allen fiktionalen Mitteln eines Berichts), während der zweite Text einwandfrei in die Kategorie des Trivialromans gehört, der gerade im Bereich des Kriegs- und Arztromans seine größten Verkaufserfolge verzeichnete. Hinter dem Pseudonym Peter Bamm steckt der 1897 in Hochneukirch (Sachsen) geborene Arzt Dr. med. Curt Emmrich, der als Kriegsfreiwilliger am Ersten Weltkrieg teilnahm und nach seiner Heimkehr Studium und Promotion absolvierte. Bereits während seiner chirurgischen Fachausbildung in Berlin war er als Feuilletonist tätig. Als Schiffsarzt und Pharmavertreter unternahm er später Reisen nach China, Südamerika, Mexiko und Westafrika, bis er sich als Chirurg in Berlin-Wedding niederließ. Am Zweiten Weltkrieg nahm er als Stabsarzt und Chirurg einer Sanitätskompanie am Rußlandfeldzug teil. *Die unsichtbare Flagge*, sein Welterfolg von 1952, der inzwischen in der dreizehnten Auflage vorliegt und aus einer Hörfunkserie im Nordwestdeutschen Rundfunk hervorging, bestand aus zehn Sendungen zu je einer Viertelstunde und war ein großer Publikumserfolg. Die Sendung traf in eine eigentümliche Konstellation der Mentalitätsgeschichte nach dem Zweiten Weltkrieg. Für den Sanitätsoffizier unter der "unsichtbaren Flagge" der Humanität konnte unbekümmert deutsches Heldentum im Zweiten Weltkrieg beansprucht werden. *Die unsichtbare Flagge* befriedigte dieses Bedürfnis nach Heldentum. Der Mangel an Legitimation eines solchen Heldentums ließ sich durch den Hinweis auf den Arztberuf kompensieren, wie Peter Bamm in einem Interview durchaus zugestand:

> Es konnte ja niemand über seine heldenhaften Erlebnisse im Osten schreiben, er mußte ja begründen, warum er wie ein Löwe gekämpft hatte für "Drittes Reich". Dies fiel für den Chirurgen weg. Wo Krieg ist, wird geschossen, wo geschossen wird, gibt es Verwundete, wo Verwundete sind, muß für Freund und Feind das Skalpell heran...[5]

Es handelte sich hier um eine defensive Kompensation, bei der das defensive Element in der Rezeption unter den Tisch fiel. Der Chirurg brauchte nicht verteidigt zu werden; im Gegenteil, der hippokratische Eid ersetzte den Eid auf den Führer, bzw. er verstellte die Tatsache, daß die Wehrmachtsärzte genauso auf den Führer vereidigt waren, wie die übrigen Offiziere.

Aber nicht nur das wurde verdrängt, sondern auch der Nürnberger Ärzteprozeß von 1947. Obwohl eine Auswahl der Dokumente dieses Prozesses von Alexander Mitscherlich herausgegeben und in einer Auflage von 10.000 Exemplaren auf Beschluß des Deutschen Ärztetages von 1948 an die Arbeitsgemeinschaft der Westdeutschen Ärztekammer verteilt wurde,

---

[5] Rudolf Riedler: *Drei Gespräche: Luise Rinser, Peter Bamm, Johannnes Mario Simmel. Fragen zur Person, zum Werk und zur Zeit.* Donauwörth 1974. S. 33.

hatte diese Dokumentation keinerlei Wirkung. Wie Mitscherlich berichtete, wurde das Buch nirgends bekannt:

> Keine Rezension, keine Zuschriften aus dem Leserkreis; unter den Menschen, mit denen wir in den nächsten zehn Jahren zusammentrafen, keiner, der das Buch kannte. Es war und blieb ein Rätsel — als ob das Buch nie erschienen wäre.[6]

Die Dokumentation, die schließlich 1960 in der Fischer-Bücherei unter dem Titel *Medizin ohne Menschlichkeit* erschien, zeigt eindeutig, daß sich die nachgewiesenen Medizinverbrechen nicht ausschließlich auf die berüchtigten SS-Ärzte abwälzen ließen, sondern daß auch Stabs- und Generalsärzte der Wehrmacht an ihnen beteiligt waren. So befanden sich beispielsweise unter den sechzehn Verurteilten fünf Wehrmachtsärzte.

Von der Kritik wurde Bamms geschicktes Argument als Rehabilitierung soldatischen Heldentums im Zweiten Weltkrieg verstanden, und sein als Bericht abgefaßtes Buch fand eine Aufnahme beim Publikum, die im Feuilleton mit "Welterfolg" und "Bestseller-Erfolg" bezeichnet wurde. Die zeitgenössischen Rezensionen geben zu erkennen, daß die Mentalität der Leser auf eine Weise angesprochen wurde, die ihrem ideologischen Bedürfnis nach Revision und Rehabilitierung des deutschen Soldaten im Krieg gegen die Sowjetunion entsprach. Wie ein Rezensent in der *Neuen literarischen Welt* schrieb, sei der Autor der Gefahr entgangen, "mit masochistischer Bußsucht nur nach dem Scheußlichen, Erbärmlichsten, Niederträchtigsten" zu suchen. Ein Kritiker von der *Gegenwart* fand durch *Die unsichtbare Flagge* sein landläufiges Vorurteil bestätigt, daß der Krieg der Wehrmacht "nichts, aber auch gar nichts mit dem Krieg" [der SS-Formationen — E.B.] zu tun" hatte.[7] Der Nürnberger Ärzteprozeß wurde überhaupt nicht erwähnt, woraus sich mit großer Wahrscheinlichkeit schließen läßt, daß er zu diesem Zeitpunkt bereits völlig verdrängt war.

Während Peter Bamms Bericht an die Adresse des gebildeten Bürgertums gerichtet war, wandte sich Heinz G. Konsalik mit seinem Roman *Der Arzt von Stalingrad* aus dem Jahr 1956 an die Konsumenten von Trivial- und Unterhaltungsliteratur. Auch dieser Roman traf auf ein rezeptionsbereites Publikum. In den Illustrierten *Quick* und *Stern* liefen damals eine Reihe von Fortsetzungsromanen, in denen die Vergangenheitsbewältigung des Zweiten Weltkriegs unter Themen wie "Bombenstimmung und Katzen-

---

[6] Alexander Mitscherlich (Hrsg.): *Medizin ohne Menschlichkeit: Dokumente des Nürnberger Ärzteprozesses.* Frankfurt a.M. 1960. S. 15.
[7] Zitiert nach Ralf Bröer: Wir wußten das. Peter Bamms Bestseller *Die unsichtbare Flagge* neu gelesen. In: *Die Zeit* vom 24. November 1995. S. 6. Ich stimme mit den Ansichten des Verfassers überein und bin seinen Ausführungen dankbar verpflichtet.

jammer" abgehandelt wurde.[8] Hinzu kam die Rückführung deutscher Kriegsgefangener aus der Sowjetunion nach dem Staatsbesuch Konrad Adenauers in Moskau im Jahr 1955. Die durchaus verständliche Emotionalisierung, die durch diese Rückführung ausgelöst wurde, führte zu einer weiteren Bestätigung der Opferrolle des deutschen Soldaten im Zweiten Weltkriegs unter Verdrängung aller anderen Opfer im öffentlichen Bewußtsein. Konsalik nützte diese Stimmung mit allen Mitteln des Trivialromans für den *Arzt von Stalingrad* aus. Typisch dafür ist die Tatsache, daß der Roman trotz seines Titels nicht in dem Stalingrad von 1942/43 spielt, sondern in einem sowjetischen Lager für deutsche Kriegsgefangene außerhalb Stalingrads in den Jahren 1947 bis 1954. Die Kriegsgefangenschaft betont die Opferrolle des deutschen Soldaten. Sie wird zu einer Fortsetzung des Leidens umfunktioniert, so daß der Soldat in seiner aktiven Rolle als Mitglied einer Invasionsarmee überhaupt nicht in Erscheinung tritt. Stalingrad ist lediglich ein historisches Reizwort, denn die Handlung könnte in jedem anderen Kriegsgefangenenlager stattfinden. Durch die Stalingrad-Perspektive wird die Rolle des Soldaten als Opfer nach rückwärts verlängert, wodurch der falsche Eindruck entsteht, als seien die Soldaten der Wehrmacht bereits vor ihrer Kriegsgefangenschaft Opfer gewesen. Daß sie Teilnehmer an einem Eroberungs- und Vernichtungskrieg waren, wird weitgehend ausgeblendet. Diese Manipulation erwies sich äußerst dienlich im Zusammenhang mit der Gründung der Bundeswehr im November 1955 und der Einführung der Wehrpflicht im März 1956. Denn da man beim Aufbau der Bundeswehr auf ehemalige Wehrmachtsgrade zurückgreifen mußte, konnte ein Trivialroman wie *Der Arzt von Stalingrad* mit seiner Verbindung von Ehrenrettung der Wehrmacht einerseits und Warnung vor sowjetischer Aggression andererseits in der Zeitstimmung des Kalten Krieges mit einer großen Leserschaft rechnen. Der Roman nimmt jede Gelegenheit zu primitiv propagandistischen Ausfällen gegen Kommunismus, DDR und Sowjetunion wahr.

Mit seinen rund 150 Romanen ist der 1921 in Köln geborene Konsalik (eigentlich: Heinz Günther) der meistgelesene deutsche Autor dieses Jahrhunderts: Zu seinem 75. Geburtstag im Jahr 1996 wurde vom Heyne-Verlag eine Rekord-Weltauflage von 80 Millionen Exemplaren angegeben. Nach einem abgebrochenen Studium der Medizin, Theaterwissenschaft und Germanistik in Köln, München und Wien wurde Konsalik in die

---

[8] Siehe Michael Schornstheimer: *Bombenstimmung und Katzenjammer. Vergangenheitsbewältigung: Quick und Stern in den 50er Jahren.* Köln 1989, und von demselben Verfasser: "Harmlose Idealisten und draufgängerische Soldaten". Militär und Krieg in den Illustriertenromanen der fünfziger Jahre. In: Hannes Heer und Klaus Naumann (Hrsg.): *Vernichtungskrieg. Verbrechen der Wehrmacht 1941-1944.* Hamburg 1995. S. 634-650.

Wehrmacht eingezogen, nahm als Kriegsberichterstatter einer Propaganda-Kompanie am Zweiten Weltkrieg teil und wurde in der Sowjetunion schwer verwundet. Nach 1945 war Konsalik als Journalist, Lektor und Redakteur tätig, ab 1951 als freier Schriftsteller. Sein Durchbruch auf dem Markt des Trivialromans gelang ihm 1956 mit dem *Arzt von Stalingrad*, der 1958 auch verfilmt wurde. Obwohl Konsalik höhere Ambitionen hat, erklärte er in einer selbstbiographischen Aussage von 1979 seinen Beruf mit dem Begriff der "volkstümlichen Verpackung" und bezeichnete den Massenkonsum als seine literarische Aufgabe:

> Ich rechne mich zur Kategorie der Unterhaltungsschriftsteller, wobei "Unterhaltung" so zu verstehen ist, daß man ernsthafte Themen, Anliegen, menschliche, soziale oder politische Probleme nicht trocken abhandelt, sondern sie volkstümlich "verpackt" in eine Sprache, in eine Handlung und in eine Form, die jedermann versteht. Es hat in meinen Augen keinen Sinn, nur für 500 Intellektuelle zu schreiben. [...] meine Aufgabe als Schriftsteller ist die Breitenwirkung. Das Fräulein hinterm Ladentisch soll mich ebenso verstehen und von meinen Büchern begeistert sein wie der Direktor auf seiner Chef-Etage. Wenn mir das gelungen ist — und die Auflagenzahlen sprechen dafür —, habe ich mein Ziel erreicht. Man kann dazu auch "Volksschriftsteller" sagen, [...] das wäre ein Ehrentitel. Waren Emil Zola oder Balzac etwas anderes?[9]

Keiner der deutschen Unterhaltungsschriftsteller wird mit so viel kritischer Ablehnung von seinen Kollegen der hohen Literatur bedacht wie Konsalik. Während es eine Art beruflicher Solidarität mit Autoren wie Johannes Mario Simmel und Willi Heinrich gibt — denn schließlich teilen sich Böll, Grass, Lenz und Walser den literarischen Markt mit ihnen —, so wird Konsalik als skrupelloser Fabrikant abgelehnt.[10] In der *Zeit* vom 2. August 1996 wurden unter dem Titel "Gestapomann Konsalik" Aussagen angeführt, in denen sich Lew Kopelew erinnert, daß "Zitate aus Konsalik-Romanen die trefflichsten Argumente für sowjetische Publizisten [waren], die über Revanchismus in Westdeutschland schrieben oder sprachen." Der emeritierte Kölner Germanist Karl Otto Conrady erklärte, daß viele Literaturwissenschaftler sich darin einig seien, "daß es sich bei Konsalik um einen neofaschistischen Propagandisten des Kalten Krieges" handle. Was Konsalik so verdächtig macht, ist die von ihm verkörperte NS-Kontinuität. Sie wird in dem *Zeit*-Artikel von 1996 durch ein Zitat aus seinem Antrag um Aufnahme in die Reichsschrifttumskammer von 1940 belegt, in dem

---

[9] Zitiert nach Manfred Jurgnsen: Der deutsche Unterhaltungsroman der Gegenwart." In: Manfred Durzak (Hrsg.): *Deutsche Gegenwartsliteratur: Ausgangspositionen und aktuelle Entwicklungen*. Stuttgart 1981. S. 252-269, hier S. 253.

[10] Siehe z.B. Klaus Siblewski (Hrsg.): *Martin Walser: Auskunft. 22 Gespräche aus 28 Jahren*. Frankfurt a.M. 1991. S. 245.

der Antragsteller auf seine fortgesetzte Tätigkeit bei der Gestapo verweist.[11]

Zu den Gemeinsamkeiten der beiden Werke gehört die Tatsache, daß
genaue Jahresdaten fehlen. Für beide Werke ist die erzählte Zeit schwierig
zu erschließen, da kaum oder gar keine Jahreszahlen angegeben werden,
obwohl für die *Unsichtbare Flagge* die Form des Berichts gewählt ist und
für den *Arzt von Stalingrad* das Tagebuch als Erzählform für zahlreiche
Kapitel eingeschaltet wird. Peter Bamms Bericht beginnt mit einer idyllischen Landschaftsbeschreibung der Ukraine samt Bildungsreminiszenzen:
"Leuchtend weiße Wolkenschiffe [...] ziehen über den Sommerhimmel der
Ukraine, diesen ungeheuren Himmel, den Nikolaj Gogol in den *Toten
Seelen* so wunderbar beschrieben hat." (UF, 11)[12] Erst eine Seite weiter
liest man, daß die deutschen Truppen im Begriff sind, "den Dnjestr zu
überschreiten. Sein Ostufer ist befestigt und wird von den Russen vertei-
digt." (UF, 12) Erst vierzehn Seiten später erhält der Leser eine Jahresan-
gabe: 1941 (UF, 26). Mit den zahlreichen Naturbeschreibungen und der
Unterdrückung von historischen Daten erfolgt eine Entrealisierung des
Kriegsgeschehens.

Dem Erzähler geht es zunächst um die Analogie von Operationssaal und
militärischer Kampfhandlung: beides sind für ihn Schlachtfelder. Das verbindende Element stellt für ihn die technische Wissenschaft dar, "die hier
mit äußerstem technischem Raffinement versucht, Leben zu retten, das
sechs Kilometer weiter mit äußerstem technischem Raffinement zu vernichten unternommen wird." (UF, 12) Die Dekonstruktion der hier aufge-
stellten Begriffspolarität entlarvt den Fehlschluß, der das medizinische
Schlachtfeld vom militärischen zu unterscheiden sucht. Die Begriffe fallen
zusammen, wo der Erzähler kontrastiert; sie werden zu Gegensätzen, wo
der Erzähler den hippokratischen Helden mit dem Truppenarzt gleichzu-
setzen sucht. Im Rückblick glaubt der Erzähler feststellen zu können, daß
über dem deutschen Hauptverbandplatz in der Ukraine "eine unsichtbare
Flagge [wehte], die Flagge der Humanitas." (UF, 19) Doch fehlt dem Erzähler zu dieser Behauptung die letzte Selbstsicherheit, so daß er das erste
Kapitel mit der verräterischen Frage beendet: "Sollte es eine verlorene
Flagge gewesen sein?" (UF, 19)

Der Hauptteil des Buches dient der Widerlegung dieser Frage. Der Be-
richt folgt der Geschichte der Sanitätskompanie des Ich-Erzählers vom
Dnjestr über die Krim bis zum Kaukasus und schließlich zurück über den
Njemen nach Ostpreußen. Der russischen Kriegsgefangenschaft entgeht

---

[11] Otto Köhler: Gestapomann Konsalik. In: *Die Zeit* vom 2. August 1996.
[12] Die Abkürzung und Angabe der Seitenzahlen beziehen sich auf Peter Bamm:
Die unsichtbare Flagge. Ein Bericht. München 1952. Das Buch erschien bereits
im ersten Jahr in der 4. Aufl., 31. bis 40. Tausend.

der Erzähler, indem er mit seiner Sanitätseinheit aus dem von sowjetischen Truppen eingekesselten Königsberg auf einem Marineschiff nach Kopenhagen gerettet wird. Der Bericht ist in einem Plauderton gehalten, der zwischen Offizierskasino und Volkshochschule gelagert ist. Da ist einerseits die Rede von der Ritterlichkeit, mit der man sich auf den Schlachtfeldern von Agincourt und Crécy begegnete (UF, 58); andererseits gibt es die unzähligen bildungsbürgerlichen Belehrungen des Lesers. So heißt es beispielsweise, als der Dnjepr erreicht wird: "Von der Küste des Schwarzen Meeres holte einst Jason das Goldene Vließ [sic]. Iphigenie träumte über die dunklen Wasser der Propontis hin nach dem Lande ihrer Sehnsucht. Die Griechen gründeten Städte an seinen Ufern. Olbia [...] kann einmal eine archäologische Sensation wie Herculanum werden." (UF, 67). So geht es seitenlang. Mit Hinweisen auf touristische Sehenswürdigkeiten und bildungsbürgerlichen Reminiszenzen wird vom Kriegsereignis abgelenkt, wodurch der Eroberungsfeldzug zur 'Studienreise' im Zeichen Alexanders des Großen und Napoleons wird. Den Vergleich mit diesen historischen Größen hält Hitler nicht aus, der im Vergleich dazu immer wieder als der "primitive Mann an der Spitze" (UF, 173) bagatellisiert wird.

Die Versorgung der Verwundeten leisteten die Sanitäter humoristisch apostrophiert als "Roboter der Nächstenliebe", und das Feldlazarett wurde zum "Fließband des Schicksals, auf dem der Ausschuß der Schlacht in die Reparaturwerkstätte für Menschen hineingeschleust wurde. Natürlich hatten wir kein Mitleid." (UF, 40) Diese Verbindung von Schicksalsgedanke und Mechanik unterdrückt jede selbstkritische Reflexion auf Seiten des Erzählers.

Jedoch wird man Peter Bamm keine reine Schönfärberei vorwerfen können. Er berichtet von den Vernichtungsaktionen der SS-Formationen, ohne sie allerdings beim Namen zu nennen, denn er bedient sich dabei der Metapher "die Anderen". Das heißt, es gab die "Anständigen", zu denen sich der Erzähler ohne Befangenheit rechnete, und es gab "die Anderen". Sie befanden sich mysteriös "irgendwo im Hintergrunde" (UF, 58). Von ihnen und der "obersten Führung" ging angeblich die Fäulnis aus, die "unerbittlich in die Armee" eindrang, so daß es dem Erzähler und seiner Generation klar wurde, daß sie "alle des Teufels waren" (UF, 59). Mit Hilfe der Metaphorisierung der SS-Formationen als "die Anderen" und der Fiktion der implizierten Abgrenzung von ihnen wird die raffinierte Tabuisierung der Wehrmacht durchgeführt. Es spricht jedoch für den Verfasser, daß er Gottfried Benns Wort vom "Eintritt in die Armee" als "aristokratische Form der Emigration" als "große Illusion" entlarvt und die verübten Kriegsverbrechen nicht verheimlicht. Doch es sind die Kriegsverbrechen der "Anderen", die auf S. 74 nicht mehr durch Anführungszeichen kenntlich gemacht zu werden brauchen:

In Nikolajew wurden die russischen Bürger, die jüdischen Glaubens waren, von einem Kommando der Anderen registriert, zusammengetrieben, ermordet und in einem Panzergraben verscharrt. Wir hörten davon durch Gerüchte, die wir erst nicht glauben wollten, aber schließlich glauben mußten. Ein Offizier vom Stabe des Armeeführers hatte die Szene photographiert. (UF, 74)

Doch Mitwisserschaft stellt keine vollkommene Entlastung dar: man empfand es zwar als Schande, "daß die Anderen die von tapferen Soldaten erkämpften Siege der Armee für ihre Ziele ausnützen durften." Wie dieser Satz deutlich zeigt, überwog jedoch die Taktik der Tabuisierung. Es gab keine "lodernde Empörung der Humanitas" (UF, 75), die vom Verfasser sonst immer beschworen wird. Seine biologische Weltanschauung vermag die moralische Korruption nur noch als medizinischen Krankheitsverlauf zu erfassen: "Das Gift des Antisemitismus hatte sich schon zu tief eingefressen." Der Erzähler entschuldigt den Mangel an Widerstand mit dem Hinweis auf Repressalien: "Der einzelne war wehrlos, nicht weil er in Gefahr kam, wenn er sich gegen die Verbrechen zur Wehr gesetzt hätte. [...] Es wurden Repressalien gegen seine Familie ergriffen." (UF, 75)

Der Genozid in Nikolajew im Jahr 1941 ist keine vereinzelte Aktion. Der Erzähler berichtet von einem weiteren Kriegsverbrechen nach der Eroberung Sewastopols auf der Krim im Frühjahr 1942, das in unmittelbarer Nähe der Sanitätskompanie verübt wird:

In einem abgeschlossenen Teil des GPU-Gefängnisses, Mauer an Mauer mit uns, sammelten sie [die Anderen] die Bürger Sewastopols, die jüdischen Glaubens waren, und töteten sie. Sie ließen die zum Tode Bestimmten in ein großes Kastenauto einsteigen. Die Tür wurde geschlossen. Der Motor wurde angelassen. Er brachte irgendeinen Gasmechanismus in Gang. Auch hier war die Technik die willige Dienerin des Verbrechens. (UF, 152)

Trotz der Mitwisserschaft wurde nichts getan. Es folgt die nicht weiter belegte Entschuldigung: "Jeder, der wirklich protestiert oder etwas gegen das Mordkommando unternommen hätte, wäre vierundzwanzig Stunden später verhaftet worden und verschwunden." (UF, 152) Der Erzähler will damit ein solches Opfer nicht moralisch in Frage stellen, sondern argumentiert, "daß es praktisch nutzlos gewesen wäre", und zieht daraus die eigentlich vernichtende Schlußfolgerung, daß niemand von ihnen eine Überzeugung gehabt hätte, "deren Wurzeln tief genug gingen, ein praktisch nutzloses Opfer um eines höheren moralischen Sinnes willen auf sich zu nehmen." (UF, 153) Ob dem Erzähler und seinen Lesern aus den fünfziger Jahren die moralische Bankrotterklärung dieser Sätze je aufgegangen ist, sei dahingestellt. Peter Bamms Bericht fährt ohne Einschnitt oder Pause in dem für das Buch typischen Unterhaltungston fort: "In Jalta, an der Riviera Rußlands, wurden Erholungsheime eingerichtet. So kam es, daß Unteroffizier Wotruba, Obergefreiter Sambo und Unteroffizier Hermann, die alte Tante

Ju, auf derselben Terrasse Skat spielten, auf welcher zwei Jahre später Churchill, Roosevelt und Stalin sitzen sollten." (UF, 153) Inzwischen gibt es zahlreiche, historisch belegte Beispiele von Befehlsverweigerung bei Mordkommandos, die weder Verhaftung noch Todesurteil nach sich zogen.

Auffällig für das Buch ist der falsche Optimismus, der vielleicht für Arztromane typisch ist. Trotz der unvermeidlichen Todesfälle überwiegt die Zahl der wiederhergestellten Patienten, so daß die Technik der Chirurgie dem Erzähler der *Unsichtbaren Flagge* das Bewußtsein gibt, selbst die schlimmsten Fälle zumindest technisch bewältigen zu können. Der Nationalsozialismus läßt sich als Infektionskrankheit beschreiben, der auch die "Anständigen" ausgesetzt sind, und die Massenmorde lassen sich als "Verhältnisschwachsinn" (UF, 125) diagnostizieren, Hitler als Hysteriker und Psychopath (UF, 273). Deshalb erscheint besonders das Ende des Berichts angesichts des totalen Zusammenbruchs als völlige Verharmlosung, denn nur so kann der Erzähler davon sprechen, daß die "unsichtbare Flagge [...] keine verlorene Flagge gewesen" sei. Er findet sich mit einem Kriegskameraden auf einer Bank in Kopenhagen wieder: dieser legt ihm die Hand auf die Schulter und erklärt: "Alte Steppenwölfe — in der Sonne sitzend, ihre Wunden leckend." (UF, 373f.) Indem der Erzähler die traumatischen Stellen seines Berichts (Genozid und unterlassene Hilfeleistung) mit 'friedlichen' Erlebnisberichten eindeckt, kann er sein Kriegsbuch mit einer Hermann Hesse-Idylle abschließen.

Konsaliks *Arzt von Stalingrad* ist als Roman auf dokumentarischer Grundlage deklariert. Als Modell wird im Vorwort ein Arzt genannt, der sich für seine Kameraden in sowjetischer Kriegsgefangenschaft "aufopferte" (AS, 7).[13] Das Motto verspricht "ein Hoheslied der Menschlichkeit — de[n] Roman vom einsamen, gläubigen, hoffenden, duldenden Menschen" (AS, 5). Eigentlich ist es die Geschichte von drei deutschen Ärzten, Dr. Schultheiß, Dr. von Sellnow und Dr. Böhler, von denen der letzte die Rolle des Vorbildes erhält. Dem Autor hätte ein "unerschöpfliches Material" von Berichten und den Überlieferungen zahlreicher Zurückgekehrter vorgelegen. Die übliche Erklärung, daß die Namen aus Rücksicht auf noch lebende Personen geändert oder frei erfunden und etwaige Übereinstimmungen von Personen, Orten, Erlebnissen und Vorkommnissen ungewollt und nicht beabsichtigt seien, dient hier der Fiktion von Authentizität. Die deutschen Ärzte werden als Übermenschen im primitiven Krankenrevier des Gefangenenlagers dargestellt. Ihre sensationellen Operationen, die sie mit Taschenmesser und Meißel durchführen und die sich selbstverständlich

---

[13] Die Abkürzung und die Seitenangaben beziehen sich auf Heinz G. Konsalik: *Der Arzt von Stalingrad. Roman.* Lichtenberg Erfolgsausgabe. Copyright 1956 bei Kindler Verlag GmbH, München.

als lebensrettend erweisen, gehören in den Bereich des Phantastischen und bedürfen der Pseudolegitimation des Dokumentarischen.

Die deutschen Kriegsgefangenen, sowjetischen Bewacher, Offiziere und Ärzte, Ärztinnen, Hilfspersonal und Patienten bilden das übrige Personal der Romanhandlung, die trotz des Handlungsortes eines Kriegsgefangenenlagers die für den Trivialroman unerläßlichen Sexualszenen enthält. Zwei der deutschen Ärzte 'erliegen' der Verführung russischer Frauen, die sämtlich als animalisch triebhaft charakterisiert werden, Dr. Schultheiß hat ein Liebesverhältnis mit einer lungenkranken Brigadeführerin und Dr. von Sellnow vergewaltigt eine sowjetische Ärztin, die ihm damit sexuell hörig wird. Nur Dr. Böhler bleibt standhaft. Seine "Reinheit" ist offensichtlich durch seine Rolle als "deutscher Wunderarzt" und opferbereites Vorbild bedingt und reflektiert die Kontinuität der NS-Rassen-Ideologie im Trivialroman. Die Beschreibung der russischen Frauen als Nymphomaninnen folgt dem Dirnen-Klischee, während die deutschen Frauen dem Madonnen-Typus zugeschrieben werden.[14]

Der Roman beginnt mit einer Blinddarmoperation, die Dr. Böhler erfolgreich mit einem Taschenmesser durchführt. Die Operationswunde wird mit den seidenen Fäden aus dem Schal eines russischen Küchenmädchens vernäht. Die zweite Wunderoperation findet in einem Straflager statt, wo Dr. Böhler beim Licht einer Petroleumlampe einen Gehirntumor mit Zimmermannsmeißel und -bohrer entfernt:

> Hier vollzog sich das Wunder einer Hirnoperation, von der man später in allen Lagern erzählte, in denen deutsche Gefangene lebten. Ihr Ruf drang nach Moskau bis in den Kreml zu den roten Herrschern und auch nach Deutschland — Dr. Böhler vorauseilend und seinen Namen unauslöschlich mit der Geschichte der Gefangenen von Stalingrad verknüpfend. (AS, 289)

Den Höhepunkt und Abschluß des Romans bildet eine Magenkrebsoperation, die der deutsche kriegsgefangene Arzt in einem sowjetischen Staatskrankenhaus vor über hundert russischen Studenten und Studentinnen durchführt. Nach Aussage des Stalinpreisträgers Professor Taij Pawlowitsch, Rußlands größtem Chirurgen, hat Dr. Böhler eine Operation gewagt, "die es in der russischen Medizingeschichte noch nicht gegeben habe." (AS, 268) Zwar stirbt der Patient später, aber nicht an den Folgen der Operation, sondern an dem Versagen des russischen Chirurgen, der dem Patienten eine Injektion mit Morphium gibt, die das geschwächte Herz nicht erträgt. Vergeblich versucht man die Schuld auf den deutschen Arzt

---

[14] Siehe Waltraud Amberger: *Männer, Krieger, Abenteurer. Der Entwurf des 'soldatischen Mannes' in Kriegsromanen über den ersten und zweiten Weltkrieg.* Frankfurt a.M. 1984 (Frankfurter Beiträge zur neueren deutschen Literaturgeschichte 2). S. 191-193.

abzuwälzen, der jedoch dem sowjetischen Chirurgen in Anwesenheit seiner Assistenz- und Oberärzte "mitten in die asiatische Fratze" (AS, 331) hineinschlägt. Doch keiner der Ärzte hebt die Hand zur Verteidigung des sowjetischen Chefarztes, sondern sie bestätigen dem deutschen Arzt, daß der Patient bereits sieben Stunden tot war, und lassen Dr. Böhler unbehelligt ins Kriegsgefangenenlager zurückkehren. Danach wird auf wenigen Seiten beschrieben, wie die beiden anderen deutschen Ärzte nach Deutschland entlassen werden, während Dr. Böhler bei den übrigen Kriegsgefangenen zurückbleibt und erst "drei Jahre später [...] bei Helmstedt an der Zonengrenze den Boden der Heimat" (AS, 361) betritt. Die Heimat beginnt erst in Westdeutschland, nicht etwa in Frankfurt an der Oder. Dem Wunderdoktor wird ein Sendungsbewußtsein zugeschrieben, das den Arzt zur Heilsfigur erklärt und damit als Religionsersatz dient. Wie Dr. Böhler seinen Kollegen erklärt: "Wir Ärzte [...] sind für die Tausenden um uns das Licht, dem sie nachgehen und das ihnen den Weg zeigt." (AS, 26) Die trivialisierte Bibelsprache gibt die vorgenommene Lesermanipulation deutlich zu erkennen.

Die historische Schwarz-Weiß-Malerei führt zu einer Verdrehung der Tatsachen, indem den Sowjets im Zeichen der Totalitarismus-Theorie die Rolle der Nazis zugeschoben wird. Die Sowjetunion wird als künftiger Aggressor hingestellt, gegen den sich die Deutschen in Zukunft verteidigen müssen. Damit wird deutlich auf die Notwendigkeit der Wiederbewaffnung der Bundesrepublik angespielt. Andererseits wird die inzwischen historisch nachgewiesene Mißhandlung von sowjetischen Kriegsgefangenen in deutschen Gefangenenlagern von Dr. Böhler als "Greuelmärchen" (AS, 32) abgetan. Humanversuche an Kriegsgefangenen werden von zwei SS-Ärzten im Roman sogar offen verteidigt: "Wir haben Cholerabazillen verpflanzt, um einen schnellen Wirkstoff gegen die Cholera zu finden! Opfer muß die Wissenschaft bringen... Wir hätten Tausende nach Abschluß der Forschung retten können." (AS, 238) Die Darstellung der beiden SS-Ärzte ist genauso auf Lesersympathie angelegt, wie deren Beschimpfung des Vertreters des Nationalkomitees Freies Deutschland. Die unzutreffende Charakterisierung der Russen als Asiaten rechnet auf breite Leserzustimmung. Die Auflagezahlen beweisen, daß Konsalik mit der Mobilisierung von latent rassistischen Vorurteilen großen Erfolg hatte.

Die Kriegsprosa nach 1945 ist als Teil der "*politics of memory*" zu verstehen. Dabei bot sich in den fünfziger Jahren die revisionistische Legende der "sauberen Wehrmacht" als "lizensiertes Erinnerungsreservoir" (Heer/ Naumann) an, das auch die fiktionale Kriegsprosa benutzte und damit als gesellschaftliches Bildungsgut legitimierte.[15] Dabei spielte der Arztroman

---

[15] Heer/Naumann (Hrsg.) (Anm. 8). S. 33.

als Kriegsroman eine besondere Rolle, da man es hier mit dem Hinweis auf die hippokratischen 'Helfer und Heiler' mit der Kompensation der Kriegsverbrechen besonders leicht hatte. Diese Werke gehörten zum Normalisierungsdiskurs, der den Vernichtungskrieg von 1941-1945 aus dem öffentlichen Bewußtsein verdrängte. Die von der historischen Forschung inzwischen geleistete Arbeit läßt heute eine solche Normalisierung nicht mehr zu, und die mit den beiden hier behandelten Werken angereicherte Erinnerung bedarf einer erneuten "Wiederholung und Durcharbeitung" im Sinne von Freuds bekanntem Aufsatz.[16]

---

[16] Sigmund Freud: Erinnern, Wiederholen, Durcharbeiten. In: S.F.: *Gesammelte Werke*. London, 1940-[1952]. Bd. 10. S. 126-136.

Wolfgang Nehring

Verheizte Flieger — Helden oder Opfer?
Gerd Gaiser: *Die sterbende Jagd* (1953)

"Dieses Buch enthält keine Tatsachenberichte. Sämtliche Schauplätze, Handlungen und Personen sind frei erfunden", versichern uns Autor oder Verleger, bevor wir in die Lektüre von Gaisers Kriegsroman über den Untergang eines Fliegergeschwaders im Zweiten Weltkrieg einsteigen.[1] Eine Routine-Präambel? Die Kritiker und Interpreten jedenfalls geben sich mit dem Inhalt dieser Aussage nicht einfach zufrieden, und zwar, wie es scheint, aus verschiedenen Gründen. Die einen wollen sie nicht wahrhaben; die anderen akzeptieren sie wohl, aber befinden, sie stelle dem Buch ein Armutszeugnis aus.

Die erste Gruppe betont als Reiz des Textes gerade die autobiographische Grundlage, die persönlichen Erlebnisse und Erfahrungen des Verfassers, die sich in dem Roman abspiegeln. Schließlich war Gaiser im Krieg Jagdflieger und hat im skandinavischen Raum Dienst getan. Die Landschaften in dem Buch, skandinavische Ortsnamen wie Janneby, Randvig, Flarup..., teils als "Heimatkriegsgebiet", teils als von Nicht-Deutschen bewohntes Land vorgeführt, weisen unverkennbar in den Raum zwischen Deutschland, Dänemark und Norwegen, obwohl alle Beschreibungen unbestimmt bleiben. Da der Roman mit der Zerstörung des Jagdgeschwaders offensichtlich einen Wendepunkt des Krieges bezeichnen will, hat man auch — trotz des Fehlens von präzisen Zeitangaben — geglaubt, ihn datieren zu können, und zwar auf das Jahr 1943, die Zeit, in der die alliierte Luftüberlegenheit erdrückend wurde.[2] Also doch etwas von verkleideten und poetisierten Tatsachenberichten? Sicher! Ein Kriegsroman ohne erkennbare historische Basis brächte sich selbst um einen großen Teil seiner Wirkung.

---

[1] Ich zitiere den Roman nach der Ausgabe in der Fischer-Bücherei, die wohl für die meisten Leser am leichtesten zugänglich ist. Gerd Gaiser: *Die sterbende Jagd. Roman.* Frankfurt a.M. 1957 (und öfter), hier S. [4]; im Text abgekürzt mit der Sigle SJ, gefolgt von der Seitenzahl..
[2] Vgl. Peter Bekes: Gerd Gaiser (1986). S. 5. In: *Kritisches Lexikon der deutschsprachigen Gegenwartsliteratur.* Hrsg. von Heinz-Ludwig Arnold. München 1978ff.

Doch darin, wie sich das historische und das Poetische in seinem Werk zueinander verhalten, behält der Autor einen weiten kreativen Spielraum.

Die zweite Gruppe von Kritikern scheint den Inhalt der Präambel dagegen ernstzunehmen. Sie beklagt an Gaisers Roman die ungenügende Tatsachenfundierung und historische Analyse. Hauptsächlich nimmt sie es dem Buch übel, daß es nur Flieger und ihre Umwelt darstellt und nicht die ganze Realität, die politisch-historischen Kriegsziele und Kriegshintergründe entlarvt, um die es doch eigentlich geht — mit anderen Worten, daß der Autor nicht als Historiker schreibt und nicht die richtige Ideologie vertritt.[3]

Gaisers Roman *Die sterbende Jagd*, 1953 erschienen und eine Zeitlang als Höhepunkt seines Genres, des Kriegsromans, gefeiert, geriet in den sechziger Jahren ins Kreuzfeuer der Kritik, und die Patina des berühmten Autors begann abzubröckeln. Zu erledigen war das Buch freilich nicht so leicht. Das Urteil Günter Blöckers, der den Autor 1960 als "das größte Prosatalent der deutschen Nachkriegsliteratur" pries,[4] wirkte weiter und steht gegen dasjenige von Walter Jens, für den Gaiser unter den zu Ansehen gelangten Autoren der "schlechteste Stilist" zu sein scheint: "Sein Deutsch ist, mit einem Wort, miserabel."[5] Die Beurteilung der *Sterbenden Jagd* durch Hans Egon Holthusen als "eines der besten Bücher über den Zweiten Weltkrieg, die in deutscher Sprache geschrieben worden sind",[6] bzw. als "das beste Kriegsbuch in Romanform überhaupt"[7] behauptet sich neben Marcel Reich-Ranickis Ablehnung des "schönfärberischen" und "unerträglich rührseligen" "Heldenlieds".[8] Ästhetische und politische Argumente greifen bei diesen Stellungnahmen unentwirrbar ineinander. Die in den sechziger Jahren einsetzende Radikalisierung der ideologischen Auseinandersetzung mit der Vergangenheit erinnert sich an Gaisers frühen

---

[3] Jost Hermand z.B. erwartet von Kriegsroman-Autoren die historische "Analyse des Faschismus". J.H.: Darstellungen des Zweiten Weltkrieges. In: J.H. (Hrsg.): *Literatur nach 1945 I. Politische und regionale Aspekte.* Wiesbaden 1979 (*Neues Handbuch der Literaturwissenschaft.* Hrsg. von Klaus von See. Bd. 21). S. 11-60, hier S. 13.

[4] Zitiert nach Marcel Reich-Ranicki: Der Fall Gerd Gaiser. In: M.R.-R.: *Deutsche Dichter in West und Ost. Neuausgabe.* Stuttgart 1983. S. 52-76, hier S. 55.

[5] Walter Jens: Gegen die Überschätzung Gerd Gaisers [1960]. In: *Deutsche Literaturkritik.* Hrsg. von Hans Mayer. Bd. 4: *Vom Dritten Reich bis zur Gegenwart.* Frankfurt a.M. 1983. S. 604-611, hier S. 608.

[6] Hans Egon Holthusen: Böll, Gaiser und die "unbewältigte Vergangenheit". In: *Eckart-Jahrbuch* (1963/64). S. 258-279, hier S. 278.

[7] Nach Heinrich Vormweg: Prosa in der Bundesrepublik seit 1945. In: *Kindlers Literaturgeschichte der Gegenwart. Die Literatur der Bundesrepublik Deutschland.* Hrsg. von Dieter Lattmann. Zürich, München [2]1973. S. 141-343, hier S. 226.

[8] Reich-Ranicki (Anm. 4). S. 60f.

nazistischen Lyrik-Band *Reiter am Himmel* von 1941 und vermißt die klare antifaschistische 'message' in der *Sterbenden Jagd*. Von einem Kriegsroman erwartet man jetzt eine Abrechnung mit der deutschen Kriegsschuld, wohingegen man bei Gaiser eher Spuren des Blut-und-Boden-Pathos wiederzuentdecken glaubt.[9]

Es dürfte niemandem leichtfallen, sich aufgrund der Sekundärliteratur ein klares Bild von Gaiser und seiner *Sterbenden Jagd* zu machen, weil die Darstellungen zu widersprüchlich sind und weder die negativen noch die positiven Äußerungen dem Textbefund gerecht werden. Die von Jens registrierten, aus dem Zusammenhang gelösten "Stilblüten" sind oft keine, aber Blöckers Enthusiasmus kann angesichts zahlreicher stilistischer Schnitzer und Widersprüche ebensowenig Gültigkeit beanspruchen. Die Tatsache, daß Holthusen das Buch so phantastisch findet, leuchtet nicht mehr ein als die Unterstellung von Fanatismus, irrationalem Mystizismus, Kriegsromantik und Elitismus bei Reich-Ranicki und seinen Nach-schreibern. Immer wieder werden dieselben Zitate für und wider den Autor ins Feld geführt, z.B. die gelegentliche Apostrophierung der Krieges als eines Kampfes unter "adligen Vettern", — ohne Rücksicht auf die Perspektive oder den Kontext, aus denen ein solches Wort hervortritt, und ohne Gespür dafür, wie wenig sich der Erzähler mit der Aussage identifiziert. Fast in jeder Arbeit wird auf Ernst Jünger als Vorbild Gaisers hingewiesen, lobend oder tadelnd, jedoch nie genau analysierend, — obwohl der Verfasser selbst sich gegen die Verwandtschaft verwahrt hat.[10] Aber auch der Autor scheint seinen Roman wenig zu kennen. In dem "Werkstattgespräch" mit Horst Bienek läßt er seinen Gesprächspartner die Konzentration der *Sterbenden Jagd* auf sechsunddreißig Stunden bewundern, ohne zu widersprechen.[11] Kein Wunder, daß sich dieser wohl ursprünglich von Curt Hohoff ins Leben gerufene und verbreitete Irrtum[12] in der Gaiser-Literatur festgesetzt hat und noch in dem Artikel von Peter Bekes im *Kritischen Lexikon der Gegenwartsliteratur* herumspukt.[13] In Wirklichkeit erstreckt sich die Romanhandlung über etwa zehn Tage.

Der Stil des Romans ist weitgehend bestimmt von dem Wechsel zwischen Kriegsereignissen, menschlichen Beziehungen und Auseinandersetzungen sowie Naturbildern. Jedem dieser Bereiche sind wiederum verschiedene Stilebenen zugeordnet. Im Anfang überwiegt das Nüchterne und

---

[9] Ebd. S. 73. Hier auf den Roman *Schlußball* bezogen.

[10] Gerd Gaiser. In: Horst Bienek: *Werkstattgespräche mit Schriftstellern*. München ³1976 (ursprünglich 1962). S. 256-272, hier S. 260.

[11] Bienek (Anm. 10). S. 268.

[12] Vgl. Albrecht Soergel, Curt Hohoff: *Dichtung und Dichter der Zeit. Vom Naturalismus zur Gegenwart. Neuausgabe*. Bd. 2. Düsseldorf 1963. S. 841.

[13] Bekes (Anm. 2). S. 5.

Technische; der Leser muß sich an die Fliegersprache des Erzählers und der Figuren gewöhnen: "Da hatte sein Rottenflieger ihn angedrückt" (SJ, 7) — und an ein ausgefallenes und schwäbisch eingefärbtes Vokabular: er machte sich klein "in der krängenden Wanne" (SJ, 8). Kurze Sätze, in denen die Wörter und Eindrücke locker aneinandergereiht sind, führen in eine konkrete Situation ein, bevor komplexere Satzgefüge sie entfalten. Simplistische Formulierungen werden dabei nicht vermieden, sondern mehrfach wiederholt: "die eine, die Henny hieß" (SJ, 11), "der Feldwebel, der Zehrer hieß" (SJ, 20) u.a. Sehr bald aber wird deutlich, daß Gaiser sich mit dem Schlichten und Technischen nicht zufrieden gibt, sondern das Poetische sucht. In Kampfszenen geht das Schlichte mit dem Poetischen eine Verbindung ein, die die Dramatik der Situation steigert. Ohne pathetisch zu werden, wie man ihm gern nachsagt,[14] mit einem Understatement von Kürze und Faktizität sowie wenigen zündenden Wörtern (Luft, Wasser, Feuer) und bewegten Verben versteht der Autor es, eine dramatische Ereignisfolge lebendig zu machen:

> In einem Augenblick schienen Wasser und Luft zu kochen. Vor den Schiffen vorbei, aus denen ein Feuerschlag schmetterte, warfen die Schwärme sich auf die Feindseite. Dort, ganz dicht über dem Wasser, fegten Flugzeuge heran. Die Jäger stürzten entgegen. Jeder suchte den Gegner, schnitt sein Bild an im Visier, sah das Bild tanzen, dann ausgezirkt, rasend heranwachsen, die Feuerschnur; und dann Himmel und wieder Flugzeug, See, scheckig von Gischt und hin und her funkender Einschlag. Es hämmerte aus allen Rohren. Der Gegner warf ab. (SJ, 30)

Nacht- und Naturbilder machen den Höhepunkt der poetischen Darstellung aus. Das sechste Kapitel des Buches besteht aus zehn Absätzen, die jeweils in der ersten Zeile das Bild ein und derselben Nacht beschwören, um es in der Folge mit wenigen Strichen als ein jeweils anderes zu bezeichnen: "Die Nacht von Janneby West: Wo das Rollfeld endete, fing die Saat an [...]. Die Nacht, die in Randvig einfiel, spröde, zögernd, blaß wie zu Umarmungen [...]. Die Nacht der Posten in Scholm [...]. Die Nacht der einsamen Mosquito zehntausend Meter über dem Boden [...]. Die Nacht der Häftlinge in den Baracken [...]. Die Nacht junger Leute, die aneinander stöhnten [...]. Die Nacht der getroffenen Stadt [...]. Die Nacht über dem Watt [...]. Die Nacht einer jungen Mutter mit ihrem Kinde in sich [...]. Die Nacht allen Lebens, nach dem die Harpune des Tods zielte [...]." (SJ, 23f.) Diese Folge ist weder "herbmännlich" noch "rührselig".[15] Sie durchbricht die

---

[14] Im auffälligen Gegensatz dazu betont David Bronsen gerade Gaisers Nüchternheit, seinen Verzicht auf Pathos. Vgl. D.B.: Unterdrückung des Pathos in Gerd Gaisers *Die sterbende Jagd*. In: *The German Quarterly* 38 (1965). S. 310-317.

[15] Reich-Ranicki (Anm. 4). S. 60f.

kriegerische Aktion ebenso wie das trivialisierende Gerede der Krieger und weist, zugleich schön und furchtbar, ins Metaphysische oder Mythische, ohne dabei die Beziehung auf die konkrete Realität zu verlieren. In der zweiten Hälfte des Buches, als die Untergangsstimmung und die Tragik der Verluste zunimmt, wird zugleich langsamer und deskriptiver erzählt. Das Poetische des Alltags entfaltet sich in vielen Beobachtungen und Erinnerungen gleichsam als Kompensation für die Brutalität des Sterbens; und, das muß kritisch angemerkt werden, manchmal floriert es mehr, als der Zusammenhang oder die Situation es eigentlich verträgt.

Es läßt sich nicht übersehen, daß Gaisers Bildsprache gelegentlich die Grenzen des Einleuchtenden übersteigt und die Stimmigkeit einer Szene gefährdet. Bereits auf der ersten Seite des Buches, als der abgestürzte "Fähnrich" Cornils sein Ende kommen sieht, findet sich dieser Widerspruch: "Wie eine Katze im Bach, dachte er. Ich muß versaufen. Es war ein ganz blauer Tag, von jener süßen Bläue, die Kopfweh macht, bloß der Himmel ein wenig wirblig, voll weißer Federspiele." (SJ, 7) Soll das die Perspektive des Ertrinkenden sein? Oder mischt sich mit der "süßen Bläue, die Kopfweh macht" der Erzähler ein, der hier einen Kontrast zu den Gedanken des Unteroffiziers aufzubauen sucht? In dem einen wie im anderen Fall paßt die reflektierende Beschreibung kaum zu der dargestellten Situation. — Ob der Schlaf eines auf der Schwimmweste zusammengesackten Gefreiten besonders glücklich mit der Lust eines Säuglings verglichen wird, bleibe dahingestellt: "Winckler schlief in der dumpfen gesammelten Lust [...] des Säuglings, der sich an die fließende Brust krallt." (SJ, 82) Bedenklich ist jedenfalls, daß wir im nächsten Satz hören, wie der Schlafende von Angstträumen geschüttelt wird. Das Säuglingsbild scheint nicht wirklich in die Situation integriert, sondern beansprucht poetische Selbständigkeit. — Manche stabreimenden und allegorisierenden Wendungen greifen zu hoch, wenn man sie im Kontext liest. Der Auftakt "Grell und verwunderlich langten der Tod und der Täuscher Ruhm in das Leben der Jäger" (SJ, 85) wird gefolgt von der Vorstellung eines Mannes, der vom Schreibtisch oder aus einem geblümten Sessel "so groß wie ein Haus" in den Kampf gerissen wird und sein Leben verliert, bevor noch seine Zigarre verglost ist. Der Untergang eines Fliegers im brennenden Flugzeugwrack wird begleitet von der Reflexion: "Es war Mittag, die hohe Stunde, in der Gott zu den Menschen redete. Konnte er die Menschen noch annehmen?" (SJ, 197) Der poetische Lyriker Gaiser ist sich seines Prosastils durchaus nicht immer sicher. Aber das künstlich Erhöhte bleibt die Ausnahme und wird gewöhnlich schnell durch die Rückkehr ins Realistische und Humorvolle ausbalanciert.

Die Struktur des Romans ist geprägt von dem raschen Wechsel der Szenen und Perspektiven. Das Buch hat keinen individuellen Helden, an dessen Schicksal wir vorzüglich Anteil nehmen oder aus dessen Blickwinkel wir die Ereignisse verfolgen. Die Spannung wächst nicht aus individueller Identifikation, sondern aus der Betroffenheit durch die einander allseitig durchdringenden Erscheinungen von Lebensfülle und Todesdrohung. Held der Erzählung ist das Jagdgeschwader, ein Kollektiv, freilich ein ziemlich unübersichtliches Kollektiv von Staffeln, Rotten, Einzelpersönlichkeiten: Piloten, Offizieren, Technikern und verschiedenem anderen Personal — mit Ausnahme der Hauptmannswitwe Eva Dumont im wesentlichen eine Welt von Männern. Mehr als fünfzig Personen werden namentlich eingeführt; viele begegnen des öfteren bis zu ihrem Ende oder dem Ende des Buches, andere tauchen nur ein- oder zweimal auf. Aber alle tragen zu dem differenzierten Bild der Gruppe bei, wobei oft die Szenen und Ereignisse der nur kurz vorgestellten Charaktere das Leben der anderen beleuchten. Die Erzählperspektive folgt meist dem Erleben der einen oder anderen bekannteren Gestalt, wird aber, selbst auf kleinem Raum, nicht immer konsequent festgehalten. An einer Stelle, nach dem ersten größeren Luftgefecht, gewinnt — erzählerisch überraschend und geradezu störend — der Blickwinkel der Gegner, der Schützen in den großen alliierten Bombern, Geltung: "Jetzt flogen sie heim aus dem Land der Barbaren, das sie verheert hatten [...]. Die Küste nahm sie auf, sie waren die künftigen Sieger." (SJ, 101f.)

Die Schauplätze wechseln ebenso rasch wie die Personen, vom engen und geradezu idyllischen Randvig zu den verschiedenen Küstenplätzen des Geschwaders. Durch die schnelle Fortbewegung im Flugzeug wird in kurzer Zeit beträchtlicher Raum erschlossen, der sich am Schluß noch ausweitet zum Zentrum der Kriegführung in Deutschland bzw. in die Welt des Hörensagens, wo der Oberst Frenssen "seinen Oberbefehlshaber" (SJ, 166), hinter dem offensichtlich Hermann Göring steht, um eine Verbesserung der Ausrüstung und die Übertragung des Oberbefehls auf den kommandierenden General angeht, ein Ansinnen, das seinen Idealismus ehrt, aber nur zu einer Strafversetzung führt. In diesem Ausblick sprengt der Autor die räumliche und zeitliche Dimension des Buches, um erzählerisch zusammenfassend die Geschichte des Luftkrieges im nördlichen Europa abzuschließen.

Doch was gibt uns das große Panorama von Personen und Schauplätzen? Worauf zielt der Roman? Zeichnet der Autor wirklich ein erbauliches Bild kriegerischen Lebens?[16] Ein romantisierendes Gemälde des Krieges als großes Abenteuer?[17] Ist der Roman eine "Verherrlichung des [...] Hel-

---

[16] "Something edifying" heißt es bei Keith Bullivant. K.B.: *Between Chaos and Order: The Work of Gerd Gaiser*. Stuttgart 1980. S. 26.
[17] Reich-Ranicki (Anm. 4). S. 61.

dentums deutscher Jagdflieger"?[18] Wer sind denn diese Flieger und ihre Techniker, die angeblich zu griechischen Helden "hinaufstilisiert" werden? Junge Leute: Schüler, Studenten, Mechaniker, Angestellte, die fliegen gelernt haben und nun als Piloten und technische Helfer auf feindliche Flugzeuge angesetzt werden. Viele bewähren sich in ihrer Tätigkeit, andere bleiben "unproduktiv" und scheitern. Stellen sie wirklich gleichsam eine adlige Kaste vor mit einem "aristocratic frame of mind"?[19] "Es lohnte sich, daß man ihn ansah, den fliegenden Ritter in seinen weißen Stiefeln [...]. Ein Mann wie gemalt" (SJ, 16), heißt es von Cornils, der auf der ersten Seite des Buches "in den Bach" fällt, aber man muß schon unempfindlich sein, um nicht den ironischen Ton in der Beschreibung dieses Schönlings wahrzunehmen. Und das unermüdlich zitierte Wort von Gaisers Fliegern als "adligen Vettern" (SJ, 138) ist auch nichts anderes als bittere Ironie im Munde eines schlecht behandelten und vom Leben enttäuschten Oberleutnants. Es bezieht sich auch keineswegs spezifisch auf die deutschen Jäger, sondern schließt die gegnerischen Piloten ein: "Alle Flieger sind so was wie adlige Vettern, und darum bringen sie sich auch fleißig um." (SJ, 138) Wer an dieser Stelle noch zweifelt, läßt sich vielleicht von der späten Wiederaufnahme des Wortes durch den Erzähler überzeugen: "Wer die stärksten Maschinen hatte, der gewann leichter. Überzahl erdrückte die Zahl. Die adligen Vettern zerhackten sich." (SJ, 190)

Die Relativierung des "Noblen und Ritterlichen", von dem die Kritiker so viel sprechen,[20] soll natürlich nicht bedeuten, daß nicht viele von Gaisers Fliegern durch Mut und Tapferkeit ausgezeichnet sind und einige sich auch nobel und heldenhaft verhalten. Der Feldwebel Hörath, ein einfacher Mann, der ein Aufklärungsflugzeug abschießt, fühlt ein "undeutliches Bedauern [...] eine Art Scham" (SJ, 10), weil der Gegner sich seiner Attacke nicht versieht, und er trachtet, nur das Flugzeug und nicht die Piloten zu vernichten: "Sie sollten verdammt jetzt aussteigen." (SJ, 11) Gegen Ende des Romans verbrüdert sich derselbe Feldwebel mit einem feindlichen Fallschirmjäger. Und der junge Staffelkapitän de Bruyn, der in seiner Menschlichkeit und kriegerischen Tüchtigkeit, in seinem Idealismus und seiner Liebe zum Leben die sympathischste Person des Romans vorstellt, ist vielleicht wirklich ein Held, freilich der einzige ungebrochene Held des Buches. Bewundernd stellt der abgebrühte Stabsarzt nach seinem Tod fest: "Ein Mann, der mit derart furchtbaren Wunden noch einen Absprung bestanden und das Boot unter sich gebracht hatte, der habe mehr Leben be-

---

[18] Hans Wagener: Der Roman in der Bundesrepublik 1945-1970. In: *Handbuch des deutschen Romans*. Hrsg. von Helmut Koopmann. Düsseldorf 1983. S. 533.
[19] Bullivant (Anm.16). S. 28.
[20] Vormweg (Anm. 7). S. 227.

sessen als andere." (SJ, 200) — Wir sind gegenüber dem Begriff des Helden und des Heldentums mißtrauisch geworden, skeptischer als andere Nationen,[21] weil er in der Zeit des Dritten Reiches maßlos mißbraucht wurde. Aber es erscheint dennoch kaum berechtigt, wenn viele Interpreten so tun, als seien individuelle Tapferkeit und Mut im Krieg und im Leben keine Tugenden und als sei es reaktionär oder gar nazistisch, einige Individuen einzuführen, die diese Eigenschaften besitzen. Und kann man Gaiser mit Recht vorhalten, daß er in einem Buch über ein Jagdgeschwader mehr den "Einzelkampf" als das "Massensterben" darstellt? Muß man den Gegenstand des Buches als solchen nicht akzeptieren?

Auch die mehrfachen sprachlichen Beziehungen auf die Antike dienen nicht einfach der Heroisierung der Jagdflieger. "Ich liebe das Griechische und bin jederzeit damit umgegangen", bekennt der Autor im Interview mit Bienek.[22] Ganz offensichtlich sind Homer oder die Geschichte der Perserkriege für ihn mehr als literarische und historische Erinnerungen. Sie repräsentieren vielmehr menschlich vorbildliche Modelle. So vergleicht er das erste große Luftgefecht mit der "Schlacht über Ilion", der "Schlacht im [sic!] Skamander" (SJ, 88), und die erfolgreichen Flieger erscheinen einen Augenblick tatsächlich "wie Helden, mit Ruhm bedeckt", nur werden sie sehr schnell wieder zu "Dienstgraden" und zu Ziffern von Verlust und Erfolg, und die Schlacht wird zum unpersönlichen Gemetzel. Worauf Gaiser mit seinen griechischen Assoziationen zielt, das ist nicht die Heroisierung der Gegenwart, sondern die Kontrastierung des 'heiligen' Kriegs um Troja mit dem mechanischen Krieg von Jägern und Bombern, die Entgegensetzung von 'damals' und 'heute'. "Das war nicht mehr wie vor Ilion, keine Jugend mehr, die ihre Leiber schützend vor die Heiligtümer der Heimat zu werfen vermochte, damit war es aus, von oben kam es herab schütternd und blendend, zerreißend und Krüppel hinterlassend." (SJ, 83) Keine Mythisierung des Krieges, sondern eine Entmythologisierung liegt hier vor — eine Mythisierung höchstens in dem Sinn, daß das Mythische noch als Wunschbild gegenwärtig bleibt. "Sie wollten die Thermopylen verteidigen", heißt es gegen Ende, "aber es gab keine Thermopylen mehr, und die Zeiten waren vorbei, in denen Schlachten mit prunkvollen Namen geschmückt wurden." (SJ, 190)

Der Krieg mag für viele der jungen Leute, die noch wenig gelebt haben, den "Höhepunkt ihres Lebens" darstellen,[23] aber er wird nicht, wie diese Formulierung nahelegt, als Höhepunkt des Lebens verklärt oder als ro-

---

[21] In den USA ist es, besonders seit Ronald Reagan, üblich, jeden im Dienst verunglückten Soldaten oder Polizisten als Helden zu ehren. Und der Begriff des 'hero' gehört durchaus zum Alltagsvokabular.

[22] Bienek (Anm. 10). S. 272.

[23] Vormweg: Prosa in der Bundesrepublik (Anm. 7). S. 227.

mantisches "Abenteuer" verharmlost. Und die Flieger selbst, die Schildknecht und Sarowski, die Kreysler und Vehlgast und die meisten anderen,
sind keine Supermänner, sondern gewöhnliche Menschen mit diversen
Vorzügen und Schwächen. Daß manche der Piloten ein gesteigertes
Selbstgefühl zur Schau stellen, daß ein Mann wie Sarowski die nicht-
fliegenden "Existenzen" ein bißchen verachtet, mit einem "gewissen
Wohlwollen" verachtet — als "Wesen, die nicht dazugehören" (SJ, 111),
daß einige Nicht-Flieger auch vom Erzähler als komische Trivialmenschen
porträtiert werden,[24] sollte nicht allzu sehr irritieren und als generelle Ab-
wertung des Bodenpersonals oder gar der Zivilisten ausgelegt werden. Die
Jäger sind "Leute der ersten Wahl, denn wenige können ein Jagdflugzeug
erfolgreich bedienen. Lauter Leute, die viel kosteten und die sorgfältig geschont, unterhalten und doch ohne Rücksicht geopfert wurden." (SJ, 45)
Sie werden bevorzugt behandelt, aber nur wenige leiten aus ihrer Position
bewußt Privilegien ab, und der Erzähler verschweigt nicht, daß einige unter ihnen, z.B. der Leutnant Claas, auch persönlich versagen. Sarowski ist
bei allem landserhaften Hoch- und Übermut ein guter Kamerad und ver-
ständnisvoller Offizier, der etwa den "unproduktiven" Rodenbeck über
seine Mißerfolge tröstet, ja ihm seine Anerkennung dafür ausspricht, daß
es für ihn "noch was anderes auf der Welt" gibt (SJ, 143). Und der sich
über das Urteil von Ärzten und Bürokraten anmaßend hinwegsetzende, nur
dem eigenen Urteil vertrauende Major Schildknecht bewährt sich als
menschlich-mitfühlender Kommandeur gegenüber dem Vater eines Fliegers, dem kümmerlichen Bauarbeiter Rossa. Der Erzähler schließlich be-
zeugt seine Sympathie für den "schweren Stand" (SJ, 73) der Zivilbevölkerung und reflektiert mit de Bruyn über die "armen Luder, die in der Heimat, geduldig und vertrauend, und sie hatten es nicht gut und hockten in
Kellerlöchern und bekamen keine Sonderverpflegung und warteten, daß
ihre Söhne, ihre Gatten und Brüder es wenden würden [...], aber sie konnten nichts wenden." (SJ, 83) Waaga, der Adjutant des Geschwaderchefs,
schämt sich deshalb, einen Heimaturlaub anzutreten und fliegt lieber in das
aussichtslose Gefecht mit dem überlegenen Gegner.

   Waaga erscheint neben de Bruyn als der menschlichste und feinste Charakter unter den Jägern. Kein Draufgänger wie Schildknecht oder Sarowski, wie Rossa oder Theilacker, sondern ein besonnener, philosophischer,
für Mythos und Metaphysik offener Mensch, aus einem Pfarrhaus stammend und den Respekt vor dem schlichten, frommen Leben bewahrend, ist

---

[24] Eine komische Figur ist der Zahlmeister, der mit den Jägern feiern muß, während
in seinem Zimmer, von ihm selbst eingeschlossen, die Geliebte auf ihn wartet.
Ebenso lächerlich erscheint der Kasinooffizier Mayer-Pütz, der wegen seiner Eß-
lust und seiner Eitelkeit zum Gegenstand eines frechen Streichs gemacht wird.

er wahrscheinlich diejenige Gestalt, die am unmittelbarsten den Verfasser des Buches repräsentiert. Gaiser zählt sich selbst nicht zu den philosophischen und politischen Köpfen,[25] was ihm seine Kritiker mit Genugtuung bestätigen,[26] aber er reflektiert gern über die menschliche Existenz und sucht ihr das Positive, Tröstliche, Poetische abzugewinnen. Waagas einfühlsame Gespräche mit der Witwe des abgestürzten Hauptmanns Dumont versuchen durch Erinnerung und Vision Sinn im schmerzlichen Geschick aufzudecken, und obwohl sich Eva Dumont gegen die "verdammte Philosophie" (SJ, 134) empört, wird auch sie letztlich von der "Unsterblichkeit" überzeugt, d.h. davon, daß wir "nicht ganz sterben" können (SJ, 135). Ein Buch soll nach Gaiser "sowenig wie möglich Partei nehmen", aber es bedarf der persönlichen Weltanschauung: "[O]hne eine Meinung geht es nicht."[27] In dem Lebens- und Todesvertrauen Waagas und Eva Dumonts scheint sich dieses Weltbild abzuspiegeln.

Wie stehen nun aber die Jagdflieger zu dem Krieg, in dem ihnen eine bedeutende Rolle zugedacht ist? Die meisten von ihnen machen sich erstaunlich wenig Gedanken. Sie tun ihre Pflicht, d.h. sie tun, was man von ihnen erwartet, fliegen Attacken auf feindliche Flugzeuge und schützen eigene Anlagen vor fremden Angriffen, so gut sie können — tapfer von Natur oder aus Gehorsam oder aus einem Kriegsrausch, der alle Angst und Überlegung verdrängt. Manche von ihnen entwickeln auch Initiative, suchen sich eine besondere Aufgabe, in der sie sich bewähren können, teils aus Ehrgeiz, teils weil sie sich vom Gegner herausgefordert fühlen. Aber selten reflektieren sie darüber, was ihre Anstrengung für den Krieg bedeutet — *ob* sie etwas bedeutet — oder was außerhalb ihres Wirkungsbereiches geschieht. An einem Tag mögen sie unter Einsatz ihres Lebens und mit beträchtlichen Opfern einem eigenen Schiffskonvoi das Geleit geben, am nächsten Tag haben die Schiffe für sie alles Interesse verloren.

> Das Unternehmen war abgelaufen, die Schiffe standen morgen weit außer Bereich. Morgen ging es andere an. Keiner, der hier handelnd beschäftigt gewesen, fragte diesen Schiffen nach, noch erfuhr er von ihrer Bestimmung. Er sah nur, ob er das Seine getan hatte. Er brauchte sonst nicht zu denken. In der Hölle, wer denken muß." (SJ, 34)

Die Anonymität und die Undurchsichtigkeit der Kampfhandlungen tragen zu dem Gefühl der Sinnlosigkeit des Krieges bei, das sich beim Leser und bei einigen der Figuren geltend macht. Die meisten akzeptieren den Dienst, wie er ist, die geringen Mittel, die beim Einsatz zur Verfügung stehen, die fortschreitende Verschlechterung der Situation durch Abschüsse und Ab-

---

[25] Bienek (Anm. 10). S. 271.
[26] Reich-Ranicki (Anm. 4). S. 53.
[27] Bienek (Anm. 10). S. 268f.

stürze sowie durch den Verlust von Personal, das an die Front geschickt wird. Die eigenen Erfahrungen, die eigene Tüchtigkeit, die Ehre interessieren, nicht aber das eigentliche Kriegsgeschehen. Als nach dem ersten verlorenen Luftgefecht ihr Kampfeswille, ihr Mut in Frage gestellt wird, reagieren sie bitter. Der Zweifel an ihrer Leistung trifft sie mehr als der Verlust an Menschen und Maschinen.

Das vornehmste Beispiel für die unpolitische Einstellung zum Krieg stellt der Oberst Frenssen dar, der das Geschwader besucht, um die Kampfmoral zu heben. Er ist ein Idealist, aus der bündischen Jugend[28] und "einer Art protestantischer Klosterschule" (SJ, 154) hervorgegangen, ein wohlmeinender Mensch und Offizier, der an dem Schicksal der ihm unterstellten Flieger engagiert Anteil nimmt. Er weiß um die ungenügende Ausstattung der Einheiten, er leidet unter den gebrochenen Versprechungen der obersten Kriegführung, ja er distanziert sich sogar von der "Sache", für die er kämpft, aber er hat "keine zweite Welt, in die er ausweichen konnte" (SJ, 154), keine Alternative, und er zieht keine andere Konsequenz aus der Situation als die, "sein Äußerstes" (SJ, 154) zu tun. "Auswege gibt es nicht," meint er in einer imaginären Ansprache an seine Leute, "ihr fliegt jetzt 'pro aris et focis' [...]. Unter euch, das ist das eigene Land. Sollten sie von uns enttäuscht werden?" (SJ, 156) Zu sterben fällt einem solchen Menschen leichter, als aus einem Denkmuster auszubrechen und die Sinnlosigkeit und die Unmoral des Krieges klar ins eigene Bewußtsein zu heben oder gar offen zu debattieren. Gleicht er damit dem Autor des Buches, der in seiner Kritik an dem Krieg nicht weit genug geht, oder ist die Darstellung seiner Grenzen gerade ein Beleg für das gegenteilige Denken des Verfassers? Die Antwort auf diese Frage hängt davon ab, wie weit der Leser den Oberst als Identifikationsgestalt rezipiert oder als eine problematisierte Figur. Für beide Deutungen gibt es genug Legitimation.

Fortgeschrittenere Kritiker des Kriegsgeschehens sind der die Einsamkeit liebende Oberleutnant Kreysler und der skeptische Hauptmann Vehlgast, und zwar nicht nur durch ihre Ansichten, sondern zugleich durch ihr Geschick, wobei natürlich die persönlichen Ansichten das Geschick mit-

---

[28] Immer wieder wird Gaiser von Kritikern seine Herkunft aus der bündischen Jugend vorgehalten (Walter Jens' Artikel [Anm. 4] trug ursprünglich den wenig passenden Untertitel "Nicht alles was zur Klampfe gesungen wird, ist Dichtung"), als sei diese Verbindung ein Beleg für nazistische Neigungen. Über der Tatsache, daß die Nationalsozialisten versucht haben, den Idealismus der freien Jugendbewegung für ihre Zwecke zu absorbieren, wird gern vergessen, daß die bündische Jugend 1933 als erste verboten wurde. Daß die Jugendbewegung keine echte Alternative zum Nationalsozialismus ist, erkennt Gaiser selbst in *Schlußball*. Im übrigen ist sein Werk viel weniger von dieser Bewegung geprägt, als die Kritik nahelegt.

bestimmen und das Geschick die Ansichten. Kreysler, der nach einem gegnerischen Bombenangriff beschuldigt wird, er habe es versäumt, den Verlegebefehl für die eigenen Jagdflugzeuge weiterzugeben, gilt als Außenseiter und "lau". Deshalb wird er, obwohl niemand wirklich an seine Schuld glaubt, ohne Umstände "geopfert" — zunächst an einen unbedeutenden Ort versetzt und schließlich zur Schützentruppe abkommandiert. Ein Mann, der nicht enthusiastisch mitmacht wie die anderen, wirkt unbehaglich. Er selbst sieht klar, daß der Krieg verloren geht und distanziert sich innerlich von den Ereignissen, ohne sich doch ablösen zu können: "Dieser Krieg, er, Kreysler, ohne Einwilligung oder Ausweg hineinverwikkelt, eine belanglose Nummer, er konnte durchaus nichts erwarten oder beanspruchen, was nicht andere ebenso traf." (SJ, 39) Kreysler ist kein Moralist, der den Krieg sittlich verurteilt, sondern ein desillusionierter Intellektueller. Ungeheuerlichkeiten, daß in den "Städten in einer einzigen Nacht zehntausend" Menschenleben zugrunde gehen oder "daß man die Menschen in Gattungen einteilt, von denen die einen Wert haben und die anderen nicht" (SJ, 138), werden von ihm zwar als solche erkannt, aber ohne Empörung vermerkt und wie Naturgesetze akzeptiert; denn "wenn er darf", behauptet er, "tötet fast jeder gern" (SJ, 138). Kreyslers Kritik bleibt blaß, weil er sich als Person nicht engagiert, den eigenen Wert, seine Naturliebe und seine Bildung herabsetzt und sich als "Intelligenzler" (SJ, 162) verachtet. "Nichts ging ihn mehr etwas an." (SJ, 161) "Du bist überhaupt schon gestorben," sagt er sich. "Genau genommen, du hast überhaupt nie gelebt." (SJ, 162)

Der wegen eines nie näher bezeichneten Vergehens strafversetzte, aber aufgrund seiner Tüchtigkeit halbwegs rehabilitierte Hauptmann Vehlgast ist bei der Truppe noch weniger beliebt als Kreysler, und zwar weil er nichts gelten läßt, wie es ist, und nicht nur den Krieg in Frage stellt, sondern auch die Krieger und ihre Gesinnungen, nicht nur die Kriegspraxis, sondern zugleich das scheinbare Kriegsziel, die Vorstellung des Friedens in seiner Alltäglichkeit. Der Krieg erscheint ihm als Selbstzweck, von dunklen Instinkten und heroischen Ambitionen befeuert, der Frieden ein "povres Ziel" (SJ, 131), von der Banalität der Menschen und ihrem Konkurrenzstreben verdorben. "Gibt es ein Ding, das den Aufwand lohnte außer dem Spaß, den er selbst verursacht?" reflektiert er über den Krieg und fährt fort:

> Der Friede? Worin besteht der Friede? Ranglisten und Beförderungen, verhinderter Ehrgeiz, Lügen, Warenhäuser, Zwischenhandel und organisierte Verdauung. Einer macht den anderen fertig, damit er selbst besser lebt. [...] Das alles erhalten, das wiederherstellen? (SJ, 117)

Der Skeptiker sieht keinen Sinn — weder hier noch da, weder im Tun noch im Unterlassen. Seine Kriegskritik kann sich zum Zorn auf die Verantwortlichen steigern: "Verdammt sollen die sein, die uns so weit gebracht haben" (SJ, 175), aber die politischen und moralischen Hintergründe werden auch von ihm nicht näher beleuchtet, die Frage nach Recht und Unrecht wird höchstens suggeriert.

Hier kommen wir wieder an den Punkt, von dem wir bei der Darstellung der Rezeption ausgegangen waren, dem Problem von Gaisers Ideologie bzw. dem Fehlen einer eindeutigen antifaschistischen Stellungnahme in *Die sterbende Jagd*. Hat der Autor nichts über die Nationalsozialisten und ihre Verbrechen und über die Kriegsschuld zu sagen? Nicht so viel, wie einige seiner Kritiker erwarten, aber doch mehr, als manche wahrhaben wollen. Das Buch will offensichtlich nichts anderes sein als ein Roman über den Krieg oder über einen Bereich, einen Aspekt des Krieges, nicht jedoch eine Auseinandersetzung mit dem Naziregime. Diese Schreibabsicht, diese Unterscheidung müssen wir als Voraussetzung gelten lassen. Aber innerhalb dieses engen Rahmens findet sich doch eine Reihe von Hinweisen, die das politische Thema berühren. Teilweise sind sie schon bei der Auseinandersetzung über das Kriegsgeschehen angeklungen, aber sie sollen noch einmal im Zusammenhang gesichtet werden.

Wenn der Erzähler von "röchelnden Lügen" im Radio spricht (SJ, 20), die den Rückzug der eigenen Truppen als Erfolgsgeschichte darstellen, so spiegelt diese Bemerkung die Taktik des nationalsozialistischen Propagandaministeriums ab. Wenn von den "Lagern" die Rede ist mit dem "Brodem von Haß und Erniedrigung" und von der "Nacht der Häftlinge in den Baracken, die auf nackten Brettern sich quälten, zusammengepfercht, manche halb von Sinnen, im Traum röchelnd" (SJ, 24), dann wird das Bild der Konzentrationslager beschworen, wie wir es aus den Fotoreportagen der Nachkriegszeit kennen. Beide Bilder werden jedoch nur aufgerufen, ohne in die Handlung integriert zu sein, und haften deshalb nicht im Gedächtnis. Die von den Nationalsozialisten versprochenen Wunderwaffen, auf die eine gläubige Bevölkerung vergeblich hoffte und wartete, spielen in der Welt der Flieger eine größere Rolle. "Man hatte sich auf etwas verlassen [...], auf eine neue Waffe, auf Erprobungen, auf ein Mirakel [...]. Jetzt war es zu spät." (SJ, 123)

Weder Hitler noch der Chef der Luftwaffe Hermann Göring werden in dem Buch namentlich erwähnt, aber beide sind in der Kritik klar gegenwärtig.[29] Göring, "unser Alter und Höchstkommandierender" (SJ, 124), erscheint typisiert als der Pascha, der gut lebt, sich mit Seide und Brokat

---

[29] Bullivant (Anm. 16) bestreitet eindeutige Referenzen auf Hitler, weil er nicht merkt, daß in dem Buch von *zwei* Personen, von Hitler und Göring, als Oberkommandierenden die Rede ist. Die Person Görings erkennt er nicht, und die Züge, die diesen abzeichnen, scheinen ihm (mit Recht!) nicht mit dem Bild Hitlers vereinbar.

umgibt, einen taubeneigroßen Rubin auf der Brust trägt und beim Wein von seinen Heldentaten im Ersten Weltkrieg renommiert. Aber seiner Verantwortung ist er nicht gewachsen, und wenn etwas schief geht, so wickelt sich aus seiner Gemütlichkeit und Burschikosität der "Satan" heraus, ein zweiter König Friedrich, der nicht versteht, daß seine Flieger nicht unbedingt sterben wollen. Und da er hört, daß man den kommandierenden General zum Oberbefehlshaber wünscht, tobt er gegen die "Meuterer, Feiglinge, Schwätzer" (SJ, 166). — Hitler, der "Oberste Befehlshaber" begegnet nur als Porträt im Gastzimmer, das Oberst Frenssen bei seinem Truppenbesuch bewohnt. In einer spukhaften Vision geht der Oberst mit anderen auf das Bild zu, und diese Vision könnte man als eine Art Protestmarsch auslegen. Aber der Weg wird versperrt, und die Träumerei endet mit den laut gesprochenen, aber wirkungslosen Worten: "Der Wahnsinnige." (SJ, 156) Es ist klar, daß Frenssen weder an Hitler noch an das Kriegsziel der Nationalsozialisten glaubt, aber in einer mehrschichtigen Reflexion bekennt er seine Hilflosigkeit: "Man kann eine Sache wollen und für sie kämpfen, das ist ein herrliches Los. Man kann sie wollen und nicht für sie kämpfen: nicht der Rede wert." (SJ, 156f.) In solchen Fällen scheint ihm die Orientierung einfach. Aber die Überlegung des Obersts geht weiter: "Man kann sie [die Sache] nicht wollen und sich deshalb weigern, zu kämpfen für sie, das kann sehr schwer werden; aber du hast deinen Frieden mit dir." Auch diese Möglichkeit erscheint noch ziemlich unkompliziert. Aber eine Sache "nicht wollen und doch kämpfen, weil da ganz bestimmte Umstände vorliegen, dabei mußt du verlieren so oder so. Da gibt es keinen Ausweg." (SJ, 157) Die letzte Variante beschreibt offensichtlich die eigene Situation, die als eine schuldhafte empfunden wird. Aber damit endet auch die Analyse. Der Oberst, ebenso wie der Autor, bleibt uns die Erklärung der besonderen Umstände schuldig, die ihn zum Weitermachen zwingen, und der heftige Ausbruch: "Ich hasse ihn. Ich hasse ihn wie die Pest." (SJ, 157) verraucht ohne Konsequenz. Über schicksalhafte Resignation kommt Frenssen nicht hinaus. Die Frömmigkeit und die Idee der Treue aus Klosterschule und Jugendbewegung, von denen früher die Rede war, erlauben ihm keine Empörung: "Gott hat ihn uns geschickt, dachte er, und er muß uns verderben. Ich verstehe das und verstehe es nicht. Aber ich kann nicht austreten und kann es nicht wenden." (SJ, 157)

Die brutalen rassistischen und ideologischen Verbrechen der Nazis an Individuen und Gruppen bleiben in den Roman nicht ganz ausgespart. Das Schicksal der Juden ist in den bereits erwähnten Lagern angesprochen. Zwei Fälle von extremer Grausamkeit und Menschenverachtung werden aber besonders herausgehoben, weil sie die Welt der Soldaten unmittelbar betreffen. Der Oberfähnrich von Schwersenz leidet unter der willkürlichen

Ermordung eines Internierten durch den Aufseher einer Gefangenen-Sammelstelle. Seine Schuldgefühle als Zeuge des Ereignisses und als Angehöriger derselben Truppe zeichnen ihn vor den weniger empfindlichen Kollegen aus, die eher geneigt sind, unmoralische Spielregeln mit dem Kriegszustand zu entschuldigen. Während sein Kommandeur ihm rät: "[S]eien Sie froh, wenn Sie selber mit Anstand durchkommen" (SJ, 64), besteht Schwersenz darauf, laut zu "sagen, was Unrecht ist" (SJ, 65). Die politische Unmoral, die sich in dem brutalen Akt spiegelt, die nazistische Entwürdigung des Gegners als eines Untermenschen, durchschaut er freilich nicht. Diese Erkenntnis bleibt dem bitteren Kreysler vorbehalten: "Das kommt von Prinzipien. Das kommt zum Beispiel so, daß man die Menschen in Gattungen einteilt, von denen die einen Wert haben und die anderen nicht. Dort drüben, so hat man den Mann [den Mörder] unterrichtet, hat er eigentlich keine Menschen vor sich, bloß so eine Art Lebewesen." (SJ, 138) Später läßt Gaiser den Fähnrich Schwersenz ähnlich umkommen, wie das Opfer, gegen dessen Ermordung er protestiert. Seine Maschine ist in Brand geschossen, er selbst schwer verwundet. Aber die Gegner geben sich damit nicht zufrieden. Sie "nehmen es nicht persönlich" und schießen ihn aus der "herrlichen" Lust des Siegens und Tötens, der Vernichtung des "Biests" (SJ, 196) vollends zusammen. Wie hatte es früher geheißen? "Wenn er darf, tötet fast jeder gern." (SJ, 118)

Der Massenmord von Gegnern oder Sympathisanten — die Beschreibung erinnert an Berichte vom Rußlandfeldzug — von dem der Hauptmann Vehlgast spricht, antizipiert geradezu die gegenwärtige Diskussion über die Rolle der SS-Todeskommandos und der Wehrmacht. Der idealistische de Bruyn sucht sich gequält von diesen Greueltaten zu distanzieren: "Das sind doch nicht wir [...]. Das ist doch nicht die Truppe. Das sind doch andere Leute." (SJ, 174) Aber er muß sich erklären lassen: "Glauben Sie, man wird da einst so einen feinen Unterschied machen? Nein, nein das kommt auf alle, ob einer nun schuldig ist oder nicht." Vehlgast sieht in seiner Menschenverachtung tiefer als die meisten anderen. Wenn der Autor ihn nicht bremste und ihn seine allgemeinen Verwünschungen von denjenigen, "die uns so weit gebracht haben. Denn das ist nicht der Krieg allein, der bringt es nur an den Tag" (SJ, 175) weiterverfolgen ließe, so ergäbe sich hier leicht eine kritische Kausalkette. Aber im Interesse des eigentlichen Romangeschehens begnügt der Verfasser sich mit solchen Andeutungen. Realistisch oder nicht: Keiner von den Jagdfliegern ist ein Nazi. Sie kämpfen und sterben in dem Krieg, den Hitler und die Nationalsozialisten entfesselt haben. Aber sie sind nichts als Werkzeuge der Kriegsmaschinerie. Sie werden gebraucht und verbraucht, ohne sich zu identifizieren.

Und damit sind wir, am Ende der Analyse, bei der meines Erachtens
wichtigsten Tendenz des Buches angekommen. Die Jagdflieger in ihrer
Vielfalt von glänzenden und durchschnittlichen, von tapferen und weniger
tapferen — Feiglinge gibt es in dem Buch nicht —, erfolgreichen und miß-
erfolgreichen Männern, von Idealisten und Skeptikern, Gläubigen und
Gleichgültigen, Empfindlichen und Unempfindlichen sind nicht nur Täter,
sondern zugleich oder, man darf wohl sagen: primär Opfer des Krieges und
der Kriegsmanipulation. "Wenn Sie einmal alles wissen, was mit uns ge-
spielt wird", meint der angetrunkene Vehlgast im Gespräch mit de Bruyn,
"und geben trotzdem nicht auf, [...] dann sind sie ein mutiger Mann." (SJ,
176) — Wir haben bereits von der mangelhaften Ausrüstung und Versorgung und dem fehlenden Ersatz für die zerstörten Flugzeuge gesprochen,
die den Fliegern keine wirksame Verteidigung gegen die gegnerische
Übermacht erlauben. Je verzweifelter die äußere Situation wird, desto
mehr wird den Jägern abverlangt, werden Sie zu selbstmörderischen Attacken angetrieben: "Bei leergeschossenen Magazinen war der Gegner
durch Rammstoß zu vernichten." (SJ, 126)

Ganz auffällig zieht sich durch das Buch die Kritik an der ökonomi-
schen oder materialistischen Seite des Krieges. Gaiser, der sich auch in
andern Büchern gegen den Materialismus und Kapitalismus der modernen
Zivilisation ausspricht, wird in seinem Kriegsroman nicht müde, die
"Kosten" und die "Verschwendung" des Krieges zu berechnen, um die
Absurdität der Ereignisse bloßzustellen: "Unermeßlich ist der Verbrauch,
unermeßlich der Unnutz von Zahllosen, die auf toter Strecke liegen. Niemand könnte das im Frieden bezahlen, nur für den Krieg ist der Aufwand
nicht zu kostspielig." (SJ, 161) Das Brutale an dieser Berechnung ist, daß
der Konsum hier nicht in erster Linie die Dinge, die Güter betrifft, sondern
die Menschen, die zu Waren erniedrigt und wie Waren verrechnet werden.
Mehrfach heißt es von militärischen Einheiten, sie seien zum "alsbaldigen
Verbrauch" bestimmt (SJ, 136; 164), und selbst von dem Oberst Frenssen
wird gesagt: "Man bedient sich seiner", und "man verbraucht ihn" (SJ, 53).
Die Flieger gelten, wie wir gesehen haben, als eine Elite von jungen
"Leuten, die viel kosteten und die sorgfältig geschont, unterhalten und
doch ohne Rücksicht geopfert wurden." (SJ, 45) Nach einem großen Verlust heißt es: "Lauter teure Tote, der Tod kostete viel. Niemand kann für
Lebendige so viel ausgeben. So hohe Kosten rechtfertigt allein der Krieg."
(SJ, 92) Die Piloten und die Soldaten an der Front werden 'verheizt', damit
die Kriegsmaschine noch eine Zeitlang läuft. Solange der Leser ihnen in-
dividuell begegnet, ihren Ernst und ihren Spott miterlebt, sind sie Personen, unverwechselbare Charaktere. Sobald sie ins Gefecht gehen, werden
sie zu Sachen, zu Ziffern von Gewinn und Verlust wie ihre Flugzeuge oder
die Maschinengewehre. Um sie nicht ganz zu Nummern und materiellen

Produkten zu reduzieren, läßt der Autor uns in einem oder dem andern Fall an ihrem Sterben Anteil nehmen, nicht in einer rührseligen Manier und als "Appell an das Mitleid des Lesers",[30] sondern um ihnen etwas von der Menschenwürde zurückzugeben, die ihnen durch die Verdinglichung verlorengegangen ist.

---

[30] Reich-Ranicki (Anm. 4). S. 62.

Thomas F. Schneider

"Und Befehl ist Befehl. Oder nicht?"
Erich Maria Remarque: *Zeit zu leben und Zeit zu sterben* (1954)

Obwohl in Deutsch verfaßt, erreichte Erich Maria Remarques Roman über einen deutschen Landser an Ost- und Heimatfront im Zweiten Weltkrieg, *Zeit zu leben und Zeit zu sterben*, die bundesrepublikanischen Leser erst zwei Monate nach Erscheinen der Erstausgabe — der Übersetzung ins Englische durch Denver Lindley.[1] Die *Münchner Illustrierte* druckte ab 13. Juli 1954 eine gekürzte und entschärfte Version des Textes, ehe endlich, mit fünfmonatiger Verspätung, am 22. September 1954 der Kölner Verlag Kiepenheuer & Witsch die Buchausgabe auslieferte.[2]

In der aus Platzgründen gekürzten Version der *Münchner Illustrierten* waren auch jene 'Änderungen' des Lektorats des Verlages Kiepenheuer & Witsch enthalten, die die bundesrepublikanische Publikation so erheblich verzögert hatten. Trotz dieser doppelten Rücksichtnahme auf das Publikum erreichte die Illustrierte neben zustimmenden Zuschriften auch folgender Leserbrief, der pointiert die Nachkriegsressentiments gegen Remarque und gegen die Behandlung des Themas 'Zweiter Weltkrieg' durch ihn zusammenfaßte: "Man kann alle Dinge von verschiedenen Standpunkten aus beleuchten. Remarque nun sieht die Dinge aus der Perspektive eines eklen Leichenwurms, der sich im Unrat wühlend wohlfühlt und von diesem lebt.

---

[1] Erich Maria Remarque: *A Time to Love and a Time to Die.* Translated from the German by Denver Lindley. New York 1954. Zuvor war ein Vorabdruck des Romans (auf der Grundlage der Rohübersetzung) in *Collier's Weekly* begonnen worden.

[2] Zur Druckgeschichte siehe ausführlich Angelika Howind und Thomas Schneider: "Weiterschweigen heißt seine Schuld eingestehen". Zeit zu leben und Zeit zu sterben: Die Zensur eines Antikriegsromans in der BRD und ihre Revision. In: *Krieg und Literatur/War and Literature* 1 (1989). H. 2. S. 79-142. Sowie Claudia Glunz, Thomas Schneider: *Erich Maria Remarque. Werke der frühen fünfziger Jahre. Der Funke Leben, Zeit zu leben und Zeit zu sterben, Die letzte Station. Bibliographie der Drucke.* Bramsche 1995 (Schriften des Erich Maria Remarque-Archivs 10). S. 38-71.

Da ist nichts weiter zu sagen..."[3] Obwohl der bundesdeutsche Verleger sich alle nur erdenkliche Mühe gegeben hatte, den Text für das westdeutsche Publikum 'erträglich' und konsumabel zu gestalten, hatte Remarque mit *Zeit zu leben und Zeit zu sterben* an jene Tabus gerührt, die mit dem Zweiten Weltkrieg und speziell mit der Rolle der Wehrmacht im Zweiten Weltkrieg verknüpft waren: ihre Beteiligung an den der SS zugeschriebenen Verbrechen und die Verantwortung des einzelnen Soldaten im und am Kriegsgeschehen. Die Folgen der vorauseilenden Vorsicht des Verlages und der vom Autor bewußt in Kauf genommenen Provokation gewisser Bevölkerungsschichten waren einerseits, daß bis 1989 zumindest zwei in ihren Aussagen nahezu diametral entgegengesetzte Versionen von *Zeit zu leben und Zeit zu sterben* weltweit Verbreitung fanden, andererseits, daß Remarque das Image des 'Nestbeschmutzers', das ihm in Kreisen rechter politischer Provenienz seit *Im Westen nichts Neues* anhaftete, in den fünfziger Jahren bestätigte und ihm von deutscher literaturwissenschaftlicher Seite, gelinde gesagt, Nichtbeachtung entgegengebracht wurde.[4]

Zeit zu leben und Zeit zu sterben ist ein internationaler Roman über den Zweiten Weltkrieg; von einem deutschen exilierten Autor mit amerikanischer Staatsbürgerschaft geschrieben, schildert er den Krieg aus deutscher Perspektive. Die internationale Rezeption, soweit sie bei Übersetzungen in mindestens 39 Sprachen überschaubar ist, hat *Zeit zu leben und Zeit zu sterben* als zutreffende und in gewisser Hinsicht und im besten Sinne wiedergutmachende Beschreibung deutschen Verhaltens im Krieg verstanden und bewertet. Eine literaturwissenschaftliche Darstellung des Textes und seiner Publikationsumstände hat diese Aspekte zu berücksichtigen.

*

Nach Einsätzen in Polen, den Niederlanden, Frankreich und Afrika ist der Gefreite Ernst Graeber im Frühjahr 1943 Mitglied einer sich auf dem

---

[3] Paul Faust: [Leserbrief]. In: *Münchner Illustrierte* vom 14. August 1954.
[4] Die wesentlichen Beiträge werden im folgenden in den Anmerkungen erwähnt. Zu nennen sind weiterhin Harley U. Taylor, der jedoch lediglich eine Zusammenfassung von Buch und Film gibt in: *Erich Maria Remarque. A Literary and Film Biography.* New York 1988 (American University Studies I, 65). S. 195-213. Der Roman wird auch erwähnt in Richard A. Firdas sehr fehlerhafter Studie *Erich Maria Remarque. A Thematic Analysis of His Novels.* New York 1988 (American University Studies XIX, 8). S. 161-183. Christine Barker und Rex W. Last bieten eine interessante Doppelinterpretation von *Zeit zu leben und Zeit zu sterben* und *Der Funke Leben* in: C.B. u. R.W.L.: *Erich Maria Remarque.* London 1979. S. 124-142.

Rückzug befindlichen Einheit an der Ostfront irgendwo in Rußland.[5] Graeber ist nach dem Ersten Weltkrieg geboren und wurde nach der gymnasialen Schulausbildung bereits 1939 zur Wehrmacht eingezogen. Seine Einheit führt Exekutionen an als Partisanen verdächtigten Zivilisten durch und folgt auf dem Rückzug, der mehr einer Flucht vor der Roten Armee gleicht, der Politik der Verbrannten Erde. Graeber hat erst mit der Versetzung an die Ostfront

> plötzlich zu denken begonnen. Er und viele andere. Das war leicht und billig. Solange gesiegt wurde, war alles in Ordnung gewesen, und was nicht in Ordnung war, hatte man übersehen oder mit dem großen Ziel entschuldigt. Mit was für einem Ziel? Hatte es nicht immer zwei Seiten gehabt? Und war eine davon nicht immer finster und unmenschlich gewesen? Warum hatte er das nicht früher erkannt? Aber hatte er das wirklich nicht? Hatte er nicht oft genug Zweifel und Ekel gehabt und sie nur immer wieder verjagt? (Z, 33f.)

Dieses noch "Ungreifbare, Gespenstische" (Z, 77) einer möglichen persönlichen Schuld versucht Graeber mit der Vorstellung von Frieden, den er in der Heimat während eines dreiwöchigen Urlaubs in seiner Heimatstadt Werden zu finden hofft, zu überspielen. Doch die Heimat ist längst selbst zur Front geworden; mehr noch, die Daheimgebliebenen machen den Frontsoldaten für die ständigen Luftangriffe verantwortlich. Sein Elternhaus findet Graeber zerstört, die Eltern sind verschollen. Während seiner Recherchen nach dem Schicksal der Eltern in einer desolaten Bürokratie trifft Graeber die Tochter des Hausarztes der Familie, die er noch aus Schulzeiten kennt. Dr. Kruse ist aufgrund einer Denunziation im Konzentrationslager gefangen, seine Tochter Elisabeth wird von der in der Wohnung einquartierten NS-Fanatikerin und -Funktionärin Lieser terrorisiert und überwacht. Zwischen Graeber und Elisabeth entwickelt sich eine Liebesgeschichte, in die Graeber seine ganzen Hoffnungen auf ein privates Glück, fern aller kriegerischen und politischen Bedrängnisse, investiert.

Graeber erhält immer eingehendere Informationen über die Verbrechen des Regimes an den Fronten und in der Heimat, nicht zuletzt durch seine Kontakte zu Alfons Binding, einem ehemaligen Mitschüler, der zum Kreisleiter aufgestiegen ist. Die Frage nach der Verantwortung des einzelnen, nach den persönlichen Möglichkeiten des einzelnen, etwas gegen die jedermann offensichtlichen Verbrechen zu unternehmen, wird immer dringlicher.

---

[5] Die folgende Darstellung des Romans fußt auf der "revidierten Neuausgabe" des Textes bei Kiepenheuer & Witsch, die der nicht-bearbeiteten Originalversion entspricht. Erich Maria Remarque: *Zeit zu leben und Zeit zu sterben. Roman.* Mit einem Nachwort von Tilman Westphalen. Köln 1989 (KiWi 193). Im folgenden abgekürzt mit der Sigle Z.

Er zwang sich, sitzen zu bleiben. Er hatte oft genug weggesehen und nichts wissen wollen. Er und hunderttausend andere, und sie hatten geglaubt, ihr Gewissen damit beschwichtigen zu können. Er wollte das nicht mehr. Er wollte sich nicht mehr drücken. (Z, 176)

Doch auch sein ehemaliger, nun im Widerstand tätiger Religionslehrer Pohlmann kann Graeber kein 'Patentrezept' zur Beantwortung der Frage nach der Verantwortung des einzelnen bieten. Graeber flüchtet vollends ins Private, heiratet Elisabeth, findet in der völlig unbeschädigten Pension "Witte" eine "Insel der Hoffnung",[6] in der er Elisabeth wohlbehütet zurücklassen kann. Graeber kehrt an die Front zurück, die Situation ist hoffnungsloser geworden, die Rote Armee übermächtig. Erneut werden als Partisanen verdächtigte russische Zivilisten zur Verurteilung überstellt. Graeber erhält den Auftrag, sie zu bewachen. Der von der SS zur Einheit gekommene Steinbrenner will sie liquidieren, Graeber widersetzt sich und erschießt Steinbrenner.

Dann plötzlich begannen seine Gedanken, sich zu überstürzen. Ein Stein schien weggerollt zu sein. Etwas war für immer entschieden. Er fühlte keine Schwere mehr. Er fühlte sich ohne Gewicht. Er wußte, daß er etwas tun sollte, aber ihm war, als müsse er sich festhalten, um nicht wegzufliegen. [...] Etwas unendlich Wichtiges war zu tun, aber er konnte es nicht halten, noch nicht. Es war noch zu weit weg und zu neu und so klar, daß es schmerzte. (Z, 398)

Der Aufforderung der Russen, zu desertieren und sich ihnen anzuschließen, kann und will Graeber nicht folgen. Er läßt sie frei. Einer der Russen erschießt ihn.

*

Zeit zu leben und Zeit zu sterben[7] ist ein Roman über den letztendlich gescheiterten Versuch eines einfachen Soldaten, sich seiner Verantwortung für die Geschehnisse und seiner Rolle im Krieg bewußt zu werden und — dies bestimmt sein Scheitern — sie in langfristig aktives und konkretes Handeln umzusetzen. Zurück an der Front realisiert Graeber, daß seine Hoffnung auf ein "kleines Privatglück", in dem man sich verstecken könnte, nicht aufgehen kann:

Er hatte die Erkenntnis abgewehrt, solange er konnte. Es war nicht einfach gewesen, zu sehen, daß das, von dem er gewollt hatte, es solle ihn halten und tra-

---

[6] So der ursprüngliche Titel des Romans im Manuskript. Die französische Übersetzung trägt noch den Titel *L'Ile d'Espérance*.
[7] Wie bei *Liebe Deinen Nächsten* (1939/41) verweist Remarque im Titel auf eine Bibelstelle, vgl. Prediger 3:1-9.

gen, ihn nur noch mehr isolierte, es reichte nicht weit genug. Es rührte sein Herz, aber es hielt ihn nicht. (Z, 387)

Seine eigene, individuelle Verstrickung in die Verbrechen und das Unrecht ist zu tief, als daß eine private Idylle mit Elisabeth sie überdecken könnte. Graeber hat seine eigene Rolle im Krieg klar erkannt: "Mörder" (Z, 398), und dennoch zögert er bis zuletzt, eine bewußte, gezielte Tat dagegenzusetzen. Die Gelegenheit, den SS-Schlächter Heini zu ermorden, läßt er in Zweifel versunken verstreichen (Z, 179-182), und von den eingesperrten russischen Zivilisten hofft er noch, es möge ihnen aus eigener Kraft, ohne sein Zutun gelingen, sich zu befreien. Ihrer Aufforderung, sich ihnen anzuschließen, kann und will Graeber nicht folgen. Er will "nicht dorthin. Nicht in dasselbe, was ich verlassen will." (Z, 395)[8]

So bleibt Graeber trotz aller Zweifel, trotz der Klärung und Identifizierung seiner Rolle als 'Mörder' ein Feind, ein immer noch funktionierendes Werkzeug in der Maschinerie Krieg, das weiterkämpfen würde bis zum bitteren Ende. Graeber hat zwar begonnen, über seine individuelle Rolle und Verantwortung in dieser Maschinerie nachzudenken; zur letzten Konsequenz, dem endgültigen Bruch mit dem als verbrecherisch erkannten Regime und einer seiner Institutionen, der Deutschen Wehrmacht, kann er sich jedoch nicht entschließen. So bleibt seine Tat nur ein erster Schritt auf einem Weg, den weiterzugehen dem Leser der 50er Jahre überlassen bleibt. Graebers Erschießung durch die von ihm selbst freigelassenen und damit geretteten Russen, die zunächst als 'Undankbarkeit' erscheinen mag, ist so nur konsequent.

Remarque wählte für diese, sich über 27 Kapitel und 400 Seiten erstreckende Darstellung einer letztendlich erfolglosen Selbstsuche eine doppelte, auf den ersten Blick nicht widerspruchsfreie Konstruktion. Die Front ist Rahmenhandlung, der die ersten und letzten drei Kapitel gewidmet sind. Sie umschließen die Haupthandlung des Romans in Graebers Heimatstadt Werden, die aus unzähligen kleinen Episoden zusammengesetzt erscheint und so ein Panorama nahezu aller Aspekte des zivilen Lebens im Deutschland nach der Wende Stalingrad zeigt. Der Protagonist Ernst Graeber wird dabei zwar als erfahrener Soldat gezeigt, der jedoch eine geradezu erschreckende Unkenntnis von den Vorgängen in der Heimat besitzt. Graebers letzter Heimaturlaub liegt zwei Jahre zurück, seine gesamte Erziehung muß in die Jahre des Nationalsozialismus gefallen sein, dennoch zeichnet der Autor ihn als Unwissenden, der — nur mit seinen fast intuitiven Front-

---

[8] Bernhard Nienaber hat diese Passage als Beleg für Remarques Anti-Kommunismus interpretiert. Bernhard Nienaber: Der Blick zurück. Remarques Romane gegen die Adenauer-Restauration. In: Tilman Westphalen (Hrsg.): *Erich Maria Remarque 1898-1970*. Bramsche 1988. S. 79-93, hier S. 84-88.

kenntnissen und -verhaltensweisen gewappnet — sich in einer fremden, feindlichen Welt behaupten muß. Remarque führt seine internationale Leserschaft somit geschickt ein in das nationalsozialistische Deutschland und bietet dem deutschen Leser zugleich einen zunächst als Identifikationsfigur erscheinenden einfachen Soldaten, der eine Antwort auf die alles dominierende Frage nach der individuellen Schuld sucht.

Diese Suche lädt einen deutschen Leser mit Fortgang des Romans jedoch immer weniger zur Identifikation mit dem Protagonisten ein. Graeber ist schließlich einer von Millionen Frontsoldaten, einfachen Landsern: "Wir beide haben den Krieg nicht angefangen und sind nicht dafür verantwortlich. Wir tun nur unsere Pflicht. Und Befehl ist Befehl. Oder nicht?" (Z, 39) Je mehr Graeber über den Krieg und die Geschehnisse in der Heimat erfährt, desto mehr realisiert er die Verwandtschaft zwischen dem anscheinend verantwortungslosen einfachen Landser und den als Täter Identifizierten:

> Graeber sah das zufriedene, harmlose Gesicht [des Kreisleiters Alfons Binding — T.S.], und plötzlich erkannte er die Hoffnungslosigkeit, zu der Gerechtigkeit und Mitgefühl ewig verurteilt waren: immer wieder an Selbstsucht, Gleichgültigkeit und Angst zu stranden — er erkannte es, und er erkannte auch, daß er selber nicht ausgenommen davon war, daß auch er darin verstrickt war, in einer anonymen, fernen und drohenden Weise. Ihm war, als gehörten er und Binding irgendwie zusammen, so sehr er sich auch dagegen wehrte. (Z, 178f.)

Auch die Figur des SS-Mannes Steinbrenner, den Graeber zum Schutz der Russen am Ende des Romans erschießt, ist dem einfachen Landser näher, als einem bundesdeutschen Leser der 50er Jahre lieb sein konnte, insbesondere wenn die 'klassisch' zu nennenden Bewertungsmuster für 'gutes' Soldatentum vom Autor unvermittelt mit Grausamkeiten kombiniert werden:

> Steinbrenner spähte aufmerksam in den Nebel und schlich vorsichtig vorwärts. *Er war ein guter Soldat.* "Ich wollte, wir schnappten einen", flüsterte er. "Ich wüßte, was ich mit ihm machen würde, hier im Nebel. Einen Lappen in die Schnauze, damit keiner was hören kann, die Arme und Beine festgebunden, und dann los! Du glaubst nicht, wie weit man ein Auge herausziehen kann, ohne daß es reißt." Er machte eine Bewegung mit den Händen, als zerquetsche er langsam etwas. (Z, 58; Hervorhebung von T.S.)

In der Diskussion mit seinem ehemaligen Religionslehrer Pohlmann, die mehr einem Monolog nahekommt (Z, 183-190) und von Remarque unmittelbar nach der Szene mit dem nicht erfolgten Mord am SS-Mann Heini angesiedelt wurde, weiß Graeber schließlich, daß die Frage "Wann wird zum Mord, was man sonst Heldentum nennt?" längst beantwortet ist, weil Graeber wie allen seinen Frontkameraden bewußt ist, daß der Krieg verloren ist und nur noch fortgesetzt wird, um dem Regime noch einige weitere

Überlebensmonate zu verschaffen. Die einfachen Soldaten sind längst zu Mitschuldigen geworden an "Sklaverei und Mord, Konzentrationslager, SS und SD, Massenausrottung und Unmenschlichkeit" (Z, 187) und können sich nicht mehr hinter der "Tatsache" verstecken, "daß wir auf Befehl handelten." (Z, 188)

Doch Graeber bietet sich immer noch die Möglichkeit, sich hinter dem 'Zwang' zu verstecken, hinter den — vermutlich — zu erwartenden Konsequenzen für Verwandte, Eltern, Elisabeth. So wird er zurückkehren, Steinbrenner erschießen, ein paar Zivilisten freilassen und seine Sehnsucht auf die verlorene alte Kultur ausrichten:

> Graeber fand im Garten hinter der Birkenallee einen kleinen, halb erhaltenen Pavillon, von dem aus er den Stall [mit den gefangenen Russen — T.S.] übersehen konnte. Er fand darin sogar ein paar Bücher. Sie waren in Leder eingebunden und hatten einen verblaßten Goldschnitt. Regen und Schnee hatten sie so zerstört, daß nur noch eines zu lesen war. Es war ein Band mit romantischen Stichen idealer Landschaften. Der Text war französisch. Er blätterte das Buch langsam durch. Allmählich nahmen ihn die Bilder gefangen. Sie erweckten eine schmerzhafte und hoffnungslose Sehnsucht in ihm, die anhielt, nachdem er den Band schon lange zugeschlagen hatte. (Z, 393)

*

Nach einer ersten Idee bereits im November 1944, arbeitete Remarque ab Juli 1946 parallel an zwei Buchprojekten, die mit den zwei Romanen *Der Funke Leben* und *Zeit zu leben und Zeit zu sterben* abgeschlossen werden sollten.[9] Die Thematik der beiden Texte — ein deutsches Konzentrationslager und ein deutscher Soldat gegen Ende des Zweiten Weltkriegs — orientierten sich dabei weitgehend an den in der für den amerikanischen Geheimdienst 1944 verfaßten Denkschrift "Praktische Erziehungsarbeit in Deutschland nach dem Krieg"[10] formulierten Zielsetzungen: die deutsche Öffentlichkeit über die Verbrechen der Nationalsozialisten und insbesondere die Folgen des deutschen, preußischen Militarismus zu informieren. Remarque schloß zunächst 1951 den Roman *Der Funke Leben* ab. Die großen Schwierigkeiten, mit denen der Autor bei dem Versuch, diesen Roman über ein Konzentrationslager im deutschsprachigen Raum zu veröf-

---

[9] *Der Funke Leben* kann als die KZ-Perspektive auf die Stadt Werden gelesen werden, während in *Zeit zu leben und Zeit zu sterben* KZ-Häftlinge des nahen Lagers zu Aufräumungsarbeiten eingesetzt werden. Ich verdanke diesen Hinweis Heinrich Placke. Vgl. auch Barker/Last (Anm. 4).

[10] Abgedruckt mit Erläuterungen in: Thomas F. Schneider (Hrsg.): *Erich Maria Remarque. Ein militanter Pazifist. Texte und Interviews 1929-1966.* Köln 1994 (KiWi 340). S. 66-83, Erläuterungen S. 149f.

fentlichen, konfrontiert war, führten schließlich zum Vertragsabschluß mit dem Kölner Verlag Kiepenheuer & Witsch, der *Der Funke Leben* 1952 publizierte.[11] Die Reaktion der bundesrepublikanischen Öffentlichkeit auf den Roman und insbesondere die Behandlung des Themas durch Remarque war jedoch äußerst kontrovers,[12] zudem entwickelte sich das Buch nicht zu dem Bestseller, den sich der Verleger Joseph Caspar Witsch aufgrund dieser kontroversen Diskussion erhofft hatte.

Von Dezember 1953 bis Anfang März 1954 sandte Remarque in mehreren Lieferungen das "definitive Skript" des neuen Romans *Zeit zu leben und Zeit zu sterben* an seinen Verleger Witsch wie auch parallel an seine Übersetzer u.a. in den USA, Frankreich, Schweden, Dänemark, den Niederlanden.[13] Witsch, den zu diesem Zeitpunkt ein fast freundschaftliches Verhältnis mit seinem Autor Remarque verband, ließ das Typoskript hausintern begutachten. Von diesen durchweg anonymen Gutachten haben sich drei erhalten, von denen zwei den Roman positiv beurteilen, ihn gar als "Remarques bestes Buch"[14] sehen. Das dritte Gutachten,[15] im Anhang dieses Beitrags abgedruckt, beurteilte den Roman jedoch äußerst kritisch und wurde die Grundlage für das weitere Vorgehen des Verlegers.

Das Insistieren des Gutachters (siehe Anhang) auf einer quasi Eliminierung der Figur des "Vierteljuden" Hirschland hatte dabei vermutlich seine Gründe nicht in sachlichen Fehlern des Autors Remarque. Remarques Schilderung ist korrekt: "Vierteljuden" waren in der deutschen Wehrmacht[16] von Beförderungen und Auszeichnungen ausgeschlossen (zudem

---

[11] Die Vorgänge um die Entstehung und Publikation von *Der Funke Leben* sind ausführlich dokumentiert in den Aufsätzen des von Thomas F. Schneider und Tilman Westphalen herausgegebenen Bandes: *"Reue ist undeutsch". Erich Maria Remarques Der Funke Leben und das Konzentrationslager Buchenwald.* Bramsche 1992.

[12] Eine detaillierte Analyse der Rezeption von *Der Funke Leben* bietet die — bislang unpublizierte — Magisterarbeit von Claudia Glunz: "Fiktionalität und Zeitzeugenschaft als Probleme der Rezeption eines KZ-Romans. Erich Maria Remarque: Der Funke Leben (1952). Eine quantitative Inhaltsanalyse von 105 deutschsprachigen Rezensionen aus dem Zeitraum 1952-1955". Osnabrück 1992 (Universität Osnabrück, Magisterarbeit, masch.).

[13] Eine Chronik der Vorgänge um die Zensur von *Zeit zu leben und Zeit zu sterben* ist enthalten in Thomas Schneider und Angelika Howind: Die Zensur von Erich Maria Remarques Roman über den zweiten Weltkrieg "Zeit zu leben und Zeit zu sterben" 1954 in der BRD. In: Ursula Heukenkamp (Hrsg.): *Militärische und zivile Mentalität. Ein literaturkritischer Report.* Berlin 1991 (AtV 78). S. 303-320.

[14] Anon.: Gutachten zu *Zeit zu leben und Zeit zu sterben.* Konvolut Kiepenheuer & Witsch im Erich Maria Remarque-Archiv, Osnabrück. Sigle KIWI 578.

[15] Anon.: Gutachten zu *Zeit zu leben und Zeit zu sterben.* Konvolut KIWI 579.

[16] Nach Auskunft des Militärgeschichtlichen Forschungsamtes Freiburg 1989.

gibt der Roman keinerlei Aufschluß darüber, ob es sich bei dem von der Mutter Hirschlands versteckten Mädchen 'nur' um eine "Vierteljüdin" handelt, wie der Gutachter unterstellt).[17] Es ging dem Gutachter generell und explizit in diesem Punkt um eine haarscharfe Trennung von Wehrmacht und SS und damit verbunden einer Trennung von 'Ehrenhaftigkeit' und Verbrechen. Für den Gutachter war die Mitgliedschaft in der Wehrmacht gleichbedeutend mit Sicherheit vor Verfolgung, die Armee als beschützende Mutter. Um aber auch noch den letzten möglichen Makel von ihr abzuwenden, schlägt der Gutachter eine Namensänderung vor, die aus dem 'Vierteljuden' einen 'Arier' machen wird.

Kommunisten und Russen sind in der Bundesrepublik des Jahres 1954 personae non grata, ihre Intelligenz und Menschlichkeit werden geleugnet, ihr Anrecht auf Gerechtigkeit und differenzierte Darstellung ihrer Schicksale als geradezu subversiv im Kalten Krieg gewertet. Der Gutachter hatte Remarques Intention, hinter den Etikettierungen gerade die Menschen mit all ihren Widersprüchen sichtbar zu machen, außerordentlich gut verstanden und war ihr mit einer auf die Gegenwart des Jahres 1954 ausgerichteten Polemik begegnet. *Zeit zu leben und Zeit zu sterben* war offensichtlich ein Kommentar Remarques zur bundesrepublikanischen Wirklichkeit des Jahres 1954, zur mangelnden Aufarbeitung der NS-Vergangenheit, zur Wiederbewaffnung und zur Adenauer-Restauration.[18] Daß Remarque bei einem der progressivsten Verleger dieser Bundesrepublik der 50er Jahre, Joseph Caspar Witsch, ausgerechnet an einen dem Zeitgeist zutiefst verhafteten Gutachter geraten mußte, entbehrt nicht einer gewissen Ironie.

Witsch schloß sich dem Gutachten an und sandte das mit Streichungen und Korrekturen des Verlags versehene Typoskript mit einem dem Gutachten fast wörtlich entsprechenden Brief an Remarque zurück.[19] Einzig dem Vorschlag des Gutachters, das letzte Kapitel zu streichen, mochte Witsch nicht folgen, mehr noch: er erweiterte den Tilgungsvorschlag auf die gesamten letzten drei (Front-)Kapitel.

Remarque reagierte nicht, ließ durch eine Sekretärin antworten, der Autor sei wegen eines Autounfalls verhindert, und kommentierte in sein Tagebuch:

---

[17] Siehe im Sinne der Frage nach der "korrekten" Schilderung des Autors auch den Beitrag von Peter Junk: Ort zu leben und Ort zu sterben: Osnabrück 1943. Fiktion und Realität am Beispiel eines Romans. In: Westphalen (Hrsg.) (Anm. 8). S. 94-112.

[18] Zu den direkten Parallelen des Romans zur Bundesrepublik der 50er Jahre vgl. Nienaber (Anm. 8).

[19] Vgl. Joseph Caspar Witsch an Erich Maria Remarque. Brief vom 24. März 1954. Konvolut KIWI 019.

Nachricht von Kiepenheuer über vorgeschlagene Änderungen in T.t.l. [*Time to love*, englischer Titel von *Zeit zu leben und Zeit zu sterben* — T.S.]: wollen die Wehrmacht hochhalten; einen (klar sehenden) Kommunisten in einen Soz[ial] Demokraten verwandeln; möchten letzten 3 Kapitel rausnehmen u. so was. Der Ton des Lehrers u. das irgendwo: Sie waren ja nicht dabei; es war doch anders, (u. nicht ganz so schlimm).[20]

Remarque akzeptierte schließlich die zensierte Textfassung mit "schweigendem Disgust",[21] um die Publikation nicht noch weiter zu verzögern.[22] Der Roman erschien mit den letzten drei Kapiteln und mit den Änderungen des Verlags.[23] Aus Hirschland wurde der 'Arier' Hirschmann, ein Landser ohne Geschichte und Probleme. Der Kommunist Immermann mutierte zum Sozialdemokraten. Die oben erwähnte Diskussion mit dem ehemaligen Lehrer Pohlmann wurde durch umfangreiche Streichungen zum oberflächlichen Small talk über persönliche Verantwortung, von Desertion war hier nun nicht mehr die Rede. Insbesondere die Eingriffe im letzten Kapitel jedoch zeigten signifikant, welche Zielrichtung die Eingriffe — ganz im Sinne des Gutachters — verfolgten. Der Satz "Mörder, sagte er noch einmal und meinte Steinbrenner und sich selbst und unzählige

---

[20] Tagebuch-Eintrag vom 27. März 1954; Remarque-Collection, Fales-Library, New York University. Sigle R-C 4A.24/001.

[21] Tagebuch-Eintrag vom 11. April 1954. Ebd.

[22] Welche Gründe letztendlich ausschlaggebend für die Akzeptanz dieser Zensur durch den Autor waren, läßt sich auch nach Sichtung der Tagebücher nicht definitiv klären. Durch die Verzögerung des Erscheinens der originalsprachigen deutschen Ausgabe um mehrere Monate nach der Publikation der englischen Ausgabe in den USA entstanden dem Autor erhebliche finanzielle Verluste, da das Copyright nach amerikanischem Recht in dieser Zeit frei war und Übersetzungen der amerikanischen Ausgabe ohne vertragliche Regelung angefertigt und publiziert werden konnten und wurden (z.B. in Südamerika und anderen Ländern, in denen Remarque fast ausschließlich aus dem Englischen in die jeweilige Sprache übersetzt wurde). Bereits bei dem ähnlich verlaufenen Fall *Der Funke Leben* waren Remarque Verluste in fünfstelliger Größenordnung entstanden (vgl. Glunz [Anm. 2]). Möglich ist natürlich auch, daß Remarque den Roman durch die Eingriffe nicht als derart 'verunstaltet' ansah, um ganz von einer Publikation abzusehen. Völlig ohne 'Kommentar' Remarques gegenüber Witsch blieb der Vorgang jedoch nicht: Remarque beauftragte seinen Agenten Felix Guggenheim mit der Suche nach einem anderen deutschen Verlag für die folgenden Romane. Witsch 'zahlte' schließlich mit einem erheblich höheren Zuschuß für *Der schwarze Obelisk* (1956), um den Autor zu halten.

[23] Ein detailliertes Verzeichnis der Änderungen sowie Nachweis der Textgestaltung der revidierten Ausgabe von 1989 findet sich bei Schneider/Howind (Anm. 13). S. 109-138. Eine aufgrund der damaligen Quellenlage nur vorläufige Beschreibung des Zensursachverhaltes findet sich auch bei Rex W. Last: The "Castration" of Erich Maria Remarque. In: *Quinquereme* 2 (1979). S. 10-22.

andere" (Z, 398) fiel der Schere zum Opfer und damit Graebers klare Definition der eigenen Rolle im Krieg. Die Erschießung Steinbrenners kommentierte der Graeber der deutschen Fassung nun mit "Notwehr, dachte etwas in ihm"[24] — die Erschießung Steinbrenners war nun nicht mehr eine bewußte Handlung Graebers nach 400 Romanseiten des Nachdenkens und der Hinführung, sondern eine Affekthandlung, die man mit "Notwehr" gegebenenfalls vor seinen Vorgesetzten rechtfertigen konnte. Und wenn dem bundesdeutschen Leser schließlich doch noch ein Rest von Sympathie, Verständnis und der Möglichkeit, Graebers Gedanken nachvollziehen zu können, geblieben war, so wurde ihm dies mit einem weiteren hinzugedichteten Satz des Lektorats als Illusion verdeutlicht. Graebers letzter Gedanke, kurz bevor ihn die Kugel des von ihm freigelassenen Russen treffen wird, lautet in der 'bearbeiteten' Fassung: "Es waren also doch Partisanen."[25]

Diese Änderung macht Graebers Versuch, die von Remarque nicht als Partisanen bezeichneten russischen Zivilisten zu retten, untauglich.[26] Er ist auf die geschickt sich verstellenden "Partisanen" hereingefallen und muß dafür bezahlen — die Parallelen, der unausgesprochene Kommentar zur west-ost, zur deutsch-deutschen Konfrontation im Kalten Krieg ist offensichtlich.

Remarques Roman war nun nicht mehr eine Warnung vor dem deutschen Militarismus mit seinem Befehl-Gehorsam-Prinzip, nicht mehr eine Warnung vor restaurativen Tendenzen und der angestrebten Wiederbewaffnung der Bundesrepublik, er war zu einem Instrument im Kalten Krieg geworden, in dem die Klischees von der Unmenschlichkeit und Hinterhältigkeit des Gegners bestätigt werden.

*

Die dänische Zeitung *Information* machte die Zensur öffentlich bekannt;[27] ein dänischer Leser hatte die deutsche mit der dänischen und der englischen Ausgabe verglichen, die beide unzensiert waren, da Remarque sein "definitives skript" parallel an Witsch und seine Übersetzer versandt hatte.

---

[24] Erich Maria Remarque: *Zeit zu leben und Zeit zu sterben. Roman.* Köln 1954. S. 397.
[25] Ebd. S. 398.
[26] Hierauf hat bereits ausführlich Tilman Westphalen in seinem Nachwort "Wann wird zum Mord, was man sonst Heldentum nennt?" zur revidierten Neuausgabe des Romans hingewiesen. Remarque, 1989. S. 401-421, hier S. 411ff.
[27] bl.: Information afslorer: Remarque sat under censur i Tyskland. In: *Information* vom 9. Oktober 1954.

Die Reaktion in den Medien der Bundesrepublik war zunächst heftig,[28] nach einem Dementi Witschs jedoch zurückgehend.[29] Der Umstand der Zensur spielte in der Beurteilung des Romans durch das deutsche Feuilleton keinerlei Rolle, kein Kritiker fragte nach Art und Aussage der ursprünglichen und international gedruckten Fassung.[30]

Erst 1955 erfolgte eine Reaktion aus der DDR, in der der Roman (noch nicht) erschienen war. F.C. Weiskopf forderte in seiner polemischen Replik "Die politischen Valenzen des Dr. Witsch oder Der kastrierte Remarque"[31] den Autor auf, sein Schweigen zu der Affäre nun zu brechen: "Weiterschweigen heißt seine Schuld eingestehen".[32] Remarque ließ sich in den deutsch-deutschen Konflikt jedoch nicht einspannen und schwieg weiter.[33] *Zeit zu leben und Zeit zu sterben* wurde kurzfristig zum deutsch-deutschen Zankapfel und schließlich — von Remarque sicherlich unbeabsichtigt — zum literarischen Propagandaträger. Die zensierte Ausgabe bei Kiepenheuer & Witsch diente den Übersetzern Remarques in Osteuropa fast durchweg als Vorlage.[34] Lediglich in die serbokroatischen Ausgaben der Jahre 1954 und 1955 wurden die zensierten Stellen — aus dem Amerikanischen übersetzt — eingefügt und durch Kursivdruck besonders hervorgehoben.[35]

---

[28] Z.B.: Liquidation mit dem Rotstift. In: *Der Spiegel* vom 15. Dezember 1954. S. 43-44.

[29] "Das Manuskript ist im Verlag sehr sorgfältig durchgearbeitet und mit den von uns vorgeschlagenen Korrekturen an den Autor zurückgegeben worden. Es wurde dem Autor, wie selbstverständlich, ausdrücklich überlassen, diese Änderungen zu akzeptieren oder zu verwerfen. Herr Remarque hat dann seinerseits einen Teil der Änderungen und sparsamsten Weglassungen angenommen und andere verworfen." In: *Die Welt* vom 19. Oktober 1954. Anderer Wortlaut in: *Rhein Neckar Zeitung* vom 19. Oktober 1954.

[30] Vgl. Howind/Schneider (Anm. 2). S. 87-91.

[31] In: *Neue Deutsche Literatur* (1955). H. 2. S. 99-107.

[32] Ebd. S. 107.

[33] 1956 versuchte der Aufbau-Verlag in Person Walter Jankas, durch Remarques amerikanischen Übersetzer Denver Lindley an die Originalfassung des Romans zu gelangen. Remarque war über dieses Vorgehen entrüstet und verpflichtete Witsch mit Brief vom 6. August 1956 (Konvolut KIWI 053), die deutsche Fassung zu vertreiben. Der Aufbau-Verlag war als Lizenznehmer von Kiepenheuer & Witsch gezwungen, die zensierte Fassung nachzudrucken. Die *Neue Deutsche Literatur* bot ihren Lesern immerhin den Service, die zensierten Stellen in einer Rückübersetzung aus dem Englischen nachzulesen: Der kastrierte Remarque. In: *Neue Deutsche Literatur* (1957). H. 4. S. 108-126.

[34] Vgl. die Annotationen bei Glunz/Schneider (Anm. 2).

[35] Z.B. in der Ausgabe Zagreb 1955.

*

Zeit zu leben und Zeit zu sterben ist auch ein Kommentar und eine Fort-
entwicklung von *Im Westen nichts Neues* und hier insbesondere des VII.
Kapitels, des Heimaturlaubs Paul Bäumers.[36] Die Parallelen sind vielfältig
und ebenso die Verweise auf die Unterschiede in der Kriegführung. Auch
in *Zeit zu leben und Zeit zu sterben* wird Ernst Graeber wie Paul Bäumer
von einem heimatkommandierten Major wegen fehlender Ehrbezeigung
zurechtgewiesen (Z, 170); wie Paul Bäumer die Mutter Kaemmerichs besucht Graeber die Mutter eines Kameraden, mit dem Unterschied, daß er
hier von dem (von Steinbrenner fingierten) Tod Hirschlands erfährt.

Doch der Erste Weltkrieg und seine in *Im Westen nichts Neues* geschilderten Schrecken sind von den Teilnehmern in *Zeit zu leben und Zeit zu
sterben* längst vergessen:

> "Und dein Vater? Der war doch im ersten Kriege Soldat."
> "Das hat er vergessen. Wenigstens den Teil davon. Für meinen Alten bin ich der
> Held. Er ist stolz auf meinen Klempnerladen. Wollte sich dauernd mit mir zei-
> gen. Rührender alter Mann aus grauer Vorzeit. Sie verstehen uns nicht mehr,
> Ernst. [...]" (Z, 133)

Die Erfahrung des Ersten Weltkrieges ist verlorengegangen und mit ihr die
Kameradschaft, die in *Im Westen nichts Neues* noch die sinngebende Rolle
und den Ersatz für die verlorenen Werte geliefert hatte. In *Zeit zu leben
und Zeit zu sterben* gibt es keine Idylle, sondern nur noch die Suche nach
der "Insel der Hoffnung", dem privaten Glück, die vom Autor als sinnlos
gekennzeichnet wird. Aus diesem wahrlich totalen Krieg gibt es für Soldaten und Zivilisten kein Entrinnen mehr, und auch die Resignation Paul
Bäumers, die aus der Perspektive des Zweiten Weltkriegs auch eine Flucht
vor den Fragen nach der Verantwortung des einzelnen war, ist in Remarques Roman nicht mehr zulässig. Das Private und die Politik sind untrenn-
bar miteinander verknüpft. In einem der unzähligen symbolisch zu werten-
den Bilder des Romans wird das für den Leser überdeutlich gezeigt:

> Graeber wandte sich ab. Er bückte sich und suchte im Schutt nach irgend etwas,
> auf das er schreiben konnte. Er fand den Farbendruck eines Hitlerbildes, das in
> einem zerbrochenen Rahmen hing. Die Rückseite war weiß und unbedruckt. Er
> riß den oberen Teil ab, holte einen Bleistift hervor und dachte nach. Er wußte
> nicht, was er schreiben sollte. "Bitte um Nachricht über Paul und Marie Grae-
> ber", schrieb er schließlich in Blockbuchstaben. "Ernst hier auf Urlaub." (Z, 98)

In einem kurzen Essay zur Verfilmung des Romans durch Douglas Sirk, in
der Remarque selbst die Rolle des Lehrers Pohlmann übernahm, verwies

---

[36] Die Möglichkeit eines Vergleichs hat auch Hans Wagener wahrgenommen in:
Understanding Erich Maria Remarque. Columbia, SC 1991. S. 77f..

der Autor 1958 auf die grundlegenden Unterschiede zwischen *Im Westen nichts Neues* und *Zeit zu leben und Zeit zu sterben*. Im Gegensatz zum Film *Im Westen nichts Neues* werde kein einziger feindlicher Soldat gezeigt, dennoch sei die Zerstörung viel größer: "Der Krieg der Kampflinien ist vorbei: die Fronten sind überall. Der Krieg der Soldaten ist vorbei: der totale Krieg richtet sich gegen jedermann."[37] Und Remarque verdeutlichte noch einmal seine Intention, die er mit Buch und Film (zu dessen Drehbuch er einen ersten Entwurf geliefert hatte) verbunden hatte: mit der künstlerischen, auf ein breites Publikum ausgerichteten Arbeit gegen das Vergessen einen zukünftigen Krieg zu verhindern:

> Die Schwierigkeit mit dem Krieg ist, daß die Leute, die ihn wollen, nicht erwarten, in ihm zu sterben. Und die Schwierigkeit mit unserer Erinnerung ist, daß sie vergißt und verändert und verfälscht, um zu überleben. Sie macht den Tod zu einem Abenteuer, wenn der Tod dich verfehlt. Aber der Tod ist kein Abenteuer: Töten ist der Sinn des Krieges — nicht Überleben.[38]

---

[37] Erich Maria Remarque: Das Auge ist ein starker Verführer. In: Schneider (Hrsg.) (Anm. 10) S. 102-106, hier S. 106.
[38] Ebd.

Anhang
Gutachten zu *Zeit zu leben und Zeit zu sterben*[39]

Begründung der Aenderungsvorschläge zu dem Roman
"Zeit, zu leben — Zeit, zu sterben" von Erich Maria Remarque

1.) Anfang und Schluß des Romans sind aus der deutschen (nicht aber
etwa aus einer verkappten Nazi-)Perspektive die die Verbreitung und damit
den Erfolg des Romans am meisten gefährdenden Teile. Dem Autor sind
hier einige Fehler in der Darstellung der damaligen Situation unterlaufen.
Bedenklich ist vor allem die Figur des "Steinbrenner". Es hat in keiner
Kompanie einen ausdrücklich von der Gestapo eingesetzten Spitzel gegeben, genau so wie jemand, der als "Vierteljude" eingezogen wurde, in
seinen Wehrmachtpapieren (Wehrpaß, Soldbuch usw.) keinerlei Vermerk
über seine "Abstammung" trug: einen Ariernachweis für den einfachen
Soldaten hat es nicht gegeben. Damit war ein Verhalten, wie es Steinbrenner hier Hirschland gegenüber zeigt, unmöglich. Es müßte dann zumindest
nachgewiesen werden, auf welche Weise Steinbrenner von der "25 Pro-
zentigkeit" Hirschlands etwas erfahren hätte. Wenn man einmal der
"Wehrmacht" angehörte, stand dieses nicht zur Debatte.
Ich schlage deshalb vor, alle sich in den Dialogen der ersten Kapitel auf
Hirschlands jüdische Abstammung beziehenden Anspielungen seitens
Steinbrenners zu streichen und ebenso alles, was Steinbrenner als eine Art
"amtlich" eingesetzten Denunzianten erscheinen läßt. Die Figur wird um
so eindeutiger und echter wirken, wenn man sie nicht mit Attributen be-
hängt, die in diesem ganz konkreten Fall der historischen Wahrheit widersprechen. Ich würde sogar vorschlagen, zur Vermeidung von Mißverständnissen, Hirschland einen anderen Namen zu geben. Es genügt zu
seiner Charakterisierung, daß ihm — gerade im Gegensatz zu Steinbrenner
— alles "Zackige" fehlt.
Diese — notwendigen — Aenderungen am Anfang bedingen aber auch
den Fortfall der Szene der Begegnung Graebers mit Hirschlands Mutter
(die zumal durch das völlig unmögliche Verstecken eines offensichtlich
doch auch nur "vierteljüdischen" Mädchens (unter dem Bett!) belastet wird
und in der sich die erstrebte Wirkung fast grotesk in ihr Gegenteil verkehrt). Ebenso ist die "Falschmeldung" von Hirschlands Tod — im letzten
Kapitel des Buches — schon an sich, aber erst recht unter den bereits erwähnten Voraussetzungen völlig unmöglich und muß darum mit allen sich
daraus ergebenden Folgen aus dem Manuskript eliminiert werden. Man
würde hier nur sagen: da seht ihr's ja, das ist alles nur Phantasie — und

---

[39] Konvolut KIWI 579.

dann gewissermaßen das Kind mit dem Bade ausschütten, d.h. die vielen echten tragischen Begebenheiten des Buches auch als "dichterische Erfindung" abtun können.

Im übrigen kommt die ganze tiefe Tragik der sogenannten "Judenfrage" in der Figur des Josef so beredt und zwingend zum Ausdruck, daß die der Wirklichkeit von Grund aus konträre Darstellung des "Falls" Hirschland die erschütternde Wirkung dieses Kapitels nur stark herabmindern würde.

2.) Europa, ja die ganze Welt steht noch immer unter der lebensgefährlichen Bedrohung durch den Kommunismus, und die Schilderung des Kommunisten Immermann als des sozusagen einzig anständigen und die Situation klar Erkennenden wirkt darum nicht nur verharmlosend, sondern wie die posthume Rechtfertigung einer Besatzungspolitik, für die jeder Kommunist persona grata war und unter deren verderblichen Folgen heute Europa (ja, auch hier wieder die ganze Welt) noch zu leiden hat. Immermann muß deshalb — wie die andern Landser in den ersten Kapiteln — etwas mehr in den Hintergrund treten, darf nicht das ganze Scheinwerferlicht des Interesses von Autor und Leser auf sich konzentrieren. Mit den angedeuteten Strichen ist das leicht zu bewerkstelligen. Und ich würde ihn ebenso — wie ich das an einer Stelle des Manuskripts auch durchgeführt habe — als ehemaligen Sozialdemokraten erscheinen lassen. Von einem Kommunisten, wer es auch immer sei, irgend eine Belehrung anzunehmen, ihn gleichsam als Verfechter der Menschlichkeit dargestellt zu bekommen, geht unter keinen Umständen an.

3.) Aus dem SA-Sturmführer muß ein Kreisleiter werden, da SA-Sturmführer in jenen Jahren (außer bei der "SA-Führung" in Berlin) keinerlei irgendwie entscheidende Funktion mehr hatten oder auch nur eine annähernd wichtige Rolle spielten. Die Kreisleiter dagegen — als die "zuverlässigen Stützen der Heimatfront" — hatten diese Funktion und spielten diese Rolle.

4.) Das letzte Kapitel würde ich wegfallen lassen — einmal aus den schon geschilderten Gründen, zum andern, weil sich die Schilderung der "Partisanen"-Szene vom Anfang im Grunde noch einmal wiederholt — aber in einer bedenklicheren, weil weniger motivierten Form. Die Russen — und vor allem die Partisanen — werden hier genau so verharmlost wie der Kommunist, und daraus ergeben sich mit Notwendigkeit falsche Schlüsse, die dem Autor selbst gewiß fern liegen, die aber der Wirkung des Buches nur abträglich sein können.

Ich gebe zu, daß dieses letzte Kapitel eine starke dichterische Gestaltung verrät — aber auch die stärkste dichterische Gestaltung vermag die bedenkliche "Entwirklichung", die einem hier begegnet, nicht auszugleichen.

Ich halte zudem das Ende des vorhergehenden Kapitels für einen ausgezeichneten Buchabschluß. Hier ist in wenigen Sätzen zusammengefaßt,
was Millionen damals bewegte und in der Erinnerung noch heute bewegt.
5.) Kleine Unrichtigkeiten — z.B. Panzer statt Tank, Dienstverpflichtung
statt Arbeitsdienst, Feldwebel statt Sergeant — sind berichtigt worden.
Eine Begründung hierfür erübrigt sich wohl.

Michael Kumpfmüller

Ein Krieg für alle und keinen
Hans Hellmut Kirst: *08/15* (1954/55)

Nur wenige literarische Darstellungen des Zweiten Weltkriegs haben in den vergangenen fünfzig Jahren in Deutschland zu derart heftigen öffentlichen Reaktionen geführt wie die viel gelesene und erfolgreich verfilmte Romantrilogie *08/15* von Hans Hellmut Kirst,[1] die zum Zeitpunkt ihres Erscheinens 1954/55 — mitten in den Debatten um den bevorstehenden Aufbau der Bundeswehr und den geplanten NATO-Beitritt der Bundesrepublik — bei Soldatenverbänden und konservativen Politikern Empörung auslöste und in der Folge in praktisch allen großen Zeitungen und Zeitschriften der damaligen Bundesrepublik und der noch jungen DDR besprochen wurde.

Fast ein halbes Jahrhundert später ist der Bestseller der fünfziger Jahre so gut wie vergessen. Die letzten Auflagen[2] der mit Abstand erfolgreichsten drei Kirst-Romane sind nicht nur seit langem vergriffen, auch für die Literaturwissenschaft ist der Skandal um die Geschichte des Gefreiten Asch bis heute in aller Regel Marginalie[3] geblieben, ein Beispiel mehr für die spezifischen politischen und gesellschaftlichen Bedingungen literarischer Bestsellerproduktion denn ein ernstzunehmender Gegenstand litera-

---

[1] Erster Band: *Null-Acht Fünfzehn. Die abenteuerliche Revolte des Gefreiten Asch.* Wien, München, Basel 1954 (in späteren Auflagen: *08/15 in der Kaserne*). Zweiter Band: *Null-Acht Fünfzehn. Die seltsamen Kriegserlebnisse des Gefreiten Asch.* Wien, München, Basel 1954 (in späteren Auflagen: *08/15 im Krieg*). Dritter Band: *Null-Acht Fünfzehn. Der gefährliche Endsieg des Gefreiten Asch.* Wien, München, Basel 1955 (in späteren Auflagen: *08/15 bis zum Ende*).

[2] München (Goldmann). 1977.

[3] Am ausführlichsten hat sich Willi Winkler mit Kirst beschäftigt. Vgl. hierzu seine beiden kritischen Aufsätze: Hans Hellmut Kirst. In: Heinz-Ludwig Arnold (Hrsg.): *Kritisches Lexikon zur deutschsprachigen Gegenwartsliteratur.* München o.J., und: Von rechts nach links und wieder zurück. Hans Hellmut Kirst: Eine deutsche Karriere. In: *Die Zeit* vom 30. November 1984. Tendenziell apologetisch Krzysztof A. Kuczynski: Zwischen Kaserne und Wolfsschanze. Hans Hellmut Kirst — Annäherungen an einen Soldatenautor. In: *Krieg und Literatur/War and Literature* 3 (1981). H. 5/6. S. 162-167, der von Winkler ganze Passagen einfach abschreibt.

turwissenschaftlicher Analyse: eine Perspektive, die auch die zeitgenössische Debatte gekennzeichnet und mitunter simplifiziert hat und schon
darum einer kritischen Überprüfung bedarf, weil die ideologische Tendenz
des dreifachen Bestsellers von 1954/55 aufs Engste mit seiner literarischen
Form zusammenhängt.

I.

Für öffentliche Aufregung sorgt der erste Teil der *08/15*-Trilogie[4] schon
kurz nach Beginn des Vorabdrucks in der Kölner *Neuen Illustrierten* im
Frühjahr 1954 und dies vor allem aus zwei Gründen: Kirsts literarische
Kritik am nationalsozialistischen Krieg im allgemeinen und der national-
sozialistischen Kaserne im besonderen untergrabe den "Verteidigungswil-
len in der Bundesrepublik" (so die Argumentation der bundesdeutschen
Soldatenverbände)[5] und stamme darüber hinaus ausgerechnet von einem
Autor, der als NS-Führungsoffizier bis kurz vor Kriegsende für eben jene
Praktiken eingestanden sei, die er heute, zehn Jahre später, öffentlich an-
prangere (so die Kritik des damaligen Bundesministers Franz Josef
Strauß).[6]

Beide Vorwürfe betreffen aber, genau betrachtet, nur die Oberfläche
eines Romans, der in der spezifischen politischen und gesellschaftlichen
Situation des Jahres 1954 bei einem Teil der bundesrepublikanischen Gesellschaft Anstoß erregt, in seiner Tiefenstruktur aber so mehrdeutig angelegt ist, daß sich auch ganz andere politische Positionen damit verknüpfen
lassen. Sowohl in der Bundesrepublik als auch in der DDR wird der erste
Teil der Trilogie, *Die abenteuerliche Revolte des Gefreiten Asch*, denn
auch erst einmal gegen die Vorwürfe seiner Kritiker verteidigt[7] und sodann

---

[4] Die Schreibweise des Titels *08/15* in der Sekundärliteratur variiert beträchtlich:
"Null-Acht Fünfzehn", "Null-acht Fünfzehn", "Null-acht fünfzehn", "Null/Acht
Fünfzehn", "Null-acht Fuffzehn", "Null-Acht/Fuffzehn" usw.

[5] Vgl. Fred Hepp: Null-Acht Fünfzehn — die bittere Ballade vom Kasernenhof.
Der Schriftsteller und Oberleutnant a.D. Hans Hellmut Kirst wird scharf beschos-
sen, weil er einen allzu aktuellen Stoff aufgreift. In: *Süddeutsche Zeitung* vom
20./21. März 1954.

[6] Vgl. hierzu: Des Teufels Hauptwachtmeister. Eine Debatte rund um 'Null-acht
Fünfzehn'. In: *Der Monat* 6 (1954) H. 69. S. 245-263, wo sich Kirst und Strauß zu
diesem Sachverhalt äußern (S. 246f.).

[7] Anders zum Beispiel noch Anfang 1956 *Die Welt* anläßlich eines geplanten
Nachdrucks der gesamten Trilogie in einer polnischen Zeitung: "Den Sowjetpolen
erscheint der Roman als Angriff auf die deutsche Armee wertvoll [...]. So liefert
[...] Kirst [...] der Warschauer roten Propagandamaschinerie Material." (24. Januar
1956. S. 4).

auf verschiedenste Weise vereinnahmt, wobei das Maß der *ideologischen* Zustimmung (abgelehnt wird der Roman vor allem aufgrund seiner mangelnden *literarischen* Qualitäten) auf die jeweilige Position im Streit um die deutsche Wiederbewaffnung, und das heißt Anfang 1954: vor allem um die Aufstellung einer neuen Bundeswehr, verweist.

In der Bundesrepublik wird der Roman dabei entweder als indirektes Plädoyer für das Konzept des Staatsbürgers in Uniform und eine Bundeswehr mit traditionsbewahrenden und traditionsüberwindenden Elementen verstanden,[8] oder aber als Beispiel für einen defizitären Antimilitarismus gelesen, der das Problem des Krieges und des Militarismus bei weitem nicht erschöpfend analysiere bzw. sogar verharmlose[9] (oder überhaupt Ausdruck einer flachen Laune sei),[10] seine Kritiker aber doch allemal ins Unrecht setzt. Insgesamt, so wird man sagen können, fällt die ideologische Zustimmung zur Geschichte des Gefreiten Asch um so größer aus, je weniger sich die Rezensenten mit dem antimilitaristischen Gestus des Werkes (positiv oder negativ) identifizieren und je mehr sie die geschichtliche Differenz zwischen Bundeswehr und Wehrmacht betonen. Dies fällt der liberalen Kritik (*Der Monat*) naturgemäß bei weitem leichter als den Vertretern eines linken Antimilitarismus *(Frankfurter Hefte)*, der die deutsche Wiederbewaffnung tendenziell als Fortschreibung des unheilvollen preußisch-deutschen Militarismus versteht.

Um so erstaunlicher mag es auf den ersten Blick scheinen, daß der erste Teil der Trilogie (und später der zweite) ausgerechnet in der DDR auf relativ große Zustimmung trifft. Selbst wenn man in Rechnung stellt, daß die DDR-Presse auf dem Höhepunkt des Kalten Krieges schon deshalb für den *Autor* Kirst Partei ergreifen muß, weil Teile der bundesrepublikanischen Öffentlichkeit ihn als Gegner der Wiederbewaffnung wahrnehmen (beides übrigens schon zu einem Zeitpunkt, als der Roman gerade einmal in Teilen veröffentlicht ist), geht die im einzelnen ziemlich differenzierte Kritik des *Buches* doch keineswegs in dieser Logik auf. Nur im *Neuen Deutschland* wird der Autor Kirst dabei ohne jede Einschränkung zu den "antimilitaristisch eingestellten Schriftstellern" gerechnet, der mit seinem Roman eine "ganze Meute faschistischer Kläffer" auf den Plan gerufen habe und ein Beispiel dafür sei, daß die "humanistische Literatur" in der Bundesrepublik — anders als in der DDR — keine Heimat gefunden ha-

---

[8] So der Grundtenor der Debatte in der Zeitschrift *Der Monat* (vgl. Anm. 5).
[9] Vgl. Roland H. Wiegenstein: Empörung im Imperfekt. In: *Frankfurter Hefte* 9. (1954). S. 553f. Ähnlich auch Heinrich Böll: Aufregung. In: *Aufwärts* vom 1. April 1954, zitiert nach: Heinz Puknus (Hrsg.): *Hans Hellmut Kirst. Der Autor und sein Werk. Information, Zeugnis, Kritik.* München 1979. S. 94f.
[10] Vgl. Karl August Horst: Hase und Igel. In: *Merkur* 8 (1954). S. 1089ff.

be.[11] Sehr viel kritischer äußert sich kurz darauf Ralph Giordano in einer Kritik vom Mai 1954, in der er von der "mutige[n] Tat" eines bürgerlichen Schriftstellers spricht, bei dem es sich freilich (noch) um keinen "grundsätzlichen Gegner der Remilitarisierung Westdeutschlands" handele, da er lediglich für die Änderung eines Erziehungssystems, nicht aber eines ganzen Gesellschaftssystems plädiere, und dessen "Individualismus" (noch) verhindere, daß er als Schriftsteller — so Giordano in den für die DDR typischen ideologischen Formeln — zu den "werktätigen Menschen" der Bundesrepublik finde.[12]

Auch nach dem Erscheinen des zweiten Teils der Trilogie bleiben die Bedenken gegen Kirsts "unsichere[n] ideologische[n] Standpunkt"[13] und die "ideologischen Grenzen"[14] seiner Romane mit ihren fehlenden Einsichten über den "imperialistischen Charakter" beider Weltkriege[15] bestehen, was die DDR-Kritiker jedoch nicht daran hindert, *Die seltsamen Kriegserlebnisse des Gefreiten Asch* als ein Buch zu feiern, das sich offen "gegen das Ziel der westdeutschen Wiederaufrüstung, gegen den schmutzigen Krieg" wende[16] — für den Kritiker der *Berliner Zeitung* Grund genug, am Ende sogar eine Drucklegung in der DDR zu erwägen: Trotz aller Schwächen sollten die bisher erschienenen zwei Bände "unseren Lesern" nicht länger vorenthalten werden.[17]

Um so größer fällt dann im Frühjahr 1955 die Enttäuschung über den dritten Band der Trilogie aus, wobei insbesondere der Rezensent der *Berliner Zeitung* Mühe hat, die Euphorie über den vorangegangenen Band (in der Bundesrepublik werden beide so gut wie überhaupt nicht besprochen) zu relativieren. Obwohl man die "ehrliche Absicht" Kirsts bislang nicht in Zweifel gezogen habe, so der Kritiker der SED-Zeitung, stelle *Null-acht fünfzehn bis zum Ende* "ein peinliches Ende" dar, mit dem der Autor die alte und die neue Wehrmacht zuletzt eben (leider) doch rehabilitiere und sich selbst als treuer Untertan des westdeutschen Verteidigungsministers

---

[11] D.R.: Bonner Kesseltreiben. In: *Neues Deutschland* vom 24. März 1954.

[12] Ralph Giordano: Die Affäre "Null-acht fünfzehn". In: *Neue Deutsche Literatur* 5 (1954). S. 84-91.

[13] So die Formulierung in einer Rezension des ersten Bandes in: *Berliner Zeitung* vom 9. April 1954.

[14] Vgl. Günther Deicke: Der Rubikon des Hans Hellmut Kirst. In: *Neue Deutsche Literatur* 12 (1954). S. 171-175, hier: S. 172.

[15] A.a.O. S. 174.

[16] A.a.O. S. 171.

[17] Manfred Heidicke: Romane vom schmutzigen Krieg. Zu Hans Hellmut Kirsts zweitem Band "08/15" und Karl Ludwig Opitz' "Barras". In: *Berliner Zeitung* vom 21. Januar 1955.

erwiesen habe[18] — und dies, obwohl Kirst (und das ist die Ironie dabei) in derselben Zeitung noch ein Jahr zuvor dafür gelobt worden war, daß er sich "positiv zu den Vorschlägen Walter Ulbrichts zur Bildung eines Gremiums deutscher Humanisten geäußert" habe.[19]

II.

Für Hans Hellmut Kirst ist es im Rückblick keine Frage gewesen, daß es vor allem der "Zeitgeist"[20] der fünfziger Jahre, will heißen: die politischen Auseinandersetzungen um die Wiederbewaffnung gewesen sind, die seine *08/15*-Trilogie zum Verkaufserfolg haben werden lassen, und weniger deren literarische Qualitäten. Er sei nur "ein Autor zweiten Ranges", soll Kirst noch im Mai 1954 auf einer öffentlichen Veranstaltung in Bielefeld gesagt haben, "'Null-Acht/Fünfzehn' sei kein gutes Buch und verdiene — literarisch gesehen — keineswegs das Geschrei, das darum gemacht werde."[21]

Auch die Rezensenten äußern sich von Anfang an überwiegend negativ über die literarischen Qualitäten der Trilogie und kritisieren insbesondere die Sprache,[22] den Aufbau[23] sowie den versöhnlichen Humor[24] der Romane, wobei diese literarkritischen Einwände im Hinblick auf die ideologische Brisanz des Werkes von den Rezensenten in Ost und West von vornherein zur Nebensache erklärt werden: Die literarische Qualität der Romane wird denn auch nur gestreift[25] oder steht erst gar nicht zur Debatte,[26]

---

[18] Manfred Heidicke: Das Lied vom "braven General". Kirsts 08/15-Trilogie am Ende: Rehabilitierung für neue Wehrmacht. In: *Berliner Zeitung* vom 14. Mai 1955.

[19] Ha.: "Null-acht Fuffzehn". Die westdeutsche Öffentlichkeit diskutiert einen neuen Roman von H.H. Kirst. In: *Berliner Zeitung* vom 9. April 1954.

[20] So die Formulierung von Kirst. Vgl. Heinz Puknus: Fragen an Hans Hellmut Kirst. In: Puknus (Anm. 9). S. 7-13, hier: S. 8.

[21] Vgl. Steff Koch: "08/15" — kein gutes Buch. Rede des vielgenannten Autors in Bielefeld." In: *Die Welt* vom 17. Mai 1954. Ähnlich Kirst auch in einem Interview 1969: "Ich habe weiß Gott bessere Bücher geschrieben." Puknus (Anm. 9). S.16.

[22] "Kirsts Sprache ist oft holprig, nachlässig, zuweilen gar primitiv." Giordano (Anm. 12). S. 87.

[23] "Die klassischen Gesetze des Aufbaus sind [...] nicht immer beachtet." Hans Henrich: Null-Acht/Fuffzehn — wie einst im Mai. Ein Beitrag zur bedingten Anerkennung der Wehrhoheit durch die Hochkommissare. In: *Frankfurter Rundschau* vom 27. März 1954.

[24] "Kirsts Humor [...] hat zuweilen [...] die traurige Unverbindlichkeit des Stammtischgeplauders." Wiegenstein (Anm. 9). S. 554.

[25] Giordano (Anm. 12). S. 87.

und dort, wo sie zur Debatte steht, reichen die Urteile von "mißlungener Poeterei",[27] "verdichtete[r] Reportage", aber "keine Dichtung",[28] bis hin zur Etikettierung als spannende Unterhaltungslektüre[29] und "rebellische[r]" Trivialroman.[30] Vergleiche mit Remarques *Im Westen nichts Neues* und Haseks *Abenteuer des braven Soldaten Schwejk*, in der Bundesrepublik auch mit dem 1951 erschienenen Kriegsroman *Verdammt in alle Ewigkeit* von James Jones, fallen in aller Regel zuungunsten von Kirst aus, ohne daß diese sehr unterschiedlichen literaturgeschichtlichen Bezugspunkte weiter reflektiert würden.

Große Unsicherheit herrscht unter den Rezensenten auch in der Frage, ob der dreifache Unterhaltungsroman über den Gefreiten Asch ein komisches, tragisches, satirisches bzw. ironisches Werk ist[31] oder aber eine Mischung aus verschiedenen Elementen darstellt, wie das ein Rezensent ausdrücklich feststellt, wenn er über den zweiten Band sagt, auch in diesem Buch gebe es wieder "komische, tragikomische und tragische Gestalten und Situationen."[32]

Genau diese Mischung aus komischen, tragikomischen, tragischen und anderen Elementen muß man aber analysiert haben, um zu begreifen, warum die Rezensenten in Ost und West aus der 900-Seiten-Trilogie[33] nicht nur ganz unterschiedliche ideologische Tendenzen, sondern auch ganz unterschiedliche, eigentlich konkurrierende Mythen herausgelesen haben, wobei Mythos hier im Sinne des amerikanischen Literaturtheoretikers Northrop Frye zuallererst als ein "strukturelles, ordnendes Prinzip der literarischen Form" aufgefaßt sei.[34]

---

[26] Fred Hepp: Null-Acht Fünfzehn — die bittere Ballade vom Kasernenhof. In: *Süddeutsche Zeitung* vom 20./21. März 1954.

[27] Wiegenstein (Anm. 9). S. 553.

[28] Paul Hühnerfeld: Dienstpistole 0815. In: *Die Zeit* vom 1. April 1954.

[29] Wiegenstein (Anm. 9). S. 554.

[30] Robert Neumann: Tagebuchnotiz über H.H.K.. In: Puknus (Anm. 9). S. 49-51, hier: S. 51.

[31] Von einem "komödienhafte[n]" Buch spricht der Klappentext zum ersten Band (*Null-Acht Fünfzehn. Die abenteuerliche Revolte des Gefreiten Asch*. Wien, München. Basel 1954); von der "tragisch[n] Situation" und der "Schuld" einzelner Figuren Henrich (Anm. 23); vom "satirische[n] Humor" Kirsts Hepp (Anm. 5); von tragischer Ironie eine Rezension im *Telegraf* vom 5. Dezember 1954.

[32] M.M.: 08/15 im Kriege. In: *Der Tag* vom 28. November 1954.

[33] *08/15. Gesamtausgabe der Trilogie*. München, Wien, Basel o.J. [1965/1970]. Nach dieser Ausgabe wird im folgenden zitiert (Bandbezeichnung und Seitenzahl in Klammern): A = 08/15 in der Kaserne, B = 08/15 im Krieg, C = 08/15 bis zum Ende.

[34] Northrop Frye: *Analyse der Literaturkritik*. Stuttgart 1964. S. 64.

Wie später der amerikanische Historiker Hayden White für die Geschichtsschreibung[35] hat Northrop Frye in seiner *Analyse der Literaturkritik* von 1964 grundsätzlich vier verschiedene archetypische Erzählmodelle
bzw. *mythoi* mit jeweils spezifischen Plotstrukturen und Figurenkonstellationen unterschieden: den romantischen Heldenmythos mit seinem zentralen Thema des abenteuerlichen Konfliktes und seinen noch im Tode trium-
phierenden Helden; den tragischen Mythos vom Untergang mit seinem
zentralen Thema der unausweichlichen Katastrophe und seinen mehr oder
wenigen schuldigen Helden; den komischen Mythos der Versöhnung, bei
dem die Geburt einer neuen Gesellschaft mit entsprechend gewandelten
Helden im Mittelpunkt steht; sowie zuletzt den ironischen Mythos von
Wiederkehr und Zufall, in dem eine Welt der Verwirrung und der Anarchie
vorgestellt wird und die Helden mehr oder weniger ohnmächtig sind.

Das Charakteristische der drei Kirst-Romane besteht nun aber gerade
darin, daß sie bestimmten Mythen näher stehen als anderen, sich am Ende
aber doch für keinen einzigen dieser Mythen 'entscheiden', sondern sehr
geschickt verschiedene Aspekte kombinieren, so daß bei der Lektüre
ideologisch begründete Hoffnungen einerseits besonders umfassend erfüllt
(Kirst als ideologisches Chamäleon; Prinzip Bestseller) und andererseits
besonders gründlich enttäuscht werden (Kirst als ehemaliges Lieblingskind
der 'Linken').

III.

Daß speziell die DDR-Kritik Kirsts Romane anfangs so euphorisch begrüßt, ist zunächst Ausdruck einer Projektion und also ein Mißverständnis.
Wie man am Beispiel der Schlacht von Stalingrad zeigen kann, wird das
Thema Krieg und Nationalsozialismus in der DDR sowohl literarisch als
auch publizistisch, biographisch und wissenschaftlich immer wieder als
eine Versöhnungsgeschichte mit tragischem Vorspiel konzipiert, die so
etwas wie den Gründungsmythos des zweiten deutschen Staates darstellt.
In dieser Versöhnungsgeschichte nimmt der Nationalsozialismus aber die
Rolle eines mehr oder weniger komischen Widersachers ein, vor dem man
anfangs nur fliehen bzw. dem man allenfalls standhalten kann, der aber am
Ende von der Roten Armee besiegt und überwunden wird (Rolle des hel-
fenden Dieners) und auf die Dauer nicht verhindern kann, daß sich die

---

[35] Vgl. hierzu seine zentralen Werke: *Metahistory. Die historische Einbildungs-
kraft im 19. Jahrhundert in Europa (1973).* Frankfurt a. M. 1991; *Auch Klio dich-
tet oder Fiktion des Faktischen. Studien zur Tropologie des historischen Diskurses.* Stuttgart 1986. *Die Bedeutung der Form. Erzählstrukturen in der Geschichtsschreibung.* Frankfurt a.M. 1990.

deutschen Soldaten (Rolle der gefangenen Braut) mit ihren ehemaligen Gegnern dauerhaft versöhnen ('Happy-End' der deutsch-sowjetischen Freundschaft) und so den Triumph einer neuen, besseren Gesellschaft (des Sozialismus) über die alte, barbarische Gesellschaft (des Nationalsozialismus) ankündigen.[36] Genau diesen Gründungsmythos aber haben die DDR-Rezensenten offenbar im Kopf, wenn sie Kirsts *08/15*-Trilogie zuallererst als eine Art Sittenkomödie gegen den Ungeist des alten und neuen Militarismus lesen, und dies tatsächlich — wie es scheint — mit einigem Recht.

Vor allem vier Momente bekräftigen diese Lesart: die implizite und explizite Kritik des Textes am alternativen Mythos der (Rache-)Tragödie; das mehr oder weniger komplette Figurenarsenal der Komödie; die zentralen Motive der Verkleidung und der Wandlung sowie der Hochzeit; sowie das noch im einzelnen zu analysierende dreifache Happy-End.

Was zunächst die kritische Distanzierung vom alternativen Mythos der Tragödie angeht, so erfolgt sie in jedem der drei Romane auf doppelte Weise: explizit vor allem durch die Strategie des Erzählers, immer wieder ausgerechnet solche Figuren mit zentralen Begriffen des tragischen Mythos in Verbindung zu bringen, die im Romangeschehen die lächerlichsten sind (der Schinder als Racheengel),[37] implizit (und noch weitreichender) dadurch, daß keine einzige der Figuren etwas von der ursprünglichen Größe hat, die ihrem notwendigen Fall, ihrer Verstrickung in Schuld und Schicksal, tragische Dimensionen zukommen ließe.[38]

Statt dessen treten in allen drei Romanen mehrheitlich Figuren auf, die (strukturell betrachtet) zum Mythos der Komödie gehören: die lächerlichen Widersacher Hauptwachtmeister Schulz (Kaserne) und Hauptmann Witterer (Front), das Brautpaar Asch und Elisabeth mit seinen hilfreichen Die-

---

[36] Vgl. hierzu Michael Kumpfmüller: *Die Schlacht von Stalingrad. Metamorphosen eines deutschen Mythos*. München 1995. S. 136-161 und S. 170-198.

[37] Dies betrifft vor allem zwei Figuren: den "Rachegott" Hauptwachtmeister Schulz (A, 227) und den "Racheengel" Hauptmann Witterer (B, 316). Von vornherein lächerlich ist es, wenn Schulz' Leiden an der ausbleibenden Beförderung "das Ausmaß klassischer Tragödien erreicht" (C, 800), und wie ein ironisches Zitat aus Plieviers Stalingrad-Roman hört es sich an, wenn sich der Erzähler über die Figur des Unteroffiziers Lindenberg, der gerade Opfer eines Kasernenstreichs geworden ist, mit den Worten lustig macht: "Das Fürchterliche, das er soeben durchlitten hatte, muß seine Sühne finden! Oder die Welt stürzt ein!" (A, 211)

[38] Dies gilt übrigens auch für die Figur des Kanoniers Vierbein, der im ersten Teil der Trilogie Opfer der Schindermethoden von Hauptwachtmeister Schulz wird und im zweiten Teil an der Ostfront ums Leben kommt. Ist es im ersten Teil "das sogenannte Unglück" Vierbeins (A, 7), sich nicht wehren zu können, so erscheint sein Tod im zweiten Teil schon darum überflüssig (und nicht tragisch), weil Vierbein unnötigerweise den (tragikomischen) Helden spielt.

nern in Gestalt der Väter, die beiden Wirtsfiguren Kowalski und Soeft, durch die das Komische der Handlung immer wieder hervorgehoben wird, sowie zuletzt diverse Figuren in der Rolle von Spielverderbern, deren gefährliche Humorlosigkeit immer wieder auf den ernsten Hintergrund der Handlung verweist, und das heißt: auf das System des Nationalsozialismus im allgemeinen und seinen verbrecherischen[39] Krieg im besonderen.

Obwohl von diesem Krieg in keinem der drei Romane wirklich *erzählt* wird (im Prinzip handelt es sich um einen einzigen großer Kasernenroman, der zunächst im Sommer 1938, dann im Winter 1941 und schließlich im Frühjahr 1945 spielt), gibt sich die Trilogie mit einer (allerdings entscheidenden) Ausnahme insofern optimistisch, als sie die verschiedenen Widersacher am Ende entweder als Entmachtete vorstellt oder aber einer 'gerechten' Strafe zuführt: der degradierte Fanatiker Hauptmann Witterer (zweiter Band) und die beiden hingerichteten Kriegsverbrecher Oberst Hauk und Oberleutnant Greifer (dritter Band) sind zwei Beispiele für den politischen Ausschluß derer, die noch im Angesicht der militärischen Niederlage an ihren alten Überzeugungen festhalten.

Umgekehrt läßt Kirst vor allem im dritten Teil gleich mehrere Figuren auftreten, die ihre gewandelte Einstellung zu Nationalsozialismus und Krieg vor allem dadurch dokumentieren, daß sie demonstrativ ihre (falschen) Kleider, will heißen: die militärische Uniform ablegen. Schon im ersten Band wird das Thema der Verkleidung (im Sinne einer ideologischen Gefangenschaft) mehrfach ins Spiel gebracht, wobei das wahre Ich des Zivilisten mit seinen privaten Glücksansprüchen gegen das entfremdete Ich des kasernierten Soldaten in Uniform gesetzt wird,[40] ohne daß dieser Konflikt vom Erzähler auf die Spitze getrieben wird. "Nur komisch" (A, 135) ist denn auch die Episode um die erste Liebesnacht des Gefreiten Herbert Asch und seiner Braut Elisabeth Freitag, in der die Uniform erst abgelegt,[41] dann zurückgelassen und am nächsten Tag (ausgerechnet vom zukünftigen Schwiegervater) in die Kaserne zurückgebracht wird, so wie die (nationalsozialistische) Uniform in der Perspektive zumindest des er-

---

[39] Über die Rolle der Wehrmacht vgl. (ironisch) B, 579: "Soldaten kämpfen — sie überfallen nicht, betrügen nicht, hassen nicht. Aber — erschießen sie Juden, plündern sie Landstriche kahl, pressen sie Zivilisten zum Kriegsdienst, legen sie serienweise Geiseln um?"
[40] Vgl. hierzu die Szene, in der Herbert Asch seiner Braut einen Heiratsantrag macht und sich zugleich als (gefangene) Braut des (falschen) Bräutigams Militär bezeichnet: "Ich kann jetzt nicht das tun, was ich will. Ich bin nicht Herr meiner Zeit. Genau betrachtet, darf ich nicht einmal Herr meines Willens sein. [...] Es ist nicht menschlich!" (A, 198)
[41] Zur Konkurrenz von Liebe und Uniform vgl. A, 102: "'Elisabeth', sagte er. 'Ich liebe dich.' 'Zieh deine Uniform aus', sagte sie leise."

sten Bandes überhaupt ein Kleidungsstück ist, das zwar auf Zerstörung und Vernichtung verweist, mit diesem "letzten Endzweck" alles Militärischen (A, 88) aber schon deshalb nicht identifiziert werden darf, weil sich unter den Zwangsverhältnissen des Dritten Reiches Menschen und Unmenschen gleichermaßen hinter ihr verbergen (müssen).[42]

Daß das Tragen der Uniform keineswegs nur aus diesen Zwangsverhältnissen resultiert bzw. als innerer Zwang noch fortbesteht, wenn der äußere Zwang wegfällt, zeigt Kirst (bisweilen unfreiwillig) im dritten Teil seiner Trilogie, wo das Verkleidungsmotiv nunmehr explizit mit dem Motiv der ideologischen Wandlung verknüpft ist, das (vorzeitige) Ablegen der alten Kleidung mithin zum Beleg einer neuen Gesinnung wird oder doch werden soll. Sowohl im Hinblick auf die Figur des überzeugten Nationalsozialisten Major Hinrichsen (er tauscht die deutsche Uniform in den letzten Kriegstagen mit einer amerikanischen) als auch auf die des desillusionierten Nationalsozialisten Hauptmann Wedelmann (er möchte in Zukunft nur noch Zivilist sein) bewertet der Roman die Möglichkeit dieser "blitzschnellen Metamorphosen"[43] allerdings eher skeptisch. Bei Hinrichsen findet sie ohnedies überhaupt nur deshalb statt, damit er die beiden Kriegsverbrecher Hauk und Greifer besser verfolgen kann, während beim Offizier Wedelmann ("Das sind nicht meine Kleider!"[C, 679]) sowohl die Umwelt[44] als auch er selbst[45] an einer neuen zivilen Identität bis zuletzt zweifeln.

Trotzdem ist es gerade die Figur des gläubigen Nationalsozialisten Wedelmann, mit der Kirst im zweiten Band am entschiedensten sowohl die Frage nach den Ursachen des Zweiten Weltkriegs als auch die Möglichkeit einer deutsch-sowjetischen Verständigung geknüpft hat. Zumal von den DDR-Kritik ist die (verhinderte) Liebesgeschichte zwischen der russischen Spionin Natascha und dem Hitleroffizier Wedelmann denn auch als "der zentrale Konflikt des Buches" gelesen worden (Liebe vs. Vaterlandsliebe),

---

[42] Elisabeth sieht im Soldaten "stets den Menschen und niemals die Uniform" (A, 51), ihr Vater sehr viel mehr: Idealisten und Sadisten, Gleichmütige und Gepreßte, Begeisterte und Gegner, Kluge, Idioten und vorübergehend Verdummte." (A, 88f.)
[43] Dieser Begriff stammt aus Helmut Lethens Aufsatz: Blitzschnelle Metamorphosen. 7 Überlegungen zu einem Putzfleck. In: Hartmut Eggert, Ulrich Profitlich und Klaus R. Scherpe (Hrsg.): *Geschichte als Literatur. Formen und Grenzen der Repräsentation von Vergangenheit.* Stuttgart 1990. S. 242-248.
[44] "Der hat sich höchstens vorübergehend als Zivilist verkleidet", meint zum Beispiel die Figur des Kowalski (C, 691).
[45] Vgl. C, 726: "Und jetzt, wo ich die Uniform abgelegt habe, frage ich mich sogar, ob ich ein Feigling, ein Verräter oder ein Narr bin."

mit dem Kirst nicht zuletzt auch seinen eigenen Standpunkt erläutert habe.[46]

Genau dieser Standpunkt ist jedoch alles andere als eindeutig. Zwar ist es richtig, daß Nataschas Entscheidung für das sowjetische Vaterland und damit für die bewußte Instrumentalisierung des deutschen Geliebten als Nachrichtenquelle *erzählerisch* nicht sanktioniert wird; richtig ist aber auch, daß *die Figur* des Gefreiten Asch den deutschen Angreifer und den sowjetischen Verteidiger explizit auf eine Stufe stellt, wenn er Natascha und Wedelmann als die "roten und braunen Parteiakrobaten" verspottet, die — anstatt sich zu lieben — im Dienste ihrer jeweiligen Staaten auf politische Weltbeglückung aus seien (C, 474).

Vor diesem Hintergrund entwickelt der zweite Teil der Trilogie eine Hierarchie deutscher und sowjetischer Kriegsmotivation, die insofern seltsam (man kann auch sagen: strukturell komisch) ist, als sie die ideologische Verirrung eines Wedelmann (aus der es zumindest potentiell einen Ausweg gibt) für weniger gefährlich hält als den Militarismus eines Offiziers wie Witterer, der den Krieg einzig "des Krieges wegen" führt (C, 430). Vor allem im Vergleich zur Gegenfigur des Gefreiten Asch, der den Krieg einerseits grundsätzlich ablehnt[47] und andererseits als unvermeidliches Übel bezeichnet,[48] ist Witterer *der* Repräsentant eines preußischdeutschen Militarismus, den es (ganz im Sinne der DDR-Ideologie) schon deshalb schärfer zu kritisieren gilt als das "Übergangsphänomen" Nationalsozialismus,[49] weil er auch zehn Jahre nach Kriegsende keineswegs überwunden ist, wie das Credo des unbelehrbaren Schulz am Ende des dritten Bandes zeigt (C, 891ff.).

Nicht nur dieser alles andere als komische und von der DDR-Kritik entsprechend kritisierte Schluß des dritten Bandes verdeutlicht nun allerdings, daß die *08/15*-Trilogie in der Summe bestenfalls als Pseudokomödie zu bezeichnen ist, die mit Figurenkonstellationen und Plotstrukturen des komischen Mythos spielt, deren dreifaches 'Happy-End' aber nur ansatzweise vom Erscheinen einer neuen (demokratischen) Gesellschaft bzw. vom Standhalten in der alten (nationalsozialistischen) Gesellschaft erzählt. Entsprechend besteht die doppelt versöhnliche und doppelt vage Aussicht

---

[46] Deicke (Anm. 14). S. 172.

[47] "Es gibt nichts auf dieser Welt, was einen Krieg rechtfertigt. Nichts!" (B, 474)

[48] "Wedelmann beteiligte sich an diesem Krieg mit Überzeugung, für Asch war er mehr ein unvermeidliches Übel." (B, 334)

[49] Vielleicht auch deshalb, weil der Nationalsozialismus bei Kirst zumindest tendenziell als weibliches, der Militarismus aber als männliches Phänomen beschrieben werden. Vgl. hierzu vor allem die Figur der überzeugten Nationalsozialistin Ingrid Asch sowie die Bemerkung ihres Bruders über die "Männersache" Militär (A, 198).

des ersten Bandes darin, daß von einer Kaserne ohne Drill und Kadaverge-
horsam geträumt wird[50] (Nachkriegsperspektive) und die Kaserne des Jahre 1938 als eine Institution vorgestellt wird, in der diese Prinzipien wenigstens vorübergehend stillgestellt werden können, wobei der Aufmüpfige in
Gestalt des Gefreiten Asch am Ende nicht nur straflos bleibt, sondern sogar
noch befördert wird (Vorkriegsperspektive).

Zeigt somit schon der erste Band über die abenteuerliche Revolte des
Gefreiten Asch eigentlich "keinen neuen Weg",[51] wie er für das Ende einer
Komödie typisch wäre, so gilt dies erst recht für den zweiten Teil, der zwar
mit der Beschwörung eines "anderen Deutschland" durch den Gefreiten
Asch endet (B, 594),[52] in dessen Verlauf aber eigentlich kein Vertreter
dieses anderen Deutschland auftritt,[53] sieht man einmal von der Figur des
alten Sozialisten und späteren KZ-Häftlings Freitag ab, der Hitler schon
vor Kriegsbeginn den Tod wünscht (A, 200), als möglicher Mitgestalter
des demokratischen Neuanfangs 1945 dann aber bewußt nicht zur Verfügung steht (C, 709f.).

Mit der Beschreibung der letzten Kriegstage im Frühjahr 1945 demonstriert Kirst im dritten Teil dann auch für die DDR-Kritik mit ausreichen-
der Klarheit, daß seine Trilogie weniger dem komischen Mythos des Neuanfangs als vielmehr dem ironischen Mythos von Zufall und Wiederkehr
verpflichtet ist. Dabei ist es nicht entscheidend, daß der Roman an keiner
Stelle von der Versöhnung mit dem sowjetischen Gegner spricht und dem
speziellen 'Happy-End' der deutsch-sowjetischen Freundschaft eine Absage erteilt. Entscheidend ist vielmehr, auf welche Weise am Ende des dritten Bandes der Einmarsch der Amerikaner beschrieben wird: nämlich nicht
etwa als willkommener Auftakt zur Befreiung, sondern im Gegenteil als
Wiederkehr eines mehr oder weniger lächerlichen Widersachers, der zwischen Schuld und Unschuld nicht unterscheiden kann und sich am Ende
nicht wundern darf, wenn eine Gruppe deutscher Soldaten in gerechter
Empörung den kriegsgefangenen "Patrioten",[54] Widerstandskämpfer[55] und

---

[50] Vgl. hierzu die Diskussion über Militär und Kaserne, die Herbert Asch mit seinem Vater und seinem Schwiegervater führt. Letzterer hat als einziger einen unge-
fähren Blick für die Zukunft: "Wer sagt denn, daß das immer und unter allen Umständen so bleiben muß?" (A, 202)
[51] Ha.: "Null-acht Fuffzehn" (Anm. 19).
[52] Ähnlich auch B, 390: "Wenn es einmal ein gutes Deutschland gibt."
[53] Deicke (Anm. 14). S. 175.
[54] Vgl. B, 430: "Der Oberst führt diesen Krieg für sein Vaterland; er weiß im Augenblick nur nicht, wo sein Vaterland ist."
[55] Vgl. hierzu eine entsprechende Bemerkung von Vater Asch: "Schließlich hat
dieser General ja irgend etwas mit dem 20. Juli zu tun gehabt, wenn ich da nicht
irre." (C, 641)

Zivilisten in Uniform,[56] Generalmajor Luschke, aus der Haft befreit. Zwar muß auch Luschke am Ende erkennen, daß er von Anfang an für die falsche Sache gekämpft hat, zieht aus dieser späten Desillusionierung (allen Schuldgefühlen zum Trotz)[57] aber nur die eine Schlußfolgerung, daß doch alle Beteiligten die zurückliegenden Jahre möglichst schnell vergessen mögen. "Wir haben uns benommen wie Helden und gelebt wie Hunde, denn wir hatten vergessen, was Liebe ist", so sein abschließendes Credo in einem Brief an Wedelmann. "Versuchen Sie, sie zu finden, und werden Sie glücklicher. Und vergessen Sie." (C, 764)

IV.

Muß der beharrliche Versuch der DDR-Kritik, Kirsts *08/15*-Trilogie als (Sitten-)Komödie der Jahre 1938 bis 1945 zu lesen, am Ende also vor allem daran scheitern, daß die komischen Plotstrukturen und Figurenkonstellationen entweder überhaupt nur ansatzweise ausgeführt oder aber gleichsam unter Vorbehalt zitiert werden, so beschäftigt sich die bundesrepublikanische Kritik demgegenüber vor allem mit den ironischen und satirischen Aspekten der drei Romane.

Als ein geradezu klassisches Beispiel für einen Schluß im Geiste des ironischen Mythos von Zufall und Wiederkehr darf dabei zunächst der bereits erwähnte Epilog ("An Stelle eines Nachworts") am Ende des dritten Bandes gelten, in dem nicht umsonst ausgerechnet die Figur des unbelehrbaren Schulz das letzte Wort hat, nicht ohne das Einschneidende der Erfahrung Niederlage und Neuanfang zu bestreiten (Motiv: Zufall) und das Überleben und Triumphieren des "alte[n] Geist[es]" zu feiern (Motiv: Wiederkehr).[58] Dem entspricht, daß sich weite Teile der Trilogie als Parodie des romantischen Heldenmythos mit seinen drei Stadien: abenteuerliche Reise, heldenhafter Kampf und Erhöhung der toten Helden lesen lassen, wobei das Militärische (der Kampf im Krieg nicht weniger als der Drill in der Kaserne) tendenziell als vermeidbares Übel dargestellt wird, das nur darum immer wieder triumphieren kann, weil skrupellose Militaristen wie Witterer oder Schulz (Perspektive oben) und angepaßte Idealisten

---

[56] Vgl. B, 531: "Luschke duldete nicht, daß sein Stabsbereich mit einem Exerzierplatz verwechselt wurde. Der Adjutant benahm sich daher folgerichtig als uniformierter Zivilist." Ähnlich B, 545.
[57] Schuldgefühle haben vor allem Wedelmann (C, 725 und 882) und Luschke: "Dieser unser Krieg war ein Verbrechen — und da ich mitgeholfen habe, ihn zu führen, bin ich ein Kriegsverbrecher" (C, 865).
[58] Vgl. C, 891ff.

wie Vierbein (Perspektive unten) die absurde und groteske Welt des Krieges bejahen.[59]

Diese weitgehend ironische Perspektive auf den nationalsozialistischen Krieg und seine Vorbereitung in den Kasernen hat nun aber insofern zwei Seiten, als der Erzähler den Repräsentanten des militaristischen Ungeists zwei ganz unterschiedliche Gegenspieler zuordnet: den erfolgreichen Taugenichts in Gestalt des Obergefreiten Kowalski (komische Ironie) sowie den unschuldig-schuldigen Sündenbock in Gestalt des Unteroffiziers Vierbein (tragische Ironie).[60] In beiden Fällen wird die gesellschaftliche Dimension der mit beiden Figuren verbundenen Konflikte allerdings weitgehend ausgeblendet bzw. folgenreich entschärft. So wie die 'Schuld' des doppelt unschuldigen[61] Idealisten Vierbein weniger darin besteht, daß er als gläubiger[62] Soldat Hitlers Teil einer schuldig gewordenen Gesellschaft ist, sondern daß er sich ohne jede Not vorzeitig und mit tödlichem Ausgang an die Front zurückmeldet, so hat der Drückeberger Kowalski von Anfang nicht so sehr die Bloßstellung der nationalsozialistischen Kriegsmaschinerie im Sinn hat als vielmehr sein persönliches Wohlergehen auch und gerade in schwierigen Zeiten.[63]

Diese Ansätze eines halb satirischen, halb tragisch-ironischen Plots werden bei Kirst zusätzlich dadurch entwertet, daß er mit dem Gefreiten Asch eine Figur ins Zentrum der Trilogie gerückt hat,[64] zu deren Widersprüchlichkeit es gehört, daß sie das pazifistische Bekenntnis mit der Rede von der Unvermeidlichkeit des Krieges,[65] das Credo des Drückebergers mit den

---

[59] Gäbe es Figuren wie Witterer und Schulz nicht, müßte der Krieg bei Kirst im Grunde überhaupt nicht stattfinden. Für Aschs Credo "Jede Kampfhandlung muß doch einen Sinn haben. [...] Wir vermeiden unnötiges Blutvergießen." (B, 352), scheint es in der Logik der Trilogie so recht eigentlich keine passende Wirklichkeit zu geben.

[60] Dabei ist es bestimmt kein Zufall, daß der Ranghöhere tendenziell dem Tragischen (Aufsteiger Vierbein), der Rangniedere tendenziell dem Komischen nahesteht (der bis Kriegsende nicht Beförderte Kowalski).

[61] Die Schuld an seinem Tod trägt die Figur des Hauptmanns Witterer (B, 588), verantwortlich für seine Demütigungen ist sein Wesen: Er ist (bis zu seiner Läuterung) "Inbegriff des Unsoldatischen [...], kurz: des Zivilistischen." (A, 111)

[62] "Denn Vierbein gehörte [...] zum auserlesenen Orden der Gläubigen." (B, 290)

[63] Vgl. hierzu sein Credo: "Bleib aus dem Schußfeld und nähre dich redlich, das ist die Parole aller Soldaten, die ihren Verstand nicht auf der Kleiderkammer abgeliefert haben." (A, 157)

[64] Allerdings ist Asch nicht durchweg "Mittelpunktfigur", wie Deicke zurecht bemerkt. Da Kirst seiner Titelfigur "keine Entwicklungsmöglichkeiten" gebe, werde sie zumindest im zweiten Teil "gegen den Willen des Autors" sogar eine "Episodenfigur". Deicke (Anm. 14). S. 172.

[65] Vgl. Anm. 48 und 49.

Tugenden des guten Soldaten,[66] die Revolte gegen den nationalsozialistischen Kasernendrill mit der Revolte gegen den amerikanischen Sieger
verbindet. Entsprechend nimmt Asch im Verlauf der Trilogie ganz unterschiedliche und eigentlich unvereinbare Rollen ein: Er ist einerseits Held
der (nicht komischen, nicht ironischen) Handlung und dann wieder nur ihr
kritischer Beobachter; er ist helfender Freund und ein Detektiv mit Rache-
gelüsten, Prophet des Unglücks wie des anderen Deutschland, lächerlicher
Liebhaber und treuer Ehemann, Einzelgänger und Vorbild für die anderen,
kurz: ein Mann des Krieges und des Nachkrieges, der vom "fröhliche[n]
Halunke[n]" zum "grinsende[n] Schurken" wird (C, 793), das Verbrechen
Auschwitz beim Namen nennt (C, 808), aber nachträgliche Schuldgefühle
für übertrieben hält, nicht schuldig und nicht zum neuen Menschen geworden ist, kein Held und auch kein Anti-Held, und am Ende doch von allem
ein bißchen.

Dieses Weder-noch, das zugleich ein Sowohl-als-auch ist, stellt denn
auch die eigentliche Quintessenz der *08/15*-Trilogie dar, in der sich komische und ironische Plotstrukturen und Figurenkonstellationen weitgehend
blockieren und der Zweite Weltkrieg zu einem merkwürdig fernen und
merkwürdig harmlosen Krieg für alle und keinen wird. "Literarisch gesehen", so wird man einer Kritik des *Merkur* von 1954 zustimmen dürfen, ist
08/15 ein "beliebiges Buch",[67] nur daß diese Beliebigkeit (gemischte Plotstrukturen, gemischte Figurenkonstellationen, gemischte Ideologie) im
Sinne des Prinzips Unterhaltungsroman (sex and crime und ein griffiges
Thema)[68] den Bestseller *08/15* überhaupt erst ermöglicht hat. "Sein Erfolg", so die Kritik von 1954 weiter,

> hängt ab von der unbewußten Pedalbegleitung, die ihm der Leser unterlegt. [...]
> Ein Autor, der im Augenblick, da Kommiß und Kasernenhof wieder aktuell zu
> werden drohen, verdrängte Unlustgefühle instrumentiert, kann auf starke Reso-
> nanz rechnen. Nur muß er peinlich darauf bedacht sein, daß diese Unlustgefühle
> nicht irgendwelche Konsequenzen in Form geistiger Erkenntnisse zeitigen.
> Träte das ein, wäre es im Nu um die Kollektivwirkung geschehen. [...] Unter
> dem Deckmantel der Stimmung "Nie wieder Kommiß" kann der Drückeberger
> dem überzeugten und aktiven Pazifisten die Hand reichen, und es stört ihn
> kaum, wenn ein ehemaliger Führungsoffizier seinem Empfinden Ausdruck ver-
> leiht.[69]

---

[66] Vgl. hierzu zum Beispiel die Szene, in der Asch an einem Schießwettbewerb in
der Kaserne teilnimmt und als bester Schütze dargestellt wird (A, 148ff.).

[67] Horst (Anm. 10). S. 1091.

[68] Wiegenstein (Anm. 9). S. 554.

[69] Horst (Anm. 10). S. 1091.

Mehr ist dazu eigentlich auch im Abstand von gut vierzig Jahren nicht zu sagen.

Jens Ebert

Wie authentisch ist das eigene Erlebnis?
Heinrich Gerlach: *Die verratene Armee* (1955) und
Fritz Wöss: *Hunde wollt ihr ewig leben* (1958)

Über die beinahe mythische Erfahrung der Kesselschlacht um Stalingrad
wurde eine nicht zu übersehende Anzahl von Romanen, Erzählungen,
Memoiren, Regimentsgeschichten und Dokumentenbänden verfaßt. Die
meisten davon sind heute vergessen, nur wenigen war ein solcher Erfolg
wie Theodor Plieviers Werk *Stalingrad* vergönnt, niemand erreichte dessen
literarisches Niveau. Es ist auffallend, daß die meisten Kriegsromane, besonders aber die über Stalingrad, einen mehr oder weniger expliziten Anspruch auf Authentizität erheben, belegt durch verarbeitete Dokumente,
Akten, Briefe und Erfahrungen von Zeitzeugen. Ein Faktum, das meines
Wissens so massiv wirklich nur beim Kriegssujet zu konstatieren ist. Alle
Kriegsromane wollen berichten, 'wie es wirklich war'? Doch, wie war es
'wirklich'? Alexander Kluge befand dazu:

> Wer in Stalingrad etwas sah, Aktenvermerke schrieb, Nachrichten durchgab,
> Quellen schuf, stützte sich auf das, was zwei Augen sehen können. Ein Un-
> glück, das eine Maschinerie von 300.000 Menschen betrifft, ist nicht so zu er-
> fassen (abgesehen von der Trübung der Wahrnehmungskräfte durch das Un-
> glück selbst).[1]

Das, was nach Kluge unmöglich ist, beabsichtigen jedoch Heinrich Gerlach und Fritz Wöss zu unternehmen. Sie wollen mit ihrer Biographie, mit
ihren "zwei Augen", für den authentischen Gehalt ihrer Romane zeugen.
   Heinrich Gerlach veröffentlichte 1955 seinen Roman *Die verratene Armee*, welcher neben den Werken von Theodor Plievier (*Stalingrad* [1945])
und Alexander Kluge (*Schlachtbeschreibung* [1964]) der von der Literaturwissenschaft am eingehendsten untersuchte Text über Stalingrad ist. Er
beginnt mit einem Vorwort des Autors, das die Entstehungsgeschichte umreißt und damit den Wahrheitsgehalt des Erzählten bekräftigen soll. Spätestens seit Erich Maria Remarques Bestseller *Im Westen nichts Neues*

---

[1] Alexander Kluge: *Schlachtbeschreibung.* Frankfurt a.M. 1983. S. 368.

(1929) haben solche Vorworte und Motti in der deutschen Literatur Tradition — und Konjunktur.

> 1944/45, unter dem noch frischen Eindruck des Erlebten, entstand dieses Buch in sowjetischer Kriegsgefangenschaft. Mitgefangene aller Dienstgrade und Lebenskreise halfen mit Bericht, Rat und Kritik.
> Im Dezember 1949 verfiel das so lange sorgsam gehütete Manuskript der Beschlagnahme durch das MWD...
> In den Jahren 1951 bis 1955 wurde das Buch in Deutschland ein zweites Mal geschrieben.[2]

Da weder in der vom Verlag beigefügten, dürftigen Biographie, noch in der Sekundärliteratur, die zumeist die Behauptungen des Autors stützt,[3] nähere Hinweise zu Gerlachs Teilnahme am Krieg und seine Kriegsgefangenschaft gegeben werden, war dem authentischen Anspruch zu mißtrauen, zumal Gerlach selbst im weiteren die Fiktionalität der Handlung betont: "Es ist [...] müßig, hinter Namen und Gestalten — soweit sie nicht bereits der Geschichte angehören — Menschen der Wirklichkeit zu suchen. Sie sind freie Erfindung." (VA, 6) Solche fiktiven Wahrheitsansprüche sind in der Literatur nicht selten. Häufig fungieren sie sogar als literarisch konstituierendes Element. In der trivialen Literatur zudem dient der Verweis auf Authentizität in der Regel der Rezeptionssteuerung und damit einer Erhöhung der Verkaufszahlen. Die 'Sucht nach dem Dokument' ist gerade bei Lesern (oder besser: Konsumenten) von Unterhaltungsliteratur besonders stark.

In Bezug auf die Entstehungsgeschichte von Gerlachs Buch war nach 1949 nicht zu erwarten, daß die Literaturwissenschaft zweckdienliche Hinweise des einen oder anderen sowjetischen Geheimdienstes, ob nun MWD, NKWD oder KGB, in diesem Fall erhalten würde. Auch heute ist das nicht anders. Allerdings wurden die geheimen Archive der Sowjetunion in der Amtszeit Michail Gorbatschows partiell und auch nur für kurze Zeit geöffnet. Und so geschah es, daß das "Museum der Antifaschisten" in Krasnogorsk bei Moskau 1992 die wirklich existierende Originalfassung des Gerlachschen Romans zu Forschungszwecken aus der Ljubianka[4] übereignet bekam. Damit nun ist der Wahrheitsbeweis von Gerlachs Vorwort nach 50 Jahren erbracht.

Allerdings scheint dadurch aber auch klar zu sein, warum Gerlach sich so ausgesprochen vage und kurz geäußert hat. Das Lager in Krasnogorsk

[2] Heinrich Gerlach: *Die verratene Armee*. München 1957. S. 5 Im folgenden abgekürzt mit der Sigle VA.
[3] Siegfried Hermann Damian: "The War Novel in German Literature from 1945 to 1965". Diss. masch. University of Tasmania. Hobart, Tasmania 1970.
[4] Sitz des sowjetischen Geheimdienstes in Moskau.

war ein besonderes Kriegsgefangenenlager in der Sowjetunion. Hier wurde 1943 das Nationalkomitee "Freies Deutschland" gegründet, und hier wurden wegen der besseren Versorgungssituation höhere Dienstränge gefangener Wehrmachtsoffiziere, aber auch Talente, die man zur Frontpropaganda gewinnen wollte, konzentriert. Die kommunistischen Parteien wiesen den Künstlern und insbesondere den Schriftstellern, den "Ingenieuren der Seele" (Stalin) einen besonderen Platz in der Gesellschaft zu. Dies war auch, aber nicht unbedingt, ein Privileg, wurde doch die Verletzung ideologischer Vorgaben in der künstlerischen Darstellung und die literarische Kritik an den politischen Verhältnissen in der Sowjetunion mit z.T. drakonischen Strafmaßnahmen geahndet.

Ganz offenbar gehörte auch Gerlach zur Gruppe der privilegierten, da künstlerisch ambitionierten Kriegsgefangenen. Die Sowjets förderten nämlich das Schreiben von literarischen Texten und sei es nur durch die Bereitstellung von Papier. Die materielle Not in den sowjetischen Kriegsgefangenenlagern, ein Resultat der Kriegszerstörungen, war jedoch so groß, daß die 'von oben' gewünschte Förderung künstlerischer Aktivitäten meist nicht realisiert werden konnte. Nach Aussagen von Mitarbeitern des Museums in Krasnogorsk ist es sehr wahrscheinlich, daß Gerlach seinen Roman dort geschrieben hat — mit Wissen der Lagerleitung. Der fertige Text aber verfiel dann der Zensur. Warum, wird im folgenden zu zeigen sein.

Bereits der Titel des Romans deutet an, unter welchem Blickwinkel Gerlach den Untergang der 6. Armee betrachtet. Grundthema ist allein der Verrat höchster deutscher Führungskreise an den tapfer und treu aushaltenden, kampfesstarken Truppen im Kessel. Extrem gesehen, sind die Leiden der Soldaten direktes Resultat von Hitlers unfähiger Kriegführung.

Da Gerlach nicht weiter diskutiert, aus welchem Grunde und mit welchem Recht sich die Wehrmacht bei Stalingrad befindet, erscheinen die deutschen Soldaten allein als unschuldige Opfer des Krieges. Und wer selbst Opfer wird, ist nicht mehr verantwortlich für das, was geschieht. — Die Grundsteinlegung für den Mythos einer neuen 'Dolchstoßlegende'. Umstritten, wenn auch unwiderlegt, ist in der westdeutschen Geschichtsschreibung die Tatsache, daß die deutschen Kriegsverbrechen in der Sowjetunion nicht 'nur' von der SS, sondern auch von der Wehrmacht verübt worden sind. Gerlach leistet in seinem Roman eine für den Kalten Krieg typische ideologische Transformationsarbeit, wenn er die eventuell selbst gemachten Erfahrungen des Krieges gegen die Sowjetunion uminterpretiert. Will man die 6. Armee also als Opfer sehen, muß man verschweigen, daß sie die Aufgabe hatte, die gesamte männliche Bevölkerung Stalingrads zu 'beseitigen', also zu ermorden, und daß die deutsche Wehrmacht allein bei Ihrem Vormarsch durch Weißrußland 628 Dörfer abfackelte, mitsamt der Bevölkerung.

"Erschießen Sie mich!" sagte der Russe noch einmal. "Machen Sie ein Ende!"
Die Bitte, in einem schwerfälligen, aber sauberen Deutsch vorgebracht, ist ernst
und dringlich. Die anderen starren ihn immer noch mit offenem Munde an.
"Also, wenn das Ihre einzige Sorge ist...", sagte Breuer schließlich, "hier wird
niemand erschossen. Wir sind keine Verbrecher." Der Kommissarerlaß von
1941 fällt ihm ein. Aber das ist schon lange her, und er wurde ja auch kaum befolgt. Einmal allerdings... Er wischt die Erinnerung fort. (VA, 167)

Hier scheint das gängigste persönliche Entschuldigungsmuster der Nachkriegszeit durch: nicht ich habe Verbrechen begangen, sondern das waren
die anderen. Oder kollektiv: Kriegsverbrechen wurden nicht von der
Wehrmacht begangen, sondern stets nur von der SS. Die im zweiten Weltkrieg von der Wehrmacht tatsächlich durchgeführten Erschießungen sowjetischer Kriegsgefangener werden von Gerlach im folgenden konsequent
umgedeutet: Es ist ideologischer Starrsinn, der die Russen den Tod suchen
läßt:

"Er [der Russe — J.E.] ist tot", sagte er. "Wer, doch nicht der Flieger?"
Der Hauptmann zuckte die Schulter. "Machen Sie was, wenn einer nicht mehr
leben will!" Und er erzählte, wie alles gekommen war. Auf der Fahrt nach No-
wo Aleksejewska zum Korps hatte der Wagen eine Panne gehabt, und da war er
plötzlich davongelaufen. "So ein Blödsinn, nich wahr? — Und die Jungchens
sind ihm ja auch noch ein ganzes End' nachgelaufen und haben geschrien, er
soll nicht dusselig sein. Und dann haben sie paar Schreckschüsse abgegeben.
Nichts zu machen, er blieb nicht stehen. Na — und da hat denn der Otto ...
Gleich der erste Schuß war ein Herzschuß." (VA, 171)

Gerlachs Roman beschreibt den Weg des als Identifikationsfigur gestalteten Oberleutnants Breuer, hinter dem die Wunschbiographie des Autors zu
vermuten ist. Diese Orientierung auf eine zentrale Figur ist oftmals ein
Hinweis auf autobiographische Elemente. In dieser Zentralfigur dokumentiert sich die — psychologisch nur allzu verständliche — Tendenz zur
Glorifizierung bzw. Legitimierung eigenen Handelns. Alle anderen Figuren werden weniger ausgearbeitet und dienen letztlich nur zur moralischen
Abgrenzung bzw. Einordnung der Zentralfigur. Diese Figur, die nicht als
Außenseiter, sondern aufgrund ihrer übermächtigen Zeichnung als Repräsentant des Soldaten schlechthin fungieren soll, weicht in autobiographischen Werken von der allgemeinen Historie stets dann ab, wenn die Biographie des Autors davon abwich, bzw. wenn der Autor rückblickend eine
solche Abweichung als opportun empfand. Und so ist die Figur des Oberleutnants Breuer eine, die moralisch unbeschadet die inhumanen Ereignisse
und Erlebnisse übersteht. Breuer hat nie an irgendwelchen kriegerischen
Handlungen teilgenommen, die zum Tod eines sowjetischen Menschen
führen.

Fast alle literarischen Figuren geben sich im Roman als Angehörige der nationalsozialistischen Bewegung zu erkennen, die meisten sind Mitglieder der Partei oder irgendeiner NS-Organisation. Der Faschismus erscheint im Roman somit als entpolitisierter und teilweise entideologisierter allgemeiner Konsens. Nur wenige literarischen Figuren haben das Wertesystem des Faschismus allerdings wirklich voll angenommen. Wenn dies doch der Fall ist, werden solche Figuren ausnahmslos pejorativ gezeichnet. Die Verinnerlichung der NS-Ideologie manifestiert sich bei ihnen meist überzogen, damit kaum glaubhaft und häufig in einer zum Klischee geronnenen Weise. Gerlach schafft mit diesen Figuren konturierte Instanzen, an die die Schuldfrage delegiert werden kann. Unmoralische Handlungen dieser Figuren werden stets aus ihren negativen Charaktereigenschaften hergeleitet und sind nicht zwingender Ausdruck ihrer nationalsozialistischen Gesinnung, die ja im Roman einen unpolitischen Konsens darstellt. Das Handeln positiver Figuren, die sich ebenfalls zum Faschismus bekennen, manifestiert sich nicht-faschistisch und ist einem nicht näher bestimmten Humanismus verpflichtet. Viele der positiv gewerteten Figuren sind zur NS-Bewegung durch Zwang oder Verführung gekommen. Häufig glauben sie an die vorgebliche sozialistische bzw. soziale Komponente des Faschismus und kritisieren aus diesem Blickwinkel den Krieg gegen die Sowjetunion als Bruderkampf zwischen zwei (pervertierten) Richtungen des Sozialismus. Folgerichtig besitzt der Roman bis auf seltene antisemitische Ausfälle keine rassistischen oder chauvinistischen Tendenzen. Hier spielt natürlich auch die Totalitarismustheorie der Zeit des Kalten Krieges, die unkritische und soziohistorisch absurde Gleichsetzung des sowjetischen Kommunismusmodells mit dem deutschen (kapitalistischen) Nationalsozialismus, hinein.

> Starhemberg, der österreichische Heimwehrführer, hat einmal gesagt, der Nationalsozialismus sei die deutsche Form des Bolschewismus. Das ist richtig. Die beiden Systeme gleichen sich wie zwei Äpfel von demselben Baum. Dieser Krieg ist ein Konkurrenzkampf mißratener Brüder. (VA, 212)

An der Figur des Lakosch arbeitet Gerlach das deutsche Trauma eines 'Bruder'zwistes zwischen Kommunisten und Nationalsozialisten ab. Lakosch, aus einem kommunistischen Elternhaus stammend, findet früh seinen Platz in der NS-Bewegung. Er erscheint als ein Opfer von Verführung; erst im Kessel erkennt er, daß die sozialen Versprechen vom NS-Staat nicht eingelöst wurden. Doch diese Erkenntnisse und seine Rückbesinnung auf die kommunistische Erziehung durch den Vater führen nicht zum Widerstand gegen das NS-Regime, sondern zu einer Zerstörung von Lakoschs Persönlichkeit. Der ehemals aktive und fähige Soldat wird demoralisiert. Sein Desillusionierungsprozeß führt zum Versuch der Desertion, die zwar menschlich verständlich erscheint, nichtsdestotrotz als unmoralisch gewertet wird, da er durch das Überlaufen seine 'Kameraden' im Stich läßt.

Angefangen bei der Großstruktur bis hin zum Inhalt einzelner Episoden und der Charakterisierung von Figuren ähnelt Gerlachs Buch sehr dem Roman *Stalingrad* von Plievier. Es wäre daher äußerst interessant, den Mitte der fünfziger Jahre "ein zweites Mal geschriebenen" Roman mit dem Originaltext des KGB-Archivs zu vergleichen, ist doch zu vermuten, daß Gerlach der Text mittlerweile bekannt war. Doch die unter Boris Jelzin wieder geschlossenen Depots werden solche Untersuchungen wohl nicht zulassen. Trotz aller thematischer und erzählerischer Verwandtschaft, literarästhetisch bleibt Gerlach weit hinter Plievier zurück. *"Die verratene Armee* is an acceptable novel in the usual sense of an 'Unterhaltungsroman'."[5] Plieviers Roman unterscheidet sich bei aller aufgebotenen Totalität durch deutliche Auswahl und Formung des historischen Stoffes. Gerlach aber besitzt, ähnlich wie andere Autoren von Stalingrad-Büchern, die an der Schlacht teilnahmen, nicht die nötige Distanz zum eigenen Erleben, die für die Gestaltung des Themas erforderlich gewesen wäre. Dennoch ist bei ihm eine gewisse künstlerische Durchdringung des Themas, eine Komposition des Erzählten festzustellen. Es bleibt offen, ob diese Formung des Textes nur der zweiten, in der Nachkriegszeit entstandenen Version eigen ist.

Mangelnde Distanz des Autors zum eigenen Erlebnis ist sicher auch für den Roman *Hunde, wollt ihr ewig leben* zutreffend. Im ideologischen Fahrwasser des Konsalikschen Bucherfolges *Der Arzt von Stalingrad* (1956) schwimmend, verarbeitete 1958 der Österreicher Fritz Wöss (d.i. Friedrich Weiß) unter diesem Titel seine Kriegserlebnisse. Wöss hat, folgt man den Informationen des Klappentextes, als deutscher Verbindungsoffizier zu rumänischen Einheiten an der Schlacht um Stalingrad teilgenommen. Ebenso wie Konsalik verbindet er die blutige Schlacht an der Wolga in dem Roman *Der Fisch beginnt, am Kopf zu stinken* (1960) mit dem Sujet der Gefangenschaft. In der Verlängerung der Erfahrung Stalingrad geht er über Konsalik sogar noch ein Stück hinaus, wenn er in *Die Deutschen an die Front* (1964) die Härte der Erlebnisse der "tapferen deutschen Soldaten" bei Stalingrad dem Wohlleben und der moralischen Prinzipienlosigkeit der westdeutschen Wirtschaftswunder-Gesellschaft gegenüberstellt. *Hunde, wollt ihr ewig leben* ist 1958, also noch im Erscheinungsjahr des Romans in der BRD, unter der Regie von Frank Wisbar verfilmt worden.

Wöss' Roman ist einem konservativen, deutsch-nationalen Weltbild verbunden. Interessant jedoch ist, daß er in einem entscheidenden Punkt

---

[5] Damian (Anm. 3). S. 43.

der dominierenden Wertung der militärischen Ereignisse in Stalingrad durch die westdeutsche Nachkriegsgesellschaft nicht folgt. In den fünfziger Jahren wurde die erfolgreiche Schließung des Kessels von konservativen Kreisen, aber eben nicht nur dort, mit der laschen Haltung der verbündeten rumänischen und italienischen Truppen und ihrer mangelnden soldatischen Potenz erklärt. Die übereinstimmende Meinung war, daß die Rote Armee einen Durchbruch durch deutsche Truppen nicht gewagt hätte und wohl auch nicht erfolgreich hätte durchführen können. Wöss hingegen betont, auch hier eine Abweichung von der Norm wie bei Gerlach, die durch das Abweichen der eigenen Biographie von der allgemeinen Erfahrung bedingt ist, die (unter deutschem Oberbefehl) zumeist vorbildliche Kampfbereitschaft der Rumänen und führt das Desaster, militärhistorisch korrekt, auf die mangelhafte Bewaffnung der Verbündeten zurück.

Auch in Wöss' autobiographisch gefärbtem Buch findet sich eine programmatische Vorrede, die die Authentizität des nachfolgend Erzählten bestätigen soll und die noch stärker als bei Gerlach stilistisch auf Remarque verweist:

> Mit diesem Roman löse ich ein Versprechen ein, das ich meinen Kameraden gab, auszusagen, was in Stalingrad wirklich geschah. [...]
> Was der Soldat ertragen mußte und was er zu ertragen vermochte, machte seine Größe aus!
> Das nicht vergessen zu lassen und meine Stimme warnend zu erheben, damit eine nachfolgende Generation nicht in ein neues Stalingrad marschiert, ist der Sinn all dessen, was ich zu berichten habe.[6]

Doch Wöss' Roman, der sich (in der Nachzeichnung eigenen Erlebens?) stellenweise wie eine langweilige Mischung aus Wehrmachtsbericht und Divisionsgeschichten und -histörchen liest, wendet die Darstellung der Leiden des Soldaten unversehens zu einem Hohelied auf die Selbstüberwindung und Reifung des soldatischen Mannes. Geistig steht er hier ganz in der Tradition Ernst Jüngers, ohne dessen literarisches Niveau jedoch zu erreichen. Wöss entgeht selbst nicht der im Klappentext kritisierten, "wieder in Schwung kommende[n] Mode der den Zweiten Weltkrieg zu einem großen Abenteuer 'ganzer Kerle' umdeutenden Literatur". Der Krieg ist bei Wöss zwar ein blutiges und kritikwürdiges Ereignis der Menschheitsgeschichte, aber eben auch ein Feld männlicher Bewährung und charakterlicher Reinigung und Reifung. Ganz in der Tradition Ernst Jüngers schreibt er:

> In der letzten Entscheidung des Kampfes wird nicht der bessere Denker, sondern die erfahrene Bestie mit ihren Instinkten richtig handeln.

---

[6] Fritz Wöss: *Hunde, wollt ihr ewig leben.* Hamburg/Wien. 1958. S. 3. Im folgenden abgekürzt mit der Sigle H.

Keiner haßt und fürchtet den Krieg deshalb mehr als der Soldat. Das Menschsein, wie wir es uns vorstellen, ist eine Utopie, ein schöner Traum — eine Entwicklung in ihrem Anfang. [...] Die Soldaten [...] sind die einzigen, die ohne Spekulation richtig handeln und für das Menschsein kämpfen und sterben. (H, 186)

Aus dieser Perspektive hat Wöss' Weltsicht eine sinnvolle Verbindung zum Titel des Romans: Mit der Frage "Hunde, wollt ihr ewig leben?" schickte doch der preußische König Friedrich II. kampfesmüde Soldaten in die Schlacht bei Leuthen (1757) zurück und verhinderte damit eine ernste militärische Niederlage im Siebenjährigen Krieg.

Der Protagonist des Wösschen Romans, Hauptmann Wisse, ist dem Oberleutnant Breuer verwandt und wie dieser als positive Identifikationsfigur gestaltet. Die autobiographischen Elemente sind bei Wöss-Weiß-Wisse nur allzu deutlich. Wisse ist Repräsentant einer deutsch-nationalen Gesinnung, wie sie zu erheblichen Teilen in die Ideologie des Nationalsozialismus eingegangen war. Die NS-Ideologie war jedoch durch den verlorenen Krieg zutiefst diskreditiert. Wöss bemüht sich folgerichtig um eine Abgrenzung und damit um die Rettung eines rechts-konservativen Wertesystems und um die Rehabilitierung der deutschen Wehrmacht. Er steht geistesgeschichtlich in der Tradition eines konservativen Preußentums, das den Soldaten als Idealtyp des sich in allen Lebenslagen bewährenden Mannes schlechthin ansieht. Mit diesem Raster wird auch die Wehrmacht gesehen. Die Offiziere, die Wisse im Laufe der Romanhandlung kennenlernt, sind entweder 'preußisch' oder schlechte Soldaten mit negativen Charakterzügen. Auch der Mangel an 'Preußentum' ist somit Ursache der Niederlage bei Stalingrad, denn nicht jeder ist wie Hauptmann Scherer.

In der vordersten Linie ließ er sich Splitter und Geschosse um die Ohren sausen, stand aufrecht und lächelte verächtlich über alles, was in der Deckung herumkroch; die Feldmütze, den Draht heraus, weich mit Knick über dem rechten Ohr, im ständig blütenweißen Hemdkragen eines preußischen Offiziers, der verächtlich dem Feind und dem Tod ins Auge sah. Er war intelligent genug, Angst zu spüren — hatte aber auch Haltung genug, sie zu bezwingen. (H, 81)

Nie wird bei den 'preußischen' Soldaten vergessen, neben ihrer Kampfkraft auch die Attribute von Männlichkeit und damit verbundener unterschwelliger erotischer Ausstrahlung zu betonen.

Die ideologische Arbeit, die Wöss an der Erfahrung Stalingrad zu leisten bemüht ist, kommt besonders sinnfällig gleich auf den ersten Seiten des Romans im Dialog des Hauptmanns Wisse während seines ersten Verhörs in sowjetischer Kriegsgefangenschaft zum Ausdruck. Wisse formuliert hier sein Credo in der Form des inneren Monologs nach Fragen des Autors des wohl berühmtesten Romans über die Schlacht um Stalingrad, Theodor Plievier. Dieser hat allerdings an den Verhören von Gefangenen an der Stalingrad-Front nie teilgenommen, sondern seine Befragungen erst später in den zentralen Kriegsgefangenenlagern durchgeführt. Diese Polemik scheint zeitpolitisch, denn Wöss wird den literarisch erfolgreichen Roman Plieviers beim Schreiben des eigenen Buches gekannt haben:

"Waren Sie Nationalsozialist?" [...]
Der Nationalsozialismus ist etwas für Entwurzelte — noch ist die Tradition der Familie Wisse wie eine feste Burg — er ist etwas für Entgleiste — die Mitglieder seiner Familie haben alle ihren vorgezeichneten Weg. — Er ist etwas für Abenteurer und für Phantasten — für Entmachtete und Parvenüs [...]. [...]
Ich meldete mich 1938 als Offiziersanwärter zur deutschen Wehrmacht — und nicht zur SA oder SS. Parteibuch und parteipolitisches Auftreten waren keine Empfehlung zum Eintritt in die deutsche Wehrmacht...
"Waren es gute Berufs- und Aufstiegsmöglichkeiten, die Sie verlockten?"
Es war der Weg, durch Fähigkeit und Leistung, Daseinsberechtigung und Anerkennung zu finden. [...]
"Anerkannten Sie trotz Ablehnung und gewisser Vorbehalte die Ziele Hitlers und dessen moralische Berechtigung zu seinen Taten — dem deutschen Volke zugefügtes Unrecht wieder gutzumachen und für eine im Grunde gerechte Sache zu stehen?"
Das anerkannten sogar die Engländer, Franzosen und Amerikaner. Der Nationalsozialismus wurde von den Alliierten in Versailles aus der Taufe gehoben, und sein Begründer ist Clemençeau und nicht Hitler. (H, 26f.)

Bereits der Beginn des Romans *Hunde wollt ihr ewig leben* läßt eine Tendenz erkennen, die dann in Wöss' späterem Roman *Der Fisch beginnt am Kopf zu stinken* noch ausgeprägter zum Tragen kommt. Das Buch beginnt mit dem Transport von deutschen Offizieren und Soldaten in die sowjetische Gefangenschaft. Damit sind die Wehrmachtsangehörigen gleich am Anfang als Opfer von 'Geschichte' eingeführt, erhält ihr Verhalten einen ausgesprochen defensiven Charakter. Sowohl in den Kommentaren des medialen Erzählers als auch in den Passagen des figurengebundenen Erzählens wird gegen die Logik des NS-Vernichtungsfeldzuges gegen die Sowjetunion polemisiert. Ähnlich wie bei Konsalik wird in *Hunde, wollt ihr ewig leben?* die 'Brauchbarkeit' der Russen, Mongolen und Tataren betont. Conditio sine qua non jedoch ist die deutsche Herrschaft über sie, wobei der Umgang mit den Bürgern der Sowjetunion durch offizielle Vertreter des NS-Staates durchaus mehrfach als unangemessen kritisiert wird. Die Deutschen erscheinen im Roman als Kolonisatoren Rußlands. Die Kritik an den faschistischen Vernichtungsplänen ist in der Regel eine rein taktische: Die faschistische Eroberungspolitik ist lediglich falsch, weil sie erfolglos ist. Der Kolonisationsgedanke schlägt bei Wöss bis in den Wortgebrauch durch, mit dem die "Domestizierung" oder "Zähmung" der "Russen" beschrieben wird. Sowohl in den thematischen Schwerpunkten als auch in erzähltheoretischer Hinsicht ähnelt Wöss' Roman denen Konsaliks. Einziger Unterschied ist die Tatsache, daß die Beschreibung der Schlacht um Stalingrad in die Erzählung der Erlebnisse des Oberleutnants Wisse eingebettet ist, die vom Vormarsch der Wehrmacht auf dem östlichen Kriegsschauplatz über den idyllisch anmutenden Aufenthalt im besetzten Frankreich bis zur Rückkehr an die Ostfront reichen — eine angenehme Urlaubserfahrung, diese "Weltreise auf deutsche Art":[7] "Kommst ganz schön mit herum, Harro [Hund Wisses — J.E.], was? Das einzig Interessante in diesem Krieg — wie käme man sonst je dazu, einen herbstlichen Abendspaziergang durch die alte Kosakenstadt am Don zu machen?" (H. 67) Doch diese Weiterung des Erzählraumes führt nie zu Überlegungen über Ursachen und Sinn des Krieges. Auch die Kommentare des medialen Erzählers bleiben in diesen Punkten auf den begrenzten Horizont des Romanhelden begrenzt. Die Schuldfrage wird bei Wöss wie bei vielen anderen Autoren an höhere militärische Führungskreise und die verantwortungslosen Offiziere in der Etappe delegiert.

Wöss' Roman *Der Fisch beginnt am Kopf zu stinken* setzt die Erlebnisse der Protagonisten seines ersten Romans fort. Am Eingang des Buches wird eine allgemeine Protestbewegung der deutschen Bevölkerung, insbesondere der Hinterbliebenen von Angehörigen der 6. Armee, gegen die verlogene Stalingrad-Propaganda des NS-Regimes, namentlich gegen die 'Leichenrede' Görings, geschildert, die so im Deutschland des Jahres 1943 undenkbar gewesen ist. Wöss' Geschichtsklitterung geht so weit, hier wohl die Protestaktion von Frauen gegen die Deportation ihrer jüdischen Männer 1942 in der Berliner Rosenstraße umzuschreiben:

> Den Vorhang etwas zur Seite geschoben, späht er [der NS-Kreisleiter — J.E.] vorsichtig aus dem Fenster im ersten Stock auf die Frauen und Mütter hinab, die nun schon drei Tage lang [...] seine Kreisleitung belagern und Rechenschaft fordern.[8]

Nach dieser kurzen Einleitung wendet sich das Interesse des Erzählers ohne Übergang dem Schicksal der überlebenden Stalingrad-Soldaten zu, die nach dem Inferno des Kessels nun den Terror der sowjetischen Gefangenschaft zu erdulden haben. In der Zeichnung ihres Marsches zitiert Wöss u.a. auch die Erfahrungen des Transportes sowjetischer Kriegsgefangener durch die deutsche Wehrmacht bzw. die bekannten Todesmärsche evakuierter deutscher Konzentrationslager und bedient damit gängige Feindbilder des Kalten Krieges. Von den Russen unbarmherzig zu übermenschlichen Anstrengungen gezwungen, sterben viele Deutsche an Entkräftung. Andere werden durch das Begleitkommando ermordet. Stärker noch als bei

---

[7] Titel der gleichnamigen Erzählung von Alfred Andersch: *Weltreise auf deutsche Art. Gesammelte Erzählungen.* Berlin 1985.

[8] Fritz Wöss: *Der Fisch beginnt am Kopf zu stinken.* Hamburg, Wien 1960. S. 8.

Konsalik, der die "Russen"[9] hauptsächlich als brutal und primitiv beschreibt, werden sie bei Wöss als vertierte Mörder gesehen, die nach der Gefangennahme genau das durchführen, was von der NS-Propaganda immer behauptet wurde. Die dörfliche Bevölkerung wird des öfteren als deutschfreundlich und mitfühlend beschrieben. Die Entäußerung positiver Eigenschaften der Russen ist jedoch immer an vergangene deutsche Herrschaft über sie gebunden. Herrschaft meint hier nicht nur die Zeit der Okkupation, sondern auch die Fähigkeit der literarischen Helden, den 'dummen' Russen auch in der Gefangenschaft zeitweise clever ihren Willen aufzuzwingen. Positive sowjetische Figuren (z.B. das Pflegepersonal im Lazarett) werden stets nicht-ideologisch beschrieben und beziehen ihre Menschlichkeit aus einem 'natürlichen' Humanismus.

Während ihres Marsches durch russisches Land erleben die fünf Protagonisten auch ein Spektrum der sowjetischen Gesellschaft. Wöss erzählt hier die Struktur und die Entartungen des NS-Regimes als Geschichte des 'Bolschewismus'. NS-System und Sowjetunion weisen im Roman strukturelle Ähnlichkeiten auf, ohne daß dabei vergessen wird zu betonen, daß das NS-System letztendlich nicht ganz so grausam war, wie der 'Bolschewismus'. Die Angehörigen der 6. Armee erscheinen als doppelte Opfer; von der NS-Führung verraten, wird das begonnene Vernichtungswerk an ihnen nun von der Sowjetunion in der Gefangenschaft fortgesetzt.

Die Erfassung von Greisen für den 'Volkssturm', der Todeskult, die fanatische Ausrichtung der Jugend auf NS-Schulen und 'Ordensburgen' und willkürliche Massenerschießungen Gefangener — all das hat es, folgt man dem Roman, so und noch schlimmer auch in der Sowjetunion gegeben. Die Erlebnisse des Kellerlebens in der Endphase des Kessels werden ebenso in die Zeit der Gefangenschaft projiziert wie die Erfahrung nicht funktionierender medizinischer Versorgung. Doch Eigenschaften wie Selbstdisziplin und preußische 'Manneszucht' bewahren die Protagonisten (alles Angehörige der 'kämpfenden Truppe') vor einem Rückfall in die Barbarei. Hierbei unterscheiden sie sich nicht nur von den 'Russen', sondern auch von den ehemaligen Stabs- und Verwaltungsoffizieren. Diese 'Etappenhengste' wurden von Wöss schon im Roman *Hunde, wollt ihr ewig leben* kritisiert und den tapferen Frontsoldaten entgegengestellt. Die Gleichartigkeit beider Frontseiten entspringt gerade der unkritischen Projektion eigener Erfahrungen in das Reich des Gegners.

Im Laufe des literarischen Geschehens weicht dann die Polemik gegen den 'Bolschewismus' einer Denunzierung des Nationalkomitees "Freies Deutschland". Doch der Held des Romans, Hauptmann Wisse, trotzt dank seiner sauberen 'soldatischen Gesinnung' nach Faschismus und Gefangen-

---

[9] Die 'Russen' sind bei Konsalik zumeist Tataren, Kalmücken oder Mongolen.

nahme auch dieser Gefahr, denn wie schon im Kessel und im faschistischen Deutschland sind es bis auf ganz wenige Ausnahmen 'unsoldati-
sche', charakterlose Typen, die sich der Antifa-Bewegung anschließen, um
dadurch persönliche Vorteile zu erringen. Das von dem "deutschen Kommunisten Karl Weinert" [d.i. der Arbeiterdichter Erich Weinert — J.E.]
gebildete NKFD beteiligt sich nun aktiv an der "'Christenverfolgung', wie
der Terror genannt wird."[10] Immer deutlicher 'entlarvt' sich der 'wahre'
Charakter des ehemaligen Kriegsgegners Sowjetunion.

Wöss' Roman verliert sich häufig in sich endlos wiederholenden Darstellungen der grausamen Bedingungen der Gefangenschaft, in Beschreibungen von Krankheitssymptomen und Berichten im Zusammenhang mit
Fäkalien. Daß der Autor hier nicht auswählt und strafft, sondern die Ereignisse gleichsam auf eine Schnur zieht, scheint in der Übermächtigkeit
der selbst erlebten Ereignisse zu liegen. In diesem Punkt unterscheidet sich
Wöss grundlegend von dem ihm ideologisch verwandten Konsalik. Letzterer hat als nicht direkt Beteiligter stets eine Distanz zum literarischen Gegenstand. Seine Erzählung ist durch größere Stringenz gekennzeichnet und
verrät in der Vermeidung von den Leser ermüdenden Wiederholungen eine
bewußte Komposition.

Die wochenlange Einkesselung der auch schon vorher schlecht versorg-
ten 6. Armee führte zu einer Todesrate, die nur bedingt aus militärischen
Kampfhandlungen herrührt. Auch das Sterben in der Gefangenschaft ist
zumeist auf den extrem schlechten Gesundheitszustand vor der Kapitulation zu erklären. Die Todesrate war bei den Soldaten erheblich höher, als bei
Offizieren oder gar Generalen, die stets besser versorgt wurden. Daher ist
die von 'Stalingradern' geschriebene Literatur über die Schlacht ausschließlich Offiziers-Literatur. Und so ist es wohl gerade die Übermacht
eigener (Offiziers-)Erlebnisse, die die von Angehörigen der 6. Armee verfaßten Stalingrad-Texte so stereotyp machen. Interessant zudem, daß der in
der Gefangenschaft und besonders nach 1945 gewählte eigene Lebensweg
davon gänzlich unbeeinflußt blieb. So finden sich die Stereotype
— Verrat (die 6. Armee wurde von Hitler im Stich gelassen),
— Opfer (in Stalingrad wurden unschuldige deutsche Soldaten für einen
sinnlosen Krieg geopfert),
— Unschuld (die 6. Armee war bis auf wenige, deutlich zu umreißende
Kreise eine ehrenwerte Truppe),
— Verführung (man glaubte an die Rechtmäßigkeit, in Stalingrad die deut-
sche Heimat verteidigen zu müssen) und
— soldatische Potenz (die 6. Armee war eine Elitetruppe, nur unfähige
Führer konnten auf die Idee kommen, sie 'zu verheizen')

---

[10] Wöss: *Der Fisch* (Anm. 8). S. 428.

nicht nur in der westdeutschen, sondern auch in der ostdeutschen Literatur wieder. Diese Stereotype verbinden die Romane zudem mit anderen Text sorten, wie z.b. Memoiren, Aufsätzen, Kriegsgeschichten, Zeitungsartikeln, Denkschriften. Es ist daher nicht erstaunlich, daß beispielsweise der Titel des Romans von Hartmut Welz, einem Stalingrad-Offizier, der sich nach 1945 für den Sozialismus im Osten Deutschlands entschied und in der DDR in verantwortlichen Positionen tätig war, ein deutliches Pendant zum Motto des konservativen Gerlach darstellt, der seinen Wohnsitz in der BRD nahm. Welz' Buch heißt *Verratene Grenadiere*.[11]

Die Romane von Gerlach und Wöss reproduzieren insofern die eigene Erfahrung, als sie keine Fragen nach Schuld, historischer Einordnung der Stalingrader Schlacht und moralischer, individueller Verantwortung stellen. Die Verdrängung der Teilnahme am verübten Unrecht war nach 1945 in West- wie in Ostdeutschland ähnlich. Wohl aber gab es unterschiedliche Entschuldungsstrategien.

Dem eingangs zitierten Alexander Kluge ist somit zuzustimmen. Die Sicht mit "zwei Augen" blendet bei Gerlach und Wöss etwas sehr Wesentliches der Kesselschlacht um Stalingrad aus. Das Ende des Unbesiegbarkeitsmythos der deutschen Wehrmacht, der als Vernichtungskrieg geplante Feldzug gegen die Sowjetunion, die Politik der 'verbrannten Erde', aber auch die vorher unbekannte Dimension des Dahinvegetierens einer deutschen Armee, die Agonie und der massenhafte Tod, die nicht Resultat militärischer Kämpfe, sondern Ergebnisse einfachen Stillstands waren. Ausgeblendet bleibt auch die Unfähigkeit der 6. Armee und der militärischen Führung Deutschlands aus, Realitäten wahrzunehmen und sich dementsprechend zu verhalten. Ausgeblendet bleibt, daß die 6. Armee letztlich an sich selbst zugrunde ging. Gerlach und Wöss konnten oder wollten aus ihrer 'Froschperspektive' nicht wahrnehmen, daß Stalingrad ein zwingendes Resultat eines nationalsozialistisch zersetzten Wertesystems der deutschen Gesellschaft war und daß Stalingrad im Kleinen nur das Ende Deutschlands im Mai 1945 vorwegnahm.

[11] Helmut Welz: *Verratene Grenadiere*. Berlin 1964.

Rolf Tauscher

Eine Frage der Sittlichkeit
Manfred Gregor: *Die Brücke* (1958)

I. Einordnung von Roman und Autor

Nachdem Manfred Gregors Roman *Die Brücke* 1958 erschienen war, ist er alsbald "von Bernhard Wicki als literarische Vorlage für den weltweit bekannt gewordenen gleichnamigen Film"[1] genutzt worden.

Zweifellos ist mit diesem berechtigten und notwendigen Verweis auf die Verfilmung des Antikriegsromans auch ein bemerkenswerter Widerspruch markiert, denn befragt der interessierte Leser heute gängige und relativ leicht zugängliche Literatur-Lexika, -Handbücher und -Geschichten, die z.B. in öffentlichen Bibliotheken zur bereitstehen, nach Manfred Gregor oder diesem Roman, so kann er keineswegs auf einen höheren Bekanntheitsgrad schließen. Die eben zitierte Literaturgeschichte muß eher als eine Ausnahme gelten, wenn in ihr über eine Seite hin der in 16 Sprachen[2] übersetzte Roman und sein Autor Thema sind.

Zwar fand der Autor dank Hans Wagener, der den Roman an anderer Stelle mit knappen interpretatorischen Bemerkungen auch in weitere Kriegsromane und Kriegstagebücher zum Zweiten Weltkrieg einband,[3] Eingang in ein wichtiges Autoren-Lexikon[4] und ist auch von einer ebenso

---

[1] *Geschichte der deutschen Literatur. Von den Anfängen bis zur Gegenwart.* Bd. 12. Berlin 1983. S. 170.

[2] Das stellt jedenfalls die wohl 1985 publizierte Ausgabe der Naumann & Göbel Verlagsgesellschaft mbH. fest, der ein Vorwort des Autors vorangestellt ist. Manfred Gregor: *Die Brücke.* Köln o. J. Nach dieser Ausgabe wird im folgenden unter der Sigle B zitiert.

[3] Hans Wagener: Soldaten zwischen Gehorsam und Gewissen. Kriegsromane und -tagebücher. In: H.W. (Hrsg.): *Gegenwartsliteratur und Drittes Reich. Deutsche Autoren in der Auseinandersetzung mit der Vergangenheit.* Stuttgart 1977. S. 241-264, hier S. 259f.

[4] Walther Killy (Hrsg.): *Literatur Lexikon. Autoren und Werke deutscher Sprache.* Bd. 4. Gütersloh, München 1989.

wichtigen Bibliographie[5] erfaßt worden — zumeist jedoch, besser: zu oft, geschah solches weder mit Autor noch mit Roman, auch nicht bei umfangreichen Publikationen, die sich selbst nicht selten auch noch mit Anspruch auf Universalität ankündigen. Ohne hier besserwisserisch erscheinen zu müssen: als besonders bedauerlich (oder doch auch aufschlußreich?) ist m.E. anzumerken, daß gerade in neuesten Großprojekten *Die Brücke* und Manfred Gregor keine Erwähnung finden. So will man z.b. "ausführlich über jene deutschsprachigen Schriftstellerinnen und Schriftsteller, deren wesentliches Werk nach 1945 entstanden ist", informieren und zusätzlich "über die bekannten, aber auch über noch weniger bekannte und jüngere Autorinnen und Autoren";[6] und vergißt so in den Formulierungen zwar nicht das Recht femininer Lexik, aber im offerierten Bestand doch einen wichtigen Antikriegsroman der Gegenwartsliteratur nebst Autor. Das Vorwort des Bertelsmann Lexikons *Deutsche Autoren* von 1994, das mit "über 1000 Dichter und Schriftsteller" für sich wirbt und dessen Auswahl "der weite Literaturbegriff Goethes" zugrundeliegen soll, behauptet gar: "Sein Umfang wird genügen, um auf die meisten Fragen, die Literaturliebhaber, Studenten und Schüler beantwortet wissen wollen, verläßliche Auskunft geben zu können."[7]

Nichts jedoch kann das Lexikon auf 'normale' Fragen ganz 'normaler' Leser zu Manfred Gregor und *Die Brücke* antworten, den Wagener zu Recht einen "der bewegendsten Antikriegsromane"[8] nannte und seinen zeitkritischen Aspekt betonte.

---

[5] *Internationale Bibliographie. Zur Geschichte der deutschen Literatur von den Anfängen bis zur Gegenwart.* Teil II,2. Berlin 1972.

[6] Heinz Ludwig Arnold (Hrsg.): *Kritisches Lexikon zur deutschsprachigen Gegenwartsliteratur.* Vorbemerkung des Herausgebers von 1995.

[7] Walther Killy (Hrsg.): *Bertelsmann Lexikon. Deutsche Autoren.* Gütersloh, München 1994. Weitere Beispiele für Vergeßlichkeit und präpotente Ignoranz, die im Handapparat gutbestückter öffentlicher Bibliotheken bereitstehen, wären etwa: Ralf Schnell: *Die Literatur der Bundesrepublik. Autoren, Geschichte, Literaturbetrieb.* Stuttgart 1986; *Romanführer von A-Z.* Berlin 1987 (6. bearb. u. erw. Auflage!); Manfred Brauneck (Hrsg.): *Autorenlexikon deutschsprachiger Literatur des 20. Jahrhunderts.* Reinbek bei Hamburg 1988; Imma Klemm (Hrsg.): *Deutscher Romanführer.* Stuttgart 1991; Dietz-Rüdiger Moser (Hrsg.): *Neues Handbuch der deutschen Gegenwartsliteratur seit 1945.* München 1990; *Lexikon deutschsprachiger Schriftsteller. 20. Jahrhundert.* Hildesheim, Zürich, New York 1993; Bernd Lutz (Hrsg.): *Metzler-Autoren-Lexikon. Deutschsprachige Dichter und Schriftsteller vom Mittelalter bis zur Gegenwart.* Stuttgart, Weimar 1994; *Geschichte der deutschen Literatur von den Anfängen bis zur Gegenwart.* Bd. 12. Begründet von Helmut de Boor und Richard Neuwald. München 1994.

[8] Killy (Hrsg.): *Literatur Lexikon* (Anm. 4). S. 324.

Aber besagter Leser weiß wahrscheinlich etwas zur *Brücke* auch ohne das handliche Lexikon, denn die Verfilmung von Bernhard Wicki — 1995 nicht nur einmal von deutschen Fernsehanstalten gesendet — hat das 'Weiterleben' des Romans vielleicht etwas weniger beschwerlich werden lassen als dies durch manch literaturwissenschaftliche Bemühung erreicht wird. Wenn Remarques *Im Westen nichts Neues* vor nahezu siebzig Jahren dem geifernden Angriff militantester politischer Kreise ausgesetzt war und auch dadurch seinen literatur- und kulturhistorischen Platz als das "erfolgreichste deutsche Antikriegsbuch"[9] behält; wenn dieser Roman zu diesem Ende sicher kaum des Films bedurfte, so scheint die Verfilmung für Gregors Roman dreißig Jahre später weitaus wichtiger dafür geworden zu sein, daß ihm eine angemessene Aktualität bewahrt wird. Die wird zusätzlich kaschiert, in den Hintergrund gedrängt durch spektakuläre Erfolge einer Kombination von Roman und Film, wie sie mit *Das Boot* (1973) von Lothar-Günther Buchheim erreicht worden sind.[10]

Womöglich können für die angedeutete Mißachtung auch künstlerische, literarische Gründe — also Schwächen — benannt werden, auf keinen Fall jedoch in dem quantitativen und qualitativen Maße, daß der Roman und sein Autor mit der modernen Ignoranz durch namhafte Publikationen gestraft werden, die für die Substanz des Literaturkanons vielleicht mehr Verantwortung haben als ihre Autoren selbst zugeben würden, wenn Erstarrung und Verkümmerung des Kanons bekannter Literatur endlich beklagt werden.

Greift der Interessierte zu einem der in Bibliotheken zugänglichen Handbücher, die auch Interpretationen des Romans anbieten, besteht wie immer die generelle Gefahr, daß Oberflächlichkeiten, Ungenauigkeiten und fehlerhafte Informationen seine Meinungsbildung manipulieren. Dieser Allgemeinposten wird hier angesprochen, da Äußerungen zu *Die Brücke* schon deshalb in seinem Brennpunkt stehen, weil sie in 'Handbeständen' eben nicht gerade zahlreich sind.

So spricht eine Literaturgeschichte jenen zahlreichen Romanen der fünfziger Jahre, mit denen Autoren den Zweiten Weltkrieg thematisiert haben, mit Gewißheit "unmittelbare Wirkung als Reportagen [sic!], in de-

---

[9] *Der Fall Remarque. Im Westen nichts Neues. Eine Dokumentation.* Hrsg. von Bärbel Schrader. Leipzig 1992. Vorbemerkung. S. 5. Erich Maria Remarque: *Im Westen nichts Neues. Roman.* Mit Materialien und einem Nachwort von Tilman Westphalen. Köln 1987.

[10] Buchheim stellt in der Vorbemerkung seines Romans übrigens zu "Herbst und Winter 1941" aus der Sicht von 1973 fest: "Zu dieser Zeit zeichnete sich auf allen Kriegsschauplätzen die Wende ab." — eine "Interpretationshilfe" solcher Art (die Sachlichkeit ist außerdem anzuzweifeln) kann einem Autor wie Gregor (und vielen anderen) wegen ihrer Hauptintention kaum in den Sinn kommen.

nen ehemalige Soldaten sich wiederfanden"[11] zu, und verweist gleichzeitig auf die Endlichkeit "unmittelbarer Wirkung" der Romane von Autoren wie Ledig, Gaiser und Gregor. Wenn gemeint ist, daß die allgemeine Thematik der Romane für die Zeit ihrer Veröffentlichung starke Relevanz aufweist, realistisch ist, was ihre Resonanz untermauerte, und zeitkritisch war, dann kann solcher Einschätzung zugestimmt werden. Das Abflauen dieser "Wirkung" genannten Resonanz ist allerdings nicht nur in den literarischen Werken begründet. Die Intentionen von Remarque, Gregor und anderen Autoren von Antikriegsliteratur sind oft nicht zuvorderst die Anklage und das Bekenntnis, wie mit Vorsprüchen (Remarque), in Vorworten (Gregor) sowie durch Sachlichkeit und ohne Sentimentalität im Erzählen belegt wird. Sondern Hauptintention von Autoren ist, handelt es sich um Thematisierungen des Kriegs im engsten oder weitesten Sinn, oft ja das Anschreiben gegen das Vergessen, damit wohl gegen eine wesentliche Gefahr, der Menschen als Individuen und als Kollektivum ausgesetzt sind. Als Beleg wäre neben Remarque und Gregor eine Beispielpalette von unterschiedlichen Autoren und Werken anzuführen, die Edlef Koeppen (*Heeresbericht*. 1930) ebenso einschließt, wie Ernst Toller (*Eine Jugend in Deutschland*. 1936; "Um gerecht zu sein, darf man nicht vergessen."), Alfred Andersch, Fred Wander (*Der siebente Brunnen*. 1971) oder Christoph Hein (*Horns Ende*. 1985; hier in der Variante: "Erinnere dich. Du mußt dich erinnern.") u.a.m. Eine Hauptfigur in Gregors Roman — Ernst Scholten — stirbt mit den Worten auf den Lippen: "Nicht vergessen — nicht vergessen — nicht..." (B, 279f.).

Bereits wenige Monate nach Veröffentlichung fand *Die Brücke* in der DDR in einer Art Sammelrezension Beachtung.[12] Sie gibt noch heute ein

---

[11] Dieter Lattmann (Hrsg.): *Kindlers Literaturgeschichte der Gegenwart*. München 1980. S. 67.

[12] Rachel Müller: Abrechnung mit der Vergangenheit? In: *Neue Deutsche Literatur* 7 (1959). H. 3. S. 128-131. Besprochen wurden: Manfred Gregor: *Die Brücke*; Klaus Stephan: *So wahr mir Gott helfe*; Günter Wagner: *Die Fahne ist mehr als der Tod*; Horst Gessler: *Wenn alles in Scherben fällt*. Die Verfasserin offenbarte ihre Position zum "westdeutschen Polizeistaat" als ihren Point of View für drei 1958 in der Bundesrepublik erschienene Romane und für einen, der im gleichen Jahr beim Verlag der Nation in der DDR publiziert wurde. Kennzeichnend für die politische Indoktrination der Literaturkritik ist ihre (auf Seite 128) formulierte Absicht, die Romane "gründlich zu durchforschen, inwieweit sie die Absicht des Autors verwirklichen, inwieweit sie über das moralische Anliegen der Selbstverständigung hinaus wirksam werden können und den Leser nicht nur mit Abscheu erfüllen, sondern ihm zugleich die Kräfte und Mächte enthüllt, welche Urheber und Verantwortliche für die Verbrechen der Vergangenheit sind — und heute im westdeutschen NATO-Staat schon wieder eine unheilvolle Rolle spielen." Dem von der Rezensentin gesetzten Anspruch — man ahnt es — konnte keiner der Ro-

gutes Beispiel dafür, wie besonders zu dieser Zeit politische Indoktrination nicht nur aktuelle Themen der Kunstdiskussion in der DDR dominierte. Seit etwa 1957 standen Kriegsromane im Brennpunkt, und die absurde Kritikposition entsprach solchen Forderungen nach der 'richtigen' Ablehnung des Krieges, wie sie Alfred Kurella 1957 als Forderung an die Schriftsteller formuliert hatte.[13]

Die eingangs zitierte Literaturgeschichte hebt ebenfalls, jetzt verglichen mit *Die verratenen Söhne* (1957) von Michael Horbach, größere Geschlossenheit von Gregors Roman hervor, auch das Einbinden anderer Erzählbereiche per "Rückblende" in die Brückenhandlung, und spricht wertend von "Figuren, die in ihrer Individualität und in ihrer Prägung durch die historischen Umstände glaubhaft wirken." Insgesamt werden strukturelle und erzählerische Aspekte des Romans hier knapp und korrekt beschrieben. Und ganz im Gegensatz zur Rezension von 1959 wird festgestellt, daß Fragestellung und Erzählstruktur auf jenes epische Modell hindeuteten, mit dem forthin der "Zusammenhang zwischen restaurativer Gegenwart und unbewältigter Vergangenheit aus vertiefter historischer Sicht zu gestalten" war.[14]

Folgend stehen strukturelle Aspekte des Romans im Vordergrund, um über sie auch die literarische Qualität als Antikriegsroman zu befragen. Nachgeprüft werden muß auch, ob wirklich, wie behauptet und von einer

mane entsprechen, weil die Autoren "auf die heute mögliche Erkenntnishöhe" verzichten würden, und das wäre bedauerlich, "da die Bücher publikumswirksam sind" (S. 129), wie sie immerhin feststellte. An Manfred Gregors Roman lobte die Rezensentin einen "bedeutend anspruchsvolleren Aufbau" (S. 130) im Vergleich zu denen von Wagner und Stephan, referierte die Fabel und verwies auf in den "Handlungsablauf" eingeblendete Passagen und deren Funktion. Darauf wird noch Bezug genommen werden. Nachdem — last but not least — auch der DDR-Autor, der dann Helmut Gessler (und nicht mehr Horst) genannt wird, die Prüfung nicht bestanden hatte, wurde auch Gregors Roman wieder in die pauschale Ablehnung der "drei westdeutschen Autoren" einbezogen: "Ihnen genügte die Selbstbefreiung" (S. 131), und eine durch die Sowjetarmee findet nicht statt!

[13] Zum Thema "Faschismus und Krieg in der DDR-Prosa" siehe Karl-Heinz Hartmann: Das Dritte Reich in der DDR-Literatur. Stationen erzählter Vergangenheit. In: Wagener (Hrsg.) (Anm. 3). S. 307-328.

[14] *Geschichte der deutschen Literatur* (Anm. 1). S. 171. Gregor fand auch Aufnahme in das *Lexikon deutschsprachiger Schriftsteller von den Anfängen bis zur Gegenwart*. Leipzig 1972. Hier wurde auf andere Weise (des)informiert, wenn es heißt: "Sein Roman 'Die Brücke' (1958, auch Hsp.), eine schonungslose, emotional zugespitzte Anklage und Darstellung der letzten Kriegstage, schildert die Vernichtung einer verhetzten Schulklasse, die — den Phrasen der faschistischen Machthaber verfallen — glaubt, längst verlorene Positionen verteidigen zu müssen."

sowjetischen Ausgabe[15] übernommen, "immer" "im Augenblick des Todes" Rückblenden in die einzelnen Biographien der sieben Jugendlichen
vorgenommen werden; auch, wann außerdem vom Erzähler "rückgeblen-
det" wird, wie diese Passagen erzähltechnisch gestaltet sind, welche Funktion sie innerhalb einer erkennbaren Gesamtstruktur haben. In welchem
Maß und in welcher Form der Autor ideelle oder ideologische Kritik in den
Roman einbringt oder forciert, wird benannt werden, um das Thema des
Romans und die Ambitionen seines Autors zu präzisieren; denn Rezensenten, Kritiker sind eher geneigt, Literatur gegen den Krieg mehr Substanz
abzufordern, als sie per se haben will: gegen Krieg! — oder sie wie im Fall
Remarque samt Autor ganz zu verdammen.

II. Struktur und Narration des Romans

Den Roman hat der Autor in 18 numerierte Erzählabschnitte unterteilt (von
1-19).[16] Sie werden hier als Sequenzen bezeichnet, denn dieser Er-
zählstrang — es ist die fiktive Gegenwart! — wird unregelmäßig von dreizehn quantitativ und qualitativ gleichfalls sehr unterschiedlichen Passagen
ergänzt und so sequentiert. Diese hier so bezeichneten Ergänzungen sind
nicht numeriert, dafür jeweils mottohaft, aber nicht immer glücklich überschrieben (z.B. "Studienrat Stern und der pädagogische Eros", "Ernst
Scholten und Johann Sebastian Bach"). Sie sollen zumeist Leerstellen
"auffüllen", die der Autor in der fiktiven Gegenwart des Erzählten empfindet oder für den Leser relevant vermutet, werden aber z.T. auch inkonse-
quent mit den Sequenzen verbunden oder von ihnen abgesetzt, so daß sich
insgesamt eine gewisse Diffusion der Narration ergibt; sie ist zumindest
stellenweise künstlerisch ungeschickt gestaltet. Daß sich aber bei der Lektüre der Eindruck von Kompaktheit des Erzählten ergibt, wird dadurch
hervorgerufen, daß der Autor einem einfachen Kompositionsprinzip folgt
und es auch formal kennzeichnet.

Gegen irgendeine Einteilung der Narration in Kapitel im Sinne von:
Sequenz gleich Kapitel oder Sequenz plus Ergänzung gleich Kapitel sprechen mehrere Fakten.[17] Gewisse Diffusion trifft auch für technische Merk-

---

[15] Die *Geschichte der deutschen Literatur* (Anm. 1) zitiert aus Manfred Gregor:
Most. Moskva 1962.
[16] Zumindest in der hier benutzten Ausgabe ist die Nummer 15 ausgelassen!
[17] U.a. schon die frappierenden unterschiedlichen Quantitäten von Sequenzen und
Ergänzungen und der Fakt, daß die Sequenzen 4, 13, sowie 17, 18, 19 (das Finale
des Erzählstrangs) ohne eine Ergänzung bleiben. Sequenz 6 oder 18 sind von extremer Kürze, und manchmal entsteht ein in hierarchischem Sinn quantitatives
Mißverhältnis zwischen Sequenz und Ergänzung. So umfaßt Sequenz 16, in der
Scholten die Brücke gegen den zweiten Befehl des Generals (gegen die Spren-

male der Narration zu, wie sie Franz K. Stanzel von vorwiegend englischsprachiger Prosa hergeleitet hat.[18] Insgesamt zeichnet die Narration Dynamik aus, "Argumentationen, Erklärungen, Motivationen vom Standpunkt einer Romanfigur"[19] sind eingefügt. Bei zumeist personaler Erzählsituation (nach Stanzel), die abschnittweise z.b. durch das mimetische Element 'Dialog' zur auktorialen tendiert, wechseln erzähltechnische Elemente (erlebte Rede, szenische Dialoge) nicht nur innerhalb der Passagen abrupt, die als informative Ergänzungen zur zentralen Brückenhandlung und zu deren Hauptfiguren gedacht sind und gelten müssen. Der Erzähler nimmt oft die Position des Reflektors ein, es besteht zumindest wegen des (im Erzählrahmen) definierten Abstandes von zehn Jahren zum Erzählten keine echte Identität der Seinsbereiche mehr. Erzählerbericht, Personenrede, erlebte Rede, eingeschobene Rückwendungen in Form von Rückschritten (Lämmert) sowie die formalen Bindungen der einzelnen Passagen untereinander u.a.m. bestätigen fallweise auch die Autoraussage, daß er den Roman "ohne literarischen Ehrgeiz" (B, Vorwort) geschrieben hat.

1. Strukturbildende Hauptelemente

Die Narration des Romans *Die Brücke* wird durch Hauptelemente bestimmt, die deutlich nicht nur Raum und Zeit des Erzählten strukturieren, sondern auch inhaltliche Zäsuren setzen. Sie füllen die Narration mit Geschehen bzw. mit dramatischer Handlung an, bringen sie in die Nähe zur klassischen (Freytagschen) Dramenstruktur.

Als ein erstes Element wäre die Sinngebung für die Ausgangsposition des "Vereins" zu benennen. Der Erzähler läßt Bleiben oder Gehen schon sehr früh (Sequenz 2) von den Figuren in deutlicher Expositionstechnik diskutieren und entscheiden. Die strukturelle Einheit, in der diese Sinngebung angesiedelt ist, wird hier als Vorhandlung bezeichnet;[20] denn sie ist dem dramatischen und emotionalen Zielpunkt (eigentliche Brückenhandlung) auch in der Narration vorgeschaltet. Die von Ernst Scholten, der

gung) verteidigt und Mutz den Leutnant Hampel erschießt, ca. sechs Textseiten. Die dazugehörige dreizehnte Ergänzung "Albert Mutz und das fünfte Gebot" ist mit ca. 30 Textseiten schon deshalb der umfangreichste narrative Abschnitt des gesamten Romans, weil sie rückblendend die Autor-Erzähler-Figur selbst und deren Beziehung zur Autoritätsfigur des "Vereins", Ernst Scholten, thematisiert. Diese Ergänzung ist übrigens wohl mit einem "Augenblick des Todes" verbunden; aber es ist der von Leutnant Hampel — auf Mutz bezogen handelt es sich um den Augenblick des (affektiven) Handelns und des Tötens.

[18] Franz K. Stanzel: *Theorie des Erzählens.* 4. durchges. Aufl. Göttingen 1989.
[19] Ebd. S. 253.
[20] Obwohl in ihr Ortswechsel (von der Kaserne in die Kampfstellung an der Brükke) angelegt ist.

dominierenden und von den übrigen sechs akzeptierten Figur, vorgetragene Position obsiegt:

> Die Frage ist also, hauen wir ab, weil der Fröhlich Erfahrung hat, oder bleiben wir da, weil wir keine haben? Wenn ich mir euere Meinungen besehe, dann kann ich bloß kichern. Aber an dem, was der Forst gesagt hat, ist was dran. Es wird höllisch interessant. Es wird bestimmt höllisch interessant. Fragt sich bloß, ob's nicht zu interessant wird. [...] Andererseits, wenn wir auf Draht sind, können wir warten, bis es interessant ist, und wenn's zu interessant wird, dann können wir immer noch abhauen. Vor allem — wenn wir jetzt türmen, sind wir dann nicht, strenggenommen, Feiglinge? (B, 21)

Damit wird die Fabel so angelegt, daß die fiktive Realität auf die tatsächliche Möglichkeit der Umsetzung solcher Sinngebung geprüft wird. Beide Aspekte der Position verweisen andererseits auch darauf, daß Scholten zwar nicht jeder Realismus im Denken ausgetrieben werden konnte, das Grauen des Todes als Wirklichkeit des Krieges aber hinwegidealisiert. Der allgemeine Verteidigungsbefehl leitet das Ausrücken der Restreserven ein (Sequenz 3):

> "Die Amerikaner stehen noch dreißig Kilometer vor der Stadt. Die Stadt wird verteidigt." Fröhlich sagte diesen letzten Satz, als kostete es ihn eine riesige Überwindung.
> "Wir beziehen Stellungen, die zur Verteidigung der Stadt gehalten werden müssen!" (B, 29)

Ein zweites strukturbildendes Element korrespondiert auf das Engste mit dieser expositionell erarbeiteten Sinngebung für Haltung und Verhalten der Jugendlichen, mit denen sie in die unmittelbar anstehende Lebenskatastrophe geführt werden. Es ist die Sinngebung durch die Macht und konstituiert sich durch drei Aspekte: 1. die literarische Figur 'General', 2. die Strategie des Generals und 3. den Befehl zu ihrer konsequenten Umsetzung.[21] Dieses Element ist entscheidend für Verlauf der Fabel und ihre Auflösung in einer vagen Perspektive. Es bestimmt die Sequenzen 4, 5, die von der Vorhandlung zur Brückenhandlung überleiten. Noch in der Vorhandlung (in Sequenz 4) wird die Figur 'General' erstmalig und ohne erzählerische Vorbereitung als agierende Figur in die Narration, in das Geschehen eingeführt: "Was da im Fond des Wagens saß, sich jetzt erhob und mit elegantem Satz aufs Pflaster sprang, war ein leibhaftiger General." (B, 35), läßt Gregor den Erzähler in der ehrfurchtsvoll-begeisterten Haltung der Jugendlichen formulieren. Der entscheidende Befehl erfolgt durch den General nach Musterung der Szenerie und nach kurzer Absprache mit Unteroffizier Heilmann sofort: "Und dann sprach der General lauter, so daß

---

[21] Der Film verzichtet auf den 'General', variiert damit den Interpretationsansatz und bietet andere -möglichkeiten.

ihn auch die sieben verstanden. 'Ich erwarte, daß die Brücke unter allen Umständen gehalten wird. Verstanden? Unter allen Umständen! Sie bekommen noch Unterstützung!'"(B, 36)

Dieses zweite Element setzt weitere Zäsuren. Es exponiert Sequenz 14, mit der die Konfrontation beider Sinngebungen herbeigeführt wird. In und mit dieser Sequenz 14 ist so die stärkste Strukturzäsur angelegt; hinsichtlich der Handlungsdramatik bereitet Sequenz 13 die Konfliktlösung für die Figur Ernst Scholten vor und mit der sich an 14 anschließenden Sequenz 16, der längsten des Textes, wird sie zur Peripetie, zum Umschwung geführt. Die Brückenhandlung ist mit der Erfüllung des Befehls beendet, Scholten will — endlich — seiner Strategie folgen, weil es "zu interessant" geworden ist:

> Sie blickten noch einmal auf die Straße nach Westen, dann sagte Scholten: "Gehn wir!"
> "Und was ist mit unserem Befehl?" Forsts Stimme klang betreten.
> "Ich scheiße auf den Befehl", sagte Scholten rauh, "alles hat seine Grenzen! Niemand kann mir befehlen, daß ich mich umbringen lasse. Und wenn ich mich umbringen lasse, dann hilft das auch nichts. Wir wollten diese Brücke halten, und wir haben sie gehalten. Vier von uns sind gefallen, also?" (Sequenz 13, B, 201)

Und noch ein Merkmal ist an dieses Strukturelement gebunden: ein Schlüsselwort[22] ist 'General' — zumindest für die Figur Scholten, wenn nicht für den Roman insgesamt!

Mit Sequenz 14 wird die agierende Figur 'General' aus der Narration verabschiedet, nachdem er befriedigt den ersten Erfolg seiner Strategie, seiner 'Sinngebung' für den Befehl konstatiert hat. Mit dem neuen Befehl zur Sprengung an Leutnant Hampel, die von Anfang an Element seiner 'Sinngebung' gewesen war, will er den maximalen Erfolg erreichen, ohne dabei irgendeinen Widerstand der jungen "Teufelskerle" auch nur zu ahnen. Die Raumstruktur wird zunächst nur kurz durch Mauerschau zäsiert (Ortswechsel in das Quartier des Generals), die Brückenhandlung wird nicht nur verlängert, sondern sie gewinnt Dynamik.

Das dritte Hauptelement ist mit der eigentlichen Brückenhandlung als dem apokalyptischen Zentrum von Aktion gegeben. Zu ihrer Einbeziehung in die strukturbildenden Hauptelemente zwingt m.E. nicht nur die narrativ vorgeführte äußere Handlung. Denn hier sind nun tatsächlich "im Augenblick des Todes" der Jugendlichen "Rückblenden" eingeschoben, deren Raum-, Zeit- und Personenstruktur von Gregor jeweils so gestaltet wurde, daß sie immer von den sieben Jugendlichen des "Vereins" bestimmt ist. Es

---

[22] Eine bloße Auszählung ergibt etwa 70 Verwendungen von 'General', davon etwa 10, die eine Beziehung von Ernst Scholten zum General thematisieren.

handelt sich dabei durchgängig um Rückschritte, deren Einpassungen in die fiktive Erzählgegenwart nicht immer sauber vollzogen werden. Neben der Figurencharakterisierung sind in ihnen Momente von Ideologiekritk angelegt, wird Zeitkolorit vermittelt; und außerdem die Brückenhandlung dadurch zusätzlich dynamisiert, daß mit dem sich steigernden Todestanz eine ideelle Entwicklung der wichtigsten Figuren — in erster Linie Scholten, dann Mutz — angedeutet wird. Die läßt sie letztlich ihren von Scholten formulierten Entschluß umsetzen: "'Komm', sagte Scholten zu Mutz, 'gehn wir nach Hause!'" (B, 199), dem sich auch Forst angeschlossen hatte: "'Ich mache das, was ihr macht! Das ist doch sonnenklar!'" (B, 201)[23] Für den Film ist die Brückenhandlung dramatisches Zentrum, mit dem Bernhard Wicki ein Meisterwerk filmischer Umsetzung der Schrecken des Krieges gelungen ist.[24] Mit den Sequenzen 17 bis 19 wird der Roman dann ohne narrative Ergänzungen zu einem Finale geführt, das Gregor in jeder Hinsicht überzeugend gelingt. Auch hier ist das oben skizzierte zweite Element (General) mitbestimmend, nämlich für die Sinnfindung zum ganzen Geschehen, die der Autor-Erzähler-Mutz verzweifelt betreibt.

Noch ein viertes Hauptelement muß genannt sein. Es ist der Erzählerkommentar von 1955 — als Rahmen zeitlich und optisch (kursiv) abgesetzt. Er vermittelt dem Leser die Erzählmotivation und die Intentionen, denen der Autor folgt. Im abschließenden Rahmenteil ist u.a. die Identität von Autor, Erzähler und literarischer Figur Albert Mutz fixiert, wenn deren Frage erneut gestellt wird: "Ich stand an jenem Abend noch lange auf der Brücke. Schaute in den Fluß hinab. Auch diesmal fand ich keine Antwort auf die Frage, wo denn der Sinn all dessen läge, was damals geschah." (B, 287)

2. Zur Vorhandlung und ihrer Narration

Auf den Expositionscharakter wurde schon verwiesen.[25] Besagte Ergänzungen sind in der Vorhandlung nun keinesfalls "Rückblenden" im

---

[23] Ohne Übergänge zur Brückenhandlung hin und von ihr wieder weg zu ignorieren — ihr erster Teil ist mit den Sequenzen 7 bis 13 und deren Ergänzungen gegeben; die Sequenzen 14 und 16 mit den beiden längsten Ergänzungen (zu Forst und zu Mutz) können als ihr zweiter Teil gesehen werden.
[24] Um so erstaunlicher, daß keiner der Beiträge einer entsprechenden wissenschaftlichen Konferenz, die 1995 in Salzburg vom Institut für Anglistik und Amerikanistik und dem Erich-Maria-Remarque-Archiv Osnabrück veranstaltet wurde, sich exponiert dem Film gewidmet hat. "Der Moderne Krieg auf Bühne, Bildschirm und Leinwand". St. Virgil Centre, Salzburg: 26.-29. Oktober 1995.
[25] Einführung ins Kasernenmilieu, Anblendung der Gruppenstruktur des "Vereins" und vor allem: Sinngebung für Gehen oder Bleiben.

"Augenblick des Todes" im oben zitierten Sinne — sie können es, strukturell gesehen, gar nicht sein. Dies trifft erstmalig auf die sechste Ergänzung zu, als Siegi Bernhard als erster der sieben Kameraden innerhalb der Brückenhandlung den Tod findet.

Von besonderem erzählerischen Niveau ist die allererste Ergänzung, mit der Gregor knapp einen ersten Unteroffizier porträtiert, dessen Verhältnis zu den Jugendlichen von seiner typischen Unteroffiziersmentalität geprägt ist. Innerhalb dieser Ergänzung[26] erfolgt die Narration in drei Phasen: als Rückgriff und als fiktive Gegenwart, die wiederum knapp und geschickt durch Orts- und Personenwechsel zäsiert wird. Phasenweise zur camera eye-Qualität (Stanzel) verändert sich am Ende auch noch die Erzählperspektive, mit der ein "Augenblick des Todes" festgehalten wird — der Tod eines im Vergleich zu anderen Vorgesetzten pejorativ gezeichneten Unteroffiziers. Heilmanns Beobachtung wird sprachlich gestaltet:

> Es ging alles blitzschnell, und doch entging ihm nichts von dem, was passierte. Ein Loch nach dem anderen erschien an der Decke des langen Raumes. Die Löcher marschierten schnurgerade auf Unteroffizier Heilmann zu, kamen immer näher, und plötzlich riß sich Heilmann vom Tisch los.
> Ließ sich nach rechts fallen.
> Deckenverputz prasselte herunter, ein Krachen, und dann war es vorüber. Als Heilmann wieder aufstand, hing Schaubeck in seltsam verkrümmter Haltung quer über der Tischplatte, besudelt mit roten Spritzern. Rotwein und Blut. (B, 15)

Die Ergänzungen zwei bis fünf haben die gleiche Ausrichtung: Zweifel der unmittelbaren Vorgesetzten (Leutnant Fröhlich, Unteroffizier Heilmann) an und Suche nach ihrer jetzt noch möglichen Aufgabe sowie Reflexion über ihre Verantwortung einzubringen, um die Figuren zu profilieren.[27]

Für Unteroffizier Heilmann stellt der Erzähler nachdrücklich am Ende seiner dritten Ergänzung fest: "Und Heilmann spürte bedrückend, daß er für die sieben verantwortlich war." (B, 33) Dann will Heilmann Leben retten, was in der numerierten Sequenz 4 zu seiner Aufforderung an die Jugendlichen führt:

> "Kinder", sagte er, "hört mal zu! Das Ganze hier hat überhaupt keinen Sinn. Zu Hause warten eure Eltern, und ihr wollt hier Krieg spielen. Ich habe Leutnant Fröhlich versprochen, daß es nicht soweit kommt. Ihr müßt mithelfen, daß ich mein Versprechen halten kann!" (B, 40)

---

[26] Der Film läßt sie übrigens gänzlich aus.

[27] Die zweite Ergänzung thematisiert, wie Fröhlich seine Aufgabe findet: "Er denkt: Ich muß mich um sie kümmern. Aufgepaßt, Fröhlich! Das ist deine Aufgabe." (B, 19) Und Fröhlich dann in der numerierten Sequenz 3 zu Heilmann: "Sowie der Zauber hier losgeht, haut ihr ab! Verstanden? Sie sind mir dafür verantwortlich, klar?" (S. 30)

Ein Rückschritt zu Heilmann erklärt dessen Bekenntnis zur Verantwortung
für die Jugendlichen und ist auf diese Weise zunächst nicht mit dem
"Augenblick des Todes" der Jugendlichen verbunden, "damit der Leser die
Sinnlosigkeit und Widernatürlichkeit des Untergangs dieser Jugendlichen
zugespitzt nachempfinden kann."[28] Es geht zuallererst um die leserorien-
tierte Konturierung eines unmittelbaren Vorgesetzten, von dem die Jugendlichen auch wissen, daß er die Autorität des Generals jetzt nicht mehr
akzeptiert und seinem Befehl nicht mehr folgt.[29]

In Sequenz 5 erneuert der General bei seinem zweiten (und letzten)
Auftritt vor den Jugendlichen den Todesbefehl zur Verteidigung der Brükke und verbrämt ihn — am 2. Mai 1945! — auch noch psychologisch per-
fide:

"Sie halten die Brücke, Schlopke, verstanden?"
Der General sprach leise; dann lauter: "Sie haben hier sieben prachtvolle Kerle.
Ein paar tausend mehr von der Sorte, und wir könnten den Krieg noch gewin-
nen, Schlopke!" (B, 48)

3. "Ein General und sein Befehl"

Die so überschriebene Ergänzung ist formal geschlossen als ein Schlag-
lichtporträt auf den General gestaltet. Die militärhistorischen Fakten lassen
vermuten, daß der Autor mit dem Roman eine Fiktion entwickelt, die in
den authentischen Kriegsverlauf eingebettet wurde.[30]

Die Fiktion hat auch in anderer Weise, auf anderer Ebene hohen Reali-
tätsgehalt. Durchaus historischer Wahrheit entspricht nämlich die Ansiede-

---

[28] *Most*. Moskva 1962. Zitiert nach: *Geschichte der deutschen Literatur* (Anm. 1).
S. 170.

[29] Mit der vierten und fünften Ergänzung betreibt der Erzähler Mauerschau, zuerst
zum Quartier des Generals und dann in die Stadt, auf den Fluchtweg des Unteroffiziers Schlopke; wobei hier die Überschriften "Ein General und sein Befehl" sowie "Unteroffizier Schlopke und der Feldgendarm" dem Erzählten einmal in den
Fakten präzise und zusammenfassend entsprechen.

[30] Schon am 29. März verlief die westliche Front in Deutschland auf der Linie
Frankfurt-Wiesbaden-Mannheim. Im mittleren Bereich der Westfront nahmen die
Amerikaner am 18. April Magdeburg ein, und am 25. April fand die historische
Begegnung bei Torgau statt; am 30. April wehte die sowjetische Fahne auf dem
Reichstag, und Hitler beging Selbstmord (Goebbels am 1. Mai); und am 2. Mai,
dem Tag der Brückenhandlung, hat der 'Kampfgeneral' Helmuth Weidling in Ber-
lin bedingungslos kapituliert. Anfang Mai wurden dann Süddeutschland und
Oberösterreich besetzt. Die Romanhandlung wird nicht genau lokalisiert, die
Kleinstadt muß aber zu jener Region gehören, die erst in den allerletzten Kriegstagen besetzt worden ist. Im Film kann Oberbach in der Hohen Rhön identifiziert
werden.

lung des Verbrecherischen auf höchster militärischer Führungsebene, beim 'General' also, folgt dessen 'Sinngebung' doch genau jenen Vorgaben, wie sie durch ein Fossil wie von Mackensen auf die deutschen Jugendlichen posaunt oder am 1. Mai 1945 durch Admiral von Dönitz über den Rundfunk verkündet worden sind. Der über neunzig Jahre alte von Mackensen schrieb im November 1944 "im Sinne der Nazipropaganda einen Aufruf an die deutsche Jugend, um vierzehn- bis siebzehnjährige Jungen zum Tod fürs Vaterland zu begeistern", was die hier zitierte Rezension einer Biographie über Mackensen[31] als "unverzeihlich" geißelt. Und gerade Dönitz kann als Beispiel für verbrecherisches Durchhalten und für todbringende Befehle gelten. Am 1. Mai gab er abends im Rundfunk bekannt, daß der Führer "kämpfend gefallen" sei; Dönitz, ein würdiger Nachfolger Hitlers, verkündete:

> Ich übernehme den Oberbefehl über alle Teile der Deutschen Wehrmacht mit dem Willen, den Kampf gegen die Bolschewisten fortzusetzen, bis die kämpfende Truppe und bis Hunderttausende von Familien des deutschen Ostraumes von der Versklavung und der Vernichtung gerettet sind. Gegen Engländer und Amerikaner muß ich den Kampf so weit und so lange fortsetzen, wie sie mich an der Durchführung des Kampfes hindern.[32]

Im Verlauf der Narration des Porträts reflektieren sowohl der Erzähler als auch (und vor allem) die Figur 'General' selbst über den Befehl. Mit unauffälligen Übergängen in die Reflexionen des Generals wird dessen militärische Strategie, dessen Sinngebung der Brückenverteidigung offengelegt und ihr verbrecherischer Charakter bloßgelegt.

> Der General freut sich, wenn er an Schlopke denkt.
> Ansonsten hat er die Brücke vergessen: Eine Angelegenheit, die gut versorgt und deshalb nicht mehr wichtig ist. Er denkt an die sieben Buben, hat für Sekunden ein ungutes Gefühl, aber dann funktioniert der "Scheibenwischer" im Gehirn des Generals. Sieben Mann. Schön, gut. Junge Kerle, fast noch Buben. Wahrscheinlich geht es ihnen dreckig auf der Brücke. Aber sie haben Ehrgeiz, haben Stolz, und — sie haben noch nicht die richtige Angst. Gott sei Dank. Sie werden den ersten Vorstoß amerikanischer Spähtrupps abwehren können, und das bedeutet — der General blickt auf die Uhr und rechnet — das bedeutet mindestens zwei Stunden Zeitgewinn. (B, 49)

Nebenher wird das eigentliche militärische Ziel des Generals eingeflochten. Er will "Truppen, an die siebentausend Mann" nicht etwa retten, sondern sie vor der Einkesselung bewahren, damit sie "in die Bergstellungen im Osten" abziehen können, denn, so reflektiert die literarische Figur am 2.

---

[31] Karl-Heinz Janßen: Treu bis in den Höllensturz. In: *Die Zeit* vom 15. März 1996.
[32] Zitiert nach Robert Wistrich: *Wer war wer im Dritten Reich. Ein biographisches Lexikon.* Frankfurt a.M. 1989. S. 70.

Mai 1945 und befolgt die authentische Strategie von Dönitz: "Es steht nicht nur ein Gegner im Land." (B, 49)

Gregor schließt dieses Porträt auch sprachlich meisterlich ab, indem es die Intensität fixiert, mit der jener General an seiner Strategie arbeitet und deren Effektivität noch steigern will:

> Der General vor seiner Landkarte hat feuchte Hände bekommen. Er marschiert im Zimmer auf und ab.
> Der erste Angriff!
> Halten!
> Dann Jabos, dann zweiter Angriff.
> Im gleichen Augenblick fliegt die Brücke in die Luft — macht insgesamt drei Stunden.
> Der General reibt die Hände aneinander, um das ekelhafte Gefühl der Feuchtigkeit loszuwerden. Er denkt nochmals an die sieben.
> Im Gehirn des Generals arbeitet wieder der Scheibenwischer. (B, 50)

Diese Strategie und Sinngebung des Generals strukturieren die Narration dadurch, daß sie mit Sequenz 14 erneut ins erzählerische Zentrum rückt; und Gregor gründet so auch wesentlich den Antikriegscharakter des Romans. In der Fiktion werden die Jugendlichen und deren "ideelle" Ausgangsposition (s.o.), mit der sie in den Todeskampf geschickt werden, allen strategischen Überlegungen des Generals ausgesetzt, was die gesamte sich anschließende Brückenhandlung bis in den Übergang zum Finale bestimmt. Mit Sequenz 14 führen sie in die schon vollendete Katastrophe — fünf der sieben sind schon tot.

Unter strukturellem Aspekt ist dann auch eine Zäsursetzung erreicht, die dem Autor die Möglichkeit zur Überführung der Narration in ein beeindruckendes Finale und eine vage hoffnungsvolle Perspektive gibt. Diese macht m.E. selbst den unbestimmten Artikel und das Possessivpronomen der Überschrift dieser Ergänzung zu Indizien für einen allgemeinen Angriff des Autors, für den Antikriegscharakter des Romans.

4. Ethisch-moralische Sinnsuche und Finale

Die eigentliche Brückenhandlung als dynamisch verdichtetes und dramatisch-aktionistisches Zentrum der Romanhandlung wird vom Autor mit Sequenz 16 und der dazugehörenden dreizehnten Ergänzung zum Finale des erinnerten Geschehens überführt. Auch hier vollzieht die Narration mit der Ergänzung einen Rückschritt, dessen erzähltechnische Einbindung und erzählerische Gestaltung wohl am besten gelungen sind. In einer Rahmenerzählung werden einige Lebensstationen von Albert Mutz beleuchtet (vom sechsten Lebensjahr an), von denen vermutet werden kann, daß sie autobiographisch intendiert sind, und die beispielhaft seine Erziehung durch die Mutter veranschaulichen. Gregor zeichnet Mutz als lange kindlich-naiven Jungen, der die von der Mutter vermittelten Gebote und die auf Verstöße folgenden Strafen annimmt; denn, so erklärt die Mutter dem Sechsjährigen:

> Wenn jemand etwas Böses tut, Albert, dann tut er auch dem lieben Gott sehr weh. Weil der liebe Gott, der die ganze Welt und dich und auch mich erschaffen hat, uns alle liebhat. [...] Böses tun, heißt eine Sünde begehen, und Sünden muß man bereuen." (B, 242)

Für ihn bleibt das christliche Gebot "Du sollst nicht töten" nahezu unbewußt individuelles Gebot, die Diskrepanz zur gesellschaftlichen Wirklichkeit (des Zweiten Weltkriegs!) bleibt unreflektiert. Er schlägt mit seinen Spielzeugsoldaten (die ihm die Mutter geschenkt hat!) Schlachten und versteht nicht, warum sein Bruder Konrad, der als Leutnant an der Front ist, das Spielzeug zerstört. "Eine Verbindung zwischen den Schlachten, die er auf dem Speicher schlug, und dem Krieg, der zur gleichen Zeit draußen die Welt durchtobte, kam ihm nie in den Sinn." (B, 251f.) kommentiert der Erzähler die Haltung des Albert Mutz, die stellvertretend für die aller Jugendlichen der Brücke steht. Mutz erschießt Leutnant Hampel (Ende Sequenz 16). Der Autor versucht nicht nur, "dem Sinnlosen dadurch einen Sinn zu geben, daß der Junge [Mutz — R.T.] damit gleichzeitig einen Freund verteidigt, also für Freundschaft und Menschlichkeit gegen die Forderungen des nationalsozialistischen Systems optiert",[33] sondern er hinterfragt m.E. vielmehr an diesem aktuellen Punkt der Narration, mit dem zum Rückschritt angesetzt wird und der den Rahmen evoziert, einen allgemeinen und ewiggeltenden Gebotscharakter des "Du sollst nicht töten!" Die Problematisierung wird von ihm konsequent an den Leser herangetragen, wobei die literarische Figur Albert Mutz deswegen auch auf dem ihr beigegebenen moralisch-ethischem Niveau belassen wird. Beide Rahmenteile belegen diese Intention deutlich: "'Du sollst nicht töten' gehörte zu jenen Geboten, von denen Albert Mutz glaubte, daß er nie in seinem Leben auch nur in Versuchung käme, sie zu brechen" (B, 236), so der erste Rahmenteil. Und am Ende der Ergänzung wird die Narration wieder in die Brückenhandlung überführt:

> Und dann hörte Albert Mutz seine Mutter sagen: Du sollst nicht töten, du sollst keinen Menschen und kein Tier quälen, du sollst keine Schmerzen bereiten. So will es Gott.
> Und jetzt war er ein Mörder geworden. (B, 270)

Innerhalb des Gerahmten (gewissermaßen mit der Binnenhandlung) führt Gregor die konkrete Nagelprobe auf das Gebot für die literarische Figur

---

[33] Wagener (Anm. 3). S. 260.

Mutz in deren extremster Lebenssituation, einer Lebenssituation, die nichts mit dem Schlachtfeld des Spiels gemein hat; den Freund zu verteidigen, ist ein additiver, problemsteigernder Aspekt:

> Später, als Scholten gegen den Leutnant des Sprengkommandos anging, fühlte Mutz, daß er an einer entscheidenden Stelle stand. Wenn er sich für das entschied, was er im Geschichtsunterricht gelernt hatte, dann mußte er sich gegen seinen Freund wenden, denn dann war Ernst Scholten ein Meuterer, ein Saboteur, ein Hochverräter.
> Aber Scholten war sein Freund [...].
> Und in diesem Augenblick [der Leutnant zielt auf Scholten — R.T.] war sein Grübeln wie abgeschnitten. Er dachte nicht mehr an Geschichtsunterricht, nicht mehr an Hochverrat, Meuterei; [...].
> Mutz riß den Karabiner an die Schulter, sah ungenau die Gestalt des Leutnants im Dachkorn des Gewehrs und drückte ab. (B, 269f.)

Das Finale des Geschehens gestaltet der Autor mit den Sequenzen 17, 18 und 19, ohne daß ihnen Ergänzungen beigegeben sind. Im Sterben (Sequenz 17) greift das wirr umherirrende Denken von Scholten nochmals das ideelle Hauptproblem 'General' auf, und Gregor vermittelt über Scholten seine Schreibintention, wenn er ihn vermächtnishaft formulieren läßt: "'Nicht vergessen — nicht vergessen — nicht...'"[34] (B, 280) Die kurze Sequenz 18 problematisiert "Du sollst nicht töten!" unter einem neuen Akzent, wenn Albert Mutz "angewidert" die Pistole wegwirft, die "eine seltsame Anziehungskraft" auf ihn ausübt. Und mit Sequenz 19 schließt die Narration in einem moralisierenden Finale. Hier nun wird das Motiv der Sinnsuche wieder aufgenommen, und zwar solcher Sinnsuche, die sowohl für die literarische Figur Albert Mutz relevant ist, als auch für den Erzähler-Autor:

> Zwei Fragen hämmerten unablässig auf ihn ein: Warum mußte alles so kommen? Wo lag da noch ein Sinn?
> Er wußte keine Antwort — und trotzdem, irgendeinen Sinn muß ja doch das Leben und auch das Sterben haben? (B, 282)

Es ist eine Sinnsuche ex negativo, die eine konkrete Antwort daher nicht finden muß und auch gar nicht formulieren kann, selbst im abschließenden Rahmenteil nicht. Der Erzähler vollzieht einen Erzählsprung und ist durch den direkten Anschluß an die Sinnfrage des Albert Mutz mit diesem identifiziert: "Auch diesmal fand ich keine Antwort auf die Frage, wo denn der Sinn all dessen läge, was damals geschah." (B, 287)
Die Figur Albert Mutz hat zum einen das Gefühl, daß "ein geheimer Sinn", "kein befriedigender Sinn" in der Verteidigung der Brücke bzw. in

---

[34] Die Intention wird von Gregor im Vorwort zur vorliegenden Ausgabe bestätigt, wenn er sie "in diesem Sinne" ausdrücklich begrüßt.

ihrem Fortexistieren "verborgen lag", was die schon zitierte Interpretation veranlaßt, allein die Brücke "als Symbol für das Erhaltene, Verbindende, die Möglichkeit eines Neubeginns, einer besseren Zukunft" zu sehen und damit die "positive Perspektive" des Romans zu belegen.[35] — Gregor lenkt die Sinnfrage aber eindeutig in eine Richtung, die mit 'Leben' — komplementär zu: "Du sollst nicht töten!" — benannt werden kann, auch wenn die Antwort im weiteren vage bleibt.

Albert Mutz kommt der Antwort nämlich in einem entscheidend anderen Zusammenhang sehr nahe, als er die Apokalypse erlebt, durch "das Inferno aus Krachen, Dröhnen, blitzendem Feuerschein und qualmendem Rauch" (B, 282), vor Angst und Bedrohung gefeit, nach Hause "wanderte" (!). Nachdem 'Tod' und 'Sterben' der sechs Kameraden von Mutz rekapituliert werden, "während um ihn herum Granaten barsten, Dächer in Brand setzten und Breschen in die Hausmauern schlugen" (B, 283), begegnet ihm gewissermaßen das 'Leben'. Zwei Männer transportieren eine Frau, um eine einsetzende Frühgeburt zu retten, "während vom Westen her die Geschütze Tod und Vernichtung in die kleine Stadt schleuderten." Und hier formuliert die Reflektorfigur — bei aller Vagheit der Perspektive — sehr deutlich:

> Albert Mutz spürte, er war dem Sinn, den er so verzweifelt suchte, ganz nahe... Und ein seltsames Gefühl der Verbundenheit mit jenen beiden Männern und mit der unbekannten Frau erfaßte ihn. Hoffentlich werden sie es schaffen, dachte er. Als er weiterging, merkte er, daß er ruhiger geworden war. Die fressende Leere in seinem Inneren war gewichen. Er dachte an seine Mutter, an das Mädchen Traudl und fühlte eine tiefe Zärtlichkeit. Sie würden sich ihr Leben gestalten, wenn das alles einmal vorbei war. (B, 284)

Die Perspektive, die der Autor-Erzähler-Mutz im moralisierenden, narrativ an Bibel-Bilder angelehnten Finale entwickelt, ist auf 'Leben' gerichtet. Die der Narration immanente Sinn-Tendenz wechselt vom Bereich Krieg, Kampf und 'Tod', mit dem sie eingeleitet wird und die strukturell an den 'General' gekoppelt ist, zur Wertseite 'Leben'. Albert Mutz zerstört seinen Karabiner; das zeitkritische Element solcher Symbolhaftigkeit, die 1958 kritisch an die allgemeine moralische Position der unmittelbaren Nachkriegszeit erinnern will,[36] ist ebenso offensichtlich wie sie ethisch-

---

[35] Wagener (Anm. 3). S. 260.

[36] Prägnant ist dieser historische Zusammenhang zusammengefaßt in: Michael Behmann u.a.: *Deutsche Geschichte von den Anfängen bis zur Wiedervereinigung.* Hrsg. von Martin Vogt. Stuttgart 1991. Dort heißt es zu den Debatten Mitte der fünfziger Jahre: "Die Debatten um die Wehrgesetzgebung führten nicht nur im Parlament, sondern auch in der Öffentlichkeit zu einer erregten tiefgreifenden Kontroverse. Dabei ging es nicht nur um die Frage der politischen und militäri-

moralische Konsequenz der Figur Albert Mutz innerhalb der Narration ist. Daß er zu solcher Konsequenz kommt, macht ihn, neben Scholten, zur zweiten Hauptfigur des Romans:

> Schließlich kam er in seine Straße. Als er die Gartentür öffnete, blieb er mit dem Karabiner am Torpfosten hängen. Er nahm die Waffe von der Schulter, schaute sie lange an, dann ging er auf die Straße zurück, faßte das Gewehr mit beiden Händen am Lauf und schmetterte den Kolben mit aller Wucht auf den Boden, so daß er zersprang. (B, 284)

III. Brückenhandlung und Rückschritte

Die eigentliche Brückenhandlung wird mit einer Änderungen in der Personenstruktur eingeleitet. Sie bedeutet nicht unbedingt eine quantitative Reduzierung der 'handelnden' Figuren. Der jugendliche "Verein" ist jetzt aber ohne Vorgesetzte auf sich gestellt, wird dem Kampf-Inferno ausgesetzt, und für die fiktive Gegenwart erfolgt die Narration der Kampfhandlungen personal ganz aus der Perspektive der sieben Brückenverteidiger, wechselt z.B. niemals auf die amerikanische Seite.

Die Jugendlichen selbst negieren an sie noch herangetragene Warnungen; 'retardierende' Momente können den Tod von Siegi Bernhard, Jürgen Borchart, Karl Horber, Klaus Hager, Walter Forst nicht verhindern. Auch nicht den von Ernst Scholten, der nicht mehr weggehen kann, als es "zu interessant" geworden ist.

Bis zu Sequenz 13 sind der erzählten fiktiven Gegenwart regelmäßig Ergänzungen beigefügt, deren Funktion im wesentlichen in einer Charakteristik der jeweiligen literarischen Figur besteht. Der Erzähler vollzieht dann immer einen Rückschritt, bleibt auf die Konturierung der jeweiligen Figur fixiert. Dabei können Zeitkolorit und Ideologiekritik in unterschiedlichem Maße eingebunden sein. Eine überzeugende Individualisierung der Figuren im Zusammenspiel von fiktiver Gegenwart (Sequenz) und Rückschritt (Ergänzung) gelingt aber nicht immer (Hager, Horber, Borchardt); an den jeweiligen Übergängen bzw. Schnittstellen von Sequenz und Ergänzung sind gestalterische, erzähltechnische Schwächen als Unsauberkeit festzuhalten.

1. Der Held Siegi Bernhard

Der 'Auftakt' zur erzähltechnisch wie skizziert gestalteten eigentlichen Brückenhandlung stellt Siegi Bernhard in den Mittelpunkt. Hier wird zwischen Sequenz und Ergänzung konsequent und hart 'geschnitten' — Ort,

schen Zweckmäßigkeit der Wiederbewaffnung, sondern — weitgreifend — auch um die Frage der Sittlichkeit des Dienstes mit der Waffe überhaupt." (S. 767)

Raum, Zeit, Personen der erzählerischen Handlung wechseln, und der Rückschritt versucht als Nachruf, Siegis 'Heldentum' zu erklären.

Unter strukturellem Aspekt wichtig ist: Die Situation führt zur neuerlichen Positionsbestimmung der sieben Jugendlichen, provoziert durch Scholten: "'Haut doch ab', sagte Scholten, 'haut doch ab, ihr Hosenscheißer, ich mache das notfalls ganz allein!'" (B, 54) Alle wenden sich darauf Scholten zu, "bis Siegi Bernhard schließlich allein am östlichen Brückenrand hockte, schluchzte, schnupfte und wartete." (B, 55)

Dabei ist die Typisierung von Siegi als dem Kindlichen zunächst plausibel und verständlich, wenn er als der Jüngste auch als erster seine Angst zeigt, als alle die Realität des Krieges erleben. Nur, die Evidenz 'ethischer' Werte wie 'Held' und 'Opfer' — die sind Essenzen seiner Bücher —, deren Inhalt in der Wirklichkeit durch ideologisch verbrämte militärische Befehle bis zur Perversion verschleiert wird, kann diese Figur nicht für die Wirklichkeit relativieren:

> Er weiß nur, daß es für ihn einen einzigen Platz auf der Welt gibt, wo auch er ein Held ist. Und dieser Platz ist in seinem Zimmer. Er braucht nur in eines der Bücherregale zu greifen, ein Buch herauszunehmen, zwei, drei Seiten zu lesen. Seine Bücher sind grundverschieden, nur eines haben sie alle gemeinsam. Einen Helden. (B, 67f.)

Die Figur Siegi ist typisiert zum unfertigen und verführten, kindlichen Jugendlichen, dessen charakterliche Anlagen durch Sehnsucht nach Zugehörigkeit zu einer (Helden)Gemeinschaft geprägt sind und nach einem Forum konturloser Selbstbestätigung. Gregor typisiert u.a. durch eine Passage in der Ergänzung, die eine öffentliche Konfrontation zwischen "Glaube und Demut auf der einen Seite, Stolz und Überheblichkeit auf der anderen" (B, 69) gestaltet und als solche eine in der deutschen Wirklichkeit von 1943 eigentlich nur seltene Episode gewesen sein kann.[37] "Siegi Bernhard schämte sich plötzlich nicht mehr. Er ging im gleichen Zug mit einem Helden, er war selbst einer, weil er bei diesen war und nicht jenen." (B, 70) interpretiert der Erzähler die Wirkung des Berichteten auf Siegi Bernhard, um dann die Typisierung noch zu steigern: "Er hatte die Szene nicht vergessen, und er wußte, daß es nicht die zwei Ohrfeigen waren, die den Sieg entschieden hatten, sondern das Forum, vor dem sie erteilt wurden." (B, 71)

Als Beispiel für erzählerische Schwierigkeiten, die auch für andere der Rückschritte benannt werden könnten, sei auf den ungeschickt-abrupten

---

[37] "Glaube und Demut" ohrfeigen in Gestalt eines älteren Mannes "in altmodischem, schwarzem Bratenrock" den Führer der "Uniformierten", der mit seiner Kolonne die Fronleichnamsprozession stören will, zu der auch Siegi von seiner Mutter befohlen worden war.

Wechsel der Erzählphasen verwiesen. Siegis Mutter ("kleine, abgehärmte Frau") verzweifelt, als ihr Sohn in die Kaserne muß und will. Die Phase schließt im Erzählerbericht, so wie die neue unmittelbar angeschlossen wird, die gleichzeitig einen Zeitsprung, Orts- und Themenwechsel der Narration bedeutet: "Und sie ging in sein Zimmer und packte ihm seine Sachen. Siegi Bernhard biß die Zähne zusammen, als er zum erstenmal eine scharfe Handgranate zu Gesicht bekam." (B, 71f.)

Auch Erzählsituation und Erzählweise wechseln oft. Das wird nicht an sich als Schwäche empfunden, sondern weil es oft logisch nur schwer zu begründende Vermischungen ergibt.[38]

Ideologisch-kritische Elemente bleiben in diesem erzählerischen Rückschritt ziemlich undeutlich, wenn sie den Helden- und Opfermythos und seine Pervertierung dadurch hinterfragen, daß seine Projizierung auf Kindlichkeit negativ bewertet wird.[39]

2. Qualität der Narration[40]

Die achte Sequenz vermittelt die Reaktionen der einzelnen Jugendlichen auf den Tod von Siegi, gestaltet nochmals die Motivationen zum Bleiben und profiliert dabei die von Scholten weiter; denn dessen Entschluß, zu gehen, wenn es "zu interessant" wird, wandelt sich durch Siegis Tod: "'Jetzt muß ich die Brücke halten. Das ist alles, was ich für ihn tun kann, alles!'" (B, 80), kündigt er den Kameraden an. Der Erzähler orientiert auf den weiteren Verlauf der Handlung, erinnert an den Befehl des Generals

---

[38] Im vorliegenden Beispiel wird zunächst die eingeleitete Phase in Berichtsform außenperspektivisch weitergeführt; Siegi überwand in der kurzen Ausbildungszeit seine Ängste, "biß die Zähne zusammen", ihm wurde auf die Schulter geklopft, als er die Handgranate richtig werfen konnte (Figurenrede), um durch Vermischung von erlebter Rede und Erzählerreflexion in personale Erzählsituation zu wechseln und dann unvermittelt wieder außenperspektivisch fortzufahren. Die Passage (B, 72) läßt auch auf sprachliche (semantische, stilistische) Schwächen hinweisen. Sie produzieren manchmal gequält-angestrengte und auch unlogische Bildhaftigkeit ("aufgerichtete Mauer forscher Kameradschaftlichkeit"; "Sturzbach von Tränen"), setzen auch gewagt Epitheta ("gesunder Zorn"). Auffallend ist bei der Lektüre die zweimalige Verwendung von "sich zurückerinnern". Auf die sprachliche Meisterung der Narration durch Gregor kann hier nicht weiter eingegangen werden. Generell gelingen Gregor die dramatisch und auf Dramatisches orientierten Passagen weitaus besser als die reflektorisch intendierten.

[39] Der Film verzichtet im Zusammenhang mit Siegi auf ideologisch-kritische Ansätze und individualisiert so durch Aussparung, Verknappung diese Figur.

[40] Das Zusammenspiel von Sequenz und Ergänzung kann hier nur an drei, vier Beispielen erläutert werden.

und bezieht diesen in die Kommentierung der gewandelten psychischen Befindlichkeit seiner Hauptfigur ein:

> Ernst Scholten hatte sich verwandelt. Alle spürten es.
> Da war etwas Fanatisches, Brennendes, Diabolisches in seinen Augen. Das Gesicht von Ernst Scholten war sechzehn Jahre alt, aber diese Augen waren viel älter. [...] War die Brücke bisher für Ernst Scholten ein Abenteuer mit patriotischer Untermauerung gewesen, so war der Befehl des Generals jetzt mehr. Er legalisierte den Wunsch Ernst Scholtens, den toten Freund zu rächen.
> Der Krieg war in Minutenschnelle vom Indianerspiel zur ganz persönlichen Angelegenheit für Ernst Scholten geworden. (B, 80)

Und der Erzähler entwickelt seine literarische Figur nochmals als bewußt denkende, entscheidungsorientierte Person, die sowohl auf jene fiktive Gegenwart rekurriert, welche dem Leser bisher vermittelt worden ist, als auch in der Narration noch folgendes ankündigt:

> Scholten spürte, mit dem Tod des kleinen Bernhard war noch einmal die Entscheidung aufgeworfen worden, ob sie hierbleiben oder still nach Hause gehen sollten. Und er wußte, für fünf von ihnen war dieses Zuhause wichtig, für ihn selbst nicht. (B, 81)

Nur für die literarische Figur Scholten wird der General und dessen Befehl in die Legitimation zum Bleiben einbezogen. Die Kameraden machen die Verteidigung der Brücke ebenfalls zu ihrer Angelegenheit, ohne daß ihre Motivationen vom Erzähler so präzise wie bei Scholten entwickelt und kommentiert würden; daß dafür ihre Beziehungen zu Siegi Bernhard und dessen Tod motivieren, bleibt schon dadurch außer Zweifel, weil das in der Sequenz sporadisch nochmals angeblendet und von Mutz für alle zusammengefaßt wird: "'Ich bleibe wegen dem da drüben!'" (B, 95)

Was für die technische Einbindung der sechsten Ergänzung gesagt wurde, gilt es auch für die siebente festzuhalten.[41]

Die dramatische Steigerung der szenischen Spannung, die sich durch die Narration mitteilt, wird von der achten Ergänzung unterbrochen. Dieser Rückschritt gibt ein weiteres Beispiel ab für jene einleitend angemerkte erzähltechnische Diffusion des Textes, auf die folgend nicht mehr eingegangen wird. Zwar wird dieser Rückschritt vom Erzähler mit dem Ende der Sequenz 9 vorbereitet ("Ernst Scholten wunderte sich über sich selbst. Bin gespannt, dachte er, wie lange ich das noch aushalte!" [B, 109]), die Ergänzung aber ist deplaziert, wenn nicht gar vollständig überflüssig. Sie trägt eigentlich gar nicht zur Profilierung der literarischen Figur bei.

---

[41] Hinzukommt Widersprüchliches im Zeitgerüst, denn während Studienrat Stern "an jenem Abend" für seine "Buben" betet (Abschluß der siebenten Ergänzung), hallt "der Gefechtslärm von der Brücke heraus" (B, 99). "Abend" widerspricht allerdings den von Gregor im Text gegebenen Zeitangaben.

Scholten wird als eine Person gezeichnet, die in früher Jugend schon mental und emotional eigenständig ist, 'clever' handelt, so wie sie es in der Extremsituation der erzählten fiktiven Gegenwart praktizieren will. Zudem ist die Ergänzung in der Überschreibung mit "Ernst Scholten und Johann Sebastian Bach" geradezu irreführend, und sie ist in sich schlecht strukturiert.

Zunächst: Eine zumindest ungeschickte Erzähleröffnung des Rückschritts findet eine Entsprechung in einem ebensolchen Abschluß. Sicher liegt nur technisches Ungeschick vor, wenn an den eigentlich schon sauber vollzogenen Abschluß des erzählerischen Rückschrittes eine Passage fiktiver Gegenwart angehängt wird, die unter erzählerischen funktionalen Aspekten als Eröffnung der sich anschließenden Sequenz 10 gelten muß. Scholten reflektiert über den General und seinen Befehl, eröffnet das Feuer auf die Amerikaner; der Erzähler schließt ab mit: "Dann spürte er die Stöße des Gewehrs an seiner Schulter" (B, 118). Aber damit bekommt die Erzähleröffnung von Sequenz 10 sozusagen die vorher begangene Unkorrektheit als Ballast auferlegt, denn erst nach einer umständlichen und ohnehin unnötigen Erklärung des Überraschungseffekts, den die Jugendlichen durch Scholtens Nervenprobe erreichen, setzt die Narration der fiktiven Gegenwart durch den Erzähler fast wörtlich neu an: "Ernst Scholten spürte schmerzhaft das Stoßen des Maschinengewehrs an seiner Schulter." (B, 122) Der Erzählrückschritt zur Figur Ernst Scholten gerät zudem z.T. überspannt in der Zeichnung eines vierzehn-, fünfzehnjährigen Jungen und dementsprechend banal im interpretatorischen Erzählerkommentar:

> Auf dem Bücherbord in seinem Zimmer fanden sich Spinoza, Schopenhauer, Rilke, und ein Band Nietzsche stand zwischen dem zweiten und dritten Teil von Karl Mays *Winnetou*. Er las, aber er war nicht imstande, alles Gelesene zu verdauen, und so war es ein seltsames, irrlichterndes, abwegiges Weltbild, das in Ernst Scholten zu wachsen begann. (B, 111)

Sequenz 9 gestaltet der Erzähler z.B. sauber, quasi als Blick durch das Scherenfernrohr, der einerseits sämtliche Bewegungen der Jugendlichen zu ihren jeweiligen Kampfstellungen verfolgt und abwechselnd bei ihnen verweilt und andererseits das Anrücken der amerikanischen Panzer und Soldaten einbezieht. Dramaturgische Steigerung strengt Gregor hier weiter durch nahezu zeitdeckendes Erzählen an, das einsetzt, als Scholten die anderen angewiesen hat, "daß sie nicht schießen sollten, bevor er selbst auf 'die Tube gedrückt' hatte." (B, 106)

Von sprachlichen Schwächen abgesehen, die punktuell faßbar sind,[42] gelingt dem Autor Manfred Gregor auch z.B. die Strukturierung der Se-

---

[42] Zur Sprache kann nochmals nur kurz angemerkt werden. Offensichtlicher Fehler ist die zweimalige Verwendung von "sich zurückerinnern" (B, 151; S. 185). War

quenz 11 (drei Seiten) und der dazugehörenden zehnten Ergänzung ("Karl Horber und das schlechte Gewissen") zur narrativen Einheit ähnlich perfekt wie bei der Erzähleröffnung des Romans und ihrer Ergänzung. War es da noch die gleiche Zeitebene der fiktiven Gegenwart, in der nach vollzogenem Ortswechsel erzählt wird, so befolgt Gregor jetzt weiter konsequent das Zusammenspiel von fiktiver Gegenwart und erzählerischem Rückschritt. Sequenz 11 greift das Motiv des "Weggehens" aus der Vorhandlung auf, ist als ein erzählerisches Schlaglicht auf eine Kampfepisode gestaltet. Während Scholten einem Emissär der Amerikaner "eine Chance" geben will, erschießt ihn Horber. Die zehnte Ergänzung entspricht inhaltlich ihrer Überschreibung; sie füllt Leerstellen zur literarischen Figur Horber und ihrem Hauptcharaktermerkmal auf, das aus ihrem plausibel mit Beispielen entwickelten Wesen als Person nahegebracht wird. Das übernehmen etwa 16 Textseiten, die inhaltlich wiederum ohne jedes ideologisch-kritische Element gestaltet sind. Der "Augenblick des Todes" ist ihnen vorgeschaltet; die Sequenz 11 endet damit, daß Horber hinter seinem Maschinengewehr liegt, "und als ihn Klaus Hager an den Schultern rüttelte, rollte er halb auf den Rücken." (B, 151) Dann wird der Rückschritt überschrieben und eingeleitet:

> Er wußte selbst nicht, woher das kam. Aber soweit er sich auch zurückerinnerte, stets hatte er ein schlechtes Gewissen. Immer machte er einen Fehler, tat etwas Falsches, sagte etwas Beleidigendes oder vergaß etwas Wichtiges. Dabei wollte er das gar nicht. (B, 151)

Dem entspricht auch seine Aktion, mit der er den Emissär erschießt. Gregor nimmt auch hier die Narration der fiktiven Gegenwart innerhalb der Ergänzung wieder auf (wie im Beispiel Borchart), wechselt aber nicht die Personenperspektive zu Scholten (oder anderen), sondern beläßt sie bei Karl Horber und schließt am Ende sauber wieder an die vorherige Zäsur an: "Das Geschoß hatte ihn ganz knapp unter dem Stahlhelmrand in die Stirn getroffen." (B, 171)

Im Sinne eines dramatische Umschwungs kommt Sequenz 12 Bedeutung zu. Die Katastrophe hat die Widerstehenskraft der verbliebenen Jugendlichen aufgebraucht. Sie motivieren ihre militärischen Handlungen neu, richten sie nicht mehr auf eine Verteidigung der Brücke oder auf Rächung der toten Kameraden, sondern auf die eigene Rettung. In wieder-

---

"bombensicher" sprachlich-stilistisch schon bedenklich, denn es wirkt situationsbezogen unfreiwillig ironisch-satirisch, so trifft das jetzt voll zu: "Seinen ersten Fehler machte Karl Horber schon bei seiner Geburt, er kostete seiner Mutter das Leben." (B, 152)

um nahezu zeitdeckendes Erzählen schaltet der Erzähler Reflexionen von Scholten und auch von Mutz ein, die das verdeutlichen.[43]

IV. Ideelle Kritik — Figurenentwicklung Ernst Scholten

Der Behauptung, daß Gregor den General nur für die Figur Scholten als einen Bezugspunkt anlegt und daß diese Figur Verhaltensänderungen reflektiert, wurde u.a. mit den Bemerkungen zu Sequenz 8 schon erste Substanz gegeben. Gregor führt die beschwerliche und opferbeladene Wandlung Scholtens innerhalb der Brückenhandlung über mehrere Schritte, die qualitative Änderungen der Scholtenschen Haltung bedeuten und bis hin zum Widerstand gegen den Befehl des Generals kommen: Sprengung der Brücke.

Zuerst legitimiert der Befehl des Generals für Scholten die Rächung von Siegis Tod. Und für die nimmt Scholten den Kampf gegen die anrückenden Amerikaner bewußt auf: "Er würde hinter diesem Maschinengewehr liegen und warten. Er würde so lange warten, bis ein Mensch von der anderen Seite es wagen würde, diese Brücke zu betreten." (B, 80)

Die nächste Reflexion Scholtens über den General setzt ein, kurz bevor er das Feuer auf die Amerikaner eröffnet. Und hier deutet der Erzähler für Scholten eine erste Distanzierung von der Autorität des Befehls an; selbst die Rächung Siegis als Hauptgrund für das Bleiben wird von komplexer Fragestellung subsumiert: "Lag er überhaupt noch da, um diesen Befehl [des Generals — R.T.] auszuführen? War es nicht längst etwas anderes, das ihn gepackt hatte? Etwas Unerklärliches, das ihn hierzubleiben zwang?" (B, 118)

In der kurzen Sequenz 11 (s.o.) orientiert die Narration darauf, daß sich unter allen noch lebenden fünf Jungen der Wille entwickelt, jetzt zu gehen. Nach dreißig Minuten Feuergefecht sind sie "müde, apathisch, nahe daran aufzugeben" (B, 147), der "Selbsterhaltungstrieb" regt sich. Der Erzähler vermittelt Scholtens neuerliche Reflexion über den General, die noch größere Ferne zu ihm andeutet:

> Selbst Scholten dachte nicht mehr an die Augen des Generals und an seinen Befehl. Er wollte weg hier, wie die anderen auch, wollte heim ins Bett. [...] Ruhe wollte er haben, nur Ruhe. Und er wollte diese Brücke verlassen, er wollte nicht hier liegenbleiben und sterben. (B, 147)

Immer stärker tritt — nahezu parallel zur apokalyptischen Steigerung des Untergangsszenarios — dieses Motiv in den Vordergrund. Es erfaßt, über

---

[43] Die anschließende elfte Ergänzung ("Klaus Hager und die Angst vor dem Leben", etwa 13 Textseiten), ist ein wenig überzeugendes Psychogramm, welches Hagers Aktion begleitet, mit der er den Tod findet.

die Initiierung von Scholten aus, vor allem Albert Mutz. "Wir sollten den Burschen dort droben noch erwischen und dann verschwinden." (B, 176), überlegt Scholten, da der Weg nach Hause abgeschnitten ist (Sequenz 12), und diese neue Motivation wird von Mutz übernommen:

> Als Mutz seinen Freund Scholten vom Verschwinden, also vom Abhauen reden hörte, wurde ihm plötzlich leicht ums Herz. Mensch, dachte er bei sich, wir hauen ab. Freilich hauen wir ab. Wir haben ja die Brücke gehalten, wir haben genug getan." (B, 176f.)

Und auch Hager motiviert und begründet so seine 'Rettungstat': "Wir wollen doch nach Hause." (B, 180)

Gregor führt die Jugendlichen innerhalb der Brückenhandlung im wesentlichen durch eingeschaltete Reflexionen in Distanz zum General und zu einer neuen Sicht auf ihn, verschiebt gleichzeitig durch Motiventfaltung die Positionsbestimmung vom Bleiben zum Weggehen. Beides vermittelt die Narration über Georg Scholten. Folgerichtig eröffnet Gregor die Sequenz 13 durch Figurensprache Scholtens: "'Komm', sagte Scholten zu Mutz, 'gehn wir nach Hause!'" (B, 199) Gregor beläßt die Sequenz ohne ergänzenden Rückschritt und vermittelt so konzentriert die vollzogene Wandlung seiner Hauptfigur Georg Scholten (die der Erzähler ja schon vorher durch einen ergänzenden Rückschritt porträtiert hat). Deren Wandlung wird in beiden angesprochenen Dimensionen manifestiert.

Zweimal steigert Scholten seine als Eröffnung formulierte Aufforderung zum Befehl an die verbliebenen Kameraden Mutz und Forst. Als Forst dann auf den Befehl des Generals verweist, wird die Wandlung Scholtens in die Narration gebracht. Die schon wichtige Passage "'Und was ist mit unserem Befehl?'" (B, 201) muß jetzt komplettiert werden, denn der Erzähler nimmt auch resümierende und wertende Reflexionen auf:

> Und Scholten dachte an den General.
> Wie ist das jetzt, fragte er sich, haben wir jetzt den Befehl erfüllt oder nicht? Wenn wir ihn nicht erfüllt haben, dann hat also der General von vornherein nichts anderes gewollt, als daß wir hier so lange kämpfen, bis wir verrecken! Mensch, dachte er sich, dann hat ja der General die vier da drüben praktisch auf dem Gewissen? Das kann doch der General nicht gewollt haben? Das ist doch unmöglich? (B, 201)

Die formal-strukturelle Bedeutung von Sequenz 14[44] korrespondiert mit der ideell-kritischen des Romans. Ideelle Kritik, die Gregor mit seinem Roman betreibt, hat das Verhalten des 'Generals' zum Gegenstand. Sie

---

[44] Klammerung und Zweiteilung der Brückenhandlung; Ortswechsel in der Narration von der Brücke in das Generalsquartier und zurück sowie damit verbundener Personenwechsel; als Peripetie neuerliche und neuorientierte Eskalation des Erzählten auf das Finale hin.

kulminiert in der Änderung der ideellen Haltung bzw. Position der Hauptfigur Scholten gegenüber dem General und seinem Befehl einerseits und in der Konfrontation mit der pervers erfolgsorientierten Strategie des Generals andererseits. Und das erzähltechnisch sowie wirkungsstrategisch Wichtigste ist: die Gleichzeitigkeit von Abschluß einer Haltungsänderung (Scholten) und Beibehaltung der Strategie des Generals sowie Steigerung ihres perversen Inhalts. Die perverse Jovialität des Generals: "'Einen Augenblick noch, Hampel. Sagen Sie den Jungen auf der Brücke, sie können nach Hause gehen.'" (B, 203), wird dem Leser doppelt deutlich: von "den Jungen" sind ohnehin nur noch drei am Leben und stehen vor dem Wahnsinn; den Entschluß zum Gehen haben sie selbst schon gefaßt, und zwar gegen den General! Als dessen "Lob" wenig später (allerdings nach 23 Textseiten; Sequenz 16) von Leutnant Hampel an die Jungen überbracht wird — die Narration stellt das dreimal heraus —, unterstreicht Gregor nochmals die ideell-kritische, gegen den 'General' gerichtete Komponente des Romans. Wiederum nimmt die Figur Scholten die Rede.[45]

Gleichzeitigkeit verlangt Auktorialität des Erzählens. Gregor verbindet Sequenz 13 und 14 durch einen harten Schnitt, und er führt die Narration innerhalb Sequenz 14 wieder auf die Brücke, die Distanz zum General nochmals betonend: "Die drei auf der Brücke waren entschlossen, zu gehen." (B, 204) Forst wird, legt man das Zeitgerüst der Narration zugrunde, genau in dem Moment das nächste Opfer, als der General in seinem Befehlsstand ihm erlaubt, nach Hause zu gehen — gewissermaßen "im Augenblick des Todes".

V. Ideologische Kritik — Walter Forst

Präzise setzt die Narration jetzt einen Rückschritt zu Walter Forst (20 Textseiten), in dem Gregor auch die wenigen, sonst kaum eingeflochtenen Elemente von Kritik an der Nazi-Ideologie und an ihrer Umsetzung anlegt, mit der sie zu jener Realität des Lebens im Dritten Reich wurde, die heute so oft 'Geschichte' genannt wird. Und es tut dem Roman m.E. gut, daß die ideologische Kritik weder quantitativ noch im strukturellen Sinn tragend wird, sondern nahezu "nebenher" erfolgt.[46] Sie ist quantitativ deutlich beschränkt; und zwar auf das, was methodisch über die Figur Forst vermittelt

---

[45] "'Sie werden sich freuen', sagte Scholten, 'die anderen werden sich riesig freuen.' Dann, mit einer jähen, weit ausholenden Handbewegung, daß der Leutnant verdutzt einen kleinen Schritt zurücktrat: 'Da drüben, Herr Leutnant, warten sie — auf das Lob des Generals!'" (B, 233)

[46] Der Film muß, weil er auf Rückschritte verzichtet, auch ganz auf diesen Aspekt verzichten. Und die hier vorgelegten Bemerkungen halten — auch aus Platzgründen — diesen Gliederungspunkt bewußt äußerst knapp.

wird. Diese Figur wird damit nicht nur im charakterlichen Bereich als Ausnahme gestaltet. Forst wird bei seiner militärischen Aktion gegen die Panzer immerhin von Scholten als "verrückter Hund, eiskalt" klassifiziert; und auch die Eröffnung des Rückschritts favorisiert dieses Persönlichkeitsmerkmal: "Eigentlich mochte ihn keiner so recht. Er war untersetzt, schien aber nicht kräftig, war sicher und gewandt im Auftreten, aber kalt und unpersönlich." (B, 204)

Und ein zweites Element zeichnet diese Figur aus. Walter Forst ist eigentlich nicht-ideologisch orientiert, auch wenn er "der einzige der Klasse [war], der sich näher und auch kritisch mit dem Regime befaßte." (B, 211) Aber er ist der Sohn des Standartenführers, der lokalen Parteigröße. "Er haßte seinen Vater, so weit er sich zurückerinnern konnte" (B, 210), auch, weil er seine Mutter "am schlechtesten von allen" behandelte. Gregor führt nun ideologische Kritik mittels dieser Figurenkonstellation der Fiktion, was vom Erzähler auch expliziert formuliert wird: "Aber wenn er über das Regime urteilte, so urteilte er über seinen Vater, und wenn er es haßte, so haßte er seinen Vater." (B, 211) Dabei ist die Einschränkung durch das "aber" als rhetorische erkennbar: der Vater ist die Verkörperung des NS-Regimes, und er praktiziert dessen Ideologie.

Eine Episode aus der Kindheit von Walter Forst thematisiert als einzige deutlich Kritik an einem wesentlichen Element der NS-Ideologie und der ihr entsprechenden Praxis.[47] Das Geschehen wird aus der Sicht des Kindes Walter erzählt und wiederum gerahmt eingeleitet: "Ein Erlebnis blieb ihm unvergeßlich in der Erinnerung haften. Es war an einem Novemberabend des Jahres 1938, er war damals neun Jahre alt." (B, 211)[48] Das Wesentliche in der Kritik ist für den Leser ideologisch orientiert und wird an ihn auf gleiche Weise herangetragen wie die Problematisierung des christlichen Gebots im Finale (s.o.). Für die Figur Forst ist es ausschließlich auf den Vater gerichtet, was der abschließende Rahmen unterstreicht: "Wie ich ihn hasse, dachte er, oh, wie ich ihn hasse, und damit schlief er ein" (B, 216)

VII. Schlußbemerkung

Wenn im Hinblick auf die Struktur des Romans festgestellt wird, daß Ort, Raum, und auch die Zeit, in denen das Erzählte angesiedelt ist, trotz in die Narration eingeschobener Rückblenden relativ eingegrenzt sind und daß

---

[47] Auch die oben erwähnte Fronleichnams-Episode thematisiert nicht solcherart Kritik.

[48] Über etwa fünf Textseiten wird von der Freundschaft des Neunjährigen zum gleichaltrigen Abi Freundlich erzählt. Die Familie Freundlich ist in Sicherheit, als der Standartenführer die Familie "abholen" will, weil Forsts Mutter "bei solchen Sauereien" nicht mitmachen will und sie gewarnt hat.

der "Verein" von sieben Jugendlichen mit dem "so unsinnigen wie verbrecherischen Auftrag"[49] den Antrieb für das Erzählen und das ideelle Zentrum des Erzählten abgeben, so wird die zitierte Feststellung zu präzisieren
sein, nachdem die konkrete Struktur der Narration befragt und als literarische Qualität erkannt wurde. Schon die genaueren Markierungen für einen
Fixpunkt der Romanfabel, der mit dem General und seinem Auftrag an die
Jugendlichen gegeben ist, fordern eigentlich schärfere, präzisere Benennung des Antikriegscharakters. Denn besagter Auftrag wird vom Erzähler
als verbrecherisch gezeichnet, weil er eben doch "sinnvoll" ist — für den
General! Und dieser Angriff gegen den verbrecherischen, sinngebenden
Verantwortlichen wird vom Rezipienten nicht ausschließlich emotional
erfahren, sondern er ist auch strukturell in der Narration angelegt.

Es ist festzuhalten, daß das wichtigste der Strukturelemente, auf denen
die Narration beruht, in der vom Erzähler formulierten Strategie des Generals besteht. Sie hat Einfluß auf den Ablauf der zentralen Handlung
(Brückenhandlung), durch sie werden Einführung in die Brückenhandlung
sowie deren Nachgeschichte sinnvoll möglich; dieses strukturbildende
Hauptelement — 'General', seine Strategie und ihre Umsetzung — bestimmt auch entscheidend den Antikriegscharakter des Romans.

Im Motivationsgefüge des Autors, das ihn zu diesem Roman inspirierte,
ist zweifellos die Sinnsuche ein weiteres Hauptmoment.[50] Die wichtigste
Figur ist auch in dieser Hinsicht der General: sein perfides psychologisches
Spiel mit den Sechzehnjährigen und seine Strategie werden als Elemente,
die den Verlauf und Ablauf bestimmen, wieder in die Narration einbezogen, nachdem die noch lebenden Scholten und Mutz ihre gemeinsam mit
Walter Forst beschlossene Rettung angehen. Die Suche nach einem Sinn
des Infernos ist um so relevanter für die Kontrastierung der Sinngebung
des Generals. Von ihr kommt weder die literarische Figur Albert Mutz am
Ende der Apokalypse ab, noch läßt der Erzähler zehn Jahre später von ihr
ab, obwohl es keinen 'Sinn' gab und gibt. Albert Mutz (und Gregor) wendet die Sinnsuche von der Richtung 'Tod' auf 'Leben'.[51]

Der Roman ist eine literarische Anklage der Sinngeber für jenes Inferno,
wie es nicht nur die Jugendlichen der *Brücke* erleiden mußten. Er fragt in

---

[49] Wagener (Anm. 3). S. 260.
[50] In der Vorhandlung angelegt bei Leutnant Fröhlich und Unteroffizier Heilmann
dient sie auch der Konturierung des Verhaltens von Vorgesetzten gegenüber Jugendlichen, als Hitler schon in den gar nicht heroischen Tod geflüchtet war, —
was bekannt war.
[51] Scholten, bei dem Gregor die Reflexionen über den General am stärksten angelegt hat, sieht sich um einen Sinn der Brückenverteidigung betrogen; er findet in
seiner Rettung der Brücke vor der Sprengung durch das Kommando des Generals
einen neuen, anderen Sinn — gerichtet gegen den General und dessen Befehl.

diesem Zusammenhang 1958 hochaktuell nach der Sittlichkeit des Dienstes mit der Waffe überhaupt und gehört in die Reihe wichtiger Antikriegspro-sa. Eine Frage der Sittlichkeit ist auch die Mißachtung des Romans, die in einem Großteil aktueller und wichtiger Publikationen festzustellen ist und eine Tendenz zur völligen Negierung entwickelt. Ihr ist entgegenzutreten. Manfred Gregors Roman *Die Brücke* gehört zum Kanon der deutschspra-chigen Literatur nach 1945 und zu dem der Antikriegsliteratur, die im 20. Jahrhundert sich selbst das Moralgesetz "Nie wieder Krieg!" vorschrieb, ohne die Realität diesem Gesetz unterwerfen zu können, — zu dieser Lite-ratur allemal! Der Autor insistierte (wohl 1985) auf einen Aspekt seines Romans, der ihn m.E. nicht nur aus literaturhistorischen Gründen auch heute merkenswert macht:

Vierzig Jahre Frieden, die meiner Heimat seitdem vergönnt waren, könnten all-zuleicht den Schleier des Vergessens über die Schrecken des Krieges niedersin-ken lassen. Indessen sind Frieden und Freiheit im ausklingenden 20. Jahrhun-dert keine Gunst des Schicksals, sondern Herausforderung, sie zu meistern. Da-zu gehört auch, nicht zu vergessen, was sich nie mehr wiederholen soll. (B, Vorwort)

Gerd Steckel

"Mißverhältnisse in der Buchhaltung"
Alexander Kluge: *Schlachtbeschreibung* (1964)[1]

Das Ereignis ist die Schlacht um Stalingrad im Herbst und Winter 1942/43. Der Vormarsch der deutschen Truppen hatte geendet. Für einige Tage herrschte eine Art Atempause, danach begann die russische Offensive. Die 6. Armee wurde eingekesselt, ein Entsatzversuch scheiterte ebenso wie die anschließend versuchte Luftversorgung. Knapp zweieinhalb Monate später war die 6. Armee zerschlagen. Von etwa 300.000 Soldaten lebten noch etwa 80.000 und gingen in Gefangenschaft, die 6.000 von ihnen überlebten. Nach Aussagen der Militärhistoriker hatte die Schlacht keine kriegsentscheidende Bedeutung.

Stalingrad ist zu einem Mythos geworden. Dieser Mythos bildete sich um die 6. Armee, die im Kessel verharrte, obwohl der Nachschub an Material die Bedürfnisse extrem unterschritt, manchmal völlig ausblieb. Immer häufiger starben Soldaten an Folgen, die nicht auf Kriegsverletzungen zurückzuführen waren: sie starben an Erschöpfung, an Hunger und an Erfrierungen.[2] Selbst ihrer soldatischen Aufgabe konnten sie aus Mangel an Munition und militärischem Gerät immer weniger gerecht werden.[3] Dennoch gaben sie erst auf, als mehr als die Hälfte von ihnen tot war.

---

[1] Ausgaben: Alexander Kluge: *Schlachtbeschreibung*. Olten und Freiburg 1964; A. K.: *Schlachtbeschreibung. Der organisatorische Aufbau eines Unglücks*. Frankfurt a.M. 1978. Neben diesen beiden gibt es drei weitere Ausgaben, die in dieser Arbeit nicht berücksichtigt werden. Die Zitate im Text folgen der erweiterten Ausgabe von 1978, abgekürzt mit der Sigle SB. Zitate, die der Ausgabe von 1964 folgen, sind besonders gekennzeichnet.

[2] "Die Sanitätsführung im Kessel meldete den ersten Todesfall infolge Erschöpfung; die Meldung gelangte über die Heeresgruppe an die Heeresmedizinalverwaltung in Berlin, mit Durchschrift an Führerhauptquartier." (SB, 107) Etwas später im Text wird von Leichenöffnungen durch einen Pathologen berichtet. Man will wissen, "weshalb Soldaten außerhalb der Kampfhandlungen starben." Einer der anwesenden Ärzte faßt zusammen: "Vergreisende Leiber." Vgl. SB, 118f.

[3] "An diesem Tag gab die 6. Armee einen Befehl über den Munitionsverbrauch heraus. Danach durften auf Regimentsebene 3 Schuß leichte Feldhaubitze, 2 Schuß Pak, 2 Schuß 8,8 Flak, auf Korpsebene 1 Schuß schwere Feldhaubitze täglich abgegeben werden. Mit Gewehrmunition war sparsam umzugehen." (SB, 123)

Als vor einigen Jahren anläßlich ihrer fünfzigjährigen Wiederkehr der
Schlacht um Stalingrad gedacht wurde, erschien eine Fülle von "Darstellungen in Film, Funk und Fernsehen, in Büchern und Zeitungen".[4]
Darunter befanden sich zwei Sammlungen von Aufsätzen, herausgegeben
von Mitarbeitern des Militärgeschichtlichen Forschungsamtes. Beide
Anthologien enthalten umfangreiches Material und werden durch Beiträge
einiger Mitarbeiter aus der ehemaligen Sowjetunion bereichert. Insofern
die Herausgeber beabsichtigten, "nüchtern und umfassend über die
Schlacht selbst [...] zu informieren"[5] bzw. "die Wirklichkeit von damals
[zu] rekonstruieren",[6] sind die Vorhaben wohl gelungen. In beiden Büchern wird aber an gleicher Stelle mehr gefordert: im einen Fall sollen "die
Mythen entschlüssel[t]", im anderen "Legenden" überwunden werden. In
dieser Absicht erreichen sie ihr Ziel nicht. Das scheint seinen Grund in der
Unbefangenheit zu haben, mit der versucht wird, über einen Gegenstand zu
informieren, von dem es heißt, er sei "vieldimensional", "wuchtig" und
"sperrig",[7] ohne die gewählte Form der Information auf ihre Leistungsfä-
higkeit zu hinterfragen. Wenn sich etwas sperrt, kann nicht einfach
drauflos informiert werden. So werden statt der Beseitigung der Mythen
die seit Jahrzehnten gängigen Aussagen wiederholt, die von Unmenschlichkeit, von Vermeidbarkeit und immer wieder von Schuld oder Unschuld
sprechen.[8] Auf diese Weise wird zumindest der Mythos aufrechterhalten,

[4] Michael Kumpfmüller: *Die Schlacht von Stalingrad: Metamorphosen eines deutschen Mythos*. München 1995. S. 10.
[5] Jürgen Förster (Hrsg.): *Stalingrad. Ereignis — Wirkung — Symbol*. München,
Zürich 1992.
[6] Wolfram Wette und Gerd R. Ueberschär (Hrsg.): *Stalingrad. Mythos und Wirklichkeit einer Schlacht*. Frankfurt a.M. 1992.
[7] Ebd. S. 11.
[8] Zur Schuldfrage schreibt Gerd R. Ueberschär, daß zunächst Hitler schuld gehabt
habe, weil der Verlust der 6. Armee ein Resultat seiner Entscheidungen gewesen
sei. Als nächstes war niemand schuld, denn: "Es konnte keinen freiwilligen Rückzug geben, ohne daß einer der beiden Diktatoren sein Gesicht verloren und einen
gewaltigen Prestigeverlust erlitten hätte." (Ebd. S. 21) Dann war Paulus schuld,
weil er den Ausbruch aus dem Kessel verzögerte. Dann war Paulus nicht schuld,
weil von Manstein ihn von der Verantwortung befreite. Dann war Paulus doch
wieder schuld, weil er die Kapitulation ablehnte. Dann war die Armeeführung
schuld, weil sie verlogen war und weil sie nicht ihrer Pflicht zur Fürsorge und ihrer
Verantwortung gegenüber den ihr anvertrauten Soldaten nachkam. Dann waren
alle Generäle im Kessel schuld, weil sie gehorchten. Göring war ein Mitschuldiger.
Schließlich übernahm Hitler gegenüber von Manstein die alleinige Verantwortung
für Stalingrad und erklärte sich somit für schuldig. Wolfram Wette vervollständigt
diese Liste, indem er in die Schuldfrage auch die "einfachen Soldaten" einbezieht,
denn sie wären "nicht massenhaft desertiert" (ebd. S. 45), wenn doch "Ungehorsam und eigenes Handeln eine moralische Pflicht gewesen wären" (ebd. S. 44).

der besagt, daß durch das Engagement einzelner Beteiligter Stalingrad
hätte ganz anders ausgehen können.

Stalingrad nicht auf die Schuld einzelner zu reduzieren, ist der Ansatz,
den Alexander Kluge in *Schlachtbeschreibung* verfolgt. Die Schuldfrage
ist für ihn deshalb nicht interessant, weil sie unartikuliert die Möglichkeit
der Kontrolle einbezieht und damit zugleich ein frei handelndes Subjekt
voraussetzt. Das heißt nicht, daß Kontrolle nicht existiert, es heißt auch
nicht, daß es ein handelndes Subjekt nicht gibt. Es gibt Kontrolle, meistens
als Wunsch; darüber hinaus wird sie in Ansätzen als existent gezeigt.
Kontrolle ist aber nie eine konsistente Kategorie, auf der sich Erklärungs-
modelle aufbauen lassen. Kontrolle und damit die Möglichkeit des Subjekts zum Handeln sind im Roman permanent problematisiert, indem sie
als Teile oder als Resultate von Verhältnissen sichtbar gemacht werden.
Diese Verhältnisse finden ihre Entsprechung in der Vorstellung des
Gitters, von dem Kluge oft im Hinblick auf das Erfassen von Realität
gesprochen hat. Dieses Gitter ist eine Struktur, in die Ereignisse, ebenso
Institutionen, Hierarchien, Vorhaben, Erfahrungen und Wünsche eingetragen und zueinander in Beziehungen oder Verhältnisse gesetzt werden. Der
Gedanke des Gitters bedeutet die Abkehr von einem substantialistischen
Denken, das Erkenntnis aus der Betrachtung der erstarrten Dinge selbst
erwartet, ebenso wie es versucht, Erkenntnis nicht im Zentrum der Dinge
anzusetzen, sondern an der Peripherie, eben da, wo sie sich mit anderen
berühren. In diesem Untersuchungsverfahren wird deutlich, daß Ereignisse, Vorhaben usw. stets im Zusammenhang mit anderen stehen, daß sie
sich zu verändern beginnen in den jeweiligen Beziehungen und daß erst
durch die Berücksichtigung der Beziehungen Fragen hinsichtlich des Sinns
oder des Unsinns gestellt werden können.

Verhältnisse sind der Gegenstand des Kapitels "Richtlinien für den
Winterkrieg", mit dem die überarbeitete Ausgabe des Romans beginnt. In
diesem Kapitel sind Verhaltensmaßnahmen zusammengestellt, nach denen
die Soldaten die in Stalingrad auf sie zukommenden Schwierigkeiten über-
stehen sollen. Denn zu dem "Kampf mit dem Feind gesellt sich im Winterkrieg der Kampf mit der Natur" (SB, 19). Die zu diesem Kampf notwendigen Maßnahmen bilden das Material des Kapitels. Darüber hinaus werden
Verhältnisse gezeigt, von denen das zwischen Mensch und Natur nur eines
ist. Da ist das Verhältnis Mensch zu Mensch angesprochen, wenn von den
"naturverbundenen, urwüchsigen Russen" berichtet wird, was suggeriert,
sie seien dem Winter eher gewachsen als die auf einer höheren Zivilisa-
tionsstufe stehenden deutschen Soldaten. Letztere jedoch könnten das

Durch ihr Verharren hätten sie dazu beigetragen, "daß das NS-Regime den Krieg
in der bisherigen Weise fortsetzen konnte." (Ebd. S. 45)

312

ungünstige Verhältnis zum Gegner ausgleichen, indem sie lernten, den "russischen Winter zu meistern", durch die "innerliche Vorbereitung auf die Härte des Winterkrieges" (SB, 13). Denn entscheidend ist nicht die Erfahrung, sondern "[i]m Kampf gegen die Unbilden des russischen Winters entscheidet letzten Endes die innere Haltung" (ebd.). In diesen Aussagen dominiert der Gedanke, das ungleiche Verhältnis zwischen den Gegnern, ebenso das Verhältnis zwischen Mensch und Natur, könne vom Willen kontrolliert werden.[9]

In diesem Kapitel über Verhältnisse geht es jedoch um mehr als den Versuch, reale Nachteile idealistisch in einen Vorteil umzuinterpretieren. In den "Richtlinien" werden Hilfsmittel für Notsituationen angegeben, wie z.B. Schnee gegen Kälte oder Papier gegen Wind. Beides ist korrekt und dient demjenigen, der in eine solche Lage geraten ist, nur für eine kurze Zeit. Nur ist Stalingrad keine zufällig entstandene und auch keine kurzfristige Notsituation: die deutschen Soldaten geraten, wenngleich nicht planmäßig, so doch auch nicht zufällig in den langwierigen russischen Winter. Im Zusammenhang mit dem wochenlangen Ausharren in Eiseskälte erscheinen diese Richtlinien verspielt und unbrauchbar. An dieser Stelle tritt zum Verhältnis zwischen Mensch und Natur jenes zwischen der persönlichen Ausstattung der Soldaten und dem Kriegsmaterial. Dieses Verhältnis erweist sich eindeutig als Mißverhältnis: während das Kriegsmaterial das Resultat des höchstentwickelten Standes der Produktivkräfte ist, so befindet sich der Schutz der Menschen auf einem geradezu vorindustriellen Stand. Wenn Industrie die Idee der Überwindung der feindlichen Natur beinhaltet, dann bezieht sich die Naturüberwindung allein auf die Gegenstände, die in Stalingrad zum Einsatz kommen. Für die an deren Herstellung beteiligten Menschen hat die jahrhundertelange gesellschaftliche Entwicklung der Arbeitskraft keine Vorteile gebracht, sie hat für sie keinen angemessenen Schutz produziert.

So wird in diesem Kapitel einerseits die idealistische Erhebung des Willens über die Natur gepriesen und damit zugleich der Mensch als Beherrscher der Natur. Andererseits wird dieser Mensch als abhängig von

---

[9] An dieser Stelle reagiert Kluge nicht weiter auf die Unsinnigkeit dieser Aussage. Dafür kontrastiert er dann aber diesen Idealismus im Kapitel "Die Unglückstage" mit einer Beschreibung der Kraft der Natur: "Natur, Sonne. Über die Augen eines vereisten Toten auf einer Anhöhe haben sich Krähen hergemacht. In der Steppe sind Vögel ungewöhnlich. Die kleine, weiße Sonne, die durch eine weißliche Dunstschicht zu sehen ist, hat die vertraute Tünche abgelegt, hilft nicht. Ein tags offener Himmel bringt unbarmherzige Kälte, Luftmassen von Astrachan, die nicht bereit sind, sich auf menschliche Maße einzustellen." (SB, 150) Diese Passage bildet zusätzlich in der letzten Fassung den Abschluß der als Vorwort fungierenden "Nachricht" (SB, 9).

der Entwicklung der Produktivkräfte und dem damit einhergehenden Vorrang der kriegsindustriellen Güter geradezu banalisiert. Radikaler läßt sich das Mißverhältnis zwischen Menschen und den von ihnen hergestellten Produkten bzw. jenes zwischen lebendiger und toter Arbeit kaum beschreiben.

Das Kapitel "Richtlinien für den Winterkrieg" ist in der Neufassung an einigen Stellen gekürzt. Bei den Kürzungen handelt es sich um Hinweise, die für die unmittelbar soldatische Tätigkeit bedeutsam sind. Dadurch wird die Geltung der Aussagen über den besonderen Bereich des Krieges hinaus verdeutlicht: es geht um etwas sehr Abstraktes, eben um Verhältnisse, und in allen wird gezeigt, daß die Proportion nicht stimmt. Indem das Kapitel in der Neufassung an den Anfang gerückt wird, kommt ihm zugleich für das Buch eine paradigmatische Rolle zu. Anstelle der Kontrolle und damit der Schuld macht es die Frage nach den Verhältnissen zum Thema des Romans, der dann als ein Versuch erscheint, die Katastrophe in Stalingrad als Resultat von Verhältnissen und Mißverhältnissen zu verstehen: zwischen Mensch und Natur, zwischen Mensch und Industrie, zwischen lebendiger und toter Arbeit, zwischen Konkretem und Abstraktem, zwischen idealistischem Wollen und materieller Realität.

Sind die Mißverhältnisse in den "Richtlinien für den Winterkrieg" das Resultat nicht zueinander passender, starrer Gegensätze, so verschiebt sich im Kapitel "Militärgeistliche Entwürfe" das Problem auf die Sprache, indem auf das Verhältnis zwischen Text und jeweiligem Zusammenhang seines Erscheinens reflektiert wird. Dies zu demonstrieren, sind vier Predigten abgedruckt, an denen verschiedene Formen des Einwirkens des Zusammenhangs auf den Text gezeigt werden. In drei Predigten scheint ein bestimmter Zusammenhang beabsichtigt, indem die religiöse Rede der politischen Absicht nutzbar gemacht werden soll. So wird einfach eine politische Stellungnahme in einen Predigttext einbezogen im Versuch, den Krieg als Ausführung des göttlichen Willens zu rechtfertigen:

> Wir *mußten* das Schwert ziehen, um unsere Volksgenossen aus den Händen ihrer grausamen Bedrücker zu befreien. Die Söhne unseres Vaterlandes *mußten* hinaus in den Kampf. Wo aber für den Krieg das Tor aufgestoßen wird, da wird auch die Bahn für den Tod gebrochen. Es *muß* so sein. (SB, 213; Hervorhebung im Text.)

Eine andere Form in gleicher Absicht ist das Zusammenbringen von biblischem Zitat und politisch motivierter Interpretation, in der einige Schlüsselwörter des Zitats in den Mittelpunkt der Interpretation gestellt werden. So wird eine Predigt, durch die die Zuhörer zu erhöhter Opferbereitschaft angehalten werden sollen, mit dem Zitat eingeleitet: "Nimm deinen einzigen Sohn, den du lieb hast, und opfere ihn [1 Mos 22,2]." (SB, 213) An anderer Stelle ist es der Gedanke an das gewünschte Durchhaltevermögen, der mit dem Bibelzitat: "Sei getrost und laß uns stark sein für unser Volk... [2 Sam 10,12]" (SB, 218) eingeleitet und gerechtfertigt wird.

In diesen Beispielen ist die Absicht hinter der Verknüpfung von religiöser und politischer Rede als sehr hoch einzuschätzen. Der jeweils diese Rede benutzende Pastor scheint diese Verbindungen zu bezwecken und sich in den Dienst des Faschismus oder zumindest der Kriegspropaganda zu stellen. Es ist allerdings ein Nachteil dieser Verknüpfungen, daß sie bei der Rezeption leicht zu durchschauen, daß ihre verschiedenen Herkunftsweisen relativ einfach zu differenzieren sind und daß dadurch der beabsichtigte Zweck von den Hörenden unterlaufen werden kann. Dies wird schwieriger, wenn biblischer Text und politische Interpretation ineinander übergehen:

> Seid stille, so ruft es uns unser Psalm zu, [...]. Seid stille, ihr meine Schwestern und Brüder, die ihr eure Männer und Väter und Brüder hinausziehen lassen müßt, daß eure Augen und Herzen weinen. Seid stille: größer als der Helfer ist die Not ja nicht. Seid stille und fürchtet euch nicht, denn wir haben einen Gott [...]. Seid stille und erkennet, daß ich Gott bin, spricht der Herr. (SB, 215)

In dieser Predigt mischen sich Zitat und Auslegung, und ohne die Distanz, die beim aufmerksamen Lesen dieses Textes noch möglich ist (die Predigt wird aber nicht gelesen, sie wird gehört), verwischt sich die Grenze zwischen Zitat und Auslegung. Was hier gesagt wird über die notwendigen Leiden, die durch den Krieg entstehen, die, weil sie notwendig sind, ausgehalten werden müssen, erscheint mit der Autorität des Psalms gesagt.

Neben dem Verweis auf das manchmal recht innige Verhältnis zwischen Kirche und Nazistaat zeigt Kluge in diesem Kapitel die Dominanz der Sprache vor der Absicht dessen, der sie einsetzt. Es ist zwar nicht unbedeutend, ob der Sprecher bestimmte Aussagen machen will oder nicht, von größerer Bedeutung ist jedoch, was die Sprache macht, indem sie in einem bestimmten Zusammenhang erscheint. Dies wird verdeutlicht in der folgenden Predigt:

Nicht müde werden   2 Kor 4, 7-18

> In dieser Lage kann uns das Wort dienen, in dem Paulus von seiner Sendung redet. Wir hören unsre Epistel als *Gottes Ruf an die Christen in schwerer Zeit: Nicht müde werden! Denn ihr habt einen köstlichen Schatz, eine wichtige Aufgabe, ein herrliches Ziel.*
> Neben den Glauben, der den köstlichen Schatz umfaßt, neben die Liebe, die sich dem andern zu Dienst verpflichtet weiß, stellt unser Wort zuletzt als Anreiz zum Nicht-müde-Werden den Blick auf das herrliche Ziel. Wer ohne Christus gelebt hat, für den wäre ja der Himmel nur Hölle! Die Gewißheit der Gnade kann aber auch in Zeiten, da das Herz dunkel ist vor Trauern, das Licht der

Hoffnung entzünden und der Verzagtheit wehren im Blick auf das herrliche Ziel... (SB, 217; Hervorhebung im Text.)

Im Gegensatz zu den anderen Predigten spricht hier nichts von Volk, Führer, Krieg oder Opfer. Allein von schwerer Zeit ist die Rede, darüber hinaus ist dieser Predigttext scheinbar neutral. Gerade deshalb bereitet er große Schwierigkeiten. Zu einer beliebigen Zeit, ohne den besonderen Kontext des Faschismus oder des Krieges, würde er wohl allein als biblischer Text gehört werden können. Ohne diesen Kontext müßten der "köstliche Schatz" mit Christus, die "wichtige Aufgabe" mit der Verbreitung des Christentums, das "herrliche Ziel" mit der Auferstehung in Zusammenhang gebracht werden; das "Nicht müde werden" wäre allein ein Appell an die Aufgabe der Verbreitung des Christentums. Innerhalb des Kontexts von 1942 kann sich jedoch der Zusammenhang beim "köstlichen Schatz" von Christus auf Deutschland verschieben, ebenso bei der "wichtige[n] Aufgabe" von der Verbreitung des Christentums auf den Krieg und bei dem "herrliche[n] Ziel" von der Auferstehung auf das tausendjährige Reich. In diesem Kontext wird der Appell an das "Nicht müde werden" zur Aufforderung, in den Kriegsanstrengungen nicht nachzulassen. Selbst der Name dessen, der "von seiner Sendung redet", ist im Kontext der Zeit doppelschichtig: der Name Paulus bezieht sich gleichermaßen auf den Apostel als auch auf den General in Stalingrad. Unter bestimmten Voraussetzungen besitzt der Name des Generals gegenüber dem des Apostels vielleicht gar die stärkere Assoziationskraft.

Das in diesem Kapitel angesprochene Verhältnis ist das zwischen beabsichtigten Aussagen und den Veränderungen, denen sie unterzogen werden durch den Zusammenhang, in dem sie erscheinen. Der Text hat die Tendenz, mit dem Zusammenhang zu verschmelzen. Es ist von enormer Bedeutung, daß die zuletzt erwähnte Predigt sich der faschistischen Verwertbarkeit ebenso, vielleicht sogar eindringlicher zur Verfügung stellt als die zuerst besprochenen Predigten, obwohl der Pastor wahrscheinlich gar nicht beabsichtigte, den Faschismus zu unterstützen.[10] Welche Assoziationen sich einstellen, erfolgt unbewußt und entzieht sich weitgehend der Kontrolle. Um der Assoziation der Predigt mit dem Nationalsozialismus

---

[10] Auf Kluges Aufmerksamkeit hinsichtlich der relativen Machtlosigkeit des Textes gegenüber dem Kontext verweist auch Stefanie Carp in ihrer Untersuchung eines Kapitels aus *Schlachtbeschreibung*, "Sprache der Höheren Führung", in welchem Kluge "mehrere aus ihren Kontexten gerissene Textpassagen aus Stalingrad-Romanen hintereinander zitiert, ohne Angabe der Autoren und ohne typographische Unterscheidungen der Texte. Sie werden zitiert als Indizien für eine die Kriegsmaschine stabilisierende ideologische Praxis. Einer der Texte stammt aus Theodor Pliviers Roman: Stalingrad." Stefanie Carp: *Kriegsgeschichten. Zum Werk Alexander Kluges.* München 1987. S. 105.

oder Stalingrad entgegenzuarbeiten, wäre auf Seiten der Hörer ein enorm hoher Grad an Differenzierungs- und damit Kritikfähigkeit die Voraussetzung. Die zur Trennung der Bereiche benötigte Arbeit ist am letztgenannten Text weitaus größer als bei den zuvorgenannten. Diese Schwierigkeit steht in entgegengesetztem Verhältnis zur propagandistischen Absicht: je größer die Absicht, desto geringer die Schwierigkeiten zu differenzieren und umgekehrt.

Die bislang untersuchten Verhältnisse zwischen Menschen und Dingen als auch das zwischen Text und Kontext vereinfachen die Auseinandersetzung mit dem Kapitel "Rechenschaftsbericht", in dem es um beide Verhältnisse geht. Dieses Kapitel stand zu Beginn der ersten Ausgabe und bildet in der Neuauflage den Abschluß. Es handelt sich bei diesem Bericht um tagebuchähnliche Eintragungen, die vier Tage vor der russischen Offensive beginnen und mit der Kapitulation enden. Sie reflektieren zunächst den Angriff, kurz darauf abwechselnd Angriff und Abwehr, dann die Abwehr gegnerischer Angriffe und schließlich das Zusammenbrechen der Abwehr. Die Beschreibung der Kampfaktivitäten zeigt eine Verschiebung in der sprachlichen Verarbeitung von einer gewöhnlichen Umgangssprache zu ästhetisierter Sprache, die einhergeht mit der Entwicklung vom siegreichen Vorgehen zur Niederlage.

Die deutliche Verschiebung zu ästhetisierter Sprache zeigt die Möglichkeit, dem Eingeständnis von Verlusten entgegenzuwirken, indem die Ereignisse in Einsicht verhindernder Weise gerechtfertigt werden. Darüber hinaus geht es auch im "Rechenschaftsbericht" zusätzlich um etwas anderes. Untersucht man die im Bericht verwandte Sprache, so lassen sich leicht drei unterschiedliche Bezugsfelder erkennen. Das erste Feld zeigt eindeutig die Sprache militärischer Auseinandersetzungen und umfaßt Wörter wie Stoßtrupp, Front, Stützpunkt, Luftangriff, Feind, Gefangene, die häufig genannten Verben vernichten, abschießen, zerschlagen usw. Als zweites können jene Wörter zusammengefaßt werden, die neben ihrem Bezug zum Krieg in der Sprache des Sports, insbesondere des Fußballs, Verwendung finden: harter Kampf, hervorragender Kampfgeist, Gegenangriff, gescheiterter Gegenangriff, zum Gegenstoß antreten, Raum im Angriff gewinnen, erbitterter oder erfolgreicher Abwehrkampf, Abwehrschlacht, starken Angriffen standhalten, heldenhaft kämpfen, den Gegner aufreiben, verlieren, gewinnen, stürmen, verteidigen, durch Lücken vorstoßen etc. Die letzte Gruppe nimmt Wörter auf, die eher der Sprache des Wirtschaftsteils einer Zeitung entsprechen als der Beschreibung militärischer Auseinandersetzung: Gegenmaßnahmen, hoher bzw. großer Verlust, Verlust erleiden, mit Verlust erkaufen, Fuß fassen, wirksam unterstützen, einsetzen, erfolglos, einbringen, Nachschub stören, gewinnen, verlieren, erfolgreich, mit Erfolg. Hinzu kommen noch das Verb 'aufreiben' und das

Satzfragment: 'massiert vorgetragene Angriffe in erbitterten Kämpfen ab[weisen]', die nicht der gewöhnlichen Wirtschaftssprache entnommen sind, sondern eher beschreiben, was die englische Sprache einen 'hostile takeover' nennt.

Die Zusammenschließung der Bereiche des Militärs, des Sports und der Wirtschaft durch eine einzige, undifferenzierte Sprache zeigt die Ideologie des Krieges schon in der Art und Weise, in der über ihn gesprochen und geschrieben wird. Dieser Sprache nach soll der Krieg nicht anders sein als eine sportliche oder wirtschaftliche Auseinandersetzung. Durch Sprachgewöhnung erscheint dann Krieg als nichts Außergewöhnliches, sondern als Fortsetzung der Normalität. Nichts reflektiert in dieser Sprache die Verschiebung vom Krieg als Zweikampf, in dem der Schwächere irgendwann aufgibt, hin zur Art des Krieges im zwanzigsten Jahrhundert: dem industriellen Krieg, in dem die sich bekämpfenden Menschen anonym bleiben, in dem allein Vernichtung das Ziel ist.

Die Verquickung der drei Bereiche in der Beschreibung der kriegerischen Ereignisse gibt Aufschluß über den Titel, unter dem sie gesammelt erscheinen. Rechenschaftsbericht ist ein Terminus zunächst aus dem Bereich der Wirtschaft. Rechenschaft abgeben ist die Aufgabe dessen, der mit fremdem Kapital umgeht, wie der Vorstand eines Aktienunternehmens den Anteileignern jährlich Rechenschaft abzugeben hat. Unter dieser Bezeichnung wird der Bericht des Vorstandes veröffentlicht. Rechenschaft muß der Vorstand gegenüber dem Finanzamt abgeben. Um diesen Bericht nachprüfbar zu machen, muß eine Bilanz erstellt werden. Diese Bilanz ist der letzte, zusammenfassende Schritt in der Buchführung. Solch eine Buchführung, in der jeder Tag ein eigenes Konto erhält, in das Soll und Haben eingetragen werden, stellt der Rechenschaftsbericht dar.

Dienstag, 29. Dezember 1942:
Zwischen Wolga und Don und im großen Donbogen scheiterten erneute feindliche Angriffe in harten Abwehrkämpfen. Eine seit mehreren Tagen eingeschlossene feindliche Kräftegruppe wurde vernichtet. Seit dem 24. Dezember wurden hier, unterstützt durch die Luftwaffe, 65 Panzer, 30 Geschütze, zahlreiche schwere und leichte Infanteriewaffen und weiteres Kriegsgerät vernichtet oder erbeutet und eine große Zahl Gefangener eingebracht. Die blutigen Verluste des Feindes übertrafen diese um ein Vielfaches [...]. (SB, 357)

An diesem Tag war die Unternehmung Krieg erfolgreich. Das Konto des 29. Dezember weist auf der Habenseite großartige Erfolge auf, die auf der Sollseite aufführbaren Verluste brauchen nicht einzeln dargestellt zu werden, die "harten Abwehrkämpfe" deuten Verluste lediglich an. Der Gewinn kann in die Schlußbilanz aufgenommen werden. Wieder zeigt sich die Charakteristik des modernen Krieges: nicht der Gegner des Duells wird betrachtet, er bleibt verborgen hinter den Ausdrücken "feindliche Kräfte-gruppe" oder "Feind". Als Individuelles ist nur schweres Kriegsgerät wichtig, das genaue Berücksichtigung verdient: 65 Panzer und 30 Geschütze. Die Buchhaltung des Krieges interessiert sich für Material, für Kapital, für vergegenständlichte Arbeit, wie es schon im Kapitel "Richtlinien für den Winterkrieg" gezeigt wurde. Sie interessiert sich nicht für lebendige Arbeit oder deren Träger, die abgetan werden als "große Zahl Gefangener" oder "blutige Verluste des Feindes". An keiner Stelle im Text wird nach der Gefangennahme über die Gefangenen gesprochen, die Gewinn- und Verlustrechnung berücksichtigt sie nicht.[11] Und das Schlußbilanzkonto des Berichts, das die Niederlage gestehen und somit die Schlacht um Stalingrad als Verlustgeschäft ausweisen müßte, wird durch den letzten Satz, den Saldo, als ausgeglichenes Konto gezeigt: "Die Divisionen der 6. Armee aber sind bereits im neuen Entstehen begriffen." (SB, 365) Menschen, so wird hier impliziert, sind ersetzbar. Solange das Konto Ausgeglichenheit aufweist, ist der Krieg kein Mißerfolg.

Es ist ein Versagen in diesen buchhalterischen Bemühungen, das der oft genannten Brutalität der Schlacht einen weiteren Aspekt hinzufügt und zugleich dem Mythos um Stalingrad, soweit er sich auf die Treue der Soldaten, auf deren heroisches Aushalten bezieht, entgegenarbeitet. Kluge hat dies in einer kleinen, fast versteckten Textstelle zum Ausdruck gebracht. Innerhalb des Kapitels "Die Unglückstage" erscheint unter dem 24. November 1942 der Bericht über die Einschließung der 6. Armee. Diese Aufzeichnung beschreibt die genaue Verlaufslinie des Kessels, es gibt eine Beschreibung der Gegend, des weiteren einen Hinweis auf die Temperaturen im strengen Winter, auf die Schneebedingungen, erwähnt werden Pläne und Versprechungen an Paulus, ihn und seine Truppen "herauszuhauen" (SB, 86), und schließlich werden Überlegungen hinsichtlich der Luftversorgung mitgeteilt. Und dann steht auf knapp dreieinhalb Zeilen das eigentlich Unfaßbare, das der Brutalität sowohl der Kämpfe als auch des russischen Winters um nichts nachsteht: "Die Russen glaubten, 80.000 Mann umschlossen zu haben. Wehrmachtsführungsstab: etwa 400.000. Der Quartiermeister der Armee sagte später: 300.000. Paulus glaubte, er hätte etwa 200.000 unter sich." (SB, 87) In einem ansonsten lückenlos aufgezeichneten Ablauf der Kriegsanstrengungen, in dem das Inventar ständig auf den aktuellen Stand gebracht wird, besteht völlige Unklarheit über die Anzahl der dort eingeschlossenen Menschen.[12] Die

---

[11] Daß über die Gefangenen nicht gesprochen wird, ist nicht auf Kluge zurückzuführen. Das im "Rechenschaftsbericht" benutzte Material ist offiziellen Berichten entnommen, Kluge hat sie "unbearbeitet präsentiert". Vgl. ebd. S. 118.

[12] Über die genauen Zahlen bestehen bis heute große Differenzen. Die 'nüchterne Information' scheint nicht einmal hinsichtlich der sogenannten Fakten möglich.

Überlegungen darüber, ob von Hitler bis zu Paulus jemand menschlich oder menschenverachtend handelte, ist uninteressant, soweit versucht wird, das moralische Bewußtsein der Individuen zu rekonstruieren. Wo in der Buchhaltung mit dem "lebendigen Anteil an der Kriegsführung" derart nachlässig umgegangen wird, kann die Frage nach dem menschlichen Verhalten nur sekundär sein.

Der "Rechenschaftsbericht" ist in der Neubearbeitung ans Ende gerückt, weil in ihm beschrieben wird, daß etwas zu einem Ende gekommen ist. Nach der Erstellung des Schlußbilanzkontos ist nichts mehr hinzuzufügen, das Verhältnis zwischen Soll und Haben ist geklärt, jetzt können Gewinne eingelöst bzw. Verluste abgeschrieben werden. Soweit die Buchhaltung betroffen ist, ist die Schlacht um Stalingrad beendet.

Die Verschmelzung der drei Bereiche in einer Sprache resultiert in der gleichen Schwierigkeit, die schon anhand der Kapitel "Richtlinien zum Winterkrieg" und "Militärgeistliche Entwürfe" thematisiert wurde. Richtlinien, Predigten und Konten, sie alle beinhalten den Versuch, Ungewöhnliches als Gewöhnliches zu porträtieren, und das heißt immer: die Grenzen zwischen jenen beiden zu verwischen. Kluges Arbeit am Thema Stalingrad ist nicht die nüchterne und umfassende Information bzw. die Rekonstruktion der Wirklichkeit, seine Arbeit ist die Aufbereitung von Geschehnissen in Texten, deren Lesen es erlaubt, lesen bzw. differenzieren zu lernen.[13]

In zwei Arbeiten zum Roman *Schlachtbeschreibung* ist auf die Rolle der Ironie hingewiesen worden, die Kluge zum Beschreiben der Verhältnisse in und um Stalingrad benutzt.[14] Die dort vertretene Auffassung hinsichtlich dieser Rolle scheint im Hinblick auf Kluges Arbeiten allgemein problematisch, insbesondere aber in ihrem Bezug auf diesen Roman. Ironie wird als ein Werkzeug interpretiert, das nach Bedarf eingesetzt werden kann, um beim Lesen einen bestimmten Effekt zu erzielen, wenn einige der gezeig-

---

[13] Lesen lernen ist das von Kluge genannte Ziel in der Auseinandersetzung mit einem Text, "den die wirklichen Verhältnisse geschrieben haben". Vgl. Hans Dieter Müller: *Der Kopf in der Schlinge*. Frankfurt a.M. 1985. S. 177f. Daß lesen lernen das Ziel der Beschäftigung mit Texten über Kriege ist, hat Oskar Negt, des öfteren Koautor mit Alexander Kluge, am Beispiel des Golfkrieges deutlich gemacht. Denn nichts am Golfkrieg (und das gilt ebenso für den Krieg in und um Stalingrad) "hat ein menschliches Maßverhältnis", weshalb Übersetzungsarbeit auf menschliche Verhältnisse benötigt sei. Die Vorrausetzung dazu ist "politisches Unterscheidungsvermögen", welches andererseits in der Beschäftigung wiederum ausgebildet wird. Unumgänglich ist "de[r] lange[] Atem der Differenzierung." Vgl. Oskar Negt: Golfkrieg und Politik. In: O.N. und Alexander Kluge: *Maßverhältnisse des Politischen*. Frankfurt a.M. 1992. S. 173ff.

[14] Vgl. Carp (Anm. 10) und Kumpfmüller (Anm. 4).

ten Menschen sich dumm verhalten haben. Ironie wird auf diese Weise dem spöttischen Kommentar gleichgesetzt.[15] Damit wird ein Ironiebegriff bemüht, von dem Kluge sich seit der Zeit der Erstausgabe deutlich distanziert hat. Es scheint, daß gerade die Differenz zwischen den beiden Ausgaben von der veränderten Einsicht hinsichtlich der Rolle der Ironie bestimmt ist. In der Ausgabe von 1964 befinden sich an zahlreichen Stellen "spöttische Kommentare" bzw. ironisierte Beschreibungen extrem lachhaft erscheinender Handlungen, Eigenschaften oder Aussagen. In der überarbeiteten Ausgabe sind fast alle diese Passagen gestrichen. Besonders auffällig ist dies in der "Rekapitulation", dem Kapitel, an dem Kluge die meisten Veränderungen vorgenommen hat. Es ist das einzige Kapitel der Erstfassung, in dem weniger über Ereignisse und mehr über Menschen erzählt wird. Kluge stellt nach einer kurzen, allgemeinen Betrachtung des preußischen Soldatenwesens die einzelnen Teile der Hierarchie von Stalingrad bis zur obersten Heeresführung vor: von Reichenau, Paulus, von Manstein, Zeitzler und schließlich Hitler. Auch hier wird nicht so erzählt, daß die Beschriebenen als Identitäten erfahrbar würden. Die Schilderungen bestehen aus Hinweisen, die Material zur Herstellung von Beziehungen gemäß dem zu Beginn erwähnten Gitter bedeuten. Bringt man die Eintragungen in Beziehung zueinander, so beginnt an verschiedenen Stellen eine Person durchzuscheinen, weiter geht diese Art von Beschreibung nicht. Dies geschieht gerade im Hinblick darauf, dem Hang des Lesers zum Identitätsdenken entgegenzuarbeiten. Diese Form der Erzählung wird jedoch in der ersten Fassung gerade durch zahlreiche Passagen unterlaufen, in denen die einzelnen durch spöttische Kommentare ironisiert wurden. Spöttischer Kommentar ist die Beschreibung von Identität, obwohl gerade an ihr Zweifel erweckt werden.

Kluge hat aus dem Text jene Stellen herausgestrichen, die die Leser zur Identifikation und zur Schuldsprechung verleiten könnten.[16] Diese Strate-

---

[15] Diesen Vergleich zieht Michael Kumpfmüller (Anm. 4). S. 254.

[16] Zur Verdeutlichung sei hier ein Beispiel aus der Beschreibung von Mansteins genannt. Es wird die Episode eines jungen Offiziers erzählt, der sich in einer Schwierigkeit um Hilfe an von Manstein wandte, von dem er jedoch im Stich gelassen wurde. Später bestrafte von Manstein ihn wegen militärischen Fehlverhaltens. Der junge Offizier wurde zunehmend isoliert und später aus nicht genanntem Grund erschossen. Diese Episode wirft ein erklärendes Licht auf von Manstein, sie trägt aber nicht zur Erklärung Stalingrads bei. Die Stelle bietet dem Leser eine ganz wichtige Einschätzung: Paulus wurde stets kritisiert, weil er nicht gegen den Befehl Hitlers agierte. Um gegen den Befehl zu handeln, hätte Paulus die Rückendeckung durch andere hohe Offiziere gebraucht. Die Episode des jungen Offiziers suggeriert, daß Paulus von von Manstein keine Rückendeckung erhalten hätte und sich Hitlers Befehl daraufhin nicht widersetzte. Das mag so stimmen oder auch

gie wird konsequent auch dann beibehalten, wenn über Hitler geschrieben wird, mit einer Ausnahme. Im Kapitel "Die Unglückstage" wird in den Aufzeichnungen zum Ende der Schlacht berichtet: "Als Oberstleutnant i.G. von Zitzewitz Hitler über den Restkessel vortrug, sagte Hitler mit gedämpfter Stimme, die viele Mitarbeiter für die eines Vaters hielten: "Der Mensch regeneriert schnell!" (SB, 156)

Diese Textstelle, so dramatisch sie auch klingt, ist unbrauchbar für die Aufdeckung der Konstruktion des Romans, weil sie Ironie als Werkzeug des Autors zeigt. Die in diesem Zitat ausgedrückte Gleichgültigkeit Hitlers den Menschen gegenüber scheint furchtbarer als die, die sich aus den Verhältnissen ergibt, wie sie in den Kapiteln "Richtlinien für den Winterkrieg" und "Rechenschaftsbericht" beschrieben wurden. Sie klingt furchtbarer, weil sie als Ausdruck eines Willens erscheint, als Folge einer Absicht. Sie ist aber nicht schlimmer als die aus den Verhältnissen resultierende: ihre Auswirkungen sind gleichermaßen katastrophal. Hinzukommt, daß die in diesem Zitat ausgedrückte Beherrschung des Diskurses, nämlich seitens des Autors, gerade dem widerspricht, was Kluge im Kapitel "Militärgeistliche Entwürfe" zum Ausdruck gebracht hat.

Daß an einigen Stellen in der Neufassung noch Reste des überholten Ironiebegriffs vorhanden sind, ist eher auf ein Übersehen zurückzuführen, es ändert nichts am grundlegenden Gedanken der Neufassung. Wäre es anders der Fall, so bliebe der Widerspruch im Kapitel "Pressemäßige Behandlung" verborgen. Dort geht es um die Beziehung der Nazibürokratie zur Öffentlichkeit, d.h. zu den Zeitungen, die gemäß der vorgetragenen Anforderungen über Stalingrad berichten sollen. In dieser Aufstellung von täglichen Erlassen gibt es aber ein merkwürdiges Paradox. Obwohl Kluge den Abdruck der Erlasse stark kürzt, wird zu Beginn jeder einzelnen Eintragung darauf hingewiesen, daß es der Reichspressechef ist, der die Direktiven für den Tag ausgibt. Jede Eintragung beginnt mit dem Hinweis: "Tagesparole des Reichspressechefs". Der Ton, in dem diese Parolen vorgetragen werden, entspricht aber gerade nicht dem, was vom Repräsentanten eines autoritären Staates zu erwarten wäre. Sämtliche Erlasse dieses Berichts erscheinen im Passiv: "Die Zeitungen werden darauf hingewiesen", "ist [...] zu unterstreichen", "ist auf der Linie zu halten", "sind zu würdigen", "dürfen [...] erwähnt werden" usw. Daneben gibt es die Redewendungen: "Der deutschen Presse fällt dabei die Aufgabe zu" (SB, 340) oder: "Der deutschen Presse fällt hierbei die besondere publizistische Aufgabe zu" (SB, 338).

nicht, es verleitet aber in jedem Fall zu jenem kausalen Denken, das Kluge zur Erklärung historischer Prozesse stets abgelehnt hat.

Dieser Ton paßt zu anderen Teilen des Romans, wo durch die Mißverhältnisse, durch die Unmöglichkeit zur Kontrolle, die Abwesenheit eines
eingreifenden Subjekts vorgestellt wurde. Der Gegenstand dieses Kapitels
ist jedoch das handelnde Subjekt, der Reichspressechef, der versucht, die
Öffentlichkeit durch Zensur zu manipulieren. Die vom Reichspressechef
verwendete Rede negiert jedoch dessen Funktion. Die Sprache befindet
sich exakt in einem Mißverhältnis zur Erscheinung dieser kraftvollen
Autorität. Passive Sprache ist ebenso subjektlose Sprache, wie der wiederholte, als Schicksal auftauchende Hinweis, daß der Presse etwas "zufällt".
Beides beschreibt die Abwesenheit des Subjektes und damit das Gegenteil
von Kontrolle.

So fügt sich auch dieses Kapitel in die Darstellung der Abwesenheit
eines kontrollierenden Subjekts ein. Die Einschätzung, die Kluge über Stalingrad gibt, ist die, nach der die Katastrophe unmittelbar nicht von
Menschen gemacht wurde und deshalb auch nicht von ihnen zu verhindern
war.[17] Sie ergab sich aus einer Struktur, aus einer Vielzahl an (zeitlich
horizontalen und vertikalen) Verhältnissen, in denen fast nichts zusam-
menpaßte. In der adäquaten Beschreibung dieser Struktur wird der Mangel
an Sinn deutlich, bzw. eine große Menge von Unsinn. Die Abwesenheit
des Sinns, die Abwesenheit eines vernünftig handelnden Subjekts, erzeugt
Ironie. Ironie wird damit zum Resultat der Einordnung in Zusammenhänge
oder Verhältnisse und hört auf, Mittel des Autors zu sein.

Wo Kluge Ironie einsetzt, wirkt die Darstellung gezwungen. Wo er
Ironie entstehen läßt, an den Schnittstellen, als Erscheinung innerhalb des
Gitters, da erreicht die Ironie eine Ausdruckskraft, die die gewollte nie
erreichen könnte. Wo seine Ironie eingesetzt erscheint, da widerspricht es
dem Vorhaben, einzelne nicht anzuklagen, an der Katastrophe von Stalingrad schuld gewesen zu sein. Denn das Problem um die Schuld liegt als
strukturelles Problem wesentlich tiefer, als es die Frage nach individueller
Schuld zeigen könnte. Die Frage nach individueller Schuld führt zu Fragen
nach dem möglichen Engagement der einzelnen, und diese Frage erweist
sich, wieder im Zusammenhang gesehen, als äußerst komplex und kompliziert. Guter Wille, moralisches Handeln und energisches Auftreten können
ebenso großen Schaden anrichten, wie sie potentiell die Kraft zum Vorteil-
haften haben. Das Problem des Engagements beschreibt Kluge in einer
machtvollen Szenenfolge im Kapitel "Die Unglückstage". Nach dem Ein-
schluß der 6. Armee spürt Paulus den Nachteil in der militärischen Stra-

---

[17] Es ist wichtig, sich eines Passus aus dem als Einleitung fungierenden Kapitel
"Nachricht" zu erinnern, wo es zur Ansicht einiger Offiziere, "sie hätten sich
schuldig gemacht, weil sie die Mannschaften in die aussichtslose Lage nach Stalingrad geführt hätten", heißt: "Sie hatten zu solcher 'Führung' aber gar nicht die
Macht." (SB, 8)

tegie, der in der Hierarchie besteht. Soldaten sehen und melden an Paulus, der an Hitler weitermeldet. Hitler empfängt, bespricht, entscheidet und befiehlt zurück an Paulus. Das Problem für Paulus ist, daß der Befehl, wenn er ihn erreicht, schon nicht mehr der realen Situation entspricht. Paulus weiß, daß er Flexibilität, daß er Handlungsfreiheit braucht, die er von Hitler im Funkspruch vom 23.11.1942 explizit fordert. Hitler gewährt ihm diese Freiheit natürlich nicht und wird damit zum Bösewicht (SB, 84).

Das Problem ist aber nicht Hitler, es ist die unterbliebene Handlungsfreiheit, und die wird kurz darauf von Paulus und anderen Teilen der Hierarchie ebenso verweigert. Wenn zuerst General Hube (SB, 120f.), dann Major Toepke (SB, 121f.) und schließlich Hauptmann i.G. Behr (SB, 136ff.) aus dem Kessel zu Hitler geschickt werden, um Hilfe für die Armee zu erreichen, dann wird ihnen die Handlungsfreiheit genommen, indem sie überladen werden mit Aufträgen, Argumenten, Wünschen usw. Jedes Einwirken auf die Abgesandten erweist sich später als Hemmnis hinsichtlich der notwendigen Flexibilität, die in einer veränderten Situation benötigt wird. Durch den Zwang zur Repräsentation der Aufträge und Wünsche anderer kann keiner von ihnen eine Beziehung zu der jeweiligen Situation herstellen. Als Repräsentanten, ohne Handlungsfreiheit, bleiben sie ohnmächtig.

Die Gewährung von Handlungsfreiheit unterliegt am wenigstem dem moralischen Engagement, dem guten Willen der Beteiligten. Sie beruht vor allem auf dem Verstehen der Bedingungen, des Zusammenhangs, damit der Form, in der diese Freiheit sich äußern kann oder von Anfang an verhindert wird. Kluges Text zeigt, daß die Schwierigkeiten in Stalingrad nicht auf unzureichendes Handeln der einzelnen zurückzuführen sind, sondern daß es sich um strukturelle Probleme handelt, die an vielen Stellen weit über das militärische Geschehen hinausgreifen. Die Auseinandersetzung mit dem Thema Stalingrad muß sich auch auf die Struktur dieser Schwierigkeiten einlassen und kann sich nicht damit zufrieden geben, Fehler der einzelnen nachzuweisen und besserwisserisch zu kritisieren. Daß Kluge sich dieser Verlockung (in den Neufassungen des Romans) erfolgreich verweigert hat, scheint mir das Bedeutende an seinem Buch.

Hans Wagener

Zwischen Abenteuer und Zeugenschaft
Lothar-Günther Buchheim: *Das Boot* (1973) und
Die Festung (1995)

Der spektakulärste internationale Erfolg eines deutschen Kriegsromans über den II. Weltkrieg war zweifellos Lothar-Günther Buchheims U-Boot-Roman *Das Boot* (1973), dem der ähnlich erfolgreiche, gleichnamige Film (1981) von Wolfgang Petersen, mit Jürgen Prochnow in der Hauptrolle, zu einem noch größeren Kassenerfolg verhalf.

Hier war zum Roman geworden, was der 1918 in Weimar geborene Buchheim am eigenen Leibe erfahren hatte. Buchheim war eine Art Wunderkind, dessen Gemälde und Zeichnungen schon ausgestellt wurden, als er erst vierzehn Jahre alt war. Er studierte an der Dresdener Akademie der Künste und in München und arbeitete nebenbei u.a. als Illustrator für Zeitungen und Zeitschriften. Bei Kriegsausbruch ging er zur Marine und diente im Rang eines Leutnants auf Minensuchbooten, Zerstörern und U-Booten, zuletzt als offizieller Kriegskorrespondent mit dem Auftrag, erst in zweiter Linie Fotos, in erster Linie aber Zeichnungen zu liefern. Nach dem Kriege begann er expressionistische Gemälde zu sammeln, mit dem Resultat, daß seine Sammlung heute als eine der bedeutendsten der Welt gilt. Er ist bekannt als Kunsthistoriker, als Verfasser mehrerer Standardwerke über den Expressionismus in der Malerei und von Monographien über Max Ernst, Beckmann, Klimt, Kandinsky und Picasso. Aber auch der Roman *Das Boot* (1973; Startauflage 50.000 Exemplare) steht als Buchheims Werk über den Zweiten Weltkrieg nicht alleine da. Nachdem er, erst dreiundzwanzigjährig, mit einem Buch über eine Faltbootfahrt donauabwärts zum Schwarzen Meer bei S. Fischer debütiert hatte (*Tage und Nächte steigen aus dem Strom*), hatte er Anfang der 40er Jahre für den Berliner Suhrkamp-Verlag ein Werk über die U-Boot-Waffe mit dem Titel *Jäger im Weltmeer* verfaßt, wovon die ersten beiden Auflagen allerdings durch Kriegseinwirkungen in der Druckerei zerstört wurden.[1] Unmittelbar nach der Verfilmung von *Das Boot* folgte ein "Journal" über die Verfilmung,

---

[1] Die erste Auflage, die ihr Lesepublikum erreichte, erschien erst 1996 bei Hoffmann & Campe in Hamburg.

Der Film Das Boot (1981), das immerhin mit einer Startauflage von 100.000 in die Welt geschickt wurde, und 1976 eine Art historischer Reportage u.d.T. *U-Boot-Krieg*, in der Buchheim zahlreiche Originalfotos seiner U-Boot-Fahrten veröffentlichte. Die Reportagen entsprechen zum großen Teil den in dem Roman *Das Boot* als Fiktion gestalteten Erlebnissen und konstituieren deshalb dessen reportagehaftes Pendant. In dem monumentalen Roman *Die Festung* (1995; Startauflage 150.000) setzte Buchheim den mit *Das Boot* begonnenen, weitgehend autobiographischen, wenn auch fiktionalisierten Bericht über seine Erlebnisse als Kriegsmaler und -berichterstatter der Marine fort.

Wegen des autobiographischen Charakters beider, in der Ich-Form erzählter Romane und wegen des zeitlichen Anschlusses der beiden Handlungen und ihres teilweise identischen Personals ist man versucht, sie als eine Einheit, als zwei Teile einer Dilogie zu behandeln; das bietet sich auch hinsichtlich der gemeinsamen Haupttendenz beider Romane an, die darin besteht, die Mängel der deutschen Führung und die Diskrepanz zwischen NS-Propaganda und Realität des Krieges zu entlarven. Eine solche Sichtweise erweist sich jedoch als falsch, wenn man die gravierenden Unterschiede beider Werke in Betracht zieht. In *Das Boot* steht der deutsche U-Boot-Krieg während des Zweiten Weltkriegs im Atlantik im Mittelpunkt, werden die Abenteuer eines bestimmten U-Bootes und seiner Besatzung beschrieben. In *Die Festung* gibt es zwar auch eine U-Boot-Fahrt, und zwar aus der umkämpften 'Festung' Brest nach dem französischen U-Boot-Stützpunkt La Pallice; mindestens genauso viel Raum nehmen hier aber auch die Erlebnisse des autobiographischen Erzählers während einer Reise durch Deutschland, an die Invasionsfront und seine Odyssee in einem alten amerikanischen Wagen quer durch Frankreich in den letzten Tagen der deutschen Okkupation ein. Zeitzeugenschaft des Krieges also in beiden Romanen. Absolute Konzentration und Beschränkung auf den Mikrokosmos des durch den Atlantik stampfenden U-Bootes in *Das Boot* und der Versuch einer panoramahaften Beschreibung der Auflösung im von Bombenangriffen zermürbten Deutschland und von den Alliierten und dem Maquis zurückeroberten Frankreich in *Die Festung*; statt der Optik des Mikroskops also die des Weitwinkelobjektivs. Dem entspricht der unterschiedliche Umfang beider Werke: Den 600 Seiten von *Das Boot* stehen in *Die Festung* 1.470 engbedruckte Seiten gegenüber. Eine Komprimierung durch den Verleger bzw. seinen Lektor hatte bei beiden Romanen, erstaunlicherweise auch im Falle von *Die Festung*, stattgefunden. Im Falle von *Das Boot* hatte der Münchener Piper-Verlag, "nachdem Droemer/Knaur trotz einer Empfehlung von Buchheims Freund und Droemer-Autor Johannes Mario Simmel abgewinkt hatte, das sechste (2.600 Seiten-

)Manuskript" auf die schließlich publizierten 600 Seiten komprimiert,[2] im Falle von *Die Festung* war der ursprüngliche Umfang angelich noch größer.

I. *Das Boot*: Entmythologisierung des U-Boot-Krieges

Michael Salewski stellt im 'Vorspann' seiner Dokumentation der Wirkungsgeschichte des Romans fest, "daß dem Buch jede vordergründige Tendenz fehlt."[3] Das ist, wenn man das Wort "vordergründig" in weitem Sinne interpretiert, zwar durchaus richtig. Doch wird sich bei genauerer Betrachtung erweisen, daß dieses Pauschalurteil zumindest zu qualifizieren ist. Eine Reihe wichtiger Qualitäten von *Das Boot* werden schon bei einer genaueren Betrachtung der folgenden Präambel deutlich:[4]

> Dieses Buch ist ein Roman, aber kein Werk der Fiktion. Der Autor hat die Ereignisse, von denen hier berichtet wird, erlebt; sie sind die Summe der Erfahrungen, die er an Bord von U-Booten machte. Dennoch sind die Schilderungen der handelnden Gestalten keine Portraits einst oder heute noch lebender Personen.
>
> Die Operationen des Bootes, um die es in diesem Buch geht, fanden im Herbst und Winter 1941 statt. Zu dieser Zeit zeichnete sich auf allen Kriegsschauplätzen die Wende ab. Vor Moskau wurden die Truppen der Wehrmacht zum erstenmal in diesem Krieg zum Stehen gebracht. In Nordafrika gingen die britischen Truppen in die Offensive. Die Vereinigten Staaten bereiteten Hilfslieferungen an die Sowjetunion vor und wurden — unmittelbar nach dem japanischen Überfall auf Pearl Harbor — selber kriegführende Macht.
>
> Von den 40 000 deutschen U-Boot-Männern des Zweiten Weltkrieges kehrten 30 000 nicht zurück.

Die ersten Zeilen lesen sich wie die rechtliche Absicherung einer Filmgesellschaft in einem Filmvorspann. Sie sind einerseits die Verwahrung gegen eine allzu autobiographisch genaue Interpretation, der Hinweis auf den fiktionalen, eben den Romancharakter des folgenden Diskurses; andererseits erheben sie gleichzeitig einen dokumentarischen Anspruch, stellen die implizit, durch den Hinweis auf das eigene Erleben begründete Behauptung auf, daß hier, trotz des fiktionalen Elementes, so etwas wie Wahrheit vermittelt werden soll. Also: die Einzelumstände sind erfunden, die neue, komprimierte Form dient aber der Vermittlung von innerer Wahrheit. Ei-

---

[2] *Der Spiegel* vom 13. August 1973. S. 97.
[3] Michael Salewski: *Von der Wirklichkeit des Krieges. Analysen und Kontroversen zu Buchheims 'Boot'*. München 1976. S. [1].
[4] Ähnlich hatte schon Erich Maria Remarque seinem Bestseller *Im Westen nichts Neues* (1929) eine den eigenen Roman interpretierende Präambel vorausgeschickt, und viele andere Autoren von Kriegsromanen waren ihm darin gefolgt.

nen solchen Anspruch mag Buchheim zwar erheben, und niemand wird behaupten wollen, er habe sich nicht nach Kräften darum bemüht, dennoch wird man darauf hinweisen müssen, daß ein fiktionales Werk bestenfalls eine subjektive Wahrheit wiedergeben kann, daß sich 'Wahrheit' fiktionaler Darstellung naturgemäß entzieht, daß bereits im Prinzip der Auswahl, eben der hier versuchten Komprimierung, in der Ordnung von Stoffmassen nach den kompositorischen Gesichtspunkten eines Romans bestenfalls die subjektive Wahrheit eines Kunstwerks entstehen kann, vergleichbar der eines realistischen oder neusachlichen Gemäldes. Ähnlich wie bei der Fiktion des Manuskriptfundes eines Novellenerzählers aus der Zeit des poetischen Realismus handelt es sich also um eine Wahrheitsbeteuerung zur Einstimmung des Lesers.

Gleichzeitig wissen wir damit aber auch, daß hier der Autor und ehemalige Marineoffizier Lothar-Günther Buchheim über 20 Jahre 'danach' sein Erleben des U-Boot-Krieges beschreibt, und er beschreibt es, um selbst damit fertig zu werden, damit zu Rande zu kommen, sich davon zu befreien, es zu "bewältigen": "Hier bewältigt ein einzelner seine Vergangenheit [...]."[5]

Die Zeitangabe des zweiten Absatzes und der Hinweis auf die gleichzeitigen Ereignisse auf den weltweiten Kriegsschauplätzen sind insofern für den Roman absolut notwendig, als dort nur implizit Zeitangaben gemacht werden und das Boot selbst in scheinbar völliger Isolierung von allem anderen Kriegsgeschehen auf dem Atlantik operiert. Man fragt sich mit Recht, ob Buchheim jeglicher Diskussion realer gleichzeitiger Kriegsereignisse bewußt aus dem Wege geht oder ob die Männer auf dem Boot tatsächlich von aller Außeninformation abgeschnitten waren. Man sollte annehmen, daß zumindest durch Funk- oder Radioempfang gleichzeitige Ereignisse auch hier hätten hereingeholt werden können.[6] Der völlige Ausfall von Außeninformation während der Reise des U-Bootes scheint deshalb dem Wahrheitsanspruch des ersten Absatzes zu widersprechen. Eher glaubhaft ist da schon der entschiedene Mangel an Diskussionen über den Krieg unter den Offizieren. Buchheim stellt ganz pointiert fest: "Politik wird in der O-Messe nicht berührt. Aber auch im Gespräch mit mir macht

---

[5] Salewski (Anm. 3). S. 36.

[6] Helmut Scheffel hat sich in der *F.A.Z.* vom 9. Oktober 1973 besonders darüber ereifert: "Da karriolte im Herbst und Winter 1941 ein U-Boot mehrere Monate im Atlantik herum (um in der Sprache des Buches zu bleiben) und hatte doch Radio an Bord — aber man hörte keine Nachrichten. Nicht einmal die aus Deutschland? Niemand auf dem Boot wußte, was zu dieser Zeit in der Welt geschah? Nichts von dem, was in Rußland los war? Nichts von Pearl Harbor am 7. Dezember, nicht einmal, daß die Vereinigten Staaten in den Krieg eintraten? Da gab es keine Kommentare unter den Offizieren und keine einzige Andeutung unter den 'Piepels'?"

der Alte [der U-Boot-Kommandant — H.W.] jedem ernsthaften Dialog,
sobald er ins Politische einmündet, mit spöttischem Lippenkräuseln den
Garaus. Fragen nach Sinn und Chancen des Krieges sind ganz und gar tabu." (B, 121)[7] Ergrimmt zeigt sich der "Alte" nur, wenn Rundfunknach-
richten mit Erfolgsmeldungen von Schiffsversenkungen eintreffen. Dann
fühlt er sich als Seemann betroffen, der Schiffe liebt und für den die Pro-
pagandaformulierungen des Dritten Reiches eine Beleidigung darstellen:

> Aderlässe an Schiffsraum nennen die das! Ausradieren von Tonnage! Diese
> Heinis! Tonnage! Dabei geht es um gute, seetüchtige Schiffe. Die machen uns
> doch mit ihrer miesen Propaganda zu einer Art Vollstreckungsbeamten — zu
> Abwrackern — Ausschlachtern... (B, 121)

Der Erzähler vermutet:

> Anscheinend hat er alle Probleme auf einen einfachen Nenner gebracht: Angrei-
> fen, um nicht selbst erledigt zu werden. Sich ins Unvermeidliche schicken,
> scheint seine Devise zu sein. Aber mit großen Worten will er in Ruhe gelassen
> werden." (B, 121)

Angreifen als Selbstverteidigung, als Sich-Wehren gegen den Tod. Es ist
derselbe Standpunkt, den bereits Erich Maria Remarque in *Im Westen
nichts Neues* (1929) vertreten hatte. Wie einst Remarque geht auch Buchheim in *Das Boot* sowohl Diskussionen über die Gesamtkriegslage und
Kriegführung als auch moralischen Verhaltensfragen des einzelnen aus
dem Wege.

Gerade dieser letzte Aspekt zeigt sich auch gleich zu Anfang des Romans, als die Frage angeschnitten wird, ob es richtig sei, im Wasser trei-
bende Schiffbrüchige ihrem Schicksal zu überlassen. Moralische Überlegungen werden hier abgeschnitten: "Thomsen macht eine resignierende
Handbewegung, murmelt noch 'ach Scheiße!' und läßt den Kopf hängen."
(B, 26) Mit dem Prinzip der Pflichterfüllung werden alle Zweifel zuge-
deckt, wobei mit der Infragestellung des Pflichtprinzips eine derartige Entschuldigung gleichzeitig desavouiert wird:

> Manchmal reizt es mich, ihn [den "Alten" — H.W.] aus seiner Reserve zu lok-
> ken, ihn zu fragen, ob er sich nicht auch nur etwas vormache, auf eine kompli-
> ziertere Weise freilich als die meisten; ob nicht sehr viel Illusion dazugehöre,
> um mit der Überzeugung leben zu können, daß sich mit dem Begriff der
> "Pflichterfüllung" alle Zweifel zudecken lassen. Aber der Alte entzieht sich mir
> jedes Mal mit Geschick. (B, 122)

---

[7] B = *Das Boot*; F = *Die Festung*. Die Seitenzahlen im Text beziehen sich auf die
folgenden Ausgaben: Lothar-Günther Buchheim, *Das Boot*. München 1973, und
Die Festung. Hamburg 1975.

Dem Erzähler sowie einem Mann wie dem Kommandanten ist also nicht nur im Rückblick, sondern angeblich auch zur Zeit der Handlung die Problematik ihrer soldatischen Aktionen klar, aber der Erzähler verbalisiert seine Bedenken nicht einmal in einem inneren Monolog, sondern nur höchst indirekt, in Anspielungen. Man mag eine derartige Vermeidung einer Diskussion kritisieren, aber hieße das nicht heutige Forderungen einer Reflexion über Recht und Unrecht des Krieges in eine historische Situation hineintragen, der derartige Fragestellungen fremd waren? Deshalb stellte Walter Gallasch in den *Nürnberger Nachrichten* vom 25./26. August 1973 fest:

> Daß die politische Standortbestimmung des Autors, der als Ich-Figur und Leutnant mitfährt, mitleidet und aufschreibt, auf den 600 Buchseiten fehlt, hat seinen Grund: das Buch vermittelt die Atmosphäre von 1941. Und damals diskutierte man nicht über Recht und Unrecht des Krieges.[8]

Bei dem Hinweis auf die Wende, die sich der Präambel zufolge 1941 auf allen Kriegsschauplätzen abzeichnet, wird eine gleichzeitige Wende im U-Boot-Krieg ausgelassen. Der Grund ist wohl der, daß sich die entscheidende Wende dem Historiker Michael Salewski zufolge dort erst rund zwei Jahre später ereignete:

> Die Wende in der "Schlacht Atlantik" kam im Mai 1943. Von diesem Zeitpunkt an neigte sich die Waage endgültig zugunsten der U-Boot-Abwehr. Aus den "Jägern im Weltmeer" (auch ein atavistisches Bild!) wurden die Gejagten. Die Verhältnisse drehten sich um.[9]

Dieser Umschwung kündigte sich nach Buchheim jedoch schon 1941 an: "Sieht ganz so aus, als hätte sich das Blatt gewendet." (B, 174)[10] Ja, die Wende im Kriegsglück ist ein Thema des Romans; sie bestimmt seine Handlung, das risikoreiche Operieren des U-Bootes im Atlantik. Sie zeichnet sich ab aufgrund der Tatsache, daß ab Herbst/Winter 1941, also nach der deutschen Niederlage in der 'Luftschlacht um England', die deutsche Luftwaffe gegenüber der englischen Royal Air Force keine Rolle mehr spielt, daß sie den ein- und auslaufenden U-Booten keinen Jagdschutz mehr geben kann, daß die Alliierten ihre Schiffe zumeist in wohlgeschützten Geleitzügen über den Atlantik fahren lassen, daß sie Ortungstechnologien entwickelt haben, mit denen sich die U-Boote nicht nur von anderen Schiffen aus im Wasser mit großer Genauigkeit lokalisieren lassen, sondern auch Radarsysteme, die klein genug sind, um in Flugzeugen unterge-

---

[8] Zitiert nach Salewski (Anm. 3). S. 101.

[9] Ebd. S. 28.

[10] In einem Fernsehinterview im Rahmen der Sendung "Hitlers Helfer: Der Nachfolger – Karl Dönitz", die zuerst am 25. Februar 1997 im ZdF ausgestrahlt wurde, nannte Buchheim das Jahr 1942 als Datum für die Wende im U-Boot-Krieg.

bracht zu werden, so daß die Boote auch bei Dunkelheit vor einer Bombardierung aus der Luft nicht mehr sicher sind.

Damit ist aber die Haupttendenz des Romans bezeichnet: Es geht Buchheim um eine Entlarvung der Verlogenheit der deutschen Propaganda und der Inkompetenz der obersten Kriegführung durch seinen Bericht als Zeitzeuge, als einer, der dabeigewesen ist. Immer wieder macht er sich in einer Art Galgenhumor über die Propagandaphrasen des Dritten Reiches lustig. Gleich im ersten Kapitel zitiert einer der betrunkenen U-Boot-Kommandanten die damalige Propagandasprache in derartiger Konzentration, daß sie sich dadurch selbst ad absurdum führt:

> Unser herrlicher, wertgeschätzter, abstinenter und unbeweibter Führer, der in glorreicher Karriere vom Malerlehrling zum größten Schlachtenlenker aller Zeiten... stimmts etwa nicht? [...] Also, der große Flottensachverständige, der unübertroffene Seestratege, dem es gefallen hat, in seinem unermeßlichen Ratschluß... wie gehtsn weiter? (B, 21)

Durch die Betrunkenheit des Sprechers wird die Vermengung von Alltagssprache und Propagandaphrasen zu einer dissonanten Folge vereint, die durch die Unterbrechung des pathetischen Tons die Propaganda desavouiert.

Ein anderes Mittel, das zu demselben Ziel führt, ist die Persiflage: Als der Kommandant den undurchführbaren Befehl erhält, mit seinem Boot aus dem Atlantik durch die hermetische englische Abriegelung der Straße von Gibraltar ins Mittelmeer durchzustoßen, läßt Buchheim die weitverbreitete Verdrehung einer Propagandaphrase zitieren: "Führer befiehl, wir tragen die Folgen!" (B, 407) Der gleiche Effekt wird erreicht, wenn derselbe Sprecher aus einer Zeitung vorliest und alle verbindenden Partikel zwischen den heroischen Phrasen ausläßt:

> Einer für alle — alle für einen — einer für alle — und so sage ich euch denn: Kameraden — nur einmalige Einsatzhärte — der Hintergrund des dramatischen Kampfes von weltgeschichtlicher Bedeutung — namenloser Heldenmut — historische Größe — ganz unvergleichbar — einzig dastehend — das unvergängliche Kapitel männlicher Bewährung wie soldatischen Opfers — höchstes Ethos — Lebende und Kommende — fruchtbar werden — gemäß dem ewigen Vermächtnis würdig erweisen! (B, 29f.)

Auch später werden derartige Phrasen noch einmal als "Leitartikelblödsinn" (B, 89) abgetan. Es ist die Sprache, die bei Buchheim von den Journalisten und von den fragwürdigen deutschen Agenten in Spanien benutzt wird. Ironisch äußert sich Buchheim auch über die zur Nazizeit beliebten Autoren, so wenn er den Zweiten Wachoffizier dem nationalsozialistischen Ersten Wachoffizier empfehlen läßt, er müsse sich "eben auch maln bißchen in der feineren Literatur umsehen und nicht nur Grimm, Johst und Beumelburg lesen" (B, 154). Als das U-Boot vor Gibraltar havariert auf

Grund liegt, fallen dem Erzähler die patriotischen Phrasen aus der Literatur ein, die man ihm auf der Schule beigebracht hat und deren Sinnlosigkeit nun, in der fast aussichtslosen Situation, in der er sich mit dem U-Boot befindet, offenkundig ist: patriotische lateinische Phrasen, Langemarck, ein langes Zitat von Binding und patriotische Verse: "Ein Glück, daß sie uns so viel eingepaukt haben, all diesen Mist, der aber festsitzt." (B, 501) Die Diktion steigert sich bis zur Selbstverhöhnung, zum Zynismus:

> Du wolltest zur Abwechslung mal Heroisches. "Einmal vor Unerbittlichem stehn..." Binding und der ganze Quatsch! Damit hast du dich doch besoffen gemacht: "...wo keines Mutter sich nach uns umsieht, kein Weib unseren Weg kreuzt, wo nur die Wirklichkeit herrscht, grausig und groß..." Das ist sie jetzt, deine Wirklichkeit! (B, 463)

Direkt angegriffen wird die Großmäuligkeit Hermann Görings, der nicht halten kann, was er mit seiner Luftwaffe zu tun versprochen hatte: "Ja, Flugzeuge! — Flugzeuge hat der *Gegner*. Wo unsere eigenen Seeaufklärer stecken, das möchte ich gern mal wissen. Die große Schnauze haben, das ist auch schon alles, was der Dickwanst leistet, dieser Herr Reichsjägermeister!" (B, 152) Kurz darauf fragt der "Alte" spöttisch: "Wo sind unsere Flieger, Herr Göring?" (B, 163), und als gegen Ende des Romans ein anderes U-Boot einen Volltreffer durch eine Fliegerbombe erhält, fragt sich der Erzähler in einem inneren Monolog entrüstet: "Jagdschutz? Warum haben wir keinen Jagdschutz? Das fette Schwein! Der Maulaufreißer! Wo sind sie denn, unsere Flugzeuge?" (B, 584), um zu schließen: "Nichts klappt mehr. Dieser Scheißhermann." (B, 586)

Neben Göring wird auch der Befehlshaber der U-Boote, Großadmiral Dönitz, angegriffen, indem er als "verrückter Einpeitscher" (B, 483) seiner Stabsoffiziere apostrophiert wird. Im Vergleich zu der späteren Kritik in *Die Festung* beschränkt sich Buchheim jedoch auf diesen einen, pointiert auf die Person Dönitz' bezogenen Einwurf. Allgemeinere Kritik an der schlechten deutschen U-Boot-Kriegführung wird jedoch nicht ausgespart. Als das Boot im Atlantik einem anderen deutschen Boot begegnet, bemerkt der Kommandant: "Da stimmt doch was nicht. Wenn wir viele Boote im Atlantik haben sollten, dann sinds etwa ein Dutzend. Von Grönland bis zu den Azoren ein Dutzend — und wir karren uns hier fast über den Haufen. [...] Wird Zeit, daß die sich was ausdenken." (B, 308) Die Verantwortung für das Fast-Versenkt-Werden vor Gibraltar wird der regionalen U-Boot-Führung, dem Stab in Kernével zugeschoben (B, 468). Für den Fall, daß man unter Wasser 'aussteigen' muß, sind die deutschen U-Boote wiederum mangelhaft ausgerüstet. Die deutschen U-Boot-Männer haben nur Tauchretter, während die Engländer Schwimmwesten mit Seenotlämpchen haben und damit im Wasser leichter gesichtet werden können: "Aber im Konzept unserer Führung ist ja eine Lage wie die unsere nicht vorgesehen." (B,

538) Die Siegesideologie wird also für die mangelhafte Ausrüstung verantwortlich gemacht. Die deutsche Kriegführung war nach Ansicht des
Kommandanten zu Beginn des Krieges konservativ und sich nicht sicher,
ob sie alles auf die Karte U-Boote setzen oder statt dessen Schlachtschiffe
bauen sollte (B, 205). Durch solche Überlegungen fügt Buchheim seine
kritischen Ansichten über eine falsche Strategie der Marine in den Roman
ein.

Kritik an der Propaganda des Dritten Reiches übt Buchheim auch dadurch, daß er die Kriegführung, Ausrüstung und Intelligenz der Engländer
immer wieder hervorhebt. Sein Sprachrohr ist dazu zumeist der Kommandant. Dieser lobt z.b. den Mut der Bomberpiloten der Royal Air Force, als
diese den U-Boot-Stützpunkt in Frankreich angegriffen haben (B, 83). Im
Gegensatz zu der Zeit zu Beginn des Krieges machen die Engländer nun
eben keine Fehler mehr (B, 153). Während es den Deutschen nicht gelingt,
die englischen Funksprüche zu entschlüsseln, scheinen umgekehrt die
Engländer dies bei den Deutschen geschafft zu haben. Auch scheint es
ihnen gelungen zu sein, die Position der deutschen U-Boote selbst bei ganz
kurzen Funksprüchen einzupeilen (B, 168); "erstklassige Leute" sitzen an
den englischen Ortungsgeräten (B, 353); ja, sie haben bereits Ortungsgerä-
te, die so klein sind, daß sie in Flugzeuge passen (B, 470); der englische
Geheimdienst ist, im Gegensatz zum deutschen, hervorragend, so daß die
Briten über die Pläne der deutschen U-Boot-Führung bestens informiert
sind (B, 353). Wegen der unglaubhaften Lächerlichmachung des Gegners
wird auch die deutsche Propaganda direkt angegriffen (B, 170f.).

"Wer vom Krieg schreibt, schreibt ein Kriegsbuch. Es gibt keine 'Anti-
Kriegsbücher", stellt Michael Salewski fest.[11] Eine solche kategorische
Feststellung ist zumindest irreführend. Sicherlich können Kriegsbücher
eine positive oder negative Einstellung zum Kriege und zum Soldatentum
haben und sind trotzdem in beiden Fällen Kriegsbücher, weil sie, so oder
so, vom Kriege handeln. Dennoch handelt es sich dabei anscheinend um
zwei oft eindeutig kategorisierbare Untergruppen. Im Falle von *Das Boot*
ist die Zuordnung zur einen oder anderen Gruppe aber nicht so ganz einfach. Kriegsromane erhalten eine dem Krieg gegenüber negative Tendenz
dadurch, daß sie Beschreibungen der Grausamkeit des Krieges enthalten.
Solche Beschreibungen kommen in *Das Boot* auf den ersten Blick zu kurz.
Aber im Gegensatz zu den Romanen, die den Landkrieg behandeln, bietet
der U-Boot-Krieg dazu auch weniger Handhabe: Buchheim kann beschreiben, wie Frachtschiffe und Tanker brennen und explodieren, wie Menschen auf dem brennenden Schiff herumlaufen, sich in die See stürzen, wie
die See durch das ausgelaufene Öl selbst brennt und sie nicht nur den

---

[11] Salewski (Anm. 3). S. 11.

Flammen, sondern auch dem Erstickungstod ausliefert. Er kann die in Rettungsbooten oder auf Flößen treibenden oder in ihren Schwimmwesten hängenden Toten beschreiben, Menschen, denen das Gesichtsfleisch gallertartig am Schädel klebt, denen die Augen von den Möwen ausgehackt worden sind. Er kann den Schrecken, die unvorstellbare Angst der U-Boot-Männer schildern, die eine viele Stunden andauernde Wasserbombenverfolgung erleiden, wobei zumindest einer die Nerven verliert, während der Alte durch seine nonchalante Haltung und seine spöttische Verlachung des Gegners den anderen Mut macht. Er kann den inneren Gedankenstrom des Erzählers wiedergeben, als das Boot in scheinbar aussichtsloser Lage auf dem Grunde der Gibraltarfelsen liegt. Aber die letzte Angst von U-Boot-Männern, wenn ein Boot tatsächlich untergeht, kann er nicht beschreiben, denn da gibt es keine Überlebenden. Er kann sich höchstens vorzustellen versuchen, was passiert, wenn ein Boot auf den Grund des 3.000 Meter tiefen Atlantik absackt und von dem zunehmenden Wasserdruck eventuell erdrückt wird.[12] Aber ansonsten hinterläßt das Meer keine Spuren; schon wenige Stunden nach einem U-Boot-Angriff auf einen Konvoy ist außer ein paar treibenden Wrackstücken von dem Kampf nichts mehr zu sehen, und ein im Atlantik versenktes U-Boot wird wohl nie wieder gehoben werden. Bei den U-Boot-Männern gibt es eben nur selten Verwundungen oder Erfrierungen, wie sie z.B. Theodor Plievier in *Stalingrad* (1945) beschreiben konnte; sie leben von vornherein in ihrem Sarg wie die Schnecke in ihrem Haus. Dennoch gelingt ihm durch die Beschreibung der nervlichen Belastung, durch die Beschreibung der Eintönigkeit des Lebens, das nur von kurzen Kontakten mit den gegnerischen Konvoys unterbrochen wird, durch die Darstellung der Beengtheit, des Luftmangels, des Schimmels der Nahrungsmittel, des Geruches im Schiff eine Entheroisierung, ja Entmythologisierung des U-Boot-Krieges. Kein Wunder, daß er damit das Mißfallen vieler ehemaliger U-Boot-Fahrer und ihres Verbandes erregt hat, vor allem der höheren Offiziere, aller derjenigen, "bei denen der Verklärungsprozeß am weitesten gediehen war."[13] Es gelingt ihm zu zeigen, daß es mit dem schneidigen "Angriff! — Ran! — Versenken!" der Propaganda nichts war, daß die Wirklichkeit anders aussah, langweilig, dreckig, bedrohlich, zernervend, zermürbend, wachsend überlegenen Waffen und Taktiken eines erbitterten und intelligenten Gegners ausgesetzt. So gesehen, wäre *Das Boot* ein Plädoyer gegen den Krieg.

---

[12] Michael Salewski (Anm. 3). S. 53, schreibt: "Tatsächlich weiß niemand, wie es in einem vernichteten U-Boot unter Wasser in den letzten Minuten und Sekunden zugeht. Die gleichsam asymptotische Annäherung von Wahrscheinlichkeit an Wahrheit ist die eigentliche Leistung des Verfassers; es ist viel, wenn man sagen kann: So könnte es eigentlich gewesen sein."
[13] Salewski (Anm. 3). S. 37.

Eine Entmythologisierung des U-Boot-Krieges findet auch darin statt, daß der Mythos eines 'sauberen Krieges' unterlaufen wird. So wird bereits in der ersten Szene in der "Bar Royal" von dem U-Boot-Kommandanten Kortmann berichtet, der vors Kriegsgericht kam, weil er 50 Mann einer schiffbrüchigen deutschen Tankerbesatzung in sein Boot aufgenommen hatte, denn die weitere Vernichtung des 'Feindes' wäre angeblich wichtiger gewesen. Da ist die Rede von dem U-Boot-Kommandanten Floßmann, der die Rettungsboote eines torpedierten Schiffes hat beschießen lassen. Aber das eklatanteste Beispiel einer fragwürdigen Kriegführung ist wohl der Zwischenfall mit einem spanischen Passagierschiff, der "Reina Victoria", die, weil sie der Erste Wachoffizier nicht im Schiffsregister gefunden hat — er hat versäumt, im Nachtrag nachzusehen –, mit ihren zweitausend Passagieren um ein Haar versenkt worden wäre. Der Kommandant ist in dem Glauben, es handele sich um ein als spanisches Passagierschiff verkleidetes Schiff der Alliierten, und als die Besatzung auf seine Anrufe zu spät reagiert, sieht er sich gezwungen, einen Torpedo darauf abzufeuern, um durch einen möglichen Funkspruch an die Engländer das eigene U-Boot nicht in Gefahr zu bringen. Glücklicherweise versagt der Steuerapparat des Torpedos. Im Falle der Torpedierung wäre der Kommandant gezwungen gewesen, dafür zu sorgen, daß es keine Überlebende gab, und er hätte die Rettungsboote der 2.000 Menschen mit Maschinenwaffen zerstören lassen müssen. Seine Schlußfolgerung "Wer A sagt, muß auch B sagen" (B, 570) läßt sich natürlich auf das gesamte Mitmachen in diesem Kriege anwenden. Der U-Boot-Krieg ein sauberer Krieg? Dieses Beispiel demonstriert das Gegenteil. Der "Alte" ist ja nicht negativ gezeichnet, und dennoch begeht er beinahe ein Verbrechen. Michael Salewski meint dazu: "Entscheidend aber ist der erschreckende Umstand, daß auch Kriegsverbrechen in Zwangssituationen von Menschen begangen werden können, an deren Ehrenhaftigkeit, Untadeligkeit im bürgerlichen Sinne nicht zu zweifeln ist."[14] Von einer Charakterwandlung des "Alten" als Folge des Zwischenfalls ist im Roman nicht die Rede. In dem Drehbuch, das Buchheim für gleichnamigen Film geschrieben hatte, das aber nicht benutzt wurde, wollte er seinem Tagebuch zufolge

> den Kommandanten nach der Attacke auf das neutrale Schiff, nach seiner Erkenntnis eines maßlosen Fehlers, der um ein Haar den schrecklichen Tod von zweitausend Passagieren zur Folge gehabt hätte, einen gezeichneten Mann sein lassen, einen innerlich schon Toten, der nur noch auf den Vollzug wartet.[15]

[14] Ebd.. S. 40.
[15] Lothar-Günther Buchheim: *Der Film Das Boot. Ein Journal*. München 1981. S. 208. In einem Brief an Günter Rohrbach schreibt er noch ausführlicher: "Im Sinn hatten wir aber immer eine große Saga — eine Saga vom Ausgeliefertsein des

Im Roman hat er diese Möglichkeit leider nicht ausgespielt.

Ist *Das Boot* damit also doch ein 'Antikriegsroman'? Mir scheint, mit einem einfachen Ja oder Nein läßt sich diese Frage nicht beantworten, denn andererseits kann sich Buchheim der Faszination durch das U-Boot, den U-Boot-Krieg und die Seefahrt nicht entziehen. Fasziniert ist er von der Technik des U-Bootes, dem Funktionieren des Tauchvorgangs, des Einpendelns, Auftauchens und der Torpedowaffe. Mehr oder weniger geschickt fügt er deshalb Beschreibungen über das technische Funktionieren in den Text ein, indem er es den Kommandanten und den Ersten Leitenden Ingenieur dem Erzähler, also dem Kriegsberichterstatter Buchheim, erklären läßt. Diese langen Erklärungen mögen zwar notwendig sein, wirken aber oft auch zu detailliert und infolgedessen langweilig. Fasziniert ist Buchheim von der Seetüchtigkeit des U-Bootes, so wenn er sich während eines Sturmes klarmacht: "Uns kann die See nicht ersäufen. Kein Schiff ist so seetüchtig wie dieses hier." (B, 289)[16] Man könnte sich deshalb leicht dazu verleiten lassen, das U-Boot selbst zum Helden des Romans zu erklären und geradezu von einer Mythisierung des U-Bootes sprechen, wie es Buchheim in den Rezensionen wiederholt vorgeworfen wurde.[17] Aber das wäre zu einfach, zu germanistisch verführerisch.

Zuzugeben ist, daß das Erleben der Seefahrt mit dem kleinen, aber sich auch im größten Sturm bewährenden U-Boot sowohl auf den Erzähler als auch auf den Leser tatsächlich begeisternd wirkt. Begeisternd wirkt dar-

Menschen an den Moloch Krieg. Ich bin natürlich tief betroffen davon, daß nicht bemerkt wurde, daß die Szene mit der *Reina Victoria* so, wie ich sie mir vorstelle und Ihnen geschildert habe, die Schlüsselszene des ganzen Films zu sein hat und daß sie überhaupt erst die *raison d'être* für den Film liefert. Und daß sie die Pappkameraden erst zu Charakteren macht. Schließlich wird auch der I WO erst durch diese Szene, durch sein katastrophales Versagen, zur *schlüssigen* Figur. Er ist der Mann, der nicht imstande ist, das Schiff nach *Lloyds Register* zu identifizieren. Auch der Kommandant wird durch diese Szene überhaupt erst schlüssig. Er erlebt seine Katharsis. Erst jetzt wird er zum Charakter — vorher war er nichts als eine Charge, ein Heilsarmeekapitän." (Ebd.)

[16] Peter Dubrow schreibt unter der Überschrift "Das Boot, in dem wir saßen" in *Die Zeit* vom 12. Oktober 1973: "Er [Buchheim] schreibt gewiß ohne Waffen-Pathos; aber wie er das Boot vom Typ VII C vorstellt, dieses Meisterstück deutscher Werftarbeit, und dieses Gefährt aus Stahl, Motoren, Apparaturen wenn nicht mit Stolz, so doch voller Hochachtung betrachtet und der Sache sozusagen ihr Recht läßt — das bereits ist Indiz dafür, daß er eben nicht einen Anti-U-Boot-Roman verfaßt hat."

[17] German Werth schreibt z.B. im *Tagesspiegel* vom 7. Oktober 1973: "Nicht mehr der Seesoldat ist bei Buchheim der Held. Fast zum Helden wird dagegen das Boot, das, wie der Walfisch Melvilles beinahe schon erotisch-liebevoll beschrieben, zum geradezu mythischen Gegenstand gerät [...]."

über hinaus die Fähigkeit der Besatzung, nicht nur mit allen Entbehrungen, sondern auch mit allen technischen Schwierigkeiten fertig zu werden. So werden der Leitende Ingenieur und sein technisches Hilfspersonal, denen es gelingt, mit ihren bescheidenen "Bordmitteln" das havarierte Schiff auf dem Felsengrund von Gibraltar wieder flottzumachen, zu Helden, die sich ein Äußerstes an technischem Erfindungsgeist und physischem Einsatz abverlangen und das scheinbar Unmögliche vollbringen.

Mit der Charakterisierung des Kommandanten, des "Alten", hat Buchheim schließlich einen Helden des lakonischen Understatements geschaffen, einen U-Boot-Kommandanten, wie er im Bilderbuch stehen könnte. Ein einsilbiger Mann, über dessen Privatleben man nur wenig erfährt, außer daß er ein fragwürdiges Verhältnis zu einer Fliegerwitwe hat, die den publikumsscheuen Ritterkreuzträger wie ein Paradepferd herumführt. Der "Alte" ist eben ganz und gar U-Boot-Kommandant, Nazi-Gegner, Seemann, der seine Pflicht erfüllt, der handelt, ohne zu diskutieren, dabei aber pausenlos über die Fragwürdigkeit seines Handelns in einem fragwürdigen Kriege unter einer fragwürdigen Führung nachdenkt. Seine Intelligenz, sein zur Schau getragener Optimismus, sein Vertrauen einflößendes, vorbildliches Verhalten in prekären Situationen machen ihn zu einem Helden, der zwar nicht den Idealvorstellungen des Nationalsozialismus entspricht, aber selbst innerhalb der heutigen kritischen Haltung der damaligen Zeit gegenüber als eine Art Held[18] zu vertreten ist. Ihm zur Seite steht ein zweiter 'Held', der Leitende Ingenieur, ein technischer Spezialist, dessen Erfindungsgeist, Hingabe und Energie am Rande des Zusammenbruchs die U-Boot-Männer rettet. So stehen den Hitler, Goebbels und Dönitz und ihrer verlogenen Propaganda die schier Unmögliches leistenden U-Boot-Männer gegenüber. Diese Ambivalenz zwischen Desavouierung des Propagandabildes vom U-Boot-Krieg einerseits und der Hinweis auf ein mögliches, ja existierendes Heldentum des Trotzdem andererseits bestimmen den Roman.

Diese Ambivalenz spiegelt sich auch im Stilistischen.[19] Auf der einen Seite stehen ästhetisierende Beschreibungen von Sonnenuntergängen und Wolkenformationen, des Meeres, seiner Farben und seiner Sturmland-

[18] Peter Dubrow (Anm. 16) schreibt dazu, vorsichtig formulierend: "Und gar nicht selten waren Männer wie jener von Lothar-Günther Buchheim vielleicht ein wenig stilisierte Kommandant, den man, wäre die Vokabel nicht so heruntergekommen, einen Helden nennen dürfte, einen Helden selbstsicherer Anständigkeit." Für Helmut Scheffel (Anm. 6) ist der "Alte" schlicht "fatal".

[19] Auf die Verwendung zahlreicher lautmalerischer Wiedergaben von Geräuschen und die Verwendung von nautischen Fachausdrücken und Seemannsjargon braucht hier nicht eingegangen zu werden, weil damit nichts Inhaltlich-Gehaltliches ausgesagt wird.

schaft. Bei der Landschafts- und Witterungsbeschreibung zeigt sich der Maler und Kunsthistoriker Buchheim. Die idyllisch verklärte französische Landschaft mit flachgeduckten Dörfern, einem Bauern auf einem Feld mit einer Hacke wird ihm zu einem Bild von Millet (B, 184f.); den Grabenkrieg, im Gegensatz zum U-Boot-Krieg, stellt er sich in Form von Blättern von Otto Dix vor (B, 232), die Wolken beschreibt er als Maler, z.b. als "nur ein bißchen liederlich zerlaufendes Deckweiß" (B, 241); bei der Betrachtung des Mondes kommt ihm ein Bild von Caspar David Friedrich in den Sinn (B, 331). Auch die Literatur muß zur vergleichenden Charakterisierung herhalten: bei der Beschreibung des unter den Schlägen des Meeres wie eine Trommel dröhnenden Bootes denkt er an Klabund (B, 255) oder sein eigenes, großes Vorbild Joseph Conrad (B, 288). Die Schilderung von Sonnenuntergängen enthält Anklänge an Gedichte der deutschen Romantik:

> Nach dem Abendrot klettere ich wieder auf die Brücke: Der Tag ist müde. Er löst sich auf. Von seinem Licht bleibt nur hier und da ein Tupfen auf den Wolken zurück, die nebeneinander aufgereiht wie die Kugeln einer Rechenmaschine im westlichen Himmel schwimmen. Bald zieht nur noch ein kleiner Wolkenflaum, der das letzte Leuchten bewahrt, den Blick auf sich. Über dem Horizont hält sich für eine kleine Weile die Glut der untergehenden Sonne. Dann erkaltet auch dort das Licht. (B, 126)

Damit könnte Buchheim leicht in die gefährliche Nähe nationalsozialistischer Mythisierung des U-Boot-Krieges geraten. Man kennt ja derartige pseudoromantische Ergüsse von U-Boot-Kommandanten (Kapitänleutnant Prien wäre ein Beispiel), wie sie auch Günter Grass in *Katz und Maus* (1961) ironisch übertreibend wiedergegeben hat. Andererseits ist es schließlich nicht die Schuld des Meeres und der Wolkenlandschaft, daß sie ihre Schönheit haben, auch im Kriege. Natur und Kunst sind damit für Buchheim das Echte, das er der Lüge der NS-Propaganda entgegenstellt.

Den romantisierenden Beschreibungen, deren genaue stilistische Analyse wir uns sparen müssen, steht jedoch eine konterkarierende Landsersprache gegenüber. Durch das 'Thema Nr. 1': Frauen, Sexualität und Sexualwitze verstehen die U-Boot-Fahrer im Mannschaftsgrad mit unerschöpflicher Phantasie der Langeweile, Isolierung und ihrer manchmal schier überwältigenden Angst Herr zu werden, sich Luft zu machen, sich durch Sexualphantasien einen inneren Ersatz für ihre Lage zu schaffen. Solche Phantasien sind jedoch nicht ganz auf die Männer im Mannschaftsdienstgrad beschränkt.[20] Als das Boot in scheinbar aussichtsloser Lage auf dem

---

[20] Michael Salewski (Anm. 3). S. 13, führt den Erfolg des Buches auf das Sujet, die literarischen Qualitäten und die vorgeblichen Obszönitäten zurück, und er stellt fest, daß *Das Boot* im Hinblick auf diese vorgeblichen Obszönitäten eine Ausnah-

Grund vor Gibraltar liegt, gibt sich auch der Erzähler sexuellen Erinnerungen hin, die manchen Leser schockiert haben:

> Diejenigen, die im Kampf und Sterben der U-Boot-Waffe ein eindringliches Beispiel für Heldenmut und Opfersinn sahen und sehen, halten Buchheims Schilderungen der sexuellen Sphäre zumindest für stillos, meist aber für 'Nestbeschmutzung', Verunglimpfung Gefallener.[21]

Man mag lange darüber streiten, ob das 'Thema Nr. 1' auf allen Booten so dominierend war wie hier, ob Buchheim sich da hat verleiten lassen, moderne sexuelle Emanzipationssumpfblüten auf eine andere Zeit zu übertragen. Doch im Roman machen sie Sinn, sind sie nicht nur psychologisch überzeugend, sondern tragen obendrein zur Entmythologisierung eines verklärenden Selbstbildes der U-Boot-Fahrer und des U-Boot-Krieges bei.

In der ersten Szene des Buches feiern die U-Boot-Offiziere in der "Bar Royal" in La Pallice eine Orgie, die zwar in der dort dargestellten Form mit ihrer Konzentration von unkontrolliertem Verhalten nicht die Regel gewesen sein mag, aber die geistige Verfassung der kurz vor dem Einsatz stehenden Offiziere ausdrückt. Auch kommt hier sehr gut zum Ausdruck, daß zur realistischen Ebene des Romans eine symbolische tritt, so wenn der Kommandant Thomsen am Ende des Kapitels "in einer großen Pfütze gelben Urins liegt, einen Breihaufen Erbrochenes neben dem Kopf, der den Urin in der Rinne hochgestaut hat. [...] Das Ritterkreuz hängt auch im Urin." (B, 34) Für Peter Dubrov wird mit Recht "die 'Bar Royal' zum Abbild einer Welt, die zum Kotzen ist."[22] Gleichzeitig wird jedoch mit der Darstellung der betrunkenen U-Boot-Offiziere symbolisch das ganze Propaganda-Image der U-Boot-Fahrer desavouiert. Deutlich wird dies vor allem auch, wenn Thomsen unmittelbar darauf die Formel "Kämp-fen — siegen oder un-ter-gehn!" mehrfach wiederholt. Buchheims Roman ist eben trotz seiner scheinbaren extremen Realistik auch Literatur, arbeitet, wie z.B. auch im Falle der angeblichen Obszönitäten, mit den Mitteln der Literatur.

Ich fasse zusammen: Indem der Propaganda des Dritten Reiches die Realität des U-Boot-Krieges entgegengesetzt wird, hat Buchheim mit *Das*

---

me darstellt: "'Kriegsbücher' waren in der Regel im sexuellen Sinne nicht 'obszön', obszöne Bücher aber keine 'Kriegsbücher'. Die Verbindung beider Faktoren ist nur im Zeichen der etwa seit fünf Jahren vehement einsetzenden Enttabuisierung des sexuellen Bereichs möglich, das heißt druck- und verkaufbar geworden." (S. 14) Das bedeutet jedoch nicht, daß die angeblichen Obszönitäten nicht der Wirklichkeit entsprachen. Die Diktion mag im einzelnen anders gewesen sein, die "sexuellen Empfindungen und Phantasien von damals [...] dürften [...] zeitlos sein." (S. 49)

[21] Salewski (Anm. 3). S. 45.
[22] Dubrow (Anm. 16).

Boot einen Roman geschrieben, in dem das Leben der U-Boot-Männer nicht verherrlicht, sondern entmythologisiert wird. Dazu trägt einerseits seine Darstellung der Langeweile der ereignislosen Gammelfahrten, des Sturmes, des Drecks und Gestanks an Bord bei, die zu den Darstellungen der zeitgenössischen Wochenschauen und den damaligen Schilderungen der U-Boot-Fahrer selbst in realistischem Kontrast steht; andererseits seine Beschreibung der Angst der U-Boot-Männer bei Wasserbombenangriffen und nach der Havarierung des Bootes vor Gibraltar. Gleichzeitig nimmt er auch dem U-Boot-Krieg seinen Ruf und Nymbus als 'sauberer' Krieg, in dem angeblich noch ehrlich und ritterlich gekämpft wurde. Seine Darstellung der Toten und Verwundeten und der im Stich gelassenen Schiffbrüchigen sowie des Dilemmas des Kommandanten bei der Fasttorpedierung der *Reina Victoria* machen dies deutlich. Trotzdem läßt sich der Roman nicht einfach als Antikriegsroman deklarieren: Die Heroisierung des Kommandanten und des Leitenden Ingenieurs sowie der technischen Perfektion des U-Bootes zeigen Buchheims Faszination von harten Männern und moderner Kriegstechnik. Damit würde er einer positiven Bewertung des Krieges Vorschub leisten, wenn eben die anderen Aspekte nicht vorhanden wären. Die Folge ist, daß *Das Boot* in der Schwebe bleibt zwischen kritischem Antikriegs- und affirmativem Abenteuerroman.

II. *Die Festung*: Stenogramm des Zusammenbruchs

Die Handlung des Romans *Die Festung* setzt da ein, wo die von *Das Boot* aufhörte, wenn auch zeitlich ein paar Jahre später, im Frühjahr und August 1944. Während der "Alte" am Ende von *Das Boot* unmittelbar nach der Ankunft im Hafen von La Rochelle bei einem Bombenangriff der Alliierten anscheinend umkommt, ist er in *Die Festung* am Leben geblieben. Der Erzähler, der sich jetzt eindeutig als Marinekriegsberichterstatter Buchheim zu erkennen gibt, ist in dem französischen Hafen St. Nazaire in die schon aus *Das Boot* bekannte Französin Simone verliebt. Nach einer kurzen Wiederbegegnung mit ihr wird er zu Goebbels nach Berlin befohlen, reist über Paris durch das halb zerstörte Deutschland, erfährt in Berlin, daß sein Verleger Peter Suhrkamp verhaftet worden ist, bekommt Goebbels nur kurz im Korridor seines Ministeriums zu sehen, ohne mit ihm sprechen zu können, reist nach Hause, nach Feldafing am Starnberger See, um an einem Porträt von Dönitz zu arbeiten, und erlebt unterwegs einen Tieffliegerangriff auf seinen Zug mit. Zurück in Berlin, überlebt er dort einen Bombenangriff und erfährt, daß Simone verhaftet worden ist. Er erhält einen neuen Marschbefehl nach Brest, lernt auf dem Wege die Invasionsfront in der Normandie kennen und trifft in Brest den "Alten" als Flotillenkommandanten wieder. Aus dem belagerten Brest entkommt er mit knapper Not mit dem letzten tauchfähigen Schnorchelboot nach La Pallice und von dort mit einem alten amerikanischen Wagen die Loire entlang durch das sich von der deutschen Okkupation befreiende Frankreich nach Paris und schließlich bis nach Zabern ins Elsaß, von wo aus der deutsche Seekrieg im Westen jetzt geleitet wird.

Wie aus dieser Inhaltsangabe schon deutlich wird, handelt es sich nicht um einen U-Boot-Roman, nimmt doch die U-Boot-Fahrt von Brest nach La Pallice nur einen relativ kleinen Teil des Buches ein. Nimmt man die Hauptaktivität des Erzählers, das Reisen, als Kriterium, so hätten wir hier einen Reiseroman zur Zeit des deutschen Zusammenbruchs der Herrschaft in Frankreich vor uns oder, nach alten, Kayserschen Kategorien, einen Raumroman. Man fühlt sich, schon allein durch den enormen Umfang des Werkes, an die höfisch-historischen Romane des 17. Jahrhunderts erinnert, etwa die Romane Lohensteins und Herzog Anton Ulrichs, um Beispiele aus der deutschen Literatur zu nennen. Daß eine derartige Zuordnung nicht ganz abwegig ist, zeigt sich auch in dem Hauptreisemotiv Buchheims: Im höfisch-historischen Roman des 17. Jahrhunderts folgte zumeist ein Prinz seiner entführten Prinzessin durch die ganze damals bekannte Welt, um sie aus den Klauen ihres Entführers zu befreien. Ähnlich bei Buchheim: Der Aufhänger für seine Reisetätigkeit ist neben den Zufällen des Krieges und seiner empfangenen Befehle über weite Strecken sein Versuch, etwas über den Verbleib seiner verhafteten Geliebten Simone zu erfahren, die angeblich zunächst in ein Gefängnis bei Paris und schließlich in das KZ Ravensbrück verbracht worden ist. Mit Ausnahme der kurzen nächtlichen Begegnung in Saint-Nazaire hat sich die Liebesgeschichte selbst schon vor Beginn der eigentlichen Handlung abgespielt "und wird mehr angedeutet als nachgeliefert."[23] Diese ganze Motivierung erweist sich schließlich als blindes, rein literarisches Motiv: Der Erzähler erfährt nämlich bis zum Schluß nichts Endgültiges über den Verbleib Simones. Ja, die immer wiederholten Bezüge auf sie, alle ausgesprochenen Mutmaßungen verpuffen gleichsam im Raum, haben letztlich keinen anderen Sinn, als den Leser während der Irrfahrten des Liebhabers bei der Stange zu halten. Das blinde Motiv dient als fadenscheiniges Substitut für das Fehlen einer durchgehenden, auf das Schicksal von Menschen bezogenen Handlung, denn eine Romaneinheit durch ein Thema wie 'U-Boot-Krieg', Faszination durch die Technik des Bootes oder einen durchgehend anwesenden Helden wie den "Alten" gibt es nicht.

Das Fehlen einer zwischenmenschlichen Handlung, einer Handlung, die Beziehungen, Konflikte zwischen Menschen zum Thema hat, wird ferner

---

[23] Hermann Schreiber: Ein Großmeister der Kraftausdrücke. In: *Die Welt*, Beilage "Die Welt des Buches", vom 29. April 1995.

kaschiert durch die Beziehung des Protagonisten zum "Alten", den der Ich-Erzähler als Flottillenkommandanten in Brest wiedertrifft. Der Kriegsberichterstatter Buchheim hat Schwierigkeiten, den alten offenen Ton der Unterhaltung und des Vertrauens wiederzufinden. Es ist gleichzeitig unbegreiflich und unglaubhaft, daß es zwischen den beiden befreundeten Offizieren nie zu einer klärenden Aussprache über Simone, ihre Verhaftung, ihren Aufenthalt sowie die Gründe und Umstände ihrer Verhaftung kommt. Der Erzähler errät aus zahlreichen Indizien, daß Simone auch die Geliebte des "Alten" war, aber daß es zu keiner Aussprache kommt, ist nur unzureichend durch die neuen Verantwortlichkeiten des "Alten" und seine Vorsicht in einer politisch repressiven Atmosphäre begründet. Wieder wird hier künstlich eine menschliche Spannung aufgebaut, die letztlich nicht gelöst wird.

Was wird dadurch demonstriert? Im Untertitel wird das Werk als Roman deklariert. Buchheim hat jedoch höchstens einige Ansätze gemacht, sein Buch zum Roman zu formen. In Wirklichkeit handelt es sich um ein Erinnerungsbuch, um einen Erlebnisbericht, der eventuell — und das ist für den Leser nicht überprüfbar — mit einigen fiktionalen Elementen angereichert ist.[24]

Neben der Simone-Handlung ist das zweite Motiv für die Reisen des Romanhelden Buchheim seine Zeugenschaft, sein Bemühen, möglichst viel zu sehen, zu erfahren, mit dem Malgerät und dem Fotoapparat, dem mechanischen und dem inneren, möglichst viele Bilder einzuheimsen, um später, nach dem Kriege einmal Zeugnis ablegen zu können: "Mich treibt der Wunsch an, möglichst viel zu erfahren." (F, 382) Oder: "Ich will soviel einheimsen, wie ich nur packen kann, Voyeurismus hin, Voyeurismus her. Ich muß meine Scheuern füllen, mit fremden Situationen, fremdem Leben." (F, 465) Da das Überleben nicht sicher ist, ist auch der Sinn des Schreibens nicht sicher. Der Kriegsberichterstatter Buchheim schreibt deshalb aus "schiere[m] Atavismus" (F, 788):

> Oder ist dieses Abrackern ganz einfach *meine* Form der Lebensbehauptung? Wie sollte ich denn nur einen Tag hier ertragen, ohne zu zeichnen, zu schreiben oder wenigstens herumzuspähen und die Ohren zu spitzen und zum Gesehenen und Erlauschten Notizen zu machen? (F, 789)

Solche immer neuen Beteuerungen sind im Grunde nichts anderes als die fadenscheinige Simone-Handlung: War jene ein mageres Handlungssubstitut, so ist die oft wiederholte Versicherung der notwendigen Zeugenschaft eine Begründung für die Detaileinsichtnahme in das Geschehen und letzt-

---

[24] Hermann Schreiber spricht in seiner Rezension (ebd.) schlicht von "Etikettenschwindel" des Verlags.

lich für die 1.470 Seiten detaillierter Beschreibung des deutschen Zusammenbruchs; eine Begründung und Rechtfertigung des Erzählens.

Die Stärke des Buches liegt nun aber tatsächlich darin, daß Buchheim hier ein Bild der Endphase des Dritten Reiches gemalt hat, wie er es selbst erlebt hatte. Durch die verengte Perspektive des eigenen Erlebens ist natürlich eine umfassende Darstellung nicht möglich, doch im Mittelpunkt des Romans steht das persönliche Erleben des Zusammenbruchs der deutschen Herrschaft in Frankreich. Die Reisen des Erzählers durch Deutschland und die auf dem letzten U-Boot, dem es gelingt, aus dem belagerten Brest zu entkommen, wirken dabei fast wie Fremdkörper. Aber auch der Besuch des Kriegsberichterstatters an der Invasionsfront ist eher eine Art Stippvisite als eine umfassende Darstellung der dortigen Kriegsaktion. Mit Ausnahme eines nächtlichen Besuches der Front und des Auslaufens mit einem Vorpostenboot läßt sich der Kriegsberichterstatter Buchheim immer nur von anderen Offizieren berichten, was da 'eigentlich' passiert. Den Krieg selbst stellt Buchheim hier also bestenfalls nur punktuell dar. Seine Schrecken, die in den Szenen der Lebensbedrohung in *Das Boot* so packend dargestellt werden, fehlen hier.

Was Buchheim in seinem Roman andererseits jedoch geglückt ist, ist eine Wiedergabe der Atmosphäre, so wie er sie erfahren hat: an der Invasionsfront, in dem unter Luftangriffen leidenden Deutschland, beim U-Boot-Oberkommando außerhalb von Berlin, in der 'Festung' Brest — wobei der Romantitel genauso gut auf ganz Frankreich bezogen werden kann — und in der Etappe in Paris. Authentisch ist "die schonungslose Intensität, mit der die Sinnlosigkeit und Würdelosigkeit dieses Krieges in den grellsten Farben und den abschreckendsten Bildern geschildert wird."[25] Hier wird aus der Perspektive des Kriegsberichterstatters erzählt, der aufgrund seiner Anwesenheit vor Ort zwar auch immer gefährdet ist, der aber selbst nie aktiv am Krieg teilnimmt, sondern dessen Hauptsorge das Schicksal seiner französischen Geliebten zu sein scheint.

Bei der Charakterisierung dieser Atmosphäre arbeitet Buchheim wieder mit dem Mittel des Kontrasts zwischen offizieller Propaganda und Realität, zwischen den Bekanntmachungen des Oberkommandos der Wehrmacht im Radio und den tatsächlichen Verhältnissen. Angesichts des unmittelbar bevorstehenden deutschen Zusammenbruchs ist diese Diskrepanz hier noch viel eklatanter als in *Das Boot*. Das Hinausschicken unzureichend ausgebildeter U-Boot-Kommandanten angesichts der absoluten Luft- und Seeüberlegenheit der Alliierten wird in dieser Situation zum glatten Mord. Eine "hirnrissige Führung" schickt psychisch völlig kaputte U-Boot-

---

[25] Oskar Fehrenbach: Schrecklich faszinierend. In: *Stuttgarter Zeitung* vom 12. Mai 1995.

Kommandanten auf "Wahnsinnstour[en]": "Was für eine Bande von Tot-
schlägern! und alle den Hintern schön im Trocknen!" (F, 1149) Dönitz mit
seiner "Hybris und Durchhalteschwindel" (F, 149) ist "genau wie sein Führer ein zu Macht und Ansehen gekommener Parvenü" (F, 158), ein "skrupelloser Verführer", der zur "Nazischranze" permutiert ist (F, 163) und
schreiend mit Propagandaparolen um sich wirft. Er gerät Buchheim nun
tatsächlich zur Karikatur.

Angesichts der Bedrohung durch die immer noch aktive Gestapo ist ein
offenes Wort auch unter Offizieren immer riskant. Selbst der "Alte" in
Brest achtet darauf, wer in seinem Vorzimmer mithört, und nimmt bei offiziellen Auftritten seine Zuflucht zu propagandistischen Naziparolen.
Nachdem er sich schon früher gefragt hat, wo die Schuld bzw. Mitschuld
beginnt, ob Selbsttäuschung, Verschweigen und Gleichgültigkeit schon
Schuld sind (F, 162),[26] nachdem er an der Person Peter Suhrkamps "den
tiefen Widerspruch zwischen Soldatentum und Nazigesinnung" (F, 176)
festgemacht hat, deutet Buchheim an dem "Alten" das moralische Dilemma des deutschen Soldaten im Zweiten Weltkrieg an:

> Er [der "Alte"] weiß viel zu genau, was wirklich gespielt wird, und muß doch
> so tun, als glaube er an die Weisheit der Führung und den Endsieg. Das haben
> die Nazis jedenfalls schlau gemacht: die Soldaten mit ihrer eigenen Ethik zu
> knebeln und ihnen aus den traditionellen Idealen eine Garotte zu machen. "Sich
> mit den bestehenden Verhältnissen abfinden — was bleibt einem schon anderes
> übrig...?" So hat der Alte schon ein paarmal geklagt, und so läuft es eben: Da
> wir nichts ändern können, finden wir uns mit den Verhältnissen ab. Wir schrei-
> en nicht gerade "Hurra!", aber wir marschieren mit und halten gehorsam Tritt.
> (F, 742)

Buchheim fragt sich, wie der "Alte" "überhaupt den Flottillenstoff spielen
[kann] mit so viel Konfliktstoff im Innern" (F, 750). Für den "Alten" ist der
Eid, den er Hitler geschworen hat, immer noch ein Problem, auch wenn er
kaum eine Möglichkeit zum Neinsagen hatte. In der Mitte des Romans
kommt es dann auch zwischen Buchheim und dem "Alten" zu einer Art
Grundsatzdiskussion über das moralische Dilemma des deutschen Soldaten, wobei die klassischen Argumente — Gehorsam ist notwendig zur Aufrechterhaltung der Disziplin, andererseits können die traditionellen "Preu-
ßenregeln" nicht mehr gelten, wenn das "rechtmäßige Staatsoberhaupt den

---

[26] Vgl. auch DF, 644: "Aber kann es überhaupt noch, wenn das Ganze der schiere
Wahnsinn ist, militärisch 'vernünftige' Befehle geben? Kann man sich innerhalb
des Wahnsinns 'vernünftig' und rational 'richtig' verhalten? Kann man 'moralisch' handeln in einer von Kriminellen geschaffenen Situation?" Da er nicht meu-
tert, keine Aufruhrpläne hegt, sieht sich Buchheim selbst auch als Komplizen. Seine einzige Rechtfertigung ist, daß er durchkommen, den Krieg überleben will
(ebd.).

Wahnsinn zur Methode macht" (F, 822) — aufeinanderprallen, ohne daß
eine Patentlösung angeboten würde. Auch in dieser Diskussion wird deutlich, daß der "Alte" in *Die Festung* kein Held mehr ist, ja es gibt hier keine
einzige Gestalt, die sich zur Heroisierung eignen würde. — Ein entschei-
dender Unterschied zu *Das Boot!*
Immer wieder macht Buchheim auch auf eklatante Fehler der deutschen
Führung aufmerksam, z.b. auf den Mangel an deutscher Aufklärungsarbeit
über die Invasion, darauf, daß die Küstenbatterien nur in Richtung See
schießen können, wobei an die Landsicherung keiner gedacht hat, in dem
falschen Glauben, die Invasion sei nur eine Finte und die wirkliche Invasion würde an einer anderen Stelle stattfinden; auf das falsche Warten deutscher Truppen auf eine bevorstehende Landung der Alliierten an einer
Stelle, wo sie nie stattfindet, während die Alliierten inzwischen ihre Brük-
kenköpfe ausbauen können; auf die Idiotie der sogenannten Festungen in
Frankreich, wenn alles dazwischenliegende Land verlorengeht (F, 1321),
sowie auf das "Totalversagen der Luftwaffe" (F, 645). Und er kritisiert das
Verhalten der Etappe, des Flotillenkommandeurs von La Pallice, der Fi-
sche fangen geht wie im tiefsten Frieden, das Wohlleben der Etappenhengste in Paris und die groteske Verlegung des Marinegruppenkomman-
dos West nach Zabern im Elsaß, von wo aus ein Marinekrieg geleitet wird,
der praktisch schon nicht mehr stattfindet. Das Buch wird so zum Augenzeugenbericht über falsche deutsche militärische Planung, Schlamperei
und Fehlorganisation, über eine totale Katastrophe im Kontrast zur Au-
genwischerei der nationalsozialistischen Propaganda, über das groteske
Funktionieren der Militärverwaltung zu einem Zeitpunkt, als sich die deutschen Truppen bereits im Zustand der Auflösung befinden.
Man fragt sich natürlich, ob die Einsicht, die hier ein einzelner damals
zu haben schien, nicht ex post facto aus der Perspektive der frühen neunziger Jahre gewonnen und auf das Ende des Krieges übertragen worden ist;
eine Frage, die sich schwer beantworten lassen wird. Manches im inneren
Monolog des Kriegsberichterstatters Buchheim mag übertrieben sein, vieles aber eben nicht. Der Autor Buchheim macht überzeugend deutlich, daß,
wer die Augen aufmachte, auch damals schon sehen konnte, daß zwischen
offiziellen Verlautbarungen und den offensichtlichen Fakten eine erschrek-
kende Lücke klaffte. Der Erzähler liest in einer alten Nummer des *Völkischen Beobachters* vom 28. Februar 1941:

"Neun Schiffe mit 58 000 BRT aus britischem Geleitzug versenkt. Vernichtender Schlag deutscher Fernbomber gegen Englands Zufuhren... Vom 23. bis 26.
Februar '33 [sic!] Feindflugzeuge vernichtet... Bei Angriffen in Südostengland
wurden mehrere feindliche Flugzeuge am Boden zerstört und zwei britische
Flugzeuge über ihrem eigenen Flughafen abgeschossen..."

Vernichtender Schlag! Und da draußen schwimmt die britische Armada. Wie oft wir in Schlagzeilen England vernichtet haben, darüber würde ich gern einmal einen Artikel schreiben: aus der Luft vernichtet, mit U-Booten ausgehungert — *das rotte Albion auf die Knie gezwungen.* (F, 370f.)

Hier wird der Propagandaanspruch der Vergangenheit mit der damaligen Erzählerreflexion kontrastiert. Die Fakten sprachen für sich. Bekannt mit dem Prinzip der Schönfärberei, mußten die offiziellen Berichte innerlich übersetzt werden, was bei Buchheim schließlich ganz explizit geschieht. Dafür nur ein Beispiel: Als sich der Erzähler in La Pallice erkundigt, ob es neue Nachrichten über Brest gebe, zieht der Adjutant des Flottillenkommandanten einen Zettel hervor und zitiert den OKW-Bericht:

"Am neunten hieß es: 'Gefechte sieben Kilometer vor Brest', und am elften August, also vorgestern, kam im OKW-Bericht: 'Nordöstlich von Brest wurden in den letzten Tagen über vierzig feindliche Panzer abgeschossen'..."
Als ich das höre, ist mir als sackte ich innerlich zusammen: Jetzt wird in Brest tatsächlich Hackfleisch gemacht! und hier ist auch bald Schluß. (F, 1206f.)

Das Ziel Buchheims ist das gleiche wie in *Das Boot*: Entmythologisierung, in diesem Falle nicht, bzw. nur untergeordnet, des U-Boot-Krieges, sondern des Mythos eines heroischen, gut organisierten Endkampfes. Statt dessen gibt es nur offizielle Schönfärberei von katastrophalem Versagen und Fehlverhalten. Deutsche Arroganz, deutscher Größenwahn, bürokratische Pedanterie, Kompetenzenwirrwar und militärischer Dilettantismus beherrschen das Feld. Im ganzen also, wie es in der Rezension im *Rheinischen Merkur* hieß, "eine große, radikal subjektive Brandrede gegen den schmutzigen Krieg und seine Betreiber an allen Fronten".[27]

Erzählt wird im gleichen Stil, wie wir ihn aus *Das Boot* kennen: einer saloppen Sprache, die kein Blatt vor den Mund nimmt, die einerseits Obszönitäten verbalisiert, andererseits den Maler Buchheim zu Worte kommen läßt, der Paris aus der Perspektive von Signac sieht (F, 265), einen Flüchtlingszug mit einer Kollwitz-Zeichnung vergleicht (F, 883), der sich bei dem Anblick eines französischen Hafens an ein Bild von Corot erinnert fühlt (F, 1221) oder an Kriegstote, wie sie Otto Dix gesehen hatte (F, 1355). Im Vergleich zum *Boot* haben allerdings sarkastische Ironie ("In seiner begnadeten strategischen Weisheit hat der Führer den bösen Feind nach Frankreich gelockt." [DF, 1322]) und Zynismus (Der "Alte": "Was

---

[27] Ulrich Baron: Die letzte Schlacht. In: *Rheinischer Merkur* vom 21. April 1995. Im folgenden heißt es dort: "Seit der zum Dienst in der kaiserlichen Kriegsmarine gepreßte Theodor Plievier 1929 in seinem Dokumentarroman 'Des Kaisers Kulis' postulierte: 'Hier ist kein Roman. Hier ist ein Dokument! Und dann: ich bin doch auch dabeigewesen!'[,] hat es in der Kriegsliteratur kein Buch gegeben, in der [sic!] sich Zorn und Erinnerung so eindrucksvoll verkünden."

bleibt einem denn da anderes als Zynismus?" [DF, 856]) zugenommen. Zwischen der Realität des Krieges und den deutschen Propagandareden über den Endsieg klafft eine Lücke, die sich nur auf diese Weise überbrükken läßt. Der Kriegsberichterstatter Buchheim ist der Wissende, dessen innerer Gedankenstrom die Wahrheit über die bevorstehende Katastrophe enthüllt. Nur wenige andere Gestalten führen offene Reden, so ein Zahnarzt in Brest, dem besonders scharfe Reden gegen Dönitz in den Mund gelegt werden und der schließlich Selbstmord begeht. So wie Buchheim in *Das Boot* bereits in der ersten Szene mit krasser Symbolik arbeitet, so auch hier: Schon auf Seite 208 wird Rodins Figurengruppe "Die Bürger von Calais" zum Symbol für die Situation Deutschlands und der Deutschen. Wenn auf dem U-Boot auf der Fahrt von Brest nach La Pallice durch eine Nahrungsmittelvergiftung alle U-Boot-Insassen unter entsetzlichem Durchfall leiden und infolgedessen das ganze Schiff bestialisch nach Fäkalien und Urin stinkt, werden auch hier wieder die Exkremente zum symbolischem Ausdruck für die militärischen und politischen Verhältnisse auf deutscher Seite, und der zum Holzvergaser umfunktionierte, heruntergekommene amerikanische Straßenkreuzer mit Reifen ohne Profil, mit dem sich der Kriegsberichterstatter Buchheim mit seiner zweifelhaften Truppe von ganzen zwei Mann von La Pallice ins Elsaß durchschlägt, wird mit Recht zur symbolischen Arche in einer untergehenden Welt.

Der Symbolik steht eine Betonung von Authentizität durch Namennennung gegenüber. Während in *Das Boot* weithin unklar bleibt, daß der Autor Buchheim und der Erzähler identisch sind, werden hier konkrete Namen genannt.[28] Nicht nur Buchheim tritt unter seinem eigenen Namen auf, sondern auch der "Alte" unter dem Namen seines 'historischen' Vorbildes, Lehmann-Willenbrock. Buchheims Verleger Peter Suhrkamp war tatsächlich verhaftet und ins KZ verschleppt worden, und Hermann Kasack, Ingeborg Bachmann und Hans Albers begegnen wir ebenfalls unter ihren eigenen Namen. Die Glaubwürdigkeit wird ferner erhöht durch den Einschub authentischer Wehrmachtsberichte, Dönitz-Befehle und Auszüge aus Hitler- und Goebbels-Reden, eine dokumentarische Technik ähnlich der bereits von Theodor Plievier verwendeten. Das gibt den berichteten Ereignissen eine Authentizität, wie sie sie in *Das Boot* nicht hatten.

Man mag die innere Glaubhaftigkeit von pikaresken Szenen bestreiten, wie z.B. wenn der "Alte" einen Glauben an die Endsiegparolen vorspie-

---

[28] Vor möglichen gerichtlichen Klagen hat sich Buchheim durch seine Präambel geschützt: "Die Ereignisse, die in diesem Buch geschildert werden, trugen sich zwischen Frühjahr und August 1944 zu. Sie sind authentisch. Die Personen hingegen leben, so wie ich sie schildere, nur in meiner Vorstellung und haben mit tatsächlich existierenden Menschen so viel gemein wie der Bildhauerton mit einer Skulptur." (F, [9])

gelt, um einen SD-Beamten an der Evakuierung aus Brest zu hindern, oder wenn Buchheim und seine Getreuen sich in Nancy gegen eine Wehrmachtsstreife behaupten; man mag die Begleiter Buchheims, den Bootsmann Bartl und den Fahrer, allzu täppisch-menschlich bzw. skurril finden; man mag Zweifel anmelden, ob deutsche Ärzte und Krankenschwestern tatsächlich hunderte von Verwundeten ihrem Schicksal überlassen haben, um ihre eigene Haut zu retten. Man mag mit Recht konstatieren, daß das Opus magnum als Roman mißlungen ist. Andererseits ist hier jedoch mit der Vielzahl von realistischen Szenen aus der Etappe, mit der Schilderung von Auflösungserscheinungen der deutschen Besetzung Frankreichs, einschließlich Plünderung durch deutsche Soldaten und bacchantischen Breughel-Szenen, zwar keine umfassende Darstellung des Krieges entstanden, aber doch ein einmaliges Panorama aus der Sicht eines Mannes, der gerade durch seine Reisen in der Endphase des Kriegs den Zusammenbruch der deutschen Okkupation Frankreichs in umfassender Weise miterlebt hat. Ob dazu allerdings 1.470 Seiten nötig waren, darüber mag man streiten; wahrscheinlich wären halb so viele besser gewesen.[29]

---

[29] Peter Wapnewskis Schlußurteil in seiner Rezension lautet: "Über seine weiten Strecken hin verbreitet es [das Buch — H.W.], aller Dramatik des Kriegsgeschehens zum Trotz, vor allem aufstaubende Langeweile." Siehe P.W.: Der Krieg aus dem Nähkästchen. In: *Die Zeit* vom 26. Mai 1996.

Thomas Kraft

Konkretistische Blindheit
Dieter Wellershoff: *Der Ernstfall* (1995) und andere Texte zum Krieg

50 Jahre nach Kriegsende gab es in Deutschland offenbar wieder Gesprächsbedarf. Anläßlich der offiziellen Gedenkfeiern zum Jahrestag, die in zum Teil unwürdiger Weise Bedenkenswertes beiseite schoben, flammten erneut Diskussionen um 'Niederlage' und 'Befreiung' und um die Rolle der Wehrmacht während Krieg und Holocaust auf. Zahlreiche Dokumentationen, Memoiren und Sachbücher zum Thema nutzten die Gunst der Stunde und überfluteten den Buchmarkt. So wurde mit großem PR-Getöse Lothar-Günter Buchheims Monumentalwerk *Die Festung* (1995)[1] in die Bestsellerlisten gehievt, letztlich ein eklatantes Mißverständnis, da hier mit dem Gütesiegel 'Authentizität' eine Wahrhaftigkeit des Erzählten versprochen wurde, die der Text dann in großen Teilen nicht einlösen konnte.

Zum gleichen Zeitpunkt veröffentlichte der Kölner Dieter Wellershoff seine *Innenansichten des Krieges*, die er mit dem markanten Titel *Der Ernstfall*[2] versah. Wellershoff, Jahrgang 1925, ist neben seiner umfangreichen literarischen Arbeit vor allem als Essayist und Literaturtheoretiker hervorgetreten. Als Lektor des Verlages Kiepenheuer & Witsch, dem er von 1959-1981 angehörte, etablierte er in den sechziger Jahren das literarische Programm eines 'Neuen Realismus'. Die Autoren Günter Herburger, Rolf Dieter Brinkmann, Nicolas Born, Günter Seuren und Günter Steffens gehörten zum Kern dieser 'Kölner Schule', die Gesellschaftskritik im Sinne der 'skeptischen Generation' als Wahrnehmungskritik zu etablieren suchte. Grenz- und Krisensituationen, in denen Figuren bewußtseins- und lebensveränderndes Verhalten durchexerzieren, prägen so auch leitmotivisch die Texte von Wellershoff. Michael Rutschky spricht in diesem Zusammenhang von einer "Ästhetik des Schreckens", die "die Wahrnehmung

---

[1] Lothar-Günther Buchheim: *Die Festung*. Hamburg 1995.

[2] Dieter Wellershoff: *Der Ernstfall. Innenansichten des Krieges*. Köln 1995. Im folgenden abgekürzt mit der Sigle DE.

aus allen Interpretationsschemata heraussprengt."[3] Literatur sei Wellershoff zufolge dem Leben verpflichtet. Sie diene probeweise als deren Versuchsanordnung und so in gewissem Sinne als Medium der Selbstentfaltung und Befreiung. Überraschungen, Täuschungen und Zufälle seien seiner Ansicht nach prädestiniert, die menschliche Phantasie zu motivieren und sie von metaphysischen Konzepten und Projektionen zu lösen. Im Konkreten der Wirklichkeit könnten so die im menschlichen Unterbewußtsein angelegten und ggf. drängenden Realitäts- und Identitätsdefizite benannt und aufgebrochen werden. Im Eigenen das Fremde sehen, hieße das in Umkehrung des bekannten Theorems. Auf dieser Erfahrungsgrundlage erweitere und erneuere sich Leben, gestützt durch die individuelle Vorstellungskraft des einzelnen. Wellershoff zeige sich, so wiederum Rutschky, einem "Ethos der Sachlichkeit"[4] verbunden, was wohl meint, daß zum einen seine Wirklichkeitsschilderung durch eine außerordentliche Konsistenz und Präzision besticht und zum anderen dieses mimetische Bauprinzip mit einer moralischen Haltung gekoppelt ist, die über den Text hinausweist. Konkret manifestiere sich das "in einer konventionellen Darstellungsweise mit vielen Gedankenwiedergaben und erlebter Rede, unterstützenden Erzählbrücken und vorsichtig-erklärenden Rückblenden."[5] So kann es auch nicht verwundern, daß seine Texte häufig autobiographische Züge tragen. In ihnen kommen der subjektive Erlebnishintergrund des Autors, seine Fragen und Zweifel, seine "inneren Tätowierungen"[6] am prägnantesten zum Ausdruck. Schreiben vermittle demzufolge auch keine Selbstgewißheiten oder Ersatzwelten, sondern hangele sich hart arbeitend eng an den Dingen entlang durch die jeweilige Lebensbahn. "Nach dem Zusammenbruch der Großinterpretationen — zum letzten Mal haben sich diese 1989 blamiert — ist die Autobiographie", so Wellershoff,

> mit ihrer Perspektive der jeweils individuellen Verschiedenheit des Sehens und Denkens sehr aktuell geworden. Vielleicht ist die Erzählung des eigenen Lebens die subtilste Wahrheitsquelle, die wir haben — trotz aller Täuschungsmöglichkeiten, die auch darin stecken.[7]

[3] Michael Rutschky: Sachlichkeit und Schrecken. Der Schriftsteller Dieter Wellershoff. In: *Merkur* 50 (1996). S. 344.
[4] Ebd. S. 348.
[5] Dorothea Dieckmann: Die Arbeit des Lebens. Dieter Wellershoff wird siebzig Jahre alt. In: *N.Z.Z.* vom 28./29. Oktober 1995. S. 52.
[6] Michael Grus: Ein Leben auf der Bühne des Textes. In: *Frankfurter Rundschau* vom 18. Januar 1996. S. 31.
[7] Dieter Wellershoff: Wissen, wie es gewesen ist. Gespräch mit Volker Hage und Mathias Schreiber. In: *Der Spiegel* vom 8. Mai 1996. S. 90.

Dieter Wellershoff hat schon einmal, vor zehn Jahren, in einem Buch über den Krieg geschrieben. In *Die Arbeit des Lebens* (1985)[8] erschienen bereits autobiographische Texte, die dann fast unverändert an zentraler Stelle in den *Ernstfall* eingegangen sind. Zwei andere Fundstellen aus früheren Jahren belegen, daß die Erfahrung des Krieges für Wellershoff existentiell prägend war und gegen den Sog des Vergessens über die Jahre hinweg zur literarischen Bearbeitung herausforderte. Denn der Erinnerungstext über seine "Schulzeit im Dritten Reich"[9] erschien bereits 1981 als Zeitungsabdruck, mit einer Abbildung illustriert, die den kleinen Wellershoff als Pimpf mit Hitlergruß und seiner ersten Uniform der Spielschar des Jungvolks zeigt; strammstehend, die linke Hand korrekt am Koppel, blickt er in die Kamera. 1984 hat Wellershoff dann im Fragebogen der *Frankfurter Allgemeinen Zeitung* "die Krankenschwestern der Kriegslazarette" als seine Heldinnen in der Geschichte und "den Sieg der Sioux über General Custer"[10] als die herausragende militärische Leistung gewürdigt. Daraus lassen sich mehrere Aspekte folgern: Der Zweite Weltkrieg hat bei Wellershoff erst relativ spät, immerhin dreißig Jahre nach Kriegsende, zu einer literarischen Ausformung gefunden. Man könnte vermuten, daß ihn das Thema entweder vorher nicht gereizt hat, es für ihn bis dahin keine adäquate Ausdrucksform gab, diesen Geschehnissen literarisch Raum zu geben, oder es Blockaden persönlicher Art waren, die eben dies so lange verhinderten. In mehreren Interviews anläßlich des Erscheinens von *Der Ernstfall* hat Wellershoff zu dieser Problematik, über die noch zu sprechen sein wird, Stellung bezogen. Der Umstand, daß er sich besonders der Krankenschwestern erinnert, könnte darauf hindeuten, daß seine Kriegsverletzung, die er im Oktober 1944 bei Abwehrkämpfen in Ostpreußen erlitten hat, als Schlüsselerlebnis zu werten ist. Aus seinem Respekt für den Kampf der Indianer gegen die amerikanische Armee kann man zumindest ableiten, daß Wellershoff nach dem Kriegserlebnis kein Fundamentalpazifist geworden ist.

Wellershoff begründet die Entstehung seines Erinnerungsbuches mit zwei unterschiedlich gelagerten Motiven: Der Antrieb, das Buch zu schreiben, entstand spontan während eines Kuraufenthaltes Anfang April 1994 in Bad Reichenhall, wo er vor fünfzig Jahren seine Verletzung im Lazarett monatelang auskurieren mußte, bevor er ein letztes Mal an die Ostfront abkommandiert wurde.

---

[8] Dieter Wellershoff: *Die Arbeit des Lebens. Autobiographische Texte*. Köln 1985.
[9] Dieter Wellershoff: Meine Schulzeit im Dritten Reich. In: *F.A.Z.* vom 10. Oktober 1981.
[10] Dieter Wellershoff: Fragebogen. In: *F.A.Z.* vom 7. September 1984.

Das Schreiben wurde dadurch herausgefordert, daß sich das Damalige mumifi-
ziert hatte. Die Straßen und bestimmte alte Häuser waren noch erkennbar, aber
es war eine alte Kulisse geworden, denn es gingen keine Soldaten mehr spazie-
ren und keine Rotkreuzschwestern, jetzt waren es Kurgäste und die alten Leute
waren die jungen Leute von damals. Daß ich das geschrieben habe, war wichtig
für mich. Ich hatte das Gefühl, irgend etwas, was am Wege liegengeblieben ist,
habe ich jetzt aufgehoben. Aufgehoben in diesem doppelten Sinne, also auch
bewahrt.[11]

Das Wiedererkennen, das Aufleben verdrängter und scheinbar vergessener
Eindrücke wurde für ihn zum Auslöser, sich nach langer Zeit der Vergangenheit zu stellen. Schenkt man den Äußerungen Wellershoffs Glauben,
und es gibt keinen Anlaß, dies nicht zu tun, dann handelt es sich bei diesem Text nicht um ein im Hinblick auf den Gedenktag kalkuliertes Projekt,
sondern um eine spontane Reaktion auf eine im Unterbewußtsein existierende "Problemmasse, für die ich mich zuständig fühle und die ich formulieren wollte",[12] um einen "richtigen Ansturm von Bildern, Szenen und
Momenten"[13] aufzufangen, der ihn geradezu nötigte, sich damit auseinanderzusetzen. Doch die Begegnung mit der eigenen Vergangenheit war
schon am Anfang nicht unproblematisch. Die Konturen von damals waren
verschwommen, das Rohmaterial für den Prozeß des Erinnerns war nur
noch fragmentarisch greifbar und der Zugang zu dieser vergangenen Welt
von der Gefahr, sentimental zu werden, bedroht. Die Suche nach einem
Fixpunkt, an dem die Erinnerung festzumachen wäre, gestaltete sich
schwierig; in der gegenwärtigen Realität, die es für Wellershoff mit der
vergangenen zu verknüpfen galt, um wieder eine Vorstellung von Identität
entwickeln zu können, teilte niemand sein Interesse: "Schreibend will ich
doch selber wissen, wie es gewesen ist."[14] Der Versuch der Vergegenwär-
tigung von alten Erfahrungen, verknüpft mit steigenden Erwartungen,
scheiterte im ersten Anlauf, weil "die Szenerie sich geschlossen hatte und
nicht durchsichtig war auf die Vergangenheit, die ich in ihr suchte. [...] Ich
stand vor den sichtbaren Dingen wie vor einer Barriere und merkte, wie
sich meine Erinnerungen verflüchtigten." (DE, 295 u. 298) Die Menschen,
denen er begegnete, waren meist jünger oder noch nicht lange genug in der
Stadt, um seine Gedanken teilen zu können. So wurde der Weg durch die
Straßen der Stadt, zum ehemaligen Lazarett und zum Speisesaal, zu den

---

[11] Fritz Giesing: Mein Körper ist das Absolute. Im Gespräch mit Dieter Wellershoff. In: *N.Z.Z.* vom 18./19. Oktober 1955. S. 52.
[12] Markus Schwering: Dem Tod entronnen. Im Gespräch mit Dieter Wellershoff.
In: *Kölner Stadt-Anzeiger* vom 6. April 1995. S. 29.
[13] Wellershoff: Wissen, wie es gewesen ist (Anm. 7). S. 86.
[14] Ebd. S. 90.

Kinos und Cafés ein einsamer, wenn auch aufregender Gang für den Veteranen: In der Turnhalle

> geriet ich in eine Trance der Wiederholung und des körperlichen Wiedererkennens. [...] Meine Füße berührten die vertrauten Stufen, und gewiß, wiederzuerkennen, was ich nur verlassen, nicht verloren hatte, durchquerte ich den kleinen Vorraum. [...] Meine Erinnerungen waren beim Anblick einer lückenlos ausgestatteten und gebrauchsfertigen Turnhalle zerstoben. (DE, 300f.)

So bedurfte es der intensiven Selbstbefragung, der Spiegelung der Innen- in der rudimentären Außenwelt, um diese Erinnerungswelten zu reanimieren. Das Freilegen verschütteter Bewußtseinsschichten korrespondierte so mit dem Wunsch, eine eigene Geschichtsschreibung einer offiziösen, die noch immer von Tabus und Stigmata durchzogen ist, entgegenzuhalten. Wellershoffs Geschichtsbegriff ist geprägt von der Überzeugung, daß das Vergessene in Varianten immer wiederkehrt und den einzelnen bedrängt, unabhängig von irgendwelchen Utopien (die aus seiner Sicht komplett versagt haben). Den Kollektivgedanken, wie er ihn in seiner Jugend noch annahm, hat Wellershoff prinzipiell verabschiedet; sein Kriegserlebnis hat ihn ganz auf sich selbst zurückgeworfen, sein Mißtrauen gegen Normen- und Wertesysteme, die zur glaubensrechtlichen Instanz avancieren, befördert und die eigene Existenz in all ihrer Fragilität und Unschärfe zum Ausgangs- und Endpunkt seiner Reflexionen und Handlungen erhoben. Wellershoffs skeptischer Individualismus ist eng an sein Kriegstrauma gebunden. Die Erfahrung, ausgeliefert und allein auf sich gestellt zu sein, zwang ihn nach Kriegsende aus existentiellen Überlegungen heraus zur geistigen Neuorientierung. Die Erfahrung der eigenen Manipulierbarkeit durch die suggestive Verknüpfung von Sprache und Aggression, wie sie für das Dritte Reich kennzeichnend gewesen ist, und die Einsicht in die Zufälligkeit der eigenen Existenz führten ihn zu einer literarischen Strategie, die die subjektive Wahrnehmung der eigenen Gefährdung in das Zentrum seiner Poetik stellt: "Nicht alles, was uns täglich überflutet, kann man wissen und zur Kenntnis nehmen. Aber die grundsätzlichen und grundstürzenden Erfahrungen, die die Menschen mit sich und ihrer Geschichte machen, müssen festgehalten werden." (DE, 23) Wellershoffs Selbstreflexion ist nicht abzulösen von seiner Einschätzung einer gegenwärtigen Gesellschaft, die es beim Abfeiern von Gedenktagen und bei der retrospektiven Bebilderung des Grauens bewenden läßt, ohne aus einem gewissen Problembewußtsein heraus inhaltliche Auseinandersetzungen zu suchen. Wellershoff führt in diesem Kontext zwei Begriffe ein, die seiner Ansicht nach diese indifferente Haltung kennzeichnen. Auf die Trivialmythen und reaktionären Romantizismen der ewig Gestrigen, die vom Kriegsende bis heute ihr soldatisches Ethos verklären, rekurriert er dabei gar nicht mehr. Für ihn ist in Anlehnung an den Hegelschen Begriff der Krieg die hohe Zeit der Furie des Verschwindens, die die Lebensfäden zerreißt und die Erzählungen der verschiedenen Lebensgeschichten abschneidet, bevor aus ihnen, allmählich und von weither, eine Ahnung einer möglichen Gemeinsamkeit jenseits aller Gegensätze entstehen könnte. (DE, 311)

Gemeint ist eine allmähliche, bewußte oder unbewußte Überlagerung und Umdeutung von Erfahrungsmustern, die auf diese Weise entwertet, verdrängt oder vergessen würden. Das Begehen von Gedenktagen in zeremonieller Form könne eigentlich nur als letztes Aufbäumen vor dem endgültigen Aus, dem schwarzen Loch der Geschichtslosigkeit, gewertet werden. Letzte moralische Skrupel und vage Schuldgefühle schafften ein brüchiges Symbol für unsere sogenannte 'Vergangenheitsbewältigung', die Wellershoff mit dem Begriff "Schweizer Position" umschreibt, "eine Selbstgerechtigkeit, die aus der Verdrängung eigener Erfahrung entstanden war, die Selbsttäuschung eines juste milieu der guten Gesinnung und einer vom Wohlstand gesegneten Friedfertigkeit." (DE, 306) Für jemanden, der der menschlichen Gemeinschaft mißtraut und ihre Entwicklung als Abfolge von Krisen und Katastrophen betrachtet, erscheint diese kritisch-distanzierte Haltung hinsichtlich der Behandlung des Themas verständlich. Die moralische Bewertung, die Wellershoff damit vornimmt, überzeugt dann, wenn sie das eigene Verhalten ebenso kritisch miteinbezieht. In der Anlage des Textes, in seiner sprachlichen Ausformung und seinem Reflexionsniveau wird sich die Qualität, in der sich Wirkungsabsicht und literarische Umsetzung zueinanderfügen, ablesen lassen. Folglich nimmt die Klärung seines Erzählinteresses in der Rahmenhandlung auch so breiten Raum ein, da es dem Autor offenbar wichtig war, die eigene Ausgangsposition für das Entstehen des Textes zu umreißen. Im Gegensatz zu einigen Kritikern, die diese Erzählklammer als "wenig überzeugend"[15] oder gar als "überflüssige Leseanleitung"[16] erachteten und gerne nur der Kraft des Erzählens in der Kernhandlung vertraut hätten, erscheint es nachvollziehbar, daß der Auslöser für diese Niederschrift — nach einem derartig langen Schweigen — und die eigenen Probleme der Annäherung an das Sujet benannt werden. Das mag etwas konstruiert wirken, sorgt jedoch im Hinblick auf Motivik und Ordnungsprinzipien des Textes für Transparenz. Der Erzähler stellt sich und das Erzählte von Beginn an zur Disposition, indem er den Text und seine Entstehung in den Kontext persönlicher Entwicklung einbindet. Schließlich ist die Position des Erzählers entscheidend. Seine Per-

---

[15] Eberhard Falcke: Vor allem Überleben. *Der Ernstfall* — Dieter Wellershoffs autobiographische Erkundungen 1944/45. In: *Die* Zeit vom 15. September 1995. S. 67.

[16] Julia Schröder: Nur zufällig am Leben geblieben. *Der Ernstfall* — Dieter Wellershoff und seine Innenansichten des Zweiten Weltkriegs — Geschichte ohne Ende. In: *Stuttgarter Zeitung* vom 12. April 1995. S. 111.

spektive sollte, das ist der Minimalkonsens, eine andere sein als vor oder während des Krieges. Methode und Gestaltung, und nicht die Wahl des Themas, entscheiden über die literarische Qualität des Textes. Und über seine ideologische Ausrichtung, falls der Text verzerrt, ausgrenzt, retuschiert oder gezielt vereinfacht, wo der Komplexität des zu schildernden Geschehens auf differenzierte Weise Rechnung getragen werden müßte. Im Fall der Autobiographie ist dies gerade im Bereich der Memoiren- und Landserliteratur der Nachkriegszeit häufig geschehen. Von daher erscheint der Stellenwert, den Wellershoff der Rahmenhandlung seines Erinnerungsbuches verleiht, angemessen. Es erscheint fast überflüssig darauf hinzuweisen, daß der Autor auch der Wahl des Titels besondere Bedeutung zukommen ließ: Es ist

ein Titel, mit dem ich ausdrücken wollte, daß der Krieg, wie ich ihn in den wechselnden Szenarien der Kaserne, der Front, der Lazarette und des Gefangenenlagers erlebte, ein harter Zusammenstoß vager jugendlicher Abenteurer- und Heldenphantasien mit der blutigen und dreckigen Wirklichkeit war.[17] [...] Der Titel bezieht sich auf die pubertären Phantasien, die wir damals als Jungens gehabt haben — Kriege als Heldentum, Krieg als Abenteuer. Ich hatte damals Kriegsbücher über den Ersten Weltkrieg verschlungen, und das Nahen des Krieges war dann ein Näherrücken der Wirklichkeit an den Phantasieraum. In jener Entwicklungsphase, in der man als Jugendlicher mit dem reinen Phantasieren aufhört und mehr wirklichkeitsbezogene Betrachtungsweisen ausprobiert, rückte mir der Krieg näher und wurde das Modell. Der wirkliche Krieg aber war dann etwas ganz anderes, daher der Titel *Der Ernstfall*.[18]

Die Beschreibung des fast unmerklichen Übergangs vom Kriegsspiel zum blutigen Ernst nimmt vergleichsweise breiten Raum im Roman ein. Der Autor schildert anschaulich und in atmosphärisch dichten Bildern Elternhaus, Schule und Hitlerjugend im niederrheinischen Grevenbroich.

Ich war noch kein Jahr in der Schule, da begann, für mich ganz nebenbei, die Nazizeit. Zwar war ich einer der ersten Jungen, der achtjährig schon in der sogenannten Spielschar die Uniform des Jungvolks trug, doch war, was wir da machten, abgesehen von lästigem Liedersingen, nur eine schwerfälligere Variante meiner eigenen Spiele, und außer der Uniform, auf die ich stolz war, beeindruckte mich noch wenig daran.[19]

[17] Dieter Wellershoff: *Das Schimmern der Schlangenhaut. Existentielle und formale Aspekte des literarischen Textes. Frankfurter Vorlesungen.* Frankfurt a.M. 1996. S. 37.
[18] Jörg Lau: Langsam beginnt das Vergessen. Der Schriftsteller Dieter Wellershoff über die Gefahren im Krieg, Träumereien und Tendenzen von Schuld. In: *Die Tageszeitung* vom 8. Mai 1995. S. 5.
[19] Dieter Wellershoff: Ein Allmachtstraum und sein Ende. In: D.W.: *Die Arbeit des Lebens* S. 43.

Sadistische Lehrer, die die Schüler schlugen und drangsalierten, machten das Gymnasium für den halbwüchsigen Wellershoff zu einem "unauthentischen Ort" (DE, 24). In der Kaderorganisation der Nationalsozialisten, dem Jungvolk, mit seiner sportlich-spielerischen Ausrichtung fühlte er sich wohler und negierte die unmerkliche Indoktrination auf Heimatabenden und die Ziele der paramilitärischen Ausbildung. Wellershoff ist bemüht, seine damaligen Motive und Interessen herauszuarbeiten, die diese kritiklose, naive Begeisterung für das "jungvölkische Brimborium",[20] wie er es nachträglich nennt, verantwortet haben. Dabei verharrt er nicht nur im bloßen Nacherzählen von Ereignissen, sondern versucht in der Verzahnung von narrativen und reflexiven Passagen den Dingen bereits im Ansatz auf den Grund zu gehen. Der Autor verzichtet auf den moralischen Schulterschluß mit einem geneigten Leser, sondern geht relativ schonungslos mit sich und seiner sozialen Umgebung ins Gericht. Im klaren und offenen Benennen von Verhaltensweisen und Handlungen vollzieht er den ersten Schritt zur Klärung von Problemkonstellationen. Diese Faktentreue reichert er mit einer gewissen zeitgeschichtlichen Referenz an, erweitert also teilweise den subjektiven Blickwinkel auf den Vorkrieg und den Krieg durch die Einbindung in größere politische, historische und soziale Zusammenhänge — ein konstitutives Strukturprinzip des gesamten Textes. Auch die Schilderung der familiären Verhältnisse dient dazu, seine damaligen Entscheidungsgrundlagen plausibel zu machen, allerdings ohne, das sei noch einmal ausdrücklich betont, den billigen Konsens der gegenseitigen Rechtfertigung für Autor und Leser anzustreben. Der Vater, eine ehemaliger Marineoffizier, dessen Dolch aus dem Ersten Weltkrieg noch zu Hause an der Wand hing, wird als "Dressman für Uniformen"[21] bezeichnet, ein opportunistischer Reserveoffizier, der vorübergehend auf Drängen der karrieresüchtigen Mutter der SA beitrat und im Garten die Reichsflagge hißte, nach der Ermordung Röhms die SA aber wieder verließ, um als Flakoffizier in der Wehrmacht seine Vorstellung von deutschem Soldatentum auszuleben. Bei Kriegsende war er dann einer der ersten, der den Übergang ins Zivilleben problemlos vollzog. Ihm reichte es, die Uniform aus- und Zivilkleidung anzuziehen. Die Mutter, für die der Autor keine guten Worte übrig hat, starb früh. Aus heutiger Sicht betrachtet Wellershoff den jungen Mann, der er damals war, mit Verständnis und Befremden zugleich. Es scheint, als hätte sich diese unwirkliche Atmosphäre des Krieges bis heute nicht völlig aufgelöst. Es hat etwas Alptraumhaftes und Gespenstisches, wenn Wellershoff vor dem Hintergrund der großen Siege und der nationalen Euphorie von seinen damaligen, von Beginn an

---

[20] Ebd. S. 45.
[21] Ebd. S. 46.

ambivalenten Gefühlen erzählt. Dabei bleibt er in der Schilderung stets präzise und konkret, spricht von Bewährungsprobe und "Reifeprüfung", von "patriotischer Konvention"[22] und Sehnsucht nach der Front. Als Siebzehnjähriger meldete er sich, wie die meisten seiner Klassenkameraden, freiwillig:

> Ich zog in den Krieg mangels einer Alternative und ohne Illusionen, aber mit einem vagen Pflichtgefühl, das im Grunde eine Solidarität gegenüber all jenen war, die es auch getan hatten, und gegenüber den vielen, die gefallen waren. Dieses Zugehörigkeitsgefühl war brüchig. Aber es war noch nicht ganz aufgelöst. (DE, 23)

Zwar schwirrten Gerüchte über Greueltaten der Waffen-SS umher, doch die allgemeine Begeisterung, gestützt von einer gleichsam erotisierten Konnotation des bevorstehenden Krieges, relativierte bis zu einem gewissen Grad seine Zweifel. Zudem machte auch er jene Unterscheidung, die für viele Kriegsteilnehmer bis heute ihre Richtigkeit behalten hat: nämlich zwischen Wehrmacht und Partei. Daß mittlerweile neue historische Forschungen in Teilbereichen zu anderen Ergebnissen gekommen sind und die Beteiligung der Armee an Pogromen und anderen Verbrechen nachgewiesen haben, bleibt hier ausgespart und wird, wie in anderen Fällen auch, mit dem unzureichenden Informationsstand der Bevölkerung wie der Frontsoldaten während des Krieges begründet — eine aus heutiger Sicht, denkt man nur an die Goldhagen-Debatte, an Walter Kempowskis *Echolot* und an die Tagebücher von Victor Klemperer, problematische Haltung. Hier dürften noch jene Verdrängungsprozesse und Erkenntnissperren greifen, die Wellershoff mit diesem Buch ursprünglich für sich beenden wollte.

> Ich bin eigentlich mit dem Gefühl, in etwas ganz Finsteres und Unabsehbares hineinzukommen, in den Krieg gezogen. Ich hatte noch heimlich in der BBC die Nachricht über die Kapitulation des Afrika-Corps gehört, und das hatte mich bis ins Tiefste hinein getroffen. Gerade der Umstand, daß man diese Nachrichten im Geheimen erlauschen und dann in sich vergraben mußte, gab ihnen einen besonderen Wahrheitswert. Ich hatte also das Gefühl, jetzt beginnt etwas Finsteres, aber ich habe nicht in Frage gestellt, daß auch ich wie alle anderen gehen mußte.[23]

Wellershoff meldete sich im Mai 1943 zum Begleitregiment Hermann Görings, um eine privilegierte Stellung zu bekommen, d.h. eine bessere Ausbildung und Ausrüstung sowie einen günstigeren Einsatzort. Die Infanterierekruten sehnten sich bald nach Abwechslung vom Drill und drängten zur Front, um endlich ihre Heldenrollen spielen zu dürfen. Doch vorerst lebten sie, in Berlin, weiterhin "im Windschatten des Krieges" (DE, 51),

---

[22] Wellershoff: Wissen, wie es gewesen ist (Anm. 7). S. 88.
[23] Lau (Anm. 18). S. 5.

stellten Brandwachen und besuchten das bemüht aufrechterhaltene Kultur-
leben der Stadt. Wellershoff schildert vor dem Hintergrund eintönigen Ka-
sernenlebens mit den üblichen Ritualen und Rollenspielen, wie sein idea-
listisches Weltbild in der Beschäftigung mit Musik, Theater und Literatur
zunehmend zerbrach. Dabei erkennt der Autor die Notwendigkeit, Sach-
verhalte zu erklären: "Vieles, was heute selbstverständlich ist und deshalb
oft rasche, schematische Urteile herausfordert, bedarf genauerer Beschreibung." (DE, 23) Diese erzählerischen Skrupel kommen dem Text zugute.
Der Autor bezweifelt zum Beispiel immer wieder seine Erinnerungsfähig-
keit, trotz seines unbestritten guten Gedächtnisses, das viele Details überraschend genau rekonstruiert. Wendungen wie "Soweit ich mich erinnern
kann" oder andere Konjunktive reflektieren in sich das literarische Verfahren, das hier zur Anwendung kommt. Es wird deutlich, daß das Phänomen
Krieg nicht auf das Einzelschicksal des Frontkämpfers reduziert und verbindlich gesetzt werden soll. Wellershoff ist sich dieser Gratwanderung
bewußt, die sein methodischer Ansatz mit sich bringt: den Ausschnitt subjektiven Erlebens wählen, ohne damit einen verkürzten Begriff von Wirklichkeit zu transportieren. Diese Problemstellung gilt in besonderem Maße
für die Schilderung der Fronterlebnisse. Der physische und psychische
Ausnahmezustand, hervorgerufen durch die extremen Belastungen, denen
Soldaten im Geschützfeuer ausgesetzt sind, verführt nachträglich häufig
dazu, (un-)bewußt einem Moment von soldatischem Heroismus Raum zu
geben, wo die Bilder des Grauens eine nüchterne Beschreibung dieser Situation erschweren. Dieses Ausweichen in eine Ästhetik der Männlichkeit,
in einen Kult von Kampfmaschinen und Kameradschaftlichkeit, zielt in
ideologischen Texten auf die latenten Schuldgefühle der ehemaligen Soldaten, die das lesen, und strebt über diese suggestive Verständigung eine
Apologetik des Krieges an. Grabenkämpfe, Artilleriefeuer, Stoßtrupps,
Ungeziefer und Hunger, Tote und Verwundete — es sind, wen wundert es,
die gleichen Bilder, in denen Wellershoff vom Krieg erzählt, wie viele andere vor ihm. Was sie von anderen Texten unterscheidet, ist ihre Binnen-
struktur und der Rahmen, in den sie gesetzt sind. Wenn beschrieben wird,
wie Soldaten zu Himmelfahrtskommandos befohlen und als lebende Ziel-
scheiben 'verheizt' werden, rückt der Autor dies als gleichsam körperliche
Erfahrung ganz dicht an sich und den Leser heran:

> Ich ging hinter den Trägern mit der Bahre her und fragte mich besorgt, wie ich
> allein die ganze Tagesverpflegung des Vorpostens tragen sollte, zumal ich auf
> einmal bohrende Kopfschmerzen hatte. Beim Bücken hatten sie plötzlich einge-
> setzt als ein Stechen, ein schnell anschwellender Druck im ganzen Schädel, und
> nun waren sie so stark, daß ich den Trägern mit der Bahre, die in einen schwer-
> fälligen, plumpen Laufschritt verfallen waren, kaum folgen konnte. Ich nahm
> alles nur noch undeutlich wahr. Dunkelheit, fliegende Lichter, Schatten und
> Lärm. Überall wurde geschossen. Wir liefen durch "eisenhaltige Luft". Jeder

Schritt hatte in meinem Kopf ein berstendes Echo, und das zersprengte die Gedanken an die Gefahr. (DE, 180)

Diese hautnah geschilderte Szene gewinnt durch ihren sachlichen Ton —
Lothar Baier hat ihn zurecht als "Sprache der teilnahmslosen Observati-
on"[24] bezeichnet — eine starke Intensität und Glaubwürdigkeit und vermittelt einen plastischen Eindruck der äußeren Vorgänge, aber auch indirekt
eine Ahnung von der Angst des Soldaten. Dieser Eindruck erfährt noch
eine Steigerung, wenn der Autor von seiner Verletzung im Oktober 1944
berichtet:

Ich lebe und kann nicht darüber nachdenken, habe keine Zeit dazu. Karl Heinz
kommt nach, blickt über den Lauf des Maschinengewehrs auf den Waldrand
und feuert in die Büsche, ungefähr dorthin, wo er eben aufgehört hat, schwenkt
nach rechts. Rasend schnelles Steppen einer Schußnaht. Ich höre auch andere
Maschinengewehre, weiter weg, und einzelne Schüsse von Gewehrschützen,
scharfes Knallen, kein Streufeuer, ein Geschoß auf einen Punkt gezielt. Jeder
einzelne Schuß hört sich entschlossen an, auch in dem Getöse explodierender
Granaten. Vielleicht kommen wir doch noch an die russische Stellung heran.
Jetzt mußte ich wieder springen. Da schlug etwas zu, traf meinen Oberschenkel
dicht über der Kniekehle. Es war wie ein Schlag mit der Pickhacke, deren spit-
zes Ende tief in mein Fleisch fuhr, und ich hörte mich schreien. Es war seltsa-
mer Weise ein Schrei der Wut. Ich hatte geschrien wie jemand, der empört ist,
daß ein Unbekannter ihn von hinten angegriffen und verletzt hat. Es war ein
Schrei, der zu einer ganz anderen Situation gehörte und sich im Augenblick, da
ich getroffen wurde, aus mir löste. Dicht hinter mir war eine Granate einge-
schlagen und ein Splitter war in mein Bein gedrungen. Und nun wußte ich es,
mußte es mir gesagt sein lassen: Ich war getroffen. (DE, 222)

Die besondere Wirkung dieser Szene resultiert, unabhängig von ihrer dramatischen Wendung, aus einem kleinen Kunstgriff des Autors: Durch den
Wechsel der Erzählzeiten entstehen zwei Bewußtseinsebenen innerhalb
einer Binnenhandlung und damit die Möglichkeit, aus einer gewissen Distanz des Erzählers zu sich selbst heraus die Vorgänge wie einen Film ab-
spulen zu lassen, wie ein fremdes, fast irreal anmutendes Leben, zu dem er
sich in Beziehung setzen kann. Dadurch vermeidet er ein über die Schiene
subjektiver Betroffenheit mögliches Pathos und verstärkt gerade dadurch
die Absurdität und Unfaßbarkeit der Szene. Sie gewinnt als auf diese Weise herausgehobenes Bild exemplarischen Charakter für den Schrecken des
Krieges. Auf zwei weitere, nahezu archaische Szenen sei verwiesen, die
verdeutlichen, mit welchem Erzählvermögen Wellershoff dieses große
Thema Krieg in den Griff bekommt. Auf seiner Flucht von der Front im

---

[24] Lothar Baier: Ende im Zwielicht. Dieter Wellershoffs Erinnerungen an den
Kriegsdienst. In: *Süddeutsche Zeitung* vom 1./2. Juli 1995. S. IV.

Osten Ende April 1945 kam Wellershoff in ein kleines, verlassenes Straßendorf, versteckte sein Fahrrad und schlich in den Ort:

> Plötzlich hörte ich nebenan leise Stimmen, Deutsche, wie ich im nächsten Augenblick erkannte. Ich blickte durch eine Ritze im Bretterzaun und sah greifbar nahe eine halbnackte junge Frau. Sie trug Seidenstrümpfe, einen kleinen Schlüpfer und einen Büstenhalter, hatte hochhackige Schuhe an und hielt mit ihren nackten Armen einen Karabiner im Anschlag, als zielte sie auf etwas. Ihre Erscheinung war besonders phantastisch, weil sie sich an einen Unteroffizier in einem langen feldgrauen Mantel anlehnte, der sie von hinten umfaßte und ihre Gewehrhaltung korrigierte. Aber eigentlich war das eine Umarmung, und das Gesicht des Mannes war überschwemmt von sexueller Gier. Ich stand wie angenagelt da. Sie hätten mich leicht entdecken können, aber sie sahen mich nicht. Außerhalb meines engen Blickfeldes mußten noch zwei andere Männer sein, deren Stimmen ich hörte, ohne sie verstehen zu können. Ich war Zeuge einer Szene, die für mich eine unvergeßliche Verkörperung von Sexualität, Anarchie und Todesnähe geblieben ist. Diese kleine Gruppe von Versprengten schien vergessen zu haben, wo sie sich befand, und daß es höchste Zeit war, zu fliehen und seine Haut zu retten. Ich schlich mich davon. (DE, 270f.)

Wieder verlagert Wellershoff den Krieg in die Sphäre des Körperlichen, die in ihrer Mischung aus Unschuld und Erotik gleichzeitig rührende wie groteske Züge annimmt. Dem Autor gelingt es, nur aus der Beobachtung heraus, eine Szene einzufangen, die zeigt, daß der Krieg immer extrem ist in seiner Verbindung von Eros und Thanatos. Sehen und Hören genügen dem Betrachter, um von der Wirkung des Bildes in den Bann geschlagen zu werden. Sein kurzer Erzählerkommentar wirkt da fast überflüssig. Die Szene erinnert in ihrer Unvermitteltheit an eine kurze Passage aus Ernst Jüngers *Strahlungen*, in der ein einsamer Wanderer auf eine Lichtung tritt, angesichts eines amerikanischen Militärfahrzeugs seine Pistole entsichert und sich in den Kopf schießt.[25] Dieser in zwei Sätzen mit einfachen Worten skizzierte Vorfall sagt uns nichts über den Mann und doch viel über den Krieg. Vergleichbares gelingt Wellershoff, indem er Szenen so kurz wie einprägsam beschreibt, ohne ihnen durch zusätzliche Kommentare eine Bedeutung aufzuladen, die sie längst in sich tragen. Einen Tag vor der Gefangennahme veranstalten die Soldaten mit einigen Bauern ein wüstes, bizarres Fest, um

> das Ende des Krieges zu feiern. Es wurde ein Freß- und Trinkgelage, indem wir unsere ganze Munition in die Luft ballerten. Und dann sangen wir Nazilieder, Marschlieder, Schlager aus UFA-Filmen, Zotenlieder, das ganze populäre Melodienrepertoire des Nazireiches mit seinen vielen Sing- und Marschstunden grölten wir noch einmal hinaus, als wäre das Ganze nur ein verrückter, komi-

---

[25] Ernst Jünger: *Strahlungen. Das erste und zweite Pariser Tagebuch.* Tübingen 1949. Zitiert nach E. J.: Sämtliche Werke. Bd. 3. Stuttgart 1979. S. 400.

scher Unsinn gewesen, der nun im Suff ein passendes Ende fand. Während der Marketenderschnaps kreiste, wankte ab und zu einer nach draußen, um sich zu übergeben, kam kleinlaut zurück. Der Gesang wurde schwächer und leieriger, wir legten uns ins Stroh, um noch einige Stunden zu schlafen. Ich wurde wach, weil jemand über mich stolperte und mich von oben bis unten bekotzte. [...] Na gut, wir wollten sowieso zur Bahnstation. Ich zog meine nasse Uniform an. Wir zerschlugen unsere letzten Karabiner, zerlegten unsere Pistolen und das letzte Maschinengewehr, verstreuten die Einzelteile und machten uns auf den Weg. (DE, 281f.)

Der Krieg und seine ernüchternde Wirkung, Abgesang und Kater zugleich, fast ein kathartischer Akt, so wie Wellershoff diese Sauferei schildert. In diesem Bild konzentriert sich der ganze Irrwitz dieses Krieges. Es zeigt auf sehr ehrliche Weise die Widersprüchlichkeit und das Makabre, das ihm und den Menschen, die ihn machten, eigen ist. Es ist die Lakonie des Erzähltons, die das Erzählte auf erträgliche Weise unerträglich macht. Sie offenbart die Abgestumpftheit und die Apathie der Soldaten, ihre Gefühlsdiffusionen und ihre Verblendung. Als Bild des Krieges avanciert es zu seinem Gegenbild. Bilder dieser Art fungieren gleichsam als Nuklei der Textur. In der Übersetzung und Einbindung der individuellen Perspektive in ein breiteres Bewußtsein bzw. in den Kontext des Zeitgeschehens objektiviert der Autor den ausgewählten Realitätsausschnitt. Mit historischen Dokumenten und Statistiken über Material-, Munitions- und Personalgrößen, die er auf semiwissenschaftlich-referierende Weise seiner Erzählhandlung zuordnet, konterkariert er die naturalistische Abbildung des subjektiven Erlebens und egalisiert so nachträglich das Informationsvakuum, unter dem seinen Angaben zufolge die Frontsoldaten während des Krieges gelitten haben. Das ist als zusätzliche Strategie seines Konzeptes zu verstehen, sich schreibend der eigenen Befindlichkeit während des Krieges anzunähern und zu vergewissern. Das tief empfundene Gefühl von Entfremdung ("konkretistische Blindheit")[26] und das Herausfallen aus allen Sinnzusammenhängen, die über das Pragmatische der Einheit, zu der man gehörte, hinausgingen, wird so nachträglich noch einmal verdeutlicht (als kleines Rädchen in der Gesamtgeschichte) und gleichzeitig ansatzweise kompensiert. Diese Einschübe dienen auch der Analyse, um die es Wellershoff in diesem Buch geht, sind notwendige Orientierungs- und Verständnishilfen. So greifen wie zwei Zangen, die die Erinnerung zusammenhalten, eine übergeordnete historische Klammer und die akribische Notation aller Einzelheiten:

Ich habe mich selbst gewundert, was ich selbst noch wußte; beim Schreiben wurde mir erst richtig klar, wie viel es war. Teilweise wußte ich es noch meter-

---

[26] Lau (Anm. 18). S. 5.

genau. Auch deshalb, weil der Raum, in dem man lebte, so begrenzt war, die Welt, in der ich lebte, hatte höchstens einen Durchmesser von 200 Metern. Da ist dann alles wichtig, jede Bodenunebenheit, jeder Baum, jede Bewegungsmöglichkeit.[27]

Im Schützengraben ist kein Raum für Romantik, hier wird gestorben und gelitten. Nichts ist positiv, es gibt keine Helden (wenn auch eine gewisse Tapferkeit, die aber eher aus Notwendigkeiten erwächst), keine attraktiven Identifikationsmuster und Bindungen, keine Illusionen und Spekulationen, kein Resümee. Stattdessen eine zersplitterte Welt, das Zurückgeworfensein auf die eigene Existenz, die ganz körperlich empfunden wird, den endgültigen Abschied von allen Heilsversprechen und die Hinwendung zu den Dingen, die ganz real sind. Schuld empfindet Wellershoff, so ist dem Text zu entnehmen, nur partiell, eben in dem Sinne, anfangs nicht genügend nachgefragt zu haben, konformistisch gewesen zu sein. Als Frontsoldat sah er dann keine Alternativen oder Auswege mehr, auch nicht genügend Zeit und Raum für eine unabhängige Meinungsbildung ("die Front war ein Schattenland" [DE, 98]). Der Krieg wäre zu gegenwärtig gewesen. Heute ist er froh, überlebt zu haben. Und doch bleiben einige Fragen offen: Wie sah es mit Widerstand, aktivem oder passivem, aus? Im Text wird nur beiläufig von Deserteuren und einem Selbstverstümmler gesprochen, einmal von einem Erschießungskommando, an dem Wellershoff aus Neugier beinahe freiwillig mitgewirkt hätte. Das verwundert, angesichts einer Kriegslage an der Ostfront, in der gerade in den letzten Kriegswochen die militärischen Strukturen in heillose Auflösung übergingen, viele desertierten oder auf andere Weise 'Wehrkraftzersetzung' betrieben. Daß der Autor diese Vorgänge hier weitgehend ausspart, mag zufällig sein, mit seinem vergleichsweise kurzen Einsatz an der Front zusammenhängen oder Folge der "inneren Schutzmauern von Verblendung und Verdrängung" (DE, 79) sein. Ähnlich verhält es sich mit dem Holocaust. Es wird lediglich erwähnt, daß zwei jüdische Mädchen mit ihren Familien in die Schweiz ausgewandert wären und seine Mutter nach der Reichskristallnacht "Die arme Frau Goldstein" (DE, 68) gesagt habe. Wellershoff bezieht zu diesen Leerstellen bereits am Anfang seines Textes grundsätzlich Stellung: "Das ganze Ausmaß der Katastrophe habe ich erst viele Jahre nach dem Kriegsende erfahren." (DE, 20) Das mag man glauben oder nicht. Jedenfalls projiziert der Autor nichts retrospektiv noch in sein Alter ego. Und er rechnet es sich nicht nachträglich als besonderes Verdienst an, nicht beteiligt gewesen zu sein, auch wenn ihm dies mißverständlich als "Dokument deutscher Ah-

---

[27] Giesing (Anm. 11). S. 52.

nungslosigkeit"[28] bescheinigt wird. Durch Analogschlüsse von gestern und heute versucht der Autor, die Kontinuität von Strukturen und Denkweisen anzudeuten und spricht in psychoanalytischem Gestus vom

> offenbar tief verankerten und in Krisenzeiten wachsenden fundamentalistischen Bedürfnis vieler Menschen, der Vereinzelung und Privatheit des eigenen Lebens und damit verbundenen drohenden Gefühlen der Nichtigkeit in der Teilnahme an einem übergreifenden Lebenssinn zu entkommen und sich in einer großen symbiotischen Glaubensgemeinschaft geborgen zu fühlen. (DE, 303)

Wellershoff weist auf ambivalente Erlebnishaltungen und verschiedene Lesarten hin, spricht von destruktiven Phantasien, Schuld- und Schamgefühlen, Ängsten und Isolation, kritisiert allgemein einen "militärischen Ästhetizismus" (DE, 75), wertet aber auch durchaus politisch zum Beispiel angesichts der sowjetischen Verbrechen nach Kriegsende in Berlin. Sein Text endet mit einem Epitaph, der Zahlen von Toten und Beschädigten, KZ-Opfern und Häftlingen nennt. Angesichts des Massenmordes verschlage es ihm die Sprache, ein Bekenntnis, das am Ende Fragen offen läßt.

[28] Michael Wild: Die Welt, ein Stolperfeld. Auch Dieter Wellershoff erinnert sich an das Kriegsende. In: *F.A.Z.* vom 18. Mai 1995. S. 30.

Ursula Heukenkamp

Helden, die einer besseren Sache wert gewesen wären... Kriegsprosa in der DDR der fünfziger Jahre

Der Kriegsroman ist die Gattung der männlichen Akteure, der Gruppener-fahrungen und der extremen Situationen. Äußere Ereignisse dominieren, während das Element 'Handlung' nicht entfaltet werden kann. Es muß ver-kümmern, weil die Figuren kaum handeln; vielmehr zeigt die Erzählung, daß sie von fremden Kräften bewegt werden. Dies geschieht entweder durch die bloße Gewalt des Krieges, durch Angriffe, Trommelfeuer, durch den wechselnden Verlauf der 'HKL' (Hauptkampflinie) usw., oder durch eine ebenso uneinsichtige Sorte von Ereignissen, die aus Anweisungen anonymer Stäbe resultieren, aus Befehlen, Truppenverlegungen, und die Strategien des Kriegsgegners. An Ort und Stelle, d.h. im konkreten Raum der Fiktion, entscheidet sich nichts.

Stemmen sich die Figuren wirklich einmal gegen den Gang des Ganzen, den 'Krieg', und handeln nach eigener Entscheidung, so muß das Resultat den Widersinn des intendierten Plans zeigen. Es hat anders zu kommen, als die handelnde Figur es vorsieht, aber genau so, wie es unter den Bedin-gungen des Krieges kommen mußte. Denn die Wahrheit des Kriegsromans besteht darin, daß die Sinnlosigkeit nicht durch das Erzählen verleugnet und beschönigt wird, so daß hinter allen Vorgängen die Degradierung und Auslöschung der menschlichen Person hervorscheint. Als politisches oder weltanschauliches Pendant ist ein konsequenter Pazifismus anzusehen. Die Wahrheitsfindung im Kriegsroman hängt jedoch nicht immer von politi-schen Absichten ab; nicht selten erfolgt sie ohne den ausdrücklichen Wil-len des Autors. In der Diskussion, die die erste große Welle der Kriegsro-mane in der Weimarer Republik auslöste, bemerkte Arnold Zweig, daß die "Kriegsbücher verschweigen, wie sehr im Kriege diese fluchwürdige und niederträchtige Form der Verflechtung, des Festbindens jedes Einzelnen die höchste Steigerung erfuhr."[1]

Der Kriegsroman, darin ist Zweig zu folgen, verlangt nach Figuren, die in einem einzigen Verhältnis, dem zur Gegenwart des Krieges, existieren

---

[1] Arnold Zweig: Zwei Kriegssromane. In: *Die Weltbühne* 25 (1929) H. 16. S. 597-599.

und sich wenig über ihn erheben. Seine Kritik an den neusachlichen Kriegsromanen der zwanziger Jahre dagegen war nicht ganz gerecht; denn in diesen Romanen wurde dieses Ausgeliefertsein an die Umstände dargestellt, dessen Radikalisierung einem Kriegsgegner wie Zweig nötig schien; doch wenn das Phänomen sich auch erst abzeichnete, so zeigten doch zuerst sie in den entsprechenden Figurationen des Soldaten oder des Sanitäters Menschen, die auf die Daseinsform der Kreatur reduziert waren.[2]

Die gegenläufige Tendenz ist stets gleichzeitig anzutreffen; sie ist in den zwanziger Jahren vorhanden und erfuhr nach dem Zweiten Weltkrieg neuerlichen Auftrieb. Die Neigung, dem Krieg, der Kriegserfahrung einen Sinn beizulegen bzw. durch das Handeln der Figuren zu produzieren, es mit Metaphysik aufzufüllen, hat viele Quellen. Ideologische Motive treffen auf pädagogische Intentionen; sie mischen sich unter Umständen mit der Sorte von Sinnerzeugung, die sich beim Erzählen in traditionellen Formen unvermeidlich einstellt. Für die Kriegsromane aus der DDR der fünfziger Jahre gilt generell, daß sie eine erzieherische Absicht verfolgten. Mit Beginn des Kalten Krieges waren die Autoren der Kriegsgeneration mit dem vorherrschenden politisch-ideologischen Deutungsmuster konfrontiert. Sie mußten folglich, auch wenn sie vermeintlich nur ihre Geschichte erzählen wollten, sich mit diesem Muster arrangieren bzw. gegen jenes behaupten. Trotz erkennbarer Stereotype kamen auf diesem Wege Varianten zustande, was den Figurenkreis, die Konstruktion des Verlaufs und die Nähe zur Autobiographik betrifft. Erkennbare Konstanten der DDR-Kriegsromane der fünfziger Jahre sind dagegen die Darstellung und Bewertung der Roten Armee, das Auftreten von mindestens einem überzeugten und zum Widerstand entschlossenen Antifaschisten und die ausdrückliche Belastung der Figur des deutschen Soldaten mit schuldhaftem Wissen bzw. mit einer schuldhaften Handlung. Kriegsromane aus der DDR weisen kaum direkte Auseinandersetzung mit den Umständen ihrer Entstehungszeit auf. Aktuelle Bezüge sind selten, meist nur angedeutet; kritische Auseinandersetzung mit Wiederaufrüstung und geplanter Einführung der Wehrpflicht vermißt man ganz und gar. Der Zweite Weltkrieg wurde in den fünfziger Jahren als abgeschlossenes Ereignis betrachtet. In den Romanen vollzieht sich eine als nachträglich aufgefaßte Arbeit, Wiedergutmachung, an vorausgegangener schuldhafter Handlung.

---

[2] Ich verwende den Begriff im Sinn von Helmuth Lethen: *Verhaltenslehren der Kälte. Lebensversuche zwischen den Kriegen.* Frankfurt a.M. 1994.

I. Kriegsroman und Kalter Krieg

Wolfgang Schreyer: *Unternehmen Thunderstorm* (1954)

Schreyers Roman ist keines der großen Kriegsbücher. Jedoch war das der erste Roman aus der DDR, der die Verständigung über das Kriegserlebnis der jüngeren Generationen wiederaufnahm, die mit dem Ende der Trümmerliteratur abgebrochen war. Gleichzeitig lassen sich bereits an diesem Roman Differenzen zur westdeutschen Kriegsliteratur zeigen, die als Differenzen im Geschichtsbild der entsprechenden Leser bis heute existieren. Die Kriegsbücher, die in den fünfziger Jahren in Deutschland geschrieben wurden, lassen sich nicht an einem gemeinsamen Maßstab messen. Hier muß von zwei deutschen Literaturen ausgegangen werden, denn zu verschieden sind die Diskurse, in denen die Bücher, selbst bei versuchter Distanz, stehen oder auf die sie reagieren.

Im Nachwort betont der Autor, er habe einen historischen Roman geschrieben und sich nicht nur um Quellen bemüht, sondern auch zahlreiche "Augenzeugenberichte"[3] von ehemaligen Wehrmachtsangehörigen verwendet. Neun von ihnen sind mit Namen und Dienstgrad in der Wehrmacht angeführt; besonders hervorgehoben wird die große Bereitschaft zur Übermittlung von Erinnerungen. Der Roman ist mit Lageskizzen und einem umfangreichen Anmerkungsteil ausgestattet. Die Akribie des Historiographen wird sogar ins Kartographische umgesetzt. Karten erläutern die strategischen Entscheidungen, von denen jeweils, und zwar in der Narration, die Rede ist. Es handelt sich um eine seinerzeit verbreitete Form der Geschichtserzählung. Die enzyklopädische Absicht gereicht dem Roman zum Nachteil; sie macht ihn unübersichtlich und zwingt ihm die Übernahme des gültigen Deutungsmusters auf, das auf die sowjetische Lesart des Warschauer Aufstandes hinauslief. Insofern ist er ein Dokument des Zeitgeistes und reichlich überholt, wo er den Zweiten Weltkrieg aus der Sicht des Kalten Krieges behandelt. Eine Kontinuität zwischen Vernichtungskrieg gegen die Sowjetunion und dem Antikommunismus der fünfziger Jahre wird suggeriert und dabei unterstellt, daß mit dem Kalten Krieg die Bedrohung der Sowjetunion fortgesetzt würde, diesmal durch den "amerikanischen Imperialismus". Immerhin gab es ein prominentes literarisches Vorbild für diese Auffassung mit Stephan Heyms Roman *Kreuzfahrer von heute*.

Wichtiger dagegen ist an Schreyers Buch, daß es den Zweiten Weltkrieg als Katastrophe einer an sich ahnungslosen Generation darstellt. Damit schließt es an Erzählformen an, die in Prosa-Texten aus den frühen Nachkriegsjahren ausgebildet worden waren. Diese Erzählungen oder kurzen

---

[3] Wolfgang Schreyer: *Unternehmen Thunderstorm*. Berlin 1967. Nachwort. S. 859. Im folgenden abgekürzt mit der Sigle UT.

Romane waren geschrieben worden, um den Mißbrauch, der mit dieser Generation getrieben worden war, einzuklagen und um deren Irritation durch das Kriegserlebnis zur Sprache zu bringen. Sie sind authentische Texte der Trümmer- und Kahlschlagliteratur, die aus der Absicht entstanden, Bekenntnisse abzulegen. Da die Autoren sich nicht um literarische Traditionen bekümmerten, sind sie meistens außerhalb des Kanons geblieben und vergessen worden. Der geringe Grad an literarischer Stilisierung läßt sie simpel erscheinen, macht sie aber auch zu Dokumenten, aus denen das Erleben und die spontane Selbstdeutung dieser jungen Generation unmittelbar einsichtig wird, besonders wenn Autoren vom Drang zum Bekennen erfüllt sind. Derartige Texte drücken aus, daß sie vom Grauen und der Erschütterung geprägt sind, die die unmittelbare Berührung mit dem Krieg, genauer gesagt, mit dem Kriegsende zwischen Oder und Berlin ausgelöst hatten. Sie stehen in der Nähe zum autobiographischen Text, weil sie der Absicht nach tatsächlich Erlebtes dokumentieren und im Resultat Bekenntnisse vorlegen. Denn ihr wahres Thema ist das plötzliche Ende von Kindheit und Jugend, aus denen der Krieg die Generation herausgerissen hatte. Diese Erlebnisberichte sind oft als Tagebuch oder Aufzeichnungen aus der Figurenperspektive verfaßt; die Akteure darin sind hilflose junge Soldaten oder, noch jünger, Flakhelfer, die dem hereinbrechenden Untergang buchstäblich ausgesetzt sind: physisch, indem sie mit untauglichen Panzerfäusten gegen sowjetische Panzer geschickt werden, und psychisch, indem sie nicht wissen, was ihnen geschieht und in welchem Ganzen sie sich bewegen. Wie um diese Ohnmacht des unmittelbaren Erlebens auszugleichen, aber diese noch unterstreichend, wird in diesen Erzählungen mit peniblen Bestimmungen von Orten und Zeiten, geographischer und meteorologischer Details gearbeitet.

Da die Texte aus den Nachkriegsjahren häufig als Erlebnisberichte verfaßt waren, spiegeln sie, gerade wenn es sich um die jungen Autoren der Jahrgänge 1926/27 handelt, wider, daß es regional gebundene Kriegserfahrungen gab, indem zum Beispiel das Heranrücken der 'Ostfront' in Berlin im Detail erlebt wurde. Daher kann für diesen Zeitraum von einer ostdeutschen Kriegsliteratur die Rede sein, jedoch nicht in einem politisch definierten Sinne. Vergleicht man jedoch Walter Kolbenhoffs *Von unserm Fleisch und Blut* (1947) mit den Erzählungen der jungen und eben auch unmittelbar betroffenen Autoren über Schicksale und Bewußtsein der Hitlerjungen, die noch an die Front geworfen werden, so sieht man sofort, daß sich hier eine andere literarische Reihe ausbildete. Sie begann mit Claus Hubaleks *Unsere jungen Jahre* (1947), setzte sich mit Georg Holmstens seinerzeit sehr beachteter Erzählung *Der Brückenkopf* (1948) fort; dazu gehören auch Dieter Meichsners Geschichte eines Werwolfs *Versuchts noch mal mit uns* (1948) und Erich Loests *Jungen, die übrigblieben.*

(1950) Nach dem Beginn des Kalten Krieges verwandelte sich der Zugriff; man bekommt bei Schreyer zu sehen, wie die Verwirrung der in die Schlacht geworfenen jungen Soldaten nun in einem pädagogischen Zusammenhang erscheint. Der macht aus der Unwissenheit eine "Schuld". Die anfängliche Aufnahme der Formen der Bekenntnisprosa führt zu einer Umdeutung und Absetzung von den entsprechenden Absichten. Das Authentische jener Erlebnisberichte wird in einen Erzählzusammenhang gebracht, in dem das Erlebte noch nachwirkt, aber ausdrücklich korrigiert wird. Die Geschicke der Jungen, die in den Krieg hineingerissen werden, stellen sich nun aus der Perspektive eines allwissenden Erzählers dar oder werden von einer medialen Erzählinstanz, die eine vielsträngige simultane Erzählwelt verwaltet, korrigiert und komplettiert. Das war eine angemessene Verwendung des in der DDR seit den frühen fünfziger Jahren als Norm geltenden Realismus-Konzepts, demzufolge hinter den Erscheinungen stets der 'Sinn' erkennbar werden mußte.

Wolfgang Schreyers Roman *Unternehmen Thunderstorm*, ein Roman mit großer Publikumswirkung, ist ein exemplarischer Fall der Mischung des Erlebnisses totaler Sinnlosigkeit des abverlangten Opfers mit dem Schuldspruch im Namen eines höheren Ganzen; Mischung auch zwischen der Darstellung von Ohnmacht und Handlungsunfähigkeit des einzelnen und dem Verweisen auf eine Sinnkonstruktion, die der 'Geschichte' zugesprochen wird. Die dabei erreichte Dichte kann dem Fiktiven den Anschein des geschichtlich Verbürgten geben. Auf der Ebene der weltanschaulichen und politischen Haltung ist der Roman gleichzeitig ein Beispiel für die Abwendung vom Nachkriegspazifismus in der DDR, die im Namen des Kampfes für den Frieden vollzogen wurde. (Die Bücher beweisen, daß nur eine konsequent pazifistische Haltung unangreifbar für ideologische Zwecke ist.)

Er spielt hauptsächlich im Sommer 1944 in Warschau; historisches Objekt ist der Warschauer Aufstand. Im Roman agieren vier Gruppen von Akteuren nebeneinander, deren Wege sich gelegentlich kreuzen, die sich aber nicht kennen. Die Entscheidung, jede dieser Gruppen aus der Perspektive eines ihrer Mitglieder darzustellen, ist vermutlich durch das Vorbild von Theodor Plieviers *Stalingrad* angeregt. Jede der Gruppen ist von ihren inneren Verhältnissen her konzipiert; in jeder werden eigene Spannungen zwischen den Figuren ausgetragen. Es läßt sich nicht übersehen, daß jene Erzählstränge, die der Autor nur vom Hörensagen gekannt haben dürfte, am stärksten zur Kolportage tendieren; in solchen Passagen hat man es mit einem trivialen historischen Roman zu tun. Das gilt besonders für die Handlung im Umkreis der Figurengruppe, die, aus London kommend, per Luftlandung nach Warschau gelangt und den Auftrag hat, die Armija Krajowa bei der Vorbereitung des Aufstandes von 1944 zu unterstützen. Die Geschichte des Aufstandes war so lange umstritten, wie es zwei Lager in Europa gab. Der Autor legt in seiner Darstellung die Lesart zugrunde, die das sowjetische Vorgehen in Polen bis ins letzte rechtfertigt. Von der Seite seiner politischen 'Botschaft' her wäre der Roman keiner weiteren Beachtung wert.

Bemerkenswert jedoch ist die Verbindung von Doktrin und Elementen des 'Bekenntnisromans'.[4] Der Autor, bei Kriegsende 18 Jahre alt, war selber Luftwaffenhelfer und Wehrmachtssoldat. Daher kann der Handlungsstrang, der das Schicksal eines jungen Flak-Soldaten erzählt, der zunächst nahe Berlin stationiert ist, bis seine Abteilung an die Ostfront geschickt wird, als autobiographischer Rekurs angesehen werden. Der gescheite Abiturient, der gegen Drill und stumpfsinnige Vorgesetzte opponiert, aber die Existenz als Soldat akzeptiert, zieht ohne reservatio mentalis in den Krieg, der ihn im Sommer 1944 in eine Gegend wenig östlich von Warschau bringt. Er wünscht sogar den Kampfeinsatz herbei, weil er sich von ihm die Rettung vor einem drohenden Kriegsgerichtsverfahren erhofft, nachdem er sich den Befehlen eines Unteroffiziers verweigert und diesen tätlich angegriffen hatte. Was aber zum Beispiel in Erich Kubys frühem Kriegsbuch[5] der Anlaß zu Sezession und Ausstieg ist, führt bei Schreyers Figur nicht einmal zum Anfang einer Auflehnung, obwohl ihm ein Freund zur Seite gegeben ist, der Beziehungen zu Widerstandsgruppen hat und ihn zum gemeinsamen Desertieren überreden will. Der Grund dafür ist das Auftreten eines intelligenten jungen Vorgesetzten, der sich für seine Soldaten einsetzt und sich selber nicht schont.

· Vollends als das Muster soldatischen Verhaltens erscheint dieser Oberleutnant in jener Szene, die den ersten Kampfeinsatz der jungen Soldaten behandelt. Erzählt wird, wie die gesamte Kampfgruppe nach vorn geschickt wird mit dem Auftrag, bei Rembertów, einem historischen Ort der polnischen Kriegsgeschichte,[6] einen überraschenden Flankenstoß auf den Gegner auszuführen. Der Oberleutnant verhält sich umsichtig, während der Neuling die Angst niederkämpft:

> "Wir schlagen den Bolschewismus eben, wo wir ihn treffen, Herr Oberleutnant", sagte Jürgen ironisch. Er lächelte dazu verzerrt. Alle paar Minuten krampfte sich sein Magen zusammen. Es war das erste wirkliche Gefecht, dem er entgegenfuhr, und er verspürte große Angst. Aber das durften die anderen nicht merken. (UT, 367)

---

[4] Im oben erklärten Wortsinne (vgl. S. 2).
[5] Alexander Parlach, d.i. Erich Kuby: *Demidoff oder der letzte Grund*. München, Leipzig 1947.
[6] Der Autor referiert, daß von Rembertòw aus Marschall Pilsudski im Mai 1926 den "Marsch auf Warschau" angetreten hat. Vgl. UT, 363.

Die Schilderung der Reaktionen des Oberleutnants in dieser Situation könnte einem Roman von ganz anderer politischer Coleur entstammen. Es stellt sich heraus, daß "der Oberleutnant ein von Natur aus mutiger Mensch" (UT, 368) war. Jede verfahrene Lage besteht er souverän, handelt in der Schlacht richtig, setzt sich dann für den Abbruch des sinnlos gewordenen Unternehmens ein und trägt selbst einen Schwerverwundeten vom Schlachtfeld. Ein derartig gezeichneter Offizier ist selten in der Kriegsromanliteratur nach dem Zweiten Weltkrieg. In diesem Falle handelt es sich um eine Spielart der Faszination durch Könnerschaft, über die eben auch der "tadellose Soldat" verfügt. Sie tritt mehrfach, wenn auch je in anderen Varianten in den Kriegsromanen aus der DDR auf. Vorgebildet ist das in der Figur Vilshofen aus Plieviers *Stalingrad*.

Schreyers Roman weist nicht den Typ des Landsers auf. Die Kameraden der Hauptfigur sind besonders ausgearbeitet, und zwar so, daß sie keinesfalls als Opfer oder auch nur als machtlose Marionetten im Spiel der Heeresstäbe erscheinen. Vielmehr werden sie vermittels ihrer Reflexion als schuldfähig dargestellt und werden auch für schuldig befunden, indem sie sich vor dem Kriege untätig verhielten und sich dann einziehen ließen und ohne Auflehnung für die Nazis kämpfen. Von Untergangsstimmung, Fatalismus, kollektiver Ernüchterung ist in diesem Roman nichts zu spüren. Vielmehr sind gerade die kleinen Leute bei der Sache, sie versuchen sich durchzubringen und nehmen nicht zur Kenntnis, worauf sie sich eingelassen haben. Außerdem halten sie unbeirrbar an ihren verderblichen Träumen fest, von denen einer die Neubegründung der privaten Existenz nach dem Kriege ist. Hieran ist der pädagogische Impuls zu erkennen, der dem Realismus in ostdeutscher Ausprägung generell zukommt; es gibt immer ein Anliegen, das als antifaschistische Umerziehung zu definieren wäre; als deren Objekte wurden die 'kleinen Leute', das 'Volk' gedacht.

In der Durchführung der angelegten Handlungsstränge gerät der Roman oft in die Nähe der Kolportage; zu viele Figuren müssen einander begegnen, sich erkennen oder bekämpfen; außerdem werden außer den politischen auch noch moralisierende Vorbewertungen von Handlungen und Entscheidungen eingeführt, ganz abgesehen davon, daß die sowjetische Seite nicht, wie etwa bei Plievier, außerhalb der Handlung bleibt. Wo immer diese aber in Kriegsromanen aus der DDR der fünfziger Jahren dargestellt worden ist, tauchen dieselben Stereotype auf; dieses Bild ist grundsätzlich kitschig und unwahr in höchstem Grade.

Trotzdem bringt der Roman gegenüber den 'Bekenntnisromanen' ein beachtenswertes neues Element ein. Er verschweigt den Holocaust nicht, sondern behandelt die Vernichtung als einen Bestandteil dieses Krieges. Dies wiederum führt zu einer völlig anderen Gewichtung; die Protagonisten werden nicht durch das Grauen der Schlacht über den Krieg belehrt, an dem sie mitwirken, sondern durch die Anschauung der Kriegsverbrechen. Sie werden nahe beim Warschauer Getto ausgeladen, das im Sommer 1944 bereits dem Erdboden gleichgemacht ist; sie bewegen sich auf den Güterbahnhöfen, von denen die Transporte in die Vernichtungslager abgegangen waren; sie werden Zeugen von Geiselerschießungen:

> Er hätte nie geglaubt, daß es dies wirklich gab. Deutsche Soldaten taten so etwas nicht! Auch nicht SS! Die hielt er bislang für rauh, draufgängerisch und rücksichtslos, aber auch für eine Elitetruppe. [...]. Doch was er hier sah, war kalte, gleichgültig-mechanische Vorbereitung zum Mord. (UT, 579)

Solche Sätze sind der Reflexion mehrerer Soldaten untergelegt. Hieraus ergibt sich ein Erklärungsmuster für das Mittun und die Mitschuld der 'anständigen Soldaten' oder auch 'Offiziere', die ihre Teilnahme am Krieg niemals mit den Zielen und der Propaganda des Nationalsozialismus in Verbindung gebracht hatten. Selbstredend werden auch die Leser des Jahres 1954 mit Auschwitz und Treblinka, dem Verwendungszweck der IG-Farben-Produktion Zyklon B konfrontiert.

Von diesen namenlosen Opfern wissen die Bekennntnisromane nichts; sie waren auf das Leiden an der Kriegserfahrung oder auch auf das Widerstehen konzentriert. Ihre Sache ist es, Biographien zu rekonstruieren, mit denen die Übriggebliebenen einer Generation weiterleben konnten. Das Kriegsbild ist frei von einer belastenden Schuld. Eine schwierige Dialektik liegt aber darin, daß es in aufklärenden Romanen zu einer vergleichbaren Durchdringung der persönlichen Erfahrung nicht kommt. Belehrung und Aufklärung vereiteln geradezu die Trauerarbeit. Gleichzeitig wird das Kriegserlebnis als Erfahrung der Degradierung des Ichs, werden die Strategien seiner Bewältigung hinausgedrängt, da die Narration nicht auf Persönliches abzielt. So bleiben die Figuren hübsch frei und psychisch unversehrt, bis sie entweder sterben oder den Weg auf die Seite einer Widerstandsbewegung finden.

II. Der Beruf des Mörders
Harry Thürk: *Die Stunde der toten Augen* (1957)

Thürks Roman zeigt, um mit Tucholsky zu sprechen, daß Soldaten Mörder sind, auch wenn sie sich innerlich distanzieren oder lieber nicht Soldat wären. Aus Thürks Geschichte folgt, daß solche Haltungen höchstens schizophrene Züge hervorbringen. Die Figuren sind Soldaten einer Aufklärungskompanie; ihr Vorgesetzter ist der Unteroffizier; Offiziere tauchen nur am Rande auf. Wieder handelt es sich um eine Eliteeinheit, die für besondere Einsätze aufgehoben wird. Das Geschäft dieser Soldaten ist zweifellos Mord auch im Sinne der Kriegsrechtskonventionen. Das wird paradoxerweise besonders sinnfällig, wenn das Töten nicht anonym verläuft wie bei der Infanterie, sondern Hand an das Leben anderer gelegt wird. Der Auftrag der Truppe ist es, Brücken zu sprengen, Waffenlager zu überfallen, wobei sie das Wachpersonal zu überwältigen und — lautlos — zu töten hat.

Dreimal wird die Gruppe von Fallschirmjägern im Verlaufe der Erzählung zu einem Einsatz im Hinterland der sowjetischen Truppen herangezogen; nach jedem Einsatz kehrt nur die Hälfte zurück, beim dritten, wie es das Motiv der Dreizahl verlangt, gehen alle unter. Ihre 'Bestimmung' prägt zeitweise, nämlich während des Einsatzes, das Bewußtsein der Figuren; sie meinen, daß der Soldat keine persönliche Verantwortung habe, weil er abhängig von Befehlen ist, also als deren Opfer agiert. Die Erzählung charakterisiert die 'Normallage' des Befehlsempfängers, das Alltagsbewußtsein des Soldaten. Allerdings gelangen die Protagonisten im Verlaufe des Romans zu Einsichten, mit denen sie sich von den formelhaft gefaßten, d.h. eingelernten Grund- und Allgemeinplätzen entfernen, die sie anfangs zu ihrer Rechtfertigung verwenden:

Man war Soldat, und man hatte zu tun, was einem befohlen wurde. Diese Einsätze hinter der Front waren nicht angenehm. Aber es gab nicht viel Auswahl, und die Leute, die in den Schützenlöchern hockten und auf die T 34 warteten, waren nicht besser dran. In dem einen Jahr, das Bindig bei der Kompanie verbrachte, hatte er gelernt, was es hieß, Soldat zu sein. Es hieß, daß man innerhalb der Gattung Mensch einen besonderen, untergeordneten Platz einnahm. Daß man über seine Handlungen nicht nachzudenken hatte und auch nicht über die Zukunft und Vergangenheit.[7]

Diese Selbstdeutung der Figuren wird von Anfang an dadurch relativiert, daß dargestellt wird, wie sehr sie unter dem leiden, was sie von ihrem Bewußtsein fernhalten. Die Symptome der Verdrängung zeigen sich bei allen in regelmäßig auftretenden depressiven Phasen, denen die Betreffenden mit Sprüchen, die zynisch wirken sollen, mit Alkohol oder exaltierten Handlungen begegnen. Thürks Figuren sind insofern nicht bieder, im Sinne des epigonalen Realismus erzählt. Sie durchleiden vielmehr jene Apathie, die das Anzeichen inneren Absterbens ist, das unaufhaltsam fortschreitet.

Der Roman war eines der erfolgreichsten Kriegsbücher aus der DDR. Er ist spannend erzählt, besonders da die drei Einsätze ausführlich und als Wettkampf mit dem Gegner und mit der Zeit geschildert sind; er ist weitgehend unsentimental; sogar die unvermeidliche Liebesgeschichte spielt praktisch auf dem Kriegsschauplatz, so daß die Figuren auch hier Getriebene sind. Der Roman weist veristische Züge bei der Darstellung des Tö-

---

[7] Harry Thürk: *Die Stunde der toten Augen.* Berlin 1957. S. 17. Im folgenden abgekürzt mit der Sigle StA.

tens und Sterbens auf, so daß die 'Grauen des Krieges' in bösen Bildern erscheinen und durchaus nicht auf bloße Metaphern reduziert sind. Das kulturpolitische Strafgericht, das 1957 über die Kriegsromanschreiber in der DDR abgehalten wurde, machte dem Roman eine "harte Schreibweise" zum Vorwurf. Sie wurde als Anzeichen von "Dekadenz" angesehen. Außerdem spielen didaktische Absichten nur eine untergeordnete Rolle; sicherlich hat das seinerzeit die Wirkung des Romans befördern können.

Wirkungsvoll ist der Roman aber vor allem durch die Situation der beiden Protagonisten. Sie sind jung — der eine war Oberschüler und Bibliothekar, der andere Artist — und sind zu gescheiten Kommentaren ihrer Lage fähig. Die Freundschaft zwischen beiden Figuren wird ganz ungebrochen dargestellt. Innerhalb derselben dürfen sie ethisch hochwertiges Verhalten wie Treue und Uneigennützigkeit beweisen. Die Institution 'Freundschaft' wird auch dadurch legitimiert, daß sie lebensrettend ist und gebraucht wird, um 'durchzukommen'. Im Grunde wird die überkommene Semantik von 'Kameradschaft' ziemlich kritiklos kolportiert. Glaubwürdig soll sie dadurch gemacht werden, daß die beiden Figuren sich an ihren Vorbehalten gegen alles, was um sie herum geschieht, erkennen. Einig sind sie sich in ihrer Skepsis gegen jedes Wort, das über den Krieg, zu seiner Erklärung und zur Rechtfertigung ihrer Existenz darin gesprochen wird. Die interne Verständigung hilft ihnen, so will es die Erzählung, die Spaltung in einen menschlichen Teil und eine soldatische Existenz zu bestehen, ohne den ersten aufzugeben. Das geht nicht ohne reflexive Überbrückungen, in denen jede der beiden Figuren sich immer erneut die Ausweglosigkeit der Lage klarmachen, womit bedeutet wird, daß sie der Fatalität der Umstände ausgeliefert sind: "Man hat keine Wahl mehr. Aus einem fahrenden Zug kann man nicht springen. Man bricht sich das Genick. Man muß bis zur Endstation mitfahren. Es ist ein verdammt abschüssiger Weg bis zu dieser Endstation." (StA, 14)

Die beiden Freunde werden nach einer Trennung in der Stunde vor dem Tod noch einmal zusammengebracht. Sie sprechen da von dem Fehler, daß ihr Widerstand viel zu spät begonnen habe, nämlich als alles schon unumkehrbar war, und von einer Zukunft, die sie nicht mehr erleben werden. Dieser Dialog ist traurig, aber ganz und gar nicht disparat; die Figuren gehen unter, aber die Einsamkeit des Sterbens ist durchaus gemildert durch die Einsichten, mit denen sie einander beistehen.

Diese Wendung von Kameradschaft ins subjektiv Positive der Freundschaft hat prekäre Seiten. Denn es sieht nicht selten so aus, als wirke die Freundschaft so, daß Kriegsmüdigkeit und Ekel abgeleitet werden, so daß die 'Kameraden' durch sie wohl gar in der Lage sind, das Schlachten auf Befehl immer wieder durchzustehen. Das liegt selbstverständlich nicht im Sinne der Erzählstrategie, sondern resultiert aus einem Mangel an gedanklicher Konsequenz, die jene durchkreuzt. Man sieht hier ganz gut, wieviel radikaler Franz Fühmann mit der Bedeutung von 'Kameradschaft' umgeht, wenn er die Möglichkeit menschlicher Beziehungen mitten in diesem Krieg und in der Wehrmacht generell verwirft. Thürks Figuren dagegen sind zwar demonstrativ kriegsmüde, aber sie verweigern sich nie, sondern funktionieren, wenn es verlangt ist, tadellos und sogar noch über das Geforderte hinaus.

Der ausgestellte Überdruß gegen die 'großen Worte' und die Skepsis der Figuren gegen sämtliche Diskurse, die sinnstiftend sein sollten, war jedoch mehr als nur Kritik nationalsozialistischer Kriegspropaganda. Der Roman schuf auch Kontraste zur gängigen Geschichtsdeutung in der DDR. Die beiden Figuren gehören zu den wenigen Beispielen in der DDR-Literatur der fünfziger Jahre, die im Zeichen des 'Ideologieverdachtes' konzipiert wurden. Außer ihnen wären nur noch die Akteure von Hans Pfeiffers Erzählung *Die Höhle von Babie Doly* zu nennen. In diesen beiden Texten erscheinen die Figuren in ihrer Illusionslosigkeit eingesperrt wie in einen Käfig. Denn da sie sich über den allgemeinen Untergang nicht hinwegtäuschen können, wissen sie nur zu gut, daß für sie kein Ausweg besteht. Das sondert sie von der übrigen Kompanie ab; auch die Freundschaft hilft nicht darüber hinweg, daß solches Wissen isoliert, weil das Ertragen der Gegenwart dadurch erschwert wird.

Durch ihr Wissen sind die beiden Protagonisten zwar einsam in der Erzählung; nämlich getrennt von den übrigen Soldaten, aber gerade dadurch 'sympathisch'; geeignet, Furcht und Mitleid zu evozieren. Dieser Tendenz hatte der Erzähler entgegenzuwirken. Die beiden Protagonisten sind nicht als Opfer eines unabwendbaren Schicksals gezeigt, sondern tragen selber ihren Teil zum Morden bei. Die Verwicklung in die kollektive Schuld, von der alle Kriegsbücher aus der DDR sprechen, mußte in diesem Roman nicht durch schwierige Konstruktionen eingeführt werden. Es genügen die detaillierten Schilderungen der Tötungen aus dem Hinterhalt und der Nahkämpfe, des Zustandes der Leichen, von denen es reichlich gibt. Die "toten Augen" des Titels bleiben keine Metapher; die Umgebrachten werden sichtbar und drängen sich häufig der Erinnerung der Figuren auf. Die Stillage derartiger Passagen ist offensichtlich von Norman Mailers Roman *Die Nackten und die Toten* angeregt, der Anfang der fünfziger Jahre in der DDR in deutscher Übersetzung erschienen war und die Öffentlichkeit sehr erregt hatte. Von Mailer hat Thürk darüber hinaus den Blutrausch als Steigerung des Kampfgeschehens übernommen. Der ist jedoch dem Unteroffizier Timm, dem Töten Lust bereitet, vorbehalten. Im Verlaufe des Geschehens rückt er in die Nähe eines bösartigen Tieres, hört also auf, ein 'Kamerad' zu sein. Die ihm unterstellten Soldaten, die er gedrillt hatte, unterwerfen sich zwar seinen Anweisungen, teilen aber nicht die Lust am Morden.

Die 'Mitschuld' aller ist zwar organisch in die Erzählung eingebettet, indem die Figuren als Täter entblößt werden, aber damit sind diese im Kontext eines realistischen Erzählens überfrachtet. Nach Maßgabe der Wahrscheinlichkeit sind sie zu anständig, um so kalt und unempfindlich zu handeln und umgekehrt. Der moralische Dualismus läßt beides unvereinbar erscheinen, so daß die Figuren in eine gute und eine böse Seite zerfallen. Das ist der Fall, wenn eine der beiden Figuren eben einer verletzten Frau, einer Soldatin, den Todesstoß versetzt, kurz darauf aber eine sanfte Liebe beginnt, Blut hier, der Saft eingemachter Sauerkirschen dort. Dem Autor fehlt hier die Affinität zum Anarchischen und den Figuren die moralische Indifferenz, die nötig wäre, um derartiges Verhalten als monströs darzustellen. Die erzählte Welt schließlich ist zu ernst genommen, zu festgelegt in ihren Gegebenheiten, als daß Untergründiges, Ungeheuerliches darin zu Tage gefördert werden könnte.

Nicht einmal der Untergang der beiden Protagonisten ist als ganz und gar sinnlos dargestellt. Vielmehr wird ihre Geschichte als Paradigma behandelt. Dafür sorgt die Konstruktion eines Erzählrahmens, mit dem der Effekt einer vielfachen Vergrößerung eines gegebenen Ausschnittes erzielt wird, eine Anlage, die auf novellistische Strukturen zurückgeht, die ebenso wie die Verwendung von Motiven, die Rolle der Dreizahl oder des ungünstigen Orakels vor jedem Einsatz auf den poetische Realismus zurückgeht. In diesem Rahmen ist das Einzelschicksal bedeutsam, die Figuren bleiben nicht anonyme Kriegsteilnehmer, sondern werden als Individuen aufgefaßt, die sich noch in Erwartung des Todes als lernfähig erweisen.

Thürks Figuren können sich jederzeit artikulieren. Sie unterliegen nicht jenem Sprachverlust, der sich etwa im Wuchern des Landserjargons ausdrückt, wie es bei Hans Werner Richter, aber auch Georg Holmsten auftritt. Zwar sind sie verzweifelt; aber sie versinken nicht in Stumpfheit, sondern vermögen den allgemeinen Zusammenbruch und ihre eigene Situation zu bezeichnen und am Ende sogar ihre Fehler zu benennen. Es versteht sich von selbst, daß dies alles in ziemlich einwandfreien sprachlichen Formen geschieht: "'Junge', sagte Zado langsam, 'mit vierzig Jahren werden sie uns in ein Irrenhaus stecken, wenn das noch eine Weile so weitergeht. Das kann kein Mensch aushalten.' — Bindig antwortete nichts." (StA, 16) Es handelt sich hier nicht um ein Gespräch in einer Rauchpause; vielmehr ist die Situation sehr angespannt: die beiden haben soeben je einen Posten mit bloßer Hand getötet und täuschen nun deren Existenz vor.

Beim Warten auf den letzten Einsatz, von dem sie wissen, daß sie ihn kaum überleben werden, tauschen die beiden ihre Einsichten aus:

"Wir Feiglinge", sagte Zado bitter, "wir großen Feiglinge werden ihnen heute oder morgen nacht wieder ein Ding drehen, genau wie sie es haben wollen." "Eben deshalb", sagte Bindig. "Ich weiß es jetzt. Weil wir zu feige sind, es nicht zu machen, tun wir es. Wir beide. Wir wissen genau, was los ist, aber wir sitzen hier und warten auf Timms Befehle. Das ist es." (StA, 283f.)

In den allerletzten Stunden schließlich rechnen die beiden, schon tödlich verletzt, mit dem Krieg ab. Das ist eine der Stellen, wo der Roman dann doch aus dem Geiste der Verweigerung spricht.

"Man müßte nach Hause kommen, und dann müßte man die Leute, die uns hierhergeschickt haben, an die Laternenpfähle hängen. [...] Dann die von den Zeitungen, die Helden fabriziert haben, und die vom Radio [...]. Und dann müßte man ein paar Laternenpfähle für den Generalstab suchen und für alles andere, was sonst noch regiert und befehligt hat." (StA, 400)

Präzise auf das Kriegsgeschehen ist dagegen die Zeit der Erzählung bezogen. Die notwendigen kriegsgeschichtlichen Umstände des Herbstes 1944 werden ausgeführt; der 20. Juli findet, wenn auch nur in Gesprächen von Offizieren, Erwähnung. Ausführlich wird die militärische Situation als Ruhe vor dem Sturm beschrieben, nicht zuletzt durch einen umfassenden Rekurs auf die Ostpreußen-Offensive der Roten Armee. Im Verlauf der Erzählung wird der eigentliche Zeitablauf sogar immer mehr durch sie bestimmt. Die Bezugnahme auf historische Umstände gerät nun in einen gewissen Widerspruch zu der paradigmatischen Funktion des Erzählrahmens. Auch mit der Zueignung des Autors, der selbst dem Jahrgang 1927 angehört, wird das Authentische und Biographische ausdrücklich hervorgehoben:

Im Andenken an meine ehemaligen Kameraden Hans Bergemann, Willy Forster, Erich Stein [usw.], die gefallen sind, in dem Irrtum befangen, Helden zu sein, und deren Draufgängertum und Verwegenheit einer besseren Sache Wert gewesen wäre als der, für die sie kämpften. (StA, 6)

Besonders das Pathos dieses vertrackten Bekenntnisses bringt den Roman in die Nähe des Erlebnisberichts und beruft sich auf Authentizität, die im Autobiographischen verbürgt ist.

Diese Zueignung wurde seinerzeit heftig angegriffen, der Verlag mußte sie aus weiteren Auflagen entfernen. Der Vorwurf lief darauf hinaus, daß sie mangelnden Abstand zum Erzählten bekunde. Dem Roman wurden gleich zwei Normverstöße zur Last gelegt. Daß am Schluß nur noch der Untergang bleibt, widersprach dem moralisch-politisch motivierten Bedürfnis nach Zuversicht und gutem Ausgang. Die Vergangenheitspolitik lief darauf hinaus, die Erinnerung an den Zweiten Weltkrieg zu domestizieren. Außerdem beargwöhnte man in der Erwähnung der einstigen Kameraden die Andeutung einer Kontinuität, die es nach dem gültigen Deutungsmuster nicht geben durfte. Dieser zweite Vorwurf ist nicht ganz gegenstandslos. Es sind nicht zuletzt soldatische Tugenden, die als Persönlichkeitseigenschaften herausgehoben werden. Auch hier begegnet man der bereits erwähnten Faszination durch Könnerschaft; die bei der Bewertung des Verhaltens wichtig ist. Auf Spezialisten sei Verlaß; Zuverlässigkeit wird damit beinahe zu einem Synonym für Kameradschaft: "Er war Spezialist auf diesem Gebiet, und seine Kameraden wußten, daß eher der Himmel einstürzen würde, als daß eine Sprengladung versagte." (StA, 8) Die Häufigkeit des Wortes 'Spezialisten' ist auffällig und signifikant für die Wertmaßstäbe auf der Ebene der Erzählung: "Sie beherrschten alles, was nötig war, um ein Unternehmen wie dieses auszuführen." (StA, 9)

Als Spezialisten sehen sich, unerachtet ihrer erwachenden Skrupel, selbstverständlich auch die beiden Protagonisten: "Zado und ich, dachte Bindig, während der Posten sich ihm näherte, sie haben uns darauf spezialisiert. Wie den Oberkellner auf das Sprengen. Wir sind eine Truppe von Spezialisten. Im Töten und im Zerstören." (StA, 15) Mehrfach wird die Fertigkeit im Schießen und Töten beinahe wertfrei hervorgehoben:

> Obwohl Bindig seine Pistole virtuos beherrschte, unterließ er es nicht, gelegentlich zu üben. Er tat das oft auch einfach aus Freude an den Treffern [...] und deshalb, weil die Feststellung der Treffer ihm Sicherheit und Selbstvertrauen gab. (StA, 164)

Auch die Beschreibungen von Kämpfen enthalten solche Apologien des Könnens und der Präzision:

> Er hielt die linke Hand nicht waagerecht, denn er wollte den Knecht mit dem Schlag auf den Hals nicht töten. Er hielt sie senkrecht, so daß der Handteller flach auf seinen Hals schlug. Es war ein leichter federnder Schlag, den er tausendmal hatte üben müssen [...], bis er beim Sprung schwarze Ringe vor Augen gesehen hatte. (StA, 217)

Die Textproben zeigen, daß nicht allein die Figuren derartigen Fähigkeiten hohen Wert beimessen. Dieselben Maßstäbe konstituieren diese Figuren, wenn gezeigt wird, daß Fallschirmspringer als gut trainierte Spezialisten zugleich über Eigenschaften wie Selbstbeherrschung und Disziplin verfügen. Da man bei den Einsätzen auf das Können des anderen angewiesen ist, weil Leben und Tod davon abhängen, erscheint der Könner tatsächlich als der gute Kamerad. Soweit die rationalen Motive, die im Verlaufe des Romans auch befragt und teilweise verworfen werden. Denn eben jene Könnerschaft bewirkt, daß die Protagonisten unausweichlich in die Katastrophe verwickelt werden. Auch wird gezeigt, wie sie der verinnerlichten Disziplin auch gegen ihren Willen hörig sind.

Anders ist es mit den offenbar unkontrollierten Aspekten der Bewertung von soldatischer Könnerschaft. Im Roman stellen sich nämlich Bilder des

Soldatischen ein, die bei einem Kriegsgegner nicht zu erwarten waren. Eine Heroisierung war sicher nicht gemeint. Aber es wirkt hierin wohl eine sozialdemokratische Hochschätzung des Fachmannes und guten Arbeiters nach, die seinerzeit von DDR-Schriftstellern häufig übernommen wurde. Dazu kommt die Idealisierung von Männlichkeit, die in diesem wie auch in allen andren Kriegsromanen dem Verständnis der Geschlechterrollen genau entspricht, das in der DDR der fünfziger Jahre durch und durch konservativ war.

Zu dieser Idealisierung trägt die Freundschaft der beiden Protagonisten bei, die gleichzeitig selber Äußerungsform der Männlichkeit ist. Der Kern dieser Freundschaft, die sich durch den ganzen Roman hindurch bewährt, ist ein Bündnis, auf verlorenem Posten geschlossen, ein Versuch der Behauptung, sich gegen die Umwelt des Krieges, gegen die Macht der Vorgesetzten und gegen die drohenden Gefahren ihres Alltags zu schützen. Sie ist auf Uneigennützigkeit begründet, keine Schicksalsgemeinschaft, sondern eine Wahl. Obwohl die Beziehungen auf Gleichheit beruhen, übernimmt doch der Stärkere die Rolle des Beschützers über den Jüngeren. Das alles ist im Gefolge von Plieviers *Stalingrad* zum feststehenden Inventar des ostdeutschen Kriegsromans geworden.

In diesem Roman hat die Freundschaft aber auch eine erzählerische Funktion. Sie ermöglicht es, das Figurenprofil der beiden Protagonisten aus einem Zwiespalt heraus zu entwickeln. Ihre Dialoge demonstrieren, daß sie nicht in den Wertordnungen des Nationalsozialismus denken. Das Vokabular der offiziellen Sprache, wenn überhaupt verwendet, wird von Vorgesetzten bei entsprechenden Anlässen benutzt. Es ist damit deutlich von der Figurensprache eben als offizieller Jargon abgehoben. Da keine Spur von nationalsozialistischer Ideologie in den Köpfen der Figuren auftaucht, ist diese eben auch nicht Gegenstand des Romans. So sind keine Anzeichen von Antisemitismus in den Reden der Soldaten zu finden; er spielt daher auch nur die Rolle einer Nebensache, die einmal kurz erwähnt, aber als reine Propaganda abgetan wird. Selbst das Feindbild vom Bolschewisten scheint bei den Figuren keine Wirkung hinterlassen zu haben. Bei den Einsätzen im Rücken der Roten Armee beobachten und kommentieren sie mit Interesse deren logistisches Geschick, die Solidität des Materials, die Umsicht bei der Planung des Bereitstellungsraums.

Über den damit dargestellten Lernprozeß der Figuren hinaus geht die Absicht, die mit der Beschreibung einer technisch perfekten, disziplinierten Armee verbunden ist. Es liegt auf der Hand, daß der Autor damit sowohl auf die antikommunistischen Feindbilder des Kalten Krieges reagierte, als auch erzieherisch den nicht unbeträchtlichen Vorbehalten der DDR-Bevölkerung gegen die Besatzungsmacht entgegentrat. Denn beiden wohnte gleichermaßen die Grundvorstellung von der Primitivität der Russen inne.

Die ausführliche Deskription von modernem schweren Gerät, von Geschützen, Panzern, die auf langen Zügen nach Westen rollen, ist auch Selbstzweck. Sie belegt aber zudem eine wirkliche und ungebrochene Passion für das 'Material', wie sie in der Antikriegsliteratur der Nachkriegsjahre sonst noch bei Alfred Andersch anzutreffen ist. Da auch diese Ansichten über die Wahrnehmungen und Reflexionen der Figuren zustande kommen, korrespondiert sie mit Anerkennung für das Spezialistentum als Attribut des guten Soldaten. Die Sachkunde des Profis äußert sich in Sätzen wie "Die Achtunddreißig ist eine herrliche Pistole" (StA, 167), oder auch in seitenlangen Beschreibungen von Waffen und Waffensystemen. Die 'Unschuld' des Materials spricht dann, so scheint es, auch den Krieger frei. Schließlich drängt sich sogar die Frage auf, ob die Apokalypse, mit der ein schlechter, schmutziger Feldzug gegen ein friedliches Volk enden mußte, nicht das Gegenbild eines anderen, 'gerechten' Krieges zulassen könnte. In einem solchen Zusammenhang bekommt die Zueignung, wo sie "von einer besseren Sache" spricht, einen bedenklichen Nebensinn.

Nach der grenzenlosen Mutlosigkeit und Selbstaufgabe, die man von den Figuren aus Bölls frühen Erzählungen wie *Der Zug war pünktlich* und auch dem ersten Teil von Hans Werner Richters Roman *Die Geschlagenen* kennt, wird man vergeblich suchen. Thürks Figurensprache, die immer an ein allgemeinsprachliches Niveau gebunden bleibt, das für sich farblos ist, vermag psychische Vorgänge nicht wiederzugeben. Das Figurenprofil entspricht damit den Konventionen des DDR-Realismus der fünfziger Jahre, dessen Sprache keinen Formwillen aufweist. Gar nicht konventionell ist dagegen der Diskurs der 'verratenen Generation' im Roman. Denn die Benennung einer Generationenproblematik war in der DDR bis in die sechziger Jahre hinein streng untersagt: ein Tabu.

Die Behandlung der Schuldfrage, ein Kennzeichen der Kriegsromane aus der DDR, und die Thematisierung des Generationenschicksals, ein gesamtdeutsches Merkmal der Kriegsbücher nach 1945, sollten einander eigentlich ausschließen. Hier bilden sie beide jeweils verschiedene Schichten des Romans. Ohne die Formulierung der Schuld der deutschen Soldaten war ein Kriegsroman in der DDR nicht denkbar; in einer anderen Schicht kommt die Klage über eine verratene, mißbrauchte, geopferte Generation dennoch zum Tragen, und zwar in der charakteristischen Form der Trümmer- und Nachkriegsliteratur, also als die Klage über die Zerstörung der Kindheit, aus welcher der Soldat übergangslos, also ohne Jugend, geworfen wurde: Sie entkräftet den Schuldspruch und setzt sich gegen Ende des Romans als die eigentliche und existentielle Wahrheit über das zerstörte Leben einer Jugend immer mehr durch:

"Es ist eine verfluchte Zeit, sagte er zornig [...]. Aber wer hat sie gemacht? Du? Oder ich? [...] Und ich habe weiß Gott nicht die Schuld, daß es diese mörderische Zeit gibt. Sieh mich an! Wie alt bin ich? Ich brauche noch die Genehmigung meiner Eltern, wenn ich heiraten will. Aber ich habe schon ein paar Dutzend Menschen getötet. Bin ich schuld daran? bin ich denn ein solcher Weiser, daß ich als Kind etwa schon alles besser hätte wissen können als die, von denen ich erzogen wurde?" (StA, 237f.)

In solchen Sätzen drängt sich ein unerledigtes Kapitel der Nachkriegsgeschichte hervor. Das Verbot, die Toten zu betrauern, soweit sie der Wehrmacht angehörten, ist zwar verbindlich in der DDR-Kultur gewesen und befolgt worden, aber nicht ohne Folgen für das Selbstwertgefühl und die mentale Verfassung der Betroffenen, also der DDR-Bevölkerung. Freigesprochen können die Protagonisten nicht werden; auch ihr Tod sühnt nicht ihren Teil an den Untaten der Wehrmacht; aber die Erzählung suggeriert mit der häufigen Erinnerung an die Nähe zur Kindheit das damit verbundene Attribut der Unschuld: Das konzentriert sich auf den Jüngeren der beiden Soldaten. Er wird häufig von seinem Freund "Kleiner" genannt, was sich nicht auf seinen Körperbau bezieht. Die Frau, die er zu lieben beginnt, bemerkt ganz am Anfang ihrer Bekanntschaft: "'Sie sind sehr jung', [...] 'Mein Gott, wie jung Sie noch sind. In Ihrem Alter sollte man seine Arbeit tun und am Abend mit einem Mädchen spazierengehen.'" (StA, 117) Der aufkommenden Sentimentalität wird gleichzeitig gegengesteuert. Die Nähe der Hauptfigur zur Kindheit besteht nicht mehr; sie ist zerstört: "'[...]. Ich weiß nicht sehr viel vom Leben und der Welt. Nur das, was man in Büchern findet. Aber dafür kenne ich sieben verschiedene Arten, mit der bloßen Hand zu töten.'" (StA, 236)

Gewissenhaft arbeitet die Erzählung auch daran, daß keine falschen Sympathien aufgebaut werden. Nachdrücklich wird darauf verwiesen, daß auch auf der anderen Seite, bei der Roten Armee, Soldaten halbe Kinder sind; als Mörder dagegen erscheinen nur die deutschen Soldaten: "Er hörte den Posten mit dem anderen sprechen. Es ist noch ein junger Bursche, dachte er. Er wird wieder dieses verfluchte erschrockene Kindergesicht haben, wenn er stirbt. Ich kann bald keine Toten mehr sehen und keine Sterbenden." (StA, 13)

Trotzdem gewinnt besonders gegen Ende die Thematik der Generationserfahrung die Oberhand gegenüber dem konkurrierenden Thema der Schuld und Mitschuld. Das plötzliche Ende von Kindheit und Jugend war die Artikulationsform der Generation gewesen, die sich in den Krieg 'hineingerissen' fühlte. Sie wurde in der ostdeutschen literarischen Öffentlichkeit nie toleriert, ihr wurde zum Vorwurf gemacht, daß sie ohne pädagogische Wirkungen sei und das Lernen aus dem Krieg sogar vereitele. Nun kehrte, 1957, die verbotene Perspektive einer geopferten Generation wieder. Anders als die Kritiker müssen die Leser davon berührt gewesen sein. Der Publikumserfolg des Romans geht sicher darauf zurück, daß das Thema des Leidens unter dem Krieg nicht von der Forderung nach dem Lernen aus dem Krieg aufgehoben wurde. Nur über Figuren, die Mitleid erlaubten, konnte die Kommunikation über emotionale Gehalte funktionieren, die in der Öffentlichkeit der DDR nicht zugelassen war. Der Autor zeigt hier wie auch später immer eine nicht geringe Sensibilität für die Bedürfnisse seines Publikums.[8]

III. Der Mut zur Einsamkeit
Karl Mundstock: *Bis zum letzten Mann* (1956)

Mit der Zerstörung einer Freundschaft beginnt Mundstocks Erzählung. Ein gemeinsamer Fluchtplan zerfällt, weil der gewesene Freund eine "sichere Chance" allein ausnutzen wollte. Mit der Darstellung seiner Hinrichtung und einer befohlenen Nachtwache neben dem Erhängten wird die Hauptfigur eingeführt. Auch im weiteren bleibt die Erzählung immer an der Seite dieser einen Figur, da der Autor eine figurennahe Erzählperspektive gewählt hat.

Wieder handelt es sich um Angehörige einer Elitetruppe; diesmal sind es Gebirgsjäger, die im Norden des besetzten Norwegens stationiert sind. Vorher hatte die Gruppe im Norden Finnlands gelegen und dort an Kämpfen gegen die Rote Armee teilgenommen. Damals hatten die Freunde es versäumt zu desertieren; sie hatten es auch nicht fertiggebracht, sich ihres wirklichen Feindes zu entledigen, obwohl mehrfach Gelegenheit dazu gewesen wäre:

> Er, Hollerer, hätte nur zu melden brauchen: Weggeworfen, Herr General, ergeben wollte er sich, dann wäre ihm diese Flucht erspart geblieben. Aber er hatte mit Generalen nichts gemein. Er hatte mit dem ganzen verhaßten System nur so viel zu tun, daß er dafür starb. Mit dem Weiß mußte er selber fertig werden, das war seine Sache.[9]

Dieser Weiß, Oberjäger, ist unmittelbarer Vorgesetzter, ein Feigling, Karrierist und Sadist im Umgang mit den Untergebenen. In der Abgeschiedenheit ihrer Stellung ist er unumschränkter Herrscher über die Gruppe. Er wittert seinerseits den Feind in der Hauptfigur und versucht mit allen Mitteln, diesen aus der Reserve zu locken und zu offenen Reaktionen zu provozieren, die vors Kriegsgericht führen. Denn er will den anderen vernichten, weil der etwas Belastendes über ihn weiß; aber auch, weil er das An-

---

[8] Das aus kleinen Leuten, Alltagslesern bestanden haben dürfte.

[9] Karl Mundstock: *Bis zum letzten Mann.* In: K.M.: Erzählungen, Halle/Saale 1957. S. 87. Im folgenden abgekürzt mit der Sigle BlM.

ständige in ihm erkannt hat, das er haßt und vernichten will. Er kündigt sogar seinem Gegner ziemlich zu Beginn der Geschichte an, daß er ihn aus der Reserve herauslocken und "fertigmachen" wolle.

Dieser Oberjäger Weiß wird in jeder Beziehung als der Gegenspieler eingeführt. Sogar sein Atem ist "vom Kettenrauchen und Schnapstrinken" (BIM, 81) verdorben. Zwar steigert sich auch die Machtgier des Feldwebels Timm in Thürks Roman bis zu einer Hybris von Haß und Blutrausch, aber der Grund wird psychologisch motiviert, das Böse der Figur ist Folge seines Geschäfts und seiner Befugnisse, auch seiner Kraft, seines Geschicks und seiner Kaltblütigkeit. Mundstock dagegen bemüht sich gar nicht um eine differenzierte oder gar realistische Begründung seiner Figur. Repräsentiert sie doch ein böses Prinzip und ist der ewige Feind, der sämtliche negativen Merkmale vereint. Von ihm heißt es gegen Ende: "Mit Weiß zusammen auf einer Welt gibt es kein Auskommen." (BIM, 102)

Der Protagonist ist dagegen wirklich der Held, dem seine Tugenden zum Verhängnis werden. Obwohl er seine Feinde im eigenen Lande weiß, gibt er doch einen tadellosen Soldaten ab. In einer kurzen Retrospektive wird aufgezählt, daß er das Eiserne Kreuz zweiter Klasse erhalten habe und das silberne Verwundetenabzeichen, es zum Obergefreiten brachte und zuletzt "das Infanteriesturmabzeichen erkämpft" (BIM, 86) hatte. Er "holte beim Bataillonsschießen die Preise für die Kompanie" (BIM, 94) und ist ein vorzüglicher Skiläufer. Außerdem lieben ihn seine Kameraden, während sie den Oberjäger Weiß hassen. Der Held aber hängt zu lange an unverbrüchlicher Kameradschaft. Das wird ihm zum Verhängnis, da es ihn hindert, rechtzeitig zu erkennen, daß der Feind ihm nicht gleicht und Menschlichkeit als Schwäche behandelt.

Der Krieg ist nicht im Zentrum dieser Erzählung. Alles Kampfgeschehen liegt in der Vergangenheit. Die Gruppe befindet sich in einer Wartestellung; von ruhigen Zeiten ist die Rede, wo der Held "im Niemandsland der Tundra ein rauhes befriedigendes Leben geführt" (BIM, 92) habe und zu einem Jäger geworden war. Der Schauplatz, einige Ortsnamen und Daten, die Umstände und eine Vorgeschichte beziehen sich auf den Krieg, nicht aber die Handlung. Der Kampf selber findet zwischen zwei Männern statt, die der selben Armee angehören; er vollzieht sich in der archaischen Form des Zweikampfes. Das Ergebnis entscheidet über die jeweils vertretene Haltung; es ist gleichsam ein Gottesurteil. So sehen es die beiden Gegner; so aber auch alle übrigen, also die Kameraden des Soldaten Hollerer. Sie erwarten den Zweikampf und ignorieren, daß sie selber über den Ausgang mitbestimmen. Ihr Abwarten realisiert sich in der Erzählung als Gehorsam.

Die Abwesenheit höherer Instanzen und die Isolierung auf diesen Stützpunkt im hohen Norden ergäben, so will es die Erzählung, eine Möglichkeit für die Gruppe, einen Befehl zu verweigern oder einen Flüchtling laufen zu lassen. Dennoch lassen sich die Soldaten jedesmal willig losschikken, um einen Kameraden zur Hinrichtung zu befördern. Dieser Verrat an der Kameradschaft ereignet sich zweimal und bildet die Klammer der Erzählung. Kameradschaft und Verrat sind auch ihr eigentliches Thema. Die Semantik von 'Kameradschaft' ist jedoch eine ganz andere als bei Franz Fühmann und wiederum bei Harry Thürk. Der Autor Mundstock ist 1917 geboren; seine Erfahrungen beschränken sich nicht auf jene Art erzwungener Gemeinschaften, an die die Kriegsgeneration von der Hitlerjugend an über den Arbeitsdienst bis zur Wehrmacht gewöhnt worden war. Da er aus proletarischem Milieu kam, später auch dem kommunistischen Jugendverband angehörte, dürfte er alternative Erfahrungen, auch solche mit Gruppen, die sich selbst organisieren, mitgebracht haben. Auch wenn seine Erzählung nicht autobiographisch angelegt ist und deren Held als Figur verstanden werden soll, so ist die Auffassung des Autors doch darin kenntlich, daß die Kameradschaft im Krieg als Entstellung oder Perversion einer anderen, solidarisches Verhalten einschließenden aufgefaßt wird.

Am Anfang der Erzählung betten die Kameraden den Freund, den ersten auf der Flucht angeschossenen Flüchtling, "fürsorglich" auf seine Skier. Sie fahren ihn "behutsam" zurück: "Am Abend wurde er gehenkt. Den ganzen nächsten Tag baumelte und knarrte der schwarz und steif gefrorene Leichnam im Wind, bis Hollerer den Strick mit einem einzigen Schuß zerschoß." (BlM, 75) Die Einsamkeit, die nun für den Helden beginnt, ist eine doppelte. Er hat den Freund verloren; vorher aber hatte dieser schon entschieden, ihn im Stich zu lassen: "Welche unergründlichen, von Furcht verschleierten Winkel mußte der Argwohn in seine Seele gehöhlt haben!" (BlM, 76) Von nun darf er keinem mehr vertrauen; er glaubt auch, daß er seinen Fluchtplan nun allein werde durchführen können. Doch täuscht er sich in allem; obwohl er einen kühlen Kopf zu haben glaubte, macht er einen entscheidenden Fehler. Da er vergessen hatte, durch ein paar Schüsse vorzutäuschen, daß er auf Jagd gegangen sei, wird seine Flucht zu früh entdeckt. Dieses Versäumnis wird nicht als Zufall dargestellt; es ist die Quittung für die eigene Unsicherheit. Der Held selber muß sich die Frage stellen, warum es denn einfacher war, "zu gehorchen und zu sterben", als sich von der Truppe zu entfernen. Der zweite Fehler, verursacht durch mangelnde Sorgfalt, die aber nicht zu ihm paßt, stellt sich später heraus. Als seine Verfolger ihn schon eingekreist haben, halten sie triumphierend die verlorene Patronentasche des Helden in die Luft. Und schließlich glaubt er in der äußersten Not, "sehr heftig", die Kameraden würden seinem Feinde nicht mehr gehorchen. Aber da sich alles wiederholt wie bei der Flucht des Freundes, schlägt die Hoffnung in Haß um, so daß die Kameraden zu Feinden werden: "'Besser treffen', rief er den Toten höhnisch zu." (BlM, 95)

In dem Kampf, der nun stattfindet, muß der Held jeden seiner Kameraden einzeln erschießen. Erschießen, weil sie dem Befehl des Feindes gehorchen und weil er diesen zu spät gestellt hat. Die Einsichten, die mitten in einem Schußwechsel kommen, der im tobenden Schneesturm stattfindet, werden nicht als Befreiung von Illusionen dargestellt und schon gar nicht als Lernprozeß. Vielmehr beginnt mit dem Abschied vom Ideal der Kameradschaft für die Figur damit ein Abstieg. Aus dem Helden, dessen Handeln ethisch bestimmt war, wird ein gereiztes Raubtier. Mehrfach taucht der Topos vom "Wolfsgesetz der Tundra" als Rechtfertigung im Kopfe des Einsamen auf, während er seine 'Kameraden' einen nach dem anderen abschießt (BlM, 95). Der Reflex der Selbstverteidigung und die erbitterte Wut über die Hörigkeit wirken in diesen Regressionen zusammen.

Die Geschichte endet mit einem großen Sterben in der menschenleeren winterlichen Landschaft. Da keine Kugel übrig bleibt, um den verhaßten Gegner zu töten, der als letzter noch lebt, geschieht dies in einem Zweikampf mit dem Messer. Den eigenen Tod nimmt der Held nicht mehr wahr; er kommt als Erschöpfung und Kälteschlaf. Der Held ist verloren; aber er stirbt in der Täuschung, gesiegt zu haben: "Ihm war warm und wohl. Irgendwie hab ich was verkehrt gemacht, das nächste Mal mach ich's richtig, dachte er." (BlM, 104) In den letzten Sätzen, die notwendigerweise aus einer überschauenden Perspektive stammen, wird diese Idee konterkariert. Schnee fällt auf den Schläfer, er wird nicht mehr erwachen, "um es richtig zu machen" (BlM, 104).

Dieser Schluß gehört zu einer Komposition, die auf eine symbolische Bedeutung hinaus will, die über die geschichtlichen und zeitgeschichtlichen Ereignisse hinausgeht. Ein Bestandteil dieser Bedeutungsebene ist offensichtlich die Landschaft. Nur in wenigen Kriegsromanen, ein Beispiel wäre Alfred Anderschs *Kirschen der Freiheit*, wird sie selbständig oder als Erlebnis der Figuren dargestellt. Bei Mundstock repräsentiert der große, menschenleere und schweigende Raum eine andere Realität. Hier herrschen die ewigen Gesetze, der Witterungsumschlag, der sich während der Flucht vorbereitet, liegt in den Regeln der Natur. Sie schützen den Menschen nicht; aber es gibt auch keine Täuschung und kein Unrecht. Der Autor kennt diese Landschaft; er war als Wehrmachtssoldat in Nordeuropa eingesetzt. Aber er bietet nicht lebendige Erinnerungen, sondern die Landschaft dient zur Ausgestaltung eines Spielraums, in dem die Stilisierung des Helden und seines Kampfes sich vollzieht. Die als 'ewig' konnotierte Natur betont dessen archaische Dimensionen. Warum das sein muß, ist nicht einzusehen. Zwar gibt es ganz eindrucksvolle Bilder — besonders die Szenerie des Kampfes am Gebirgspaß wird effektvoll durch den Schneesturm gesteigert —, aber die Bedeutungssschwere belastet den Text, der seine wirkliche Spannung aus der Darstellung menschlicher Verhaltensweisen in Extremsituationen erhält. Alle diese Verweisungen und Motive der Vorahnung, der falschen Zahl und schließlich auch des Witterungsumschlags offenbaren sich als Nachbildung von literarischen Vorgaben, wobei die Anlehnung an einen Idealtyp realistischen Erzählens, die sich in der Komposition bemerkbar macht, absichtslos gewesen sein dürfte. Diese Faszination ist symptomatisch für den Geltungsbereich literarischer Normbildung in der DDR der fünfziger Jahre.

Dagegen ist der Ausgang der Erzählung so ungewöhnlich wie die Erzählperspektive. Beide sind an einen Helden gebunden, der seine Fehler am eigenen Leibe erfährt, aber nicht aus ihnen lernen kann. Eine solche Geschichte war einfach ungeeignet, pädagogische Anforderungen an Literatur zu erfüllen. Zwar war es keine Ausnahme, daß die Hauptfigur im Kriegsroman zu sterben hatte, auch wenn die Kritik jene Geschichten bevorzugte, in denen die Kriegsgefangenschaft zur Schule des neuen Lebens wurde. Aber in Mundstocks Erzählung gibt es keine Bedeutungsebene, auf der die bessere Einsicht, die Alternative präsentiert würde. Nicht nur verwickelt sich der Held sterbend tiefer in seine Illusion, es ergibt sich aus dem Gang der Erzählung auch nicht, was er denn anders hätte machen können. Von Fehlern, solchen, die vermeidlich gewesen wären, solchen, durch die der Held schuldig wird, und denen, die ihm selbst unerklärlich sind, ist viel die Rede. Aber wenn man die einzelnen Handlungssegmente, auch die, die aus der Erinnerung des Helden auftauchen, zusammenhält, dann zeigt sich eine lückenlose Fatalität des Geschehens. Der Zustand des Ganzen, hier repräsentiert durch die versagende Gemeinschaft der 'Kameraden' und die Existenz ihres Vorgesetzten Weiß, zwingt dem Helden seinen Weg und seine Entscheidungen auf. Insofern tangiert die Geschichte dieser Flucht das Absurde.

Sie kann auch als langer Abschied von der Bindung an die Kameraden gelesen werden. Der Haß auf den Oberjäger hält den Helden aufrecht; die Erinnerung an die Kameraden macht ihn schwach. Einen Moment lang, während sie schon auf ihn zielen, plagt ihn die Vorstellung, wie sie an seine Kameradschaft appellieren würden, daß er doch keine Dummheiten machen und sich stellen möge, um ihnen den Dienst nicht zu erschweren. Auch dieser Glaube an die Kameradschaft und sein Umschlag in Haß sind unvermeidlich für die Geschichte wie für den Helden. Das Bedürfnis nach Gemeinschaft gehört zum Menschenbild des Autors. Wie der Schluß zeigt, kann der Held ohne Kameradschaft nicht existieren. Wenn er an die von ihm in Notwehr getöteten Kameraden denkt, schaudert der Sterbende vor sich selbst. Andererseits war ihm keine Wahl gegeben. Denn der Nationalsozialismus hat die Kameradschaft gezeichnet wie alles, worüber er Macht bekam.

Die Trauer des Autors über das Opfer seines Helden ist in dieser Erzählung zu spüren; mindestens so stark ist aber die Erbitterung über all die 'Kameraden', die sich hilflos und hemmungslos aufgaben. Die Mischung aus beidem ist ungewöhnlich und sonst nicht zu finden in der deutschen Kriegsliteratur nach dem Zweiten Weltkrieg.

Dennis Tate

Delusions of Grandeur and Oedipal Guilt
Franz Fühmann's Greek Experience
as the Focus of his War Stories

I. Fühmann's war stories: the problem of definition

The "Brief an den Minister für Kultur" which Franz Fühmann wrote in March 1964 has been widely noted in historical accounts of GDR literature as a creative watershed, heralding the end of the SED's misguided 'Bitterfelder Weg' campaign to cajole established authors like him into writing affirmative industrial novels.[1] This open letter is, however, also important in the context of GDR war-literature, as a statement of Fühmann's determination, from this point onwards, to channel his main creative energies into what he now clearly understood to be his "Hauptthema": "der Mensch kleinbürgerlicher Herkunft in seiner Erschütterung, Wandlung oder Nicht-Wandlung unter dem Faschismus, im Krieg, in sowjetischer Kriegsgefangenschaft, in der DDR und in Westdeutschland". Answering his own rhetorical question as to whether there was, in the middle 1960s, anything new to say about the subject, he added confidently: "Ich glaube, daß dieses Thema, wenn man nur in die Tiefe dringt, unerschöpflich ist."[2]

This was a rash assertion, if we judge its validity in terms of Fühmann's subsequent prose-writing on the subject of the Second World War. While there was no doubt that the quality of his largely autobiographical stories, published in the volumes *Kameraden* (1955), *Stürzende Schatten* (1959), and *Das Judenauto* (1962), justified his claim that this was his "Hauptthema", he only managed to write two more stories in this vein, "Die Schöpfung" and "König Ödipus", both of which were completed in the following year, before the focus of his writing changed significantly. When a collected volume of his stories, also entitled *König Ödipus*, which he had

---

[1] See, for example, Manfred Jäger: *Kultur und Politik in der DDR. Ein historischer Abriß*. Cologne 1982. Pp. 92-95.

[2] Franz Fühmann: *Essays, Gespräche, Aufsätze 1964-1981 (Werkausgabe.* Vol. 6). Rostock 1993. Pp. 7-16, here p. 12. The Minister at the time was the cautiously reformist Hans Bentzien.

originally hoped to have published in May 1965 as a personal contribution to the GDR's celebrations marking the twentieth anniversary of the end of the war, finally appeared — after a politically imposed delay — in 1967, it effectively marked the end of this phase in his career.[3]

In a recently published letter of December 1966 there is a clue to Fühmann's unforeseen change of creative direction. Privately at least he was now prepared to admit that the completion of "König Ödipus" had been a Herculean struggle. After twenty frustrating years of repeated efforts to find a workable structure for the portrayal of a bizarre episode from the last months of the war (his "Zoo-Geschichte", to which we shall return later), he had at last found a solution, but in the process had convinced himself that he had now exhausted this vein of his experience. He now wished to place his emphasis on a much broader 'Erinnerungsthema', which would effectively take him back in time to the years *before* the war and his 're-education' in Soviet captivity, to which he had attached such central importance in his 1964 statement. The reason for doing so, however, remained broadly similar — to counteract the revival of the same kind of militant German nationalism which had led to the outbreak of war in 1939 (a threat which, he continued to assume, could only emerge from the Federal Republic):

> Ich möchte in den nächsten Jahren das Erinnerungsthema ausweiten und auf solche Kategorien wie Vergessen, Verdrängen, Ummodeln erlebter Realität ausdehnen; ich glaube, daß dies psychologisch-moralische Kernfragen angesichts des wahnwitzigen neonazistischen Vormarschs in der Bundesrepublik sind.[4]

This change of perspective is immediately evident in Fühmann's subsequent proseworks. The cycle of stories published in 1970, under the title *Der Jongleur im Kino oder Die Insel der Träume*, is exclusively concerned with the depiction of childhood in the bourgeois context of the inter-war years and with the destructive effects of this repressive upbringing on the psyche of the generation to which Fühmann belonged. The explicitly autobiographical stocktaking undertaken in his subsequent volume, *Zweiundzwanzig Tage oder Die Hälfte des Lebens* (1973), includes some passing references to the war years, but now in the wider context of his personal

[3] Fühmann's correspondence with the Aufbau Verlag indicates that "König Ödipus" was not completed until the autumn of 1965. See Elmar Faber and Carsten Wurm (eds.): *Das letzte Wort hat der Minister. Autoren- und Verlegerbriefe 1960-1969*. Berlin 1994. Pp. 70-73. The further delay which held up publication until 1967 resulted from Fühmann's protest against the repressive cultural policy introduced at the infamous Eleventh Plenum of the SED's Central Committee in December 1965.

[4] Letter of 16 December 1966 to Dieter Schiller. See Franz Fühmann: *Briefe 1950-1984*. Ed. Hans-Jürgen Schmitt. Rostock 1994. P. 73.

sense of responsibility for the horrors symbolized for him in the single word Auschwitz — an issue on which he reflects at length, even though he had no direct involvement of any kind in the execution of the policy of genocide. Significantly, too, the assumption of moral superiority, which had hitherto allowed Fühmann to locate the threat to the post-1945 European status quo exclusively in the Federal Republic, has completely disappeared. From a perspective which now includes a grim awareness of the implications of the crushing of the aspiration to 'socialism with a human face' represented by the 'Prague Spring' of 1967-68, there is no doubt that the GDR, as a loyal member of the Warsaw Pact which suppressed those reformist endeavors, is also part of the problem.

This helps to explain the apparent contradictions in Fühmann's statements regarding the significance of *Zweiundzwanzig Tage* as a contribution to 'Vergangenheitsbewältigung', a task which had initially been synonymous for him with the honest portrayal of his experience of fascism and the war. In the text of *Zweiundzwanzig Tage* he uses the term in the wider sense of personal responsibility for Auschwitz, emphasizing what he insists was the pure chance which saved him from being directly involved:

Wie könnte ich je sagen, ich hätte meine Vergangenheit bewältigt, wenn ich den Zufall, der sie gnädig beherrschte, zum obersten Schiedsrichter über mich setze. Die Vergangenheit bewältigen heißt, die Frage nach jeder Möglichkeit und also nach der äußersten stellen.[5]

A decade later, however, he feels sufficiently liberated from ideological constraints to admit that *Zweiundzwanzig Tage* was a real turning-point in his creative career, because of the way it allowed him to turn his attentions away from the Third Reich and his war experience:

Von da an [the publication of *Zweiundzwanzig Tage* — D.T.] kann ich sagen, ich habe meine Vergangenheit bewältigt [...]. Dann habe ich den Rücken frei, um zur Gestaltung jener Gesellschaft zu kommen, in der ich lebe und in der ich bis dahin immer als der Mann gestanden bin, der halt aus dem Nazismus kommt und eigentlich kein moralisches Recht hat, sie zu kritisieren.[6]

And yet, although Fühmann then spends the middle 1970s writing sharply critical stories about the failure of the GDR to live up to its socialist aspi-

---

[5] Franz Fühmann: *Das Judenauto. Kabelkran und blauer Peter. Zweiundzwanzig Tage oder Die Hälfte des Lebens* (*Werkausgabe*. Vol. 3). Rostock 1993. P. 476.
[6] Interview of 1982 with Wilfried F. Schoeller. See Franz Fühmann: *Den Katzenartigen wollten wir verbrennen. Ein Lesebuch.* Ed. Hans-Jürgen Schmitt. Munich 1988. Pp. 273-301, here p. 284.

rations,[7] he soon becomes preoccupied with the theme of war again, as his confidence in the possibility of internal reform finally disintegrates, in the aftermath of the Biermann Affair of 1976. This process of disillusionment is intensified for him by the general worsening of East-West relations, which leads to his profound concern about the risk of nuclear war in the Brezhnev-Reagan era of the early 1980s. Fühmann's response is now to search for ways of depicting the scale of the threat to human civilization as a whole which a nuclear war would represent, in an evident admission that nothing from his personal experience of the Second World War can be harnessed to the attainment of this more fundamental objective.

He thus begins to cast his creative net more widely, in the hope of alerting his readership in both German states to the unprecedented seriousness of this threat. First, the myth of the Greek-Trojan war provides him with a context for the depiction of military indifference to a never-ending cycle of killing, in his story "Hera und Zeus" (several years before Christa Wolf turned to the same Homeric source for her *Kassandra*).[8] Then the Bible proves to be an equally valuable repository of updateable accounts of human barbarity, as his story "Der Mund des Propheten" shows.[9] The futuristic topos of a nightmarish post-nuclear-war world stimulates a whole collection of *Saiäns-Fiktschen* (1981), while his immersion in the life and work of Georg Trakl gives him scope, within his last major work, *Vor Feuerschlünden: Erfahrung mit Georg Trakls Gedicht* (1982), to suggest the universality of the latter's revulsion at the scale of the slaughter he witnessed at the start of the First World War, as articulated in the poem "Grodek", and especially in the line "Alle Straßen münden in schwarze Verwesung."[10]

It is therefore possible, depending on our definition of 'war', either to identify a continuing preoccupation in Fühmann's work with what he defined in 1964 as his "Hauptthema", right up to his death twenty years later, or to see the completion, in 1965, of his work for the *König Ödipus* volume, as the unexpectedly abrupt end of a phase in his creative development. In terms of the conception of this volume of essays it is clearly the

---

[7] See the stories "Bagatelle, rundum positiv", "Spiegelgeschichte" and "Drei nackte Männer". In: Franz Fühmann: *Erzählungen 1955-1975* (*Werkausgabe*. Vol. 1). Rostock 1993. Pp. 473-522; hereafter cited as E.

[8] See Franz Fühmann: *Irrfahrt und Heimkehr des Odysseus. Prometheus. Der Geliebte der Morgenröte und andere Erzählungen* (*Werkausgabe*. Vol. 4). Rostock 1993. Pp. 339-352.

[9] See Franz Fühmann: *Das Ohr des Dionysios. Nachgelassene Erzählungen*. Rostock 1985. Pp. 18-30.

[10] Franz Fühmann: *Vor Feuerschlünden. Erfahrung mit Georg Trakls Gedicht* (*Werkausgabe*. Vol. 7). Rostock 1993. Pp. 184-190.

more specific of these two definitions which provides the appropriate basis for comparison with other authors of his generation. Yet the reasons for Führmann's subsequent rejection of further portrayal of the Second World War as creatively and politically unproductive also need to be taken into account in any assessment of his contribution to this subject.

II. A thin basis of war experience? Propagandist tendencies in Führmann's work up to "Kameraden"

The unusual nature of Führmann's wartime activities may cast doubt on his claim that they were ever substantial enough to become a "Hauptthema". Apart from the distinctive perspective he provides as a Sudeten German, his experience as a member of the year-group decimated by the war, what he himself called the "Stalingrad-Jahrgang"[11] of German soldiers born in 1922, was notably undramatic. When he finished school in February 1941, following almost five years' involvement with the 'Deutscher Turnverein' (the Sudeten German equivalent of the Hitler Youth) and with the SA's mounted division, he was disappointed to be drafted into the 'Reichsarbeitsdienst' rather than the army. Although his unit was working in Eastern Prussia as the invasion of the Soviet Union was launched in June of the same year, and accompanied the all-conquering troops on their advance across the Baltic states, Führmann's participation (which mainly involved building log-roads) was brought to an abrupt halt by a serious hernia. The emergency operation he then required was carried out amidst the relative calm of the Rhineland. When he returned to service in the winter of 1941-42 it was of necessity in a non-combative role, working as a telegrapher with communications units in the Ukraine, well behind the Eastern front. He therefore experienced the military watershed of the defeat at Stalingrad only in terms of the ensuing relocation of his unit, which took him away from the Soviet Union altogether, to Germany's South-East European communications headquarters in Athens, between the summer of 1943 and the autumn of 1944. He was then wounded during the German retreat through Northern Greece and the Balkans late in 1944 and spent several months recuperating in increasingly chaotic conditions before being sent to rejoin the fighting during the last few days of the war. His capture by the Russian forces led to over four years in captivity and to the anti-fascist re-education which brought him to his blindly adopted homeland of the newly-created GDR at the end of 1949.[12]

[11] Franz Führmann: Mein Erstling. In: *Sinn und Form* 2 (1989). Pp. 273-279, here p. 273.
[12] See Hans Richter: *Franz Führmann. Ein deutsches Dichterleben.* Berlin 1992. Pp. 105-120.

394

This unusually distanced soldier's view of the war-years probably made it easier for Fühmann to succumb to the temptation of elaborating it for propagandistic purposes in the years after his arrival in the GDR. After joining the National-Democratic Party (NDPD), the SED's coalition-partner specifically created as a vehicle for reformed Nazis and ex-soldiers, and then rising rapidly to the position of its cultural spokesman, Fühmann convinced himself that it was creatively legitimate to provide a modified account of these experiences, in order to make it 'typical' in terms of the ideological preconceptions of his new political masters.

The high price he had to pay for this false start is evident in his first attempt to transform his war-experience into literature, the epic poem *Die Fahrt nach Stalingrad* (1953).[13] Even though it was officially praised in the GDR as an exemplary account of the political progress of Fühmann's generation, his structural plan required the first-person narrator to encounter Stalingrad at three key moments in his development — as an unquestioning soldier of 1942-43, then as a disorientated prisoner-of-war on the way to Soviet captivity, and finally as an enthusiastic young writer returning in 1953 to witness the rebirth of a great city — in a way which gave a completely distorted impression of Fühmann's wartime experience. The leitmotif of the "Kunde von Stalingrad"[14] as the turning-point in the narrator's life bore no relation to the facts, as will be obvious to any reader aware of the emphasis Fühmann subsequently placed on the overwhelming impact of the "Kunde von Auschwitz" on his consciousness, when he finally grasped its implications, some years after the event he describes here. As well as depicting the narrator's home environment in exaggeratedly fascist terms, the poem concealed the fact that Fühmann had never even been in Stalingrad during the war and that he had been transferred to Greece soon after the battle for Stalingrad had been lost. In other essential respects he denied the validity of his own experience in the interests of a typically socialist realist simplification of complex developmental processes.[15]

Die Fahrt nach Stalingrad was one of the first works of GDR literature to engage with war-experience from the perspective of an ex-soldier, and it attracted considerable public interest at a time when the GDR's cultural politicians thought there was little ideological value in reviving memories

[13] Fühmann only permitted the poem to be reprinted once, in the collected volume *Die Richtung der Märchen. Gedichte*. Berlin 1962. Pp. 43-101.
[14] Ibid. P. 61 et passim.
[15] Surprising, the poem was chosen as an example of Fühmann's work for analysis in a recent collection of essays on aspects of German war-literature — see Bernd Rauschenbach: "Hab ewig Dank, erhabne Stadt". Franz Fühmanns "Fahrt nach Stalingrad". In: *Mittelweg 36* (1992) No. 5. Pp. 75-91.

of the ruthless German-Soviet confrontation on the Eastern front.[16] Fühmann's personal dissatisfaction with it was, however, soon evident. His
rapid recognition of the threat this distortion of his life as a soldier represented to his creative integrity is indicated by his decision, as soon as he
had finished *Die Fahrt nach Stalingrad*, to switch to prose-writing as a
more appropriate medium for his subsequent work on this theme. His first
story, "Kameraden" (1955), took two years to produce (a complete contrast
in itself to the speed with which he had dashed off his long poem), but
when it appeared it enjoyed more enduring success, in terms both of the
quality of his writing and of the authenticity of his depiction of young soldiers confronted with their first wartime crisis.[17] Its strengths are still obvious today: a convincingly open-ended narrative perspective which leaves
no scope for ideological complacency regarding his characters' subsequent
development; the psychological depth of his characterization of the two
young protagonists, Thomas and Josef; and his focus on the moral issue of
'Kameradschaft', in a way which shows how the idealism of these young
soldiers is open to abuse by leaders skilled at manipulating it for their own
ruthless ends. But "Kameraden" also reveals the uncertainties of the inex-
perienced and politically cautious author: the desire to establish a link between his fictional action and a major military event — the German invasion of the Soviet Union in June 1941 — in a way aimed to encourage
German readers of the 1950s to take sides in the Cold War; his avoidance
of a more specific autobiographical dimension which would have involved
reference to the less sinister activities of the 'Reichsarbeitsdienst' in Eastern Prussia; and an over-reliance on the conventions of the literary form he
was seeking to emulate, the *Novelle*, in his search for symbols of impending doom.[18]

The success of "Kameraden" nevertheless proved creatively liberating
for Fühmann. Although he later described it as a "fast didaktischer Auftrag"[19] (and thus effectively located it in the propagandist phase of his career alongside *Die Fahrt nach Stalingrad*), this first piece of prose fiction
had brought him to the threshold of literary autonomy. As his personal development coincided neatly with the wider process of cultural liberalization
in the GDR inaugurated by the Writers' Congress of January 1956, it be-
came easier for him thereafter to switch his attention to the aspect of his

---

[16] For the wider context see: Ursula Heukenkamp (ed.): *Unerwünschte Erfahrung.
Kriegsliteratur und Zensur in der DDR*. Berlin 1990.
[17] Included in E, 7-48.
[18] For a fuller analysis of "Kameraden" see Dennis Tate: *Franz Fühmann. Innovation and Authenticity. A Study of his Prose-Writing*. Amsterdam 1995. Pp. 34-40.
[19] Interview of 16 May 1984 with Hans-Joachim Müller. In: Fühmann: *Briefe
1950-1984* (fn. 4). Pp. 572-595, here p. 587.

war experience which was least susceptible to propagandist manipulation and which had evidently made the most profound impact on him at the time: the period he spent in Greece between the early summer of 1943 and the late autumn of 1944.

III. Myth and reality: the distinctiveness of Fühmann's Greek stories

Fühmann's transfer in 1943 from the Ukraine to the South-East European communications headquarters in Athens must have had the quality of a dream come true for an avid reader who had also just made his debut as a poet. One of the most powerful stimuli to Fühmann's childhood fantasy had been Schwab's *Sagen des klassischen Altertums*, and the bizarre effects of an eclectic absorption of Greek and Germanic mythology on his poetic vision were obvious in the first of his published works, entitled "Griechischer Auszug", which appeared in the summer of 1942, before he could have had any forewarning about his new posting.[20] Apart from being based in Athens, the center of classical Greek culture, he spent some time on a training course on the North of the Bay of Corinth (close to the locations of the myth of King Oedipus), which marked the effective limit of German-occupied territory, since the Greek partisans still controlled the Peloponnese, and later, as the German forces retreated northwards, he was to catch a brief glimpse of the mythical home of the gods, Mount Olympus. Curiously, though, Fühmann missed the opportunity to delve more deeply into Greek culture when he was selected in 1943 for an intensive period of study at the uniquely German institution of a 'Fronthochschule' in Athens (opting instead to take the Germanic *Edda* as his special subject).

If there was a dramatic climax to the time spent by this desk-bound soldier in Greece, it came in the hours following the unsuccessful Officers' Plot against Hitler on 20 July 1944, when Fühmann, thanks to his reputation as an exceptionally accurate telegrapher, was entrusted with the job of conveying to Berlin the obsequious expressions of loyalty from military leaders all over South-East Europe, who now feared the wrath of the 'Führer'.[21] A less climactic, but no less memorable incident had occurred

---

[20] See: Miteinander reden: Gespräch mit Margarete Hannsmann. In: Fühmann: *Essays, Gespräche, Aufsätze* (fn. 2). Pp. 429-457, here p. 433. "Griechischer Auszug" was first published as part of "Jugendliches Trio: Gedichte junger Menschen" In: *Das Gedicht. Blätter für die Dichtung* 5 (1942), and reprinted in: John Flores: *Poetry in East Germany*. New Haven 1971. Pp. 317-318.

[21] See the author's "Lebensdaten" in: Franz Fühmann: *Im Berg. Texte aus dem Nachlaß*. Ed. Ingrid Prignitz. Rostock 1991. Pp. 158-170, here pp. 160f., and his letter of 29 November 1966 to the historian Kurt Finker (about the aftermath of 20 July 1944), first published in: *Neues Deutschland*. 20/21 July 1996.

in the autumn of 1944, after the German retreat had taken Fühmann and his company into the mountainous border territory between Greece and Yugoslavia, when they decided to set up temporary quarters in the cages of an abandoned zoo — a situation with a symbolic potential he only later began to appreciate. The relative uneventfulness of this time in Greece later worked to Fühmann's creative advantage, in the sense that it allowed him, in a spirit of total authenticity, to focus on the psychological pressures on young soldiers carrying out boring assignments (which probably form the major part of any military campaign) and on the moral dilemmas arising from long periods of enforced reflection on the legitimacy of their role as part of a German army of occupation.

This new focus is immediately evident in the first of Fühmann's Greek stories, "Das Gottesgericht", written in 1956 and given pride of place in the special issue of *Neue Deutsche Literatur* of March 1957 devoted to war-literature.[22] It was also the first of Fühmann's works to be published in the Federal Republic, in an anthology of 1960, edited by Marcel Reich-Ranicki, which marked the end of a decade of almost total indifference there to culture in the GDR.[23] In the context of early GDR literature it represents a remarkably bold experiment with multi-perspective narrative. A rapid piece of scene-setting by a conventional narrator provides a concise sense of the location (the danger-filled southern coast of the Bay of Corinth), the atmosphere (one of apparently uneventful "Alltagsbanalität")[24] and the five main characters (a patrol of four representative soldiers referred to simply as A., B., C., and D. and differentiated only by rank, together with their Greek cook, who, in contrast, is given the name of a famous victim of Greek myth, Agamemnon). Frequent deft switches of the narrative focus then ensure that the thought-processes and emotions of all five protagonists are given almost equal prominence, as a crisis develops out of nothing (the cook's decision to bathe on a forbidden beach) and builds up over a few intense minutes with scarcely a word spoken, before reaching a cleverly-worked double climax which brings about both the arbitrary execution of the cook by the soldiers and the clinical revenge ex-

[22] *Neue Deutsche Literatur* 3 (1957). Pp. 13-28. Included in E, 49-71.
[23] Marcel Reich-Ranicki (ed.): *Auch dort erzählt Deutschland*. Munich 1960. Pp. 144-163. Reich-Ranicki had also written two articles praising the quality of Fühmann's war-stories: Der Weg des Franz Fühmann. In: *Die Welt*. 6 June 1959, and: Eine Stimme von drüben. In: *F.A.Z.* 5 December 1959, but his later, politically hostile, essay "Kamerad Fühmann" — in: *Deutsche Literatur in West und Ost*. Reinbek 1970. Pp. 269-277 — was more influential in the longer term.
[24] The term was used by Fühmann when he referred to "Das Gottesgericht" in his interview of May 1984 with Hans-Joachim Müller. See *Briefe 1950-1984*. P. 587.

acted for this murder by unseen partisans.[25] The logic of his narrative structure obliged Fühmann to distance himself from all of his characters: even though the young radio-operator A. is closest to the author in his military function and his social background, it is he who carries out the execution of Agamemnon, in a small-minded attempt to assert himself over his comrades to which even the misguided young Fühmann would scarcely have succumbed.

However innovative the structuring of "Das Gottesgericht" might have been in terms of GDR fiction of the 1950s, it was Fühmann's central theme — the self-delusion of the German forces in viewing themselves as a new race of gods, in this most inappropriate of settings — which made his story distinctive in the wider context of German war-literature. The intellectually corrupting effect of fascist ideology is seen in the self-justifying way in which the soldiers collectively redefine their function, through an eclectic range of references to themselves as "die Götter", as this petty crisis unfolds. They steadily move away from naively heroic notions of how they will bring about a new synthesis of Greek and Germanic cultures (the young radio-operator likes to think of himself as the embodiment of Euphorion, the offspring of the union of Faust and Helena in Goethe's *Faust II*, E, 63) to an arbitrary abuse of power based on similarly irrational criteria to those employed at medieval Germanic 'Gottesgerichte' in order to test the innocence of alleged witches and devils (E, 58f.). Behind the civilizing façade lies the brutal reality of the master-race and its contempt for allegedly inferior beings. (Agamemnon is repeatedly referred to as a "Schwein" who is there to be tormented and humiliated at will.) The only residual propagandist feature of the story is that 'divine' justice is seen to be done at the end (A.'s last sentence begins with the phrase "um Gottes willen", E, 71) through the execution of four soldiers who have all shown themselves, by their thoughts as well as their actions, to be accomplices to murder.

Fühmann's hopes of exploiting his Greek experience further by finding a fictional framework for his "Zoo-Geschichte" came to grief not just in 1956, when he worked at it alongside "Das Gottesgericht", but for several years thereafter.[26] After he had completed "Kapitulation", a story illuminat-

---

[25] Fühmann's skill in producing dramatic endings — "seine Schlüsse gleichen Donnerschlägen" — is one of the qualities highlighted by Stephan Hermlin in his essay of 1968: Franz Fühmann. In: Horst Simon (ed.): *Zwischen Erzählen und Schweigen. Franz Fühmann zum 65.* Rostock 1987. Pp. 45-50, here p. 48.

[26] Volker Riedel provides an overview of the difficulties Fühmann faced between 1956 and the middle 1960s in exploiting this subject-matter. See: Gedanken zur Antike-Rezeption in der Literatur der DDR. Franz Fühmanns Erzählung "König Ödipus". In: *Weimarer Beiträge* 11 (1974). Pp. 127-145, here pp. 131f.

ing the chaos faced by young soldiers right at the end of the war, which appeared in print just a couple of months after "Das Gottesgericht" (and the première of DEFA's film-version of "Kameraden", *Betrogen bis zum jüngsten Tag*), it looked as if "Das Gottesgericht" was nothing more than the middle part of a pre-planned trilogy of stories aiming to give equal weight to Führmann's experiences in the Soviet Union, Greece and on the disintegrating Eastern front of May 1945. When he returned to his war-experience in 1960-61, in the wider autobiographical context of the volume *Das Judenauto*, which was to cover the twenty-year period between 1929 and 1949 in its fourteen episodes, it seemed as if his time in Greece had been relegated to purely secondary significance. Of the five episodes dealing with his war-years, only one, "Muspilli", dealt with the 1943-44 period, using a degree of poetic license in the way it linked together his brief period of study at the 'Fronthochschule' and his role as a telegraphist after the attempted assassination of Hitler.[27] The apparently insignificant status of "Muspilli" is, however, again deceptive, once the political force of this episode is taken into account. The extent to which the version of *Das Judenauto* published in 1962 was subject to censorship has been evident since Führmann had his original manuscript published as part of his *Werkausgabe* some seventeen years later, and a comparative analysis reveals that "Muspilli" was one of the two episodes which suffered most because of the way it conflicted with the official GDR version of the Officers' Plot.[28]

The link between "Muspilli" and "Das Gottesgericht" is immediately established in terms of its title, which allows Führmann to link his protagonist's study of the Germanic epic and its vision of the impending apocalypse with his growing sense of confusion, as the aftermath of 20 July 1944 signals the inevitability of Germany's defeat in the war. The largely autobiographical first-person narrator of "Muspilli" has, in contrast to the young radio-operator in the earlier story, abandoned his naive belief that he could act as a "guter und milder Herr"[29] long before he reaches Greece. His intellectual priorities are now more explicit (like Führmann, he has just had his first poems published) and the 'Fronthochschule' understandably provides much more stimulus for him than the routine of his work as a telegrapher. What was more problematic to Führmann's publishers was the

---

[27] Included in: *Das Judenauto. Kabelkran und blauer Peter. Zweiundzwanzig Tage oder Die Hälfte des Lebens.* Pp. 104-116. References in the text are to this edition.

[28] The other chapter which was significantly amended was "Die Berge herunter", focused on the outburst of anti-Slav prejudice which accompanied the Nazi occupation of the Sudetenland in the autumn of 1938. See Tate (fn. 18). Pp. 79-85.

[29] See *Das Judenauto. Kabelkran und blauer Peter. Zweiundzwanzig Tage oder Die Hälfte des Lebens.* P. 74.

brutality with which he now sought, in the context of an assassination plot which the GDR viewed as ideologically progressive, to express the class prejudices which National Socialism had nourished (and which many GDR citizens might well have shared). In Führmann's original version the scorn his narrator feels for the aristocracy as a class is intensified as he notes the terrified obsequiousness of high-ranking officers articulated in their telegrams to the apparently indestructible Hitler:

> Die Bande hatte ja Angst, schlotternde Angst, das war es, und das war doch die Bande, die schon immer den Führer nicht gemocht hatte, diese Bande der piekfeinen Herrn von und zu, der verkalkten Adligen, der Grafen und Barone, denen es nicht paßte, daß im nationalsozialistischen Deutschland das Volk bestimmte und daß Offiziere und Mannnschaften das gleiche Essen aus einer Feldküche aßen und daß unser Führer nur ein einfacher Gefreiter war, der ein Herz für seine Soldaten hatte und zehnmal mehr vom Krieg verstand als alle diese Generalstabsscheißer! (E, 111)

The passage continues in this vein for another half page. In the version published in 1962, however, it is considerably condensed. The tone is markedly more restrained and politically confused:

> Aber warum hatten [diese Offiziere — D.T.] Angst? Hatten sie ein schlechtes Gewissen? Waren sie allesamt Verräter? Ging darum etwa der Krieg verloren, weil sie alle Verräter waren? Ich schrak auf: Wie konnte ich daran denken, daß der Krieg verloren ging?[30]

Here the aristocracy is written out of the text altogether, in favor of vague references to "Offiziere", as if the violent expression of class-prejudice was an unacceptable insult to the martyrs of the July Plot and too difficult for a GDR readership to handle.

Equally revealing are the additions made to "Muspilli" by Führmann's editors, in the attempt to give it a didactic 'message'. Not only did they change the title to that of the more obscure Germanic term 'Völuspa', which may have been felt to have less bleak associations, but they also added an ending to the story in the form of a guilt-filled vision of the victims of fascism rising from the dead to exact their revenge, which implied that the protagonist's progress towards socialist enlightenment was considerably more advanced than Führmann had wished to suggest here. It is precisely this determination to acknowledge the continuing political appeal of National Socialism, even at this turning-point of the war, which gives his text its special quality of authenticity in the context of the GDR literature of the early 1960s.

---

[30] Compare p. 104 of the GDR Reclam edition of *Das Judenauto*, reprinted in 1987, which is still based on the bowdlerised 1962 text, despite the appearance of Führmann's original version in 1979.

After the publication of *Das Judenauto*, Fühmann's growing awareness of the creative potential of his year in Greece becomes unmistakable. When, in 1964, he mounted his challenge to GDR cultural policy by insisting that the war was his "Hauptthema", his plans were becoming exclusively focused on his Greek experience. As so often in his literary career, they were over-ambitious: in February 1965 he wrote to his editor Günter Caspar that he was working on a cycle of war-stories which would be recounted by a young soldier whose diary, in which he attempted to make sense of them, would provide a linking narrative device. The examples he gives of these stories, which he envisaged as the basis of a volume of 250-300 pages, both derive from his time in Greece. A matter of months later he is informing Caspar that he is on the point of finishing the second of what are now simply two autonomous stories, "Die Schöpfung" and "König Ödipus".[31]

For "Die Schöpfung" Fühmann returned to the same setting he had used so successfully in "Das Gottesgericht" — a communications outpost in the partisan heartland of the southern coast of the Bay of Corinth — at precisely the same historical moment of May 1943. But now, in keeping with the more authentic autobiographical focus he provided in *Das Judenauto*, he has replaced the multi-perspective approach of his earlier story with a single narrative viewpoint of correspondingly greater intensity. There is still a degree of fictional distance between the author and his protagonist, the slightly younger Ferdinand Wildenberg, who is beginning his first posting rather than having just arrived from the Soviet Union, but the full biographical portrait provided by the story reveals significant similarities. The key difference compared to the protagonist of *Das Judenauto* is Wildenberg's naive idealism, which deludes him into believing that he is a "Herr dieser Erde", part of a new German "Schöpfervolk" (E, 125), in much the same way that the young radio-operator in "Das Gottesgericht" did, although without the latter's trigger-happy need to impress his colleagues. In a switch of imagery unexpected in the context of the GDR literature of this period the mythical point of reference is, however, no longer the arbitrariness of the Greek and Germanic gods, but rather the Creation of the Earth as recounted in the biblical Book of Genesis. Wildenberg likes to think of himself not just in terms of Prometheus and Faust (E, 138), but as part of a force recreating the world around him in its own image. Once again Fühmann's narrator uses the device of a lethal intervention by the

---

[31] See Fühmann's letters of 11 February and 10 September 1965. In: Elmar Faber and Carsten Wurm (eds.) (fn. 3). Pp. 70-73. The working title for his cycle of stories was "Das Symbol". The two completed stories are included in *Erzählungen 1955-1975*. Pp. 119-139 and 141-217 respectively. References in the text are to this edition.

partisans to show that this is hubris, fit for punishment on the seventh day of this blasphemous Creation: with the killing of Wildenberg, "die große heilige Ruhe" (E, 139) is re-established. In view of the fact that "Die Schöpfung" is just as gripping a story as "Das Gottesgericht" — generating sustained dramatic tension through its psychologically subtle account of Wil-denberg's inner turmoil after he is given the senseless order to drag a dying peasant woman off for interrogation, through the blisteringly hot streets — it is a pity that the two overlap so extensively, both thematically and structurally. This may have been the price Fühmann had to pay to overcome the serious creative crisis which had dogged his plans, since the completion of *Das Judenauto*, to continue writing about the war.

"König Ödipus", in contrast, marks a significant new development in Fühmann's war-writing. The solution he finally found to the creative problem of depicting his 'zoo story' was quite different to the techniques which had served him well in his previous stories. The idea of using a narrative framework survived from his plan for "Das Symbol", but the new story otherwise bore virtually no resemblance to what he had originally had in mind. In what is easily the longest of his war-stories, he adapted one of the narrative styles of classical Greek culture, the Platonic dialogue, as the means of conveying the nature of a situation in which there was virtually no external action — the four-week 'idyll' during his unit's retreat from Greece when they sheltered from the torrential autumn rains in the cages of an abandoned zoo. Exploiting the symbolical resonances of the soldiers' unreflecting occupation of the dwellings of rapacious beasts, he is now able to highlight the absurdity of their previous self-characterization as benevolent gods. The participants in the dialogue which runs through Fühmann's text are the introspective young Horst P. and the slightly older and more assertive Siegfried S., broadly similar to the author-figure and his colleague Buschmann as depicted in "Muspilli", but joined here at significant stages of their debate by their commanding officer, Captain Johannes Neubert. The circumstance which has allowed the three of them to establish their unusually close relationship across the otherwise rigid divide between officers and ordinary soldiers is their common involvement in the non-hierarchical 'Fronthochschule', although here the academic focus is no longer the Germanic *Edda*, as in Fühmann's actual experience, but a masterpiece of classical Greek tragedy, Sophocles's *Oedipus the King*. As their plan to perform the play has been thwarted by the rapid militarily withdrawal from Athens, their unforeseen idyll provides a first opportunity to engage in more theoretical issues of interpretation and analysis.

This rather contrived, yet subtly developed, situation gives Fühmann the opportunity for an extensive experiment in intertextuality, which illuminates not only the central issues of individual responsibility and guilt for war-crimes, but also raises questions about the continuing significance of the *Oedipus* analogy for the GDR of the 1960s.[32] By giving his story the structure of a drama (if not that of *Oedipus the King* itself), with each of its three acts divided into five scenes, he signals its gradual development into a psychological crisis of the kind he handled so effectively in his previous war-stories, although here the dénouement does not depend on the external intervention of avenging partisans. The two soldiers P. and S. may still be no closer than their predecessors in Fühmann's fiction to understanding the nature of their unwitting guilt (and are thus incapable of a deeper appreciation of Sophocles's play), but their commanding officer (who has been a Professor of Greek in civilian life) provides a dimension of insight new to Fühmann's depiction of the war.

Through the character of Neubert we are presented, for the first time in Fühmann's work, with a mature intellectual who fully appreciates both the human consequences of Germany's pursuit of world domination and the extent of his personal responsibility for the murder of innocent civilians. Having played a minor part in the Officers' Plot (which here precedes his secondment to the 'Fronthochschule', in a reversal of these two events as experienced by Fühmann), he is now under suspicion and knows that any false move could lead to his arrest and summary execution. This fear, and the resulting determination to be a model of ideological ruthlessness in his dealings with the Greeks, leads him (at a similar "Dreiweg", E, 205, to the one where Oedipus commits his fateful crime) to order the deaths of the father and daughter he has forced to guide his company along a road strewn with mines, in what is the only military 'action' depicted in the story. This crime compounds his intellectual betrayal of his young colleagues P. and S. as they struggle to make sense of Sophocles's play, failing to understand how an apparently racially superior individual like Oedipus (whom they view in terms of the ideology of Rosenberg and Bachofen) can be held responsible for his unwitting acts of incest and patricide. In retrospect it becomes grimly appropriate that Neubert intended to take the role of Tiresias in their planned performance of *Oedipus the King*: "Der Professor selbst wollte den Part des Teiresias, des blinden, vielwissenden, doch mit Vorbedacht schweigenden Sehers, übernehmen" (E, 149). The tension created by Neubert's internal conflict builds up powerfully through this superficially undramatic story, to the concluding climax of his suicide in what had earlier been seen as the "gemütliches Quartier" (E, 145, 214)

---

[32] There would be scope, for example, for a comparative analysis of "König Ödipus" and Heiner Müller's contemporaneous *Ödipus Tyrann* (1967), or for reference to the use Milan Kundera makes of the Oedipus analogy in *The Unbearable Lightness of Being* (1984) when he discusses the guilt of Czech communist enthusiasts of the Stalinist era.

of the zoo cages. His final moment of truth comes in the form of an interior monologue which confirms his guilt as a well-intentioned man trapped, as his predecessor Oedipus had been, between two eras of human development — in this case a dying and bloody age of patriarchy and the dawning of an otherwise unspecified "neue Zeit des Menschenrechts" (E, 214-217).

Fühmann's success, in "König Ödipus", in depicting the inner conflicts of an intellectual unable to speak the truth during the Nazi era, must have been due at least in part to his own recent experience of similar dilemmas in the GDR. In his story of 1963, "Barlach in Güstrow", he had depicted the mental torment of a creative artist whose work was being systematically attacked and misinterpreted in Nazi Germany — with such psychological vividness that it raised pointed questions regarding the contemporary sources of his subjective understanding of Barlach's despair.[33] Over the years 1963-65 he had struggled in vain to complete a story, to which he gave the working title "Verlorene Zeit", about the failure of a contemporary GDR intellectual to articulate the disheartening truth about state socialism's much-heralded industrial revolution.[34] Something of this growing disenchantment with the GDR is therefore likely to have informed his portrayal of Neubert, Fühmann's first convincing depiction of an authority-figure of the war years.

As a story about the war, "König Ödipus" marks the end of the main line of development in Fühmann's early prose-writing. But in other respects it provides a very clear illustration of how rapidly his understanding of his 'Hauptthema' began to change in the middle 1960s. It shows him progressing from a profound suspicion of myth in general, arising from the Nazi abuse of epics like the *Nibelungenlied* and the *Edda* as a means of underpinning the ideology of the Germans as the new master-race, to a recognition of the potential of the stories on which classical Greek culture was based to illuminate the causes and consequences of war as a recurring human phenomenon. Even the young soldier S. in "König Ödipus" recognizes that myths depict "Existenzprobleme von Menschen" (E, 160), anticipating the thesis of Fühmann's major philosophical essay of 1974, "Das mythische Element in der Dichtung".[35] In stylistic terms too "König Ödipus", with its intertwining of literary analysis, philosophical reflection and intense fragments of narrative, provides the bridge between Fühmann's war-stories and the more loosely structured autobiographical works which later confirmed his international status, *Zweiundzwanzig Tage oder Die*

---

[33] Reprinted in E, 219-282. See Tate (fn. 18). Pp. 85-93.

[34] The surviving fragment of "Verlorene Zeit" was first published in: Fühmann: *Im Berg* (fn. 21). Pp. 247-302.

[35] Included in: Fühmann: *Essays, Gespräche, Aufsätze* (fn. 2). Pp. 82-140. It defines myths as "Modelle von Menschheitserfahrungen", p. 96.

Hälfte des Lebens (1973) and *Vor Feuerschlünden: Erfahrung mit Georg Trakls Gedicht* (1982). The vein of Fühmann's war-experience in Greece may have been a narrow one, but the skillful way in which he exploited it emphasizes the centrality of this group of stories to an understanding of his work as a whole.

Jost Hermand

Ein junger Mensch wandelt sich
Herbert Otto: *Die Lüge* (1956)

Im Hinblick auf den Zweiten Weltkrieg herrschten in der Literatur der
Sowjetischen Besatzungszone und dann der frühen Deutschen Demokratischen Republik — etwas vereinfacht gesprochen — zwei Tendenzen vor:
1. eine überwiegend pazifistische, die nach den Erfahrungen der faschistischen Angriffs- und Vernichtungsfeldzüge, denen über 50 Millionen Menschen zum Opfer gefallen waren, den Krieg im Prinzip verdammte, und 2.
eine allmählich immer stärker werdende, die sich zwar für eine Vermeidbarkeit neuer Kriege einzusetzen versuchte, aber dennoch einen sorgfälti-
gen Unterschied zwischen politisch ungerechtfertigten und politisch
gerechtfertigten Kriegen machte. Die pazifistische Linie wurde vor allem
auf den verschiedenen internationalen Friedenskongressen zwischen 1946
und 1948 vertreten, welche die europäischen kommunistischen Parteien,
die zu den Hauptgegnern der faschistischen Aggression gehört hatten,
veranstalteten und deren weithin sichtbares Symbol meist die von Pablo
Picasso gezeichnete Friedenstaube war. Damit korrespondiert, daß auch
die politischen Großpreise dieser Ära in Moskau und anderen Hauptstädten
sozialistischer Volksrepubliken gern als 'Friedenspreise' verliehen wurden.
Ein Wandel von dieser pazifistischen Haltung zu einer genaueren Unterscheidung zwischen dem, was ein *bellum iustum* und ein *bellum iniustum*
sei, setzte erst mit der Verschärfung der politischen Fronten zu Beginn des
Kalten Krieges ein, der auf deutschem Boden zur Gründung eines West-
und dann eines Oststaates führte, die sich ideologisch scharf voneinander
abgrenzten und demzufolge auch in ihrer Sicht des Zweiten Weltkrieges
weitgehend verschiedene Standpunkte bezogen.

Während in Westdeutschland nach diesem Zeitpunkt eine Fülle höchst
verschiedener Kriegsromane erschien, etwa 350 an der Zahl, deren inhaltli-
ches Spektrum von einigen kritisch-resignierenden und kritisch-schwank-
haften über gnadenlos-'realistische' bis hin zu unzähligen larmoyanten,
entschuldigenden, wenn nicht gar rechtfertigenden reichte, kamen in der
frühen Deutschen Demokratischen Republik relativ wenige Romane heraus, die sich mit dem Zweiten Weltkrieg auseinandersetzten. Zu Anfang,
das heißt in den frühen fünfziger Jahren, wurde eine solche Auseinan-

dersetzung auch staatlicherseits kaum angeregt oder gefördert. Schließlich war es in diesem Lande wesentlich schwieriger, auf jene grauenhaften Ereignisse einzugehen, die sich in den Jahren 1941 bis 1944 an der Ostfront und in den besetzten Teilen der Sowjetunion abgespielt hatten. In der DDR erinnerten sich viele Menschen sehr genau, daß die NS-Wehrmacht während dieser Jahre über 20 Millionen sowjetische Soldaten, Partisanen und Zivilisten getötet hatte und daher große Teile der sowjetischen Bevölkerung gegen *alle* Deutschen — selbst jene, die jetzt in der mit ihnen verbündeten DDR lebten — noch immer ein tiefsitzendes Mißtrauen hegten. Wie war es unter solchen Umständen überhaupt möglich, auf die deutschen Greueltaten im Osten in Form eines detailliert erzählenden Romans einzugehen, ohne immer wieder die gleichen alten Wunden aufzureißen, immer wieder antideutsche Affekte zu entfachen, ja auf diese Weise der DDR, als eines 'deutschen' Staatsgebildes, den Boden unter den Füßen zu entziehen? Hier konnte man nicht wie in der Bundesrepublik, um den Westalliierten zu gefallen, die Sowjetunion — wie schon unter Hitler — erneut verteufeln und den Kampf der deutschen Soldaten gegen die Rote Armee zwar nicht verherrlichen, aber letztlich als einen ideologisch gerechtfertigten hinstellen und damit neue Kreuzzugsgefühle gegen die 'Heiden' im Osten entfachen.[1] Im Gegenteil, hier mußte man im Sinne des Kalten Krieges die Angehörigen der Roten Armee von vornherein als die ideologisch überlegenen, nur aus Notwehr handelnden, kurz: 'besseren' Soldaten — und die Angehörigen der NS-Wehrmacht als unbarmherzige Mördertypen, stumpfsinnige Untertanen oder bestenfalls verblendete Idealisten oder unreflektierte junge Menschen darstellen, die in diesen Krieg, wie der junge Bäumer in Erich Maria Remarques Roman *Im Westen nichts Neues* (1929), einfach "so hineingestolpert waren".[2] Deshalb gingen viele Autoren diesem Thema lieber aus dem Wege.

Vor allem in den Jahren zwischen 1949 und 1955 kamen in der DDR kaum Antikriegswerke heraus. In dieser Zeit wurde die literarische Szene in diesem Land noch weitgehend von den aus dem Exil zurückgekehrten Schriftstellern beherrscht, die den Zweiten Weltkrieg nicht unmittelbar an der Front erlebt hatten und sich in den ersten Jahren nach dem Krieg vor allem in den Dienst' der Friedenskampagne der KPD und dann der SED gestellt hatten. Einer der Hauptvertreter dieser Gruppe war Bertolt Brecht,

---

[1] Vgl. meinen Aufsatz: Eindämmung — Rückschlag — Befreiung. Der Kreuzzugsgedanke in der westdeutschen Kriegsliteratur der frühen fünfziger Jahre. In: Sigrid Bock, Wolfgang Klein und Dietrich Scholze (Hrsg.): Die *Waffen nieder! Schriftsteller in den Friedensbewegungen des 20. Jahrhunderts.* Berlin 1989. S. 120-129.
[2] Vgl. Jost Hermand: Versuch, den Erfolg von Erich Maria Remarques "Im Westen nichts Neues" zu verstehen. In: Dieter Borchmeyer und Till Heimeran (Hrsg.): *Weimar am Pazifik. Festschrift für Werner Vordtriede.* Tübingen 1985. S. 71-78.

der anfangs den von der SED unterstützten pazifistischen Kurs vertrat. Als jedoch die Partei nach Beginn des Koreakrieges zusehends zwischen gerechtfertigten und ungerechtfertigten Kriegen unterschied, schloß sich auch Brecht diesem neuen Kurs an, nachdem ihn die SED 1951 anläßlich der Aufführung seines 1939 im Exil geschriebenen, pazifistisch argumentierenden Stücks *Verhör des Lukullus* belehrt hatte, daß eine solche Haltung — angesichts der veränderten Weltlage — heute nicht mehr vertretbar sei. Darauf änderte Brecht den Titel dieses Stücks in *Die Verurteilung des Lukullus* ab, um keinen Zweifel an seiner schärferen Sehweise aufkommen zu lassen. Auch andere der älteren Exilautoren, wie Arnold Zweig, sahen nach diesem Zeitpunkt ein, daß pazifistische Parolen zwar wohlgemeint, aber letztlich idealistisch-ineffektiv blieben. Und im Zuge solcher Entscheidungen entstand plötzlich im Hinblick auf die Kriegsthematik ein ideologisches Vakuum. Da sich einerseits der Pazifismus überlebt hatte, andererseits die Darstellung der Ostfrontthematik vielen noch zu brisant erschien, wurde dieser Teil der politischen Vergangenheit Deutschlands erst einmal zum Tabu erklärt. Lediglich Werke wie *Jungen, die übrig blieben* (1950) von Erich Loest sowie *Die Fahrt nach Stalingrad* (1953) und *Kameraden* (1955) von Franz Fühmann gingen auf diese Themen ein.[3] Ansonsten beschränkten sich die DDR-Verlage in diesen Jahren darauf, Antikriegsromane westdeutscher Autoren wie Heinrich Böll, Wolfgang Koeppen, Karlludwig Opitz und Gert Ledig nachzudrucken, die damals in Ostdeutschland als 'kritische Realisten' hochgeschätzt wurden.

Eine durchgreifende Änderung dieser Situation setzte erst 1955 ein, als Konrad Adenauer — sowohl auf eigenen Wunsch als auch auf Drängen der US-Amerikaner — mit der Remilitarisierung Westdeutschlands begann und die zu schaffende Bundeswehr, die eine Stärke von 500.000 Mann haben sollte, von vornherein der damals hauptsächlich gegen den Ostblock gerichteten NATO unterstellte. Darauf schlossen sich die osteuropäischen Staaten im Warschauer Pakt ebenfalls zu einer militärischen Allianz zusammen und forderten die DDR auf, mit dem Aufbau einer Nationalen Volksarmee zu beginnen. Durch diese Entscheidungen wurde das Thema einer deutschen Armee im guten wie im bösen Sinne plötzlich zu einem Hauptgegenstand der politischen, ideologischen und damit auch literarischen Debatten auf beiden Seiten der innerdeutschen Grenze. Während nach diesem Zeitpunkt in der Bundesrepublik eine geradezu unübersehbare

---

[3] Zu weiteren Kriegsromanen aus der SBZ und der Frühzeit der DDR vgl. Karl-Heinz Hartmann: "...dem Objektivismus verfallen". Der Streit um den "harten Stil" in der Kriegsliteratur der fünfziger Jahre. In: Klaus Scherpe und Lutz Winckler (Hrsg.): *Frühe DDR-Literatur. Traditionen, Institutionen, Tendenzen.* Berlin 1988 (Argument-Sonderband 149). S. 135.

Flut nationalistischer und reaktionärer Kriegsromane einsetzte,[4] für die in diesem Zusammenhang lediglich auf Heinz G. Konsaliks *Der Arzt von Stalingrad* (1958) verwiesen werden soll,[5] welche die Gefahr einer 'neuen' (?) östlichen Bedrohung des Abendlandes heraufbeschworen, der man westlicherseits mit einer militanten 'Politik der Stärke' entgegentreten müsse, bemühten sich die DDR-Autoren, dieser bundesrepublikanischen Kreuzzugsideologie, die sich nicht nur in fatalen Rechtfertigungsromanen, sondern auch in militanten 'Befreiungs'-Utopien manifestierte,[6] mit einer scharfen Verurteilung des deutschen Faschismus und seiner in Westdeutschland weiterwirkenden Tendenzen sowie einer möglichst positiven Darstellung der Roten Armee entgegenzutreten, der man noch immer dankbar sein solle, Europa vor den verheerenden Auswirkungen einer siegreichen Hitlerdiktatur bewahrt zu haben.

Dafür kurz einige Beispiele. So ließ Bertolt Brecht in diesem Jahr nicht nur seine *Kriegsfibel* publizieren, sondern inszenierte obendrein seine Bearbeitung des *Recruiting Officer* von George Farquhar, die im Berliner Ensemble unter dem Titel *Pauken und Trompeten* als Stück der siegreichen amerikanischen 'Volks'-Miliz über die in Söldneruniformen gepreßten Soldaten der britischen Weltmacht — mit deutlichen Parallelen zu den Expansionsgelüsten der NATO — über die Bühne ging.[7] Ja, im selben Jahr führte Brecht sogar das relativ unspielbare Ostfrontdrama *Winterschlacht* von Johannes R. Becher im Berliner Ensemble auf, um so vor einer möglichen "Revanchepolitik in Westdeutschland" zu warnen, die einen Dritten Weltkrieg heraufbeschwören könnte, wie es im Programmheft hieß.[8] Auch

---

[4] Vgl. dazu grundsätzlich Heinz Brüdigam: *Der Schoß ist fruchtbar noch... Neonazistische, militaristische, nationalistische Literatur und Publizistik in der Bundesrepublik.* 2. Aufl. Frankfurt a.M. 1965.

[5] Vgl. meinen Aufsatz: Vom heißen zum kalten Krieg. Heinz G. Konsaliks "Der Arzt von Stalingrad". In: *Sammlung. Jahrbuch für antifaschistische Literatur und Kunst* 2 (1979). S. 39-49.

[6] Vgl. meinen Aufsatz: Unbewältigte Vergangenheit. Westdeutsche Utopien nach 1945. In: Jost Hermand, Helmut Peitsch und Klaus Scherpe (Hsg.): *Nachkriegsliteratur. Schreibweisen, Gattungen, Institutionen.* Berlin 1982 (Argument-Sonderband 83). S. 102-127.

[7] So wurde im Programmheft von *Pauken und Trompeten* ausdrücklich darauf hingewiesen, daß der Bonner Außenminister Heinrich von Brentano 1955 bei der Jahrtausendfeier der Hunnenschlacht auf dem Lechfeld die Hunnen mit den heutigen "Massen des Ostens" verglichen habe und der Staatssekretär im Bonner Außenministerium Walter Hallstein nicht vor der Forderung zurückgeschreckt sei, daß "Europa bis zum Ural integriert werden müsse".

[8] Im Programmheft zu Bechers *Winterschlacht* stützte sich Brecht in seinen Ausfällen gegen die Politik der "Adenauer-Clique" auf eine Rede Malenkows, die dieser im Sommer 1955 gehalten hatte. Vgl. hierzu auch meinen Aufsatz: Schweyk oder Hör-

andere Autoren der älteren Generation, wie Anna Seghers, Ludwig Renn und Arnold Zweig, griffen in diesem Jahr solche Warnungen auf. Als sich daher die SED entschloß, der Aufstellung der Bundeswehr mit der Aufstellung einer Nationalen Volksarmee entgegenzutreten, hoffte sie, daß auch die jüngeren Schriftsteller der DDR in ihren Werken auf die Kriegsthematik eingehen und den nationalsozialistischen Eroberungsplänen sowie dem Weiterwirken faschistoider Tendenzen in Westdeutschland den heroischen Geist der Roten Armee sowie die humanistisch-sozialistische Verteidigungsbereitschaft aller Staaten des im Warschauer Pakts zusammengeschlossenen Ostblocks, darunter auch der DDR, entgegenstellen würden.

Besonders der IV. Schriftstellerkongreß der DDR, der im Januar 1956 stattfand, nahm sich dieser Fragen an. Drei Monate später veröffentlichte Ludwig Renn in der *Neuen Deutschen Literatur* einen Aufsatz unter dem Titel "Weshalb keine Literatur über den Krieg?", in dem er die jungen DDR-Autoren, vor allem die "ehemaligen Soldaten des Hitlerheeres" darunter, aufforderte, keine "welt- und tatsachenfremde Literatur pazifistischer Prägung" mehr zu schreiben, sondern sich im Kampf gegen den westlichen Monopolkapitalismus auf der Seite jener Partei zu engagieren, die allen Kriegen ein für allemal ein Ende bereiten wolle.[9] 1957 griff darum die *Neue Deutsche Literatur* fast in jedem Heft das Thema der Kriegsdarstellung auf, wobei sie sich auch eingehend mit der westdeutschen Literatur beschäftigte und der neonazistischen Rechtfertigungsliteratur die Antikriegsromane von Heinrich Böll, Erich Maria Remarque, Hans Hellmut Kirst und Gert Ledig entgegensetzte. Diese Diskussionsansätze führten im Oktober 1957 zu einer Sondertagung des ostdeutschen Schriftstellerverbandes zum Thema "Widerspiegelung des zweiten Weltkrieges in der DDR-Literatur", auf der Hermann Kant und Frank Wagner das entscheidende Grundsatzreferat hielten, das im Dezemberheft der *Neuen Deutschen Literatur* unter dem Titel "Die große Abrechnung" mit einer Stellungnahme von Christa Wolf abgedruckt wurde.[10] Statt lediglich vom Hitlerkrieg zu sprechen, forderte Wolf die DDR-Leser und -Leserinnen auf, den Zweiten Weltkrieg in Zukunft als "Zweiweltenkrieg" zu sehen und somit vom "antifaschistischen" zum "sozialistischen Standpunkt" fort-

derlin? Brechts und Bechers Ostfrontdramen. In: *Theater-Zeitschrift* 3 (1983). H. 3. S. 92-97.
[9] Ludwig Renn: Weshalb keine Literatur über den Krieg? In: *Neue Deutsche Literatur* 4 (1956). H. 1. S. 127, 129. Aufgrund solcher Forderungen kamen in der DDR 1955 drei, 1956 sechs und 1957 fünfzehn Romane und Erzählungen zu diesem Themenkomplex heraus.
[10] Hermann Kant und Frank Wagner: Die große Abrechnung. Probleme der Darstellung des Krieges in der deutschen Gegenwartsliteratur. In: *Neue Deutsche Literatur* 5 (1957). H. 12. S. 124-139.

zuschreiten, um dadurch die Totalität der politischen und gesellschaftlichen Entwicklung ins Blickfeld zu bekommen.[11] Kant und Wagner
wandten sich vor allem scharf gegen jene westdeutschen Kriegsschrift-
steller, die den Zweiten Weltkrieg entweder bardenmäßig verherrlichten
oder mit naturalistischer Akribie als einen Krieg der Läuse, der Kälte und
des Schmutzes abzuschildern versuchten. Statt lediglich den beliebten 'Ja,
so ist es gewesen!'-Effekt anzustreben oder einer ohnmächtig-pazifisti-
schen 'Nie wieder Krieg!'-Gesinnung zu huldigen, verlangten sie, echtge-
meinte Schuldbekenntnisse in Zukunft mit einer parteilichen Wandlungs-
bereitschaft zu verbinden. Weder der christliche Humanismus eines Böll,
die Landserschläue eines Kirst, die Härte eines Ledig noch irgendwelche
existentialistischen Einkehr-Parolen waren ihnen genug, sondern nur die
Bereitschaft zu totaler Wandlung, um so zu einer Haltung vorzustoßen, die
sich sowohl gegen den Kapitalismus als auch den Faschismus und
Militarismus wendet. Als Vorbilder solcher Werke aus den eigenen Reihen
wiesen sie auf Franz Fühmanns Novelle *Kameraden* (1955) und Herbert
Ottos *Die Lüge* (1956) hin, in denen, wie in Bechers *Winterschlacht*, ein
ideologischer Wandlungsprozeß dargestellt werde, der zwar sein Ziel,
nämlich die Ankunft in der DDR, noch nicht erreiche, aber bereits in diese
Richtung weise.[12]

Fühmann, ein ehemaliger NS-Soldat, war durch das Erlebnis 'Stalingrad' und die Antifa-Kurse in den sowjetischen Kriegsgefangenenlagern
durch jene von Kant und Wagner beschworene 'Wandlung' gegangen, die
sich bereits in seinem Poem *Die Fahrt nach Stalingrad* (1953) widerspiegelt, das Anna Seghers als die "Verwandlung eines nazistischen Soldaten
in einen Kämpfer für den Frieden" lobte.[13] In *Kameraden* geht es vor allem
um jene falschen Kameradschaftskonzepte, mit denen die Nationalsozialisten selbst inmitten der Brutalität des Krieges ihren Soldaten das Gefühl
einer menschlichen Zusammengehörigkeit vorzutäuschen versuchten, was
Fühmanns Held schließlich durchschaut und daraufhin fahnenflüchtig
wird. Diese beiden Werke sind inzwischen aufgrund ihrer politischen
Gesinnung und darstellerischen Überzeugungskraft in den Kanon fast aller
Darstellungen der DDR-Literatur eingegangen, ja werden immer wieder
als hervorragende Beispiele jener Wandlungsepik hingestellt, für die
Arnold Zweig mit seinem vielbändigen Romanzyklus *Der Krieg der*

[11] Christa Wolf: Vom Standpunkt des Schriftstellers und von der Form der Kunst. In:
Neue deutsche Literatur 5 (1957). H. 12. S. 119-124.
[12] Vgl. Frank Trommler: Von Stalin zu Hölderlin. Über den Entwicklungsroman in
der DDR. In: *Basis. Jahrbuch für deutsche Gegenwartsliteratur* 2 (1971). S. 152-
155.
[13] Anna Seghers: *Über Kunstwerk und Wirklichkeit*. Bd. 2. Hrsg. von Sigrid Bock.
Berlin 1971. S. 120.

weißen Männer wohl das wichtigste Vorbild geliefert hatte. Doch wer war Herbert Otto, dessen Roman *Die Lüge* damals hohe Auflagen erreichte und in der *Neuen deutschen Literatur* dreimal positiv erwähnt wurde,[14] aber inzwischen weitgehend der Vergessenheit anheimgefallen ist?[15]

Otto war 1925 als Sohn einer Näherin in Breslau zur Welt gekommen, hatte im Zweiten Weltkrieg als einfacher Soldat an der Ostfront gedient und war schließlich gegen Kriegsende in Südrußland in Gefangenschaft geraten. Nach mehreren Jahren in sowjetischen Kriegsgefangenenlagern entschied er sich, als er 1949 entlassen wurde, in den Osten Deutschlands zu gehen, wo er in den fünfziger Jahren — nach der nötigen Ausbildung — als Dramaturg und Verlagslektor arbeitete. Sein stark mit autobiographischen Zügen ausgestatteter Roman *Die Lüge* war sein Erstlingswerk, in dem er das "Reifen eines jungen deutschen Soldaten in sowjetischer Kriegsgefangenschaft" beschrieb, wie es in dem 1962 in der DDR erschienenen *Deutschen Schriftstellerlexikon* heißt,[16] und das wegen seiner Thematik und seiner schriftstellerischen Eindringlichkeit noch im gleichen Jahr mit dem Fontane-Preis ausgezeichnet wurde. Wie vielen Antikriegsromanen Zweigs, vor allem dem *Streit um den Sergeanten Grischa* und der *Erziehung vor Verdun*, liegt auch Ottos Roman ein novellistischer Ansatz zugrunde, der die gesamte Handlung dieses 341 Seiten starken Buches bestimmt. Hierbei handelt es sich um folgende, scheinbar geringfügige, aber für den Protagonisten dieses Romans entscheidende 'unerhörte Begebenheit'.

Das Ganze beginnt damit, daß der neunzehnjährige Gefreite Alfred Haferkorn, die besagte Mittelpunktfigur, von seinem Vorgesetzten, dem Major Wolfram Krebs, auf dessen Befehl bereits Hunderte von sowjetischen Zivilisten ermordet wurden, 1944 einem Exekutionskommando zugeteilt wird, das drei sowjetische Partisanen, zwei Männer und eine

---

[14] Christa Wolf. Vom Standpunkt des Schriftstellers und von der Form der Kunst. S. 121f., Hermann Kant und Frank Wagner: Die große Abrechnung. S. 126f., und Konrad Schmidt: Lüge oder Schuld? In: *Neue deutsche Literatur* 4 (1956). H. 11, S. 141-143. Schmidt nennt *Die Lüge* eins der "besten Bücher, die nach 1945 bei uns geschrieben worden sind" (S. 141). Bei Kant und Wagner findet sich neben Zustimmung auch Kritik an diesem Roman (S. 127), die jedoch von Wolf zurückgewiesen wird (S. 121).

[15] Vgl. zu dem gesamten Komplex auch die Behandlung Ottos in dem zusammenfassenden Aufsatz von Therese Hörnigk: Das Thema Krieg und Faschismus in der Geschichte der DDR-Literatur. In: *Weimarer Beiträge* 24 (1978). H. 5. S. 90f.

[16] Günter Albrecht, Kurt Böttcher, Herbert Greiner-Mai und Paul Günter Krohn (Hrsg.): *Deutsches Schriftstellerlexikon*. Weimar 1962. S. 446, und: Horst Haase, Hans Jürgen Geerdts, Erich Kühne und Walter Pallus (Hrsg.): *Geschichte der deutschen Literatur*. Bd. 11. *Literatur der Deutschen Demokratischen Republik*. Berlin 1976. S. 271f.

junge Frau, erschießen soll. Da er vorher gesehen hat, wie barbarisch Krebs und seine Mannen mit diesen Partisanen verfahren waren, widersetzt er sich diesem Befehl innerlich und zielt im entscheidenden Moment absichtlich daneben. Dennoch werden die drei Partisanen von den Schüssen der anderen Soldaten niedergestreckt. Danach wird Haferkorn das Gefühl nicht los, am Tode dieser aufrechten, für ihr Vaterland zum Letzten entschlossenen Menschen "mitschuldig" zu sein. Diese Schuld plagt ihn um so mehr, weil er den Rat eines älteren Soldaten, des früheren Kommunisten Weiß, die Gefangenen zu befreien und mit ihnen zu den Sowjets überzulaufen, aus Angst vor den Russen, die er — den nazistischen Parolen zufolge — für blutrünstige Monster hält, die jeden Deutschen sofort massakrieren, nicht befolgt hatte. Während Weiß zu den Russen desertiert, gerät Haferkorn kurz darauf in sowjetische Gefangenschaft und verschweigt bei den entsprechenden Verhören — aus Furcht vor einer möglichen Bestrafung — seine Teilnahme an der Erschießung der Partisanen, da er annimmt, daß ihm doch niemand glauben werde. Dadurch bringt ihn die 'unerhörte Begebenheit', die ihn schon einmal tief verstört hatte, unter den gewandelten Bedingungen ein zweites Mal in schwerwiegende Konflikte mit sich selbst. Und zwar entwickelt sich dabei Haferkorn bis zu jenem Punkt, an dem er das Verschweigen seiner Mitschuld nicht mehr ertragen kann. Als er im Lager plötzlich seinen früheren Vorgesetzten, den Bluthund Krebs, erkennt, der inzwischen den Decknamen Wacholder angenommen hat und als harmloser Mitläufer behandelt wird, entschließt sich Haferkorn plötzlich, diesen Mann als Kriegsverbrecher anzuklagen und dabei zugleich seine eigene Mitschuld zu gestehen. Und zwar wird diese Entscheidung durch das Vertrauen ausgelöst, das ihm der ehemalige Kommunist Weiß entgegenbringt, der in dem gleichen Kriegsgefangenenlager, in dem auch Haferkorn festgehalten wird, eine untergeordnete Leitungsfunktion übernommen hat. Danach bricht das Ganze mit einem Mal unvermittelt ab.

Was folgt, ist nur noch ein kurzer "Schlußbericht", in dem wir erfahren, daß Haferkorn bei der Verhandlung gegen Krebs als Belastungszeuge aufgetreten sei. Krebs sei anschließend im Oktober 1947 zu 25 Jahren Straflager verurteilt, aber nach acht Jahren begnadigt worden. Wie Hunderte seinesgleichen vor und nach ihm habe er darauf im westdeutschen Rückkehrlager Friedland am 12. Dezember 1955 den Schwur geleistet:

> Vor dem deutschen Volk und den Toten der deutschen und der sowjetischen Wehrmacht schwören wir, daß wir nicht gemordet, nicht geschändet und nicht geplündert haben. Wenn wir Leid und Not über andere Menschen brachten, dann geschah das nach den Gesetzen des Kriegs. Wir sind und waren unschuldig.

Von Haferkorn hören wir in diesen wenigen Zeilen bloß noch, daß er durch sein Auftreten bei der Verhandlung gegen Krebs zwar sein Gewissen "entlastet", aber sich danach "nicht ohne Schuld" gefühlt habe.[17]

Was diesen "Roman" von anderen Darstellungen des Zweiten Weltkrieges unterscheidet, die damals in literarischer Form in der DDR erschienen, ist vor allem folgendes: 1. sein konsequenter Verzicht auf jene 'poetische' Überhöhung, 2. seine weitgehende Reduzierung der sprachlichen Mittel auf das Berichterstattende, 3. seine bewußte Entdramatisierung der geschilderten Vorgänge, 4. seine betonte Unterkühltheit im Hinblick auf Psychologisches sowie 5. seine auffällige Kargheit ideologischen Fragen gegenüber. Fast alles wird in diesem Buch in Handlung umgesetzt, und zwar in eine Handlung, die zwar von starker Aussagekraft ist, aber stets im Bereich des Glaubwürdigen, Nacherlebbaren bleibt, statt sich auch symbolischer oder allegorischer Stilmittel zu bedienen. Hier wird nicht angestrengt 'gedichtet', sondern tatsächlich Erlebtes nacherzählt, um so die Leser auf dem Weg über die konkrete und nicht über irgendeine imaginierte 'Wahrheit' zu erreichen.

Gehen wir das einmal im einzelnen durch und vergleichen wir diese Erzählhaltung — in ihren Vor- und Nachteilen — mit den Erzählhaltungen anderer jüngerer DDR-Schriftsteller, die sich in diesen Jahren erstmals an die Darstellung der Ostfrontthematik heranwagten. Was die Werke dieser Autoren gemeinsam haben, ist schnell aufgezählt: 1. eine Handlungsführung, bei der die Schuld an den geschilderten Greueltaten meist den älteren, entweder nazistisch indoktrinierten oder mörderisch veranlagten Offizieren zugeschoben wird, während die einfachen Soldaten wegen ihrer jugendlichen Unerfahrenheit vor solchen Greueltaten meist zurückschrekken oder sich zu falschen Kameradschaftsgefühlen bekennen, um den gemeinsam begangenen Mordtaten den Anschein einer soldatischen Pflichterfüllung zu geben; sowie 2. der Versuch einer ideologischen Entlastung der an der Front oder in der Etappe verübten Mordtaten durch einen sich allmählich anbahnenden Wandlungsprozeß, der entweder dazu führt, sich von den faschistischen Hetzparolen zu distanzieren bzw. zu den Russen überlaufen zu wollen oder sich zumindest der eigenen Schuld bewußt zu werden und daraus weitere Konsequenzen zu ziehen. Wie in Arnold Zweigs *Erziehung vor Verdun* werden diese Wandlungsprozesse meist durch ältere Linke eingeleitet, die für die autobiographisch konzipierten Hauptfiguren, also die jungen, unerfahrenen NS-Soldaten, zu ideologischen Wegweisern werden. Bei Zweig sind das die Liebknecht-Anhänger Wilhelm Pahl und Karl Lebehde, die dem verblendeten Schipper Werner Bertin zum ersten Mal die Augen über den mörderischen

---

[17] Herbert Otto: *Die Lüge*. Roman. 31. bis 38. Tausend. Berlin 1957. S. 341.

Charakter des Ersten Weltkriegs öffnen, bei Otto übernimmt diese Rolle der Kommunist Weiß, der den jungen Alfred Haferkorn bereden will, mit ihm zu den Russen überzulaufen, was dieser zwar nicht wagt, aber später als seine Mitschuld an den Nazigreueln erkennt, was ihn schließlich befähigt, sich von seiner verlogenen Feigheit zu distanzieren.

Überhaupt sind fast alle diese Werke, im Gegensatz zu den gleichzeitig in Westdeutschland erscheinenden literarischen Darstellungen des Zweiten Weltkrieges, deutlich markierte Wandlungsnovellen oder Wandlungsromane. Während in der BRD die kritischen Darstellungen meist in eine resignierende 'Ohne mich'-Haltung münden und die konservativen Darstellungen weiterhin an Konzepten wie soldatischer Tugend und Ehre festzuhalten versuchen, deutet sich bei DDR-Werken dieser Art stets die Bereitschaft zu einer politischen Haltung an, die sich bemüht, aus ihrer antifaschistischen Gesinnung — fast in Form einer logischen Folgerung — das Bekenntnis zu einem 'anderen, besseren Deutschland' abzuleiten und dieses andere, bessere Deutschland in der DDR zu entdecken. In dieser Perspektive, obwohl sie in den Werken um 1955 noch recht schwach angedeutet ist und erst in den sogenannten Ankunftsromanen der sechziger Jahre à la Dieter Nolls *Die Abenteuer des Werner Holt* (1960) zur bestimmenden Erzählhaltung wird, sind sich also die in der frühen DDR erschienenen Antikriegsnovellen oder -romane relativ ähnlich. Wie sie jedoch diese Gesinnung zum Ausdruck bringen, darin unterscheiden sie sich oft beträchtlich. Und auch das sollte nicht unterschlagen werden, um kein klischeehaft vereinfachtes Bild dieser Literatur entstehen zu lassen, die damals durchaus im Kreuzfeuer der DDR-Kritik stand und sich zum Teil herbe Vorwürfe gefallen lassen mußte. Schließlich waren die Darstellungsmittel, mit denen ihre Autoren diese zur DDR führende antifaschistische Gesinnung zum Ausdruck brachten, keineswegs so uniform, wie später von westlicher Seite her gern behauptet wurde.

Beginnen wir bei der Behandlung dieser Unterschiede mit der Frage nach dem Wert oder Unwert der damals vieldiskutierten 'harten Schreibweise'.[18] Während Franz Fühmann in seiner Novelle *Kameraden* (1955) und Karl Mundstock in seiner Erzählung *Bis zum letzten Mann* (1956) in poetischer Verknappung eine Greueltat auf die andere folgen lassen, also im Leser vor allem eine schockartige Wirkung auszulösen versuchen, um ihn so gegen die mörderischen Grundtendenzen des nazistischen Regimes und der von ihm indoktrinierten NS-Wehrmacht aufzuputschen, wählt Otto eher den Weg einer zurückhaltenden Berichterstattung, die zwar eine intensive Anteilnahme an den Leiden und Wandlungen seines Protagonisten verrät, aber diese nie zum handlungsbestimmenden

---

[18] Vgl. hierzu Hörnigk (Anm. 15). S. 93f., und Hartmann (Anm. 3). S. 132-145.

Element werden läßt. Auch bei ihm bleiben den Lesern — vor allem zu Anfang, wo es um die Folterung und Erschießung der drei Partisanen geht — einige in aller Kraßheit geschilderte Greueltaten nicht erspart, diese verabsolutieren sich jedoch nicht zum Selbstzweck, wie das in Szenen dieser Art, in denen eine Ästhetik des Schreckens den Ton angibt, nur allzu leicht geschehen kann.[19] Letztlich dienen diese Szenen bei Otto nur dazu, um dem weiteren Handlungsverlauf, der weitgehend auf den Motiven 'Schuld' und 'Lüge' beruht, eine innere Glaubhaftigkeit zu geben. Und dies gelingt Otto auch, während bei Mundstock das 'Mörderische' fast zum Selbstzweck wird und es schließlich in seiner Erzählung nur noch nach dem Prinzip Auge um Auge, Zahn um Zahn zu gehen scheint. Ja, selbst bei Fühmann, dem wesentlich bedeutenderen Erzähler, drängt sich das Grauenhafte streckenweise so stark in den Vordergrund, daß man beim Lesen jeden Abstand zu den erzählten Geschehnissen verliert und sich am Schluß wie "benommen" vorkommt.

Noch 'härter' wurde diese Erzählweise in Kriegsromanen und -erzählungen wie *Die Höhle von Babie Doly* (1957) von Hans Pfeiffer, *Die Stunde der toten Augen* (1957) von Harry Thürk und *Geliebt bis ans bittere Ende* (1958) von Rudolf Bartsch, an denen einige DDR-Kritiker eine objektverhaftete, das heißt naturalistische Schreibweise und damit eine mangelnde ideologische Distanz zu den geschilderten Vorgängen rügten.[20] Und mit dieser Kritik hatten sie in einigen Punkten durchaus recht. Schließlich bleibt eine Ästhetik des schockartigen Schreckens, die allein auf die im Leser unbewußt einsetzende Katharsis hofft, stets problematisch. Als ebenso problematisch erweist sich jedoch eine Ästhetik der rationalen Überredung, die lediglich auf die politische Überzeugungskraft der von ihr ins Feld geführten Argumente vertraut, die von den gleichen Kritikern häufig befürwortet wurde. An sich hätten diese Kritiker beide Pole der allgemein befürworteten Wandlungsästhetik akzentuieren sollen: das nazistisch Abschreckende *und* das sozialistisch Positive. Und vielleicht hätten sie dafür Herbert Ottos Roman *Die Lüge* stärker heranziehen sollen, der in dieser Hinsicht durchaus einen vorbildlichen Ansatz lieferte. Schließlich entwickelt sich in diesem Roman ein junger deutscher Soldat von einem Mitläufer des Faschismus zu einem bewußten Widersacher des Faschismus, und zwar einerseits aus Abscheu gegen die unmenschlichen

---

[19] Vgl. die Szene "Ich hatt einen Kameraden" in Heiner Müllers "Die Schlacht". In: H.M.: *Die Umsiedlerin*. Berlin 1975. S. 9.

[20] Vgl. u.a. Annemarie Auer: Über einige notwendige Unterscheidungen. Was ist mit dem "harten" Stil? In: *Junge Kunst* 3 (1959). H. 6. S. 13-15, und Johannes Schellenberger: Mörder sind keine "feinen Kerle"! Kritische Bemerkungen zu Harry Thürks Roman "Die Stunde der toten Augen". In: *Beiträge zur Gegenwartsliteratur* (1959). H. 16. S. 151-155.

Greueltaten der sogenannten Partisanenbekämpfung, andererseits wegen der ihm imponierenden Haltung jenes Gefreiten Weiß, der vor 1933 einmal der KPD angehört hatte und sich mitten während der Kampfhandlungen an der Ostfront entschließt, zu den Sowjets überzulaufen.

Haferkorn ist zu Anfang lediglich ein junger, unerfahrener Neunzehnjähriger, der zwar seine Pflicht zu erfüllen sucht, weil er aufgrund der nazistischen Propaganda glaubt, daß alle Russen blutgierige Monster seien, aber dennoch nicht völlig verroht ist. Während Arnold Zweigs Werner Bertin, der in allen seinen Antikriegsromanen eine wichtige Rolle spielt, zu jenen jungen, aber hochgebildeten Intellektuellen gehört, die mit idealistisch geschwellter Brust in den Ersten Weltkrieg zogen, weil sie sich der Kulturmission des deutschen Volkes verpflichtet fühlten, ist Haferkorn in den ersten Abschnitten von Ottos Roman noch ein relativ unbeschriebenes Blatt und könnte sich — den gegebenen Umständen entsprechend — in vielerlei Richtungen entwickeln. Daß er sich den Mächten der Brutalität nicht aufgrund eines politischen Erweckungserlebnisses widersetzt, sondern den Weg zu einer höheren Form der Humanität erst nach mehreren Anläufen findet, macht ihn so sympathisch und überzeugend. Allerdings fällt es ihm anfangs leichter, gegen die nazistischen Mordkommandos aufzubegehren, als sich zur Ideologie des Kommunismus durchzuringen. Haferkorn will nicht politisch, sondern menschlich überzeugt werden. Daher stößt ihn die mörderische Visage seines Kommandanten Krebs von vornherein ab, während er zu den Ansichten des Kommunisten Weiß erst sehr langsam Vertrauen gewinnt. Selbst als sie ihn zu überzeugen beginnen, hängt das eher mit der schlichten Geradheit dieses Mannes als mit der politischen Richtigkeit seiner Argumente zusammen. Letztlich beurteilt Haferkorn politische Ideologien nur nach der menschlichen Überzeugungskraft, die ihre Vertreter an den Tag legen. Deshalb wird in diesem Roman so wenig über Politik reflektiert, aber dafür um so mehr die Wirkung bestimmter Weltanschauungen auf die sie repräsentierenden Menschen nachgezeichnet. Wer also nach tiefsinnigen Reflexionen über das Wesen des Nationalsozialismus, über die Handlungsfreiheit der einzelnen Soldaten, die ideologischen Hintergründe von Hitlers Rußlandfeldzug usw. sucht, wird bei der Lektüre dieses Buchs notwendig enttäuscht werden. Wer dagegen qualitative Unterschiede menschlicher Haltungen zu schätzen weiß, wird viele neue Einsichten gewinnen können.

Und damit ergibt sich notwendig die Frage nach dem "positiven Helden",[21] die in der Literaturkritik der frühen DDR immer wieder diskutiert

---

[21] Das westdeutsche *Sachwörterbuch der Literatur*, dessen 1., von Gero von Wilpert herausgegebene Auflage 1955 erschien, definiert den "positiven Helden" noch in seiner 7., 1989 erschienenen Auflage als eine nur in der "sozialistischen" Literatur vorkommende "unkomplizierte und problemlose" Figur (S. 700).

worden ist. Wer damals auf eine Ästhetik des Schreckens oder der bloßen Negativität schwor, nach der sich das Positive nur noch in dystopischer Spiegelverkehrung darstellen läßt, konnte dieser Frage nicht viel abgewinnen. Ja, manche solcher Kritiker und Autoren empfanden die Frage nach dem 'Positiven' — angesichts der gerade erfahrenen Nazigreuel und zugleich der durch Kruschtschows Anti-Stalin-Rede auf dem XX. Parteitag der KPdSU (1956) aufgedeckten sowjetischen Greuel — als ein sinnloses Unterfangen, das durch den Verlauf der Geschichte schmählich widerlegt worden sei. Nach Stalingrad, nach Auschwitz, nach der Zerstörung Dresdens, nach Hiroshima, nach den Lagern auf dem Archipel Gulag, nach dem Koreakrieg weiter an das Gute im Menschen zu glauben und dafür in die Schranken zu treten, erschien ihnen wie ein Kinderkreuzzug, der von vornherein zum Scheitern verurteilt sei. Kurzum: wie konnten sie nach solchen Erfahrungen überhaupt noch für eine Literatur eintreten, die sich nicht nur mit den Greueln der jüngsten Vergangenheit beschäftigt, sondern zugleich eine ihrem Staat, der DDR, dienliche Haltung vertritt, das heißt sich mit optimistischem Elan für den Aufbau eines anderen, besseren, sozialistischen Deutschlands einsetzt? Nun, es gab solche Autoren, die auch in der Literatur auf eine Reihe vorbildlicher Helden hinzuweisen versuchten. Falls es solche Menschen nicht gegeben hätte, erklärten sie, hätte ja schließlich der Faschismus an allen Fronten gesiegt. Allein die Existenz der DDR beweise zur Genüge, daß es auch Menschen — sowohl sowjetische als auch deutsche — gegeben haben müsse, die sich dem braunen Ungeist unter Einsatz ihres Lebens widersetzt hätten.

All das wird auch in Ottos *Die Lüge* deutlich. Es ist einer der Vorzüge dieses Romans, daß sein Autor dabei jedes falsche Pathos vermeidet und in der Figur des Kommunisten Weiß einen positiven Helden darstellt, der allein durch seine überlegene Menschlichkeit überzeugt. Alles Pathetische, Phrasenhafte, falsch Idealistische ist diesem Manne fremd. Er ist kein Intellektueller, der von einer höheren Warte aus argumentiert und somit an der nackten Realität vorbeiredet. Wie alle anderen Soldaten ordnet er sich anfänglich — im Rahmen der nazistischen Wehrmacht, die im letzten Aufgebot gegen die Rote Armee selbst ihn an die Front geschickt hatte — in Reih und Glied ein, bis er plötzlich eine Chance erkennt, zu den russischen Partisanen überzulaufen. Wie Alfred Haferkorn ist auch er ein Durchschnittsdeutscher, den lediglich seine frühere Gesinnung von der Masse der Verführten und Verblendeten unterscheidet. Im Gegensatz zu den Protagonisten der sowjetischen Kriegsromane der unmittelbaren Nachkriegszeit, wie etwa *Der wahre Mensch* (1945) von Boris Polewoj, *Die Eroberung des Velikosumsk* (1945) von Leonid Leonow oder *Stern* (1947) von Emmanuil Kazakewitsch, in denen die guten Kommunisten zugleich die überragenden soldatischen Helden des Großen Vaterländischen Befreiungskrieges sind,[22] wie der Zweite Weltkrieg damals in der Sowjetunion genannt wurde, ist Weiß lediglich ein stiller, ja fast halber Held. Er kann sein Heldentum nicht in großen Befreiungstaten, sondern nur in seiner heimlichen Widersetzlichkeit und schließlich in seinem Überlaufen zum Gegner demonstrieren. Aber selbst das sind — unter den gegebenen Umständen — durchaus heroische Taten, da er bei diesen Entschlüssen nicht von einem alle Soldaten anfeuernden Gemeinwillen getragen wird, sondern sich mit ihnen als Einzelgänger gegen die Masse der anderen stellt.

Bei all diesen Episoden verzichtet Otto darauf, aus diesen Entschlüssen bis in die DDR weiterreichende Folgerungen zu ziehen. Selbst während der Jahre, die Weiß und Haferkorn in einem sowjetischen Kriegsgefangenenlager östlich des Urals verbringen, hören wir fast nichts von den Zuständen in dem von den vier Alliierten besetzten ehemaligen Nazireich. Nicht einmal Ulbricht oder die Verhältnisse in der Sowjetischen Besatzungszone werden erwähnt. Weiß erfährt lediglich die ihn zutiefst erschütternde Tatsache, daß seine Frau von den Nazis gegen Kriegsende wegen "systemwidrigen" Verhaltens hingerichtet worden sei. Ansonsten ist auch er — wie die anderen deutschen Kriegsgefangenen — fast hermetisch von der Außenwelt abgeschlossen. Dennoch verhält er sich auch in dieser Situation, in der ihn der Lagerleiter Sacharow mit einer untergeordneten Leitungsfunktion betreut, wie es die Partei von einem guten Genossen erwarten würde: er versucht aufzuklären, er hilft, so gut er kann, er nimmt sich der ideologisch Verwirrten an — und gewinnt so allmählich das Vertrauen vieler der dort inhaftierten Kriegsgefangenen, die wegen der nichtendenwollenden Lagerzeit und der harten Arbeit, die sie dort leisten müssen, kein besonders günstiges Bild von den Russen haben. Weiß steht also nochmals vor einer schwierigen, ja fast unmöglichen Situation. Aber er faßt erneut Mut und macht das Beste aus ihr. Die meisten Soldaten fassen nicht Vertrauen zu ihm, weil er ein KP-Mann, sondern weil er ein anständiger Mensch ist. Selbst einige Russen, darunter die Offizierin Lena Strogowa, deren Geliebter von den Deutschen als "Partisan" ermordet worden ist, beeindruckt er durch seine Persönlichkeit. Auf diese Weise gelingt es ihm, bei manchen Russen einige der tiefsitzenden Affekte gegen *die* Deutschen schlechthin zu überwinden und somit einer möglichen sozialistischen Verbundenheit vorzuarbeiten.

Man sage nicht, daß dies zu wenig sei. Selbst der verunsicherte Haferkorn läßt sich durch diese Haltung beeindrucken und legt nach einem

---

[22] Vgl. hierzu Jost Hermand: Darstellungen des Zweiten Weltkrieges. In: J.H. (Hrsg.): *Literatur nach 1945 I. Politische und regionale Aspekte.* Wiesbaden 1979 (*Neues Handbuch der Literaturwissenschaft.* Hrsg. von Klaus von See. Bd. 21). S. 11-60, hier S. 44.

Fluchtversuch aus dem Lager Weiß gegenüber jenes Geständnis seiner Mitschuld an den Greueltaten der Nazis ab, mit dem er sich von seiner Vergangenheit abzulösen versucht. All dies sind scheinbar geringfügige Entscheidungen im Rahmen einer Kriegs- und Nachkriegssituation, in der über das Schicksal der gesamten Menschheit neu entschieden wurde. Doch wären damals im Rahmen eines Kriegs- und Lagerromans große Absichtserklärungen überzeugender gewesen? Wohl kaum. Schließlich war das Lesepublikum in der DDR zu diesem Zeitpunkt noch keineswegs willens, sich mit der nazistischen Vergangenheit, die zugleich seine Vergangenheit war, auf allen Ebenen, darunter auch der politischen und ideologischen, auseinanderzusetzen.[23] Diese Rhetorik nach dem Krieg noch einmal mit umgekehrten Vorzeichen überbieten zu wollen, wäre politisch unklug gewesen. Also beschränkte sich Otto lieber auf das Einzelne, Psychologische, Gedämpfte, um bei seinem autobiographisch gefärbten Erlebnisbericht *Die Lüge* nicht ins Phrasenhafte abzugleiten.

Doch trotz dieser Beschränkung auf konkrete Einzelfälle läßt sich das Ganze auch als eine weitgespannte Allegorie der gesamten historischen Situation dieser Ära lesen. Jedenfalls bot es gutwilligen Lesern genug Hinweise, auch sich selbst in den geschilderten Geschehnissen zu verorten und daraus die nötigen Konsequenzen zu ziehen. Schließlich manifestieren sich in den hier dargestellten Menschen zugleich die hinter ihnen stehenden Systeme, wobei die Entscheidung zwischen dem Faschismus und dem Sozialismus damals noch eine relativ einfache war. Daß dieser Sozialismus in seiner stalinistischen Form auch höchst problematische Züge besaß und daß es auch andere Gegenreaktionen zum Nationalsozialismus als kommunistische gegeben hatte, konnte ein junger DDR-Autor wie Herbert Otto, der 1955, als er diesen Roman niederschrieb, erst 29 Jahre alt war und mehrere Jahre seines erwachsenen Lebens in der NS-Wehrmacht und in sowjetischen Kriegsgefangenenlagern verbracht hatte, schwerlich wissen. Er zog einfach die sich ihm als DDR-Bürger aufdrängende Folgerung aus seinen Erfahrungen. Und das sollten Leser dieses Romans, die einen Sinn für historische Voraussetzungen haben, noch immer respektieren.

---

[23] Zu den Ausnahmen vgl. Helmut Peitsch: Towards a History of "Vergangenheitsbewältigung". East and West German War Novels of the 1950s. In: *Monatshefte* 87 (1995). S. 298-301.

AMSTERDAMER BEITRÄGE ZUR NEUEREN GERMANISTIK

Lieferbar: Band 1 — 5 à Hfl. 40,-/US-$ 25.- pro Band
Band 6 vergriffen
Band 7 und 8 à Hfl. 60.-/US-$ 37.50 pro Band
Band 9 — 10 vergriffen

Band: 11/12 - 1981: **DDR-ROMAN UND LITERATURGESELLSCHAFT** Hrsg. von Jos
Hoogeveen und Gerd Labroisse
ISBN: 90-6203-723-2   Hfl. 100,-/US-$ 62.-
Band: 13 - 1981: **PRAGMATIK. THEORIE UND PRAXIS.** Hrsg. von Wolfgang Frier
ISBN: 90-6203-993-6   Hfl. 100,-/US-$ 62.-
Band 14 - 1982: **STUDIEN ZUR ÖSTERREICHISCHEN ERZÄHLLITERATUR DER
GEGENWART.** Hrsg. von Herbert Zeman
ISBN: 90-6203-674-0   Hfl. 60,-/US-$ 37.50
Band 15 - 1982: **SCHWERPUNKTE DER LITERATURWISSENSCHAFT AUSSER-
HALB DES DEUTSCHEN SPRACHRAUMS.** Hrsg. von Elrud Ibsch
ISBN: 90-6203-775-5   Hfl. 70,-/US-$ 43.50
Band 16 - 1983: **STUDIEN ZUR DRAMATIK IN DER BUNDESREPUBLIK DEUTSCH-
LAND.** Hrsg. von Gerhard Kluge
ISBN: 90-6203-625-2   Hfl. 70,-/US-$ 43.50
Band 17 - 1983: **LITERATURPSYCHOLOGISCHE STUDIEN UND ANALYSEN.** Hrsg.
von Walter Schönau
ISBN: 90-6203-655-4   Hfl. 80,-/US-$ 50.-
Band 18 - 1984: **AUFSÄTZE ZU LITERATUR UND KUNST DER
JAHRHUNDERTWENDE.** Hrsg. von Gerhard Kluge
ISBN: 90-6203-996-0   Hfl. 90,-/US-$ 56.-
Band 19 - 1984: **LUTHER-BILDER IM 20. JAHRHUNDERT.** Symposion an der Freien
Universität Amsterdam. In Verbindung mit Cornelis Augustijn und Ulrich Gabler
Hrsg. von Ferdinand van Ingen und Gerd Labroisse
ISBN: 90-6203-517-5   Hfl. 60,-/US-$ 37.50
Band 20 - 1985/1986: **DER MODERNE DEUTSCHE SCHELMENROMAN.** INTER-
PRETATIONEN. Hrsg. von Gerhart Hoffmeister
ISBN: 90-6203-977-4   Hfl. 70,-/US-$ 43.50
Band 21 - 1986: **SEHNSUCHTSANGST.** Zur österreichischen Literatur der Gegenwart.
Colloquium an der Universität von Amsterdam. Hrsg. von Alexander von Bormann
ISBN: 90-6203-929-4   Hfl. 90,-/US-$ 56.-
Band 22 - 1987: **BLICK AUF DIE SCHWEIZ.** Zur Frage der Eigenständigkeit der
Schweizer Literatur seit 1970. Hrsg. von Robert Acker und Marianne Burkhard
ISBN: 90-6203-829-8   Hfl. 55,-/US-$ 34.-
Band 23 - 1987: **REZEPTIONSFORSCHUNG ZWISCHEN HERMENEUTIK UND
EMPIRIK.** Hrsg. von Elrud Ibsch und Dick H. Schram.
ISBN: 90-6203-819-0   Hfl. 75,-/US-$ 46.50
Band 24 - 1988: **LITERARISCHE TRADITION HEUTE.** Deutschsprachige Gegenwarts-
literatur in ihrem Verhältnis zur Tradition. Hrsg. von Gerd Labroisse und Gerhard P. Knapp
ISBN: 90-5183-038-6   Hfl. 105,-/US-$ 65.-
Band 25 - 1988: **LITERATURSZENE BUNDESREPUBLIK - EIN BLICK VON
DRAUSSEN.** Symposion an der Freien Universität Amsterdam. Hrsg. von Ferdinand van
Ingen und Gerd Labroisse
ISBN: 90-5183-037-8   Hfl. 110,-/US-$ 68.-

Band 26 - 1988: **DDR-LYRIK IM KONTEXT**. Hrsg. von Christine Cosentino, Wolfgang Ertl und Gerd Labroisse
ISBN: 90-5183-040-8   Hfl. 110,-/US-$ 68.-
Band 27 - 1988: **WANDLUNGEN DES LITERATURBEGRIFFS IN DEN DEUTSCH-SPRACHIGEN LÄNDERN SEIT 1945**. Hrsg. von Gerhard P. Knapp und Gerd Labroisse
ISBN: 90-5183-041-6   Hfl. 110,-/US-$ 68.-
Band 28 - 1989: **OUT OF LINE /** *AUSGEFALLEN*: **THE PARADOX OF MARGINA-LITY IN THE WRITINGS OF NINETEENTH-CENTURY GERMAN WOMEN**. Ed. by Ruth-Ellen Boetcher Joeres and Marianne Burkhard
ISBN: 90-5183-042-4   Geb. Hfl. 140,-/US-$ 87.50
                                                       Brosch. Hfl. 40,-/US-$ 25.-
Band 29 - 1989: **FRAUEN-FRAGEN IN DER DEUTSCHSPRACHIGEN LITERATUR SEIT 1945**. Hrsg.v.Mona Knapp und Gerd Labroisse
ISBN: 90-5183-043-2   Geb. Hfl. 200,-/US-$ 124.-
                                                       Brosch. Hfl. 55,-/US-$ 34.-
Band 30 - 1990: **LITERATURDIDAKTIK - LEKTÜREKANON - LITERATURUNTER-RICHT**. Hrsg. von Detlef C. Kochan
ISBN: 90-5183-044-4   Geb. Hfl. 160,-/US-$ 100.-
ISBN: 90-5183-228-1   Brosch. Hfl. 45,-/US-$ 28.-
Band 31-33 - 1991: **AUTOREN DAMALS UND HEUTE. LITERA-TURGESCHICHTLICHE BEISPIELE VERÄNDERTER WIRKUNGSHORIZONTE.** Hrsg. von Gerhard P. Knapp
ISBN: 90-5183-262-1   Geb. Hfl. 320,-/US-$ 197.-
ISBN: 90-5183-263-X   Brosch. Hfl. 95,-/US-$ 59.-
Band 34 - 1991: **ROMANTIK - EINE LEBENSKRÄFTIGE KRANKHEIT: IHRE LITERARISCHEN NACHWIRKUNGEN IN DER MODERNE**. Hrsg. von Erika Tunner.
ISBN: 90-5183-280-X   Geb. Hfl. 100,-/US-$ 62.-
ISBN: 90-5183-290-7   Brosch. Hfl. 39,50/US-$ 25.-
Band 35 - 1992. **GÜNTER GRASS - EIN EUROPÄISCHER AUTOR?** Hrsg. von Gerd Labroisse und Dick van Stekelenburg
ISBN: 90-5183-359-8   Geb. Hfl. 130, -/US-$ 81.-
ISBN: 90-5183-358-X   Brosch. Hfl. 39,50/US-$ 25.-
Band 36 - 1993. **LITERATUR UND POLITISCHE AKTUALITÄT**. Hrsg. von Elrud Ibsch und Ferdinand van Ingen unter Mitarbeit von Anthonya Visser
ISBN: 90-5183-641-4   Geb. Hfl. 200,-/US-$ 124.-
ISBN: 90-5183-651-1   Brosch. Hfl. 60,-/US-$ 37.50
Band 37 - 1994. **ALIENS - UNEINGEBÜRGERTE**. German and Austrian Writers in Exile. Ed. by Ian Wallace
ISBN: 90-5183-783-6   Geb. Hfl. 120,-/US-$ 75.-
ISBN: 90-5183-778-X   Brosch. Hfl. 37.50/US-$ 23.-
Band 38/39 - 1995. **1945 — 1995. FÜNFZIG JAHRE DEUTSCHSPRACHIGE LITERA-TUR IN ASPEKTEN**. Hg. von Gerhard P. Knapp und Gerd Labroisse unter Mitarbeit von Anthonya Visser. Amsterdam/Atlanta, GA 1995. 702 pp.
ISBN: 90-5183-937-5   Geb. Hfl. 280,-/US-$ 174,-
ISBN: 90-5183-932-4   Brosch. Hfl. 90,- /US-$ 56,-
Band 40: **NEUE PERSPEKTIVEN ZUR DEUTSCHSPRACHIGEN lITERATUR DER SCHWEIZ**. Hg. von Romey Sabalius. Amsterdam/Atlanta, GA 1997.247 pp.
ISBN: 90-420-0204-2   Geb. Hfl. 125,-/US-$ 78,-
ISBN: 90-420-0171-2   Brosch. Hfl. 35,-/US-$ 21,50
Band 41: **ZEITGENÖSSISCHE UTOPIEENTWÜRFE IN LITERATUR UND GE-SELLSCHAFT**. Zur Kontroverse seit den achtziger Jahren. Hg. von Rolf Jucker. Amster-dam/Atlanta, 1997. 377 pp. ISBN: 90-420-0198-4
                                                       Geb. Hfl. 160,-/US-$ 100,-
ISBN: 90-420-017   Brosch. Hfl. 45,- /US-$ 28,-

Studien
zur deutschen Literatur

StdL

Moritz Baßler

Die Entdeckung der Textur

Unverständlichkeit in der Kurzprosa der
emphatischen Moderne 1910–1916

*1994. X, 250 Seiten. Kart. DM 64.– / ÖS 467.– /
SFr 58.–. ISBN 3-484-18134-6 (Band 134)*

Mark Grunert

Die Poesie des Übergangs

Hölderlins späte Dichtung
im Horizont von Friedrich Schlegels
Konzept der »Transzendentalpoesie«

*1995. VI, 179 Seiten. Kart. DM 72.– / ÖS 526.– /
SFr 66.–. ISBN 3-484-18135-4 (Band 135)*

Birgit Nübel

Autobiographische Kommunikationsmedien um 1800

Studien zu Rousseau, Wieland, Herder
und Moritz

*1994. VII, 293 Seiten. Kart. DM 86.– / ÖS 628.– /
SFr 78.–. ISBN 3-484-18136-2 (Band 136)*

Anja Grabowsky-Hotamanidis

Zur Bedeutung mystischer Denktraditionen im Werk von Hermann Broch

*1995. VIII, 397 Seiten. Kart. DM 144.– / ÖS
1051.– / SFr 128.–. ISBN 3-484-18137-0 (Band
137)*

Markus Winkler

Mythisches Denken zwischen Romantik und Realismus

Zur Erfahrung kultureller Fremdheit im Werk
Heinrich Heines

*1995. V, 305 Seiten. Kart. DM 96.– / ÖS 701.– /
SFr 87.–. ISBN 3-484-18138-9 (Band 138)*

Die Untersuchung von Heinrich Heines (1797–
1856) Umgang mit Mythos und Mythologie kann
einen Beitrag zur gegenwärtigen Diskussion über
das Problem ›Mythos und Moderne‹ leisten. Heines Interesse gilt dem Weltbild, das sich mit dem
Begriff des mythischen Denkens beschreiben
läßt. Zwar empfängt auch Heine Impulse von der
frühromantischen ›neuen Mythologie‹, und er
partizipiert an der Umwertung des Volksglaubens
in der spätromantischen ›deutschen Mythologie‹.
Doch bei ihm leistet das mythische Denken dem
Versuch Widerstand, es für politische Zwecke in
Anspruch zu nehmen und als gesamtgesellschaftliches Weltbild zu restituieren. Dieser Widerstand bedingt die Form und den Wandel von
Heines Umgang mit Mythos und Mythologie.
Eine Lösung des Konflikts zwischen Mythos und
Moderne zeichnet sich bei Heine nicht ab, aber
sowohl die Fremdheit als auch die Lebendigkeit
des Mythos werden erfahrbar.

Dirk von Petersdorff

Mysterienrede

Zum Selbstverständis romantischer
Intellektueller

*1996. IX, 447 Seiten. Kart. DM 122.– / ÖS 891.– /
SFr 109.–. ISBN 3-484-18139-7 (Band 139)*

Die Arbeit vertritt die These, daß dem Symbolkomplex der antiken Mysterien eine für die
Selbstdeutung der frühromantische Generation
zentrale Rolle zukommt. Kunsttheoretische
Schriften und Dichtungen von Schlegel, Schleiermacher, Novalis, Loeben und Eichendorff konturieren mit diesem Sprachfeld ein nicht mythologisch-allgemeines, exklusives ›Wissen‹, das nur
in besonderen Redeweisen sagbar ist. Die entsprechende Form intellektueller Identitätsbildung
wird als Reaktion auf wissens- und sozialgeschichtliche Modernisierungsprozesse gedeutet. Um der konnotativen Fülle der romantischen
Schriften gerecht zu werden, enthält die Arbeit
jeweils ein ausführliches Kapitel zur Antike und
zu den unmittelbaren Voraussetzungen der romantischen Selbstdeutung in der deutschen Aufklärung.

Unser aktuelles Verlagsprogramm im Internet:
http://www.niemeyer.de

Max Niemeyer Verlag GmbH & Co. KG
Postfach 21 40 · D-72011 Tübingen

Neuerscheinungen:

Ferdinand von Saar
Kritische Texte und Deutungen

Herausgegeben von KARL KONRAD POLHEIM
und JENS STÜBEN

Sechster Band: Ginevra

Bearbeitet von STEFAN SCHRÖDER

*1996. 268 Seiten. Geb. DM 118.– / ÖS 861.– /
SFr 105.–. ISBN 3-484-10734-0*

Ferdinand von Saar (1833–1906), zwischen
Biedermeier und Moderne stehend, hat mit seinem Werk Anteil an beiden Epochen und liefert
damit überdies einen sehr eigenständigen Beitrag zur realistischen Erzählkunst, in dem tiefe
Lebenswahrheit und scharfe Gesellschaftskritik mit hoher künstlerischer Darstellung und
Form sich vereinigen. Sein Werk ist bis heute
nicht gewürdigt. Es wird nun einzeln in einer
Reihe von Monographien historisch-kritisch
herausgegeben. Jeder Band bietet neben dem
kritischen Text eine ausführliche Entstehungs-
und Wirkungsgeschichte sowie eine eingehen-
de Deutung. Methodisch neuartig ist die bewußte Verbindung von Edition und Interpretation.
Die Erzählung »Ginevra«, 1890 erstmals erschienen, spiegelt das alte Thema von Schein
und Sein vor dem Hintergrund der Zeit- und
Moralgeschichte der Biedermeierzeit wider.
Ein unzeitgemäßes und zerbrechendes Liebes-
ideal wird verwoben mit symbolischen Bezü-
gen, die von der mittelalterlichen hohen Minne
über die italienische Renaissance bis zum russischen Realismus reichen. Bemerkenswert ist,
daß hier – ein seltener Fall – die Handschrift
vorliegt; sie ist in allen Textbewegungen (mit
integralem Apparat) wiedergegeben.

Siebter Band: Leutnant Burda

Bearbeitet von VERONIKA KRIBS

*1996. IX, 239 Seiten. Geb. DM 114.– / ÖS 832.–
/ SFr 101.–. ISBN 3-484-10735-9*

Mit »Leutnant Burda« wird eine der bekannteren, aber durch die Literaturwissenschaft noch

sehr wenig erschlossenen Erzählungen Saars
vorgelegt. Der Dichter selbst bezeichnet seine
sehr stark biographisch geprägte Novelle als
›Zeitbild‹, in dem er das »Hohle und Nichtige
im Leben Burdas«, ja der »Zeitperiode« habe
darstellen wollen. Entsprechend findet sich
hier die bereits in »Seligmann Hirsch« (Band 3
der Edition) begegnende Untergangsthematik
symbolisch behandelt, – allerdings nicht wie
dort bezogen auf die gesellschaftlich tragende
Schicht des Judentums, sondern auf die ebenso
tragenden Schichten von Adel und Militär. Die
persönliche Wahnproblematik Burdas wird im
Sinne einer Generalisierung behandelt, wobei
die Philosophie Schopenhauers ebenso wie
moderne psychologische Erkenntnisse der Zeit
verarbeitet werden. Auch erzähltechnisch ist
die Novelle interessant, da sie, z.B. in der Behandlung von Literaturzitaten oder in der Gestaltung der Erzählerfigur, Wege einschlägt,
die weit ins 20. Jahrhundert weisen.

Ebenfalls lieferbar:

Fünfter Band: Herr Fridolin und sein Glück

Kritisch herausgegeben und gedeutet von
LYDIA BEATE KAISER

*1993. 328 Seiten. Geb. DM 138.– / ÖS 1007.– /
SFr 123.–. ISBN 3-484-10689-1*

Dritter Band: Seligmann Hirsch

Kritisch herausgegeben und gedeutet von
DETLEV HABERLAND

*1987. II, 252 Seiten. Kart. DM 88.– / ÖS 642.– /
SFr 80.–. ISBN 3-484-10577-1*

Unser aktuelles Verlagsprogramm im
Internet: **http://www.niemeyer.de**

Max Niemeyer Verlag GmbH & Co. KG
Postfach 21 40 · D-72011 Tübingen

YVAN GOLL - CLAIRE GOLL
Texts and Contexts

Ed. by Eric Robertson and Robert Vilain

Amsterdam/Atlanta, GA 1997. VI,249 pp.
(Internationale Forschungen zur Allgemeinen und
Vergleichenden Literaturwissenschaft 23)
ISBN: 90-420-0173-9   Bound Hfl. 125,-/US-$ 78.-
ISBN: 90-420-0189-5   Paper Hfl. 35,-/US-$ 21.50

This volume brings together for the first time essays on both Claire
and Yvan Goll. The Golls made distinctive contributions to the
literary cultures of France and Germany in the first half of the
twentieth century. Their writings shed much light upon their
respective positions within the exile communities created by the First
and Second World Wars, and in the inter-war *avant-gardes* of Paris
and Berlin, whose cosmopolitanism and eclecticism they came to
embody. The Golls' literary output was shaped by, and in turn
helped to enrich, the experimental trends that often challenged or
transcended conventional notions according to which genre and
choice of literary language are stable phenomena. The essays in this
volume focus on texts by Yvan and Claire Goll in French and
German, and in various literary forms: these are examined in relation
to contemporary literary, artistic and musical developments, and
place particular emphasis on collaborative and interdisciplinary
works. The analyses explore a wide range of theoretical perspectives,
including intertextuality, *Trivialliteratur*, psychoanalysis, feminism,
cultural marginality and *négritude*. This collection represents a
distinctive and wide-ranging contribution to the study of Yvan and
Claire Goll at a time of renewed critical interest in their lives and
work.

USA/Canada: Editions Rodopi B.V., 2015 South Park Place, Atlanta, GA
   30339, Tel. (770) 933-0027, *Call toll-free* (U.S. only) 1-800-225- 3998,
   Fax (770) 933-9644, *E-mail:* orders-queries@rodopi.nl
All Other Countries: Editions Rodopi B.V., Keizersgracht 302-304, 1016 E
   Amsterdam, The Netherlands. Tel. + + 31 (0)20-622-5-07, Fax + + 31
   (0)20-638-09-48, *E-mail:* orders-queries@rodopi.nl

NARRATIVE IRONIES

Ed. by Raymond A. Prier and Gerald Gillespie

Amsterdam/Atlanta, GA 1997. XXII,304 pp.
(Textxet 5)

ISBN: 90-5183-918-9   Bound Hfl. 160,-/US-$ 100.-
ISBN: 90-5183-917-0   Paper Hfl. 45,-/US-$ 28.-

This volume focuses on the flourishing of irony as a primary characteristic of the great era of European narrative sophistication from the Goethezeit to Modernism. Its eighteen essays explore varieties of ironic consciousness associated with texts especially of northern Europe, and the ways they established a dialogue with and on literature and culture at large. As the volume shows, this interrogation of Europe's self-awareness of cultural identity bound up in reading and writing habits gained a new post-Cervantine complexity in Romanticism and has been of lasting significance for literary theory down to postmodernism. By its comparativistic framing of the issues raised by ironic consciousness, *Narrative Ironies* duly serves as a Festschrift honoring Lilian R. Furst. Among major writers treated are Sterne, Goethe, Godwin, Schlegel, Hoffmann, Poe, Stendhal, Kierkegaard, Disraeli, Keller, Maupassant, Zola, Huysmans, Wilde, Tolstoi, Hofmannsthal, Strindberg, Proust, Mann, Musil, Kafka, Joyce, Faulkner, and Szczypiorski.

USA/Canada: Editions Rodopi B.V., 2015 South Park Place, Atlanta, GA 30339, Tel. (770) 933-0027, *Call toll-free* (U.S. only) 1-800-225- 3998, Fax (770) 933-9644, *E-mail:* orders-queries@rodopi.nl
All Other Countries: Editions Rodopi B.V., Keizersgracht 302-304, 1016 E Amsterdam, The Netherlands. Tel. + + 31 (0)20-622-5-07, Fax + + 31 (0)20-638-09-48, *E-mail:* orders-queries@rodopi.nl

WILLEM ELIAS

Signs of the Time

Amsterdam/Atlanta, GA 1997. 292 pp.
(Lier en Boog Studies 6)
ISBN: 90-420-0112-7   Bound Hfl. 150,-/US-$ 93.50
ISBN: 90-420-0195-X   Paper Hfl. 40,-/US-$ 25.-

Signs of the Time is an investigation into contemporary art theory and the philosophy of art from 1945 till postmodernism. The author treats important precursors such as Freud and Marx, and contemporary theorists and philosophers such as Gombrich, Lacan, Heidegger, Sartre, Althusser, Marcuse, Gadamer, Derrida, Eco, Barthes, Foucault, Baudrillard, and Lyotard.
Various texts are discussed, criticized and related to movements in contemporary art and to contemporary artists. The author addresses students in the field of art history, communications, aesthetics, art education, art history, communications, aesthetics, as well as the art lover. Art as a sign of the time reveals the hidden dimensions of the world in which we live.

USA/Canada: Editions Rodopi B.V., 2015 South Park Place, Atlanta, GA
   30339, Tel. (770) 933-0027, *Call toll-free* (U.S. only) 1-800-225- 3998,
   Fax (770) 933-9644, *E-mail:* orders-queries@rodopi.nl
All Other Countries: Editions Rodopi B.V., Keizersgracht 302-304, 1016 E
   Amsterdam, The Netherlands. Tel. + + 31 (0)20-622-5-07, Fax + + 31
   (0)20-638-09-48, *E-mail:* orders-queries@rodopi.nl

HANS SCHELKSHORN

Diskurs und Befreiung
Studien zur philosophischen Ethik
von Karl-Otto Apel und Enrique
Dussel

Amsterdam/Atlanta, GA 1997. 362 pp.
(Studien zur Interkulturelle Philosophie 6)
ISBN: 90-420-0131-3   Hfl. 90,-/US-$ 56.-

Die europäische Diskursethik und die lateinamerikanische Philosophie der Befreiung artikulierten Anfang der 70er Jahre das weitverbreitete Bedürfnis nach grundlegenden gesellschaftlichen Veränderungen. Inzwischen stoßen allerdings diskurstheoretische Vernunftmoralen und neomarxistische Befreiungsphilosophien nicht nur im postmodernen Denken auf tiefe Skepsis. Vor dem Hintergrund wachsender sozialer Ungleichheit in Nord und Süd und der zunehmenden Macht populistischer bzw. fundamentalistischer Strömungen scheint es gegenwärtig jedoch durchaus angebracht zu sein, mögliche Errungenschaften der Diskurs- und Befreiungsethik in einer präzisen und zugleich kritischen Auseinandersetzung mit ihren theoretischen Grundlagen zu rekonstruieren und damit vorschnellen Abschiedsreden nochmals ins Wort zufallen. In einer vorsichtigen, die universalistische Orientierung prinzipiell bewahrenden Rekontextualisierung der Moraltheorien von Karl-Otto Apel und Enrique Dussel werden einerseits Möglichkeiten für gegenseitige Korrekturen und Ergänzungen zwischen Diskurs- und Befreiungsethik, andererseits aber auch Perspektiven für eine interkulturell orientierte Ethik als Fundament einer Kritischen Theorie der globalen sozialen Frage analysiert.

USA/Canada: Editions Rodopi B.V., 2015 South Park Place, Atlanta, GA
    30339, Tel. (770) 933-0027, *Call toll-free* (U.S. only) 1-800-225- 3998,
    Fax (770) 933-9644, *E-mail:* orders-queries@rodopi.nl
All Other Countries: Editions Rodopi B.V., Keizersgracht 302-304, 1016 E
    Amsterdam, The Netherlands. Tel. + + 31 (0)20-622-5-07, Fax + + 31
    (0)20-638-09-48, *E-mail:* orders-queries@rodopi.nl

PAUL O'DOHERTY

The Portrayal of Jews
in GDR Prose Fiction

Amsterdam/Atlanta, GA 1997. 348 pp.
(Amsterdamer Publikationen zur Sprache und Literatur 126)
ISBN: 90-420-0158-5   Hfl. 110,-/US-$ 68.-

This volume is the first comprehensive single study of Jewish themes in any of the post-1945 German literatures. It presents literature on Jewish themes by Jewish and non-Jewish authors in the cultural, social and political context of the Soviet Zone/GDR during the entire 45 years of its history from 1945 to 1990. It offers a brief history of Jews in the GDR, before looking, in four chronologically ordered chapters, at the history of publishing on Jewish themes in the GDR. Some 28 texts by 19 different authors, including Anna Seghers, Stephan Hermlin, Arnold Zweig, Franz Fühmann, Johannes Bobrowski, Jurek Becker, Stefan Heym, Günter Kunert, Christa Wolf and Helga Königsdorf, are then singled out for closer analysis. Such themes as historical anti-Semitism, the Holocaust, Jewish resistance, Jewish assimilation, Heine, Marx, Moses Mendelssohn, Jewish survival, and Jews in the GDR are all discussed in the book. The volume also offers evidence of the political influences on publishing on Jewish themes at various stages in the GDR's history. In addition, a structured bibliography of some 1100 items is offered, approximately 750 of which were published in the GDR with a Jewish content or theme. The study should be of interest to students of contemporary German literature and politics, the GDR, and of Jewish studies in the wider context.

USA/Canada: Editions Rodopi B.V., 2015 South Park Place, Atlanta, GA 30339, Tel. (770) 933-0027, *Call toll-free* (U.S. only) 1-800-225- 3998, Fax (770) 933-9644, *E-mail:* orders-queries@rodopi.nl
All Other Countries: Editions Rodopi B.V., Keizersgracht 302-304, 1016 E Amsterdam, The Netherlands. Tel. + + 31 (0)20-622-5-07, Fax + + 31 (0)20-638-09-48, *E-mail:* orders-queries@rodopi.nl

RETROSPECT AND REVIEW
Aspects of the Literature of the GDR
1976-1989

Ed. by Robert Atkins and Martin Kane

Amsterdam/Atlanta, GA 1997. 348 pp.
(German Monitor 40)
ISBN: 90-420-0145-3   Bound Hfl. 165,-/US-$ 103.-
ISBN: 90-420-0167-4   Paper Hfl. 50,-/US-$ 31.-

In *Retrospect and Review* an international team of scholars explore East German literature, and the circumstances of its production, in the last phase of the German Democratic Republic's existence. The provocative claim of the novelist, playwright and essayist Christoph Hein, 'Ich nehme außerdem für mich in Anspruch [...] elfmal das Ende der DDR beschrieben zu haben,' serves as the starting-point for the twenty-three contributors to the volume, who consider the many and varied ways in which Hein and his fellow writers signalled and diagnosed the demise of the GDR. The fraught relationship between the state and its intellectuals inevitably forms a consistent theme in the studies of writers as diverse as Anna Seghers and Kito Lorenc, Christa Wolf and Jurek Becker, or Irmtraud Morgner and Heiner Müller. However, the process of 'retrospect and review' also reveals the innovative and independent-minded character of the culture of the GDR's later years. Several contributors trace the emergence of a strong and distinctive women's writing which increasingly and subversively imposed itself on the hitherho patriarchal literary landscape of the GDR. And in the literature of the 1970s and 1980s experimental narrative strategies take on a political role as a counter-discourse to a stubbornly inflexible political order.

USA/Canada: Editions Rodopi B.V., 2015 South Park Place, Atlanta, GA 30339, Tel. (770) 933-0027, *Call toll-free* (U.S. only) 1-800-225- 3998, Fax (770) 933-9644, *E-mail:* orders-queries@rodopi.nl

All Other Countries: Editions Rodopi B.V., Keizersgracht 302-304, 1016 E Amsterdam, The Netherlands. Tel. + + 31 (0)20-622-5-07, Fax + + 31 (0)20-638-09-48, *E-mail:* orders-queries@rodopi.nl